コツと科学の 調理事典

第3版

Encyclopedia of Cooking
Techniques & Science

医歯薬出版株式会社

河野 友美 —— 著

大滝　緑・奥田 豊子・山口 米子 —— 補訂

This book was originally published in Japanese
under the title of:

KOTSU-TO KAGAKU-NO CHORIJITEN
(Encyclopedia of Techniques & Science of Cooking)

KONO, Tomomi
　Professor, Osaka Kun-ei Women's College
　Representative, KONO Food Research Institute

© 1983 1st ed.
© 2001 3rd ed.

Revised by OTAKI, Midori. et al.

ISHIYAKU PUBLISHERS, INC.
　7-10, Honkomagome 1 chome, Bunkyo-ku,
　Tokyo 113-8612, Japan

目で見る調理の科学

砂糖の働き

炒り卵

左：塩を加えたもの．パラリと細かくなる

右：砂糖を加えると柔らかく仕上がる
（→いりたまご）

メレンゲ

左：泡立ててそのまま放置したもの．泡が早く消える

右：砂糖を入れて泡立てたもの．泡の安定がよい
（→メレンゲ）

塩の働き

落とし卵
左：湯のままだと形が
　　くずれる
右：湯に塩と酢を加え
　　るときれいに固ま
　　る
　　（→おとしたまご）

きゅうりもみ・
なます
左：切ったままのもの
右：塩をして絞ると水
　　分が多く除ける
　　（→きゅうりもみ・
　　→なます）

りんご
左：切ったまま（おろ
　　したまま）のもの
右：切って塩水につけ
　　たものと，おろし
　　ながら塩を混ぜた
　　もの
　　（→りんご・→ポリ
　　フェノール・→い
　　ろどめ）

酢（酸）の働き

筆しょうが
左：水につけたもの
右：酢につけたもの
　　（➡ふでしょうが・
　　➡アントシアン）

ごぼう
左：水につけたまま放置したもの
右：酢を加えた水につけたもの
　　（➡ごぼう・➡ポリフェノール・➡いろどめ）

もも・バナナ
左：切ってそのまま放置したもの
右：レモン汁をかけたもの
　　（➡バナナ・➡ポリフェノール・➡いろどめ）

酵素の作用

パイナップル（キーウイフルーツ）とゼラチンゼリー

左：生のパイナップルやキーウイフルーツにはたんぱく質分解酵素が含まれているので，ゼラチンが分解して固まらない

右：果物を加熱するとたんぱく質分解酵素の作用がとまるため，ゼラチンはゼリー状に固まる

だいこんおろし汁のアミラーゼの作用

左：くず湯にヨードを落としたもの．でんぷんはヨードと反応して青紫色になる

右：くず湯にだいこんおろしの絞り汁を加えたもの．でんぷんはだいこんのアミラーゼ（でんぷん分解酵素）により分解され，ヨードを加えても反応しない

その他

ラベンダーティー

左：ラベンダーティーにはちみつを加えたもの．ラベンダーのアントシアン色素がはちみつの鉄と反応して黒ずむ

中：何も加えないラベンダーティー

右：レモン汁を加えると，アントシアン色素がレモンの酸と反応して赤くなる

その他

なすの漬け物
左：塩でもんで漬けたもの．なすのアントシアン色素は発酵によってできた酸で赤っぽくなる
右：塩とミョウバンでもんで漬けたもの．アントシアン色素がミョウバンの鉄と反応して紫色が安定する

カリフラワー
左：重曹を加えてゆでたもの．カリフラワーに含まれるフラボノイド色素が重曹のアルカリにより黄色くなる
右：酢を加えてゆでたもの．フラボノイド色素の発色が酸により抑えられ白くゆで上がる（→カリフラワー）

だいこんおろしとおろし器
左：ミキサーでおろしたもの．水分の分離が多い
右：銅のおろし器でおろしたもの．水分の分離が少ない（→だいこんおろし）

卵豆腐
左：強火で蒸すとスが立つ
右：弱火で蒸すとなめらかに仕上がる（→プディング）

その他

冷水につける
切った野菜を冷水につけると，内側の細胞が水を吸ってふくらみ外側に曲がる
（→ラディッシュ）

砂糖の加熱による変化
左：シロップ
中：キャンデー
右：カラメル
　　（→さとう）

ホットケーキ
左上：小麦粉だけ
左下：小麦粉+砂糖
右上：小麦粉+砂糖+卵
右下：小麦粉+卵
右上はアミノカルボニル反応が起こり，きれいなメラノイジン（→）を生じる

小麦粉の発色
左：小麦粉に重曹を加えて蒸すと，小麦粉に含まれるフラボノイド色素が重曹のアルカリで黄色くなる．フラボノイド色素はアルカリ性で黄色くなる性質があるため
右：イースト発酵ではアルカリ性にならないので白く仕上がる

第3版の序

『コツと科学の調理事典』は，河野友美氏が，調理と調理科学の関連について，誰にでもわかりやすくまた読みやすい本はできないかと，長年にわたり研究し，検討してできあがったものである．

初版から第2版と版を重ねて内容的にも充実し，第1版発行の1983年から数えると17年以上にわたり多くの方々にご利用いただいたが，河野氏は1999年2月に他界した．

この河野氏の長年の労作をこのままここで埋もれさせたくはないと存続を模索していたところ，関係者の方々のご理解・ご協力のもと，今回のような形で第3版として継続されることになった．

第3版では，河野氏の原稿を主軸に，五訂の日本食品標準成分表に従い数値を見直すとともに，料理用語，品種改良やバイオテクノロジーによる新しい食材，外国からの輸入食品，新しく開発された食品などを追加した．また，食品関係の法律や制度についても情報を新しくした．

今後も引き続き，本書を充実したものにしていきたいと考えている．

河野氏が本書を出版した趣旨については，初版と第2版の序をご覧いただきたいと思う．

これを機に，さらに多くの方々にご活用いただければ幸いである．

2001年5月10日

補訂者一同

第2版の序

　前版が発行されてから13年になる．現代の10年は以前の50年にもあたるのではないかと思われる．ものによっては100年の落差のある場合も考えられる．とくに，素材の変化には著しいものがある．野菜では品種改良がすすみ，今までになかった新品種が生まれている．その裏にはバイオテクノロジーの技術がある．また，輸入品が多くなり，成分の違いや，味にも影響が大である．脂肪含量の多い海外の魚など，今までの調理技術では処理しにくい条件の食品も増えてきている．

　また，料理においても，今まで日本ではほとんどお目にかかれなかったエスニック料理とか，地中海料理など新しいものが次々と日本の食生活の中に同化しつつある．おそらく10年前の記憶をそのままとどめておいて，いきなり現在を見せられたら多分とまどってしまうことは間違いない．

　このような背景の中で，調理事典も大改訂をしなければならないリミットに至ったといえるだろう．もちろん，増刷のたびに，スペースの許される範囲内で毎回手直しは行ってきた．しかし，それも限度に近くなり，より良質の情報を提供するためには大改訂止むなしということになったのである．これが調理事典改訂版発刊に至った実状である．

　食品という，毎日身近に接している対象物が，みかけは以前と同じでも，実際は変化しており，調理していて今までとは違う何かが感じられることが多いと思う．この変化した食環境に対処して，新しい観点からの調理事典をおおくりしたいと思う．

　　1996年3月10日

　　　　　　　　　　　　　　　　　　　　　　　河　野　友　美

初版の序

　わが国の食品関係の事典には，調理面から書かれたものが少ない．この事典は，前著『料理の事典』をふまえて，食品の変化，新料理の増加，国際化に対して，加筆・補正し，調理科学を大幅に加えたものである．

　本書は，書名の通り，調理を中心にしたものであり，調理の基本となる作り方，材料，配合割合なども必要と思われる項目については記し，利用の便を計った．とくにこの事典では，各項目を示す名称の意味と，それがどのような形態，あるいは何を示すかということがわかるように配慮して執筆した．また，調理に関係のある栄養，衛生，物質名も一部入れてある．とくに今回は，項目の内容に関係のある調理科学を欄外に脚注として挿入し，一目で調理と調理科学の関連がみられるよう，調理に必要な範囲の説明を加えた．また，項目の選定については，著者が20年にわたって整理，検討を重ねたものである．また，付表の合わせ調味料，ソースの表は，著者の研究所で，実際に味覚テストを行ったものである．

　このように，本書は，調理にたずさわるあらゆる人に役立つものとして作られている．読者対象としては栄養士，調理師，家庭科教員，専門料理家などの専門家のみならず，一般の主婦や大学，高校生に至るまで幅広く利用できるものと思う．また，食品関係者以外にも，たとえば幼稚園教諭や保育所保母のような立場の方にも必携のものであることを目途として作制したものである．

　　1983年8月20日

　　　　　　　　　　　　　　　　　　　　　　　　　　河　野　友　美

凡　例

1．項目名

(1) 栄養，食品，調理関係用語と調理の基本手法を中心に，約2900項目を収録した．
(2) 日本語は現代の標準表記法にしたがって発音通りのひらがなで表記し，（　）内にかなに相当する漢字を示した．
(3) 外国語はできるだけ発音通りのかたかなで表記し，（　）内にその原語を示した．このうち英語以外の語にはその綴りのあとに略字を添えて英語と区別した．

　　例：アラカルト（à la carte—仏）
仏……フランス　　　露……ロシア　　　伊……イタリア
独……ドイツ

ただし，日本で作り出された外国語読みのものはそのかぎりではない．

　　例：インスタントラーメン

2．項目の配列

(1) 配列順序は五十音順によった．
(2) 濁音，半濁音はその清音の次に配した．
(3) 拗音，促音は一固有音として扱った．
(4) 撥音"ン"は五十音の最後に配した．
(5) 長音"ー"は無視した．

3．説明文

(1) 解説はできるだけ簡潔，平易をむねとし，かなづかいはすべて現代かなづかいとした．
(2) 食品については，形態，特殊な種類のあるものではその種類，規格のあるものは簡略な内容・その食品の性質のポイント・処理の仕方ならびにおもな調理法の種類を記した．
(3) 料理名については，簡単なその形態を示した．主要な料理については調理上のポイント，留意点は，簡単な作り方を記した．

(4) 調理法については，その操作とやり方のポイントを記した．
(5) 器具については，日常使用されているものについて，その性能，取り扱い上のポイントなどを記した．
(6) その他，味，栄養，衛生などは，調理上からみた必要部分にとどめた．
(7) 同一意義をもつ語で二つ以上の呼称のあるものは，その一つに解説を加え，同意語のうちおもなものは別に見出し語として掲げ，どの語からもその解説を求められるようにした．
　　例：ばらずし⇨ごもくずし
(8) 必要に応じて図，写真を挿入した．なお，図は文章のみではわかりにくい点を理解できるように表現することにつとめた．
(9) 中国音は原則として標準音（北京音）によった．ただし，料理名など日本で慣習として読み方の定着しているものはそれに従った（ギョーザ，酢豚など）．また，中国野菜の見出しは日本読みとし，本文中に中国音を記した．
(10) 付表は巻末にまとめた．

4．料理について

(1) 料理の作り方は，一例としてとりあげた．
(2) 材料の分量は，一般料理については，原則として4人分を目安とした．
(3) 合わせ調味料，ソース，タレなどは配合割合で表した．
(4) 佃煮，保存食，漬け物，煮豆，ジャム，ホームリキュール，果実シロップ類など（一度で食べきらないもの）については，1回に作りやすい量とした．

5．脚注について

(1) 項目のうち，調理科学については脚注として欄外に記した．
(2) 脚注の有無については，本文中にマークで示した．
　　（☞）……欄外にその項目に関する脚注があることを示す．
　　（☞○○○）……○○○の項目の脚注にも，その項目に関係のある事柄があることを示す．

6．参考項目について

本文中もしくは本文末尾の➡は，その項目に関係のある事柄が，➡で示した箇所にもあることを示す．

項目にとりあげた中国料理用語の読み方

煨	ウェイ	ごく弱い火で長く煮込むこと
煨菜	ウェイツァイ	ごく弱い火で煮た煮込み料理
五香粉	ウシヤンフェン	香辛料の一種
烤	カオ	直火焼きのこと
烤菜	カオツァイ	直火焼き料理
烤鴨子	カオヤズ	あひるの丸焼き
三絲	サンス	三種の材料をせん切りにしてとり合わせたものにつけて用いる
什錦	シィジン	多くの材料を用いた料理につけて用いる
炸	ジャア	材料をたっぷりの油で揚げること
炸菜	ジャアツァイ	揚げ物料理
蝦米	シヤミィ	干しえび
醤	ジャン	調味料．みそやしょうゆの原形
蒸	ジョン	蒸すこと
蒸菜	ジョンツァイ	蒸し料理
絲	ス	糸状に切る切り方
四宝	スパオ	四種類の珍しい材料を使った料理につけて用いる
大菜	ダァツァイ	宴席料理における主要料理のこと
湯	タン	中国料理のだしの総称
湯菜	タンツァイ	スープ料理
糖醋鯉魚	タンツゥリィユィ	こいの丸揚げ甘酢あんかけ
切麺	チエミエン	細く切った麺
前菜	チエンツァイ	前菜のこと
炒	チャオ	炒めること
炒菜	チャアツァイ	炒め料理
菜	ツァイ	料理，副食物などのこと
菜単	ツァイダン	献立・献立表のこと

醋溜	ツゥリュウ	甘酢あんかけのこと
燉	ドゥン	蒸し煮のこと
燉菜	ドゥンツァイ	蒸し煮した料理
奶	ナイ	乳または白い状態のもの
醸	ニヤン	一つの材料に他の材料を詰めたり上にぬること
醸菜	ニヤンツァイ	醸の調理法で作った料理
抜絲	バァス	材料にあめをからませること
八宝	バァバオ	多くの材料を使って作った料理
八宝飯	バァバオファン	もち米の蒸し菓子
蠣油	ハオイウ	かきあぶら
包	バオ	小麦粉生地でものを包むこと
包子	バオズ	中華まんじゅう
腐乳	フゥルウ	豆腐を塩漬け発酵させたもの
火腿	フオトェイ	中国ハム
紅焼	ホンシャオ	しょうゆ煮
木犀	ムゥシィ	卵で黄色く仕上げた料理につけて用いる
溜	リュウ	あんかけのこと
溜菜	リュウツァイ	あんかけ料理
冷菜	ロンツァイ	冷たい前菜のこと
丸子	ワンズ	丸くまるめたもの

目　次

目でみる調理の科学 …………………………………………………… iii
第3版の序 ……………………………………………………………… ix
第2版の序 ……………………………………………………………… xi
初版の序 ………………………………………………………………… xiii
凡例 ……………………………………………………………………… xv
本書（項目）でとりあげた中国料理用語の読み方 ……………… xvii

あ ………………………………………………………………………… 1
か ………………………………………………………………………… 77
さ ………………………………………………………………………… 170
た ………………………………………………………………………… 249
な ………………………………………………………………………… 307
は ………………………………………………………………………… 331
ま ………………………………………………………………………… 403
や ………………………………………………………………………… 441
ら ………………………………………………………………………… 455
わ ………………………………………………………………………… 477

付表 1　合わせ調味料 ………………………………………………… 485
　　 2　スパイスのいろいろ ………………………………………… 502
　　 3　肉の部位と料理 ……………………………………………… 504

和文索引 ………………………………………………………………… 509
欧文索引 ………………………………………………………………… 537

あ

アイエッチ（IH）⇨**でんじかねつき**

あいがも（合鴨）
かもとあひるの雑種で，肉用に飼育されている．野生のようなくせがない．かも料理のほとんどがあいがもである．

アイシング（icing）
洋菓子の表面をデコレーションする飾りの一種．これを塗るとケーキの表面に薄氷が張ったような感じになるのでこの名がついた．種類が多く，生クリームを泡立てたホイップドクリーム→，バターに砂糖を加えて泡立てたバタークリーム→，砂糖を煮溶かし，撹拌して結晶を析出したフォンダン→，卵白を泡立てたメレンゲ→などがある．フロスティングともいう．

アイスクリーム（ice cream）
牛乳および乳製品を主原料に，卵，砂糖，香料，乳化安定剤などを配合し，撹拌しながら凍結させたもの．牛乳の代わりに，バター，粉乳，練乳，脱脂乳などが用いられることもある．香料や果実，果汁，ナッツなどの混合物によって多くの種類がある．

アイスクリームは，原料を適当に配合し均質化したのち，フリーザーにかけて空気を混入し，容積を増す．この増量割合をオーバーラン☞という．その結果，氷の結晶が細かくなり，含まれた気泡が断熱剤の役割をして口当たりもよくなる．

法律上，日本では乳脂肪8％以上，乳固形分15％以上のものをアイスクリームという．それ以下のものはアイスクリームという文字を使えない．乳脂肪3％以上，乳固形分10％以上のものにはアイスミルク，乳固形分3％以上のものにはラクトアイスの表示がつけられている．これ以下のものは氷菓．アイスクリームには乳脂肪が何％かの表示が必ずある．

アイスクリームには，ハードとソフトがあるが，これはアイスクリームを物理的な

🧪 調理科学

オーバーラン（overrun）
増量歩合を示す語．バターおよびアイスクリームの製造に用いられる言葉である．調合液（アイスクリームの原料など）をフリーザーに入れて撹拌すると，微細な気泡を吸い込んで半硬化し，容積が増加する．このとき，もとの原料体積に対して増加した体積がオーバーランである．

わが国では，オーバーランは90〜110％のときいちばんおいしいとされている．

この場合，増量は空気によるものであるから，オーバーランが小さいとアイスクリーム中の気泡が少なく，氷塊のような感じとなる．一方，オーバーランが大きすぎると気泡が多くなり，腰がなく，舌ざわりがわるくなる．ちょうどよいオーバーランのときは，クリームの粒子が均質に並んで風味の優れたものができる．

アイスクリームと冷たさ
アイスクリーム類の冷たさの感じは，温度とはまったく比例しない．一般に，脂肪分の多いものほど冷たさを感じないし，また，気泡の入っているものは，同成分・同温度であっても，気泡の入っていないものに比べて口当たりの冷たさは弱い．

脂肪分が多いと冷たさの感じが弱いのは，脂肪分は断熱効果が大きく，温度を直接口腔内に伝えるのを防ぐためである．したがって，涼味を十分に感じさせるためには，脂肪分の多いアイスクリームほど低温にしておく必要がある．

堅さ（凍結度）から分類したちがいである．すなわち，ソフトアイスクリーム（ソフトクリーム）もハードアイスクリームも，フリーザーに入れるまでの工程は同じであるが，それ以後の凍結のかげんで，低温で硬化したものがハードアイスクリーム，これを行わないものがソフトアイスクリームである．

アイスバイン（Eisbein—独）
ドイツ独特の料理．豚のすね肉を骨つきのまま塩漬けにして冷蔵したあと，柔らかくゆでたもの．もともとは雪の中に埋めて貯蔵したのでこの名がある．皮がゼラチン質（⇒すじにく）となり，とろりとしている．サワークラウト⇒を添える．

アイスピック（ice pick）
氷を砕く器具．きりのようにとがった太めの針が1本のもの，あるいはぎざぎざの歯のついたもの，二股あるいは三股になったものなど，いろいろの種類がある．氷を割るときは，氷を片手に持ち，アイスピックの先端を少しだしてもう一方の手に握り，氷の面に穴を掘るように打ちつけると，好みの大きさに氷を割ることができる．しかし，慣れない間は，まな板の上にふきんなどをたたんで敷き，その上にのせて割るとよい．また，ざるなどを用いる．ボールを用いると底に穴をあけることがあるので注意が必要である．

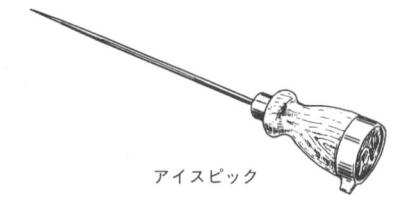
アイスピック

あいなめ（鮎並）
アイナメ科の海水魚．あゆに似ているところからこの名がつけられたものらしい．体の大きさは30cmくらい．体色はすむ場所により黄褐色，赤褐色，紫褐色と変化に富む．細かいうろこにおおわれている．関西ではあぶらめともいう．春から夏に味がよくなる．肉質は淡白で，さしみ，照り焼き，煮つけ，汁の椀だね，ちり鍋などによい．

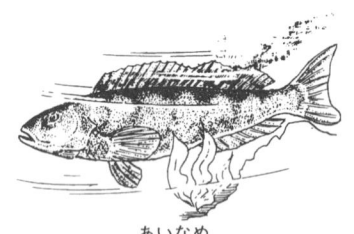
あいなめ

アイピーエー（IPA）⇒イコサペンタエンさん

あいびきにく（合挽肉）
牛と豚を合わせたひき肉のこと．⇒ひきにく

アイリッシュシチュー（Irish stew）
アイルランド風の肉の煮込み料理．羊肉を用いるのが特徴．とくに肩肉，胸肉，もも肉がよい．深鍋に薄切りのじゃがいも，3cm角くらいの羊肉，ざく切りのたまねぎを交互に重ねて入れ，一番上は大きめのじゃがいもを並べ，塩，こしょう，ベイリーフ，パセリを入れる．湯をひたひたに加えて煮込み，下の方のじゃがいもがとろけてくるまで煮る．

あえごろも（和え衣）
和え物料理で，材料を和えるもの．一般には，和えられる材料が淡白な魚類や野菜類が多いため，衣には濃厚な味わいのある材料を使ったものが多いが，味の濃いものを和えるときは酢やだいこんおろしを使って，さっぱりした味にする．しょうゆ，酢，砂糖，みそなどをベースにして，これにピーナッツ，ごま，木の芽など風味のあ

るものを加えることが多い．ごまじょうゆ🡆，ごま酢🡆，くるみ酢🡆，木の芽酢🡆，木の芽みそ🡆，ゆずみそ🡆など，材料の名前を用いた名称が多い．応用しだいで何通りでもできる．

和え衣は，作ってから長時間おくと味が落ちるので作りおきせずに，食べる直前に作って和える．🡆あえもの

あえず（和え酢）　⇨あわせず

あえもの（和え物）

魚介，野菜などの材料を，ゆでるなど下準備をしたうえ，和え衣🡆と混ぜ合わせた料理．春はたけのこ，みつば，夏はきゅうり，なす，秋はかき，きのこといった季節の風味を生かすとよい和え物ができる．和え衣の量は材料に対して重量比で50～100％が適当であるが，濃厚な味の衣の場合は控え目にする．衣のちがいにより，ごま酢和え，白和え🡆，木の芽和え🡆，黄身酢和え，酢みそ和えなどと呼ばれる．

和え物は，舌ざわり，歯切れ，水分の含み具合，色彩の調和が重要なポイント．したがって，材料は，加熱したものでは十分冷まし，水分の多いものは，よく絞ってから衣と合わせる．水分の多い材料を使うときは吸水性のよい，わかめ，焼いた油あげ，しらす干しなどをとり合わせると，水分を吸ってくれるので都合がよい．

和え物は，和えてから時間をおくと，浸透圧🡆の作用により材料から水分が出て味が落ちるので，食べる直前に和えること．また，葉緑素は酸に合うと退色してきたなくなるので（🡆すのもの）青菜などを酢を含む衣で和えるときは，とくに注意が必要である．

あおじる（青汁）

汁料理の一種．ゆでたほうれん草を細かく刻んですり鉢ですり，白みそを加えてさらにすり，裏ごしにかける．これを鍋にとってだし汁でゆるめ，適当な具を入れて汁物に仕立てる．

青野菜を搾った汁も青汁という．健康によいということで，常用する人も多い．

あおに（青煮）

材料のもっている緑色を生かした煮方，あるいは煮たものをいう．塩，薄口しょうゆ，みりんなどで薄味，薄い色に調味しただし汁で，ざっと下ゆでした材料を緑色を損わないように煮る．冷ました煮汁に，青くゆでた材料を浸して味を浸み込ませる方法もある．ふき，さやえんどう，わらび，こまつななどに用いられる．

あおのり（青海苔）

緑藻類の海藻．たんぱく質，ビタミンA源であるβ-カロテン，ビタミンB_2が多く，このほかカルシウム，リン，鉄なども多量に含んでいる．粉末のものはそのまま，乾燥しただけのものは軽く火であぶり，もみほぐすと香りが高い．とろろ汁，納豆，お好み焼き，たこ焼きなどにかけたり，てんぷらの衣に混ぜたりして用いる．

あおやぎ（青柳）　⇨ばかがい

あおよせ（青寄せ）

青菜からとる天然の緑色の色素．ほうれん草やこまつななど緑色の葉菜をすり鉢ですり，これに水を加えてこし，とれた緑色の汁を煮立て，浮き上がってきたものをこして用いる．和え物の衣や田楽みそなどに緑色をつけるために用いられる．寄せ菜ともいう．

●青寄せの作り方

材料（小さじ1杯分の青寄せ）：ほうれん草（葉）100g

ほうれん草の葉を細かく刻み，すり鉢でよくする．水を加えて鍋にあけ，強火で煮立て，青みが浮き上がってき

たらすくい上げ，手早く冷ます．

あかうお
フサカサゴ科の深海魚．正式名はアラスカメヌケ．北洋の水深300〜500mくらいのところでとれる．体長40cmくらい．目がぱっちりと大きい．頭の骨が大きく，ややとげっぽい．外観はめぬけによく似ている．白身で脂肪が多く，比較的身がしまり，味もよい方ではあるが，脂に少しくせがある．調理する際，清酒，ワインなどを使うとこのくせが抜けやすい．切り身で，あこうだいとして売られていることがある．煮物，フライなどによい．

あかがい（赤貝）
フネガイ科の二枚貝．殻の外側は黒褐色で，40数条の放射状のみぞがある．血液が赤く，肉の色も赤いので赤貝の名がある．東京湾のものが上質とされている．大粒のもので，殻に触れるとすぐ殻を閉じるものがよい．

生のまま貝殻のちょうつがいの間に包丁の背を差し込み，こじるようにして殻を開く．

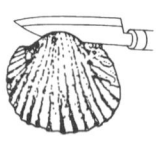

赤貝の開き方

身をとり出し，まわりについているひもをはずす．玉状の部分の身の厚い方に切り目を入れて開き，中のわたをこそげとって塩をまぶし，軽くもんでから水で洗う．さしみにするときは，身の表に格子あるいは斜めに数本の切り込みを入れ，まな板に打ちつけると，身が縮んで切り込みが開き，丸くなる．これをいちご赤貝➡という．

にぎりずしでは，肉の中央の玉状の部分を"たま"，その周囲のひも状の部分を"ひも"という．さしみ，すし，酢の物などに．カレーやシチューの煮込みにも向く．ひもはすしのほか，酢の物にもなる．

あかかぶ（赤蕪）
赤色をしたかぶのこと．各地に各種の赤かぶがあり，北海道の北海赤かぶ，青森の紅かぶ，福井県の河内赤かぶ，鳥取県の米子赤かぶ，岐阜県の飛騨赤かぶなどがある．おもに漬け物に用いられる．赤かぶの色はアントシアン色素（シアニン）である．これは酸性で赤みを増すので，漬け物で乳酸発酵したり，酢を用いることによって色が美しくはえる．

あかだし（赤出し）
赤みそ仕立てのみそ汁のこと．本来は大阪天満の赤みそ（桜みそ）を用いたみそ汁をいっていたが，現在は赤みそ仕立てのみそ汁をいっている．

あかだしみそ（赤出し味噌）
赤だし➡用に作られたみそ．八丁みそ➡，信州みそ➡，うま味調味料➡などを混ぜて作る．各みそを混合して作ってあるので，業者によって味がちがうから，好みに合ったものを選ぶ．

あかみそ（赤味噌）
みそを色から分類したときの名称．仙台みそ➡，江戸みそ➡，麦みそ➡，豆みそ➡，八丁みそ➡などがこれに入る．➡みそ

あかめし（赤飯）
赤飯，あずきごはんの別名．あかまんま，赤のごはんともいう．➡あずきごはん・➡せきはん

あがり（上がり）
すし言葉で茶のこと．

あく
野菜，野草，あるいは肉類など各種材料に含まれる渋味，苦味，えぐ味などをはじめ，不快臭なども含む不要な味の成分の総称．植物類では，シュウ酸，ホモゲンチジン酸，ポリフェノールなど．動物性食品では脂肪や可溶性たんぱく質の一部などであ

る．これらの成分はアク抜きにより除く．しかし，アクは全部とってしまえばよいというものではなく，たけのこ，ふきなどは，アク抜きを完全にするよりも，ほんの少し残っている方が食品のもち味としておいしい場合もある．→あくぬき

あく（灰汁）

木灰やわら灰を水に溶かして沈殿させた上澄み液のこと．カリウム塩などを多く含むので，アルカリ性の強い液となる．わらび，ぜんまいのアク抜きや，青野菜の緑色の鮮明化や，材料を柔らかくゆでるのに用いられる．▮

あくぬき（あく抜き）

野菜などに含まれているアクの成分，すなわち，えぐ味，渋味などや，褐変を起こす色素などをそれぞれの材料に適した方法で抜くことをいう．皮をむいたうど，ごぼう，れんこん，やまのいもなどでは，少量の酢を加えた水につけるとアクが抜け，変色しない．たけのこは湯の中にぬかを，わらび，ぜんまい，よもぎのようなものは，湯の中に炭酸水素ナトリウム（重曹），あるいは木灰を加えてゆでる．アクは調理の際，全部除去すればよいというものではなく，適度なえぐ味や渋味は食品の風味上必要なものなので，全部は除かない方がよい．→うど・→ごぼう・→さといも・→ぜんまい・→たけのこ・→みがきにしん・→やまのいも・→よもぎ・→れんこん・→わらび

あくひき（あく引き）

卵白を使って溶液中の不純物を除くことをいう．卵白のたんぱく質が熱凝固するとき，アクなどの成分を吸着する性質を利用したものである▮．澄んだコンソメスープを作るとき，材料を合わせた中に卵白を入れてよく混ぜ，スープストックを加えてかき混ぜ，加熱すると，材料から出てきたアクが卵白に吸着して凝固する．これを布でこすと透明なスープが得られる．砂糖の場合は砂糖を容器に入れ，卵白を加えたら手でよくもみ，水を加える．これを火にかけ，十分に卵白が凝固したらそれをとり除く．

あく引きをすると，砂糖の味がソフトになり，高級な菓子などを作るのに用いられる．なお，肉や魚，野菜などを煮たとき表面に浮いてくるアクをすくいとることもあく引きという．

あげだしどうふ（揚げ出し豆腐）

豆腐料理の一つ．豆腐の水気をきって適当な大きさに切り，かたくり粉または小麦粉をまぶして油で揚げ，だいこんおろし，刻みねぎ，削りがつおをのせてしょうゆをかけたり，しょうゆ，みりんで調味した熱

🧪 調理科学

灰汁のアルカリ効果

灰汁は強いアルカリ性を示す．アルカリは野菜の堅い組織を軟化し，山菜などに含まれるシュウ酸やホモゲンチジン酸などのアクの成分を溶出しやすい状態にする．また，葉緑素（クロロフィル）を美しい緑色のクロロフィリンにする働きもあり，ゆで水に加えて青野菜をゆでると，鮮明な緑色になる．アルカリ性を示す炭酸水素ナトリウム（重曹）も同じ効果がある．しかし，炭酸水素ナトリウムの場合は，灰汁を使用したときに比べて味がかなり低下する．

卵白のあく引き効果

卵白のたんぱく質の吸着性と熱凝固性を利用したもの．卵白が熱によって凝固するとき，アクの成分をともに抱え込んで凝固するので，それを静かにこせばアクを除くことができる．あく引きのときの加熱は，煮立てないように弱火ですること．煮立てると卵白が攪拌されて，微細な粒子となって浮遊するため，かえって液が濁る．

いだし汁をかけ、上にだいこんおろしをのせて食べる。調味しただし汁でさっと煮ることもある。

あげに（揚げ煮）

一度揚げたものを煮る調理法。油の風味や焼き色が加わり、豆腐、なすなどの淡白な材料の場合、コクのある料理になる。

あげもの（揚げ物）

油で揚げた料理全般をいう。から揚げ➡と衣揚げ➡がある。日本料理ではてんぷら➡、かき揚げ➡、たつた揚げ➡、精進揚げ➡など、西洋料理ではフライ➡、カツレツ➡、コロッケ➡、フリッター➡などがある。🔲

あこうだい（赤魚鯛）

フサカサゴ科の深海魚。体色は名の通り赤い。あこう、めぬけともいう。あこうだいというが、たいの仲間ではない。冬がしゅん。体長60cmにもおよぶ大きな魚で、身は柔らかい。新鮮なものは、なますなどの生食によい。吸い物、煮つけ、すり身にして詰め物や蒸し物にしてもよい。切り身にして粕漬けなどにもなる。

あさくさのり（浅草海苔）

アマノリ属のあさくさのりやすさびのりを主原料にして作った干しのりのこと。青みをおびた黒色で、光沢があり、のり特有の香気をもち、口の中で溶けるような感じのものがよい。名は、江戸時代まだ海だった浅草付近ののりを用いたことからという。

味つけのりは、あさくさのりに調味料で味をつけ、熱ローラーを通してつやを出す。多くは切って束ねて包装されているが、これには必ず、"板のり何枚、何袋詰（1袋量、何切、何枚）"の表示がある。すなわち、すし用のりが何枚分で、小袋が何

🧪 調理科学

揚げ物の油の付着量

揚げ物のとき、揚げ鍋中の油が減少する。これは、ほとんど、揚げだねへの付着によるものである。油の付着量は揚げるときの油の温度、時間、衣の有無や種類、揚げだねの種類、切り方など、多くの条件で異なる。一般に、高温で揚げ時間が長いほど油の付着量が多くなる。諸条件によって油の付着量は異なるため、一概にはいえないが、ほぼ10％内外が平均値である。から揚げは衣揚げより少なく、ほぼ5％内外といわれる。衣揚げの油の付着量の多い理由は、衣中の水分が抜けて代わりに油が入り、水と油が交替することにある。

揚げ油の劣化

油は空気中での長時間放置や紫外線、長時間の加熱などにより酸化が進む。

揚げ油はとくに空気に触れる状態で高温で加熱されるので酸化が進み、食味の低下が起こりやすい。こういった現象を油の劣化という。

油の劣化の判定は、色、におい、粘性、発煙点などが目安になる。劣化が進むにつれて、油の色は濃い茶褐色になり、ペンキ臭をおび、粘性が増し、発煙点が下がる。油の劣化の簡単な見分け方は、揚げ物の泡立ちをみる。新しい油は材料の周囲に大きな泡ができるが、材料をとり出すとすぐに消える。劣化が進むと、小さい泡が鍋全体に広がり、材料をとり出しても泡はなかなか消えない。このような状態を"油の疲れ"ともいう。

なお、油の劣化の測定法としては、過酸化物価（POV）、あるいはTBA値や粘性測定法などがあるが、完全に油の劣化を把握することは困難である。

揚げ物のおいしさ

よく揚がった揚げ物は、衣あるいは材料表面の水分と油が入れ替わり、カリッとした口当たりが得られる。また、油の加熱で生じた香りもプラスされる。このような状態に揚げ物を仕上げるには、新しい油の使用が大切である。劣化の進んだ油では香りがわるいだけでなく、粘性の増加で油が揚げだねに付着し、油切れのわるい、べとついた口当たりの揚げ物になる。

袋，また小袋1袋には板のり何枚切りを何枚詰めたかという意味である．

　干しのりは使用する直前に火であぶって使うのがポイント．火であぶると鮮やかな緑色に変わる☞．2枚を合わせ，遠火で両面をさっとあぶる．保存は，湿らないよう缶に入れて冷暗所におく．にぎり飯，巻きずし，てんぷら，茶漬け，磯辺和え，磯辺巻きなどにする．にぎり飯に巻くときは，ごはんが温かいうちに巻かないと，のりがうまくくっつかない．→まきずし

あさつき（浅葱）

　ユリ科の植物で，ねぎの一種．葉の大きさ，形はわけぎに似ている．小さい鱗茎をもつ．若葉を鱗茎とともにとり，食用とする．特有のにおいがある．調理法としては，汁の実，ぬた，薬味など．特有の香りや味を逃がさないよう，加熱するときは軽くゆでたり煮たりする．

あさづけ（浅漬け）

　漬け物の一種で，短期間漬けたものをいう．一夜漬け，早漬けなどともいう．材料の生に近い風味や感触を楽しむもので，塩を使い半日から1，2日漬けるものが多い．とくにだいこんやかぶのせん切りを，細かく刻んだ茎や葉とともに塩もみし軽く押して，2～3時間漬けたものは，大阪でよく作られるので大阪漬け，大阪浅漬けと呼ばれる．関東ではべったら漬け→を浅漬けと呼んでいる．☞いちやづけ

あさのみ（麻の実）

　苧の実ともいう．麻の花後の実で，小粒で堅い皮をもち，つぶすと一種の芳香がある．煎ったものを七味とうがらしの材料にしたり，いなりずしのすし飯に混ぜたり，料理の香味として用いたりする．プツプツした歯ごたえを楽しむ．

あさり（浅蜊）

　マルスダレガイ科の二枚貝．全国各地の塩分の少ない浅海の砂地や砂泥地にすむ．殻の色はすむ場所によって異なる．1年中あるが，2～4月ごろがしゅん．殻つきは殻を堅く閉じたものを，むき身では悪臭や粘りのないものを選ぶ．

　貝類特有の旨味成分コハク酸が多く，汁物にするときはだしは不要．生にはビタミンB_1を分解するアノイリナーゼを含むが，加熱すれば働かなくなるので大丈夫．

　殻つきのものは生きていることが条件．3％の食塩水に浸して砂をはかせるが，そのとき口を開かないものは死んだ貝なので除く．汁物には殻つきのまま使う．

　長時間加熱すると身がしまって堅くなるので，短時間でさっと煮るのがコツ．みそ汁や吸い物，酒蒸しに．むき身はぬた，かき揚げ，佃煮，スパゲティボンゴレなどに．サラダにするのもよい．

あじ（鯵）

　あじ類の総称．まあじ，むろあじ，まるあじ，しまあじ，ひらあじなど多くの種類があるが，一般にはまあじをさすことが多い．年間通じてとれるが，夏に旨味がのる．

　まずぜいごをとる．尾の方から包丁を入

調理科学

のりをあぶると青くなるわけ

　のりにはフィコエリスリン(赤)，フィコシアン(青)，クロロフィル(緑)，カロテノイド(黄～赤)などの色素が含まれているが，熱せられると，赤色のフィコエリスリンが青色のフィコシアンに変わる．そのため，焼きのりは青，緑，黄の混合した色の構成となり，青緑色になる．

れ，刃先を上下に動かしながらそぎとる．

　脂肪が少なく，味にくせがないので用途は広い．まあじは，塩焼き，煮つけ，酢の物，から揚げ，フライ，ムニエルに．新鮮なものはさしみやたたきに．小あじはから揚げにして甘酢漬けや南蛮漬け，マリネに．からっと揚げて合わせ酢に漬けると保存性がよく，小さいものは，骨まで食べられる．むろあじはさしみ，塩焼きのほか干物に加工する．

　干物は焼きすぎないことが大切である．油が出てしまうとパサパサになり，あじ特有の風味もなくなる．🡪なんばんづけ

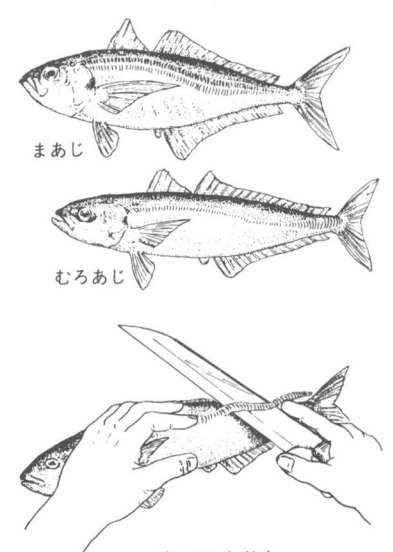

まあじ

むろあじ

ぜいごのとり方

あしたば（明日葉）

　セリ科．海岸に自生している野草の一つ．今日摘みとっても明日には新芽が出るところから，"あしたば"の名がある．

　最近は栽培され，店頭で見かけるようになった．せりに似た強い香りがある．さっとゆでたあと浸し物や，しょうゆ，清酒で佃煮風に．炒め物，てんぷらにもよい．

あしティビチ

　沖縄の代表料理の一つ．豚の足を皮つきのまま毛をきれいに除き，骨つきのまま大切りにして，塩としょうゆで調味し，時間をかけて柔らかく煮込んだもの．豚の皮がゼラチン化してたいへん柔らかく，とろりとしている．ふつうは豚のほか，こんぶやだいこんもいっしょに入れて煮る．

●あしティビチの作り方
材料：豚足1kg　煮こんぶ2枚　だいこん200g　水カップ5　けずり節カップ½　塩少々　しょうゆ少々　しょうが汁少々

　豚足（ティビチ）は表面をきれいにして湯洗いし，3cmくらいのぶつ切りにする．切ったものを買うと便利．たっぷりの湯で約10分ゆで，水洗いする．こんぶはカップ5の水で戻して10cmくらいの長さに切り，結ぶ．こんぶのつけ汁を煮立て，けずり節を加えてだしをとる．だいこんは皮をむき，厚めの輪切りにする．鍋に，だし汁，豚足，こんぶを入れ，約1時間煮たあと，だいこんを加え，だいこんが柔らかくなるまで煮，塩，しょうゆで調味する．消火後数時間そのままおき，食べるとき温める．器に盛り，しょうが汁をかける．

あしらい

　日本料理で，器に盛った主材料の味を引き立てたり，季節感を出す目的で取り合わせるもの．たとえば，焼き物に添える酢どりしょうが，ゆり根の甘煮など．さしみのあしらいは，一般に，つま🡪と呼ばれている．

あすかなべ（飛鳥鍋）

　奈良県橿原市周辺（飛鳥地方）で名物の，若鶏を牛乳で煮た鍋物．鍋に牛乳と，

鶏のガラでとっただし汁を入れ，にんじん，はくさい，たまねぎ，しいたけなどの野菜と煮ながら食べる．1300年ほど前，唐の使，善那が牛乳を孝徳天皇に献上したが，それ以来，妙楽寺の僧の間で牛乳を使った若鶏料理が作られるようになり，今日の飛鳥鍋になったという．

あずき（小豆）

豆の一種．皮の色は赤い色がふつうだが，白や斑（ふ）入りのものもある．大粒の大納言，中・小粒の中納言や小納言のほかに多くの品種がある．赤飯のほか，あん，ようかん，しるこ，ぜんざいなどに用いられる．緩下性成分のサポニンを含むので，便通効果がある．

●あずきのゆで方

あずきは水からゆで，煮立ったら一度ゆで汁を捨てる．これはあずきに含まれるサポニンといったアクの成分を除くためで，この操作を俗にしぶきりという．そのあと新しい水を加え，柔らかくなるまで皮を破らないように静かに煮る．あんなどにする場合は，煮立っている中にときどき冷水を加えるとよい．これをびっくり水☞という．

ゆでかげんは，あずきを指でつぶしてみる．赤飯，煮物などのようにさらに加熱するときは堅めに，あんなどは柔らかくする．ゆでてからの調味は，豆が十分柔らかくなってから行う．早くすると豆が堅くなってしまう．☞

あずきあん（小豆餡）⇨あん

あずきがゆ（小豆粥）

あずきを加えて作ったかゆのこと．1月15日に食べる習慣がある．正月のもちを加えて作ることも多い．ふつうは塩味であるが，地方によっては砂糖を加えたりする場合もある．

●あずきがゆの作り方

材料：米カップ1　あずきカップ¼　あずきのゆで汁＋水　カップ7　塩少々　もち4個

あずきを洗い，水を加えて火にかけ，煮立ったらその水を捨て，再び5〜6倍の水で，皮を破らないようやや堅めにゆで，あずきとゆで汁に分ける．米は，あずきのゆで汁に水を加えた分量の水に浸しておく．炊くときにあずきを加え，煮立ったら火を弱めて，米が柔らかくなるまで煮る．焼いたもちを入れ，塩で調味する．

あずきごはん（小豆ご飯）

うるち米にあずきを加えて炊いたもの．炊き込みごはんの一種．

●あずきごはんの作り方

材料：米カップ3　あずきカップ½　あずきのゆで汁＋水　カップ3.6(720ml)　塩小さじ1強

🧪 調理科学

びっくり水

豆をゆでるとき，沸騰後に加える冷水のことをいう．沸騰をしずめるために加えるが，あずきの場合，皮が堅く火が通りにくいので，水をさして温度を下げ，豆の組織をこわして火を通りやすくして早く豆を柔らかくする効果がある．ただし，皮が破れやすいので形はわるくなる．別名しわのばしともいう．

あずきを空気に触れさせると色がよくなるわけ

あずきをゆでるとき，途中で2〜3回すくい上げて空気に触れさせるときれいな色になる．あずきの色はアントシアン色素であるが，アントシアン色素は，酸化して鮮やかな赤色になる性質がある．あずきを空気に触れさせると，空気中の酸素によって色素が酸化され，きれいな色に仕上がる．

あずきを洗い，水を加えて火にかけ，煮立ったらその水を捨て，再び5～6倍の水を加え，皮を破らないようやや堅めにゆで，あずきとゆで汁に分ける．米は，あずきのゆで汁と水を加えた分量の水に浸しておく．炊飯時に，塩とゆであずきを加え，ふつうに炊く．

アスパラガス（asparagus）

ユリ科．軟化栽培した白色のホワイトアスパラガスと，そのまま生育した緑色のグリーンアスパラガスがある．味のよいのは5～6月．白色は主として缶詰に，緑色は生が多い．太くまっすぐ伸び，穂先が堅くしまっているものがよい．

缶詰の香気成分はイオウ化合物やアミノ酸類が分解してできたものである．

軸元の堅い部分を切り落とし，さらに下の方の皮をむいてから，少量の塩を加えた熱湯でゆでる．5～6本ずつ束にしておくと扱いやすい．

温かいうちにマヨネーズソース，レモン汁などをかけて食べる．ゆでたものをバター炒めにしてもよい．サラダ，グラタン，てんぷらにもよい．

缶詰をあけるときは，穂先を傷つけないよう缶の底からあけて，そっと引き出す．

アスパルテーム（aspartame）

アスパラギン酸とフェニルアラニンの二つのアミノ酸を結合させた化合物で，砂糖に似た強い甘味をもつ甘味料．食品添加物の甘味料の一つである．甘味は砂糖の200倍あり，砂糖と同じ甘味の強さにした場合，エネルギーは砂糖の0.5％である．アスパルテームは，体内でアスパラギン酸とフェニルアラニンに分解される．

アスパルテームは1965年（昭40），米国の医薬品メーカー，G. D. サール社の研究員により，偶然発見されたものである．低エネルギー甘味料として清涼飲料水をはじめ，調理用の甘味料として使用される．フェニルケトン尿症の人のために，フェニルアラニンの存在を表示する義務がある．

アスピック（aspic）

肉や魚の煮だし汁（スープストック）をゼラチンで固めたゼリーのこと．または，固める前のゼリー液のこと．冷製料理の下に敷いたり，生野菜を混ぜて固めて，アスピックサラダ⇨にしたり，料理のつや出しに用いたりする．下に敷くときは少し堅めに，つや出し用は柔らかめに作る．

アスピックサラダ（aspic salad）

アスピック⇨で固めたサラダのこと．きゅうり，セロリ，にんじんなどの小切り，えび，かに，白身の魚などに，肉や魚の煮だし汁にゼラチンを加えたアスピックを混ぜ，型に入れ，冷やし固めて作る．ドレッシングや，特別に作ったソースなどを添える．

十分固まらせるためには，ひと晩程度冷蔵庫で冷やす．冷やす時間が短いと食卓上で溶け，くずれることがある．

●アスピックサラダの作り方

材料：粉ゼラチン25g　水カップ1/3　スープストック　カップ4　レモン汁1/2個分　白ワインカップ1/4　塩小さじ1/2　こしょう少々　きゅうり2本　セロリ1/2本　にんじん1/2本　ハム（厚さ1cm）1枚　むきえび100g

きゅうり，セロリ，ハム，ゆでたにんじんは1cmの角切りにし，むきえびは塩，酢を少々入れた湯の中でさっと湯通しする．

粉ゼラチンは分量の水に振り入れて十分膨潤させ，湯せんにかけて溶かし，スープストックと合わせ，レモン

汁，白ワイン，塩，こしょうを加える．軽くとろみがつくまで冷水に浸して冷やし，準備した材料を加え，水でぬらしたゼリー型に流し入れる．冷蔵庫で固め，好みのドレッシングをかける．

あたりごま（当たり胡麻）⇨**すりごま**

あたる（当たる）

当たるという言葉にはいくつかの意味がある．

(1)擂るという言葉は縁起がわるいので，反対語"大当たり"などの縁起のよい"当たり"という言葉にかえたもの．すり鉢は"当たり鉢"，すりごまは"当たりごま"のように使われる．

(2)"味をためす"ことを"当たりをみる"というように使う．

(3)鍋や釜に焦げがついたとき，鍋に当たったなどという．

(4)腐った果物などに，この××は当たっているなどと使う．

(5)食中毒を起こしたとき，魚に当たったなどという．

あちゃらづけ（阿茶羅漬け）

あちゃらとはポルトガル語のアチャール（achar）が変化したもので，"野菜，果物の漬け物"の意味をもち，これが語源と考えられている．季節の野菜を数種とり合わせ，とうがらしを加えた甘酢で漬ける．

●**あちゃら漬けの作り方**

材料：れんこん5cm　だいこん5cm　ごぼう10cm　にんじん5cm　赤とうがらし1～2本　漬け汁（酢カップ1　砂糖カップ⅓　塩小さじ2）

漬け汁の材料を合わせ，ひと煮立ちさせて冷ます．だいこん，にんじんは薄い短冊切り，れんこんは薄切りにし，酢水にさらす．ごぼうは薄切りにし，水にさらしたのち軽くゆでる．赤とうがらしは種を抜き，薄い輪切りにする．漬け汁に，野菜，赤とうがらしを加え，材料が浮き上がらない程度の重しをする．ひと晩で食べられる．

アッシェ（hacher―仏）

西洋料理での切り方の一つで，野菜ではみじん切り，肉ではひき肉のようにできるだけ細く切ること．

アップサイドダウンケーキ（upside-down cake）

洋菓子の一つ．ケーキ型の底にバターと砂糖を溶かしたものを入れ，その上にパイナップル，りんご，チェリーなどの果物をきれいに並べ，さらにその上にケーキのたねを流して焼いたスポンジケーキ．

盛りつけるとき，ケーキ型をひっくり返し，果物の並んだ方を上にするので，アップサイドダウン（さかさまに，あべこべに）ケーキの名がある．

アップルゼリー（apple jelly）

りんごに含まれているペクチンを利用して固めたゼリー．ジャムと同じようにパンやケーキに塗ったり，冷やして菓子として食べる．ゼリー型で固めてもよい．

●**アップルゼリーの作り方**

りんごを六つ切り，あるいは八つ切りにして芯をとり，薄く刻む．これに，ひたひたの水を加え，柔らかくなるまで弱火で煮る．布で果汁をこし分けるが，搾ると汁が濁るので，自然に落下する果汁だけをとる．果汁1カップに¾カップの砂糖を加え，15～20分ほどアクをすくいながらかき混ぜないで静かに煮つめる．熱いうちに，消毒したびんに詰める．酸味の強いりんご（紅玉など）がよくできる．酸味の少ないりんごの場合は，りんご酢，あ

るいはレモン汁などを加えるとよい．ペクチンが少なく，ゼリー化しにくい場合は，市販のペクチン粉末を加える．

アップルソース（apple sauce）

りんごを使った西洋料理のソースの一つ．豚，鴨，七面鳥などの料理に合う．とくにポークチャップやローストに最適．材料のりんごは酸味の強い紅玉がよい．市販品もある．

●アップルソースの作り方

材料：りんご1個　砂糖小さじ1　水大さじ2　バター大さじ1½　塩少々

りんごは皮をむいて芯をとり，薄切りにして，水，砂糖で柔らかく煮る．これを裏ごしにして，バター，塩で調味する．シナモンを加えてもよい．

アップルパイ（apple pie）⇨パイ

あつやきたまご（厚焼き卵）

魚のすり身を混ぜて厚く焼いた卵焼き．卵に砂糖，だし汁，みりんを加えて甘く焼いたものもある．そのまま切って食べたり，すしだねなどに使用する．

●厚焼き卵の作り方

材料：卵4個　白身魚100ｇ　みりん大さじ4　塩小さじ⅓　しょうゆ小さじ1

すり鉢に白身魚を入れ，塩を少量加えてよくすり，割りほぐした卵を少しずつ加えて，さらによく混ぜる．混ざったら調味料を加え，味を調える．薄く油をぬった卵焼き器に，卵液を一度に流し入れ，ふたをし，弱火でゆっくり焼き上げる．表面が乾いた状態になれば，ひっくり返し，裏にも少し焼き目をつける．

油をぬった流し型に入れ，オーブンで焼くと簡単にできる．

アーティチョーク（artichoke）

キク科の植物であざみの一種．西洋野菜の一つ．花のつぼみを食用とする．熱湯の中に塩と酢を少し加えて，30分ほど丸ゆでする．ゆで上がったら熱いうちに食べる．萼を1枚ずつ引き抜き，内側の果肉にバターソースをつけ，歯でしごいて食べる．ナイフを使わず指を使って食べる．最後に花托が残るので，これはバターソースをかけてナイフとフォークで切って食べる．

アーティチョーク

あてじお（当て塩）

材料に塩を振ることで，おもに魚料理の下ごしらえのときなどに用いられる言葉．塩を振ることによって，材料のにおいを消したり，旨味を増したり，身を引きしめたりする効果がある．当て塩をしたら15〜30分はおいた方が身がしまってよい．

アトレ（attelet—仏）

西洋料理で使われる金属製の飾り串のこと．串刺し料理に用いられ，アトレを用いた料理をアトロー⇨という．

アトロー（attereau—仏）

焼き串のこと．また，串に各種材料を刺してソースをつけ，パン粉をつけて揚げた料理．昔は盛りつけのとき串をアトレ⇨に刺しかえたところからついた名前．

あなきゅう

すし用語の一つ．焼きあなごときゅうりを芯にして巻いた，細巻きののり巻きのこと．

あなご（穴子）

アナゴ科の魚の総称．まあなご，くろあ

など，ぎんあなごなどがあるが，一般には，あなごというとまあなごをさすことが多い．内海，湾内に多い．兵庫県明石がとくに有名．味は淡白で，季節をとわず味がよい．

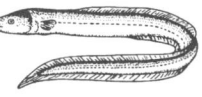
まあなご

皮にぬめりがあるので，熱湯を注いで手早く水で冷やし，包丁ですり落とす．または，開いたあなごを皮を上にして包丁でこそげるようにしてとる．脂肪が多く，生臭みがあるので，必ず一度素焼きする．素焼きすることで特有の香ばしさが生まれる．焼くときは，皮が強く収縮するので，串を打って，皮目の方から強火の遠火で焼く．かば焼きはこのあと，みりんとしょうゆを合わせたタレをつけて焼く．素焼きにしたものは熱いうちにわさびじょうゆで食べたり，酢の物，茶碗蒸しなどに．てんぷらにするときは生のまま．一度に油の中へ入れると形が曲がるので皮の方を下に向け，まず半分だけ油に入れ，入れた半分がやや固まったころ，あとの半分を入れるとまっすぐ揚がる．熱の通りがわるいので，気長に揚げる．

アニス（anise）

香辛料の一つ．種子を香辛料として用い，アニシーズともいう．独特の芳香と甘味があり，おもに菓子類に使われる．パン，ビスケットなどに振りかけたり，ケーキに入れたりする．またアニゼットなどのリキュールの香料に使われる．

あひる（家鴨）

野生のマガモを飼いならし，家禽にしたもの．肉用，卵用がある．

一般に，あひるの肉は特有のにおいがある．香辛料を強くきかせたり，しょうゆなどを塗って焼くような調理が適している．西洋料理ではシチューやローストに．あひるの本場の中国ではあひる料理が多いが，とくに烤鴨子（カオヤーズ）➜というあひるの丸焼きは有名．卵はおもにピータン➜にする．

あぶらあげ（油揚げ）

豆腐を薄く切って油で揚げたもの．薄あげ，いなりあげともいう．三角，四角，長方形のものがある．豆腐を厚く切って揚げたものは厚あげ，生あげ➜ともいい，区別される．使用する前に，必ず熱湯をかけるか熱湯中で煮て油抜きをするのがコツ．油臭さがとれて，料理の味がすっきり仕上がる．新しいものをさっとあぶってしょうゆをつけたものは手軽で味がよい．

いなりずし➜に用いるときは，砂糖，しょうゆ，みりんで甘辛く煮る．そのほか酢みそ和えや五目飯に．いなりずし，福袋煮など，油あげを袋状に開いて用いるときは，包丁のみねで油あげ全体を軽くたたいてから開くとあけやすい．みそ汁や吸い物など細く切って用いるときは，熱湯に入れるとふくれて大きくなるので，心もち細めに切る．

あぶらな（油菜）

アブラナ科．なたね（菜種）ともいう．あぶらな（在来なたね）と西洋あぶらな（洋種なたね）の2種をまとめていう．あぶらな（在来なたね）の葉は淡緑色で柔らかく，西洋あぶらなの葉は濃緑色であぶらなより厚く，表面に白いろう質をかぶっている．かつては，食用および灯火用の油をとる原料として重要で，そのためあぶらなの名がついた．葉はなたね，なたねな，つぼみは菜の花，菜花（なばな），花菜（はなさい）などと呼ばれ，食用となる．日本ではあぶらな（在来なたね）が多く栽培されていたが，明治はじめに西洋あぶらなが導入されて以来，とってかわるようになった．

柔らかい若葉はさっとゆでて浸し物，和え物，汁の実，煮びたしなどによい．京都のはたけなや東北地方のくきたちなどはあぶらな（在来なたね）の仲間である．

あぶらぬき（油抜き）

食品の油気を抜くこと．揚げてあるものをさらに調理する場合，食品の表面に浮いている余分な油や表面の酸化した油を除いて油臭さをとるとともに，油分を残しながらも油っこくなく料理を仕上げる方法．油あげ，生あげ，がんもどき，さつまあげなどによく行われる．これらをざるに並べ，上から熱湯➡をかけるか，たっぷりの湯の中で煮ると油抜きができる．

あぶらやけ（油焼け）

油分の多い魚介類の乾製品や塩蔵品，冷凍品などを長く貯蔵したときに起こる変化．食品が黄褐色，赤褐色に変色し，不快臭や，渋味を感じるようになる．これらは食品中の脂肪が酸化したり，酸化した脂肪がアミノ酸と反応するために起こる．

油焼けしたものは健康によくない．これの防止には日光，空気から遮断することで，密封した包装をして，冷暗所におくか，冷凍する．また，抗酸化剤を使用するなどの方法がある．

アプリコット（apricot） ⇨ あんず

あべかわもち（安倍川餅）

切りもちを焼いて湯に浸し，柔らかくしてから，砂糖を混ぜたきな粉をまぶしたもの．つきたてのもちを小さくちぎり，砂糖と合わせたきな粉をまぶすものもある．も と東海道安倍川畔の茶店で売ったのが名物となり，現在も静岡の銘菓となっている．

アペタイザー（appetizer）

西洋料理で食欲を増進させるために食前に出される前菜➡や食前酒（➡アペリティフ）のこと．

アペリティフ（apéritif―仏）

食前に食欲を増すために出す酒の総称．アペタイザー➡，食前酒ともいう．白ワイン，シェリー，ベルモット，マデイラ，カクテル➡，ウオツカなどを用いる．

食前酒の働きは胃を刺激し，消化液の分泌を促進し，食欲を起こさせることにある．その意味で，食前酒は栄養面でも補助的役割を果たしているといえる．

アボカド（avocado）

クスノキ科．メキシコ南部原産の果実．形は洋なし状，長円形，円形など．色も緑，黄，赤などさまざまだが，ふつう見かけるのは洋なし状で青黒いもの．

アボカド

皮肌が厚く，わに皮のようなのでアリゲーターペア（わになし）ともいう．果実の中央に，大きな淡褐色の種子がある．果肉は淡黄または淡緑色．

多量の脂肪を含み，バターのような口当たりなので"森のバター"といい，また高エネルギーなので食事代わりにもなる．縦二つ割りにして種子をとり，塩，砂糖，レモン汁などをかけ，スプーンですく

🧪 調理科学

油抜きと熱湯

油は，空気に触れて酸化すると粘性を増してくる．このいたんだ油を除くには，油を浮かせて流し去ればよい．この処理に水を使うと油は粘性を増し，食品に強く付着して流し去ることができない．一方，油は高温になると粘性が少なくなり，食品から離れて水に浮きやすくなる．そのため，油抜きには熱湯をかけるか，湯で煮るとよい．

って食べる．サラダにもよい．皮と種子を除き，薄く切り，わさびじょうゆでさしみのように食べてもよい．

あまぐり（甘栗）

中国産の天津ぐりを，砂礫とともに加熱した焼きぐりである．砂礫の中に，砂糖，あるいは砂糖のシロップ，水あめなどを加えて煎り上げる．そのため，くりの表面に美しいつやがでる．ふつう，そのまま皮をむいて食べるが，中の実を砕いてアイスクリームなどに混ぜてもよい．

あまざけ（甘酒）

ごはんまたはかゆに米こうじを合わせて保温し，米のでんぷんをブドウ糖や麦芽糖に糖化したアルコールを含まない甘い飲み物．消化がよい．

作るときのポイントとしては，温度をでんぷんが糖化しやすい温度☞にコントロールするのが大切．米とこうじの割合は同量ぐらいが適当．甘味を強くしたいときは，こうじを多くする．手軽には酒粕を利用して作る．酒粕を湯に均一に溶かして，甘味に砂糖などを補う．熱くしてしょうが汁を落として飲む．

● 甘酒の作り方

材料：米カップ 2　米こうじカップ 2

米は洗って 30 分ほど水に浸し，柔らかめにごはんを炊く．木じゃくしで混ぜて 70〜75 度に冷まし，こうじをパラパラにほぐして加える．全体を切るようにして混ぜ，55〜60 度で 10〜15 時間保温する．保温にはジャーを用いると手軽である．温度が下がってきたら，途中で中身を鍋にあけ，60 度に温め，再び保温する．甘味がでたら，発酵を止めるため，一度煮沸してびんなどに移す．飲むときに好みに薄めて温め，しょうが汁を搾り込む．

あまじお（甘塩）

魚肉などに薄く塩を含ませる塩かげんのこと．薄塩ともいう．甘塩干し，甘塩漬けなどがある．甘塩のものは保存性がないので早く食べること．甘塩の魚類は通常焼いて食べる．

減塩の目的で塩分量を下げたみそ，しょうゆ，漬け物，佃煮などの表現に用いられることもある．

あまず（甘酢）

合わせ酢の一種．酢，砂糖，それに塩またはしょうゆを合わせたもので，甘味の強いもの．

甘酢の割合（例）

	酢	砂糖	塩・しょうゆ
甘味の強いもの	大さじ 4	大さじ 4	塩小さじ 1
甘味の弱いもの	大さじ 4	大さじ山 1	しょうゆ小さじ 1/3

砂糖で酢の酸味を和らげている．砂糖を使う限度は酢と同量程度まで．これ以上になると甘すぎる．甘酢とはいっても，塩，しょうゆなど塩味のものも少し加えること．砂糖だけでは味がすっきりしない．

🧪 調理科学

甘酒の甘味

甘酒は，こうじかびのもつ糖化酵素の働きにより，米のでんぷんが糖化されて甘くなる．したがって，甘酒を作るときは，酵素が最もよく働く温度に保つことが大切で，55〜60 度で 10〜15 時間保つと糖化が十分に行われ，甘くなる．

なお，ごはんにこうじを混ぜるときごはんを冷ますのは，こうじかびの酵素は 65 度以上の高温になると活性を失い，糖化ができなくなるからである．☞こうじ

あまずあん（甘酢餡）

砂糖，しょうゆ，酢を合わせた甘酢に，かたくり粉やコーンスターチなどのでんぷん類を加えてとろりとさせたもの．中国料理のこいの甘酢あんかけや，酢豚⇒がよく知られている．そのほか，魚のから揚げやミートボールなどにも使われる．

あまだい（甘鯛）

アマダイ科の海水魚．たいの仲間ではない．しろあまだい，あかあまだい，きあまだいの3種があり，それぞれ名前の色をしている．関西ではぐじという．

冬から春にかけてがしゅん．水分が多いので，干物にすると肉がしまってよい．静岡県興津（おきつ）の名産"興津だい"は，きあまだいのひと塩干し．肉質が柔らかく生臭みが出やすいので，干物やみそ漬けにすることが多い．干物では油が少ないので，油焼けすることが少ない．

水っぽくて脂肪が少ないので，煮つけるよりも，みそ漬けなどにして水分をとるか，油を使うと風味が引き立つ．焼くときも，塩焼きより照り焼きの方がよい．清酒は生臭みを消し，肉質を引きしめ，風味をよくするので，酒蒸しもよい．そのほかフライ，ムニエルなどにもなる．

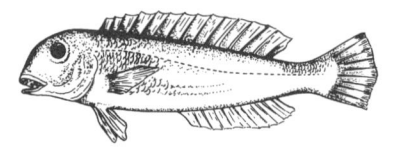

あかあまだい

あまみ（甘味）⇒かんみ

あまみそ（甘味噌）

味によってみそを分類したもので，いわゆる江戸みそや白みそ類がこれに当たる．塩分が6％程度と少なく，甘味が強い．関西以西に多く，寒い地方ではほとんどみられない．おもにみそ汁や酢みそに使う．⇒みそ

アマランサス（amaranthus）

ヒユ科の中南米原産の作物．おもに種子を穀物として食用にする．仙人穀ともいう．たんぱく質，無機質が豊富．粒は米と炊き，粉は小麦粉のようにパンや菓子に用いる．そばがきのように練って食べてもよい．

あみ（醬蝦・糠蝦）

えびの形をした1〜2cmの小さな生物．とれる時期により，春あみと秋あみがある．新鮮なものは薄口しょうゆでさっと煮つけるとよい．また，塩煮，煮干しにしたものを二杯酢，煮つけ，佃煮などにする．

あみあぶら（網脂）

豚や牛の内臓を包んでいる網状の脂肪．クレピーヌ（crépine—仏）ともいう．肉，ソーセージ，野菜などをこれで包んで，焼いたり揚げたりする．新鮮なものを選ぶことが必要．使用するときは，たっぷりの水の中でよくすすぎ，水気を十分にきる．

アミノカルボニルはんのう（アミノカルボニル反応）⇒メラノイジン

アミノさん（アミノ酸）

たんぱく質の構成成分で天然の食品中にも含まれるが，たんぱく質を分解して作ることも多い．アミノ酸にはいろいろな味があるが，その中で旨味をもっているものとしては，グルタミン酸，アスパラギン酸，グリシンなどがある．グルタミン酸は，うま味調味料として使用され，アスパラギン酸，グリシンは飲料，あるいは加工食品の味つけ材などとして使用されている．また，特殊なものとして，玉露などの緑茶の旨味成分であるテアニンなどもアミノ酸の一種である．たんぱく質を酵素で分解したアミノ酸液も，食品加工原料として使用される．

あみやき（網焼き）

金網の上で焼くこと，またその料理をいう．材料はおもに肉や魚が多く，塩，こしょう，しょうゆなどで適宜調味して用いる．じか焼き，あぶり焼きなどともいう．西洋料理ではグリルと呼んでいる．

アミラーゼ（amylase）

でんぷんを分解する酵素のこと．でんぷんは加水分解酵素によりデキストリン（でんぷんがブドウ糖にまで分解される前の中間産物），麦芽糖，ブドウ糖などに分解される．この分解作用をする酵素をまとめてアミラーゼと呼んでいる．分解作用により，デキストリンに分解するものをα-アミラーゼ，麦芽糖まで分解するものをβ-アミラーゼ，ブドウ糖まで分解するものをグルコアミラーゼと呼んでいる．アミラーゼはジアスターゼとも呼ばれている．これは，初めてでんぷん分解酵素が発見されたとき，ギリシア語で分解を意味するdiástasから名づけられたものである．アミラーゼは自然界には広く存在しているが，だいこん，さつまいも，大豆などに含まれているのはβ-アミラーゼであり，動物のだ液，膵液（すいえき）などにはα-アミラーゼが多い．アミラーゼは動物体内のでんぷんの消化のほか，食料の製造，発酵，消化剤などにも利用されている．

あめ（飴）

いも類やとうもろこしのでんぷん，またはもち米などでんぷんを多く含んだ材料を，麦芽または酵素剤や酸で糖化したもの．粘稠（ねんちゅう）性のある甘味物質で，水あめともいう．おもな成分は，ブドウ糖，麦芽糖，デキストリンなどである．製法により，麦芽あめ（麦芽を用いたもの），酵素糖化あめ（酵素で糖化したもの），酸糖化あめ（酸で分解したもの）があるが，現在では酵素糖化あめが一般的である．これを加工し，菓子のあめにする．粉あめにも加工される．砂糖から作るキャンデーもあめと呼ぶことが多い．→キャンデー・→こなあめ・→みずあめ

あめに（飴煮）⇨つくだに

アーモンド（almond）

バラ科のアーモンドの種実．特有のよい香りをもっている．生もあるがおもに炒ったものが売られている．湿ると香りがわるくなるので，保存に注意する．そのまま食べるほか，すりつぶして和え衣やタレに使うと香りがよい．スライス，粉末，クラッシュ，細切りなどにしたものは，ケーキ，クッキー，アイスクリームなどの風味づけの材料としてもよく用いられる．

あゆ（鮎）

アユ科の淡水魚．天然あゆは体がすんなりしている．養殖あゆは頭が小さく，頭の後ろが太い．天然あゆのおいしさは内臓の香りと苦味にあるので，内臓の抜いていない新鮮なものを選ぶ．腹を押さえて堅いものが新鮮である．養殖のものには，あゆ特有の香りがなく，肉も弾力がない．内臓を塩漬けしたものが，うるか→である．

天然あゆは，塩焼きにするのが一番．姿の美しさが身上なので，登り串（→うねりぐし）を打つ．たっぷりのひれ塩をつけ，強火の遠火で焼くのがコツ．ひれ塩は，尾びれ，尻びれ，背びれ，腹びれの順に，指

ではさんで押さえるようにしながらたっぷりと塩をつける．焼き上がったら，串は熱いうちにまわしながら抜く．たで酢→で食べるのが一番．

6月ごろの若あゆは頭から丸ごと食べられるので，フライやてんぷらにするとよい．秋の子持ちあゆは香りがなく，皮も堅いので，みそをのせて焼く魚田→や煮浸し→にする．このほか，あゆずし，甘露煮，なますなどにする．

養殖あゆは脂肪分が多く香りが少ないので，フライ，ムニエルなど油を使った洋風料理がよく合う．

あら

魚類の身をとったあとの頭，かま，薄身，中骨などのこと．一般には廃棄物として扱われることが多いが，魚の種類によっては十分食用となる．とくに，ぶり，たい，さば，さけなどはよい味を出し，潮汁，あらだき，ちり鍋などに用いられる．

あらい（洗い）

さしみの一種で，新鮮な魚肉を冷水にさらし，堅く縮むのを利用したもの．水でさらし洗いにするから，あらいという．魚によって，あらいにできるものとできないものがある．こい，ふな，すずき，たいなどがあらいになる魚である．夏向きの料理で，とくに，こいのあらいが有名．

魚はできるだけ新しいものをすぐに調理することが大切．死んでから時間がたち，死後硬直を起こしてしまったものはあらいにならない→．水槽，いけすなどからすくい上げた直後の魚が，あらいに最も適している．

●あらいの作り方

新鮮で，身をこすると収縮するような魚をおろして骨と皮をとり，薄くそぎ切りにする．これを氷といっしょにざるに入れ，水を落としながらよくさらす．こうすると脂肪がとれ，身がしまって縮み，歯ざわりがよくなる．作りたてをわさびじょうゆ，酢みそなどで食べる．

あらいねぎ（洗い葱）

さらしねぎのこと．→さらしねぎ

アラカルト（à la carte―仏）

料理店で献立表から好みのものを選んで注文する一品料理のこと．また，一品だけでなく，献立表から何品か選んで食事の1コースを作るときにも用いられる．フランスの料理店では定食というのは少なく，このような方法で営業される場合が多い．

アラザン

洋菓子材料の一つ．ケーキの装飾に用いられる銀色に光った小さな玉．大小各種ある．でんぷんに砂糖を少量混ぜて丸い粒状にし，食用銀粉で衣がけして作る．

あらだき（あら焚き）

魚のあらだけ，またはごぼう，たけのこなどの野菜も加えて，みりん，しょうゆなどで甘辛く調味し，煮込んだもの．たいやぶりなどがよく使われる．

調理科学

あらいの原理

新鮮な魚肉を冷水にさらすことで身がしまり，弾力がでるのは，筋肉中に含まれるエネルギー代謝に必要なATP（アデノシン三リン酸）の流出・分解と，筋肉たんぱく質のアクトミオシンの生成をより人為的に進め，硬直を起こさせることによる．したがって，死後硬直を起こす前の新鮮な魚でないとあらいにはならない．また，氷などを使用した冷水でないと硬直は起こらない．また，魚肉中のカリウムイオンやたんぱく質の構造の変化なども関係している．

●たいのあらだきの作り方
材料：たいのあら（頭や中骨）500ｇ　ごぼう（細）2本　だし汁カップ1　清酒カップ½　みりん大さじ4　砂糖大さじ4　しょうゆ大さじ4〜5

　たいのあらはうろこをとり，大きめのぶつ切りにして熱湯にくぐらせ，冷水にとり，血合いなども洗い，水気をふきとる．ごぼうは皮をこそげて5cmぐらいに切りそろえ，アク抜きをする．だし汁に調味料を加えて火にかけ，沸騰後，たい，ごぼうを入れ，落としぶたをして中火にかけ，煮汁が少なくなるまで煮る．煮汁がやや煮つまってきたら，煮汁をときどきさじですくい，あらの上からかけると，つやよく仕上がる．天盛りとして，細く切った針しょうが，木の芽などをのせる．

あらねつ（荒熱）
調理直後の高熱を水に浸すなどして冷ますことで，"荒熱をとる" といった用い方がされる．

あらまきざけ（新巻き鮭・荒巻き鮭）
さけの塩蔵品の一種．本来は，北海道でその年にとれた新鮮なものに塩ざけより塩を少なく当て，ぜいたくな当座用として用いていたものであった．しかし，近年は塩ざけも低塩になってきており，新巻きとの差は明確ではなくなり，混称されている．"あらまき" という名は "藁巻き" が変化したもので，"新巻き" は新しい手法による塩ざけという意味でもある．

あらめ（荒布）
コンブ科の海藻の一種．塩干しあらめ，煮干しあらめ，塩抜きあらめ，刻みあらめなどがある．一般には，あらめを細かく削った刻みあらめがよく用いられる．ヨウ素，カルシウム，リン，鉄などの無機質類が多く，よい給源になる．水につけて戻し，水洗いしてから熱湯でゆでて用いる．早く柔らかくするには，ゆで水に酢を少量加えるのがコツ．とろみのある粘りがあり，吸い物，酢の物，和え物などによい．ゆでたものを油で炒め，しょうゆと砂糖で煮含めてもよい．

アラモード（à la mode—仏）
最新流行の，という意味．菓子の場合は，アイスクリーム，果物，生クリーム，プディングなどを適宜配して，フルーツアラモード，プリンアラモードなどと使う．

あられ（霰）
米菓の一種．米菓のうち，さいころ状あるいはそれ以下の小さいものをいう．降ってくるあられに似ているのでこの名がある．→べいか

あられぎり（霰切り）
材料を3〜5mm角の小さなさいの目に切ること．形があられに似ているのでこのようにいわれる．あられ切りしたものを料理の上にかけたり，混ぜ込んだり，汁物の実や和え物にしたものもあられという名をつける．あられしょうが，あられ豆腐，細かく切ったたいやすずきなどを加えたかゆはあられがゆ，あられに切ったやまのいもを入れて作ったようかんはあられ羹という．

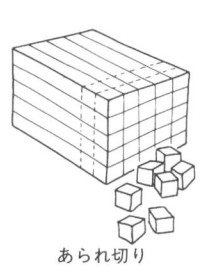

あられ切り

あられしょうが（霰生姜）
あられ切り→にしたしょうがのこと．

アリュメット（allumette—仏）
野菜の切り方の一つ．じゃがいもなどをマッチの軸のように切ったものをいう．アリュメットとはマッチの軸という意味のフランス語である．また，西洋料理の食事

で，コースのはじめに出される前菜料理の一種にもアリュメットと呼ばれるものがある。これは，パイ生地に魚肉をぬり，細長く切って，オーブンで焼いたものである。

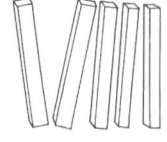

アリュメット

アルファかまい（アルファ化米）

米飯を熱いうちに急速に乾燥して水分を除いたもの。でんぷんがアルファ型の状態のまま保たれている。食べるときは，水か湯を注ぐだけでよいものと，簡単に煮るものとがある。簡単に炊飯できるので，登山などの携帯食糧，給食などに用いられる。栄養的にはもとの米飯と同じである。

アルファルファ（alfalfa）

マメ科。牧草の一種。アルファルファの名は，ペルシア語で"最良の草"という意味の言葉に起源しているといわれる。アルファルファの種子を発芽させたものをアルファルファもやしとして食用にする。さっと洗って生のままサラダやサンドイッチにする。シャキシャキした歯ざわりがある。

アルミはく（アルミ箔）

高純度のアルミニウムを非常に薄くのばし，紙状にしたもの。耐熱性，防湿性，防油性，遮光性などに優れているため，食品の包装材や調理などに使用するとその効用が大きい。調理の際は材料をアルミ箔で包み，直火や，オーブンなどで焼くと，アルミ箔に接している部分は焼き調理であるが，中の方は蒸し調理の状態となり，口当たりの柔らかい料理ができる。また，香りも逃げないので，レモンや香味野菜などをともに包み込んで焼く場合も多い。アルミ箔を各種の形に整形した皿やケーキ型なども多くあり，これらを使って調理すると便利である。

アルミニウムは酸に弱いので，酸味の強いもの，あるいは酸を多く含むみそ，しょうゆなどを保存するのにアルミ箔を使うのは不適である。

アロマ（aroma）

食べものからたちのぼる，おいしそうな香りをいう。口に入れなくても，ただよってくる香りで食欲をさそうもの。食べるときに感じ，味覚を左右するフレーバーとは異なる香りである。たとえば，コーヒーをたてているときにただよってくる香りがアロマで，かなり遠くからでもわかり，食欲をそそる性質がある。日本料理では，吸い物などにゆずやさんしょうなどを使って，料理を食べる前に香りをただよわせるものが多いが，これは，香辛料のアロマ的使い方である。 ➡フレーバー

あわくちはっぽう（淡口八方）⇨うすくちはっぽう

あわせじょうゆ（合わせ醤油）

調味しょうゆの一つで，しょうゆに清酒，酢，みりんなどの調味料やだし汁を加えたもの。清酒，みりん，だし汁などでしょうゆ味を薄めたものは割りじょうゆ➡という。しょうゆをだし汁で割ったものはだし割りじょうゆという。だし汁で割ると，

🧪 調理科学

アルファ化米の保存性

アルファ化したでんぷんから急速に水分を除き，水分含量を10〜15％以下にすると，アルファんぷんのままの状態で保つことができる。これは，でんぷんがアルファ化してミセルの配列がくずれ，分子間にすき間ができたままの状態から水分が除かれているため，アルファでんぷんの構造を保ち，しかもでんぷんの老化に必要な水分が存在しないからである。

強すぎるしょうゆ味が和らぐと同時に，だしの旨味が加わる．これは浸し物などに用いられる．

あわせず（合わせ酢）

酢に，各種の調味料や材料を配合したものの総称．和え酢，調味酢ともいう．

加える材料によって種類は多く，みりん，砂糖を加えて甘味をきかせた甘酢→，しょうゆまたは塩を加えた甘味のない二杯酢→，砂糖，しょうゆを加えた三杯酢→，ごまを加えたごま酢→，こんぶを用いた松前酢→のほか，たで酢→，みぞれ酢→，黄味酢→，からし酢→，うに酢→，けし酢→，梅肉酢→，土佐酢→，それに，かんきつ類の果汁であるぽん酢→などがある．

そのほか，すし酢，ピクルスや酢漬け用の漬け酢などは，みな合わせ酢の一種である．合わせ酢の多くは酢の物に用いられ，材料のもち味を引き立てたり，色彩効果をあげている．

あわたてき（泡立て器）

卵，生クリームなどを泡立てたり，撹拌してマヨネーズを作ったりするための器具．各種の形のものがあるが，大別すると，茶せん形と，らせん形とになる．泡立ては，必ずしも撹拌するのではなく，泡を立てる材料を叩くようにする方が，気泡がうまく材料に入り込み，均一にきれいに立つ場合が多い．その点では，らせん形より茶せん形の方がうまく泡立つ．また，手動式の泡立て器を回転させながら使用するもの，これを電動式にしたものもある．泡立ての失敗が少ないものとしては，電動式のハンドミキサーがよい．

あわび（鮑）

ミミガイ科の巻き貝．くろあわび，めかいあわび，まだかあわびなどの総称．種類により，大きさ，身の堅さなどが異なる．夏がしゅん．

生きているものを選ぶ．生食用には身が堅く肉色が青みがかったおがい（くろあわび），煮物，蒸し物には身が柔らかく肉色の黄色みがかっためがい（めかいあわび）が適している．

生きたものを生で食べるのが最高．水貝，さしみなど身をしめたいときは塩で身をこする．

殻のはずし方は，よごれをとったあと，殻と身の間にヘラをさし込んで身をえぐりとる．身を角切りにして氷片を添え，三杯酢やわさびじょうゆで食べる水貝は盛夏の料理として逸品である．このほか，さしみ，酢の物，殻ごと焼いた貝焼きや，塩でよく洗ったものをそのまま蒸した塩蒸しも淡白な味が味わえる．バター焼きなど焼き物にも向く．

わたはさっとゆでて酢の物にするほか，甘辛く炒り煮にすると美味．割りしたで煮るが，味つけはあまり濃くしない方が風味が生きる．

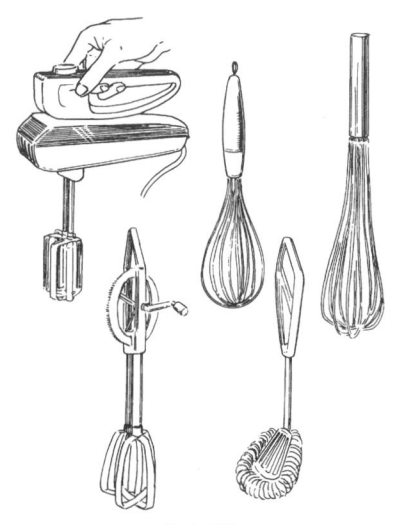

泡立て器

赤みそ仕立てにすることもある．

周囲のひだ（足）は堅いが，ゆでて，みそ汁に入れるとよい．この場合は，味つけは濃いめにする．肝臓はすりつぶして，角切りにしたあわびと合わせて共和えにしたり，塩ゆでにして水にさらして，わさびじょうゆで食べたりする．

あわもり（泡盛）

沖縄特産のしょうちゅう．原料は米で，泡盛こうじ菌という黒こうじ菌を用いる．アルコール分は25〜40%で，特有の芳香がある．冷やのまま，あるいは温めて飲む．醸造中に泡が盛んに出るので泡盛の名になったようである．素焼きのかめで長期間貯蔵した古酒はクースという．

あわゆき（泡雪・淡雪）

卵白を泡立てたものを用いた菓子や料理につけて用いられる言葉．白くふわふわと柔らかく，雪のように白いのでこの名がある．泡雪に砂糖を加えたものを英語ではメレンゲ🔁と呼んでいる．

そばに卵白を泡立てたものをかけた泡雪そば，白身の魚や鶏肉などに，卵白を泡立てた衣をつけて揚げた泡雪揚げなどもある．絹ごし豆腐は，柔らかいところから，淡雪豆腐ということもある．

あわゆきかん（淡雪羹）

かんてん液に卵白の細かい泡を入れて固めたもの．まっ白で，口の中で溶けるような舌ざわりが，春の雪が溶ける感じに似ているのでこの名がある．泡立てた卵白とかんてん液を混ぜ合わせて固めるとき，かんてん液があまり熱いうちに型に入れると分離してしまう．かき混ぜながら凝固寸前まで冷ましてから，型に入れることが大切である．

●淡雪かんの作り方

材料（5〜6人分）：かんてん1本　水カップ1½　砂糖120ｇ　卵白2個分

かんてんは洗って水で戻し，よく絞ってから分量の水に細かくちぎって入れ，火にかける．かんてんが完全に溶けたら砂糖を入れ，少しとろりとするまで煮つめ，荒熱をとる．堅く泡立てた卵白の中に泡立て器でかき混ぜながら，冷ましたかんてん液を流し込み，水でぬらした型に流し入れ，固める．

あん（餡）

あずき，いんげん豆などの豆類，あるいはさつまいも，くりなどを煮て砂糖を加え，加熱しながら練ったもの．材料により，あずきあん，いもあん，くりあんなどと呼ばれる．

あずきあんには，粒あんとこしあんがある．粒あんは，あずきの重量の2〜2.5倍，こしあんは1.3〜1.7倍の生あんがとれる．砂糖は，生あんの重量の40〜70%が適量．砂糖は一度に加えず，2〜3回に分けて入れると混ぜやすい．塩を少量加えると対比効果🔁によって甘味が引きたつ．

🧪 **調理科学**

あんの保存性と砂糖

砂糖をたっぷり加えたあんは，腐敗せずに長もちする．これは砂糖の保水性（親水性）の働きのためである．でんぷんの老化（🔁でんぷん）には水分が必要であるが，砂糖を十分に加えるとアルファ化したあずきのでんぷんから砂糖が水分をうばうため，でんぷんの老化が阻害されて長もちする．また細菌の繁殖には水分を必要とするが，砂糖の保水性が強力であるため，あん中の水分が使用できず増殖できない．なお，砂糖の保水限度は，常温で砂糖の重量の約½であるから，これ以上に水分を多く含んだあんでは，保存料を加えないと保存性が低下する．

ほかの豆類のあんも，あずきに準じる．さつまいもは柔らかくゆでるか蒸してから裏ごしにかけ，砂糖を加えて練り上げる．
🔖・→あずき・→さらしあん

●粒あんの作り方
材料（でき上がり900ｇ）：あずき300ｇ　砂糖350ｇ　水カップ１　塩小さじ１

あずきにたっぷりの水を加えて強火にかけ，煮立ったらさし水をし，粒がこわれないように静かに煮る．煮えたら煮汁を捨てて水をかえ，静置して再び上澄みを捨てる．これを３〜４回くり返す．ふきんを広げたざるにあずきをあけ，水気をきる．あずきと分量の水を鍋に入れ，砂糖を２〜３回に分けて入れ，あずきの粒をこわさないように練り上げる．塩は最後に入れる．

●こしあんの作り方
材料（でき上がり650ｇ）：あずき300ｇ　砂糖350ｇ　塩小さじ１

あずきにたっぷりの水を加えて強火にかけ，煮立ったらさし水をし，再び煮立ったら煮汁を捨てて水をかえ，弱火で柔らかく煮る．大きい器にざるをのせ，あずきを少量ずつ入れ，水をさしながらすりこ木などでつぶす．下にたまった液をさらしで作った袋にあけ，水気を十分絞る．袋に残ったものが生あんである．鍋に，生あん，砂糖，塩を入れ，練り上げる．

※鍋に水１カップと砂糖を入れ，シロップ状に煮立ったところへ生あんを入れ，時間をかけて練り上げると，つやのよいあんができる．

あん（餡）
調味しただし汁あるいは料理の煮汁に，かたくり粉やくず粉，コーンスターチなどの水溶きを加えて粘性をつけたもの．あんを材料の上からかけた料理をあんかけという．あんは，味のつけにくい料理に味をからませたり，口当たりをよくしたり，味にコクを出したり，保温するなどの働きがある🔖．

用途により，甘酢あん→，しょうゆあん，しょうがあんなどがある．

あんかけ（餡掛）
汁にでんぷんを加えて濃度をつけた，いわゆるあんを上からかけた料理のこと．吉野仕立てともいう．あんは，だし汁にしょ

🧪 調理科学

でんぷんあんの保温性

でんぷんあんをからませた料理は冷めにくい．それは，料理の表面がでんぷんあんでくるまれているためである．あんは粘性があるため，液の対流が起こりにくく，表面は冷めても，中まで冷めにくい．中国ではあんかけ料理を溜菜（リュウツァイ）と呼び，いろいろな料理に利用している．

でんぷんあんの粘性と調味料

でんぷんあんの粘りは，加える調味料の種類で大きく変わる．日常よく使われるじゃがいもでんぷん（一般にかたくり粉と称している）であんを作り，調味料を加えていくと，あんの粘りは次のように変化する．

食塩は，濃度が濃くなるほど粘りが弱くなる．砂糖は，濃度が濃く甘くなるほど粘りは強くなる．酢は，多く加わって酸っぱくなるほど粘りは少なくなるが，とくに，酸味を感じられる程度の濃さ（pH3.5）以上では，急に粘りが少なくなり，さらさらしてくる．酢豚のように，砂糖と酢が入った甘酢あんの場合は，かすかに酸味が感じられる程度（pH4くらい）までは粘りにほとんど変化はないが，酸味が感じられるようになってくると急激に粘りが少なくなる．油が加わると再び粘りは強くなる．

うゆなどを加えて調味したものや，調理したときの煮汁にでんぷんを加えて作る．和風ではあんかけ豆腐，じゃがいものひき肉あんかけ，中国風ではこいの甘酢あんかけなどがある．

あんこう（鮟鱇）

アンコウ科の深海魚．冬がしゅん．あんこうは肉よりも内臓の方が味がよいほどで，捨てるところがない．あんこうの七つ道具とは，ほほ肉，えら，肝臓，尾びれ，卵巣，胃袋，皮をさす．冬の鍋料理には最適．肝臓は肝和え，胸びれはみそ煮などにする．→あんこうなべ

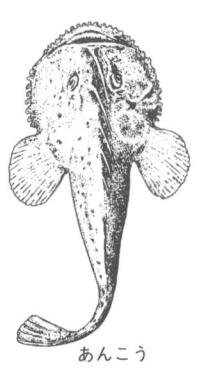

あんこう

あんこうなべ（鮟鱇鍋）

あんこうを用いた寄せ鍋料理．とくに茨城地方の名物料理．あんこうの身，肝臓，卵巣，皮などと，ねぎ，しいたけ，焼き豆腐などを用意し，割り下→で煮ながら食べる．

あんず（杏）

バラ科．英語ではアプリコット．果実は梅よりやや大きく，赤みのある黄色をしている．酸味が強いがよく熟したものは生食しても味がよい．しかしいたみやすいため輸送や貯蔵に耐えず，また未熟果は酸味がたいへん強いので，ほとんどが缶詰，ジャム，干しあんず，シロップ漬けなどに加工される．

成熟した種子を乾燥させた杏仁（きょうにん）は，脂肪，アミグダリンなどを含み，せき止めや緩下剤に使われる．脂肪は杏仁油といい，香料に使う．

アンゼリカ（angelica）

セリ科の多年草であるアンゼリカの茎を砂糖漬けにしたもの．ケーキの飾りや製菓材料に用いられる．アンゼリカは茎に芳香をもち，中世のヨーロッパでは薬草として用いられていた．日本ではフキで代用している．輪切りや斜め切りにして使用する．

アンチョビー（anchovy）

地中海でとれるカタクチイワシ科の小魚のこと．一般にはこれらの塩蔵品，油漬け製品をいうことが多い．塩で下漬けしたあと，頭と内臓をとり除き，塩で本漬けし，6〜10か月おいて発酵熟成させる．三枚におろし，そのままの形，またはロールに巻き，オリーブ油に漬けて，缶詰，びん詰にする．オードブルやサラダに用いる．

アンチョビーソースは，熟成したアンチョビーをすりつぶしてこし，塩蔵の浸出液，酢，こしょう，レモン汁，糊料などを合わせ加熱したもので，魚醤の一種ともいえる．そのまま魚肉料理のソースとして用いる．また，種々のソースのベースとしても使われる．サラダドレッシングの風味づけに使ってもよい．

アンディーブ（endive—仏）⇨チコリー

アントシアン（anthocyan）

天然色素の一種．草花や果実などの赤，紫，青などの大部分を占めている．たとえば，赤じその赤い色（シソニン），赤かぶの色（シアニン），黒豆の色（クリサンテミン），なすの紫紺色（ナスニン）などがそうである．

アントシアン色素は，積極的に料理に利用されている場合が多い．梅干しなどはその例である．これは，シソの中のアントシアン色素であるシソニンが，梅の酸によって赤色になったものである．また，筆しょうがなどを酢に浸すと紅色になるのも，し

ょうがに含まれるアントシアンの色を有効に用いた例である．

アントシアン色素は，調理中，アルカリや金属イオンのために変色する場合がある．ごぼうをそのまま煮ると，カリウム，ナトリウム，マグネシウムなどごぼうの中に含まれているアルカリ性の無機質が水に溶け出し，そのためアントシアン色素が青くなり，ごぼうが青黒くなる．したがって，ごぼうを煮るときには必ず酢を加え，アントシアンが青くならないようにしなければならない．

金属イオンによる場合としては，あずきを煮るときに鉄鍋を用いると黒褐色となり，色がきたなくなる．また，銅イオンがあるとぶどうの色がわるくなるので，ぶどう汁を搾ったりするときは，鍋の器具などに気をつけないといけない．一方，逆に，アントシアン色素の色止めに金属を積極的に使う場合もある．黒豆を煮るとき鉄鍋を用いたり，古くぎを加えたり，なすのぬかみそ漬けに古くぎやミョウバンを入れるとよいというのは，いずれもアントシアンと鉄やアルミニウムが反応し，色よく上がるためである．

アントルメ（entremets―仏）

西洋料理で食事の最後に出す甘味のある生菓子のこと．材料としては煮た果物，卵，砂糖，牛乳，生クリーム，洋酒，ナッツなどが用いられる．温かいものと冷たいものがあり，種類は多い．温かいものにはスフレ，クレープ，プディングなどが，冷たいものにはブラマンジェ，ババロア，シャルロットなどが，また氷菓としてアイスクリームなどがある．温かいものと冷たいものの両方出す場合は，温かいものを先に出し，ついで冷たいものを出すのが習慣となっている．

アントレ（entrée―仏）

西洋料理で魚料理とローストの間に出される肉料理のこと．献立の中では最も技巧をこらしたものといわれる．5種類くらいも供されることがある．温かいものが多く，パイ料理や揚げ物，串料理などがある．

あんにんどうふ（杏仁豆腐）⇨シンレンドウフ

あんばい（塩梅）

昔，中国の宗の時代に，塩味に梅酢を加えて調節するとおいしくなることが知られていた．このことから塩に梅という意味であんばい（塩梅）という言葉が生まれた．酢を加えると，塩味のとがった味はまるくなり，おだやかな味になる．塩焼きの魚にたで酢を添えるのも，漬け物が漬かってくると塩味がまるくなるのも，あんばいの作用である．漬け物の場合は，乳酸菌によって乳酸が増えてくるためである．酢に対しては塩が8％前後のときが一番味がまるい．すしの合わせ酢など調味酢に利用されている．

しょうゆをつけじょうゆに使うとき，酢を数滴加えると塩味が和らいで，味がまるくなる．これもあんばいの作用である．

調理科学

あんばいの理論

あんばいは，味の抑制効果の働きの一つで，とくに塩味と酸味に対するお互いの抑制的な味覚作用をあんばいという．塩味も酸味も強い味であるが，両方を合わせると，どちらか一方，もしくは両方の味が和らいで感じられるようになる．この働きを調理上ではいろいろ利用している．たとえば梅干し，すしの合わせ酢，しめさばなどがある．

い

いいだこ（飯蛸）

　20cm前後の小形のたこ．産卵前の雌の胴の中に米粒のような卵がいっぱいつまっており，これを煮ると米粒のように見えるので飯だこという．日本近海に多く，瀬戸内海の播州付近が本場とされている．生のものは，さわると縮むもの，灰白色で斑点のあるもの，吸盤に弾力のあるものが新しい．塩をつけてもみ，ぬめりをとって用いる．ゆでたものでは，皮のはがれやすいものや粘り気のあるものは古いから避ける．煮物，ゆでて酢だこ，酢みそ和え，からしみそ和えなどの和風料理に向く．→たこ

いか（烏賊）

　たいへん種類が多いが，ふつう食用にするのは，するめいか，まいか，やりいか，あおりいか，ほたるいか，べいかなどである．

　濃厚な旨味成分はトリメチルアミンオキサイド，ベタイン，タウリンなどである．

　こういか，あるいはもんごいか，すみいかなどとも呼ばれる肉の厚いまいかは，さしみやすしだねに．するめいか，やりいかは肉が薄いので，サラダ，酢みそ和え，てんぷらなどに使われる．

　いかの肉は加熱すると縮み，丸くなるので，加熱調理をするときは両面に包丁を入れ，繊維を切っておくとよい．いかは横方向には裂けやすいが，縦向きには裂けにくいので，加熱調理のために切り身にするときは，縦方向に切ること．加熱すると丸くなる性質を利用し，かのこ，布目，まつかさなどの切り方で目先を変えることができる．

　加熱しすぎると身がしまって堅くなり，味もわるくなるので，できるだけ強火で手早く焼いたり煮たりする．煮物では，長く煮込んでも繊維が堅くなるばかりで，調味料の浸透もあまり期待できないので，適度な堅さで取り出し，煮汁を煮つめたり，煮汁にくず粉やかたくり粉を入れて，いかの表面にからめるとよい．揚げ物にするときも手早く揚げ，衣に色がついたらすぐ上げる．揚げ物にするときは，必ず表と裏にある皮を完全に除いておくこと．皮が残っているとパチンとはじけて，やけどをする原因になる．煮物，焼き物のときは，揚げ物の場合ほど厳密に皮をとらなくてもよい．ただし，さしみの場合は揚げ物と同じく完全に除いておくことが口当たり上必要である．

　皮のむき方は，先の細い方から太い方へ．薄皮は堅く絞ったふきんでこするとむきやすい．

　光沢があり，身が堅く，きれいな眼がとび出ているものが新鮮である．→まつかさ

調理科学

いかが丸まる理由

　いかの皮は4層になっている．1～2層は，いわゆるいかの皮をむくときにとれるが，3～4層は残る．この中で，4層目は非常に強い熱収縮性をもち，収縮は体軸の方向に起こる．それで，加熱すると体軸の方向に丸くなる．なお，第4層まではぎとれば，丸くなることは防止できるが，ふきんで強くこするなどしないと，とりにくい．

いか

いがい（貽貝）

イガイ科の二枚貝．からす貝，せと貝，にたり貝ともいう．三河湾や瀬戸内海に多い．肉は黄橙色．新鮮なものは，身に弾力とつやがある．中国料理では乾燥したものを淡菜（ダンツァイ）といって珍重する．焼き物，しょうゆ煮，酢の物，フライ，シチュー，ほうろく蒸しに適している．

い貝

いかそうめん（烏賊素麺）

いかのさしみの一種．いかを生のままそうめんのように細長く切ったもの．おろししょうがとしょうゆなどをつけて，すするようにして食べる．北海道函館付近でよく食べられている．

いかだ（筏）

材料をいかだのように組み合わせた料理，あるいは，やなぎの葉などをいかだ形に並べた上に料理を盛ったときに用いる言葉．前者の例としていかだ焼き，いかだ揚げなど，後者の例としていかだなますがある．

いかだなますは，あゆ，こい，ふな，すずきなどの皮を引いて細作りにしたものを，やなぎの葉をいかだのように並べた上に盛った料理．

いかなご（玉筋魚）

イカナゴ科の海水魚．体長15cm内外の体の細い小魚．全国各地の沿岸に分布．地方により，こうなご，かなぎともいい，幼魚はかますご，かなぎちりめんなどとも呼ばれる．

春から夏にかけて多くとれる．新鮮なものは銀白色に輝き，体に透明感がある．鮮度が落ちやすいので鮮魚での流通は少なく，塩水でゆでたものが出荷される．てんぷらにしたり，しょうがじょうゆ，酢じょうゆ，酢みそなどで．保存には佃煮，煮干しにする．

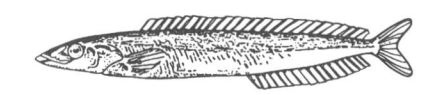

いかなご

いかめし（烏賊飯）

いかの胴にもち米を詰め，口をつまようじでとめて，だし汁，砂糖，しょうゆで汁気のなくなるまで煮つめたもの．1～2cmの輪切りにして盛りつける．北海道のいか飯が有名．

いかりぼうふう（碇防風）

はまぼうふうをいかりのように形作ったもの．さしみのつまや酢の物の天盛りに用いる．

作り方は，細く若いものを選び，適当

いかりぼうふう

な長さに切りそろえ，根元より2cmくらいのところから十文字に切り目を入れて水にさらす．軸先がいかりのようにカールしたら（▶ラディッシュ）とり出して，水気を除いて料理に添える．

いきづくり（生作り） ⇨いけづくり

イクラ（ikra—露） ⇨すじこ

いけじめ（生締）

生きている魚を即死するようにしめる（殺す）こと．釣り上げた魚を一気に包丁で即死させ，筋肉の死後硬直を起こした状態で長時間変化させない方法．とくに生簀▶などで生きている魚に用いられる言葉で，漁場で釣りあげた魚をしめることは野じめという．

いけす（生簀）

調理前の生きた魚を放っておく水槽や池のこと．川や海に竹簀を立て，魚が逃げないように囲ったものも生簀という．生簀の魚を用いて調理するのを生簀料理ということもある．

いけづくり（生作り）

生きたままの魚をさしみにしたもの．食卓に出しても，身が動いているので生きのよさがわかる．通常，切り身を元の魚の形に盛りつける．こい，ふな，たい，はまちなどの魚を使うが，こいの生作りが有名．

いけもの（生け物）

魚類の生きのよいものをさす言葉．関東と関西では生け物の考え方が異なる．関東では釣り上げた魚を生簀などに放し，調理する直前まで生かしておく場合を"生け物"といい，関西では釣り上げたあと魚を即死させ，いわゆる生けの状態にしたもの（→いけじめ）をいう．この方法は，死後硬直がゆっくり起こり，また，死後硬直期間の長い魚，つまり，かれい，たいなどのような海底あるいは深みにすむ白身の魚に対して行う．一方，生簀に放すのは回遊性の魚の場合が多い．これは，酵素が多く，殺すと早くいたむからである．

生け物は一般に値段が高く数量は少ないが，さしみ，あらいなど新鮮な材料を使う料理にはたいへん適している．

イコサペンタエンさん（イコサペンタエン酸）

多価不飽和脂肪酸の一つ．略して IPA．またエイコサペンタエン酸（EPA）ともいう．魚の脂肪に多く，とくに背の青い魚，たとえば，まぐろ，いわし，さば，さんまなどに多く含まれている．これは，体内で，血小板の凝固を防止する働きがあるため血栓防止に役立つ．つまり，心筋梗塞や，脳梗塞の予防として役立つ．背の青い魚を多く食べている漁村に，これら血栓症の少ないところから発見された．

いこみ（射込み）

とりや魚に切り込みを入れて袋状にしたものや，かぼちゃ，きゅうり，かぶなどの中身をくり抜き，その中に魚やとりのすり身や野菜を詰めること．いこみしたものは，蒸したり煮込んだり，また煮汁にくず粉を入れて吉野仕立てにすることが多い．

いさき（伊佐木・鶏魚）

イサキ科の海水魚．海藻の多い近海の岩礁の間にすむ．体長は30cmくらい．初夏がしゅん．肉は淡白．から揚げ，フライ，

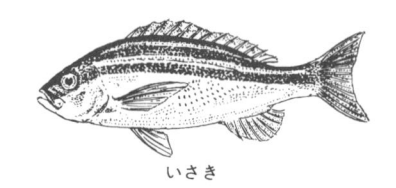

いさき

調理科学

死後硬直の時間と持続性

魚は死後硬直の状態のとき味がよいが，魚の状態により，かなりの差がある．白身の魚は比較的硬直時間が長く，背の青い，海の表層魚は硬直時間が短い．これは，筋肉中の酵素作用の差によるものである．表層魚は激しく泳ぎ回っているので，酵素活性が強いが，白身魚の多くは海底魚で，静かにしていることが多いので酵素活性が低い．これが硬直時間の差をもたらす．また，底魚でも，トロールなどで引きずり回したものは酵素活性が強く，硬直が早く解けるが，一本釣りで捕り，すぐに包丁で刺したものは酵素活性が低く，硬直が長くもつ．なお，背の青い魚を生け物としておくときは，水槽で生かしておくことが多い．→さしみ

さしみ，あらい，塩焼き，煮つけなど，どんな料理にも向く．磯臭いにおいは塩でよく洗うなどで防ぐことができる．

いしかりなべ（石狩鍋）
北海道石狩地方の郷土料理．石狩川河口でとれるさけを使い，野菜といっしょにこんぶだしで煮込んだ素朴な鍋料理．生きのよいさけを頭，骨，しらこ，すじこともにぶつ切りにし，野菜は，しいたけ，だいこん，にんじん，ねぎ，はくさいなどを用いる．また，豆腐，こんにゃくなども用いる．鍋にこんぶを敷き，中央にみそをのせ，そのまわりに材料を並べ，こんぶだしを注いで火にかける．煮ながら器にとって，粉ざんしょうを振りかけて食べる．味つけにしょうゆと砂糖を使うこともある．

いしごろも（石衣）
半生菓子の一つ．半乾きのあずきのこしあんを丸めたものに，砂糖衣（すり蜜）をかけたもの．比較的保存がきく．→すりみつ

いしづき（石づき）
まつたけ，しいたけなどきのこ類の茎の根元についている堅い部分のこと．土，砂，おがくずなどがついているうえに堅いので，調理の際は切り落とす．

いしもち（石持）
ニベ科の海水魚．北日本以南に分布する．体長は40cmくらい．夏がしゅん．
水分が多く，身が柔らかいので，強めに塩をし，30分以上おいて身をしめてから調理するのがポイント．塩焼き，フライ，バター焼きなどに．練り製品にすると弾力が強くなるので，かまぼこ製品としても欠かせない．

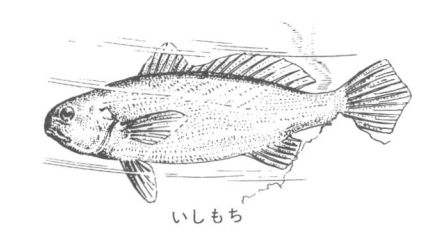

いしもち

いしやき（石焼き）
熱した石を使って肉，魚，野菜などを焼く料理．石板を熱してその上で焼く方法（魚，肉など），熱した小石を材料とともに鍋に入れて焼く方法（甘ぐり，石焼きいもなど），焼いた石をフライパンやほうろく→に入れ，その上に材料をのせ，ふたをして蒸し焼きにする方法，野外で焚き火をして石を熱し，その上で材料を焼く方法などがある．いずれも石の保温力を活用した調理法である．☞

いしやきいも（石焼き芋）
熱した石を使って焼いた焼きいものこと．鉄板で作った長方形の箱の中に熱した小石と丸ごとのさつまいもを入れる．こうすると，焼けた小石の熱によって，穏やかにさつまいもが焼ける．オーブンの天板に小石を敷き，さつまいもをのせて焼くこと

調理科学

石焼きの保温力
石は，非常に熱容量が高く，保温性がよい．これは，陶板や土鍋でも同様である．つまり，蓄熱量が大であるから，いったん加熱されてそれ自体の温度が十分上昇すると，たとえ火が消えても，かなりの時間，熱を強力に供給し続けることができる．放射熱の発散も大で，そのため，食品を平均に焼くことが可能である．また，焼いているときの温度からさらに上昇することもないので，焼き物が黒焦げになることがなく，穏やかに火が通り，口当たりのよい焼き物ができる．

もできる.

いずし
　塩づけした魚と，米飯，米こうじをともに漬け込み，重しをして，乳酸発酵させて作る．東北，山陰地方で多く作られる．さんま，はたはた，にしんなどの魚が用いられ，にんじん，だいこんなどの野菜もともに漬け込むことが多い．

イースト（yeast）
　酵母ともいう．単細胞の微生物．イーストは，酸素のある状態で糖類を消費するときは二酸化炭素（炭酸ガス）と水を多く作り，酸素の供給が少ないときにはアルコールを生産する．この性質を利用し，パン生地を膨化させたり，アルコール飲料の醸造などに広く利用される．しかし，酵母を使用し，許可なくアルコール飲料を醸造すると法律違反となる．イーストは，それぞれ使用目的によってそれに適したものが分離され，純粋に培養されている．通常，入手できるのはパン用イーストで，これには生イーストと乾燥イーストがある．生イーストは，そのまま砕いて水に浮遊させて使用するが，乾燥イーストは，温かい砂糖水に溶かし，いったんイーストの活性をとり戻してから使用する．→パン

イスパタ
　イーストパウダーの略．膨張剤の一種．蒸し菓子，焼き菓子など製菓材料に用いられる．てんぷらの衣をいつまでもパリッとさせるために，イスパタを衣に少量加えることもある．

いせいかとう（異性化糖）
　でんぷんを原料とする甘味料の一種．製法は，でんぷんを糖化酵素によりブドウ糖にかえ，さらに，一部のブドウ糖を異性化酵素で果糖にかえる．多くは液状で使用されるため液糖，あるいは製法から，異性化液糖と呼ばれている．果糖の含有量によってブドウ糖果糖液糖（果糖が35〜50％未満），果糖ブドウ糖液糖（果糖が50％以上）などがある．砂糖と混合すると，砂糖のみのものよりさっぱりとしたさわやかな甘味になるので，飲料用に広く用いられている．

いせいも（伊勢芋）⇨やまのいも

いせえび（伊勢蝦）
　イセエビ科．伊勢湾にとくに多いところからこの名がある．千葉県以南の暖かい太平洋側の海でとれる．通常20cm前後の体長であるが，40cm近くの大きいものもある．夏が産卵期で，この期間は禁漁である．肉はたいへん味がよい．鮮度の落ちたものは中毒を起こすことがあるので，必ず生きているものを使用する．和洋料理ともによく合い，さしみ，酢の物，サラダ，冷製マヨネーズかけ，グラタン，具足煮，鬼殻焼きなどにする．→えび

いそべ（磯辺）
　のりを使った料理に用いる名称．単に磯ともいう．磯辺もち→，磯辺巻き→などがある．

いそべあげ（磯辺揚げ）
　衣にもみのりを混ぜたり，材料にのりを巻いて衣をつけて揚げた料理．磯辺揚げには淡白な材料が適する．豆腐の磯辺揚げ，白身魚の磯辺揚げなどがある．

いそべまき（磯辺巻き）
　のりで巻いた料理のこと．かまぼこ，やまのいも，ゆでたほうれん草など何でもよい．そのままでも食べられるが，のりで巻くことで見た目が美しく，香りがよくなる．

いそべもち（磯辺餅）
　もちを焼き，しょうゆをつけてから，のりで巻いたもの．

いた（板）

まな板のこと．かまぼこのことも板という．日本料理の調理人の間では，"板前"を略して，単に"板"と呼ぶこともある．

いたずり（板ずり）

きゅうり，しろうり，ふきなどをまな板にのせ，塩を振って押さえながらころがし，塩をからませたりする処理法．板の上でするので板ずりという．きゅうりでは，いぼをとり，表面をしなやかにし☞，色をよくするために，ふきでは皮をむきやすくするために行う．このほか，魚や鶏肉のすり身を使い，仕上げの処理にかかるとき，包丁のはらですりつけながら練り上げる方法も板ずりという．

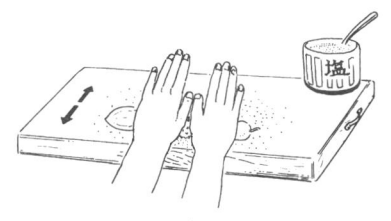

板ずり

いために（炒め煮）

材料を一度油で炒めてから煮込む調理法．脂肪の少ない材料などは，この方法で調理すると味にコクがでる．材料から水分がでないよう強火で炒めたあと，だし汁としょうゆ，みりんなどの調味料を加えて煮る．ひじき，おから，なす，こんにゃく，新ごぼうなどに向く．

いためもの（炒め物）

材料を油で炒める料理のこと．一般に，中国料理ではラード，日本料理では植物油，西洋料理でバターを使うことが多い．炒め物の油は材料の5～10％が適量である．

一般に炒め物は，鍋またはフライパンを熱してから油を入れ，油が熱くなったら材料を入れ，高温短時間でさっと材料に火を通すのがコツ．短時間で火を通すため，材料を切るときは，大きさを一定にし，火の通りにくいものから炒めていく．肉の場合は，火かげんが弱いと内部の肉汁が流れてしまうので，中火くらいで手早く肉に火を通す．

野菜の場合は炒めすぎないこと．炒めすぎると青いものは色が失せ，シャキッとした口当たりがなくなる．油は新しいものを使う．使い古したものを使うとベとついて味もよくないうえ，ビタミンA源であるカロテンなどの吸収もわるくなる．また，油の種類によって風味が大きく異なるので，上手に使いわけるのがコツ．☞

いたやき（板焼き）

鶏や魚の身を大きくそぎ切り，みりん，しょうゆ，だし汁を合わせた中に浸して味をつけたあと，杉板に，のせたりはさんだりして焼いたもの．へぎ焼き，杉板焼きともいう．

杉板の香りを賞味する料理で，本来は猟で得た野鳥類をその場で調理する即席料理の一つである．

イタリアン（Italian）

イタリア風の意．フランス語でイタリエ

調理科学

板ずりで表面がしなやかになるわけ

きゅうりやうりに塩を振ってこすると，食塩のもつ浸透圧の作用により，皮近くの水分が吸いださ れるため表面がしなやかになる．こすることで，組織を柔らかくする効果もある．また，薄い塩味が つき，材料のもち味も生きてくる．

ンヌ（italienne）．マカロニ，スパゲティ，トマトなどを材料とした料理や，イタリア特産のパルメザンチーズやトマトソースで調味した料理の名称をイタリアンと呼んでいる．イタリアンサラダ，イタリアンピラフなどがこの例である．

イタリーういきょう（イタリー茴香）

セリ科の香草．葉柄を食用とする．春，葉柄基部が多肉質になってふくれてきたころ，砂やもみがらをかけて，軟白にする．肉料理のあしらいに用いるが，葉も刻んでスープなどに入れると臭みを消し，味をよくする．

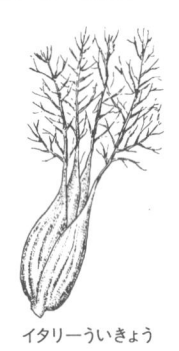

イタリーういきょう

いたわさ（板わさ）

かまぼこを適当な大きさに切って，おろしわさびとしょうゆを添えたものをいう．板とは，かまぼこの略称である．

いちご（苺）

バラ科．古くはオランダいちごとも呼ばれた．英語ではストロベリー．促成・抑制栽培により，ほとんど一年中見かけるが，春から初夏にかけてが最盛期．

果実の中でビタミンCが多いものの一つ．いたんでくるとCは減少する．冷凍いちごではCが比較的よく残っている．ジャムにすると加熱のためにビタミンCの大半が失われる．いちごの色素はアントシアンの一種で色は赤いが，β-カロテンのようなビタミンAの効果はない．

水洗いするとすぐいたむので，食べる直前にヘタをつけたまま洗う．塩水に浸すといたむうえ，殺菌などの効果もない．とくにヘタを除いてから洗剤などで洗うと，洗剤がいちごの中に浸み込み，洗い去ることが不可能となる．そのまま食べるか，砂糖とミルクで食べるのが一般的だが，砂糖とヨーグルト，砂糖とワイン（赤）もよい．そのほかジャム，シロップ，いちご酒など

調理科学

炒め物のポイント

炒め物には二つのポイントがある．一つは油の風味をよく出すこと，もう一つは，材料から水分を出さないことである．また塩を加える時期も大切である．

油は，劣化したものは風味がわるいだけでなく，ビタミンCの損失なども大きい．また，べとついて口当たりがよくないし，加熱によるよい香りも出ない．炒め鍋を十分に加熱し，油を加え，煙が出る直前まで加熱すると，ディープフライフレーバーと呼ばれるよい香りが出る．ただし，煙が出るまで加熱すると油が劣化し，よい風味の炒め物とはならない．ま

た，油の加熱や鍋の加熱が不十分だと，炒めるのに長い時間がかかり，材料から水分が多く出る．

十分加熱した鍋と油に材料を入れると，材料の表面から急激に水分が抜けるとともに，その部分に油が入り，油の層が材料の表面にできる．素早く，この状態になると，油は水を通しにくいから，材料中の水分が出にくくなる．ただし，ゆっくりと時間をかけて炒めると，材料の組織がこわれて，水分が出てくるので，炒め物というより煮物に近くなる．水分が出てくると，油が水に浮くから，ぬるぬるするうえ，油っこい感じの炒め物となる．食塩を早く加えると

浸透圧の作用で材料の水分が出てくるため，やはりよくない．しかし，材料に油層のできたあとだと，食塩の作用が油で妨害されて，材料中の水分に作用しないので，水分が出てこない．数種の野菜を炒める場合，堅い材料は薄く切るなど切り方を工夫したり，火の通りのわるいものから炒めることが必要．炒めるときにあまりかき混ぜすぎると水分が出やすい．鍋をあおるようにして大きく混ぜるのがよい．なお，炒める時間は，手早く1分くらいで仕上がるように，量と加熱をかげんするとうまくいく．

にも加工する．冷凍いちごは半解凍で食べる．→いちごジャム

いちごあかがい（苺赤貝）

赤貝をさしみや酢の物など生で食べるときの切り方の一つ．赤貝の身をとりだし，ひもとわたを除き，肉の表面に浅く縦横に包丁目を入れ，まな板にたたきつける．こうすると切り目がふくれ，いちごのような形になるのでこの名がある．

いちごジャム（苺ジャム）

いちごと砂糖を合わせて，とろりと煮つめたもの．いちごに砂糖をたっぷりかけ，自然に汁を浸出させてから煮るのがコツ．加熱時間を短くすると色よく仕上がる．いちごはできるだけ酸味の強いものがよい．酸味が足りないときはレモン汁を加える．また，レモン汁は，いちごジャムを色よく仕上げる働きもする．

保存性のよいジャムを作るには砂糖をいちごの重量の80〜100％加える必要がある（ジャム）．砂糖をこれより控えたときは保存性が落ちるので，冷蔵庫に入れておいて早めに使用する．

●いちごジャムの作り方

材料：いちご500ｇ　砂糖（いちごの重量の80〜100％）400〜500ｇ　レモン汁½個分

いちごはよく洗ってヘタをとり，鍋に入れて分量の砂糖をまぶし，自然に汁を浸出させる．砂糖が十分溶けたらレモン汁を加えて火にかけ，元のいちごと砂糖を合わせた重量の½ぐらいになるまで，ときどき混ぜながら手早く煮つめる．

いちざら（位置皿）

食卓で，席を示すために，あらかじめテーブルに置かれている皿．西洋料理では，ナプキンを添えた皿の置かれているところが座る場所を示す．

いちじく（無花果）

クワ科．昔から広く栽培されてきた果物の一つ．

品種により夏果専用種，秋果専用種，夏・秋両用種がある．果実は根元の方までよく熟したものを選ぶ．

いちじく

たんぱく質分解酵素の多いのが特徴である．果実や葉から出る白い乳液はゴム質とたんぱく質を含み，痔や虫下しの薬になるといわれている．いちじくの汁を口のまわりにつけておくと，傷のできることがある．これは，皮ふをおかす物質プソラレンが含まれているためである．ビタミン類は少ない．

酸味が少ないので，生食するときにはレモン汁を加えると風味がよい．生食以外に，砂糖煮やジャムにする．ジャムの場

🧪 調理科学

いちごの色と酸の添加

いちごの赤い色はアントシアン色素である．この色素は酸性になると鮮明な赤い色を呈する．また，酸性では安定性が高い．したがって，いちごジャムを作るときにレモン汁を加えることは，酸を補強して，ペクチンのゼリー化をよくするとともに，いちごの色を赤く美しく保つためにも大切である．

いちじくのたんぱく質分解酵素

生のいちじくには，フィシンというたんぱく質分解酵素が含まれている．肉類の多い食事のデザートに食べると消化を助ける．しかし，ゼラチンゼリーに混ぜると，ゼラチンはたんぱく質なので分解し，ゼリー状に固まらなくなる．

合，砂糖の量はいちじくの重量の80〜100％．砂糖の量を少なくしたときはいたみやすいので冷蔵庫に保存し，早めに食べる．酸が少なく，ペクチンが固まりにくいので，クエン酸やレモン汁を加えて補うとよい．

●いちじくジャムの作り方
材料：いちじく（完熟）500ｇ　砂糖400〜500ｇ　レモン1個
　いちじくは皮をむいて二〜四つに割り，鍋に入れ，ひたひたの水を加えて柔らかく煮たあと，砂糖とレモン汁を加え，焦がさないように煮つめる．

いちばんだし（一番出汁）
　かつお節とこんぶ(→こんぶだし)，あるいはかつお節(→かつおだし)だけでとっただし汁のこと．最初にとっただしということでこの名がある．一番だしをとったあとのかつお節やこんぶに水を足してとっただしは二番だし→という．一番だしは吸い物や茶碗蒸し→，卵豆腐→などに用いられる．

いちまつ（市松）
　2色の四角が交互に組み合わさった市松模様に料理を盛りつけたり，形づくったりした料理につける名．
　市松という名称は，佐野川市松という俳優が芝居で石畳模様の袴を用いて人気をとり，これが流行したことから起こったという．かんてんの流しもので色を変えたり，白身の魚と赤身の魚のさしみを角切りにして市松に盛りつけたものなどがある．

いちもんじぎり（一文字切り）
　おろした魚の身を皮を下にして，包丁をまっすぐ引いて切る切り方．定規切りともいう．魚の切り身を切るときや，さしみを平作りするときなどに，この切り方をする．

一文字切り

いちやごおり（一夜凍り）
　豆腐をひと晩で凍らせたもの．東北，北海道では，冬に自然の低温を利用して豆腐を凍らせて作り，日常食としている．豆腐は凍らせるとたんぱく質が変性して，スポンジ状となり，歯ごたえがでて風味がよい．通常，もめん豆腐を冷凍庫で凍らせると一夜凍りができる．これをぬるま湯で戻して使用する．含め煮，汁の実などに用いられる．

いちやずし（一夜ずし）
　早ずしともいう．塩でしめた魚と塩飯，または酢じめにした魚と酢飯を重ね，重しをして数時間あるいは一夜おいて作ったすし．魚としては，あじ，さば，こはだ，いわしなどが用いられる．

いちやづけ（一夜漬け）
　早漬け，浅漬けともいう．だいこん，かぶ，キャベツなどをせん切りにし，塩だけでひと晩で漬ける．食べごろは数時間から半日以内．あっさりした味が特徴．漬ける時間が短いので，ビタミン類の損失は漬け物中で最も少ない．ビタミンCなどの水溶性ビタミンは，漬け汁の中に流出するこ

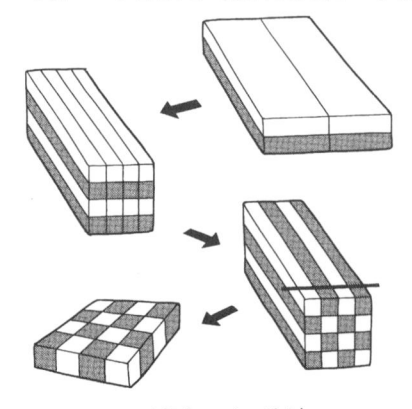

市松（ケーキの場合）

ともあって残存率は少ないが、その他の成分は生材料とほぼ同じ。保存が目的ではないので、2～3％くらいの薄塩で、適当な重しをしてひと晩おく。長もちしないので、食べる分だけ漬けること。

いちょういも（銀杏芋）⇨やまのいも

いちょうぎり（銀杏切り）

野菜などをいちょう形に切る切り方。だいこん、にんじん、かぶなど、切り口の丸いものを、縦四つ割りにして、これを小口から適当な厚さに切る。

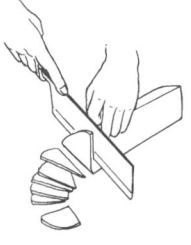

いちょう切り

いっぴんりょうり（一品料理）

料理店で、ひと皿ずつに値段をつけ、客の希望によって選ばせる料理をいう。

いとあわび（糸鮑）

あわび料理の一つ。あわびを殻からはずし、包丁で薄くひとまわりずつむくように切りとり、いったん水に放ったあと水気をきり、さらに、縦に糸状に細く切り、さっと熱湯をかけたもの。あわびをそぎ切りし、湯をかけたあと小口から細く切ることもある。梅肉酢➡などで和えて用いる。

いとがき（糸掻き）

かつお節を、糸のように細く線状に削ったもの。浸し物、煮物、かずのこなどの上にかけて用いられる。

いとかけ（糸かけ）

魚や鶏肉のすり身、あるいはいも類をゆでて裏ごしにかけ、さらに練ったものを絞り出し袋に入れ、別に用意した料理の上に糸状に絞り出して装飾すること。糸かけきんとん、糸かけいせえびなどがある。

いとぎり（糸切り）

糸で材料を切ること。また、糸のように細く切ることの二つの意味がある。ゆで卵などは糸で切るときれいに切れる。だいこん、にんじん、きゅうり、うどなどはかつらむきにしたあと、もとの形に巻き、小口から細く切るか、かつらむきしたものを好みの長さに切りそろえて重ね、縦に細く切って水に放すとパリッとした感じの糸切りになる。さしみのつまや酢の物、和え物に用いられる。

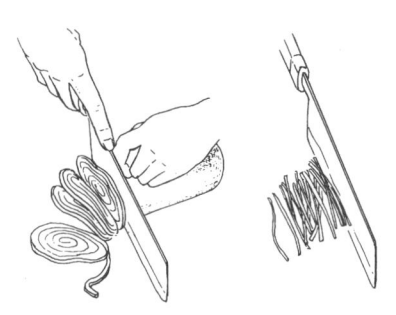

糸切り

いとこに（従兄弟煮）

あずきといも、かぼちゃ、くり、いんげん、だいこん、ごぼうなどを組み合わせ、

調理科学

一夜漬けのおいしさ

野菜を切って塩を振ると、浸透圧の作用によって野菜の細胞内から水分が出てくるが、その汁の中には各種の酵素が含まれている。これらの酵素は、でんぷんやその他の多糖類から糖を作りだすもの、さらに糖をアルコールや酸に変えるもの、たんぱく質からアミノ酸を作りだすものなど、各種の働きのものがある。これらの働きが合わさって、旨味が生まれる。この際、食塩が酵素の働きすぎのブレーキ役をするために、分解が進みすぎず、よい味が生まれる。塩もみしただけの野菜より、一夜漬けの方がおいしいのはこのためである。

しょうゆ，あるいはみそで煮た料理．煮るときに，堅いものから順に入れていくところから，追い追い入れる，銘々入れるを，甥，姪の語呂に合わせ従兄弟煮と称したという．お事始めに作るみそ汁をお事汁というが，これの転じたものといわれている．

いとづくり（糸作り）

さしみの切り方の一種．魚の身を細長く切るので細作りともいう．一般に，平作りや角切りにできない身の細いきす，さより，いかなどをさしみにする場合に行う．身の細いものはやや斜めに切ると細長くなる．たいなどは身を薄くそいで細く切る．

糸作り

いとよりだい（糸撚鯛）

イトヨリダイ科の海水魚．尾びれの上端が糸のように長くのびている．体色は薄い黄色をおびた赤い色で，体側にきれいな黄色い6条の線がある．海水中を旋回するとき，金糸をねじったように見えるのでこの名がある．単にいとよりともいう．秋冬がしゅん．

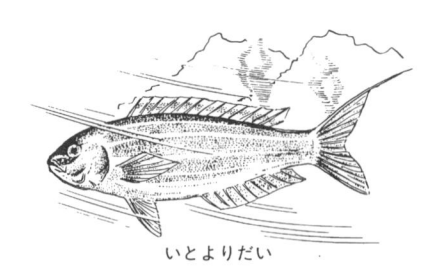

いとよりだい

骨が堅く身がもろいので，三枚におろすのがむずかしい．骨に身が多少残ってもよいくらいの気持ちでおろせばよい．あっさりとした上品な旨味があり，照り焼き，煮つけ，吸い物だねなど，たいに準じた使い方をする．→たい

いな（鯔） ⇨ぼら

いなかに（田舎煮）

新鮮な材料を使って素朴な味つけをした煮物のこと．煮るときは下ゆでなどせず，いきなり煮汁の中に入れて煮る．

さといも，だいこん，かぼちゃなど，ほとんどの野菜に向くが，じかに煮るのでアクの強いものは避けた方がよい．じか煮ともいう．

いなかみそ（田舎味噌） ⇨むぎみそ
いなだ（飯魚） ⇨ぶり

いなほ（稲穂）

材料の形を稲穂に似せて作った料理に冠する言葉．おもに秋の料理や正月の口取りとして用いられる．

稲穂ごぼうは，皮をこそげたごぼうをゆでて6cmくらいの長さに切りそろえ，ごぼうの一端に細く切り込みを入れて，しだれた稲穂のように形づくり，卵白をつけたあと，道明寺糒（ほしい）をつけて油でさっと揚げる．

いなまんじゅう

ぼらの若魚であるいな（地方によって呼び名は異なる）の腹に甘みそを詰めて焼いた料理．略していなまんともいう．愛知県木曽川下流地方の郷土料理．

いなりずし（稲荷ずし）

煮て味をつけた油あげの中に，にんじん，ごぼう，麻の実，ごまなどを合わせたすし飯を詰めたもの．関東では四角，関西では三角が多い．

きつねずし，しのだずしともいう．"いなり"，"きつね"は，稲荷の神の使いとされるきつねが油あげを好物とするというところからきたもの．"しのだ"についてはいくつかの説があるが，大阪府和泉（いずみ）市の信太の森のきつねの説話にもとづいたものと

いうのが一般に知られている．

　油あげの味は甘めに，すし飯は逆に，甘味を減らすとよい．すし飯を詰めるときは，酢水で手を湿らせ，すし飯1個分を片手で握り，油あげの袋に詰める．すし飯を少しずつ，つぎつぎと詰め込むと，詰めすぎて形もわるくなる．油あげは，煮汁を軽く絞る程度にする．絞りすぎると口当たりがわるくなる．油あげを裏返して使うこともある．

●いなりずしの油あげの煮方
材料(20個分)：油あげ10枚　しょうゆ大さじ3　砂糖大さじ5　みりん大さじ1　だし汁カップ1½

　油あげは，横二つ，または斜め三角に切り，袋状に開き，熱湯をかけるか熱湯で煮て油抜きをする．しょうゆ，砂糖，みりん，だし汁を合わせた煮汁に油あげを入れ，落としぶたをして中火で煮る．煮終わったら，すし飯を詰める直前まで煮汁に浸しておく．軽く絞り，すし飯を握って詰める．

いのしし（猪）

　いのししの肉は別名ぼたん肉ともいう．12～2月にかけての寒い間がしゅん．山の深い丹波，安芸，伊勢のものがよい．肉質は豚肉に比べて少し堅い．

　主成分はたんぱく質．脂肪も比較的多い．いのししの肉を食べると体が温まるといわれるが，これは牛肉などとも同じで，たんぱく質のためである．豚肉と同様ビタミンB_1が多いのが他の肉類と異なる点である．

　独特の臭みをもっているため，矯臭効果のあるみそとともに調理することが多い（→みそに）．いのししの肉は長く煮るほど柔らかくなるのが特徴．いのししの肉を用いた代表的な料理がぼたん鍋→である．し

ょうゆにつけてから焼いて粉ざんしょうをかけても臭みが消える．

イノシンさん（イノシン酸）

　動物性食品の中に自然に含まれる旨味成分の一つ．かつお節の中に多い．このナトリウム塩は，うま味調味料→の一種．グルタミン酸ナトリウムと併用すると，味の相乗効果→によって旨味がたいへん強くなるので，グルタミン酸ナトリウムとの混合物が市販されている．調理のとき適宜振り込んで使うが，使いすぎると重い味になり，いやな甘味が強調されるので注意を要する．→グルタミンさん

イーピーエー（EPA）⇨イコサペンタエンさん

いぶくろ（胃袋）

　主として豚と牛の胃が食用にされる．牛の胃は四つあり，第一胃はミノ（ガツ），第二胃はハチノス，第三胃はセンマイ，第四胃はギアラという．豚の胃は一つでガツという．牛の胃は内側についている膜をとり，洗ってから表面の薄皮をはぐ．豚の胃はぬめりがあるので，内側を表に出して塩を振り，もむようにしてぬめりをとる．水洗いしてきれいにしてから，たまねぎ，ベイリーフを入れた湯で1～2時間ゆでる．さらにひと晩水にさらして，臭み消しをする．フライ，ソテー，煮込みなどに向く．

いぶし（燻）

　材料を燻煙して特有の香りや風味をつける調理法．いぶし材としては松葉，杉の葉など香りの高いものが適している．いぶしいか，いぶしかつおなどがある．

いまがわやき（今川焼）

　焼き菓子の一つ．溶いた小麦粉を円形の型に流し込み，あんを入れ，さらに小麦粉を流して焼いたもの．きんつばにヒントを得て，文化文政のころ，神田今川橋付近で

売り出されたのでこの名がある．太鼓焼き，巴焼き，関西では回転焼きともいう．

いも（芋・薯・藷）

さつまいも🔁，じゃがいも🔁，やまのいも🔁，さといも🔁，こんにゃくいも（🔁こんにゃく），かしゅういも，ちょろぎいも（🔁ちょろぎ），はすいも，がいもなどが含まれる．主としてでんぷんが多い．煮る，焼く，蒸すなどいろいろの調理法があり，広く用いられている．でんぷん性食品ではあるが，栄養的には一般の野菜に近い．

いもがゆ（芋粥）

一般に，さつまいもを加えたかゆのことであるが，昔は，ながいもを使うのが本式であった．

●いもがゆの作り方

材料：米カップ1　水カップ5　さつまいも中1本（約200g）　塩少々

さつまいもの皮をむき，2cm程度の角切りにしたものを水につけてアク抜きをする．米を洗い，水を加えて沸騰するまで強火で炊く．沸騰したらさつまいもを加え，ごく弱火にして約30分炊いたあと，塩を加え，さっと混ぜて10〜15分間蒸らす．

いもでんがく（芋田楽）

さといも類を竹串に刺して練りみそをつけた料理．子いも，やつがしらなどの皮をむき，適当な大きさに切って，蒸すかゆでるかして竹串に刺し，練りみそをつけて直火であぶる．好みで，ゆずの皮をおろしたものや，粉ざんしょうを加える．

いもに（芋煮）

山形県の郷土料理．さといもをこんにゃく，牛肉あるいは豚肉などとともに大鍋で煮て，砂糖，しょうゆで調味する．河原に集まり，この鍋を囲むのが"芋煮会"で，秋の風物詩となっている．山形県内でも地域によって材料や味つけの違ったものがある．島根県津和野の郷土料理にもいも煮がある．さといもをしょうゆ味で煮込んだ中に，焼いてほぐした小だいの身を入れたもので，秋のとり入れが終わったころよく作られる．

いもぼう（芋棒）

さといもと棒だらの煮物．京都の有名な料理で，さといもはえびいもを用いる．棒だらはたらの干物で，金づちでよく叩いてから米のとぎ汁に数時間浸して戻す．とぎ汁のぬかの酵素作用によって棒だらのアクが除かれる．いもは下ゆでしておく．戻した棒だらをとろ火で煮込み，十分に柔らかくなったらいもを加え，砂糖，しょうゆで調味して煮含める．

いりかわ（煎皮）

くじらの皮下脂肪層の部分を加熱し，脂肪分をとったあと乾燥させたもの．関西では"ころ"とも呼ぶ．"がら""揚げ花"などと呼ぶ地方もある．煮ると主成分である硬たんぱく質のコラーゲンがゼラチン質に変わり，柔らかくなる．みそ汁，おでん，煮込みなどに使うとよい．柔らかくするためには，時間をかけて煮込む．口当たりがとろりとして柔らかになる．🔁すじにく

いりこ（煎子）⇨にぼし

いりこ（海参・煎海鼠）

なまこを煮て乾燥させたもの．おもに中国料理で使う．よく乾いた，かびの生えてないものを選び，戻して使う．

シコシコした口当たりがよいので，戻しすぎないように注意する．炒め物，酢の物，煮込み物によい．

●いりこの戻し方

水を加えて2時間ほどゆでる．冷めるまでそのままおき，水をかえて再びゆでて冷まし，そのまま4〜5日おく．

柔らかく戻ったら，切り開いてわたを出し，よく洗って用いる．

いりざけ（煎酒）

清酒に梅干しやかつお節，こんぶなどを加えて煮つめたもの．裏ごし器やふきんでこしとって調味料として用いる．用途に合わせ，あらかじめしょうゆなどを配合して煮つめることもある．

いりたまご（炒り卵）

卵を溶きほぐし，かき混ぜながら炒り上げた料理．なたねともいう．欧米ではスクランブルエッグ→といって，朝食で多く用いる．和風には，塩，薄口しょうゆ，みりんで調味し，ちらしずしやそぼろどんぶりなどに用いる．だし汁を加えて柔らかく仕上げたものは，病人食，離乳食にも用いられる．

砂糖を少し加えると柔らかくでき上がる🔳．反対に，塩を加えると細かくパラパラした炒り卵になる．

●炒り卵の作り方

よく熱したフライパンに，溶きほぐした卵を入れ，すぐに手早くかき混ぜる．箸を5〜6本使うと混ぜやすい．フライパンがよく温まっていないとうまくできない．かき混ぜ方で，きめの粗いものや細かいものなど作り分けられる．パラパラになるまで火の上におかず，半熟のうちに火からおろす．

イリチー

沖縄料理で炒め煮のこと．豚肉を主材に，こんぶ，こんにゃく，しいたけ，ごぼう，切り干しだいこんなどを数種とり合わせて用いる．おもな材料名を頭につけて，○○イリチーと呼ぶ．だいこんを用いたものは大根（でーくに）イリチー，こんぶを使ったものは昆布（くーぶ）イリチーという．

●昆布（くーぶ）イリチーの作り方

材料：こんぶ（刻みこんぶ）100g　豚（三枚肉）100g　こんにゃく½丁　油あげ2枚　干ししいたけ3枚　かまぼこ⅓枚　ラード適量　砂糖少々　しょうゆ少々　清酒少々　塩少々　だし汁カップ2½

刻みこんぶは煮立った湯の中でゆで，水きりする．豚三枚肉，こんにゃくは，ゆでて短冊切りにする．油あげは油抜きし，しいたけは水で戻して短冊に切る．かまぼこも短冊に切る．鍋にラードを熱し，豚肉を入れ，油がでてきたらほかの材料を入れて炒め，だし汁と砂糖，しょうゆ，清酒，塩を加え，こんぶが柔らかくなるまで煮る．

いりどうふ（炒り豆腐）

豆腐の水気をきり，副材料とともに油で炒め，砂糖，しょうゆなどで調味して炒りつけたもの．ときほぐした卵を入れることもある．

豆腐は水気が多いので，水分を除くが，あまり水気をきりすぎてもよくない．副材料としては，えびやねぎ，にんじん，しい

調理科学

炒り卵と砂糖

卵は，砂糖が加わるとたんぱく質の凝固温度が上昇する．たんぱく質は，短時間で早く固まるほど，堅くてバサバサした状態になる．たんぱく分子の収縮が大きいからである．これに対して，凝固温度が上昇すれば，たんぱく質がゆっくり加熱されることになり，分子の収縮もゆるやかである．卵に少し砂糖を加えると，加熱後，柔らかに仕上がるのは，砂糖を加えると卵の凝固温度が上がるためである．

たけ，きくらげなどが使われる．

●炒り豆腐の作り方

材料：豆腐1½丁　むきえび100ｇ　にんじん20ｇ　干ししいたけ小4枚　ねぎ1本　卵1個　油適量　みりん大さじ1　砂糖大さじ1　しょうゆ大さじ1½

豆腐は巻き簀で巻き，軽く重しをして水分を除く．にんじんは小さく切って下ゆでし，しいたけは戻して細切り，ねぎは小口切りにする．油を熱し，えび，にんじん，しいたけ，ねぎを炒める．豆腐を手でつぶしながら加えて炒める．調味料を加え，しばらく炒りつけ，最後に溶き卵を流し入れて混ぜる．

いりどり（炒り鳥）

にわとりやかもなどの肉を油を使わずに炒りつけ，味をつけた料理．とりの肉を薄く切って清酒に浸し，臭みを抜き，鍋で炒りつけ，いったんとり出しておく．肉を炒った鍋にこんにゃく，れんこん，ごぼう，ぎんなんなどを入れ，清酒，みりん，しょうゆなどで調味して煮上げる．この中に，先に炒ったとりの肉を入れ，味をからませる．

一般には，鶏肉と野菜を油で炒め，だし汁，しょうゆ，みりん，砂糖などで調味して汁気のなくなるまで煮上げたものをいい，筑前煮➡と混称されている．

いりに（炒り煮）

材料と調味料を鍋に入れて炒りつける煮方．材料の水分をとるので調理が早くできる．でんぶ，炒り卵，炒り豆腐など，家庭料理として広範囲に利用されている．油を使って材料を炒めることもある．

いりまめ（炒り豆）

大豆やそら豆を炒ったもの．大豆の炒り豆は節分の豆まきとして用いられる．塩味などをつけ，加工したものもある．炒り豆は，間食や酒の肴に用いられる．

いる（炒る，煎る）

豆やごまなどを，ほうろくあるいは空鍋で加熱し，水分をとるとともに，材料に香りや焦げ色をつけること．ごまなどは，加熱したあとすり鉢ですり，料理に用いることが多い．加熱することで，たいへんよい香りが生じる．加熱に用いる器具は，平均に穏やかに加熱できるものがよく，ほうろくや厚手鍋が使用される．この香りは，主としてピラジン➡である．

いろどめ（色止め）

切ったり皮をむいたりすることによって，食品のもっている色が変色したり褐変したりすることがある．これを防ぐことを色止めという．塩や酢には，褐変を促す酸化酵素の働きを阻止する働きがあるので，りんごは塩水に，うど，れんこん，やまのいもなどは酢水につけて色止めをする．なすを漬け物にするときは，なすの美しい紺色を保つため，古くぎやミョウバンが色止めとして用いられる．➡

いろに（色煮）

野菜のもっている美しい色を逃がさないように仕上げる煮方．ふき，さやいんげん，そら豆，さやえんどうなど緑色のものは，青くゆでたあと，調味しただし汁に浸して味を含ませる．これは一名青煮とも呼ばれる．色煮はおもに緑色の野菜に用いられるが，なすのように紺色のものは，ミョウバン液にしばらくつけて色止めしたあと，薄い食塩水で煮て，紺色が逃げないように仕上げる．

いわいざかな（祝い肴）

祝い膳の酒の肴のこと．正月の祝い肴は，ごまめ（田作り），かずのこ，黒豆，

えび，たいなどを使った料理で，それぞれ縁起をかついだものが用いられる．

いわし（鰯）

ニシン科のまいわし，うるめいわし，およびカタクチイワシ科のかたくちいわしの総称．またはこれらの近縁種を含めたものの総称．しかし，ふつうはまいわしをさす．

まいわしは体の両側に黒い点が七つずつ並んでいるところから七つ星と呼ぶところもある．また大きさにより，3cm以下のものをしらす，10cmくらいのものを小羽，15cmくらいのものを中羽，18cmもあるものを大羽ともいう．

料理としては塩焼き，煮魚，フライ，てんぷら，酢漬けが一般的．つみいれ，たたきなどにもよい．

煮るときは，しょうがのみじん切りや梅干しを加えて煮るのが生臭くしないコツ．

▣しょうが

いわしは骨がはがれやすいので，フライ，てんぷらなどで身を開くときは包丁を使わず，手開きといって手で操作する方が簡単で手早くできる．すなわち，頭をとり，身と骨の間に親指を入れ，しごいて身を開く．中骨はつまんで身からはずす．

うるめいわしは，いわしのうちでも一番体が丸く，体長30cmくらいになるものもある．まいわしに比べて脂肪が少ないので，生のまま調理するより，主として丸干しにして用いられる．大形のものはうるめ節に加工される．

かたくちいわしは，せぐろいわし，ひしこいわしとも呼ばれ，体は細長く，あごが短い．体長は13cmくらい．おもにごまめ（田作り），煮干しに加工される．

🧪 調理科学

色止めの働き

色止めには，各種の化学反応が関係している．それぞれ作用機序は異なる．

＊**クロロフィルと銅**：クロロフィル（葉緑素）は，銅と結合すると銅クロロフィルとなり，安定する．グリンピースや，緑の野菜加工品，こんぶなどの色止めに，硫酸銅が使用されたこともあったが，現在は禁止されている．

＊**アントシアンと鉄**：アントシアン色素に鉄が作用すると，安定な紫紺色となる．黒豆を鉄鍋で煮る，なすの漬け物に古くぎを加えるといった方法で，きれいな色を利用している．なお，なすの漬け物にミョウバンを加えるのも色止めの一種で，ミョウバンの中のアルミニウムイオンが鉄と同じようにアントシアンと結合して美しい紫色になる．

＊**アントシアンと酸**：アントシアン色素は酸にあうと美しい紅色となり，安定化する．梅干しの色づけに使う赤じそ，酢づけの紅しょうがなどはこの利用である．反対に，アルカリ性で青色となり，不安定になる．とくにアルカリ性で加熱すると，色素の分解が起こる．黒豆に炭酸水素ナトリウム（重曹）を加えると褐色になり，色がわるくなるのはこのためである．

＊**フラボノイドと酸**：フラボノイドは酸性で白くなる．たとえばカリフラワーをゆでるときに酢を加えると白く仕上がる．中性，アルカリ性で加熱されるとクリーム色に発色する．中華めんのクリーム色は，小麦粉中のフラボノイド色素が鹹水のアルカリで発色したものである．

＊**ポリフェノールと酸**：ポリフェノールは，ポリフェノール酸化酵素により酸化されると黒褐色になる．とくに鉄はこれを促進するため，早く褐色になるとともに，ポリフェノールは，タンニン系の色素であるため，タンニン鉄の黒褐色の化合物を作り色がわるくなる．酸性にすると酵素の作用をおさえることができる．ごぼう，なす，れんこんなどを酢水に浸すのは，ポリフェノールの褐変を防ぐためである．バナナ，びわ，もも，りんごにレモン汁をかけると褐変の防げるのも同じ効果である．また，りんごは塩水に浸しても褐変を止めることができる．食塩にも，ポリフェノール酸化酵素の働きを止め，酸化を防止する作用があるからである．

●いわしの煮魚の作り方
材料：いわし(小)20尾　しょうが1かけ　水カップ1　清酒カップ½　しょうゆ大さじ3　砂糖大さじ1　みりん大さじ2

いわしは頭と腹わたをとり除く．鍋に分量の水と調味料を入れ，ひと煮立ちさせ，いわしを入れる．再び煮立ちはじめたら，しょうがのせん切りを加え，落としぶたをし，弱火で，煮汁が¼くらいになるまで煮る．

いわな（岩魚）

サケ科の淡水魚．川の上流の渓谷地帯の冷水にすむ．体長は30cmくらい．本州に分布し，四国や九州にはいないといわれる．5～6月ごろがしゅん．どんな料理にも向くが，とくに塩焼き，から揚げによい．山間部ではとくに山菜料理などとともに出されるものである．

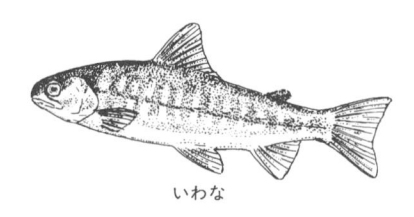

いわな

いんげんまめ（隠元豆）

マメ科．完熟した豆を利用する豆用と，若さやを利用する野菜用がある．豆用のおもなものに，うずらまめ⇒，てぼう⇒，きんときまめ，とらまめ⇒などがある．さやいんげん⇒は野菜として用いられる．豆用は北海道や東北地方で多くできる．大きくて粒のそろったものがよい．虫くいや粒の欠けたもの，皮にしわのよったものはよくない．

十分に吸水させないと柔らかく煮えないので，ひと晩水に浸してから使う．途中で火を止めたり，強火で煮たりしてはいけな い．落としぶたをして気長に煮るのがコツ．煮豆，きんとん，あんなどのほか，洋風料理ではスープ煮込みなどに使う．

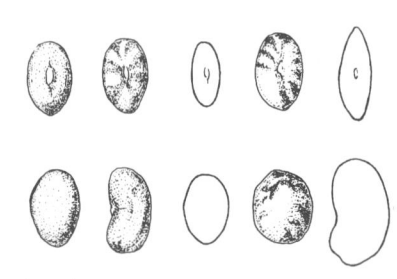

きんとき　中長うずら　大てぼう　とら豆　だいふく
（大川徳太郎　食品材料科学より）

インスタントコーヒー（instant coffee）

コーヒーを一度抽出して脱水乾燥にしたもの．熱風乾燥と凍結乾燥があり，主流は風味のよい凍結乾燥品である．レギュラーコーヒーに比べ，抽出のための道具がいらない，時間がかからない，カスが残らない，だれがいれても失敗がない，割安である，などの利点がある．しかし，インスタントコーヒーは吸湿性が強いので，封を切ったら湿気を吸わせないように注意が必要である．すなわち，封を切ったビンは必ずしっかりとふたをすること．キャップの下についているシールは，コーヒーを湿気から守るためのものなので，シールは使い切るまでとり除かないこと．また，湿ったりぬれたりしたスプーンを使わないこと．コーヒーを出すときに熱湯の湯気がかからないようにすることも大切である．

インスタントしょくひん（インスタント食品）

手間をかけずに，水や湯を注げばすぐに食べられる食品，あるいは簡単に調理ができるようにある程度調理加工された，保存性のある食品の総称．

湯を加える，短時間加熱する，水や牛乳

などを加えて冷却するなど簡単な処理をするだけで食用となる．第二次大戦後普及してきたものが多い．

形態から粉末食品，乾燥食品，濃縮食品，冷凍食品，缶詰，レトルト食品などがある．種類としては米飯類（白飯，赤飯，五目飯など），スープ類（スープの素，コーンスープなど），ソース類（カレールウ，ホワイトソース，ミートソースなど），めん類（ラーメン，うどん，そばなど），だし類（かつお，こんぶ，めん用のつゆなど），みそ汁，吸い物，デザート類（ゼリー，プディング，ババロアなど），ケーキ類（ホットケーキミックス，ケーキミックスなど），クリーム類（粉末クリーム，ホイップクリームなど），嗜好飲料（コーヒー，紅茶，ココアなど）などがある．このほか，おでんの素，マーボー豆腐の素，チャーハンの素といったレトルト食品や粉末食品，茶碗蒸し，グラタン，フライなどの冷凍食品など多くのものがある．

インスタントライス

即席に食べられるアルファ化した米飯．即席米ともいう．アルファ化米，米飯缶詰，パフドライス，冷凍飯，カップライス，レトルト飯などがこれに入る．缶詰は，缶のまま湯の中で15分ほど加熱する．冷凍飯は，包装容器に入ったまま湯の中に入れて解凍するか，電子レンジで加熱する．アルファ化米は，水か熱湯を加えるか，軽く煮ると飯に戻る．→アルファかまい

インスタントラーメン

中華めんを蒸してでんぷんをアルファ化したのち，油で揚げるか熱風乾燥したもの．即席ラーメンともいう．前者を油揚げめん，後者を非油揚げめん（アルファ化乾燥めん，熱風乾燥めんともいう）という．スープの味を浸み込ませたものとスープが別添してあるものとがある．また，袋に入ったものとカップ入りとがあり，変形としてやきそば，冷麺などもある．

でんぷんが主体のエネルギー源食品なので，野菜，卵などを添えて栄養のバランスをとることも忘れずに．また，スープは塩分が多いので，塩分のとりすぎに注意が必要である．

油揚げめんは，油を多く含んでいるので油の酸化に注意する．直射日光に当てると酸化が促進されるので，保存は冷暗所で．変質した油は食中毒や肝臓障害の原因になる．

いんろう（印籠）

きゅうり，しろうり，なす，いかなどの中心部をくり抜き，その中に魚や肉のすり身などを詰めた料理名．いんろうは昔，印や印肉，江戸時代には薬を納めて腰につるしていた長方形の小箱のこと．この形と，きゅうりやなすを姿のまま仕上げた料理と形が似ているので，この名がある．しろうりやきゅうりの中にしそ，しょうが，青とうがらしなどを詰めて塩漬けまたはみそ漬けにしたいんろう漬け，いかの内臓を抜き，いろいろな材料を詰めて蒸したいんろう蒸しなどがある．

いんろう

う

ういきょう（茴香）

セリ科の多年草．別名フェンネル．葉にも茎にも芳香がある．種実を乾燥したものがフェンネルシーズで，香辛料として用いられる．甘味と芳香が特徴．

ピクルス，魚料理のソースや菓子，パンなどに丸のまま，あるいは粉末にして入れる．葉はハーブとしてロシア料理のボルシチに使うほか，魚料理によく合うので"魚のハーブ"と呼ばれる．

ういきょう

ウイスキー（whisky）

穀物を醸造し，これを蒸留し，貯蔵して造る蒸留酒の一種．アイルランドで大麦やライ麦の麦芽から造ったアルコール度の高い酒を，ケルト語でウシュクベーハ（生命の水）と名づけていたところからきた名前である．アルコール分は40〜50％程度．

ウイスキーの種類は多いが，原料別に分類するとモルトウイスキーとグレンウイスキーがある．モルトウイスキーは大麦麦芽（モルト）を原料に，グレンウイスキーは大麦麦芽のほか，発芽していない大麦，ライ麦，えん麦，とうもろこしなどの穀類を原料としてつくる．両者とも大部分はブレンド用にされる．なお一部のモルトウイスキーは，シングルモルト（1か所の蒸留所のもの），バッテッドモルト（原料どうしを混合）などとして製品となる．

産地別からは，スコッチウイスキー（スコットランド産），アイリッシュウイスキー（アイルランド産），アメリカンウイスキー（アメリカ産），カナディアンウイスキー（カナダ産），ジャパニーズウイスキー（日本産）に大別され，それぞれ特徴をもっている．

ウイスキーのきれいな褐色は，樽に貯蔵する間につくものである．はじめは無色透明なアルコール液であるが，2〜3年の貯蔵で色がつく．年月がたつほど濃く，またきれいになる．

ウイスキーの香りは，蒸留したアルコールを樽に詰めて貯蔵する間にでるものと，スコッチのように，麦芽を乾燥するときにいぶして用いる泥炭（ピート）などによるものがある．またアメリカのコーンウイスキーの一種であるバーボンウイスキーのように，焦がした樫（かし）材の樽を用いることでつく香りもある．

国産ウイスキーは，ウイスキーの原酒の含量によって特級，一級，二級に級別されていたが，1989年4月の酒税法改正で廃止された．

香りのよいものはストレートで味わうが，水割り，氷割り，ソーダ水割りなどがある．このほか，レモン汁を加えたウイスキーサワーをはじめ，各種のカクテルの材料としても使用される．ウイスキーのアルコールの刺激度はかなり強いが，冷やしたり，酸味，甘味が加わると柔らかになる．また，紅茶に加えてウイスキーティーにすることもある．なお，ウイスキーは，正式には食後酒である．

ういろう（外郎）
　米粉，でんぷん，砂糖などを混ぜて蒸した菓子．柔らかく，弾力があり，淡白な味である．鎌倉時代に元から伝わった薬（外郎と呼ばれていた）の口直しに作られた菓子で，菓子名もこの名で呼ばれるようになったといわれている．当時は黒砂糖が用いられていた．ひき茶，くりなどを入れたものもある．名古屋，山口などが有名．

ウインナーコーヒー（Vienna coffee）
　コーヒーに泡立てた生クリームをたっぷり入れたコクのあるコーヒー．

ウインナーシュニッツェル（Wiener Schnitzel―独）
　ウィーン風カツレツ．薄切りの子牛肉にパン粉をつけてバターで焼いたもの．フランスではアンチョビー，ゆで卵の裏ごし，ケーパー，レモンなどで飾る．

ウインナーソーセージ（Vienna sausage）
　水分が比較的多いドメスチックソーセージの一種．牛肉，豚肉を原料にし，羊の腸などに詰めて，太さ2cm未満で，1本の長さを約10cmくらいにしたもの．羊の腸以外に，人工ケーシングが使われている．また，原料肉は豚，牛だけの上級品以外に，馬，めん羊，やぎ，家兎，鶏肉などを混合したものもある．オーストリアのウィーンで作りはじめたともいわれ，この名がある．→ソーセージ

ウェイ（煨）
　中国料理の煮物の調理法の一つで，ごく弱火で長く煮込むこと．材料がほとんど動かないくらいの状態で煮る．煮込む時間が長いので材料によく味がなじみ，コクのある煮物となる．この煮込み料理を煨菜（ウェイツァイ）→という．

ウェイツァイ（煨菜）
　中国料理でごく弱火で煮た煮込み料理のこと．料理例に煨牛肉（ウェイニウロウ）（牛肉の煮込み）などがある．→ウェイ

ウエハース（wafers）
　軽い薄板状の焼き菓子．原料は，小麦粉，砂糖，粉乳，卵，食塩，香料など．これらを水で溶いて，焼き型に流して焼いたものである．口の中でパラリと散る軽い歯ざわりのものがよい．消化がよいので，病人，離乳期の幼児に向く．アイスクリームの口直しにも用いられる．

ウエルダン（well-done）
　ビーフステーキの焼きかげんの名称で，肉の中まで十分に火を通したもののこと．ウエルダンのビーフステーキは，他の焼き方より堅くなり，肉汁が少ない．→レア・→ミディアム

うおしょうゆ（魚醬油）⇨ぎょしょう

うおすき（魚すき）
　魚介類を主材料にして，野菜類をとり合わせたすきやき風の鍋料理．沖すきともいう．しょうゆ，みりん，砂糖で調味した割り下を用いて煮る．すきやきよりは薄味である．魚介類はあらかじめ，だし汁，しょうゆ，みりんなどを合わせた液に浸しておく．関西が本場である．

うおせんべい（魚煎餅）
　魚を姿のまま，あるいはすりつぶして型に入れ，せんべいのように焼いたもの．たい，きす，あじ，たこ，えび，いかなどを原料とする．ビールのつまみに喜ばれる．

うおそうめん（魚素麺）
　魚のすり身で作ったそうめん状の食品．魚のすり身に卵，塩などを加えたものを，熱湯中に細くつき出し，そうめん状に作る．吸い物のたねのほか，つけ汁を添えてそうめんのように食べる．→すりみ

ウォータークレス（water cress）⇨クレソン

ウオツカ（vodka—露）

大麦，ライ麦などを主原料にしたロシアの代表的な蒸留酒．ウイスキーとよく似ている．しらかばの木炭で除臭しているのが特徴．無色透明で無味無臭．アルコール分40〜60％．食前酒によい．フレーバーがないのでカクテルのベースとして好適．

うかし（浮かし）

吸い物に添える椀づま⇒の野菜のこと．関西での呼び名．

うきこ（浮き粉）

小麦粉を水でこねて水中でもむと，たんぱく質とでんぷんに分かれ，でんぷんは下に沈殿する．そのでんぷんを集めて精製したもの．菓子材料，もちのとり粉，糊の材料のほか，かまぼこの増量材としても用いられる．

うきみ（浮き実）

スープに少量浮かすもの．見た目のよさと，スープの味を引き立たせるために用いられる．何を使ってもよいが，透明なスープを濁らせるものはいけない．ポタージュ用にはクルトン⇒やクラッカー，コンソメには肉や野菜の細切りをゆでたり炒めたもの，バーミセリー⇒，米などが用いられる．一般にはパセリのみじん切りがよく用いられる．

うぐい（鯎・石斑魚）

コイ科の魚．淡水域，海水域にすむものがある．関東でははやと呼ぶ．冬の間が味がよい．大きいものでは30cmくらいにも及ぶ．塩焼き，煮つけ，酢みそ和え，甘露煮，フライ，南蛮漬けなどにする．

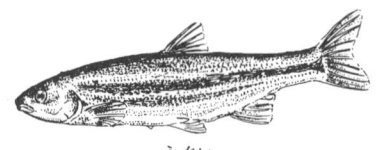

うぐい

うぐいすまめ（鶯豆）

青えんどうの煮豆．うぐいす色をしているのでこの名がある．他の豆とはちがい，炭酸水素ナトリウム（重曹）を加えると味がよくなる煮豆の一つである．

●うぐいす豆の作り方

材料：青えんどうカップ1　砂糖カップ2/3〜1　塩ひとつまみ　炭酸水素ナトリウム(重曹)小さじ1

豆の5倍量の水に炭酸水素ナトリウムを入れ，ひと晩浸す．翌日，水をかえずに落としぶたをして，そのままゆでる．途中，ゆで汁を2〜3回とりかえる．柔らかくなったら，ゆで水を豆がひたるくらいにし，砂糖を加えて甘味を含ませ，仕上げに塩を入れて，そのまま味を含ませる．

うこん（鬱金）⇒ターメリック

うさぎぎり（兎切り）

りんごの切り方．りんごを縦六つあるいは八つに切り，芯をとり，うさぎの耳のような形に皮に浅く包丁を入れ，耳の部分を残して皮をむく．耳の部分は切り落とさない程度に切り込みを入れる．冷水に少し浸すと，耳がピンと立つ．

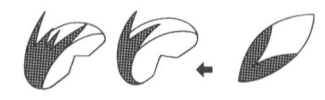

変わりうさぎ　　うさぎ切り

うざく

酢の物の一種．うなぎのかば焼きときゅうりの小口切りを三杯酢で和えたもの．

うしおじる（潮汁）

魚介を用いたすまし汁．材料の魚介の味を生かし，かつおなどのだし汁は使わない．本来は海水で仕立てたといわれ，海水のように塩味だけで仕立てるという意味で潮と呼ばれる．

魚は，たい，おこぜ，すずきなど白身で新鮮なものがよく，なかでもたいが最高である．貝では，はまぐりがよい．魚の場合は，あらかじめさっと熱湯を通して，表面を白くしてから使うと生臭みがとれる．鮮度の落ちたものは，魚に強めに塩をして，しばらくおいてから，同様に熱湯をくぐらせるとよい．準備した魚と水，だしこんぶを鍋に入れて火にかけ，煮立ってきたらこんぶをとり出し，アクをすくいとる．強火で煮立てると汁が濁るので，弱火で．塩と清酒で調味する．仕上げにしょうゆを少量落とすと魚の生臭みが消える．貝の場合は，砂をはかせたあと，水から煮て同様に作る．

うしおに（潮煮）

潮汁と同じく，鮮度のよい魚介を塩水で煮た料理．煮物なので汁は少ない．鍋に約0.5％の塩水を煮立て，塩をした魚の切り身をざっと洗い上げてから入れる．精進の潮煮は，もずく，てんぐさなどを実に，清酒としょうゆを少し落として作る．

うじじたて（宇治仕立て）

茶を使用した料理につけられる名称．おもに抹茶を用いる．宇治は茶で有名なところからつけられたもの．たとえば，"宇治仕立長芋薄葛"とあれば，ながいも含め煮に，抹茶を加えたくずひき汁をかけたものである．

ウシヤンフェン（五香粉）

ういきょう，シナモン，さんしょう，ちょうじ，ちんぴの五種類を合わせた，粉末の中国の香辛料．ウーシャンフェンともい

う．鶏肉のから揚げに塩とともに添えたり，揚げ物の下味，煮物に少量加えたりする．

うすぎり（薄切り）

材料を薄く切る切り方の総称．英語ではスライス，中国料理では片（ピエン）という．フランス料理では，材料や切った形などで多くの呼び名があり，肉の薄切りはエスカロップ➡，薄くそぎ切りにしたものをエマンセという．野菜では薄い角切りをペイザンヌ，薄い輪切りをエマンセロン，長円形の薄切りをエマンセオバールという．

うすくちしょうゆ（薄口醬油）

調理上の必要から，とくに色を薄くするとともに，しょうゆの強い香りも薄くしたもの．淡口醬油とも書く．兵庫県が発祥の地といわれる．野菜や白身の魚などを煮るとき，そのもののもち味を生かし，色よく仕上げるのに用いられる．濃口しょうゆと異なる点は，たっぷりのだし汁とともに，はじめからしょうゆを用いて煮込むと，味が材料によく浸透して味のよい料理を作ることができる．

薄口しょうゆの製造法は，濃口しょうゆから転じたもので，ほとんど変わりはないが，食塩量が16％（重量比）前後と濃口より高い．食塩量が高いと熟成速度が抑えられ，醸造のときに色を薄く仕上げるのに効果があるからである．仕上げのときに，甘酒を加えて甘味をつけることも薄口しょうゆの特徴．▣

うすくちはっぽう（薄口八方）

淡口（あわくち）八方ともいう．八方だし➡の一種

調理科学

薄口しょうゆと発色

薄口しょうゆは，みりん，だし汁とともに煮ると，時間がたつにつれて色が濃くなる．これは，アミノカルボニル反応が起こったもので，この色がつくことで煮物の風味がよくなる．薄口しょうゆは，このことを考慮に入れて，火入れを非常に弱く止めている．

で，薄口しょうゆを使って色や味全体を薄く仕立てたもの．水に清酒，みりんを加え，削りがつおを入れて煮立ててこし，薄口しょうゆで調味する．とくに，自然の色を生かしたい野菜の煮物やてんぷらのつけ汁に用いられる．

●薄口八方の配合割合

材料：水カップ2　清酒カップ1　みりんカップ1　削りがつお 10～20 g

材料を合わせ，煮立ててこし，薄口しょうゆで好みの薄味に調味する．

うすじお（薄塩）

魚や肉などの料理の下処理として薄く塩をすること．加工品では薄塩干し，薄塩漬けなどがある．魚の場合は甘塩ともいう．

ウスターソース（Worcester sauce）

食卓用のソース．一般に日本でソースといえばウスターソースをさすくらい普及している．本来のウスターソースは，イギリスのウースターシャ地方で作られてきた料理用のソースであるが，日本人に向くように改良された．

たまねぎ，にんじんなどの野菜のほか，何十種類もの香辛料を配合して作ってあるので，よい香りがある．ソースの品質を決定するのは香りで，そのためには，原料の香辛料が良質であるだけでなく，ミックスのしかたでソースの勝負が決まる．ソースを使うときは必ずびんをよく振り，底にたまっている香辛料をよく混ぜること．

うすづくり（薄作り）

さしみの切り方の一つ．皿の模様がすけて見えるほどにごく薄く切る．肉質の堅いふぐやひらめにおもに用いられる．

うすやきたまご（薄焼き卵）

卵を紙のように薄く焼いたもの．錦紙卵ともいう．卵を溶き，用途によって少量の砂糖や塩で味を調える．卵焼き器を熱して油をひき，余分な油はきれいにふきとるのが大切．油が多くついているとデコボコになり，きれいに仕上がらない．また，卵焼き器が熱すぎると卵が厚くなり，表面がざらつく．そのため，卵焼き器を一度火からおろし，ぬれぶきんの上で冷ましてから，溶き卵を流し込む．手早く卵焼き器を動かして一面に薄くのばし，残った卵は器に戻す．火かげんは弱めの中火．なるべく焦げめをつけないように焼く．表面が固まったら長い箸を卵と卵焼き器の間にさし込み，さっとひっくり返す．

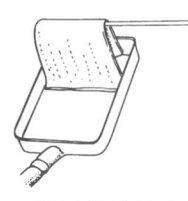

薄焼き卵の返し方

錦糸卵は，薄焼き卵を細長く糸のように切ったもの．薄焼き卵がよく冷めてから切ると，きれいに切れる．

うずら（鶉）

キジ科の鳥．羽毛に特有の斑点がある．本来野鳥であるが，肉の味がよく産卵数も多いので，改良飼育されている．卵はうずら卵として利用．

うずら

冬の脂ののったときが食べごろ．野生の方が味がよい．小さい鳥なので，骨ごと叩いて調理することが多い．そのときは，小さく叩いて骨が歯に当たらないようにする．小鳥類は洗うと水っぽくなるので，さばく前に一度洗うだけにする．串焼き，付け焼き，ローストなどの焼き物や，叩いたものをだんごに丸めて椀だねにする．

うずらたまご（鶉卵）

淡黄色の地に褐色の斑点のある小形の卵．味，栄養の点でも鶏卵に劣らない．買

うときはよく売れている店で，手にもってみて重みの感じられるものがよい．

　ゆでてから殻をむくときは水の中でむくのがコツ．手でつまんで引き裂くようにすると，むきやすい．生のものの殻を割るときは，鶏卵のようには割れないので，包丁で一方の端を少し切って出すとよい．他の材料の上に直接落とさず，別の器に割って，腐敗の有無を確かめてから使う．

　ゆでて料理の飾り，前菜，椀だね，おつまみなどに形を生かして使うと楽しい．また，生のままとろろやそばつゆに落として利用する．ゆでて殻を除いた缶詰もある．

うずらまめ（鶉豆）

　いんげん豆の一種．うずらの卵のようなまだらな模様が入っているのでこの名がある．実のよく入った粒のそろったものを柔らかく煮て，あん，きんとん，煮豆などにする．

　●うずら豆の煮方

　材料：うずら豆カップ2　砂糖カップ1〜1½　塩少々

　　前日から豆の5倍量の水に浸しておく．水をとりかえてから，落としぶたをしてゆでる．煮立つまでは強火で，煮立ちはじめたらすぐ弱火にする．煮ている間，常に豆の上にゆで汁がかぶるようにして，水が足りなくなったら差し水をする．柔らかくなったら砂糖を加えて煮含め，火を止める寸前に塩を少量加える．十分冷めるまでそのままおく．

うぞうすい（鰻雑炊）

　うなぎのかば焼きを入れたぞうすいのこと．

うちがし（打ち菓子）

　干菓子の一種．穀物や豆類の粉と砂糖を合わせ，各種の模様を彫刻した木型に詰めて抜いたもの．らくがん⇒が代表的．

うちこ（打ち粉）

　もち，うどん，ギョーザの皮などを作ったりのばしたりするとき，のし板や手につかないように振る粉のこと．ふつう，米粉，かたくり粉，小麦粉などが使用される．

うつ（打つ）

　調理上の用語でいくつかの意味がある．①野菜を細く切る（せんに打つ），②めん類を作る（そばを打つ），③串に刺す（串打ち），④くずをつける（くず打ち），⑤蒸し物に水を振りかける（水を打つ）など．

うど（独活）

　ウコギ科．栽培品を"うど"，野生のものを"山うど"という．盛り土をして茎の半分ほどを軟化したものも，市場では"山うど"の名ででていることが多い．栽培品のほとんどは，ムロなどを用いて軟白したものである．

　3〜6月が盛り．しかし，12〜2月ごろの寒うどがとくに柔らかく上等．うどのおいしさは，特有の香り，歯切れ，色の白さにある．買うときは，みずみずしく張りのある白くて太いものを選ぶ．枝が出たり，元の方が緑色がかっているものは堅く，また赤い斑点が強くでているものはアクが強い．皮の繊維が厚いので，繊維が残らないように厚くむく．空気に触れるとポリフェノール⇒類がすぐ酸化し，褐変するので，皮をむいたら手早く酢水に漬ける．酢の物，和え物，吸い物，サラダなどにする．皮も刻んできんぴらに利用できる．

うどん（饂飩）

　小麦粉を，食塩を加えた水でこね，のばして線状に切ったもの．小麦粉で作っためんのうち，いちばん太い．製めんしたままの生うどん，それを乾燥した干しうどん，

ゆでて玉にした玉うどんや冷凍にした冷凍うどん，および包装うどんなどがある．形からは，ふつうのうどんのほか，薄く幅広に切った平うどん（きしめんなど）がある．また，製法からは，機械製めん，手打ちめんなどがある．うどんの原料は小麦粉なので，うどんの成分は小麦粉とよく似ている．うどんを作るとき食塩を加えるのは，うどんに適当な粘弾性を与えるためである．☞こむぎこ

ゆでて，かけうどん，きつねうどん，てんぷらうどん，鍋やきうどんなどにする．

●うどんのゆで方
玉うどんは熱湯を通すだけでよい．
　生，干しうどんはたっぷりの熱湯で指定の時間（製品によって異なる）強火でゆで，手早く水にとって流水でさらしてざるにとる．

うなぎ（鰻）
ウナギ科の魚．深海で生まれて川をさかのぼり，川や沼で成長する．

土用のうしの日に食べる習慣があるが，秋から冬にかけてが美味．

主成分はたんぱく質．脂肪も多い．ビタミンではAがとくに多い．養殖ものより天然ものの方が味があっさりしている．うなぎの油っこさは餌によって違う．さんまやいわしなど不飽和脂肪酸の多い魚を餌にした養殖うなぎは，油っこく感じる．しかし最近は，餌も魚ではなく配合飼料が多くなった．その結果，成長はより速くなり，半面，身には油がなく，皮が厚くて堅いうなぎに変化してきている．うなぎの血清には溶血作用があるが，血清毒は熱や消化液に弱く，一般には加熱調理するので心配はない．

焼くときは皮の方から．しょうゆとみりんのタレをつけたかば焼き➡が一般的．てんぷら，八幡巻き，うざく（きゅうりとの酢の物）➡，きも吸い➡などにも向く．

うなぎどんぶり（鰻丼）
どんぶり物の一つ．温かいごはんにうなぎのかば焼きをのせ，上からタレをかけたもの．通称うなどんと呼ばれる．関西では，ごはんの表面と中層の2か所にかば焼きを入れ，これをまむしと呼ぶこともある．最近では，表面のうなぎがなく，中層にうなぎをはさんだものがまむしと呼ばれる傾向がある．よいかば焼きとタレがうなぎどんぶりの味を支配する．➡かばやき

うなちゃ（鰻茶）
茶漬けの一つ．ごはんにうなぎのかば焼きをのせ，熱い茶をかける．あしらいとしてさんしょうがよく合う．

うなどん⇨うなぎどんぶり

うに（海胆）
棘皮動物．半球形や扁平な堅い殻をもち，その上に多くのトゲが生えている．主として卵巣が用いられる．生食のほか，粒うにや練りうにに加工される．生うには，二杯酢やわさびじょうゆで食べるのが最高．すしだねにも用いられる．

粒うに（泥うに）はうにの生殖巣の塩辛で，塩漬けした塩うにを熟成させるか，塩うににエチルアルコールや調味料を加え熟成させて作る．練りうには粒うにを練りつぶしたもの．

うにず（雲丹酢）
練りうに，粒うになどを使った合わせ酢➡．いか，えび，貝類に合う．

●うに酢の作り方
材料（配合割合）：練りうに大さじ2　煮切りみりん大さじ2　卵黄2〜4個　だし汁大さじ2　三杯酢大さじ2

　練りうにをガーゼに包み，ひと晩水にさらし，すり鉢で卵黄とよくすり混

ぜ，煮切りみりん，だし汁，三杯酢を加え，小鍋に入れて，とろりとするまで練り上げる．

うねりぐし（うねり串）

串の打ち方の一つ．魚が泳いでいるようにうねりをつけて串を刺す．おどり串ともいう．金串を，盛りつけたとき下になる方のえらぶたから，中骨を2回くぐらせて通し，魚をうねらせるように刺す．表の方には串がでないようにする．あゆなど川魚の場合は登り串ということが多い．

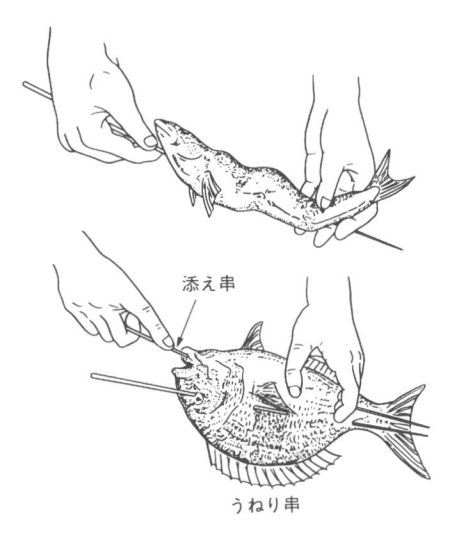

うのはな（卵の花）⇨おから

うのはなあえ（卵の花和え）

おからで魚や野菜を和えたもの．おからは，だし，砂糖，みりん，酢，塩などと合わせ，鍋に入れてたえずかき混ぜながら炒りつけて，冷ます．これに，酢でしめた魚や下煮した野菜を加えて和える．

うのはないり（卵の花炒り）

おからと，下煮した具を合わせて炒りつけた料理．おからはあらかじめ油で軽く炒め，砂糖，酒，塩，しょうゆなどで調味して炒りつけておく．にんじん，ねぎ，しいたけ，油あげは細く切り，だし汁，砂糖，しょうゆ，清酒などで下煮し，おからを混ぜて炒りつける．

うのはなじる（卵の花汁）

おからを用いた汁物．にんじん，ごぼう，しいたけなどの野菜や貝をだし汁で煮た中に，白みそとおからのすりのばしたものを加える．みそを用いず，かたくり粉でとろみをつけ，すりのばしたおからを加える方法もある．

うのはなずし（卵の花ずし）

おからで作ったすし．おからをすり鉢ですって，裏ごしにかけ，酢，砂糖，塩などで調味して炒りつける．これを小さく握り，酢じめにしたいわし，こはだなどを上にのせる．前菜，八寸などに用いられる．

うのはなづけ（卵の花漬け）

酢じめにした小魚をおからに漬け込んだもの．おからは酢，みりん，塩で調味し，頭，骨を除いて酢じめした魚を漬ける．

うばがい（姥貝）⇨ほっきがい

うまき（鰻巻き）

だし巻き卵→の芯に，かば焼きのうなぎを入れたもの．

うまに（旨煮）

煮物の一種．野菜や肉，魚介類などをとり合わせ，しょうゆ，みりんなどで煮たもの．煮しめとほとんど同じであるが，材料，切り方などをとくに吟味し，甘味や旨味を濃くする．折詰や重詰，客膳用の煮物に用いられる．野菜と鶏肉のうま煮，さといものうま煮などがある．

うまみ（旨味）

塩味，酸味，苦味，甘味のいずれにも入らない基本的な味の一つ．旨味物質は現在では数多く見つけられているが，そのうちのいくつかはうま味調味料として工業的に生産されている．天然食品は，いずれも多

少の旨味成分を含むが，その量の多いものと少ないものがある．多いものはだしの材料として用いる．

旨味物質としては，こんぶのグルタミン酸➡，かつお節のイノシン酸➡，しいたけのグアニル酸➡や，貝類のコハク酸➡などがある．

うまみちょうみりょう（うま味調味料）

旨味を付与する調味料で，主として微生物発酵によって生成し，精製後結晶化したもの．かつては化学調味料といった．現在市販されているものはグルタミン酸ナトリウム，イノシン酸ナトリウム，グアニル酸ナトリウム，リボヌクレオチドナトリウムがほとんど．それぞれは食品添加物として利用される．うま味調味料はあくまでも天然だしの補助と考えた方がよい．多く使いすぎると材料のもち味が消され，しつこい旨味があとに残る．塩味や酸味に対しては，味をまるくするのに効果がある．➡

うむし（鰻蒸し）

茶碗蒸しの一種で，うなぎのかば焼きに卵汁を加えて蒸したもの．

うめ（梅）

バラ科．1個40gもある豊後から，小指の先ほどの小梅まで種類が多い．6月中旬が最盛期．梅干し用には小粒から中粒で，堅いが少し黄色がかったものがよい．梅酒用には，大粒で堅く，青いものを選ぶ．

強い酸味の主体はクエン酸とりんご酸．古くから薬用として用いられてきたが，その効力はこの強い酸類の殺菌力にある．日の丸弁当やにぎり飯に梅干しを入れるのは，その防腐効果のためで，とくにクエン酸の殺菌力が大きい．未熟な青梅を食べると腹痛を起こすことがある．これは核に含まれているアミグダリンのため．➡

梅干し➡，梅酒➡，ジャム，梅肉エキスなどにする．

うめがたぎり（梅形切り）

野菜の切り方の一つ．梅の花のような形に切る切り方をいう．

にんじん，だいこんなどを適当な長さに切り，正五角形になるように縁を落とす．次に，各辺の中心に浅く切り込みを入れ，五角形の頂点から切り込みにかけて包丁を入れて，花びらのように丸く形づくる．これを小口から切ると花形になる．吸い物，酢の物，サラダなどに用いられる．金属製の抜き型もある．

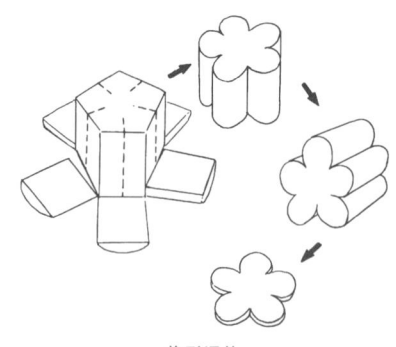

梅形切り

うめじたて（梅仕立て）

梅干しの裏ごしをかつおだしでのばし，汁物に仕立てたもの．塩，しょうゆは使わ

🧪 調理科学

旨味の相乗効果

旨味は，2種が合わさると飛躍的に味が強くなる．グルタミン酸ナトリウムに対してイノシン酸ナトリウムを8〜9%配合すると旨味の強さは，グルタミン酸ナトリウム単体のときの6〜7倍になる．これを利用して複合うま味調味料が作られる．こんぶとかつおの混合だしも同じ理屈である．

ない．箸洗い→などに用いられる．

うめしゅ（梅酒）

ホームリキュールの一つ．主成分はアルコールと梅の酸と糖分．

梅は新鮮で無傷なものを選ぶ．果肉が厚く，酸味の強い，色の鮮やかな青梅がよい．漬け込んでから1週間くらいのものは，まだ青梅に含まれている青酸化合物アミグダリン（☞うめ）が残っていることがあり，これは人体に有害なので飲まない方がよい．約3か月で飲めるが，1年ほど熟成させた方が色も香りもよい．しょうちゅうの代わりに，ウイスキー，ラム，ウオツカなどでもできる．ウイスキー，ジン，夏みかん酒，ソーダ水などとカクテルにしてもよい．☞

●梅酒の作り方
材料：青梅 1～1.2 kg　しょうちゅう 1.8ℓ　氷砂糖 700～800 g

梅をよく洗って水気を十分にふきとり，広口びんに砂糖と交互に詰め，しょうちゅうを注ぎ，密封して冷暗所に保存する．漬け込んだ梅は3か月以上たったら引き上げる．砂糖の分量はこの程度ではやや辛口だが，梅本来の味が味わえる．甘味が不足のときは，飲むときに追加する．

うめず（梅酢）

梅干しを作る際，青梅を塩漬けにしたとき梅からでた汁をいう．昔から重要な調味料として使われてきた．主成分はクエン酸で，かなりの酸味をもっている．赤じそを加えるまでの透明なものを白梅酢，赤じそを加えて赤くなったものを赤梅酢という．梅酢は和え酢などのほか，しょうが，みょうが，だいこん，小かぶなどを漬けるのに用いられる．

うめびしお（梅醬）

梅肉をすりつぶし，砂糖やみりんを加えて弱火で加熱しながら練り上げたもの．現在では，食後の口直しやお茶受けに用いられているが，昔は大切な調味料の一つであった．家庭で作るときは，ほうろうびきの鍋に梅干しと水を入れ，とろけるまで湯煮して裏ごしし，これに砂糖を入れて弱火で加熱しながら練り上げる．砂糖の量は好みでかげんする．

うめぼし（梅干し）

梅の塩漬けを土用の晴天に干して乾燥した貯蔵食品．赤じそを入れた赤いのと（→アントシアン），赤じそを使わない薄茶色がある．後者は関東で好まれている．近年は調味料を加えた調味漬けも出回っている．塩分は塩漬けで約22％，調味漬けで約8％．市販の安いものには，塩漬けしたあと赤色の色素で着色したものもある．梅干しは，梅の選び方が大切．小粒から中粒までの大きさで，肉のよくついているものがよい．青梅よりも，いくぶん黄色くなったものを選ぶ．ひと晩たっぷりの水につけ

調理科学

アミグダリン

未熟な梅の核にはアミグダリンという青酸配糖体が含まれている．このアミグダリンは，核が割れると同時に酵素エムルシンで分解され，青酸ができる．このため，未熟な梅を食べると腹痛を起こすことがある．

梅酒に氷砂糖を使う理由

氷砂糖は結晶が大きく，徐々に溶けるので，急激にしょうちゅうの比重が高まって，梅の浮き上がるのが防止されるため．梅が浮き上がると，成分が十分浸出されないうえ，かびのつくこともある．

るのは，種子ばなれをよくするためである．3日3晩の土用干しというが，夜露に当たると梅が柔らかくなるためである．雨に当てるのは厳禁．梅干しは古くなるほど味がよいというが，2年くらいが最も味がよい．→

そのまま食べるほか，裏ごしして梅肉和え→やさしみのつけじょうゆに．魚の煮物に入れると生臭みが消える．酸味の強いものは，少量のしょうゆをかけるとまるみが出る．→うめ

●梅干しの作り方

材料：梅2kg　塩400g　赤じそ400〜500g　塩(赤じそ用)8g

梅はよく洗い，ひと晩たっぷりの水につける．梅の水気をよくきり，塩を振りながら交互に漬け，軽く重しをのせる．水(梅酢)が上がったら，赤じそのでるのも待つ．赤じそ葉をつみとって洗い，塩でもみ，最初の汁はアクが強いので捨て，水気をかたく絞る．次に梅酢を少しとりだし，しそを加えて赤く発色させる．赤い梅酢としそを梅の入った容器に入れ，軽い重しをして土用まで待つ．土用の晴れた日に，ざるに重ならないように並べ，雨に当てないよう3日3晩干す．保存はひたひたの梅酢に漬ける．

うめわん（梅椀）

大ぶりの椀に盛った汁物で，懐石料理では椀盛り→といい，煮物にあたる．梅椀とは，具を5種用いるところから5弁の梅の花びらになぞらえた名といわれる．

うらごし（裏ごし）

食品を裏ごし器を用いてこすこと．また，裏ごし器のこともいう．裏ごし器は，馬の尾の毛を用いた毛ごしが最適．水に強く弾力性があるため．裏ごし器は，毛の網目を斜めに使うと，網目の端が鋭いエッジのような形になるのでこしやすい．

裏ごし

マッシュポテト，きんとん，ゆで卵の裏ごしや，和え衣，ソース類をなめらかに仕上げるときに使う．病人食や離乳食を作るときはこの操作を多く利用する．マッシュポテト，きんとんなどでんぷん系のものを裏ごすときは，温かいうちに裏ごすこと．冷えて固くなったものを裏ごすと細胞膜が破れ，糊状になる．→マッシュポテト

うり（瓜）

ウリ科の植物で，果実を利用するものの総称．種類は多く，きゅうり→，かぼちゃ→，しろうり→など野菜として用いられるものと，すいか→，メロン→，まくわうり→などのように果物として食用されるものとがある．

うるか（鰒鯎）

あゆの内臓から作った塩辛．卵巣から作

調理科学

梅干しの低塩化と保存性

梅干しは，塩分によって腐敗を防止している．そのため，低塩梅干しはかびが生えやすい．これを防止するためには，アルコール(しょうちゅうなど)を添加し，低塩による保存性低下をカバーする必要がある．また，冷蔵庫など低温で保存する必要がある．

ったものを"子うるか"，精巣（しらこ）から作ったものを"白うるか"という．また，あゆの頭と尾びれだけを除き，魚全部を細切りにして作ったものを"切り込みうるか"と呼ぶ．酒の肴に．

うるちまい（粳米）

通常ごはんにする米で，もち米に対する言葉．ひと口にうるち米といっても，品種，土地，気候などによってその味には非常にちがいがある．通常，日本人がおいしいと感じるうるち米は，ごはんに炊いたとき，吸水率のよいものである．日本で作られる米はジャポニカと呼ばれる品種．海外ではインディカと呼ばれる品種が主で，吸水率がわるく，弾力の少ないものが多い．しかし，気温の高い地方では，このようなものが喜ばれる．インディカは，炊飯法もジャポニカと異なり，多量の水でゆでたり，炊飯途中で水で洗うなどもしばしば行われる．→こめ

うるち米はもち米に比べて粘りが少ないが，これはでんぷんの構造のちがいによる．

うるめいわし（潤目鰯）⇨いわし

うるめぶし（潤目節）

うるめいわしを加工して作った節で，ほとんどが削り節→として用いられる．だしに用いた場合，かつお節よりも味は強いが，くせがある．しかし，値段が安いので，削り節としては多く利用されている．

うろぬき⇨まびきな

ウーロンちゃ（烏龍茶）

不発酵茶の緑茶と強発酵茶の紅茶の中間の性質をもつ，半発酵茶．台湾や中国の福建省が特産地として有名．特有の芳香をもつ．茶葉の形は紅茶に似ているが，紅茶よりやや大きい．

日本でよく知られているものに鉄観音茶，水仙茶，凍頂烏龍茶などがある．飲用には，紅茶と同様に熱湯を用い，十分温めたきゅうすに葉を比較的多めに入れて熱湯を注ぎ，しばらくおいたのち茶碗に注ぐ．発酵段階がいろいろちがい，それによって風味も異なる．

調理科学

うるち米ともち米のちがい

うるち米ともち米の粘りのちがいは，でんぷんの構造のちがいによる．でんぷんはブドウ糖の重合体で，ブドウ糖がつながって長い分子を作っているが，その分子の形から，アミロースとアミロペクチンに区別される．アミロースは直鎖状分子であるが，アミロペクチンは枝分かれをもった分岐状分子である．アミロペクチンが多いほど粘りは強い．もち米は100％アミロペクチンであるが，うるち米はアミロース約20％，アミロペクチン約80％で，アミロースを含む分だけ粘りが弱い．→でんぷん

ウーロン茶のタンニンについて

緑茶のタンニンは生のままであるが，半発酵茶であるウーロン茶は，タンニンが，半ば酸化していて，緑茶とは異なる作用がある．とくに整腸作用や脂肪代謝促進などがあるようで，油の多いものを食べたとき，ウーロン茶がよいといわれる．また，ウーロン茶は，釜煎り茶であるため，製茶時の高温によってカフェインはかなり変化し，緑茶のようにはカフェインによる興奮作用が高くないという利点もある．

え

えい（鱝）

えい類は種類が多く，日本近海だけでも50種類ほどいる．種類によって属する科が異なる．ふつう食用にするのは，あかえい，いとまきえい，がんぎえいなどである．

肉には尿素とトリメチルアミンオキシドが多量に含まれ，死後これが分解してアンモニアやトリメチルアミンとなるために特有の臭みがある．舌をさすような味はアンモニアのため．軟骨魚なのでコラーゲンが多く，煮るとたやすくゼラチン化して煮汁に溶け出し，煮こごり→ができる．練り製品の原料としても用いられる．

【えい】
いとまきえい
がんぎえい
あかえい

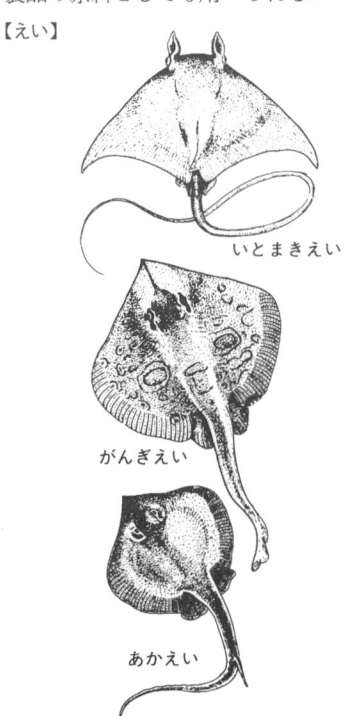

エイコサペンタエンさん（エイコサペンタエン酸）⇨イコサペンタエンさん

えいようほじょしょくひん（栄養補助食品）

日常の食生活では不足しがちな栄養成分を主成分にした食品で，栄養成分の補足や健康増進を目的とした食品類．大豆たんぱく食品，カルシウム食品，小麦胚芽，同油，ビタミンC食品などがあげられる．サプリメント（supplement）ともいう．

えぐみ（えぐ味）

野菜類のアクの一種．舌やのどをチカチカと刺激する一種独特な不快な味．えぐ味をもっているのは，たけのこ，さといも，つくねいも，わらび，ふきなど．原因物質として，ホモゲンチジン酸，シュウ酸が知られている．炭酸水素ナトリウム（重曹）や灰汁でゆでると，アルカリ効果（☞あく）によってこれらを除くことができる．

エクレア（éclair—仏）

細長い形のシュークリームの上にチョコレートやチョコレートフォンダンをかけたもの．フランス語ではエクレールといい，いなずまという意味であるが，その由来は不明である．→シュークリーム

エシャロット（échalote—仏）

ユリ科でらっきょうに似た西洋野菜．たまねぎの変種．英語ではシャロット（shallot）という．にんにくに似たにおいが強く，西洋では香草としてよく使われる．おろしたり，

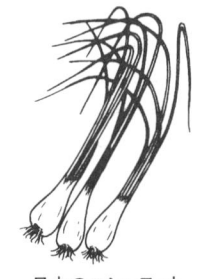

日本のエシャロット

みじん切りにしたりして，シチューやソースの香味づけに使う．

日本では，らっきょうの軟白栽培をエシャロットと称し市販している．これは，生のままみそやマヨネーズをつけて酒の肴やオードブルに用いられる．

エスカベーシュ（escabèche—仏）

マリネの一種．魚を長もちさせるために工夫された料理．から揚げした魚を，刻んだたまねぎやにんじんとともに，ドレッシングに漬け込む．

エスカルゴ（escargot—仏）

食用かたつむりのこと．中部ヨーロッパに広く分布し，フランス料理の材料とされる．網焼き，スープ，煮込みなどにするが，最も有名なのはエスカルゴ・ア・ラ・ブルギニョン．エスカルゴの身をとりだして熱湯でゆで，身をいったん殻からだし，スープストックと白ワインで煮る．これを再び殻に詰め，バターにガーリックを練り込んだものを殻の口に詰め，エスカルゴ専用のくぼみのある皿にのせてオーブンで焼く．食べるときはエスカルゴばさみで身を押さえ，小さなフォークで身を引き抜いて食べる．日本にはおもに，身の水煮缶詰と殻をセットにしたものが輸入されている．最近は冷凍品もある．

エスカルゴ

エスカロップ（escalope—仏）

1cm前後の厚さに切った肉や魚のこと．この厚さに切った肉や魚の料理のはじめにエスカロップとつけて使う．肉では子牛肉を使うことが多い．調理法は，クリーム煮や，パン粉をつけてバター焼きにすることが多い．たとえば，エスカロップ・ド・ヴォー・ラングレーズは，子牛のエスカロップ，イギリス風のことで，子牛の薄切り肉にパン粉をつけてバターで焼いたものである．

エスニックりょうり（エスニック料理）

エスニック（ethnic）は民族のという意味で，主としてタイ，ベトナム，インドネシアなどの東南アジア，インドやアラブなどの料理のこと．香辛料や調味料に特徴があり，欧米とはちがった風味がある．

エスパニョールソース⇨ブラウンソース

エスプレッソ（espresso—伊）

コーヒーのイタリア風の飲み方．エスプレッソという器具を用い，蒸気の力でコーヒーを抽出したもので，非常に濃いコーヒーである．

えだまめ（枝豆）

大豆の未熟なもの．田のあぜに植えるのであぜまめの名もある．さやが短く，密生していて，実のよくはいっているものがよい．熟しすぎたものは味が落ちる．

ゆでてそのまま食べるほか，枝豆ごはん，かき揚げ，和え物などにする．東北では枝豆をずんだ（じんだ）といい，ずんだ和え，ずんだもちなどが有名．

●枝豆のゆで方

塩を振ってもむようにして，さやについている毛を落とし，たっぷりの塩湯でふたをしないで10分ほどゆでる．ゆで上がったら，ざるにとり，手早く冷ます．

●ずんだもち（あん）の作り方

材料：あん（ゆでてさやから出した枝豆150ｇ　水大さじ２）　砂糖（豆の重さの40％）60ｇ　塩ひとつまみ

枝豆は薄皮をむき，すり鉢ですりつぶす．鍋に枝豆と分量の水を入れ，砂糖，塩を加えて練り上げる．つきたてのもちにあんをからめる．

エダムチーズ（Edam cheese）

ナチュラルチーズの一種．代表的なオランダチーズで，赤色の球状をしているので通称赤玉チーズとも呼ばれる．外側の赤い色は，内部を保護するためにかけられたワックスで，赤い着色料が使用されている．まわりの赤い部分をナイフで削りとり，チーズおろしでおろして，サラダ，ソース，グラタンなどの材料として用いる．そのまま薄く切って供してもよい．→チーズ

えちごみそ（越後味噌）

米みそで赤みその系統．辛みその代表的なもので，色は赤褐色．香りが高くのびがよい．仙台みそと同類であるが，独特の風味をもっている．→みそ

エッグノッグ（eggnog）

牛乳，卵，砂糖を用いた飲み物．夏は冷たく，冬は温かくして飲む．本来はブランデーとラムをベースにしたカクテル．

●エッグノッグの作り方
材料（1人分）：卵1個　牛乳150m*l*　砂糖大さじ1　塩ひとつまみ　バニラエッセンス・ナツメグ少々

ナツメグを除いた分量の材料をミキサーにかける．グラスに注ぎ，ナツメグを少し振りかける．ブランデー，白ワイン，シェリー酒，チョコレート，ココアなどを入れてもよい．

エッセンス（essence）

本来は，植物から蒸留などによって抽出した精油のことであるが，これらをもとにして作った香料や，人工的に合成したものもエッセンスという．

合成品は，食品添加物として許可のある香料物質を配合して作る．合成品より天然品の方が香りに深みがある．バニラ，レモン，オレンジ，ストロベリー，バナナ，グレープなど種類は多い．菓子などの香りづけにごく少量使う．使いすぎるとかえって苦味を感じるようになるので注意する．→バニラ

エード（ade）

天然果汁に砂糖と水あるいは熱湯を加えたもの．レモンを用いればレモネード，オレンジを用いればオレンジエードとなる．

えどまえ（江戸前）

江戸風の料理のこと．江戸城前面の東京湾で水揚げされた新鮮な魚介類をいっていたが，しだいに東京湾およびその近くでとれた新鮮な材料を使って作った料理をさすようになった．江戸料理は材料の新鮮さが自慢であったところから，地方では，にぎりずしのことを江戸前ということもある．

えどみそ（江戸味噌）

米みその一種で甘みに富む．東京とその周辺が主産地だったが，第二次大戦中醸造が禁止されたため，一時はほとんど忘れられてしまっていた．米こうじを使い，大豆とこうじをほぼ同量ずつ仕込むのが特徴．→みそ

えのきたけ（榎茸）

キシメジ科のきのこ．広くはなめこの一種で，なめこという地方もある．野生のものはえのきなど広葉樹の枯れ木や切り株に，秋から春にかけて生える．傘は野生のものはくり色，栽培のものは淡いクリーム色．生えているところが湿度の高いときには，強い粘質物が表面につく．野生種は茎が短いのに対し，栽培種は茎が長い．また野生種は，傘の粘質物の口当たりが喜ばれるが，栽培種は茎の歯ざわりが喜ばれる．最近はえのきたけの栽培が多く行われるようになり，一年中出回っている．

汁の実，酢の物，おろし和え，鍋料理に．独特の風味と歯ざわりがある．火を通しすぎると歯ざわりがわるくなる．

エバミルク

牛乳を減圧で1/2〜1/2.5に濃縮したもの．無糖練乳ともいう．成分規格は乳固形分25％以上で，そのうち乳脂肪分7.5％以上．栄養的にはほぼ牛乳と同じであるが，加熱のため，ビタミン類の一部はもとの牛乳より減少するのは避けられない．

缶のふたをあけたあとは保存性がないので，冷蔵庫に入れてできるだけ早く使いきること．コーヒー，紅茶などに加えるほか，製菓材料としても用いられる．→れんにゅう

えび（蝦）

いせえび→，くるまえび→，たいしょうえび→，ブラックタイガー→，しばえび→，さくらえび→などがある．最近は冷凍えびが多い．生のようにみえても，生きていないものは，ほとんどが冷凍の解凍品とみてよい．こういったものを買うよりは，冷凍品を買った方が品質がよい．特有の旨味は，エキス分の中に含まれるベタイン，プロリン，アラニン，グリシンなどの成分のため．

さくらえびやしばえびなどの小形のえびで殻ごと食べるものにはカルシウムが多い．しかし，このカルシウムは吸収率がよくない．

生のものは，まず下処理が必要．頭をとるときは片手で胴をもち，もう一方の手で頭をもって，頭のつけ根のところから折るようにしてもぎとる．このとき頭の方向に静かに引くと，背わたもいっしょに抜きだすことができる．殻をむくときは，足のつけ根の方からぐるりと回してむくと，むきやすい．料理によっては尾の手前の最後の一関節は残しておく．殻をむかない場合は，胴を丸めて殻のすきまから竹串を入れて，背わたを除く．

【えび】

くるまえび

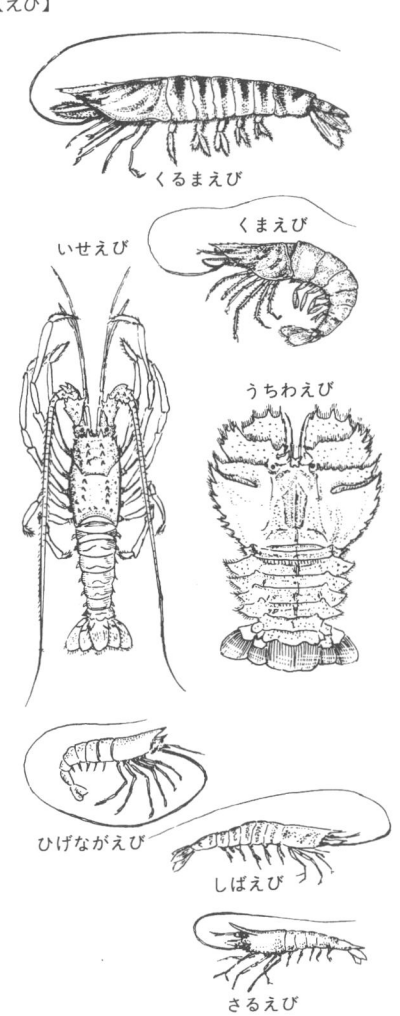

くまえび

いせえび

うちわえび

ひげながえび

しばえび

さるえび

いせえびは姿がよいので，殻ごと使う生けづくり，具足煮→，鬼殻焼き→，洋風冷製料理などに．生きているものを調理するのがよく，鮮度が落ちると中毒を起こすので注意する．くるまえびはてんぷら，塩焼き，鬼殻焼き，椀だね，酢の物などに．えびはいずれも加熱しすぎると身がしまるので，火通しは短時間にする．

揚げ物にするときは，尾の部分の水をし

ごきとること．水分を除かないと油の中ではねるおそれがある．また，えびはそのまま加熱するとくるりと丸くなるので，竹串を刺したり，腹部に包丁で切り目を入れたりするとよい．☞

えぼしぎり（烏帽子切り）

野菜の切り方の一つ．小口切りと斜め切りを交互に繰り返して切る．形がえぼしに似ているのでこの名がある．ごぼう，うどなどに適した切り方．

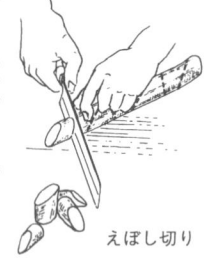

えぼし切り

エメンタールチーズ（Emmental cheese）

ナチュラルチーズの一種．スイスのエメンタール原産の堅いチーズでスイスチーズともいう．非常に大きく，車輪のような形をしている．

通常は切ったものを販売している．弾力性のある組織と柔らかなやや甘い風味をもち，内部に大きな気泡の穴がある．このチーズは，加熱したワインなどに溶かし込むことができるので，スイスの名物料理チーズフォンデュに使用される．→チーズ・→フォンデュ

エリンギ（eringii）

ヒラタケ科の大形のきのこ．地中海地方原産で，肉質がしっかりして歯ごたえがよい．炒め物，網焼きなどにして食べる．

えんがわ

かれいやひらめのひれのつけ根の肉のこと．この部分は，筋肉が発達しているので味がよい．さしみやすしだねに使われる．

エンゼルケーキ（angel cake）

卵白をたくさん使ったフワフワとしたスポンジ風のケーキ（☞メレンゲ）．白く軽い形状が天使を連想させるところからこの名がある．

●エンゼルケーキの作り方

材料：メレンゲ（卵白4個分　砂糖100 g）　小麦粉80 g　砂糖50 g　ベーキングパウダー少々　エッセンス（レモンまたはバニラ）少々

小麦粉，砂糖，ベーキングパウダーを合わせてふるいでふるっておく．卵白を泡立て，メレンゲ用の砂糖を加えてさらによく泡立ててエッセンスを入れ，ふるった小麦粉を加えてさっくりと混ぜ合わせ，エンゼルケーキ型（じゃの目型）に流し入れる．温めておいたオーブンに入れ，中火で約30分焼く．ホイップドクリーム→やフルーツソースをかけて食べてもよい．

えんぞうひん（塩蔵品）

魚，肉，野菜などに強く塩をして，貯蔵性を増した加工食品の総称．古くからある貯蔵法である．塩分濃度は10％以上であることが必要．濃度の濃い食塩水に食品を浸すと，食塩の浸透圧の働きによって，食

🧪 **調理科学**

えび，かにの色素

えびやかにの殻には，アスタキサンチンと呼ばれる色素成分が含まれている．えび，かにが生きているときは，このアスタキサンチンはたんぱく質と結合しているため，赤褐色を呈している．しかし，ゆでるなどして加熱され，たんぱく質が変性すると，アスタキサンチンが分離し，さらに酸化されてきれいな紅色のアスタシンに変化する．加熱調理したえび，かにが，鮮やかな紅色を呈しているのは，このアスタシンによる．なお，さけの身の紅色も，餌として摂取したえびのアスタキサンチンが沈着したものである．

品の水分が吸いだされて除かれ，細菌の繁殖に必要な水分が不足する．そのため細菌は発育しにくくなり，腐敗が防がれる．ただ発育を停止させているだけなので，とり扱いによく注意しないと食中毒の原因になることもある．

魚介類の塩蔵品には塩ざけ，塩さば，塩さんま，魚卵，塩くらげなどがある．塩分濃度の高いものは，薄い塩水に浸して塩抜きをする．脂肪が酸化しやすく，とくに油焼け→の起こったものは，肝臓障害などの遠因になり，健康によくない．

エンダイブ（endive）

キク科．根出葉が適当に成育したらまとめて束ね，内部の葉を軟白に仕上げる．外葉は濃い緑色だが，内部の芯に近づくにつれて黄緑色になっている．葉が細かく縮れて，よく軟化されているのがよい．特有の苦味と風味をもつ．生のまま肉の付け合わせやサラダが一般的だが，クリーム煮にしてもよい．チコリー→と混同されやすく，チコリーの名で売られていることもある．

エンチラーダス（enchiladas—スペイン）

メキシコ料理の一つ．とうもろこし粉または小麦粉をこねて薄く焼いたトルティーヤ→に，肉や卵，じゃがいもなどの具をのせ，棒状に巻き，トマトソースをかけてキャセロールに並べ，オーブンで焼いた料理．

えんどう（豌豆）

マメ科．若いさやごと食べるさやえんどう→，さやをむいて柔らかい未熟豆を食べるグリンピース→またはむき実えんどう，さやと未熟豆をいっしょに食べるスナップえんどう，若い葉とつるを食べるトウミャオ→，十分成熟した豆を乾燥してから食べる実取りえんどうまたはえんどう豆がある．野菜として用いられるのは乾燥したも の以外のものであり，乾燥した豆は穀物として扱われる．

えんぺら

いかの胴の先についている三角の部分．耳ともいう．

えんみ（塩味）

食塩で代表される味．味には5種類の基本の味があるが，塩味はその一つである．生理的に最も重要な味を代表している．

食塩は食品に加えられ，あるいは含まれることによって，他の味と調和し，おいしさを演出するのに重要な役割を果たしている．一般に，水溶液では1％前後の濃度が一番おいしく感じ，また多く用いられる．この食塩濃度は，人間の血液の浸透圧とほぼ等しいために，人間がこれをおいしいと感じるのは生理的に肯定できるところである．一般の加工食品中に含まれている食塩含有量は，味覚に感じる濃度とは相当異なる．

食塩の各濃度による味のちがいは表のとおりである．

食塩の各濃度の味

濃度 （モル濃度）	食塩の味
0.009	無味
0.010	弱い甘さ
0.02	甘い
0.03	甘い
0.04	甘さをともなった塩味
0.05	塩味
0.1	塩味
0.2	純塩味
1.0	純塩味

（1モル濃度とは，1グラム分子量が1lの水に溶けている場合をいう．食塩では，1l中に58g：小原正美，食品の味，光琳書院，1965）．

塩味は食塩の味によって代表される味であるが，そのほかいくつかの塩味を有する物質もある．しかし，純粋な塩味は食塩のみであって，他の塩類はいずれも苦味，渋味などの味をもっている．塩化カリウム，塩化リチウム，塩化アンモニウムなどは塩味を呈する．このほか，リンゴ酸ナトリウム，グルコン酸ナトリウムなども，食塩に近い塩味をもっているので，食塩摂取量を制限されている患者に，食塩の代わりとして用いられたこともある．しかし，これらの患者にはナトリウム塩がいけないことがわかり，現在では塩化カリウムがおもに用いられる．

えんめいぶくろ（延命袋）⇨ふくぶくろに

お

おいがつお（追い鰹）
かつおだしを用いた調理の途中で，調味後に削りがつおをさらに加えて旨味を足すこと．差しがつおともいう．鍋に入れるときにガーゼなどに包んでとり出しやすいようにする．

オイスター（oyster）⇨かき

オイスターソース（oyster sauce）
かきを主原料とした中国の調味料．別名をかき油，かきソースといい，中国名は蠔油(ハオイウ)．かきを塩漬け，発酵させてその上澄み液を濃縮したものであるが，ゆで汁や煮汁から作ることもある．コクのある旨味と特有の香りがある．炒め物や煮物の風味づけに用いる．

オイルサーディン（oiled sardine）
頭や内臓を除いて軽く塩漬けしたいわしを油漬けの缶詰にしたもの．カナッペなどオードブルやペースト，サラダなどに用いられる．

おうぎぐし（扇串）
魚の串打ちの一種．串を何本も使うとき，手前の幅をせまく，先を広げて扇形に刺す方法．扇刺し，末広刺しともいう．もって焼くときは，必ずこのように串を刺さないと身くずれして魚の形がわるくなる．

おうとう（桜桃）
バラ科．通常，さくらんぼという．英語ではチェリー．
5〜6月にとれる．甘果種は生食に，酸果種は加工用．光沢があり，果柄の新しいものを選ぶ．茶色の斑点のあるものはよくない．保存がきかないので，生食用として市場に出回る期間はたいへん短い．種子を抜き，赤や緑に着色して濃厚な糖液を浸み込ませたものをマラスキノチェリー⇨という．わが国では砂糖シロップを加えた缶詰が一般的．カクテル，フルーツポンチ，サンドイッチ，ケーキの飾りなどにする．生のものは酢の物，焼き魚の添えものにもなる．最近は生食用の輸入物もある．

おうばくりょうり（黄檗料理）
黄檗山万福寺特有の精進料理．普茶料理ともいう．油脂類とくず粉を使うのが特徴で，ふつうは二汁六菜である．正式には，長方形の卓に4人が向かい合わせに座り，一つの器からとり回し，とり箸は用いない．一般的な普茶料理の献立は，雲片（ウンペン―野菜炒めのあんかけ），油餈（ユジ―野菜などのてんぷら），澄子（スメ―すまし汁），笋羹（シュンカン―野菜などの煮物盛り合わせ），麻腐（マフ―ごま豆腐），和合物（和え物のこと），素汁（ソジュウ―みそ汁），醃菜（エンサイ―漬け物），飯子（ハンツウ―飯），生盛（イケモリ―果物）である．

おうはん（黄飯）
大分県臼杵地方の郷土料理．くちなしの実で黄色く色づけして炊いたごはん．黄飯にはけんちん汁のような汁に魚を入れた黄飯汁がつきもので，黄飯にかけて食べるが，この黄飯と黄飯汁を含めたものも黄飯と呼ぶ．しかし現在は，黄飯汁を黄飯と呼ぶことが多い．

おおさかずし（大阪鮨）
大阪を中心にして作られるすし．箱ずし

➡が代表的．ほかのすしに比べてすし飯に砂糖を多めに使う．▣

そのほか蒸しずし➡，バッテラ➡，太巻きずし➡まきずし，すずめずし➡などがある．

おおさかづけ（大阪漬け）
だいこんやかぶのせん切りを，細かく刻んだ葉とともに塩もみしていっしょに漬け込んだ即席の漬け物．浅漬け➡の一種．大阪地方でよく漬けるのでこの名がある．

おおば（大葉）⇨しそ

おかしらつき（尾頭付き）
頭，尾ともついた姿のままの魚のこと．たいの尾頭付きはとくにめでたいものとされ，祝儀，神事などの慶事の献立に用いられる．多くの場合は塩焼きにする．この呼び名は慶事のみに使われ，その他の場合は姿焼きという．

おかひじき（陸鹿尾菜）
アカザ科の葉菜．形が海藻のひじきに似ており，美しい緑色．若くて柔らかい葉と茎を食べる．海岸の砂地に生えるが，栽培品が多く出回っている．みるなともいう．さっとゆでてさしみのつまや，酢の物，和え物，吸い物などにする．歯ざわりがよい．

おがみ（尾紙）
婚礼など慶事の本膳料理では，たいなどの焼き物の尾びれを紙で包み，水引きをかけて美しく見せるが，その紙のこと．尾びれ飾りともいう．

尾びれを紙で包んで焼く場合もその紙を尾紙ということがある．

おかめ
かけ汁をかけたうどんやそばの一種．かまぼこ，しいたけ，厚焼き卵，みつば，ゆばなどをめんの上に彩よくのせ，かけ汁を注ぐ．

おから
豆腐を作るときの豆乳の絞りかす．うの花ともいうが，これは植物の卯の花に似ているところから．きらずともいう．

味がないので調味や調理法を工夫するのが味よく食べるコツ．油をよく吸収するので，油で炒めたうの花炒りや，酢を用いたうの花ずしなどにすると食べやすい．➡うのはなあえ・➡うのはないり・➡うのはなじる・➡うのはなずし

おかりばやき（お狩り場焼き）
静岡県伊豆天城温泉郷の名物料理．ここではにじます，豚肉，いのしし肉，しいたけ，さといもなど季節の材料を串に刺して塩焼きにする．源頼朝が天城山の狩り場で，獲物を野外で調理したのにはじまるといわれている．一般には，いのしし，野鳥などを直火または鉄板で焼いた料理．

おがわづくり（小川作り）
三枚におろした魚の皮に縦に包丁目を細く入れる方法．たい，こはだ，さより，あじなどのさしみや酢の物に用いられる．

おきうと
海藻加工品．えごのり，いぎすなどを適当に混ぜ，煮溶かして型に入れ，かんてんのように固めたもので，福岡地方の名産である．これを適当に切り，酢じょうゆ，あ

🧪 調理科学

大阪ずしに砂糖を多く入れる理由

大阪ずしは強く押して箱型にするために，よく冷えたすし飯を使用する．そのため，米飯が堅くならないように，にぎりずしに比べて多くの砂糖を使い，保水性をもたせている．したがって，大阪ずしは，にぎりずしに比べてやや甘味が強い．

るいは削りがつおにしょうゆなどをかけて食べる．乾燥したものもあり，これは水で戻し，生のものと同様に用いる．

おきすき（沖すき） ⇨ うおすき

おきづけ（沖漬け）

小魚を清酒，酢，食塩でつくった漬け汁に漬け込んだもの．背開きにした小だい，きす，小あじなどを，刻みとうがらしとともに漬け込み，数日後骨まで軟らかくなったら，全体を食べる．

おきな（翁）

白髪こんぶを用いた料理につけられる名称．白髪こんぶは白い糸状のこんぶで，白とろろを削った残りの部分を数十枚重ね，横からかんなで削ったもの．翁焼き⇨，翁作り⇨などがある．

おきなづくり（翁作り）

さしみの一種で，魚のさしみに，細かく刻んだおぼろこんぶ，または白髪こんぶをまぶしたもの．多くは酢じめの魚を用い，土佐酢⇨を添えて食べる．

おきなます（沖膾）

本来は，釣舟でとった魚をその場で調理し，海水で洗って二杯酢などをかけて食した即席料理のこと．現在は，鮮度の高い魚類を包丁でよく叩き，たでや青じそ，みょうがなどを叩きこみ，さらにみそを加えて叩いたもの．たたきなますともいう．

おきなやき（翁焼き）

焼き魚の上に刻んだ白髪こんぶをのせた料理．白みそを使ったたいの焼き物を翁焼きという場合もある．

オクラ（okra）

アオイ科．若い緑色のさやを食用にする．大きくなりすぎたものは皮が堅いので，長さ5〜6cmくらいの未熟なものを用いる．緑色の濃いとりたてのものを買い，早く調理するのがコツ．みぞのとがっているところを切り落とし，へたを少し削ってから調理する．生のまま刻んで食塩かマヨネーズをつけて食べると，ぬらぬらした粘液の舌ざわりが楽しめる．二杯酢や，すりおろしてわさびじょうゆで食べるのもよい．さっとゆでて，バター炒めやクリーム和えなどにすることもできる．アメリカのニューオーリンズにあるクレオール料理のガンボは，オクラを使った料理．ガンボとはオクラのことである．

調理科学

オクラの粘質物

オクラにはかなり強い粘質物がある．これは炭水化物とたんぱく質の結合したものであるといわれている．生のままでも粘性はあるが，加熱するとさらに粘性は強くなる．しかし強く加熱しすぎた場合は，かえって粘性は低下する．その理由は，たんぱく質の変化によるものと考えられる．なお，この粘性を利用して，アメリカのニューオーリンズではガンボ料理が作られている．⇨ガンボ

おこげとメラノイジン

炊飯などで，きつね色のおこげは風味をたいへんよくする．これは，おこげの部分に，メラノイジンが生成したからである．メラノイジンは，アミノ酸と糖分の加熱による化学反応によって生じるものである．この反応を，アミノカルボニル反応という．とくに，リジンとブドウ糖との混合は，非常にきれいなメラノイジンを生成する．メラノイジンは，特有の褐色と香りをもち，一般に食欲を増進させる．また，抗酸化性などもある．アミノカルボニル反応が起こりやすい条件は，ほぼ180度前後である．一方，これより高い200度を超すようになると，炭化を起こし，たんぱく質は異臭を発する．したがって黒く焦げた部分の風味は，こんがりと焼けたおこげの部分とはちがい，風味はよくない．したがって，黒こげにすることは調理上好ましくない．なお，他の焼き調理においても同じである．

おぐら（小倉）

あずきを使った菓子や料理をいう．あずきのこしあんに大納言あずきの蜜煮を粒のまま混ぜたあんが小倉あん．同様に，あずきの練りようかんの中にあずきの蜜煮を混ぜたものが小倉ようかん．あずきと，いもやかぼちゃなどをいっしょに煮て，しょうゆかみそで調味したものを小倉煮⇒という．

おぐらに（小倉煮）

あずきを用いた煮物．かぼちゃ，さといもなどとよく合う．かぼちゃの小倉煮はよく知られている．

●かぼちゃの小倉煮の作り方
材料：かぼちゃ400ｇ　ゆであずきカップ1/2　だし汁カップ1 1/2　砂糖大さじ4　みりん大さじ2　しょうゆ大さじ1 1/3

　かぼちゃは3cm角に切り，ところどころ皮をむき，面をとる．だし汁で八分通り煮たら，ゆであずき，調味料を加え，静かに煮含める．

おこげ

ごはんをかまどで炊いたとき，釜の底にできる褐色に変化した部分を通常おこげという．香ばしい香りがあり⇒，適度なおこげはごはんのおいしさを増す働きがある．

おこぜ（鰧・虎魚）

オニオコゼ科，ハオコゼ科の海水魚の総称．種類はいくつかあるが，一般に食用とされるのはおにおこぜで，単におこぜといえば，おにおこぜをさす．体じゅうにトゲがあり，たいへんみにくい形をしているが，味のよい魚である．体長は20cm前後となる．肉は脂肪が少なく淡白で，味はふぐに似ている．夏の魚だが冬の味もよい．さしみ，みそ汁，揚げ物，照り焼き，スープ，ちり鍋などにする．

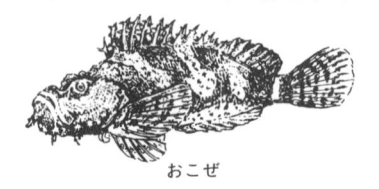

おこぜ

おこのみやき（お好み焼き）

水溶きした小麦粉に，キャベツ，牛肉，豚肉，たこ，いか，えびなどを加え，鉄板上で平焼きにしたもの．焼けたら甘口ソースを塗り，削りがつおや青のりをふり，熱いうちに食べる．通常自分で焼いて食べるので楽しさがある．といた小麦粉を薄く流し，具を上に重ね，さらに生地をかけて両面焼いたものは広島焼きと呼ばれている．

おこわ

一般に赤飯をいうことが多いが，もち米を使って蒸した米飯類を通常おこわと呼んでいる．古い時代の蒸し飯の強飯からきたものである．山菜類を加え，しょうゆ味で仕上げた山菜おこわ，くりを加え，塩味で仕上げたくりおこわなどがある．赤飯にくりを入れたものもくりおこわと呼ぶ．⇒せきはん

●おこわ（くりおこわ）の作り方
材料：もち米カップ3　あずきカップ1/2　くり（皮つき）300ｇ

　あずきはたっぷりの水でゆで，煮立ったらその水を捨て，再び5～6倍の水を加え，皮を破らないようやや堅めにゆでる．もち米を洗い，あずきの煮汁と水を合わせた液に，2～3時間浸しておく．くりは2～3分ゆで，皮を少し柔らかくしてから渋皮まできれいにむき，塩水に浸してアク抜きをし，二～四つに切る．蒸し器に，あずき，水きりした米，くりを混ぜて入れ，中央部を少し低めにして広げ，強火で蒸す．10分ほどしたら，もち米のつけ

汁を手で打ち水する．10〜15分おきに2〜3回くり返し，蒸し器の縁のもち米がふっくらとしたら蒸し上がり．すし桶などに移し，あおいで急冷する．

おしずし（押し鮨）
塩飯あるいはすし飯に酢または塩でしめた魚をのせて，木の葉や竹皮などで包んだものをひと晩あるいは数日間押して作るすし．たねには，酢じめしたさばやあじ，塩ざけなどがよい．すぐ食べるすしに比べ，味を熟成させる期間をおくため，材料の味どうしがよくなじむ．

おしたじ（御下地）
しょうゆ➡のこと．

おしむぎ（押し麦）
大麦を精白後，軽く蒸気を当ててローラーで圧扁したもの．粒の中央に黒条が残る．大麦は外皮部を除いて精白しただけでは消化吸収がわるく，米と混炊しても口当たりがわるい．これは，大麦が他の穀物に比べ組織が堅いためで，この欠点を補うために押し麦が作られた．ビタミンB_1を強化したものもある．食物繊維が多く，便秘防止に役立つ．大麦を縦に切断して黒条を除き，圧扁したものは白麦という．➡むぎめし
はくばく

おじや ⇨ ぞうすい

おせちりょうり（御節料理）
正月に用いる煮しめなどの料理のこと．昔，おせちとは五節句の料理のことだったが，いつのころからか正月料理にかぎって呼ぶようになった．

本来は，ごぼう，にんじん，こんにゃく，くわい，こんぶ巻きなど，煮しめたものが中心だったが，現在は，きんとん，なます，かずのこなど正月料理に用いられるすべての料理を含めておせちと呼ぶことが多い．

おだまきむし（芋環蒸し）
茶わん蒸しに，うどんを入れて蒸したもの．茶わんは大ぶりのものを使う．うどんが，麻糸を巻いて玉にした芋環（おだまき）に似ているのでこの名がある．小田巻き蒸しとも書く．

●おだ巻き蒸しの作り方
材料（4人分）：うどん玉2個　しょうゆ少々　かまぼこ8切れ　生しいたけ4枚　鶏ささみ4本　みつば1束　卵大2個　だし汁カップ2½　しょうゆ小さじ1　塩小さじ1½　清酒大さじ1

うどんはしょうゆ少々を振り，下味をつける．生しいたけは軸をとり，ささみはすじをとってひと口大のそぎ切りにし，みつばは3cmの長さに切る．卵は割りほぐし，だし汁と混ぜ，調味する．大きめの蒸し茶碗に1人分としてうどんを½玉入れ，かまぼこ，しいたけ，ささみをのせ，卵液の¼量を入れる．蒸気のたった蒸し器で約15分蒸し，とりだしてみつばを散らす．

オックステール（oxtail）
牛の尾のこと．尾は関節のところを切ると簡単に切れる．皮を除き，シチュー，スープなどに用いる．時間をかけて煮込むと簡単に骨がはずれ，味もよくでる．☞すじにく・➡テール

おつまみ
手でつまんで食べられる簡単な酒の肴のこと．するめ，いかの燻製など，魚介加工の珍味類，ナッツ，あられなどのほか，小鉢に盛った簡単な料理をさす．

おてしょ（お手塩）
手塩皿の女性語．手塩とは，昔，不浄を払う意味で，それぞれの食膳に添えた少量

の塩のことで，その塩を盛る小皿を手塩皿といった．のちに，香の物などを入れる小皿をいうようになった．

おてもと（お手元）

箸の別称．飲食店などでははし（端）とか割り箸の割るという言葉をきらい，手元におくところからおてもとという．

おでん

煮込み田楽の略称で，こんにゃく，だいこん，さつま揚げなどの練り製品，すじ肉などを，たっぷりの煮汁で煮込んだもの．

関西では関東だきという．材料はすべて大切りにし，しょうゆ，みりん，塩で調味しただし汁の中で弱火で煮込む．ゆっくりと長く時間をかけて材料を煮るのがポイントである．

おとおし（お通し）

酒席の料理の最初に出される料理のこと．客を通してすぐに酒の肴として出されるものをいう．先付け，突き出しともいう．酒の肴になる料理が1〜3品ほど出される．あとから出る主菜より味，量とも重くならないように注意する．

おとしたまご（落とし卵）

湯の中に卵を割り落として固めた料理．英語でポーチドエッグ．欧米で朝食によく食べる．冷蔵庫から出して30分以上おいた卵を使い，弱火で加熱するのがコツ．湯には塩と酢を少量加える．湯を煮立てると卵白の形がくずれるので，絶対に煮立てないこと．新しい卵を使うこと．古い卵では，卵白が流れて卵黄をうまく包まず，形がきれいに仕上がらない．落とし卵はそのまま盛りつけることはなく，いろいろな料理にのせて用いられる．食パンのトーストにのせたものは，朝食向き．

●落とし卵の作り方

浅めの鍋に湯を沸かし，水1lに対

調理科学

煮汁の乳化

おでんは脂肪分とたんぱく質の多い材料が主として使われるが，長時間煮ているあいだに，たんぱく質の一部は水に溶け，また軟骨やすじの部分が，ゼラチンに変化する（すじにく）．そして，これが乳化剤となって油と水が乳化する．その結果，塩味がたいへんまるくなる．ただし，強火でぐらぐら煮ると，せっかく乳化したものが分離し，よいおでんとはならない．よくできている状態のおでんの汁は，きれいに乳化し，しばらくおいても油と水が分離しない状態になっている．

落とし卵のゆで水に，塩，酢を加える理由

落とし卵は，たんぱく質が急速に固まって，表面に膜を作ることが必要である．そのためには，たんぱく質を低温で凝固しやすくする必要がある．たんぱく質は一般に，食塩を加えて加熱すると凝固温度が低下し，早く固まる．また，酸によっても凝固が速められる．したがって，落とし卵には，食塩とともに酢を少量加えて加熱した湯に卵を入れて作るとよい．もし，食塩を加えずに卵を落とすと，卵白のたんぱく質は親水性であるために，水中に散乱し，形のくずれた落とし卵ができる．

落としぶたの効用

落としぶたは，煮汁が少ないとき，材料の上面の加熱が十分でないのをカバーするのに役立つ．とくに魚などを煮るとき，材料を煮ている途中で上下を返すことは，形をくずすので好ましくない．このような場合には，必ず落としぶたを用いる．落としぶたは，煮上がった汁がこれに当たり，材料の上面に降り注ぐために，上部からも加熱が進む．また，材料が，落としぶたによっておどることが防止され，形くずれも防げる．落としぶたは，沸騰した煮汁が当たっても温度が下がらない材質であることが必要で，その点では木の落としぶたが最もよい．また，平均に煮汁が当たって落下するためには，平らであることが必要で，鍋のふたで代用するのは好ましくない．和紙やクッキングペーパーなどの紙ぶたを用いることもある．

して酢と塩を小さじ2杯くらいずつ入れる．沸騰後弱火にして，たぎりが静まったら，箸で湯をくるくると回し，その中央に，器に割った卵をすべらせるように落とし込む．固まったら網じゃくしですくい上げ，ふきんで手早く水気をとる．

おとしぶた（落とし蓋）

煮物を作るとき，中の材料に直接のせて煮るふた．鍋の直径より小さいことが必要．材料の煮くずれを防ぎ，味を十分に浸み込ませるために使われる．ふつう木製であるが，ステンレス製のものもある．和紙やクッキングペーパーなどの紙を使ってもよい．木製の落としぶたを使うときは，水で湿らせてから使う．乾いたままだと，煮汁がふたに吸いとられ，においや味がついてとれなくなる．

落としぶた

オードブル（hors-d'œuvre—仏）

西洋料理で食欲を増進させるため，食事の前に出す料理．前菜ともいう．温前菜と冷前菜があるが，いずれもあとの料理にさしさわらないよう，形を小さく，量も少なくする．食欲を促すように，色，味，香り，形などにも工夫をこらす．材料は魚介類，肉類，野菜類など何でもよい．冷前菜はふつう3～4種とり混ぜて供するが，おもなものはカナッペ，小形サンドイッチ，卵の詰め物，サラダ，魚の酢油漬け，かきのカクテルなどがある．温前菜は，揚げたり焼いたりしたものを熱いうちにすすめるのが大切．このため，温前菜はふつうは1種でよいことになっている．おもなものに，ブロシェット（串焼き），クロケット（コロッケ），コキユ（グラタンの一種），

ベニエ（洋風てんぷら）などがある．

オートミール（oatmeal）

えん麦を精白して乾燥後，炒って粉砕したもの．粗く粉砕したものをグローツ，砕かずに圧扁したものをロールドオーツという．欧米では朝食によく使用する．湯を加えて煮たあと，砂糖，牛乳を加えて熱いうちに食べる．柔らかく煮たものをクッキー，プディング，スープに混ぜてもよい．良質のたんぱく質，ビタミンB_1に富み，消化もよい食品．水かげんは製品によってかなり差があるので，指示された方法に従うのがよい．

●オートミールの作り方
材料：オートミール100 g（カップ1）水カップ3$\frac{1}{2}$　塩小さじ1弱（水の0.5％）　牛乳カップ1　バター，砂糖好みの量

水を沸騰させて塩を加え，オートミールを徐々に振り入れて火を弱める．かき混ぜながら3～5分煮て火を止める．ふたをして3～5分蒸らし，熱いうちに牛乳，砂糖，バターを加えて味を調える．バナナ，卵などを加えてもよい．

おどりぐい（踊り食い）

しろうおや稚あゆなどの小魚類の生きたものを鉢に泳がせ，二杯酢で食べること．有名なのは福岡で，室見川に産卵のためにのぼってくるしろうおを鉢に泳がせ，金網ですくってぽん酢しょうゆで食べる．口の中でしろうおがぴちぴちはね，のどもとをすぎる感触が喜ばれる．

おどりぐし（踊り串）⇨うねりぐし

オニオングラタン

オニオンスープともいう．たまねぎの薄切りを茶色に色づくまで炒め，スープを注いで器に入れ，トーストしたフランスパン

をのせ，おろしチーズ，バターをのせてオーブンで焼いたもの．熱いところを食べる．

●オニオングラタンの作り方

材料：たまねぎ中4個　サラダ油大さじ2　バター大さじ2　湯カップ3　固型スープの素2個　塩，こしょう少々　フランスパン(薄切り)4～8枚　粉チーズ大さじ4　バター大さじ2

　たまねぎを縦半分に切ってさらに薄切りにし，サラダ油とバターを熱した中できつね色になるまで時間をかけて炒める．スープは，固型スープの素を湯に溶かして調味料で味を調え，熱く温めておく．1人用のキャセロールにたまねぎの1/4量を入れ，熱いスープを加え，トーストしたフランスパンを1～2枚浮かせ，粉チーズを振り，バター大さじ1/2をのせ，強火のオーブンで焼く．

おにがらやき（鬼殻焼き）

　くるまえび，いせえびなどを殻つきのまま背開きにして焼いたもの．よろい焼きともいう．えびを殻ごと背割りにし，殻を下にして，串を末広形に打つ．表や裏に串が出ないようにする．塩とみりんを振りかけてしばらくおき，はじめに殻の方をさっと焼いて，くせを直し，ついで身の方を焼く．さらにタレをつけながら2～3回焼く．タレはみりんじょうゆ，さんしょうじょうゆなど．盛りつけるときは身の方を上にする．

おにかわ（鬼皮）

　くりやくるみなどの外側の堅い殻のこと．

おにぎり（御握り） ⇨**にぎりめし**

おはぎ（御萩）

　もち米とうるち米を混ぜて，炊くか蒸すかしたあと，軽くついて丸め，きな粉，黒ごま，青のり，こしあんなどをまぶしたもの．ぼたもちともいう．春秋の彼岸によく作られる．きな粉，黒ごま，青のりは食べる直前にまぶしつけないと水気を吸ってべとべとになる．あんは，まんじゅうに使うときよりも堅めに作った方がきれいにできる．あんをつけるたねは少し小さめに丸めたものを用いると，でき上がりの大きさがきな粉や黒ごまなどとそろってきれいである．

●おはぎの作り方

材料(15個分)：もち米200g　うるち米40g　あん(こしあん，粒あんなど)500～600g

　もち米，うるち米を合わせて洗い，ざるにとって2時間おき，水を米と同量よりやや多めに加えて炊く．熱いうちにすりこ木で軽くつく．少し冷めたら，俵形ににぎる．あん⇨を手のひらに広げ，丸めたごはんをのせて包む．黒ごま(すって砂糖と少量の塩を混ぜる)，きな粉(砂糖と塩を合わせる)，青のりをまぶしつけてもよい．

おばけ

　さらしくじらの関西での呼び名．⇨さらしくじら

おばんざい（御番菜）

　日常のそうざいのことで，京都の言葉．

おひょう（大鮃）

　カレイ科の海水魚．体長2mをこえる．

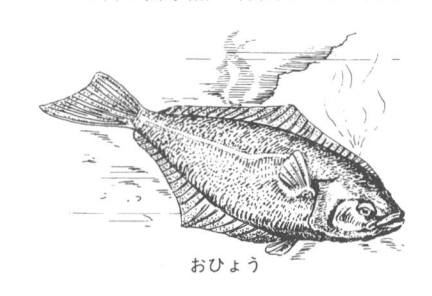

おひょう

肉は白色で脂肪が少なく，淡白である．皮の色の鮮やかなものほど新しい．大味なので和風では付け焼き，酒蒸し，洋風ではムニエル，ワイン煮などにするとよい．欧米では重要な食用魚である．

オーブン（oven）

食品を蒸し焼きにする調理器具の一種．天火ともいう．食品を直火で焼くのに比べ，全体に柔らかく熱がかかるとともに，焦げた香りがつき，料理の風味がよくなる長所がある．多くの調理ずみ冷凍食品などは，オーブンで温めることによって味がよくなる．熱源によりガスオーブン，電気オーブンがある．ガスに比べて電気の方は乾燥気味になるが，一方では，使用する調理室内の温度が高くなりすぎず，またオーブンの容積が小さくても，一定の温度に庫内を保てるプラスの面がある．ガスオーブンの場合は，ある程度大きくないと庫内に温度むらが生じ，調理がうまく行えない．

オーブンは火かげんが大切で，それぞれ目的に合った火かげんを覚えておき，それに合ったように温度を調節する．

オーブンの新品を用いるときは必ず一度から焼きして，オーブン内部と皿の塗装の臭気をとばすことが大切である．また，使い終わったあとは，天板についた焦げや調味料などを十分にとる．なお，オーブンの温度と料理は表のとおりである．

オーブンの温度と料理

火の強さ	温度	適する料理
強火（最高温度）	250〜230度	（上）焼き色のみをつける場合（メレンゲの色つけなど） （下）アップルパイなどの焼きはじめの温度
やや強火（高温度）	220〜200度	●グラタン料理，火の通った材料の場合（220〜230度） ●パイ・マフィン・ロールケーキなど（200度前後） ●堅いたねのビスケット（200度前後）
中火（中温度強）	190〜170度	一番利用範囲が広い ●肉の蒸し焼き・ローストビーフ・ローストチキン（170〜190度） ●シュークリーム（180〜250度） ●柔らかいたねのビスケット（170〜180度）
中弱火（中温度弱）	160〜130度	●スポンジケーキ・パウンドケーキ（160〜170度） ●プディング類（145〜150度） ●焼きりんご（160度）
ごく弱火（低温度）	120〜100度	●マカロニなどさっと乾かす程度のもの ●料理を温める場合 ●パンをトーストする場合

調理科学

ガスオーブン，電気オーブンの庫内温度の差

電気オーブンはヒーターによる放射熱を利用し加熱する．したがって，材料から水分の蒸発が起こる．このとき水分は多量の熱エネルギーをもって蒸発するため，材料の温度が低くなりやすい．一方，ガスオーブンは，燃焼した高温の気体によって加熱する．また，この燃焼ガス中には，水分を多く含む．そのため，材料からの水分蒸発は起こりにくい．したがって，一般に，温度調節は，電気オーブンの方をやや高くする必要がある．しかし，ガスオーブンでも，完全な間接加熱の場合は，電気オーブンに近い状況となる．

オープンサンドイッチ（open sandwich）

パンの上に具をのせ，そのまますすめるサンドイッチ．パンにのせるものは何でもよいが，見た目に美しく，味のよいものを使うことが大切である．水分の多いものをのせるときはパンが吸水しないようあらかじめ，パンにバターを塗っておくとよい．

おぼろ（朧）

たい，えび，ひらめ，さわらなどの白身魚の肉をゆでたあとすりつぶして炒り上げたもの．ぼんぼりともいう．骨を除き，身の部分だけを，みりんに少量の塩を加えた汁でさっと煮て，すり鉢ですり，もとの煮汁に戻す．弱火または湯せんで，かき混ぜながら炒り上げる．ちらしずしなどに．

おぼろこんぶ（朧昆布）

こんぶの加工品で，こんぶを独特の包丁で薄く削ったもの．おぼろこんぶを椀に入れ，花がつおとしょうゆを少し加え，熱湯を注ぐと即席吸い物ができる．

おまじり

おもゆに飯粒がほんの少量混ざった状態のもので，おもゆと三分かゆの中間のもの．

オマール（homard－仏）⇨ロブスター

オムライス

チキンライスまたはトマトライスを薄焼き卵で木の葉形に包んだもの．日本独特の料理．

オムレツ（omelet）

卵を溶き，フライパンで紡錘形に焼き上げたもの．ふつう1人前に卵2個を用いる．卵だけで焼いたものをプレーンオムレツという．そのほか，ハム，ベーコン，チーズ，たまねぎ，じゃがいもなどを加えるものもある．卵を薄く焼き，中に，ひき肉，たまねぎなどを炒めたものを入れたものは日本式．

おもゆ（重湯）

うるち米を煮て，水に溶け出た部分だけを食用とするもの．

消化吸収がよいので，流動食として病人や乳児に用いる．鍋は，ふたがぴったりしまる厚手のものを用意する．陶器のゆきひらが最高．ふたをしたまま強火にかけ，煮立ったら弱火にし，そのまま40〜50分ほど煮続ける．ふたをとること，かき混ぜることは禁物．煮上がったら必ず熱いうちにこす．このとき，飯粒はつぶさないで，汁だけをこしとるのがコツ．さらりとしているのがよいおもゆである．

●おもゆの作り方
材料（配合比）：米1に対して水10〜11倍

米は洗って，分量の水に30分〜1時間浸す．なべのふたをし，強火にかけ，煮立ったらふきこぼれない程度の弱火にし，ふたをしたまま40〜50分ほど煮る．煮上がったら，熱いうちに

調理科学

オムレツのコツ

よく使いこんだ鉄製の小形フライパンを使い，1人分ずつ焼く．卵はあまりかき混ぜないことと，強火で手早く焼き上げることがコツ．かき混ぜすぎると卵白の腰が弱くなり，ふっくらとできない．表面が焼けていて，中は半熟状というものがよい．具の入っていないプレーンオムレツも，中身の入った各種のオムレツも，焼く要領は同じである．フライパンをよく焼いて卵を入れ，箸でかき混ぜながら，半熟にする．フライパンの柄を一方の手でもち上げ，卵を手前から先へ半分くらい折り返して，もう一方の手でフライパンの柄を軽く叩いて卵を一回転させる．

ガーゼまたは裏ごし器で，圧力を加えずに汁だけをこしとる．

おやき
　長野県の郷土料理．小麦粉の生地で野菜あんなどを包み，焼いたり蒸したもの．具には，野沢菜漬け，なす，きのこや山菜などを用い，みそ味で調味したものが多い．かぼちゃあんや小豆あんもある．山梨県にもあり，とうもろこし粉だけ，あるいはこれに小麦粉などを加えて作る．

おやこどんぶり（親子丼）
　鶏肉と卵を用いたどんぶり物．だし汁にしょうゆ，砂糖，みりんを加えた汁で鶏肉を煮，仕上げのときに卵を入れ，半熟状になったらごはんにかける．親子どんぶりとは，親の鶏肉と，その卵を使うところからきた呼び名で，鶏肉の代わりに牛肉や豚肉を用いたものは他人どんぶり→という．

●親子どんぶりの作り方
材料：鶏肉200ｇ　たまねぎ1個　青ねぎ1本　卵4個　だし汁カップ2　しょうゆ大さじ4　砂糖大さじ1　みりん大さじ3　ごはん4人分　もみのり少々

　鶏肉は小さめのそぎ切り，たまねぎは薄切り，ねぎは斜め薄切りにする．鍋にだし汁と調味料を入れ，ひと煮立ちしたら，鶏肉，たまねぎを入れ，火が通れば青ねぎを加え，卵を割りほぐして回し入れる．卵が半熟状態に固まったら，どんぶりにごはんを八分目ほど入れ，1/4量の具と汁をかける．もみのりを振る．1人分ずつ作ると形よくできる．

オランダ（和蘭陀）
　日本料理に洋風の手法や調味料をとり入れたものをいう．鎖国時代には唯一の西洋の国であった"オランダ"の言葉を冠して，油を使うなどの手法をとり入れた料理に，洋風という意味で使われはじめたものらしい．特徴はごま油を用いて揚げたり炒めたりすることと，ねぎやとうがらしなどの材料を使うことなどである．一名，南蛮ともいう．また，さやえんどうの一品種にオランダがあり，オランダさやえんどう，オランダ豆とも呼ばれている．

オランダに（和蘭陀煮）
　魚をごま油で姿のまま揚げたあと，だし汁，清酒，しょうゆなどで煮たもの．

オリゴとう（オリゴ糖）
　少糖類のことで，ブドウ糖や果糖などの単糖が2～10個結合したものをいう．自然にも存在するが，砂糖やでんぷんに酵素を作用させて作ることができる．甘味料としての用途が主で，低エネルギー性のもの，低う触性のもの，腸内細菌の活性化などの生理機能をもつものなどがある．また，ジャム製造時に加えると原料果実の風味を保つ働きもある．商品化されたものには，砂糖を原料にしたフラクトオリゴ糖，乳糖を原料にしたガラクトオリゴ糖，脱脂大豆の糖を原料にした大豆オリゴ糖などがある．

オリーブ（olive）
　オリーブの木の果実．未熟な実は濃緑色だが，熟すにしたがって黄色みをおび，完

オリーブ

熟すると黒紫色になる．生食できる品種もあるが，多くは生の実は苦味が強いので生食できない．塩漬や酢漬け（ピクルス）にして缶詰，びん詰になったものが市販されている．種類は，まだ未熟な淡黄緑色の実を漬けたもの，種子を抜いてピメント（赤ピーマン）を詰めたもの，熟して紅紫色になった実を漬けたものなどがある．いずれも前菜，サラダ，カクテルなどの飾りに使う．

オリーブゆ（オリーブ油）

オリーブの実からとった油．特有のよい香りがある．脂肪酸はオレイン酸が主で，油の安定性がよく，酸化しにくい．サラダドレッシング，マヨネーズ，マリネ，炒め物などに用いられる．オイルサーディンやアンチョビーなどの缶詰の油漬け用にもよく使われる．熟した果実から搾ったままのものをバージンオリーブ油，その中でもとくにすぐれたものをエキストラバージンオリーブ油という．精製オリーブ油とバージンオリーブ油を混合したものは，単にオリーブ油，またはピュアオリーブ油という．➡しょくぶつゆ

オールスパイス（allspice）

香辛料で，シナモン，クローブ，ナツメグのにおいを合わせもつ．産地はジャマイカ．丸のままと粉末の両方が市販されている．色が鮮明で美しく香りのよいものを選ぶ．粉末が使いやすい．料理には途中で振り込む．辛味はない．

肉のローストやひき肉料理に加えるほか，トマトソースに加えてもよい．このほか肉の煮込み，フルーツケーキ，クッキーなど応用範囲は広い．

オレガノ（oregano）

香辛料．シソ科のオレガノの葉を乾燥したもの．淡緑色で樟脳に似た芳香をもち，快い苦味がある．プリパウダー➡には欠かすことのできない材料．トマトを使う料理にもよく合い，ピッツア，オムレツ，スープ，シチューなどの調味に用いる．

オレンジ（orange）

かんきつ類の仲間．多汁質で，甘味，酸味とも適度で，たいへん香りが高い．ほかのかんきつ類と同じくビタミンCが多い．ネーブル，バレンシアなどの品種があるが，日本で一般にオレンジというとバレンシアオレンジをさすことが多い．生食のほか，マーマレード➡にも用いられる．

オレンジジュース（orange juice）

かんきつ類の果汁を搾ったもの．日本では温州みかんを原料とすることが多いが，外国では，バレンシアオレンジが主である．現在，ジュースと表示できるのは，果汁100％のものである．果汁が100％より低い含量のものはジュースの名称をつけることは禁じられている．

新鮮なかんきつ類から自分でオレンジジュースを作ることもできる．その際は，外皮をむき，適当な大きさに刻んだ果実をジューサー，あるいはミキサーにかける．ミキサーにかけるときは，砕き氷をともに加えると冷たいジュースができる．また，みかん缶詰を使用したり，冷凍みかんなども使用できる．➡ジュース

オレンジピール（orange peel）➪**ピール**
おろしあえ（卸し和え）➪**みぞれあえ**
おろしき（卸し器）

だいこん，しょうが，わさびなどをおろす器具の総称である．陶器製，金属製，プラスチック製など各種のものがあるが，おろしの目的に応じ，器具を使用するとよい．すなわち，だいこんおろしのように，細胞をできるだけいためない方がよいものは，昔から使われてきた，銅に錫メッキを

した形のものがよく，また，陶器製のものもよい．

わさびなど細胞をすりつぶし，辛味成分を効かせるようなものは，できるだけ細かくすりおろすことが必要で，なるべく目の細かいものを使用する．木の板になめしたサメの皮をはりつけたものはわさびおろしに最適．

特殊なものとしては刃の粗い鬼おろしなどもある．とろろいもなどは，刃の丸いすり鉢のようなものですりおろすと，きれいにおろすことができる．ミキサーでおろしを作ると空気を多く吸い込むため，空気中の酸素によって，おろしたものの酸化がひどく進み，褐色に変化したり味が落ちるうえ，細胞がこわれる．だいこんおろしのようなものでは，水と"かす"とに分離した状態となり，非常に口当たりがわるい．→だいこんおろし

【おろし器のいろいろ】

ごく一般的なもの
受け皿がついている

鬼おろし

長く用いられてきたもの

丸形
（おろしたものは中に落ちる）

長方形のもの
（いずれもおろしたものは下へ落ちる）

おろしに（卸し煮）

だいこんおろしを加えて魚をさっと煮た料理．材料はそのまま，あるいはいったん油で揚げたものを用いる．だいこんおろしは煮上がり際に軽く水気を絞って加える．最初からだいこんおろしを加えた中で煮る場合もある．だいこんおろしでさっぱりした風味になる．だいこんおろしを加えてから，煮すぎないことがコツ．さば，さんま，あじ，かれい，あまだいなど身の柔らかい魚に向く．

●さばのおろし煮の作り方

材料：さば4切れ　小麦粉，揚げ油適量　だいこんおろしカップ1½　だし汁カップ1½　清酒大さじ3　みりん大さじ4　しょうゆ大さじ4

さばは小麦粉をまぶし，中温の油でカラリと揚げる．だいこんおろしは，自然に軽く水きりをする．鍋にだし汁と調味料を入れて煮立て，から揚げにしたさばを並べて入れ，ひと煮立ちしたら上からだいこんおろしをのせる．再び煮立ったら，火からおろし，器に魚を盛り，だいこんおろしと汁をかける．

オーロラソース（aurore sauce）

オーロラとはあけぼのの意で，ベシャメルソース→を土台にし，トマトの煮つめたものとバターを入れて作ったソース．淡赤色をしている．生のトマトのないときは，ピューレー，トマトソースなどが使える．子牛肉や鶏肉の蒸しゆで，蒸し煮料理のソースに向く．簡単には，マヨネーズにトマトケチャップを混ぜて赤くしたものもオーロラソースという．フランス語はソースオロール（sauce aurore）．

●オーロラソースの作り方

材料（カップ1⅓杯分）：ベシャメルソースカップ1　トマト50g　バター大さじ1½　塩，こしょう　各少々

トマトは皮と種子をとり，細かく刻

み，バターで炒め，煮つめたあと，裏ごしにかける．鍋にベシャメルソースを入れて弱火にかけ，裏ごしトマトを加えてよく混ぜ合わせ，塩，こしょうで調味する．

おんせんたまご（温泉卵）

卵黄だけが固まり，卵白はどろどろしているゆで卵．卵黄が卵白よりわずかに凝固温度が低いという，微妙な温度差を利用して作る料理．半熟卵とは異なる．65〜68度の湯に30分程度つけておけばよい．68度の温泉なら，卵を温泉につけるだけでできる．

冷たく冷やし，しょうゆで薄く味をつけた冷めたいだし汁をかけて食べると，暑いときには口当たりがよい．

●温泉卵の作り方

65〜68度の湯に30分程度つける．殻を割って中身を器にとり，もみのりやわさびにしょうゆを添えたり，吸い物味のだし汁をはったりする．

おんどたまご（温度卵）

半熟卵などゆで卵の関西での呼び名．➡ゆでたまご

カイエンペッパー（cayenne pepper）
香辛料．とうがらしの一種で，非常に強い辛味がある．肉料理，グレービー→などに用いる．

かいしき（搔敷）
食物や料理の下に敷く白紙や笹の葉，木の葉などのこと．

かいせきりょうり（会席料理）
宴会料理のこと．俳人の集まりである俳席を会席といい，会の終わりや途中で酒がふるまわれたが，江戸時代後期に料理屋が発達すると，茶席，俳席とも料理屋で行われるようになり，料理屋では懐石料理→と本膳料理→の形式を変化させて酒宴向きの料理が生み出された．それが次第に今日のような形式になったものといわれている．基本的なものは吸い物，さしみ，焼き物，煮物の一汁三菜である．これがさらに五菜になり，五菜くらいの献立から汁物は二汁となる．そして七菜，九菜，十一菜と奇数に増えていく．ごはんと香の物は品数には入らない．献立によって異なるが，次のようなものが出される．お通し（前菜），吸い物（すまし汁），向付け，口代わり，焼き物，煮物，合い魚（蒸し物，揚げ物），酢の物，止め椀（みそ汁）など．酒は膳を出すと同時にすすめる．

かいせきりょうり（懐石料理）
茶席で供される料理のこと．懐石，茶懐石ともいう．懐石とは禅宗から出た言葉で，禅僧が修業中に断食して座禅を行うとき，空腹しのぎに懐中に火で温めた石を入れていた．そこで，茶道で用いる簡単な料理が，空腹しのぎに，そして質素にという意味から懐石と名づけられた．懐石料理には一定の規則がある．一般の改まった懐石では一汁三菜がふつうで，飯，汁，向付け，椀盛り（煮物），焼き物が出される．略式の場合は一汁二菜，一汁一菜でもよい．一汁一菜の場合は焼き物と煮物が，一汁二菜の場合は，焼き物が省かれる．別に，箸洗いの吸い物と八寸（酒の肴）は必ず出される．最後に湯桶(ゆとう)（炊飯時のおこげや炒り米を入れた湯）と香の物を出す．懐石料理は量より質を選ぶ．また，材料の自然の姿をなるべく生かし，必要以上に手を加えない．しゅんのものを使い，盛りつけは色彩の調和を重んじるなど，一定の方式もある．

かいとう（解凍）
冷凍食品の凍結状態を解かす操作のこと．室温，冷蔵庫，氷水，冷水，電子レンジなどで行う方法がある．冷凍魚や魚類の加工冷凍食品は解凍方法がとくに大切である．

魚，肉など生の動物性食品の解凍は，室温ないし冷蔵庫中で自然解凍するのが一番よい．解凍に当たっては，なるべく温度が低く，解凍に要する時間の長い方が肉の組織をいためずに解凍することができる．解凍の温度が高く，しかも時間が短くなるにしたがい，組織のくずれが大きくなり，ドリップの流出も多くなる．→

野菜類は，蒸気加熱すなわちブランチングしてから冷凍される．したがって，野菜類は一度加熱調理してあるということを念頭において解凍することが大切．湯を沸騰させ，その中に野菜を入れて，解凍が終わ

ればすぐに引き上げる．バターで炒める場合や煮る場合などは，凍ったまま調理する方がよい．

果実類はほとんどすべて生のまま凍結されている．これを自然解凍した場合には組織がくずれ，味も見かけもわるくなる．そのまま食用にする際は，完全解凍一歩手前で食べるのがよい．ジュースにする場合は，凍結したままミキサーにかけるのがよい．

パン粉をつけたものは凍ったまま油の中に入れて揚げる．解凍してから揚げると，形がくずれたり，からっと揚がらない．フライや，焼いたのちに冷凍した調理加工品はそのままオーブンやオーブントースターに入れ，指示通り温めればでき上がる．菓子類やパン類などは，ものによって自然解凍するものと，オーブンで解凍するものとがある．

電子レンジの利用も解凍には便利である．この際は，電子レンジの指示通り行うことが大切で，生の状態に戻す生解凍と，加熱調理解凍を使い分ける必要がある．

かいばしら（貝柱）

二枚貝の殻をつないでいる筋肉が貝柱．味がよく，食用にする．ばか貝，ほたて貝，たいらぎ（たいら貝），いたや貝などのものが一般的．ばか貝の貝柱はほたて貝などのものに比べて小さいので小柱ともいう．黄白色で肉のしまったものが良品．

切るときは柱の方向と直角に切ること．縦に切ると堅くてかみ切れない．酢の物，さしみ，てんぷらなどに．加熱すると身がしまって堅くなるので，てんぷらにするときは，衣が色づいたらさっと引き上げる．乾燥品は中国料理の材料として重要．粒が大きく，あめ色に乾燥しているものが良品．➡ほしかいばしら

かいやき（貝焼き）

貝殻を鍋の代わりに用いて煮たきしたり，貝類を貝殻ごと焼く料理．おもにほたて貝の貝殻が用いられる．秋田地方では"かやき"といい，しょっつる鍋にほたて貝の殻を鍋として用いる．

かいわれな（貝割れ菜）➡つまみな

かえし（返し）

そばつゆを作るときのもとになるもので，しょうゆ，砂糖，みりんなどを合わせたものをいう．合わせた調味料を3〜14日間くらいかめに入れて熟成させる．この間に，調味料の成分どうしがなじみ，味に深みがでる．調味料を合わせて加熱した本がえしと，加熱しない生がえしがある．このかえしにだし汁を合わせて，そばのつけ汁，かけ汁を作る．

かえる（蛙）➡しょくようがえる

カオ（烤）

中国料理の調理法の一つで，直火焼きのこと．焼烤（シヤオカオ）ともいう．直接火にかざしてあぶり焼きするだけでなく，オーブンやか

調理科学

解凍とドリップ

魚，肉など動物性食品を解凍する際，温度が高いと組織がくずれ，ドリップと呼ばれる液汁が多く出る．このドリップの中には，酵素を含み，これがたんぱく質や脂肪などを変化させ，不快な風味を出す．また，組織の方は水分が抜けるため，パサパサした感じになる．これを防止するには，できるだけ，解凍温度と冷凍温度の差の小さい方がよく，冷蔵庫で解凍するのが理想的である．しかし，これができない場合は，凍ったまま急速に加熱し，たんぱく質を熱変性してしまう方が，かえってよい味となる．

まどで蒸し焼きする方法もある．材料は姿のままの鶏，あひる，子豚など，あるいは大きなかたまりの肉などが用いられる．直火焼きした料理を烤菜(カオツァイ)➡という．

カオツァイ（烤菜）
中国料理の直火焼き料理のこと．あひるの丸焼きの烤鴨子(カオヤズ)は代表的な料理．

カオヤズ（烤鴨子）
中国料理の一つで，あひるの丸焼きのこと．北京烤鴨(ペイジンカオヤ)，ペキンダックともいう．羽毛を除いたあひるを皮がパリッとするまで丸のまま焼き，焼けた香ばしい皮だけをとる．これに，甘みそとねぎの細切りを添え，薄く焼いた小麦粉の皮に包んで食べる．

かおり（香り）
味とともに，食品のもつ大切な要素で，一般に好ましいものを香り，あまり好ましくないものをにおいあるいは臭みなどと区別することが多い．よい香りは食欲をそそり，料理のおいしさを増す．逆によくないにおいは，食品の腐敗を知る重要な手がかりになる．

香りにはいろいろな種類があり，英語ではフレーバー，アロマ，パフューム，スメルなどと厳密に区別され，食品ではフレーバーとアロマのみを使う．フレーバーは風味ともいい，食品を口の中に含んだとき味とともに感じられる，香りとも味ともはっきりと分けることのできない香り．果物やカレーなどの香りはいずれもフレーバーで，直接味に影響を与えている．アロマはそれを口に入れなくても空中を漂ってくる香りで，コーヒーを入れているときの香りやワインの香りがその例である．

食欲をそそる香りとしては，かんきつ類の香りであるリモネン，甘い香りであるバニリン，焦がしたときにでるブラウンフレーバーと呼ばれるもの，油が加熱されたときに生じる香り（ディープフライフレーバー）などがある．カラメル➡，メラノイジン➡，ピラジン➡などはブラウンフレーバーに含まれる．

かがくちょうみりょう（化学調味料）⇨うまみちょうみりょう

かかに（かか煮）⇨とさに

かき（柿）
カキノキ科．柿は大別して甘柿と渋柿がある．甘柿には富有，次郎，御所などがあり，渋柿には平核無(ひらたねなし)，西条，堂上峰屋などがある．ビタミンCが多く含まれ，β-カロテンも果物の中では多い方．"柿が赤くなれば医者が青くなる"といわれるゆえん．渋味はタンニンの一種であるシブオール．これが鉄と結合し，鉄の吸収がわるくなり，貧血を起こすことがあるので，柿を食べると冷えるともいわれる．渋柿は，アルコール，二酸化炭素（炭酸ガス）などで

【かき】

渋がき
- 四つ溝
- 祇園坊
- 西条
- 富士
- 会津身不知
- 堂上峰屋

甘がき
- 御所
- 鶴の子
- 久保
- 甘百目
- 富有
- 次郎

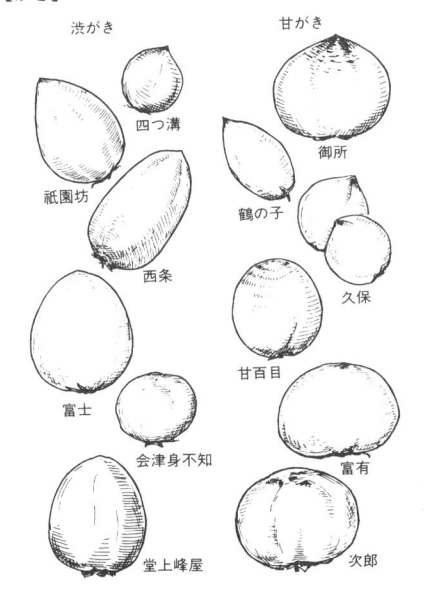

渋抜きが行われる。渋味がなくてもタンニンが残っているので、貧血に注意。

生食するほか、柿なますや、レタス、きゅうりなどとサラダにしても彩りがきれい。➡しぶがき

かき（牡蠣）

イタボガキ科の二枚貝。9月から翌年の4月ごろまでがシーズン。英語ではオイスター。

たんぱく質は他の貝類より少ないが、ビタミン、無機質が多く、とくに鉄を多く含む。またヨウ素も多い。かきのもつ甘味はグリコーゲンで、これはエネルギー源として利用される。欧米では"Rの字のつかない月（5～8月）はかきを食べるな"といわれる。この期間には毒成分があるからといわれるが、一方、有害成分はないとの報告もある。それよりも、かきがやせていて味がよくないのが本当であろう。

むき身はいたみやすいので新鮮なものを選ぶ。肉にきずがなく形がはっきりし、だれていないもの、乳白色の光沢のあるものがよい。

生食するときは、だいこんおろしに同量の水を加えたものの中で軽く混ぜるとぬめりがとれる。加熱するときは塩水で洗う。生で食べるときはレモン汁をかけるとよい。風味がよくなるほか、殺菌効果もある。

酢がきには、だいこんおろし、おろししょうが、ゆずの皮などを添えるとよい。かきのコクのある旨味を味わうには、フライにするのもよい。そのほかみそ煮、かき飯➡、かき鍋➡、汁物、コキール、煮物などに。かきの生命は香味にあるので、調理の際はさっと火を通す程度にする。

かきあげ（搔揚げ）

野菜や魚介類を数種とり合わせ、衣をつけて揚げたもの。いずれも細かく切ったものをまとめるので、衣は少し濃く溶いたものを用いる。衣の材料は薄力粉、溶き卵、水。パリッとさせたいときはイスパタ➡を混ぜる。衣に材料を入れ、箸で軽く混ぜ、玉じゃくしですくって、鍋の縁から少しずつ油に落とし、箸で形を整えながら揚げる。野菜としては、さつまいも、にんじん、ごぼうなどが、魚介類としては、貝柱、小えび、いかなどがおもに用いられる。

かきあぶら（牡蠣油）⇨オイスターソース

かきごおり（かき氷）

細かく削った氷のこと。氷水、削り氷などともいう。氷のかき方により、口当たりが異なる。細かくかくと、ソフトな感じになり、少しあらくかくと、ざらついた感じであるが、別の味わいがある。氷は外側からどんどん溶け、付着したものを洗い流すので、見た感じよりもはるかに、かき氷は衛生的である。シロップをかけたものはみぞれ、甘煮のあずきを加えたものは金時、抹茶を加えたものは宇治と呼ばれる。

かきたまじる（搔玉汁）

薄くずでとろりと仕立てた汁に、溶き卵を糸のように流し入れた吸い物。だし汁はふつうの吸い物より濃いめに味つけして、くずまたはかたくり粉の水溶きで濃度をつけ、軽く沸騰させておく。卵はよく溶きほぐし、箸に伝わせるか穴じゃくしを通して、動かしながら流し込む。かき混ぜないようにし、卵を入れたらすぐに火を止め、卵が固まるまでしばらくふたをしておく。

かきなべ（牡蠣鍋）

かきを主材料に使った鍋料理。寄せ鍋風のものと、みそを使う土手鍋➡とがある。寄せ鍋風のものは、しょうゆ、みりんを配合した割り下を用いる。材料はかきのほ

か，ねぎ，焼き豆腐，しゅんぎく，こんにゃくなどが用いられる．

かきなます（柿膾）

柿を拍子木，あるいはさいの目切りにして，おろし酢で和えたもの．あるいは，柿をだいこんとともにせん切りにして，甘酢や三杯酢で和えたもの．柿は干し柿でもよい．

かきめし（牡蠣飯）

かきを加えて炊いた炊き込みごはんの一種．かきは初めから入れると形がくずれたり，香りがなくなるので途中で入れるのがコツ．かきはそのまま，あるいは調味液でさっと煮て加える．

食べるとき，もみのり，みつば，せりのみじん切りなどをかけると風味がよくなる．しょうゆ，塩で薄味に調味したこんぶだしをかけ，おろしわさびを添えて食べてもよい．

●かきめしの作り方
材料：米カップ3　かき（小粒）300〜400g　清酒大さじ2　しょうゆ小さじ2　だし汁カップ3　塩小さじ1⅓　のり1枚

米は洗って30分〜1時間水に浸し，炊く直前に水きりをする．かきは振り洗いをして水気をきる．米にだし汁，清酒，しょうゆ，塩を合わせて火にかけ，沸騰したらかきを入れ，ふつうのごはんと同様に炊く．茶碗にかきごはんを盛り，のりの細切りを散らす．

かきもち（欠餅・搔餅）

もちを薄く切って干したもの．本来は，鏡もちを鏡開きのときに刃物で切ることを忌み，手でかき（欠き）砕いていた．そのために欠餅という名称が起こった．関西では，米菓の別名としても使用されている．豆，砂糖，ごま，青のりなどを加えて作っ

たものもある．→べいか

かくぎり（角切り）

縦，横，高さが同じ寸法の角形に切る切り方．用途によって大小いろいろのサイズのものがあるが，1.5cmくらいより小さいものはさいの目切り→，さらに小さいものはあられ切り→と呼ばれる．野菜では，だいこん，にんじん，さつまいも，じゃがいも，かぶなどに用いられる．含め煮や煮込み料理のときにこの方法で切るとよい．肉類の場合は煮込みに使われるが，この場合，肉の繊維はどちら向きに切っても同じである．

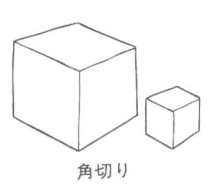

角切り

かくざとう（角砂糖）

グラニュー糖を，四角や，その他の形に整形したもの．

アクが少なく，装飾的に整形してあるものが多いので，コーヒーや紅茶などの嗜好飲料の卓上用として便利．

かくしあじ（隠し味）

表面には出ないが，中に隠されていて料理の味をより深く，コクのあるものにすることのできる味．塩味のとがったものに酢を入れて味をまるくしたり，煮物にみりんや清酒を加えてコクを出したりするのがそれである．酢がかくし味として最もよく利用されるのは，わずかに酸性の料理が味よく感じるからである．料理の複雑なおいしさの鍵はこのかくし味にあるといわれる．かくし味に使われるものにはこのほか，少量の塩，砂糖，しょうゆ，ワインなどがある．

かくしばら（隠し腹）

魚を一尾づけにする場合，姿を美しく見せるため，内臓をとり出す包丁目を，魚を

盛りつけたとき裏になる方に入れること．

かくしぼうちょう（隠し包丁）

料理の表からはわからないように包丁目を入れること．食べやすく，また煮やすくするための方法である．ふろふきだいこんなどに用いられる．かくし刃，忍び包丁ともいう．

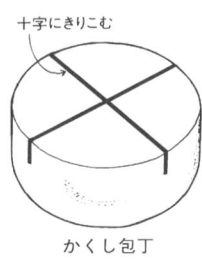

十字にきりこむ / かくし包丁

かくしわさび（隠し山葵）

味に深みを出すため，和え物などに，おろしわさびを少し加えること．

カクタスリーフ（cactus leaf）

サボテン科ウチワサボテン属の若い茎．形は手のひらよりやや大きめで薄い緑色．表面にトゲがある．トゲを抜いて塩ゆでして皮をむき，薄切りにしてサラダやピクルスにしたり，バターで炒めて肉料理のつけ合わせなどにする．ステーキにしてもよい．果肉には特有のぬめりと苦味があるが，ゆでるととろりとした舌ざわりとなり，苦味が抜ける．

かくづくり（角作り）

さしみの切り方の一つ．魚をひと口で食べられるくらいの大きさの四角に切ったもの．まぐろ，かつおなど身の厚いものに用いられる．

カクテル（cocktail）

酒類を混ぜ合わせた飲み物．ブランデー，ウイスキー，ジン，ウオツカなどの蒸留酒，シェリー，ベルモットなどの醸造酒を基酒にして，これにビタース（苦味料），シロップ，果汁，卵，芳香料，薬味料などを適宜に配合して氷で冷やしたもの．種類が多く3,000種以上もあるといわれている．おもなものに，ジンフィズ，マンハッタン，マティーニ，ピンクレディー，ミリオンダラーなどがある．

カクテルはアルコールの味が弱いが，アルコール量は相当多いので，何杯も飲むと，酔いつぶれることがあるから注意が必要．なお，カクテルのグラスには，赤いチェリー，レモン，ライム，生のはっかの葉などを添えると，中身が引き立って，よりおいしく感じさせる．▶

冷製オードブルの一種で，かき，えびなどをカクテルグラスに盛り，カクテルソース▶をそえたものもカクテルという．

カクテルソース（cocktail sauce）

冷たい前菜に用いられるソースのこと．トマトケチャップ，ウスターソース，レモン汁，白ワイン，タバスコ，カイエンペッパー，ホースラディッシュのおろしたものなどを混ぜ合わせて作る．カクテルソースを使った料理はカクテルと呼ばれ，使用した材料によって呼び名が変わる．たとえば，オイスターカクテル，シュリンプカクテルなど．カクテルの材料にはこのほか，かに，まぐろ，はまぐりなどが用いられる．

🧪 調理科学

アルコールの刺激を和らげる酸味と甘味

アルコールの刺激は，甘味と酸味によって和らげられる．アルコールに甘味が加わるとアルコールの味が弱くなって甘味が強くなる．一方，酸味が加わるとアルコールの刺激が消える．両者が加わると非常にさわやかな味となる．したがって，ウイスキーやジンのようなアルコール刺激の強いものも，レモン汁あるいは甘味のある酒類といっしょに混ぜることで刺激はまるくなる．

●カクテルソースの作り方
材料（約2/3カップ分）：トマトケチャップカップ1/2　レモン汁大さじ1　白ワイン大さじ1　ホースラディッシュのおろしたもの大さじ1　タバスコ少々　塩小さじ1/4

これらをよく混ぜ合わせる．かき，えび用のカクテルソースにする．

カクテルパーティー（cocktail party）

カクテルを主飲料としてもてなすパーティー．食事よりも，歓談が主目的である．カクテルあるいはソフトドリンクスを用意し，2時間ぐらいの間に大勢の客を入れかわりもてなす形式のもの．数百人ももてなす大がかりなものから，ホームバーで3〜4人もてなすものまである．

かくに（角煮）

材料を正方形に切って煮たものにつけられる名称．豚肉を四角に切って煮込んだものは豚の角煮，かつおを小さい角に切って甘辛く煮たものはかつおの角煮という．豚の角煮は中国料理のトンポーロー（東坡肉）の影響を受けたもので，長崎で古くから作られてきた料理．

●豚肉の角煮の作り方
材料：豚（バラ肉かたまり）600 g　しょうが1かけ　清酒カップ1/2　みりん大さじ2　砂糖大さじ1　しょうゆ大さじ4　油適量　練りがらし少々

豚肉を4〜5cm角に切り，油を熱して表面に焦げ色をつける．鍋に豚肉とせん切りにしたしょうがを入れ，水カップ4を加えて強火にかける．沸騰後弱火にし，アクをとり，落としぶたをし，水を足しながら約4時間煮る．肉をとり出し，鍋に水カップ2と分量の清酒，調味料を加えた中で再び落としぶたをし，弱火で約1時間煮込み，そのまま味を含ませる．食べるとき，練りがらしを添える．

かくや（覚弥・隔夜）

みそ漬け，ぬか漬けなどの漬け物を細かく刻んだもの，あるいは，これを酢やしょうゆ，清酒で調味したもの．

覚弥という料理人が徳川家康に各種の香の物を細かく刻んで奉じたところ，たいへん喜ばれたからとか，高野山の隔夜堂を守る老僧が歯がわるいので，隔夜料として香の物を刻んでおくったことからともいわれている．

かけ

温めたそばやうどんをどんぶりに入れ，上から熱いかけ汁をかけたもの．かけそば，かけうどんの略．薄く切ったかまぼこひと切れ程度に刻みねぎなどをのせる．七味とうがらしなどをふり入れて食べる．関西ではかけうどんを素うどんという．

かけじる（掛け汁）

うどん，そばなどのめん類や，どんぶり物の上からかける汁のこと．これらの汁のおいしさはだしとしょうゆの味で左右されるので，だしの材料には良質のものを使う．めん類は薄味の汁を多めに，どんぶり物は味を濃くするのがよい．甘味には砂糖よりみりんを使う方が味に深みが出る．付け焼きにする場合のしょうゆに，みりん，だし汁を加えた割りじょうゆもかけ汁ということがある．

かげんず（加減酢）

だし汁を入れたり調味料を加減して味を柔らかくした合わせ酢．かけ酢，つけ酢などのこと．

かこうす（加工酢）

酢を原料に各種の加工をしたもの．すし酢➡，土佐酢➡，ぽん酢➡，甘酢➡といったものや，スパイスを浸出したドレッシン

グ用ビネガーや，特殊加工によって作った粉末のすし酢といったものがある．

かこうにゅう（加工乳）⇨ぎゅうにゅう

かざりぎり（飾り切り）

料理を美しく見せるための切り方．たとえば梅形切り⇨，菊花切り⇨，末広切り⇨などをいう．

かじき（舵木）

マカジキ科，メカジキ科に属する海水魚の総称．まかじき，めかじき，くろかじき，しろかじきなどの種類がある．かじきまぐろとも呼ばれ，まぐろの代用として多く用いられるが，まぐろとは別種である．さしみのほか，照り焼き，つけ焼き，鍋物，みそ漬けなどに用いられる．

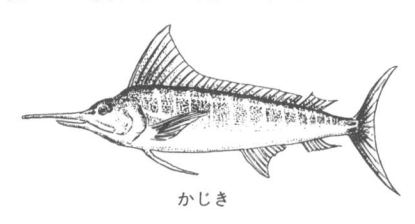

かじき

かじついんりょう（果実飲料）

果汁が主原料の飲料．JASによって，果汁が100％の"ジュース"と，10％以上100％未満の"果汁入り飲料"に区分されている．ジュースは原料によって，果実単品のジュース，果実ミックスジュース，果粒入り果実ジュース，果実・野菜ミックスジュースがあり，それぞれ使用した果実名が表示される．また，製法から，搾汁そのままの"ストレート"と濃縮果汁を戻した"濃縮還元"の区分，および糖類を加えた旨の"加糖"の表示がされる．一方の果汁入り飲料では，果汁の種類や原材料のほかに，果汁の使用割合が％で表示される．

かじつしゅ（果実酒）

果実を原料とする酒．果実酒は，ぶどう，なし，キーウイフルーツなどから作るワインやりんごから作るシードルなどの醸造酒と，各種の果実をホワイトリカーやブランデーなどに浸して作るリキュール類の二つのタイプに分けられる．いずれも果実のもつ風味や色を楽しむものである．

後者の酒は家庭で手作りされることが多く，梅以外にいちご，びわ，マルメロ，レモン，すももなど各種の果物（ただし，ぶどう，山ぶどうは法律上禁止されている）が用いられ，一般にホームリキュール⇨と呼ばれている．

かじつシロップ（果実シロップ）

果実に砂糖を加えて作ったシロップ．いちご，ぶどうなどが一般的．水や炭酸水で割ってもよく，そのままゼラチンで固めて菓子にしてもよい．手作りで糖濃度が低めのものは，びんに入れたらびんの肩まで水をはった大鍋に並べて，30分ほど煮沸してから保存する．

●ぶどうのシロップの作り方

材料：黒ぶどう500ｇ　砂糖200～300ｇ　水カップ1½　クエン酸小さじ2

ぶどうはよく洗い，房から1粒ずつはずし，ほうろうの鍋に入れ，分量の水を加えて強火にかける．ぶどうの色が水に溶け出し，皮が割れてきたら，火からおろし，木綿の三角袋に入れ，袋をつるして，自然に液をしたたらせる．ぶどう液に砂糖を加えて火にかけ，浮き上がってくる泡をすくいとり，クエン酸を好みの酸味になるように加え，熱湯消毒したびんに詰めて加熱殺菌し，冷暗所で保存する．

●梅シロップの作り方

材料：青梅1kg　砂糖500ｇ

梅はよく洗い，ポリ袋に入れて冷凍庫でまる1日冷凍する．凍ったままの梅を大型のびんに砂糖と交互に入れ，

ふたをして砂糖が完全にとけるまでおく．梅の実とシロップをこし分ける．梅の実も食べることができる．

かじつす（果実酢）
りんご，ぶどうなどの果汁を発酵させて造った酢，および，かんきつ類など酸味のある果実を搾った果汁にアルコールを加え，発酵させて造った酢のこと．原料の果物の香りや味が強く，果実そのものに含まれる酸と，発酵によってできた酸が合わさり，特有の風味がある．すしの合わせ酢や水たきのつけ汁，ドレッシングなどに用いると，穀物酢にはない味わいが楽しめる．また，だいだいの搾り汁であるぽん酢や，レモン酢など，汁そのものを酢として使うものもある．ゆず，すだち，かぼすなども使われる．🔍

かしパン（菓子パン）
菓子風の甘いパン．パン生地にも砂糖が多く，時間がたっても柔らかい．日本風のあんパン，ジャムパン，チョコレートパンのほか，欧米の菓子パンである脂肪分の多いペイストリー➡など種類も多い．

かじゅう（果汁）➡**ジュース**

カシューナッツ（cashew nut）
ウルシ科のカシューノキの種実．熱帯アメリカあるいは西インド諸島が原産．花托が肥大した先につく勾玉状の果実の中の仁をカシューナッツとして食用する．

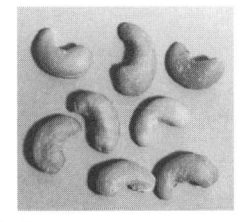

脂肪が多く，薄い甘味があり，アルコール飲料のつまみ，菓子材料に用いられる．よく乾燥したものを選ぶこと．

洋なし型に肥大した花托はカシューアップルといい，これも食用になる．小切りにして砂糖をかけて生食するほか，ジャムにしたり，香りがよいので洋酒やアイスクリームの香りづけに使用される．

かしわ➡**けいにく**

かしわもち（柏餅）
新粉➡のもちであんを包み，かしわの葉で包んだもち菓子の一種．5月の端午の節句に，ちまきとともに作られる日本の代表的な生菓子の一つ．乾燥した葉を使うときは，一度ゆでてから手早く水にとってざるにあげ，よく水気をとってから使うとよい．かしわの葉がないときは，丸いサルトリイバラの葉で代用する．

●**かしわもちの作り方**
材料(10個分)：上新粉 150g　熱湯カップ1/2　かたくり粉大さじ1　砂糖大さじ1　こしあん 200g　かしわの葉 10枚

上新粉はボールに入れ，分量の熱湯を加えてよくこね，5～6個にちぎり，強火で約20分蒸す．すり鉢にとってつき混ぜ，人肌くらいに冷まし，水大さじ2で溶いたかたくり粉と砂糖を加えて混ぜ，十等分する．あんは10個に丸める．皮を長円形にのばし，あんをのせ，二つ折りにし，まわりをきっ

調理科学

揮発酸，不揮発酸
酢酸など，加熱によって蒸発する酸が揮発酸で，加熱しても蒸発しないクエン酸，りんご酸などは不揮発酸である．果実中に含まれる酸は不揮発酸が主で，発酵によってできる酸は揮発酸が主である．揮発酸は加熱調理後少なくなるので，でき上がった後，酸味をあまり必要としないような料理に向いている．

ちりと押さえる．かしわの葉で包み，蒸し器で5～6分蒸す．

かすじる（粕汁）

酒粕を入れた実だくさんの汁物．塩ぶり，塩ざけ，塩にしんなどの塩蔵魚と，だいこん，にんじん，さといも，こんにゃく，油あげなどを使う．これらを適当な大きさに切り，だし汁とともに鍋に入れ，野菜が柔らかくなったころ，だし汁で溶きのばした酒粕を入れて煮る．気長に煮込むのがコツ．

塩蔵した魚を使うので，ふつう塩味はこれだけで十分．調味するときは一度味をみてからにする．味が薄い場合は，みそまたは塩でかげんする．椀に盛り，七味とうがらしを振る．

かすず（粕酢）

清酒の酒粕で造った酢．米酢に比べてこうじの香りが少なく，味も軽く，くせがない．酒粕の貯蔵期間が長いものを使うほど，できた酢の色が濃く，味にコクがある．おもに日本料理やすしに使う．多く使われている酢は，1年くらい熟成した粕に水を加えてかゆ状にし，圧搾，ろ過したあとアルコールを加え，酢酸発酵させたもの．➡す

カスタード（custard）

牛乳，卵，砂糖，バニラエッセンスなどを混ぜ合わせて加熱したもの．菓子類に多く利用される．たとえば，カスタードプディング（➡プディング），カスタードソース，カスタードクリーム➡，カスタードスフレーなどがある．

カスタードクリーム（custard cream）

牛乳，卵，砂糖，小麦粉またはコーンスターチで作ったクリーム．おもにシュークリームの中に詰めて用いられる．加熱が不十分だとざらついたクリームになったり，のりのようにべったりした口当たりになる．ごく弱火で，焦がさないように混ぜながら，なめらかなクリーム状になるまで煮ることが大切．

●カスタードクリームの作り方
材料（シュークリーム6～7個分）：牛乳200m*l*　卵黄1～2個分　砂糖50g　小麦粉大さじ2　バニラエッセンス少々

牛乳は人肌程度に温める．卵黄に牛乳少々を加えてのばし，砂糖，小麦粉を加えてよくかき混ぜる．この中に残りの牛乳を少しずつ加え，なめらかに溶かし，弱火にかけ，かき混ぜながら煮る．小麦粉が煮えてクリーム状になれば火からおろし，バニラエッセンスを加える．

カスタードプディング（custard pudding）
➡プディング

かすづけ（粕漬け）

野菜，鮮魚，獣鳥肉などを酒粕に漬けたもの．特有の香りと旨味がある．とくに，うり類の粕漬けを奈良漬けという．酒粕は，しょうちゅうと水を合わせ，密閉できる容器に詰め，4～5か月おいたものを用いる．この間に，自己消化といって，酒粕に含まれている酵素により酒粕が分解されアミノ酸や糖分が多量に生産され旨味がでる．この熟成粕に，みりん，砂糖など副材料を加え，材料を漬けたものが粕漬けである．みりん粕を用いたものはみりん漬けという．

奈良漬け以外の粕漬けは酸敗しやすいので短期間で食用にする．

カステラ

小麦粉，卵，砂糖を主材料として作った生菓子．ポルトガル人により長崎へ伝えられたもので，当時は南蛮菓子とも呼ばれていた．後に日本独自のものに発達した．色

が明るい黄色でしっとりとし，重みのあるもの，焼き面のキメが細かく色の濃いものがよい．

消化吸収がよいので病人や幼児にもよいが，糖分がたいへん多いので注意する．

かずのこ（数の子）

にしんの卵のこと．乾燥した干しかずのこと，塩漬けにした塩かずのこがある．たんぱく質に富んでいるが，卵膜がケラチン質でできているため消化はあまりよくない．肉が厚く，黄白色で卵の粒のはっきりしたものを選ぶ．現在は塩かずのこが主流である．

塩かずのこは，水に浸して十分に塩を抜いてから用いる（⇨しおだし）．干しかずのこは，米のとぎ水に2週間くらい浸して戻すと，渋味が抜けて柔らかくなる．戻した後，よく水で洗って，薄い膜やうろこなどをとり，しょうゆに漬け，花がつおをかけて食べると味がよい．

ガスパッチョ（gazpacho—スペイン）

スペインの冷たいスープ．トマトを主体に，きゅうり，たまねぎ，ピーマン，にんにく，それにパンなどを合わせてすりつぶし，オリーブ油，酢，塩，こしょう，タバスコなどを合わせてよく混ぜ合わせ，冷たく冷やしたもの．ガスパッチョとはイスラム語で"びしょびしょになったパン"の意．

かたくちいわし（片口鰯）⇨いわし

かたくりこ（片栗粉）

本来はかたくりの根からとったでんぷんであるが，生産量が少なく，市販品のほとんどはじゃがいもでんぷん．料理にとろみをつけるために用いることが多い．料理に加えてとろみをつけるときは，粉のままでなく，必ず水溶きして加えることがポイント．ぬるま湯で溶いて加えると，かたくり粉が全体に分散しないうちに固まり，ママコになる．🖙

なお，同時に加える調味料の種類によってあんの堅さが変わる（🖙あん）．油と砂糖は堅く，酢と塩は柔らかくなる．⇨でんぷん

かたつむり（蝸牛）⇨エスカルゴ

かたみ（片身）

魚の二枚おろしや三枚おろしにした片側の身のこと．

かたみあげ（片身揚げ）

てんぷらの手法の一つで，材料の片面だけに衣をつけて揚げること．三枚におろした魚などを揚げるときに用いられる．

かちん

もちのこと．搗飯（ついた飯）の女房詞．おかちんともいう．

ガツ⇨いぶくろ

かつお（鰹）

サバ科の海水魚．4月末から5月にかけてのものを初がつおといって珍重するが，5月以前の冬から出回っている．えらが赤く，水気があってしっかりしているものがよい．

トリメチルアミンオキサイドが多く，鮮度が低下すると，これがすぐ臭み成分のト

🧪 **調理科学**

でんぷんあんの腰と水浸時間

　かたくり粉などのでんぷん類は，ひと晩水溶きしておいて加えると，料理に加えるでんぷん量に関係なく，一定の濃度にでき上がる．これは，でんぷん粒の皮膜が柔らかくなっているので加熱しても破れにくく，中のでんぷん分子が外へ多く出すぎないためにサラリと仕上がる効果がある．

リメチルアミンに変わり、生臭みが強くなる。かつおの肉にはイノシン酸が多く含まれ、濃厚な味があるのでかつお節の原料にされるが、かつお節に加工すると、イノシン酸が、急速に増加する。

新鮮なものは、さしみ、たたき→が一番。たたきやさしみの場合には、しょうが、にんにく、ねぎ、からしなど香りの強いものを添える。わさびはかつおには向かない。煮つけにしてもよい。煮るときは、におい消しにしょうが（→しょうが）を用い、時間をかけてゆっくり煮つめる。においがきついうえ、身がしまりやすく、調味料が浸み込みにくいからである。塩焼きにすると身がしまり味もよくないが、みりんとしょうゆを使って照り焼きにすると味のバランスがとれ、味よく食べられる。濃いめの味つけにするのがコツ。酒盗（しゅとう）→は、かつおの内臓の塩辛である。

かつおだし（鰹出汁）

削ったかつお節からとっただし汁。1回目にとったものが一番だし。吸い物などに向く品のよい味。かつお節の分量は水の重量の4％が標準。少ないと味が薄く、多いといやな味が出る。→

加熱するときはふたをあけておくのが魚臭をなくすコツ。火を止めたらなるべく早く、だしがらとだし汁をこし分ける。放っておくとせっかくの旨味が、だしがらに吸着されてしまう。しばらく放置するときは食塩をひとつまみ入れておくとだしがらへの旨味の吸着が防げる。だし汁が上手にとれているかどうかは、だし汁を少し皿にとり、よいしょうゆを1滴落として味をみるとわかる。だし汁の中の旨味成分は、しょうゆで強まるためである。

二番だしは、煮物のだしに使う。しかし旨味はほとんどない。

●かつおだしのとり方

〈一番だし〉

材料（約1 l 分）：削りがつお40g（水量の4％）　水カップ5

鍋に水を入れて火にかけ、沸騰してきたら少し差し水をして沸騰をしずめ、削りがつおを加え、再び沸騰したら火を止め、かつお節の沈むのを待ってこす。かつお節を加えたら煮立てないこと。いやな渋味が出てくる。

〈二番だし〉

一番だしのだしがらに、一番だしの半量の水を加えて強火で2～3分煮立て、だしがらをこし分ける。新しくかつお節を加えることもある。

かつおたたき（鰹叩き）

高知の名物料理。作り方の一例は、かつおを三枚におろし、串に刺し、火にかざして表面が白くなるくらいにあぶり、まな板にのせ、ぬれぶきんをかけ、冷めたところ

調理科学

旨味成分の浸出

かつお節の旨味成分は100度近くの湯で1分程度の加熱で溶出する。それ以上加熱を続けると旨味成分だけでなく、渋味成分まで溶出され、さらにかつお節独特の香りもとんでしまうので注意が必要である。

かつお節の旨味成分

かつお節の旨味成分の主体はイノシン酸。このほか、グルタミン酸、コハク酸、アミノ酸類の旨味成分も含む。とくに、かつお節を作るときにつける青かびの酵素によって旨味成分は増加する。旨味成分のイノシン酸はグルタミン酸と強い相乗効果→をもっているので、こんぶと併用するとよい。

へパラッと塩を振り，酢をつけた包丁の腹で叩いた後，さしみに作る．これに二杯酢をつけて食べる．この二杯酢は，薬味に，にんにく，ねぎなどを加える．酢にはぽん酢を使うとよい．包丁で叩くところから，たたきというようになった．

かつおぶし（鰹節）

かつおを煮て乾燥し，かびづけをしたもの．かびをつけることによって脂肪分を減少させ，香味をよくし，節の肌の色沢をよくする．優良かびを生えさせることによって有害菌の侵入を防ぎ，肉質の分解を起こさせないなどの働きがある．

四つ割りにした本節と二つ割りの亀節がある．堅くて重みの感じられるもの，肌に光沢があり，赤みをおびた黒褐色をしているものが良品．二つを拍子木のように叩いてみると澄んだ堅い音がする．虫やかびなどがつきやすいので，乾燥した場所におくこと．ときどき日干しも必要．削り器で薄く削って用いる．

使いはじめは水で洗わず，乾いたふきんでこすって汚れを落とす．周囲の黒い皮や血合いの部分は削りとる．適度に湿り気をもたせることがうまく削るコツ．ぬれぶきんに包んでしばらくおいてから削るとよい．削るときは，背を上にして，逆目にならないように注意する．なるべく薄く削るのがよい．削ったものは空気で酸化されるから，使う直前に削ること．

汁物，煮物のだしのほか，浸し物や蒸し物に振りかける．また，削ったかつお節に直接しょうゆをかけてもよい副菜となる．
→けずりぶし

がっこ

秋田地方の言葉で漬け物のこと．語源は"雅香"といわれる．秋田地方の冬は長いあいだ雪に閉じ込められるため，野菜の保存法として漬け物は大切なもので，各家ごとに代々伝わるがっこ作りがあるといわれている．

カツどん（カツ丼）

とんカツをのせたどんぶり物．食べやすい大きさに切ったとんカツとたまねぎを，しょうゆ，みりん，砂糖で調味しただし汁で煮て溶き卵を流し入れ，卵が半熟になったら，どんぶりに盛ったごはんの上にのせる．

かっぱ

すし用語の一つで，きゅうりのこと．のり巻きの中にきゅうりの入ったものをかっぱ，またはかっぱ巻きという．名前の由来は，カッパはきゅうりが好物だというところからといわれる．

カップケーキ（cupcake）

たねはスポンジケーキ→，あるいはパウンドケーキ→と同じ．これをカップ型に流し入れて焼く．カップに紙を敷き，たねをカップの八分目くらいまで入れる．多く入れると，ふくれたとき，はみ出して外にこぼれる．強火で14～15分焼いて型から抜きとる．紙は，はがさないでそのまま残しておく．

かっぽう（割烹）

食べ物を調理すること．"割"は包丁で材料を切ること，"烹"は火を用いて処理することで，両方がそろってはじめて，食事ができるという意味．日本料理店のことも割烹という．

かつらむき（桂むき）

だいこん，うど，きゅうりなどを4～6cm長さの輪切りにし，皮をむく要領で巻紙のように薄く切る切り方．片手に野菜を持ち，野菜を回しながら包丁を上下に動かして厚さを平均にしてむく．さしみのつまに使う白髪だいこんは，かつらむきにした

だいこんを巻きなおし，小口から細く刻むか，かつらにむいたものを長さをそろえて一定の長さに切り，数枚重ねて縦に細く切り，冷水でさらしたもの．

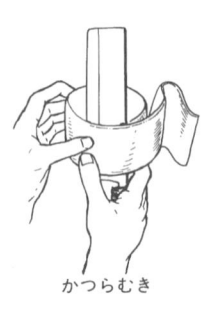

かつらむき

カツレツ

牛肉，豚肉，鶏肉などの薄切り肉に，小麦粉，溶き卵，パン粉をつけて油で揚げた料理．日本独特の西洋料理．略してカツともいう．一般にとんカツと呼ばれるポークカツのほか，牛肉を用いたビーフカツレツ，鶏肉を用いたチキンカツレツなどがある．小麦粉は溶き卵をつきやすく，溶き卵はパン粉をつきやすくするため．油やバターやラードを併用すると香りがよい．

肉は繊維と直角に切る．また切ったものには数か所に刃を入れて繊維を切り，加熱収縮によって曲がらないようにする．塩，こしょうを振り，少し時間をおいて塩がなじんだところで，表面の水分をふきとったうえ，衣をつけると衣がはがれにくい．

カテージチーズ（cottage cheese）

ナチュラルチーズの一種．脱脂乳や脱脂粉乳から作られる熟成させないチーズ．原料に乳酸菌やレンネットを加え，熱凝固させて作る．これにクリームを添加したものはクリームカテージチーズと呼ばれている．牛乳特有の香りと一種の酸臭がある．そのまま食べることもあるが，通常はセロリやパイナップルなどに添えたり，あるいはベークドポテトにかけたり，野菜サラダのドレッシングに混ぜたりして用いる．バターといっしょに練り上げて料理の上に絞り出すこともある．

保存性がないので早く使い，使い残りは必ず冷蔵庫に保存する．

ガトー（gâteau―仏）

小麦粉，バター，卵を主材料とした菓子を意味するフランス語．英語のケーキと同じ．

かとう（果糖）

糖類の一種で，ブドウ糖と同様に果物の中に多く含まれている．また，はちみつの中にも多い．甘味度が強く，砂糖の1.3〜1.7倍．果糖は体内で脂肪に変わりやすい．製法はブドウ糖に異性化酵素を作用させ，果糖に変換する．

かとうれんにゅう（加糖練乳）⇨コンデンスミルク

ガドガド

インドネシアのサラダ料理．ゆでた鶏肉と，もやし，キャベツ，さやいんげんなどの野菜，生揚げに似た豆腐，ゆで卵などを盛り合わせ，すりつぶしたピーナッツ，にんにく，とうがらし，ココナッツミルクなどで作ったソースをかける．

カナッペ（canapé―仏）

ひと口程度の大きさに切ったパンの薄切りやクラッカーの上に，いろいろの食品をのせたり，ペーストを塗ったりしたもの．ふつう西洋料理の前菜に用いられる．カナッペに使う具はサンドイッチと同じものでよい．たとえば，ハム，チーズ，ソーセージ，キャビア，卵，オイルサーディン，小えびなど．ペーストとしては，チキンレバーペースト，チーズペースト，ミートペーストなど．カナッペの台に塗るバターは，マスタードバター，パセリバター，レモンバター，アンチョビーバターなど．2種以上の材料をのせる場合は，色と味の調和のとれたものを選ぶ．

かに（蟹）

甲殻類の一種．種類は，がざみ（わたり

がに），ずわいがに，おおくりがに（けがに），もくずがに，しおまねきなど．ずわいがには産地や雌雄によって呼び名がちがう．雄を山陰地方その他の地方で松葉がに，北陸地方では越前がにと呼んでいる．また，卵をもつ雌を福井県でせいこがに，石川県ではこうばこという．たらばがに，いばらがに，はなさきがになどは，厳密にはやどかり類である．

【かに】

たらばがに　ずわいがに
けがに　がざみ
ひしがに

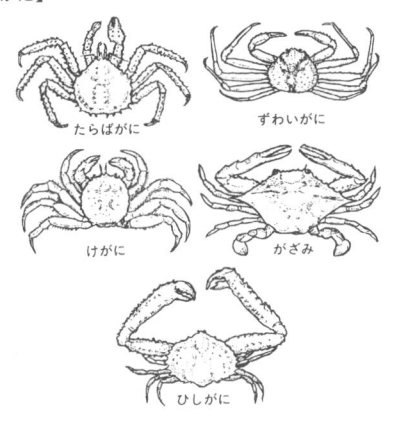

肉は雄の方が味がよいが，雌も卵をもっている時期には旨味が増す．ほとんどゆでたものが出回っている．眼が堅いもの，アンモニア臭のないもの，腹に粘り気のないものを選ぶ．いたんだものは食中毒がこわい．少し古くなると，臭気が出だす．

特有の旨味はベタインやホマリンといったエキス分による．ゆでると赤くなる（☞えび）．肉は加熱によって味がよくなり，柔らかくほぐれやすくなる．

ふつうはゆでたものを使う．生のかにをゆでるときは，かにが暴れて足がもげることのないように，足を折り曲げてしばっておく．海水程度の塩水に入れ，ふたをして沸騰後15〜20分でゆで上がる．ゆでたかには二杯酢で食べるのが一番．そのほか甲羅蒸し，サラダ，酢の物，かに玉，かにコロッケなどにする．濃厚な味つけをしないのが，かに本来の味を生かすコツ．

缶詰は，たらばがに，ずわいがに，けがにが多く使われている．

小さいもくずがになどは殻のまますりつぶし，熱いみそ汁でのばして食べるのもよい．甲羅に詰まった臓物も特有の風味をもっているので，残さずに味わう．甲羅に熱燗の清酒を注ぐと甲羅酒になる．

かにたま（蟹玉）⇨**フーヨーハイ**
カネロニ（cannelloni―伊）
イタリアのパスタの一種で，大形の筒形をしたもの．また，そのパスタを用いた料理のこともいう．ゆでたカネロニの筒の中に鶏肉，ハム，たまねぎなどを詰め，トマトソース，粉チーズ，バターをのせ，オーブンで焼く．カネロニを手作りする場合には小麦粉の練ったものを2mm厚さにのばし，10cmの正方形に切ってゆで，具を棒状に包んで用いる．

かのこいか（鹿の子烏賊）
いかの切り方の一つ．いかの皮と薄皮を除き，水気をふきとり，表身の方に格子に深く切り込みを

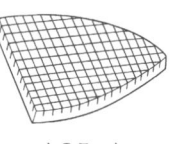

かのこいか

入れる．焼き物，煮物，または熱湯に通すと，くるっと丸まって切れ目がきれいに開く．熱にあうとくるっと曲がるいかの性質を利用したもの．

かのこづくり（鹿の子作り）
たいの皮霜作りにかぎり，かのこ作りという．皮が鹿の子のようになるからである．三枚におろしたたいを皮を上にしてざるに置き，上から熱湯をかけ，冷水にとって冷まし，薄めのさしみにしたものである．⇨かわしも

かばやき（蒲焼き）

うなぎ，はも，あなごなど身の長い魚を開いて，しょうゆ，みりん，砂糖を合わせたタレをつけて照り焼きにしたもの．タレの香りで魚臭を消した独特の調理法である．もとは，うなぎの口の方から串を通して丸焼きにした形がガマの穂に似ていたところから，がま焼きといわれた．

うなぎの場合，関東風は背開きし，二つに切って串に刺し，両面を素焼きにしたあと，蒸して，タレをつけて焼く．関西風は腹開きし，頭と尾をつけたまま皮を下にして並べ，串に刺して身の方から素焼きにし，タレをつけながら照りが出るまで焼く．関東風の方が蒸すときに脂肪が抜け，淡白で，身も柔らかい．関西風はこってりした味が楽しめる．タレは3回くらい繰り返しつけて，よくからませる．しょうゆの焦げ臭と，アミノカルボニル反応（▶メラノイジン）によるこんがりしたにおいをうまく引き出すため，火かげんに注意する．強すぎても弱すぎてもいけない．また，焼くとき煙がうなぎに当たるといやなにおいがつくので，うちわであおぎ，煙をとばしてしまうことが大切．

● かば焼きのタレの作り方
〈例1〉
材料（容量比）：しょうゆ1　みりん1　砂糖1
　合わせてひと煮立ちさせる．
〈例2〉
材料（容量比）：しょうゆ4　みりん6
　合わせて2〜3割煮つめる．

かぶ（蕪）

アブラナ科の根菜．かぶらともいう．古くはすずなとも称し，春の七草の一つである．種類が多く，大きさ，形，色などさまざまのものがある．根の肉質はだいこんより緻密で多肉，多汁質．

かぶ類は煮ても汁物にしてもよいが，塩漬け，ぬかみそ漬けなど漬け物にも適している．ゆでるときは，米のとぎ水か米少々あるいはぬかを入れた湯でゆでるのがコツ．アクが抜け，白く美しく仕上がる．葉は柔らかいので，炒め煮，汁の実，刻み漬けにするとよい．

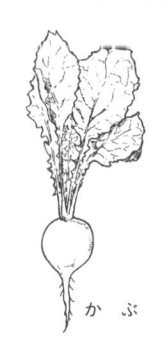

カフェオーレ（café au lait—仏）

フランス語でcaféはコーヒー，laitは牛乳のことで，牛乳入りコーヒーのこと．カップに好みで砂糖を入れ，濃くだしたコーヒーと熱い牛乳を同時に同量程度注いだ飲み物．フランスで朝食時によく飲まれる．

カプチーノ（cappuccino—伊）

コーヒーのイタリア風の飲み方．濃くだしたコーヒーにホイップドクリームを浮かべたもの．クリームの上にココアや，レモンなどの皮をすりおろしたものをふりかけ，シナモンスティックを添えてもよい．ホイップドクリームの代わりに熱い牛乳を入れたり，シナモンスティックの代わりにシナモンパウダーを用いてもよい．

かぶと（兜）

魚の頭のこと．おもにたいの頭が使われる．たいはほかの魚と異なり，とくに頭部が重用される．料理として，かぶと焼き▶，かぶと蒸し▶，かぶと煮などがある．

かぶとむし（兜蒸し）

魚の頭の蒸し物．たいなどの頭を二つに割り，塩と清酒を振り，こんぶを敷いた器に入れて蒸す．ぽん酢をつけて食べる．

かぶとやき（兜焼き）

魚の頭の焼き物．たいなどの頭の眼と眼

の間に包丁を入れて二つに割り，タレに30分ほどつけてから串に刺して焼く．焼き上がりに粉ざんしょうをかける．

かぶらずし（蕪鮨）

かぶとぶりをそれぞれ塩漬けしてから，こうじで漬けたもの．金沢に古くから伝わる名産の漬け物．

かぶは側面に，切り落とさないよう四つほど切り目を入れて塩漬けし，切り目に，薄切りにしたぶりの塩漬けをはさむ．これを，かゆに米こうじを加えてひと晩熟成させたものと交互に漬けて重しをのせ，約1か月発酵させる．

藩政時代は，食べものにまできびしい規制が行われたが，高級魚のぶりを漬け物にして不満のはけ口にしたのが始まりといわれる．

かぶらぼね（蕪骨）

くじらの頭部の軟骨を薄く削って乾燥したもの．水または湯で戻して，三杯酢で和えたり，さしみのつまにする．これの粕漬けは松浦漬けといって佐賀県の名産．

かぶらむし（蕪蒸し）

白身の魚の上に，おろしたかぶをのせて蒸したもの．白身魚の切り身に塩と清酒を振りかけ，おろしたかぶにつなぎに卵白を加え，薄味をつけ，魚の上にのせる．これを強火で蒸す．薄いくずあんをかけて供する．魚を使わず，ぎんなん，ゆり根，きくらげ，麩などを，おろしたかぶと合わせて蒸す場合もある．

●かぶら蒸しの作り方

材料：白身魚4切れ　塩，清酒　少々　おろしかぶカップ1½　卵白2個分　塩小さじ1　みりん小さじ2　くずあん（だし汁カップ2　塩小さじ⅔　しょうゆ小さじ⅓　みりん小さじ⅓　かたくり粉少々）　おろししょうが少々　みつば4本

おろしかぶは水きりをし，卵白を加え，塩，みりんで調味する．白身魚は，塩，清酒を振りかけて下味をつける．各自の器に魚を入れ，上から調味したかぶを¼量ずつのせ，強火で約13分蒸す．だし汁に調味料を加え，かたくり粉でとろみをつける．蒸し上がったかぶに，あんをかけ，結びみつばを添え，おろししょうがをのせる．

カペリン（capelin）

キュウリウオ科の海水魚．ししゃもに非常によく似た魚で，グリーンランド周辺で多量にとれる．冷凍したものが輸入され，塩ものに加工される．日常，ししゃもとして売られているのは，ほとんどがこのカペリンで，ししゃもではない．魚卵に特有の旨味と歯ざわりがあり，こぼれ落ちたカペリンの魚卵を固めて人工かずのこが作られる．

かぼちゃ（南瓜）

ウリ科の果菜．関東ではとうなす，関西ではなんきん，九州ではぼうぶらともいう．大別すると，主要なものは，日本かぼちゃ，西洋かぼちゃ（くりかぼちゃともいう），ペポかぼちゃ（そうめんかぼちゃ，ぽんきんなど）の3種である．西洋ではパイ用に使われるパンプキンとスクワッシュ➡がおもなものである．

β-カロテンが多く，ビタミンAのよい給源になる．橙黄色が濃いものほどその含量も多い．実のよくしまったもの，大きさの割に重いものがよい．

煮物，みそ汁，揚げ物，炒め物，スープ，サラダなどに．小さいかぼちゃは種子を除き，ひき肉を詰めて煮たり，蒸したり，焼いたりするのもよい．日本のかぼちゃは含め煮によいが，この場合，たっぷり

のだし汁を用い，薄味で気長に煮込むことがポイント．そのため，煮くずれして，形がわるくなるのを防ぐために面とり→をする．

【かぼちゃ】

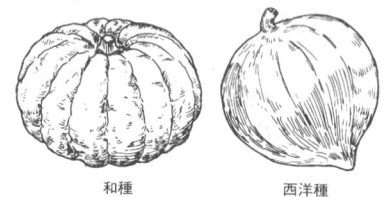

和種　　西洋種

かま
魚のえらの下の胸びれのついているところの肉をいう．この部分は脂肪が多く，肉がしまっていて味がよい．

かまあげうどん（釜揚げうどん）
ゆで上げたうどんをゆで汁ごと器に入れたもの．薬味とつけ汁を添えて出す．

かます（魣）
カマス科の魚の総称．あかかます，あおかます，やまとかますなどの種類があるが，ふつうかますというとあかかますをさすことが多い．

淡白だが水っぽいので干物にするとよい．生ものは塩焼きが一番．そのほかフライ，ムニエルなどに用いる．水分が多く，身がくずれやすいので煮物，蒸し物などには向かない．干したものを焼くときは焼きすぎないことが大切．

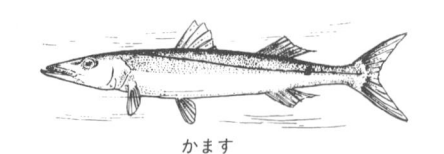

かます

かまぼこ（蒲鉾）
魚のすり身を調味料などの副材料を加えて成形し，蒸す，焼く，揚げるなどしたもの．多くは冷凍すり身→が使用されている．かまぼこには2.5％前後の塩分が含まれているが，これはすり身をなめらかに仕上げるのに塩が必要なためである．→すり身

主成分は，魚のたんぱく質．製造過程ででんぷんを加えるので，その分だけ炭水化物が多くなり，その結果，たんぱく質の量は魚よりも少ない．

古いものの表面に生じた粘液性のネトは細菌の集まっているところ．早いうちに熱湯で洗って加熱調理すればよい．

かつては，過酸化水素処理を行ったが，現在は，かまぼこの表面にアルコールをふきつけて処理し，腐敗を防止している．

かまぼこは生のままわさびじょうゆで食べるのが一番で，板わさという．火であぶっておろしじょうゆで食べたり，汁の実，煮つけにもよい．

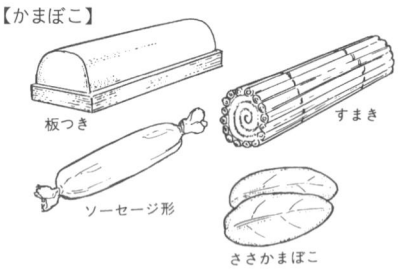

【かまぼこ】

板つき　ソーセージ形　すまき　ささかまぼこ

かまめし（釜飯）
1人分の小さい釜に，米と，魚や野菜など好みのかやくを入れて炊いたもの．かやくは，おもなものとして，えび，たい，かき，貝柱，あさり，はまぐり，たけのこ，きのこ，山菜などが用いられる．

カマンベールチーズ（Camembert cheese）
ナチュラルチーズの一種．フランスのカマンベール原産のチーズ．外皮は堅いが中は柔らかく，とろりとしている．白かびによる特殊な風味を出したチーズである．ふつう，デザートチーズとして食べられる．

かみしお（紙塩）

食品にぬれた紙を密着させ，その上から塩を当てる方法．食品類の中には，塩を直接当てると，変色したり堅くなったりするものがあり，こういった材料に直接塩を当てない方法である．

まず皿に塩を振り，その上に和紙をのせ，水を軽く振りかけ，その紙の上に材料の魚，肉などをのせて，上からまた和紙をかぶせる．そして，前とは逆に打ち水をしてから振り塩をする．こうすると，塩が溶けて濃い塩水となり，食品に直接塩を振った場合のように塩分濃度にむらがでず，平均に塩がゆきわたる．紙は和紙のように吸水性のよいものがよい．

かみなりどうふ（雷豆腐）

豆腐料理の一つ．水気をきって，つかみくずした豆腐をごま油で炒め，ねぎのみじん切り，だいこんおろし，わさびなどを入れてしょうゆで味つけしたもの．豆腐を炒めるときのバリバリという音からこの名がついたといわれる．

別の作り方に，水気をきった豆腐を四角または円筒形に切り，しょうゆで下味をつけ，かたくり粉をつけて油で揚げたものがある．椀盛り，鉢代わりなどに使われる．

かみなりぼし（雷干し）

漬け物の一種．しろうりの種子を抜き，らせん状にぐるぐる切って塩をし，半日ほど日に当てて干したもの．きゅうりを用いることもある．

干すことにより独特の風味が出てくる．適当な長さに切り，しょうゆや合わせ酢をつけて食べる．うず巻きの状態が，雷神の太鼓の模様のようなのでこの名がある．

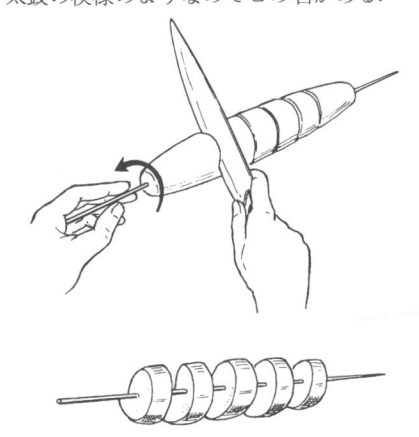

雷干し

かみぶた（紙蓋）

煮物をするとき，鍋の大きさに切った和紙やクッキングペーパーなどを材料に直接かぶせてふたにすること．煮くずれを防ぐのと，味を含ませやすくするために使われる方法である．紙ぶたには和紙が一番よい．それは，毛管現象によって，紙の繊維が煮汁を吸って上からも味がつくからである．紙ぶたをすれば，煮汁が少なくても，かき混ぜたり，ひっくり返したりする必要がなく，また，木などの落としぶたに比べて重みがかからないので，形のくずれやすい材

調理科学

紙の吸水性と均一性

紙はセルロースが主である．これは毛管現象で水分を吸収し，さらに水を均一に含む作用がある．このため，食塩水が均一に材料にゆきわたる．しかも，食塩には浸透圧の作用があり，これが食塩濃度を均一にしようとするため，紙から一部の塩が材料の方にとられても，薄まった水分は，他の食塩濃度の濃い方へ引かれ，食塩の少なくなってしまったところの食塩濃度だけが低くなることはない．したがって，常に紙全体の塩分濃度は均一で，材料にも均一に味がつきやすい．

料の場合は煮くずれが起こらないです⏎．

ガムシロップ（gum syrup）

砂糖シロップにアラビアガムあるいはグアガムを入れたもの．シロップに粘性が増し，バタークリームに加えてホイップすると起泡性がよく，泡もちもよいので好都合である．また砂糖より早くよく溶けるので，カクテルに用いられる．

がめに（がめ煮）⇨ちくぜんに

かめぶし（亀節）⇨かつおぶし

かも（鴨）

カモ科カモ亜科に属する鳥の総称．まがも，こがも，かるがもなど種類が多いが，食用としてはまがも，こがもが代表的．冬に脂がのる．

料理は，ロースト，かも鍋，かも汁，治部煮⏎などに．かもは臭みがあるので，しょうゆ味に仕立てるのがよい．また，ねぎやせりがよく合う．かも鍋は，肉はそぎ切り，骨つきの首肉は包丁で細かく叩き，粉ざんしょう，卵を混ぜてたたきにする．鍋にだし汁を入れ，たたきをだんごにして加え，清酒，砂糖，しょうゆで調味する．かも肉，野菜，豆腐などを入れて煮ながら食べる．

かもなんばん（鴨南蛮）

かもまたはあいがもの肉とねぎを入れたそばあるいはうどんのこと．かもなんばともいう．かもとねぎは味がよく調和するところから，組み合わせて用いられることが多い．

かやく（加薬）

すき焼きの牛肉に配するねぎ，こんにゃく，豆腐，ちり鍋の魚に配するはくさい，豆腐などのように，主材料となる動物性食品に添える植物性食品のこと．

また，ごはんやうどんなどに混ぜたり加えたりする具もかやくという．かやくどんぶり，かやく飯，かやくうどんなどがある．香辛料として料理に添えるものをかやくということもあり，しょうが，ねぎ，さんしょうなどが使われる．

かゆ（粥）

ふつうの炊飯より水を多くして柔らかく炊いたもの．口当たりがよく，消化のよいもので，病人や食欲のない人にも食べられる．ごはんより低エネルギーなので，肥満の人の主食によい．病人の場合にはかゆと梅干しではエネルギーそのほかの栄養分が不足するので，牛乳を用いた牛乳がゆにしたり，卵を割り込んだりして，たんぱく質やビタミンを補うことが大切．

米と水の割合で，でき上がりの堅さが違う．水かげんは最初に決める．途中でかき混ぜると糊状になる．調味はでき上がり直前に．はじめから加えると糊状となり，味が落ちる．⏎

鍋はゆきひら，土鍋，ほうろう鍋が最適．ないときはなるべく厚手のものを使う．ごはんを利用する場合は，ごはんを一度水洗いし，煮立った湯またはだし汁に加える．

かゆにはいろいろの種類がある．古くから作られてきたものに，七草がゆ⏎，あず

🧪 調理科学

紙ぶたの効果

紙の中でも和紙は最も純粋なセルロースでできている．これは，煮汁を吸って，煮汁を均一に分布させるだけでなく，熱を遮断する働きも強く，煮物の表面に紙があることで，熱の逃げるのが防がれ，煮物の表面までよく火が通る．また，材料に密着しやすいので，空気による酸化などの影響を受けにくい．したがって，料理がきれいにでき上がる．

きがゆ➡，いもがゆ➡などがある．ほかに，あわ，ひえ，きびなどでもかゆが作られてきた．刻んだ野菜やみそなどを加える雑炊もかゆの一種である．

●かゆの炊き方

米と水の割合（容量比）

かゆの種類	米	水
全 が ゆ	1	5
七分がゆ	1	7
五分がゆ	1	10
三分がゆ	1	20

米は洗って，分量の水を入れ，30分以上浸しておく．ふたをして火にかけ，沸騰し始めたら火を弱め，ふたをしたまま30〜60分煮る．途中でかき混ぜるのは厳禁．調味はでき上がり直前にする．

がら

にわとりの骨のこと．おもにスープ用として用いられる．

●スープのとり方

材料（でき上がりカップ6杯分）：鶏がら3羽分　水カップ10　たまねぎ½個　にんじん¼本　セロリの小枝1本　パセリの茎少々　ベイリーフ1枚　塩小さじ1

鶏がらはよく洗い，水につけて血抜きをした後，包丁で叩き切る．分量の水とともに中火にかけ，表面に浮き出てきたアクをとり除く．野菜を適当な大きさに切り，パセリの茎，ベイリーフ，塩とともに加える．弱火にして約1時間煮込み，ふきんでこす．香草に長ねぎのぶつ切り，土しょうがを叩きつぶして加えて同様にすると，中国風のスープがとれる．

からあげ（空揚げ）

材料に衣をつけないで，水気をふいてそのまま揚げたもの．素揚げともいう．小麦粉やかたくり粉を薄くまぶして揚げることもある．小魚，切り身の魚，野菜などに用いられる．あんかけ料理の場合もから揚げにしたものが用いられる．

肉や魚は，塩，こしょうを振ってから，粉をまぶす．しょうゆや清酒で下味をつけてから揚げる場合もある．大きいものはやや低めの油に入れ，徐々に温度を上げていく．小魚など小さいものは200度くらいの高温で手早く揚げる．小さいものは，箸でとっていると，残ったものはどんどん焦げてくるので，網じゃくしで一気にすくい上げるとよい．下味をつけたものは焦げやすいので，150度くらいの低温で気長に揚げる．野菜は，火の通りにくいものはゆでてから．パセリなどのように，色よくカリッと揚げたい場合は，低めの油に入れて，十分に水分を蒸発させる．

🧪 調理科学

かゆと食塩

かゆを炊くとき，食塩は最後に加えないと，糊状になってしまう．その理由は，植物組織は食塩とともに加熱されると細胞膜が弱くなり，破れやすくなるからである．米の場合は中のでんぷん糊が出てくるので糊状となる．カリフラワーやじゃがいもをゆでるとき，食塩を加えると非常に柔らかくなるのと同様である．

骨のずいの旨味

骨のずいや，骨に付着した肉の部分，それに骨そのものにもコラーゲンと呼ばれる硬たんぱく質が含まれている．これは，非常に丈夫なものであるが，水とともにゆっくり煮ることでゼラチンに変化し，水溶性となる．こうして硬たんぱく質が水に溶けるとともに，硬たんぱく質中に含まれていた旨味成分も溶出してきて，よいだしとなる．

からいり（空炒り）

油を使わずに材料を鍋で炒りつけること．豆腐，こんにゃく，おから，ごま，大豆など，材料の水分をとりたいとき，またはさっと火を通したり，香ばしさをつけるときに用いられる．

カラギーナン（carrageenan）

つのまたなど紅藻類の海藻に含まれている成分を抽出して作ったゲル化剤．市販の即席ゼリー，ゼリー菓子，インスタントプディングなどに用いられている．海藻の炭水化物なので消化吸収はしない．

からくさいか（唐草烏賊）

いかの切り方の一つ．皮を除いたいかを横にして，包丁を少し斜めにして深く切り込みを入れる．次に，いかを縦にして，端から7〜8mmくらいの幅に下まで切る．これを沸騰した湯にさっとくぐらせると，くるりと巻いて切り目が開き（いか），唐草模様にでき上がる．

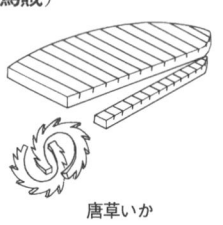

唐草いか

からくさぎり（唐草切り）

野菜やいかをからくさのように切ること．いかを用いたものを唐草いか，だいこんの葉の茎を用いたものを唐草だいこんという．セロリでもできる．

からくさだいこん（唐草大根）

だいこんの葉の茎を利用した飾り切りの一つ．だいこんの茎の太いところを5〜6cmに切り，凹んだ方を上にして斜めに数か所切り込みを入れる．これを縦に5〜6枚に薄切りし，水にさらすと唐草模様のようになる．日本料理のあしらいに用いられる．

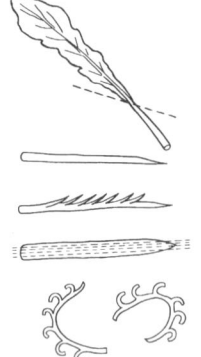

唐草だいこん

からし（芥子）⇨マスタード

からしあえ（芥子和え）

からし酢，からしじょうゆなど，溶きがらしを用いて和えた和え物．からし酢は魚，貝，鶏肉などに，からしじょうゆはこまつななどの葉菜やきのこなどに合う．からしの辛味（⇨マスタード）の効かせかげんがおいしさのポイントである．

からしじょうゆ（芥子醬油）

しょうゆに溶きがらしを混ぜたもの．だしを加えることもある．からしは好みに応じてかげんする．しめさばやしめあじ，かつおのさしみのほか，ギョーザ，シューマイなど中国料理のつけじょうゆにも欠くこ

🧪 調理科学

から揚げをカラッとさせるには

サクサクとした揚げ物の口当りは，表面組織の水分と油の交替が十分に行われるほどよい状態となる．油と水が交替するためには，揚げ物の表面近くの水分が十分に蒸発できるようにすることが必要で，揚げ物はふたをして行わない理由がここにある．

カラギーナンの凝固性

カラギーナンは，70度以上の湯にとけるのでこれを煮溶かし，37〜45度以下にすると凝固する．再び溶けるのは50〜55度なので室温でも溶解しない．構造の違いからいくつかのタイプがあり，たんぱく質やカルシウム分があると結合して凝固するものもある．この性質を利用して，牛乳を用いたゼリー菓子などが作られる．インスタントプディングに牛乳を加えて凝固させるのもこの反応を利用するものである．かんてんと違い，カラギーナンを用いたゼリーは冷凍が可能である．

とのできないものである.

からしず（芥子酢）

酢，しょうゆ，砂糖などの調味料を合わせた中に溶きがらしを加え，混ぜたもの．合わせ酢，かけ酢，つけ酢などとして用いられる．野菜類や，ゆでた白身の魚，鶏肉によく合う．

からし酢の配合割合

溶きがらし	大さじ½
酢	大さじ3
砂糖	大さじ1½
塩	小さじ1

からしすみそ（芥子酢味噌）

酢みそに溶きがらしを加えたもの．からし酢みそ和えをぬたともいう．調味料を合わせ，少し温めながら溶かすと溶かしやすい．魚介，野菜類などに合う．

からし酢みその配合割合

甘めのみそ	大さじ3½
酢	大さじ2
砂糖	大さじ2
溶きがらし	小さじ1

からしづけ（芥子漬け）

塩，こうじなどを加えて調味したからしに野菜類を漬けたもの．刺激性の強い漬け物で，酒の肴，ごはんのおかずとして広く用いられる．材料として使用する野菜類は，なす，かぶ，はつかだいこん，にんじん，たけのこなどがある．中でもなすが代表的で，秋の小形のなすを丸のまま漬けたものはとくに味がよい．

からしな（芥子菜）

アブラナ科の葉菜．早春に出回る．茎や葉は柔らかい．ピリリとした辛味と鼻をつく香気のあるのが特徴．辛味成分はイオウ化合物シニグリンが酵素ミロシナーゼの作用を受けてできたものである．刺激により食欲を増進させる働きがある．塩漬けにすると味が引き立つ．塩漬けにするときは青臭さをとり，酵素の作用をよくして辛味の生成をよくするために，さっと熱湯を通すのがコツ．色もきれいに上がる．油炒めにしても辛味がきいて味よく食べられる．

からしバター（芥子バター）

バターに溶きがらしを混ぜたもの．ツンとした刺激のある味が肉類によく合う．サンドイッチやカナッペ，ホットドッグに．

からしバターの配合割合

ⓐ	バター	50g
	溶きがらし	大さじ1
ⓑ	バター	50g
	からし（粉末）	大さじ1〜2
	酢	少々

からしを酢少々で溶き，バターと混ぜ合わせる．

からしれんこん（芥子蓮根）

太めのれんこんをひと節ごとに切り，皮をむいて酢水でゆで，れんこんの穴に，炒ったおから，溶きがらし，みそを合わせたものを詰め，小麦粉とそらまめ粉を合わせ，くちなしの実で黄色く着色した水でといた衣をつけて揚げたもの．輪切りにして食べる．熊本県の代表的料理．

からすみ（鱲子）

ぼらの卵巣を塩漬けにして陰干しした高

級塩蔵品．薄いあめ色をし，形が整い，光沢のあるものが良質．さわらやたらの代用品も出ているが味は劣る．薄切りにして酒の肴にする．

からみ（辛味）⇨しんみ

からみそ（辛味噌）

こうじの量を少なくし，塩分を12％内外と高くした，塩辛味の強いみそ．仙台みそ，越後みそなど，寒い地方のみそはほとんどがこれである．いずれも赤褐色で光沢があり，香りが高い．塩分が多いので貯蔵性もある．みそ汁にするときはのびがきくので量をかげんすること．⇨みそ

からみもち（辛味餅）

つきたてのもちを湯にとり，小さくちぎり，しょうゆで味をつけだいこんおろしで和えたもの．これは，つきたてのもちを食べる方法の一つで，堅くなったもちで作るときは，もちを小さく割った後，蒸し器で十分蒸し，柔らかくなったら容器にとり，すりこ木などでついて用いるとよい．

ガラムマサラ（garam masala）

インドの混合香辛料．インド料理に広く用いられるもので，カルダモン，コリアンダー，クミンなどが配合されている．

カラメル（caramel）

砂糖を160〜180度くらいに加熱し，焦がして茶褐色にしたもの．焦げ蜜ともいう．水によく溶け，香ばしい香りとわずかな苦味がある．カラメルソース⇨としてカスタードプディングの香りづけのほか，ウスターソース，ウイスキーなどの着色料に用いられる．

カラメルソース（caramel sauce）

洋菓子用のソース．砂糖に約半量の水を合わせて火にかけ，褐色になるまで加熱してから，水またはぬるま湯を加えて溶かしたもの．茶褐色で香ばしい香りがあるので，料理の着色や味つけにも用いられる．おもな用途はカスタードプディングのソースで，そのほか清涼飲料水やスープの着色など．混ぜないで煮るのがコツ．動かすときは鍋を動かす．砂糖をあまり焦がすと苦くなるので注意が必要．⇨プディング

ガランティーヌ（galantine―仏）

鶏，かも，あひる，豚のヒレ肉，子牛などの肉を大きく一枚に開き，調味した豚や鶏のひき肉，豚背あぶら，塩漬けのタン，トリュフなどをのせ，巻きずしのように巻き，布で包み，糸で巻いて円筒形に成形し，ゆでたもの．冷ましてから輪切りにし，ゼリーをかけ，冷製料理として供する．

がり

すし用語の一つで，甘酢しょうがのこと．昔はしょうがを大きいまま使ったので，食べるときガリッと音がしたところからきた名．

ガーリック（garlic）⇨にんにく

カリフラワー（cauliflower）

アブラナ科．白くて堅いつぼみを食べる．花野菜，花キャベツともいう．開花していない，かたまりのよく引きしまった，表面がいきいきとクリーム色のものがよ

🧪 調理科学

カラメルの生成

カラメルは，砂糖，ブドウ糖，でんぷんなどが180度程度に加熱されたときにできる物質で，いろいろの形の糖類の混合物である．したがって，加熱の強弱により，色，味ともに異なるカラメルができる．カラメルがさらに加熱され，温度が200度以上になると炭化してしまい，よい風味はなくなる．

い．ゆでて使用する．クリーム煮，グラタン，サラダ，スープ，煮物，和え物などに用いる．

●カリフラワーのゆで方

小麦粉，酢，塩の三者を加えた湯でゆでると，柔らかく，色も白く，味よくゆで上げることができる．酢だけでゆでるとフラボノイドなどの発色が抑えられ，白いが堅い．塩だけでゆでると，細胞が塩のナトリウムのために柔らかくなる．小麦粉だけでは，味はよいが小麦粉中のフラボノイド色素のために色が黄色くなる．料理により，グラタンなど柔らかく仕上げたいときは塩，サラダなど形をくずさずゆでたいときは酢と料理により使い分けるとよい．

かりんとう（花林糖）

揚げ菓子の一つ．小麦粉を主にして，卵やベーキングパウダーを合わせて水でこね，適当な形にして油で揚げ，砂糖衣をつけたもの．白砂糖衣を使ったものを白かりんとう，黒砂糖衣を使ったものは黒かりんとうという．さつまいもで作ったものもある．

●かりんとう（黒砂糖衣）の作り方

材料：小麦粉200g　ベーキングパウダー小さじ1　卵1個　水大さじ4　黒砂糖240g　水大さじ4　揚げ油

小麦粉とベーキングパウダーをふるいにかけ，卵，水を加え，よくこねて一つにまとめ，30分休ませる．まな板に小麦粉を振り，休ませた生地をめん棒で5mm厚さにのばし，長さ5cm，幅5mmの棒状に切り，170度に熱した油で，色よく揚げる．鍋に，刻んだ黒砂糖と水大さじ4を加え，火にかけて煮溶かし，泡が少し出て煮立つ程度になったら，揚げたかりんとうを入れて黒蜜をからめ，金網の上で乾かす．

カルダモン（cardamon）

香辛料の一つ．しょうずくともいう．樟脳に似た香気があり，味はややほろ苦い．カレーに欠かせないもので，リキュールや菓子パン，その他，ピクルス・紅茶・コーヒーなどの風味づけに用いる．

ガルニチュール（garniture―仏）

西洋料理のつけ合わせのこと．料理の引き立て役として重要．材料としては野菜，いも，めん類，米，卵，魚のすり身などがある．主体となる料理とつけ合わせには約束があり，たとえば，同じじゃがいもでも，魚料理にはボイルドポテト，ローストにはフライドポテトとなる．

カルパッチョ（carpaccio―伊）

イタリア料理の一つ．本来は牛肉の薄切りを生のままオリーブ油，スパイス，チーズなどで食べるもの．日本のレストランでは白身魚や貝柱のさしみ，ゆでだこなどでアレンジしたものもある．オードブルによく使われる．

ガルバンゾ（garbanzo―スペイン）

ひよこ豆のこと．丸い豆に一つ突起があり，ひよこの頭に似ているのでこの名がある．ガルバンソともいう．乾燥豆はたっぷりの水にひと晩浸し，柔らかくゆでる．ゆでた豆をサラダ，スープ，カレー，シチューなどに用いる．水煮の缶詰もある．

カルビ

牛や豚のあばら肉の朝鮮語．日本ではこの部分の肉をばら肉という．旨味があり，焼き肉や煮物などに用いられる．

カルメラ

砂糖菓子の一つ．カルメラ焼きともいう．銅の半球形の小鍋に，ざらめ糖と水を少量入れて火にかけて溶かし，かき回しな

がら煮つめる。泡立ってきたところで，すりこ木形の棒に炭酸水素ナトリウム（重曹）をつけて手早くかき回しながら膨張させる。棒は中央部からすっと引き抜くのがコツ。そのまま冷やして固める。軽石状で，食べるとサクサクしている。

かれい（鰈）

カレイ科の海水魚の総称。種類が多く，それぞれしゅんが違う。まがれいは秋から冬，めいたがれいは春から秋，いしがれいは冬など。可食率が低く，半分は廃棄部であるから，食べたつもりでもあんがい摂取量の少ないことがあるので注意。生のものはさしみや煮つけがよく，焼くと水っぽい。長く煮ると身がしまり，旨味成分の流出も多くなるので，短時間で加熱する。味が淡白なので，ムニエル，フライ，から揚げ，グラタンなど油を使った料理にすると味が生きる。半乾製品は焼いて食べるが，焼いたものを煮つけてもよい。

かれいとひらめの区別はつきにくいが，

【かれい】

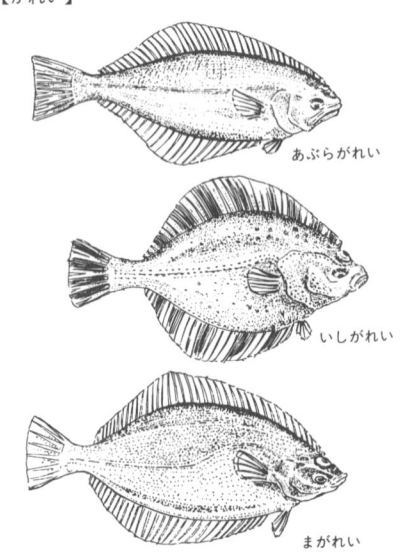

あぶらがれい

いしがれい

まがれい

一般には，左ひらめ右かれいといわれる。背びれを上にし，尾を手前にしたとき，眼が左にあるのがひらめ，右にあるのがかれいという意味。しかし，全部は当てはまらない。

カレーこ（カレー粉）

混合香辛料。発祥地はインド。色つけにターメリック，サフラン，辛味づけにこしょう，とうがらし，ジンジャー，マスタード，香りづけにコリアンダー，クミン，フェンネル，カルダモン，オールスパイス，ちょうじ，シナモンなど20数種の香辛料が混合されている。

メーカーごとに混合割合が違うので，自分の嗜好と合う銘柄を選ぶとよい。古くなると香りが失せる。カレーライスの重要な材料。そのほかカレー炒め，カレーコロッケ，カレーうどん，スパゲティ，ドレッシングの風味づけなどに。また，魚などのにおい消しとしても大きな効果をもつので，から揚げにまぶす小麦粉に少量混ぜるとよい。

カレーソース

カレー風味をつけた西洋料理のソースの一つ。鶏肉や魚介料理のほか，ゆで卵にもよい。

●カレーソースの作り方
材料：バター大さじ３　にんにく１片　たまねぎみじん切り大さじ３　しょうがみじん切り大さじ２　小麦粉大さじ４　カレー粉大さじ１～２　スープストックカップ２　トマトケチャップ大さじ１　ベイリーフ１枚　チャツネ大さじ１　塩小さじ½　こしょう少々　レモン汁少々

バターを溶かし，つぶしたにんにく，たまねぎ，しょうがをよく炒め，小麦粉，カレー粉を加えさらによく炒

める．スープストックで溶きのばし，そのほかの調味料を加え，弱火で30分くらい煮込む．ベイリーフは途中でとり出す．仕上げにレモン汁を加える．

カレーライス

牛，豚，鶏，魚介などの肉類をカレーソースで煮込んだものにごはんを添えたもの．ライスカレーともいう．本来はインド料理であるが，わが国へはイギリスを経て伝わり，日本独特のものとして発達した．カレーソースに加える材料により，ビーフカレー，ポークカレー，チキンカレーなどになる．多くの場合，たまねぎ，にんじん，じゃがいもなどの野菜類が加えられる．

よいカレー粉を用いることとルウ→の作り方が大切．たまねぎは色づくまでよく炒め，これにカレー粉，小麦粉などを加えて炒め，スープストックで溶きのばしてソースを作る．肉はこま切れなら，カレー粉などといっしょに加えて炒める．角切り肉，若鶏の骨つき，えびなどは，別のフライパンで焦げめをつけ，できたソースで煮込む．ソースはたまねぎがくずれて甘味が十分出ると味がよくなる．即席カレールウの場合もたまねぎをよく炒めるとよい．コクのある味を出すには，おろしたりんごを加える．

●**カレーライス（チキンカレー）の作り方**

材料：鶏骨つきぶつ切り肉600ｇ　塩少々　油大さじ2　赤ワイン大さじ4　ベイリーフ1枚　水カップ6　たまねぎ2個　油大さじ2　小麦粉カップ½　カレー粉大さじ4　バター50ｇ　にんにく1片　しょうが1かけ　チャツネ大さじ2　トマトケチャップ大さじ2　ウスターソース大さじ2　塩小さじ1　レモン汁少々

鶏肉は塩とカレー粉を少々まぶして油大さじ2で炒め，赤ワインを振りかけて少し蒸らし，水を注ぎ，ベイリーフを加え，アクをとりながら弱火で煮る．たまねぎはみじんに切り，油大さじ2で炒めて肉に加える．フライパンに小麦粉を入れ，褐色になるまで弱火でから炒りし，カレー粉，バターを加え，肉の煮汁で溶きのばし，肉の鍋に加える．すりおろしたにんにくとしょうが，チャツネ，ウスターソース，ケチャップ，塩を加え，約30分煮込む．最後にレモン汁を加える．

カロテノイド（**carotenoid**）

カロテノイドは植物および動物体に広く分布している赤，黄，オレンジ色の色素の総称である．カロチノイドともいう．カロテノイドは，炭素と水素からなる炭化水素系のカロテン類，および，炭素，水素，酸素からなるアルコール系のキサントフィル類の二つに大別できる．

カロテン類は，α-カロテン，β-カロテン，γ-カロテン，リコペンに分類され，それぞれ少しずつ色が違う．α，β，γのカロテンはいずれも黄〜赤色であるが，リコペンは赤い色をしている．リコペンはトマト，すいか，かきなどに多く含まれている．にんじんの色はおもにβ-カロテンによる．

キサントフィル類としてはゼアキサンチン，カプサンチン，フコキサンチンなどが野菜類にみられる．ゼアキサンチンはとうもろこしの黄色，カプサンチンはとうがらしの赤い色，フコキサンチンはこんぶやわかめに含まれている．そのほか，クリプトキサンチンはとうもろこしやパパイヤなど

に含まれている.

カロテン（carotene, carotin）
　カロテノイド→の一種．カロチンともいう．β-カロテンなど一部のものは体内吸収後ビタミンAに変化するプロビタミンAである．マーガリンの着色や，にわとりの飼料に混ぜて，卵黄の黄色を濃くするのに利用されている.
　カロテンは一般に油に溶けやすいので，カロテンを多く含む食品を調理するときは油を使用するか，油とともに摂取すると吸収がよくなる．光に弱く，長く光に当たると分解し，褐色になる．食品では，かんきつ類，かぼちゃ，にんじん，みどりの濃い葉菜や果菜などかなり広範囲に含まれる．

かわしも（皮霜）
　皮つきのままさしみにする場合，皮の部分だけに熱を通すこと．
　三枚におろした魚を皮を上にしてざるにのせ，湯が中まで通らないように，ざるを斜めにして上から熱湯をさっとかける．ふきんを1枚かける場合もある．皮が縮れたらすぐ冷水にとって冷ます．これをさしみにしたものを皮霜作り，松皮作りという．
　皮は加熱すると柔らかくなり，食べやすくなる．また，皮の下の脂肪がとれて淡白な味になる．熱湯をかけるときは加熱しすぎないこと．急速に冷やすのは，余熱で煮すぎず，おいしさを水に逃がさず，身に水を含ませないため．皮霜にする魚はたい，すずき，ひらめなどで，皮に旨味があるが，皮が堅くて食い切りがわるい魚に用いられる．

かわづくり（皮作り）
　魚を三枚におろし，皮をとらずにさしみにする方法，あるいはさしみにしたもの．ひらめ，たい，すずき，かつおなどに用いられる．多くは皮目の方から熱湯をかけたり（皮霜），焼いたり（焼き霜）して，皮を柔らかくしてからさしみにする．→かわしも・→やきしも

かわはぎ（皮剝）
　カワハギ科の海水魚．皮が堅く，皮をはいでからでないと調理できないのでこの名がある．関西では，はげともいう．夏がしゅん．
　皮をむくときは，口先から尾の方へ引っぱるようにして一気にむく．肝臓が大きく，この部分はとくに味がよい．冬には身がしまるため，ちり鍋に，ふぐの代用として用いることもできる．煮つけ，椀だね，てんぷら，さしみ，みそ汁の実などによい．

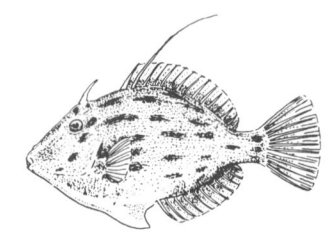

皮霜

かわはぎ

かわひき（皮引き）
　魚の表面の皮を薄くとること．おもにさしみの下ごしらえのとき用いられ，外引き

と内引きがある．

外引きは，皮のついている方を下にしてまな板に置き，尾の方から皮と身の間に包丁を入れ，少しむいた皮を片手で持ち，包丁の刃を外に向けて皮をはぎとる．内引きは，外引きと同じ要領で皮と身の間に包丁を入れ，包丁を内側に向けて引いて皮をひきはなす．外引きはたい，ひらめ，内引きはかつおなど赤みの魚に用いられる．

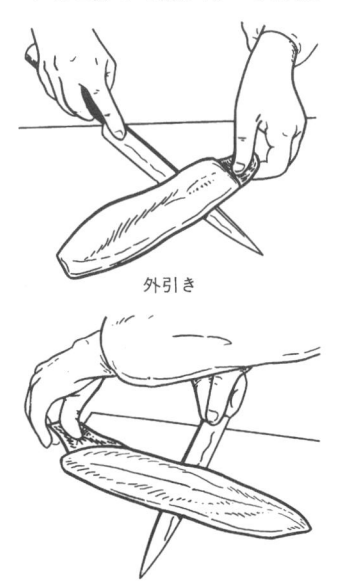

外引き

内引き

かん（燗）

酒を温めること．温めた酒を燗酒という．燗をするには，燗をするための容器に入れ，熱湯中で行う．電子レンジも使用できる．適温は 45〜50 度くらい．温度の高いものは熱燗（あつかん）と呼ぶ．

かんざい（寒剤）

冷却剤の一種．ある物質が溶解するときに熱を奪って冷却するのを利用したもので，そのとき溶解する物質のことをいう．したがって寒剤としては，水に早く，低温でもよく溶ける物質が望ましい．その条件に当てはまるものとして手近にあるのが食塩である．食塩と氷の場合では，得られる最低温度は約零下 21 度，このときの食塩と氷の割合は，重量で約 1 対 3 である．塩化マグネシウムと氷の場合では，約零下 34 度に下がる．このほか寒剤としては，塩化カリウム，塩化アンモニウムなどが代表的なものである．水と塩類（食塩，塩化カルシウム，塩化カリウムなど），ドライアイスと有機溶媒（アルコール，エーテルなど）も寒剤として用いられる．水と塩類の場合は，氷と塩類に比べて冷却効果は劣る．しかし，スタートの時点での温度から 20 度程度は下がるので，応急のときにはこの方法も使われる．昔は水と塩類とによる寒剤を利用した製氷機が作られたこともあったが，現在は経済上の点から，この種の製氷機は使われていない．ドライアイスと有機溶媒による寒剤はたいへん有効で，この場合の最低温度は，エチルアルコールで零下 72 度，エチルエーテルで零下 77 度である．しかしこれらはとり扱いにたいへん注意を要し，危険であるので，一般家庭では用いない方がよい．

調理科学

燗をするのは

清酒にはこうじ臭がかなり残っている．また，米は，たんぱく質がかなり多いので，いくらか，たんぱく質より生じた不快な物質もあるが，燗をすることで，これらのものが蒸発し，風味がよくなる．ただ，燗の温度を上げすぎると，アルコールの刺激が味覚に作用し，味がよくない．今の清酒の多くは，アルコール添加などで，もとの清酒成分がかなり薄められているので，以前のように燗の意味は大きくなくなった．

かんざまし（燗ざまし）

一度燗をした酒が冷めたもの．飲用としては適さないが，エキス分は十分に残っているので，調味料として使うことが多い．燗ざましを使う場合，合成酒では調味料としての効果はあまりない．必ず醸造酒を使うこと．

かんざらしこ（寒晒粉）⇨しらたまこ
かんじゅくたまご（完熟卵）⇨ゆでたまご
かんすい（梘水）

中華めんを作るときに用いるアルカリ性の水のことで，食品添加物としてその純度などが規制されている．現在は，炭酸ナトリウム，炭酸カリウムなどの薬品を水に溶かしたものが用いられている．昔は，天然産のものが用いられた．中華めんは，小麦粉をこねるとき，食塩水の代わりにこのかん水を用いる．☞ちゅうかめん

かんそうみそ（乾燥味噌）

みそを乾燥させたもの．豆みそが一番乾燥させやすく，米みそ，麦みそがこれに次ぎ，白みそが一番乾燥させにくい．主として，調味料を加えてインスタントみそ汁として使われる．

かんづめ（缶詰）

食品や料理などを缶に詰めて密封し，加熱殺菌して長期保存の目的に作られた食品．日本では缶詰食品と軽くみられがちであるが，野菜などでは完熟したものを直ちに処理するので，収穫から時間が相当たって売られる生鮮品より，栄養価値の高いものも多い．

ジュース缶詰でトマトやオレンジなどの100％のものは，ビタミンCがよく残っている．魚類の缶詰では大きな変化はない．よく煮てあるので消化がよく，骨ごと食べられるので，カルシウム源となる．

果実缶詰はシロップに漬けてあるので生のものより糖分が増加している．したがってエネルギーも高い．ビタミンCなど，水溶性で熱に弱いビタミンは減っているが，ほかのビタミン，無機質は生とあまり変わらない．

凹み缶や膨張缶，缶の表面のさびているものはよくない．開缶したら生のものと同じであるから早く食べる．果実缶詰やジュース缶詰では，開缶後に余ったものはガラス器などに移しかえること．そのままだと，材質によっては空気酸化により缶の材質が溶出することがあるので注意する．☞

かんてん（寒天）

てんぐさなどの紅藻類を煮て作ったとこ

🧪 調理科学

食塩と寒剤

食塩は氷の表面で，氷から溶けた水に溶け込んで溶液をかたちづくる．しかしこれは，氷とは濃度が平衡状態ではない．そのために，濃度を平衡させる，つまり溶液が薄まろうとして，より多くの氷を溶かして水に変える．このとき氷1gが水になることに対して約80 calの熱を周囲から吸収する．その結果，氷自体の温度も急速に低下し，寒剤としての役割を果たすのである．

氷を用いた寒剤

寒　　剤	氷100gに対する量（g）	最低降下温度（度）
塩	33	−21.3
塩化カリウム	30	−10.9
塩化アンモニウム	25	−15.4
塩化マグネシウム	85	−34.0

ろてんをさらに凍結後乾燥させたもの．かんてんは製法により，天然かんてんと人工かんてんに分けられる．両者の工程上の大きな違いは，ところてんの脱水方法で，前者は天然の寒気を利用して作るが，後者はその工程を機械化したものである．天然かんてんには角（棒）かんてんや糸かんてんが，工業かんてんには粉末かんてんやフレークかんてんなどがある．角や糸ではよく乾燥していて弾力性があり，ごみなどが付着していないもの，粉末ではかたまりがなくサラサラしているものがよい．また，湯に溶けやすく凝固力の強いものが良品．

主成分は多糖類で，アガロース，アガロペクチンからなっている．かんてんを煮溶かすと多糖類はコロイド状に固まる．この，煮溶かして冷やすと固まる性質を利用して，ようかん，ゼリーなどの菓子や，かんてん寄せなどの料理に用いられる．

角かんてん，糸かんてんは水で戻し，分量の水で煮溶かした後，冷やし固めて用いる🄵．果汁など酸味のものを入れるときは，濃いめにしないと固まりにくい．最初，分量の水より多くして必要濃度まで煮つめるとなめらかに仕上がる．なお砂糖は，かんてんが完全に溶けてから入れること．早くから入れるとかんてんが溶けにくい．かんてんは煮ているとアクが浮いてくるのできれいにすくいとる．ていねいにするには，型に流すときふきんでこすと，泡も消えてきれいに仕上がる．粉末かんてんはそのまま煮溶かして用いる．

酸味のものを加えて強く加熱すると，固まる力が落ちる．

嚥下障害の人のための料理に，加えるだけで濃度をつけるとろみ剤としても利用されている．

●かんてんの戻し方，煮方
〈戻し方〉
　角かんてんは洗って二〜三つに折り，たっぷりの水に30分以上漬けるが，製品により異なるので表示に従うとよい．長くつけるほど，きれいに早く溶ける．

調理科学

缶詰と殺菌

　缶詰は，密封，耐熱，耐圧の缶内で滅菌をし保存する．このとき，完全に殺菌しておかないと，缶詰腐敗の原因となる．とくに，芽胞をもつ菌類は，100度程度の加熱では死滅しない．そこで加圧釜の中で高温の殺菌をする．通常，豆や肉のように，pHが中性かややアルカリ性のものは菌も死ににくいので，115度で40分くらいの殺菌を行う．このため，魚の骨などは柔らかくなるが，反面，ビタミン類の熱に弱いものは破壊される．一方，酸性の果汁やトマトなどの缶詰は，菌が酸に対して弱いので，80度で30分程度の殺菌で十分である．ビタミン類もほとんど損失しない．

かんてんの凝固性

　かんてんは水とともに十分加熱することで凝固性を増す．また，凝固温度は，ほぼ25〜35度くらいの間であるが，固めるときは，これより低めの温度に保持されないとしっかり固まりにくい．反対に，いったん固まったものは凝固温度になっても溶けにくい．つまり，凝固，融解温度は同じ温度ではなく，凝固は下へ，融解は上の温度へと境界点が移動する．また，保水剤としての砂糖を多く含むものは，常温でも離水しないが，砂糖量が水に対して十分にないときは，かんてんゼリーからの離水量が大きくなるものもある．かんてんは炭水化物であるため，酸とともに加熱することで分解する．したがって，みかん果汁のような酸を有するものを加えて加熱すると，かんてん質が分解し，凝固性がなくなる．酸味のものを加えるときは，加熱したかんてん液を少し冷ましてから加える必要がある．

〈煮　方〉

　角かんてんは水気をよく絞り，小さくちぎって分量の水に入れる．火かげんは，ふきこぼれやすいので，初めは強火でも煮立った後は弱火にし，木しゃもじで静かにかき混ぜながら煮溶かす．浮いてくるアクはきれいにすくいとる．砂糖はかんてんを完全に煮溶かした後に加える．

かんとうだき（関東だき）⇨おでん

かんのんびらき（観音開き）

　身の中央に厚みの半分まで縦に包丁を入れる．そのまま包丁を横に入れて切り離さないように切り込みを入れる．反対側も同様に切り込みを入れ，左右に開く観音開きの扉のように切る．身の厚い魚や，中に具をはさむ場合の切り方として用いられる．

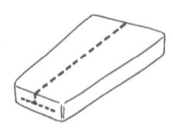

かんばいこ（寒梅粉）

　みじん粉の一種．押し菓子や豆菓子に用いられる．→みじんこ

かんぱち（間八）

　アジ科の海水魚．ぶりに似ているが，ぶりよりも太くて短い．大きいものは1m以上にもなる．南日本で多くとれ，夏から初秋にかけて味がのる．味は淡白で，さしみやすしだねに喜ばれる．塩焼き，照り焼きにもよい．

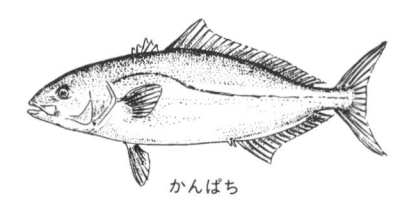

かんぴょう（干瓢）

　ユウガオの果肉を細長くむいて乾燥したもの．京都に近い木津が産地だったので"きず"とも呼ばれる．現在の主産地は栃木，茨城など．

　7～8月ごろ大量に作られる．よいものは色が白くて明るく，太さがそろっていて，よく乾燥し，特有の芳香がある．抜けるように白いのは漂白したもので，コクがない．

●かんぴょうの戻し方，煮方

　塩水につけるか，塩を振りかけてよくもみ，水洗いし，よく吸水させる．

　水をたっぷりかぶるくらいに入れて火にかけ，透明な感じになるまでゆでて，柔らかくしてから，調味料を加えて味を調える．あまり煮込むと切れやすくなるので注意すること．

かんぶつ（乾物）

　保存をよくするために水分を少なくした食品．かんぴょう，しいたけ，凍り豆腐，ひじき，ぜんまい，のり，するめ，めざし，煮干し，干だらなどがある．湿らせるとかびが生えたり変質したりする．とくに魚の乾物では空気による脂肪の酸化が起こりやすい．

　油焼け→の起きたものは，それを食べると肝臓障害の原因になる．また，たんぱく質が変性して栄養価が下がることが多い．干魚は生のものより一般に消化率がわるい．

ガンボ（gumbo—スペイン）

　オクラのこと．オクラは西洋料理でもよく用いられているが，アメリカの南部ニューオーリンズのクレオール料理→でもよく使われる．オクラの揚げ物，シチュー，グラタン，スープなどがあり，いずれもオクラの粘性を利用している．ニューオーリン

ズでは，オクラを使った料理を総称してガンボ料理とも称している．

かんみ（甘味）

　甘味は主として炭水化物のうちの単糖類，二糖類のほとんどが示す味である．われわれが日常の調理に用いる甘味としては，ほとんどこのいずれかに属する物質が多い．なお，合成甘味料も強い甘味をもっているが，糖類の甘味とは性質が異なる．

　甘味は人間の生存に必要なエネルギー供給源を代表し，エネルギーを消耗するような運動などを行った後は，甘味を非常においしく感じる．また，すべての人が非常に満足する味でもある．

　甘味は大人より子ども，とくに幼児によく好まれる．これは，甘味に対する感覚が大人に比べ，子どもの方がよく発達しているからである．味蕾は，子どもの場合，舌の上だけでなく口腔内に広く分布しているが，成人では舌面だけにしかみられない．

　甘味はどのような濃度でも人間に快感を与える．あまり薄すぎる甘味液は味覚に感じないが，ある程度以上になると濃度に関係なくおいしいと感じる．砂糖のかたまりである氷砂糖やあめ玉をなめておいしいと感じるわけである．塩辛味，酸味，苦味では薄すぎてもまずいし，濃すぎてもまずく感じる．つまり，おいしいと感じる濃度幅はたいへん狭い．したがって，他の味をコントロールすることはむずかしいが，甘い味では，ある程度以上濃度を高く用いれば，味覚はほとんどの場合に満足することが多い．

　甘味はまた，他の味覚を和らげる作用ももっている．酸味，苦味などが強い場合，甘味を加えれば強さは和らげることができる．また，アルコールの刺激も和らげる．これらを味の抑制効果➡と呼んでいる．

　以上のことから，食べ物に甘味を加えることによって，味覚に満足感を与える場合が多い．したがって甘味を加えた場合は，微妙な味を味覚に感じさせることができなくなり，これを利用すれば，古い材料あるいは粗悪な材料を調理する際，その材料のわるさをごまかすことができる．実際に古くなった魚を甘辛く煮つけたり，粗悪な材料を混合した加工食品に強い甘味をつけてカムフラージュしているのなどはこれの利用である．しかし，材料のもち味を生かす場合には，甘味をつけることによって，そのもち味が感じられなくなり，料理の価値を失う．したがって，よい料理を作る際に

調理科学

甘味度

　ショ糖を1としたときの値．多くの研究者による測定値であるが，人の感覚によって求めるため，必ずしも一致しない．

甘味物質	甘味度	甘味物質	甘味度
ショ糖	1.0	グリチルリチン（甘草エキス）	170〜250
果糖	1.3〜1.7	ステビア系甘味料	100〜400（平均250）
ブドウ糖	0.5〜0.8		
麦芽糖	0.4	ソルビトール	0.5〜0.7
異性化糖	0.7〜1.5	マルチトール（粉末）	0.8
サッカリン	500	〃　　（液状）	0.7
サッカリンナトリウム	200〜500	パラチノース	0.42〜0.55
アスパルテーム	200	フラクトオリゴ糖	0.3〜0.6

は，砂糖などの甘味料は控え目にすべきである．➡グラニューとう・➡さとう・➡じょうはくとう・➡いせいかとう・➡かとう・➡ブドウとう

甘味物質

炭水化物	単糖類	ブドウ糖，果糖，ガラクトース，キシロース
	二糖類 少糖類	麦芽糖，ショ糖，乳糖 大豆オリゴ糖，フラクトオリゴ糖，ガラクトオリゴ糖
炭水化物誘導体	糖アルコール	ソルビトール，マルチトール，キシリトール，マンニトール
その他の有機化合物	天然物	グリチルリチン，ステビオサイド
	合成甘味料	ザッカリン，サッカリンナトリウム，ソルビトール，アスパルテーム，キシリトール

かんめん（乾麺）

乾燥させためん類．干しうどん（➡うどん），そうめん➡，ひもかわ（➡うどん），干しそば（➡そば），中華乾めん（➡ちゅうかめん），マカロニ➡，スパゲティ➡などが含まれる．ゆでて用いる．

がんもどき（雁擬）

水気をきった豆腐にすりおろしたやまのいもと，ごぼう，にんじん，きくらげ，ぎんなん，ごまなどを加えて形を整え，油で揚げたもの．たんぱく質と脂肪に富むほか，野菜のビタミン類も含まれる栄養的な食品．ひりょうず，ひろうすともいう．

使用前に熱湯をかけて，油抜きしてから調理すると，すっきりした味に仕上がる．含め煮は，しょうゆ，みりん，だし汁を合わせた中でゆっくりと煮上げた後，30分以上は煮汁に浸したままにして，煮汁を含ませるのがコツ．がんもどきは，豆腐をいったんくずして固めたものなので，組織があらく，汁を吸収しやすい．

かんろしょうゆ（甘露醬油）⇨さいしこみしょうゆ

かんろに（甘露煮）

水あめまたは砂糖をたっぷり使って汁気がなくなるまで照りよく煮たもの．あゆ，ふな，はぜなどの小魚，くり，きんかんなどに用いられる．➡つくだに

き

き（生）
　まじり気のない純粋の，という意味があり，たとえば生じょうゆ，生酢などというように，主として液体の調味料の頭につけて用いる．これらは，しょうゆあるいは酢そのもののことで，他の調味料や水などを加えないものをいう．

きいちご（木苺）
　バラ科のキイチゴ属の総称．春から夏に五弁の白色または桃色や赤色などの花が咲き，花後球形から楕円形の集合果を結ぶ．野生種と栽培種がある．

　日本には多くの野生種があり，ナワシロイチゴ，モミジイチゴ，カジイチゴ，バライチゴなどが知られている．栽培種には，欧米で原生種を基本として改良されたラズベリー，ブラックベリーなどがある．生食のほか，ジャム，シロップ漬け，ジュースなどに用いられる．

キーウイフルーツ（kiwi fruit）
　マタタビ科．キーウイという鳥に似ているのでこの名がある．もとは中国にあったものであるが，これをニュージーランドにもっていき，改良したものである．茶褐色の毛でおおわれていて，レモンくらいの大きさである．果肉は淡緑色が一般的だが，黄色い果肉の品種もある．中に黒褐色の種子が丸く並んでたくさん入っている．たんぱく質分解酵素アクチニジンを含むので肉食の後に食べると消化を助ける．よく冷やして皮をむき，薄切りにしてそのまま食べたり，カクテルや果汁に浮かせたり，ケーキ，ゼリーのアクセサリーに用いたりする．

キーウイフルーツ

ぎおんどうふ（祇園豆腐）
　京都の祇園に近い八坂神社前の茶店で売り出された名物豆腐料理．徳川時代に始められた．薄く切った豆腐を串に刺し，両面を焼いて，みそダレ，あるいはしょうゆを加えただし汁で煮た後，花かつお，くるみなどを振りかけた田楽であった．現在では木の芽みそをつけてあぶった田楽をいう．

きかねつ（気化熱）
　水が水蒸気になるとき潜熱としてもっていく熱エネルギー．蒸発熱ともいう．1gの水が気化するには539calの熱を必要とする．したがって，水蒸気が多く蒸発すると，その物体の温度は下がる．気化熱は水蒸気から水に戻るとき放出されるので，これを利用して蒸し調理（→むしもの）が行われる．

きく（菊）
　ほとんどの菊の花は食べられるが，とくに食用に作られた菊は食用菊，料理菊と呼ばれ，苦味が少なくて香りもよい．白菊よりも黄菊が美味．ゆでるときは酢を少量入れた熱湯でさっとゆでて水に入れ，手早くざるにとって水気をきる．和え物，汁の実などにする．若葉は片面に衣をつけて，てんぷらにすると香りがよい．阿房宮という食用菊の花弁を蒸して板状に薄く乾燥させたものが菊のり．これを戻すときは，熱湯に少量の酢を落とした中をくぐらせ，ばらばらにほぐして絞る．さしみのつまに好適である．

きくづくり（菊作り）

菊の花形に盛ったさしみのこと．細作りにした魚肉を菊花状に盛り，中央にわさびをのせたり，白身魚の薄作りを菊の花のように並べる．いか，ひらめ，ふぐなどのさしみに用いられる．

菊作り

きくな（菊菜）⇨しゅんぎく

きくらげ（木耳・木水母）

キクラゲ科のきのこ．秋に，広葉樹の枯れ幹，切り株，枯木に生える．形が人の耳に似ているので木耳，また，質がかんてん質をしているので木水母とも書く．色は褐色ないし暗褐色．新鮮なものはかんてん質で柔らかいが，乾燥すると堅い革質になる．味は淡白で，無味無臭に近い．こりこりした歯当たりのよさが特徴．干したものはぬるま湯につけて戻す．吸水すると5倍くらいにふくれるので，戻す量に注意．酢の物，和え物，浸し物などによい．中国料理には欠かせない材料．

しろきくらげは，外見はきくらげに似ているがシロキクラゲ科．中国では銀耳（インブル）と呼び，古くから不老長寿の食品として珍重している．乾物は戻してスープや甘い飲み物などに加える．

きじ（生地）

おもに小麦粉を使ってこねた，調理加熱する前の状態のものをいう．地，種，こね粉などともいう．使用目的の名前をつけてパイ生地，パン生地，めん生地などと呼ぶ．英語では生地の性質によりパンやめん用はドウ⇨，シュー皮やクレープ用のペースト状にしたものはペースト，スポンジケーキやホットケーキなどに用いる流動性のあるものはバッターという．なお，魚のすり身を生地ということもある．

きしめん（碁(棊)子麺）

平打ちうどんの一種．名古屋地方の名物である．本来は，小麦粉を水でこねて小さくちぎり，碁石のようにのばしたものであったので棊子麺と呼ばれた．のちには，めん棒でのばし，碁石形に抜くようになり，さらに近年になって長く作るようになった．しかし，名前だけがそのまま残っている．弾力の強い一種のうどんである（⇨うどん）．食べ方はうどんとほとんど同じである．名古屋地方では，みそ煮込みと称し，みそ汁の中にきしめんを入れて煮込んだものがある．

きじやき（雉焼き）

魚や鶏肉をしょうゆとみりんを合わせた調味液につけて焼いたもの．本来はきじの肉を用いたもので，きじの肉は味がよいので，それに似せて作った料理ということでこの名がある．かつお，さば，ぶりなど脂っこい魚に用いることが多い．

キーシュ（quiche－仏）

フランスのパイ料理の一種．キッシュともいう．パイ生地をパイ皿に敷き，その上に卵，牛乳，チーズをベースに，ハム，ベーコン，ほうれん草などで変化をつけたフィリング（中身）をのせてオーブンで焼き，熱いうちに食べる．オードブルや昼食に使われる．

きじょうゆ（生醬油）

一般には，調理でしょうゆを使うときに，他の調味料や水などで薄めていないしょうゆのこと．

きす（鱚）

キス科の海水魚．正式名はしろぎす．近縁種にあおぎすがいるが，きすといえばしろぎすをさす．夏が美味．
淡白な味を生かして味つけもあっさりとするのがコツ．吸い物の実には，三枚にお

ろして結びきすにする．てんぷら，塩焼き，から揚げなど短時間加熱するのがよい．酢の物，さしみ，すしだねにもよい．上等かまぼこの材料としても重用される．

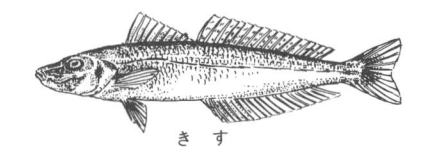

きす

きず（木酢）
ゆずやだいだい，かぼす，レモンなどかんきつ類の搾り汁を酢の代わりに料理に使うとき，これらをさしていう．

きず（生酢）
塩や砂糖などの調味料や水を加えない，生のままの酢．

ぎすけに（儀助煮）
干した小魚を調味液で煮含め，青のり，とうがらし粉などを振ってあぶり乾かしたもの．小だい，小がれい，小えび，小あじなどが使われる．福岡の宮野儀助という人が始めたのでこの名がある．福岡の名物．

きずし（生鮨）
塩をした魚をさらに酢につけてしめたもの．魚はさば，さわら，たいなどが用いられる．魚を三枚におろし，たっぷりと塩をし，しばらくおいて身をしめてから，酢に浸す．関西ではしめさば⇒をきずしとも呼ぶ．できるだけ新しい魚を使用する．

保存性がよい．これは，酢でたんぱく質が変性（☞すじめ）するとともに，殺菌および酵素の失活が起こるからである．

ぎせいどうふ（擬製豆腐）
ゆでてふきんで絞った豆腐に，砂糖としょうゆで味をつけ，生卵を溶いて加え，型に入れて蒸したり，卵焼き器で焼いたりした料理．にんじん，ごぼうのみじん切りを下煮して混ぜることもある．一度くずした豆腐を元の形に似せて作るのでこの名がある．

きっか（菊花）
菊の花形に材料を切ったり，菊の花形に盛りつけたりする場合に用いる言葉．菊花ずし，菊花卵，菊花切り⇒などがある．

きっかぎり（菊花切り）
菊花のように切る切り方．最も一般的な菊花切りは，かぶやだいこんを適当な大きさにし，下まで切り落とさないで上から碁盤の目のように切れ目を入れるもの．甘酢漬けに向く．

菊花切り

きっかたまご（菊花卵）
ゆで卵を菊の花の形に切ったもの．ゆで卵をナイフでギザギザの山形に切り，二つに切り離すと，切り口が菊の花のように切れる．日本料

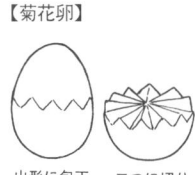

【菊花卵】
山形に包丁を入れる　二つに切り離す

理では菊の葉の上に置くとよい．西洋料理ではオードブルやサラダに用いられる．

きっこう（亀甲）
亀の甲のように六角形に切ったり，亀の甲のように形を整えたもの．しいたけ，くわいなどに用いられる．

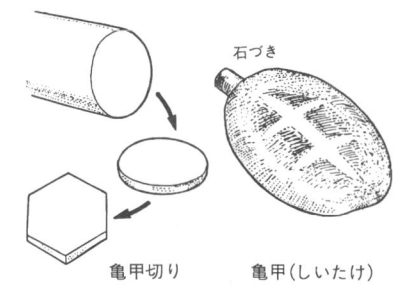

石づき

亀甲切り　亀甲（しいたけ）

キットしょくひん（キット食品）
　料理材料を完全に組み合わせてパックした食品．プラモデルキットといったようなキットの意味と同じ．材料は最終的な形に切り，ソース類なども添えて，作り方を書いたものも添付されている．それだけで，完全に調理できるように組み合わせられているので，便利である．

きつね（狐）
　油あげを使った料理に用いる呼び名．きつねうどん，きつねずし，きつねどんぶりなどがある．稲荷神社のつかいのきつねが，油あげを好むという言い伝えからついたもの．油あげを使う料理には，しのだ，いなりなどの言葉も使われる．

きつねうどん
　しょうゆ，みりんなどで甘辛く煮た油あげを具にのせたうどん．単に"きつね""しのだ"ともいう．

キドニー（kidney）⇨じんぞう

きどり（木取り）
　材料を用途を考えて適当な形や大きさに切ること．とくに魚類をさしみなどにする場合，おろした身をさしみに作りやすいように整形したり，丸いだいこんを短冊などに切る際に，だいこんを方形に切ることをいう．

きなこ（黄粉）
　大豆を炒って粉末にしたもの．材料の大豆の色により黄と青のきな粉がある．栄養食品で，煮豆や炒り大豆より消化がよい．
　大豆は，とろ火でゆっくりとよくかき混ぜながら炒る．炒りたらないと青臭い．炒って冷めるまで放置するとカリッとなるから，これを粉ひき器あるいはうすでひく．独特の香ばしい香りが身上なので，既製品を使うときは，湿りのない，よく乾燥したものを選ぶ．

甘くするときは砂糖だけでなく，塩も少量加えると甘味がきくうえ，あと味がさっぱりする．淡白な味のでんぷん質と相性がよいので，もちやごはん，くずもち，わらびもちなどにまぶして用いる．

きぬかつぎ（衣被）
　子いもの土をきれいに落とし，皮のまま柔らかく蒸すか，ゆでたもの．熱いうちにしょうゆ，塩，しょうがじょうゆなどで食べる．月見の晩にはこのきぬかつぎとだんごを供える．食べるときは，親指と人さし指でいもをつまみ，押さえるとつるりと皮がむける．

きぬごし（絹漉し）
　絹ごし豆腐の略称．また，羽二重ごし（羽二重をはった裏ごし器）のこと．魚のすり身や，つぶした豆腐を羽二重ごしでこすことも絹ごしという．この操作によって，なめらかで舌ざわりがよくなる．

きぬさや（絹莢）
　若いさやごと食べるえんどうのうち，とくにさやが小さく柔らかい品種のものをいう．⇨さやえんどう

きぬたまき（砧巻き）
　だいこん，かぶ，にんじん，きゅうりなどをかつらむきにし，それを一種または数種合わせてくるくる巻いたもの．えびや魚肉，鶏のひき肉などを芯にして巻いたものもある．

きのめ（木の芽）
　さんしょうの若葉のこと．香辛料として料理を引き立てるために少量用いる．独特の強い芳香があるので，吸い口によく使われる．また木の芽みそ⇨，木の芽和え⇨，木の芽酢⇨，木の芽田楽⇨などに用いられる．
　木の芽を使用する際は，手のひらでポンとたたいて用いる．この操作によって細胞

がこわれ，中の香り成分が外に出てくるため，香りが強くなる．

きのめあえ（木の芽和え）
木の芽みそ➡で和えた和え物．木の芽の香りを味わう春先の代表的な和え物である．木の芽みそで和えるものとしては，いか，たこ，貝柱，たけのこ，うどなどがある．いずれも，さっと材料を下煮しておく方がよい．

きのめず（木の芽酢）
木の芽をみじん切りにしてすり鉢ですり，三杯酢➡を加えて混ぜたもの．えび，いか，たこなどによく合う．

きのめでんがく（木の芽田楽）
木の芽料理の代表的なもので，焼いた豆腐に木の芽みそ➡をつけたもの．

きのめみそ（木の芽味噌）
みそに木の芽をすり込んだもので和え衣の一種．木の芽の香りがさわやかで，たけのこやいかなどを和えるのによい．緑色を濃くしたいときは，ほうれん草やだいこん葉をすって裏ごししたものに水を加えて煮立て，浮いてきた葉緑素をすくい上げて加えるとよい．➡あおよせ

●木の芽みその配合割合
材料：木の芽10枚　白みそ大さじ4　みりん大さじ1　砂糖小さじ1　だし汁大さじ1

木の芽はすり鉢に入れてよくすり，調味料を加え，さらにすり混ぜる．堅さをかげんしながらだし汁を加える．

きのめやき（木の芽焼き）
木の芽を使った焼き物料理．いろいろの方法がある．一例をあげると，泡立てた卵白を塩，みりんで調味し，木の芽のみじん切りを加える．これを塩焼きしたたいやさわらにかけて，さっとあぶったもの．あるいは，しょうゆ，みりん，清酒などを合わせた中に木の芽を入れ，このつけ汁を魚にかけながら焼いたものなどがある．

きはだ（黄肌）
サバ科の海水魚でまぐろ類の一種．きわだともいう．夏から秋にかけて味がよい．関東ではあまり好まれないが，関西ではよく食べられる．西日本ではくろまぐろよりこれの方が多く，しびあるいはましびとも呼んでいる．さしみ，照り焼き，すしだねなどとして用いられる．

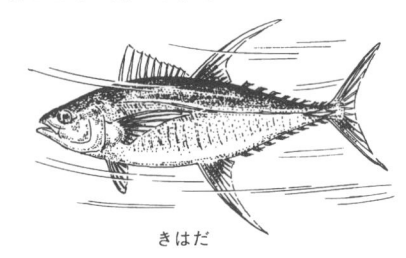

きはだ

きびなご（吉備奈仔）
ニシン科の海水魚．広い意味でいわしの仲間．体は細く半透明，体側に銀青色のたて帯がある．全長7～8cm．鮮度がおちやすいので新鮮なうちに調理する．新鮮なものは手開きにして頭と骨を除き，さしみや酢の物にするのが最も味がよい．さしみには酢みそや酢じょうゆを添える．煮つけ，塩焼き，てんぷらにもよい．丸干しや煮干しにもする．

きみあえ（黄身和え）
卵黄を用いた和え衣で和えたもの．たとえば，卵黄に塩，しょうゆ，清酒を加えたものや，ゆで卵の卵黄を裏ごしして，塩で調味したものを用いる．

きみごろも（黄身衣）
卵黄に水を少量加え，小麦粉を混ぜて作った衣．揚げ物に用いられ，この衣をつけて揚げたものは黄身揚げという．材料に小麦粉やかたくり粉をまぶし，卵黄をつけたものも黄身衣といい，同じく揚げ物にする．

きみず（黄身酢）

卵黄を使った調味酢の一種．えび，かに，いか，たこ，貝柱，たいら貝などや，サラダ菜，きゅうり，うど，セロリ，トマトなどに用いられる．西洋料理ではマヨネーズの代わりにも使用できる．

●黄身酢の配合割合

材料：卵黄2個分　酢大さじ3　砂糖大さじ2　塩小さじ½　だし汁大さじ1

　材料を合わせ，湯せんにかけて練り上げる．60度以上に加熱すると卵黄が固まり，モロモロするので注意する．

キムチ

朝鮮半島の漬け物の名称．はくさい漬けであるペチュキムチ，きゅうり漬けであるオイキムチなどが代表的．野菜を主材料に，魚の塩辛や，たい，はまぐり，あわび，たこ，肉などの乾物を混ぜて漬け込んだものが多い．風味づけには，とうがらし，ねぎ，しょうが，にんにくなどの香辛料がいくつか配合されることが多い．

きも（肝）⇨レバー

きもあえ（肝和え）

あんこう，たら，あわびなどの肝臓を，みりん，砂糖，清酒，しょうゆで煮て裏ごしし，材料を和えたもの．和える材料が衣にした魚と同じときは共和え（ともあえ）という．

きもすい（肝吸い）

うなぎの肝をゆでて椀だねにした吸い物．うな重，うなぎどんぶりなどの添え物として出される．

ぎゃくづくり（逆作り）

さしみの切り方の一種．ふつう，さしみは作取りした切り身の低い方を手前にして切るが，反対に身の高い方を手前にして切ることをいう．底が斜めになった器に盛るとか，他のものに寄りかからせて盛る場合などにこの方法を用いる．

キャセロール（casserole）

キャセロールとはオーブン用の底の平たいふたつきの焼き鍋のこと．鍋は陶製，耐熱ガラス製などがある．この鍋を用いた煮込み料理もキャセロールという．たとえば，ソーセージ，牛肉，鶏肉などに，にんじん，じゃがいも，たまねぎなど野菜を配し，スープあるいはトマトソース，クリームソースなどを加えてオーブンで加熱する．

ギャバロンちゃ（ギャバロン茶）

緑茶の一種で，摘んだ葉を低温，低酸素の状態で貯蔵し製茶したもの．低酸素にすると葉の呼吸作用が微少になり，そのため茶葉中のグルタミン酸がγ-アミノ酪酸に変化する．この成分は血圧を下げる効果が知られている．ギャバは，γ-アミノ酪酸 gamma amino-butyric acid の略GABAからついた名称．飲み方は通常の緑茶と同じである．

キャビア（caviar）

ちょうざめの卵を塩漬けにしたもの．粒

🧪 調理科学

黄身酢の乳化性

黄身酢は，材料として卵黄を使うことにより，非常になめらかな調味酢を作ることができる．卵黄に含まれるレシチンが強い乳化性をもち，さらに，卵黄のたんぱく質がこれを補助するためである．卵黄は加温することによって半熟状態になり，粘稠性を増す．しかし強く熱しすぎると，半熟状態からさらに固形状になり，モロモロした状態となる．したがって，加温はわずかに半熟状になる温度，つまり60度以下で行わなければならない．湯せんは，急激な温度の上昇を防ぐことができる．

が大きく，なめらかで，皮の柔らかいものが良品．色は黒色，緑色がかったもの，黄金色などがあるが，黄金色のものがとくに珍重される．輸入の缶詰がほとんど．高価なので，他の魚卵を着色したものも出回っている．酒の肴，カナッペ，サンドイッチなどに用いる．

キャベツ（cabbage）

アブラナ科．かんらん，たまなともいう．新キャベツは柔らかく甘味が強いが巻きは強くない．新キャベツ以外は巻きが堅くて重みがあり，茎の切り口がみずみずしいもの，外葉のついたものが新しい．細く刻んだものは，冷水につけると歯ざわりがよくなる．長く煮る場合は，部屋の中にいやなキャベツ臭が満ちることがあるが，これを防ぐためには，少量の酢をゆで汁の中に加えておくとよい🄕．

ロールキャベツ，大切りにして煮込むシチューやボルシチ，ゆでたあとからし和えやウスターソースかけ，生で刻んで料理の添え物など利用範囲が広い🄕．

ふつうのキャベツのほか，緑色が濃く小形のグリーンボール，葉の表面が紫色の紫キャベツ→，葉がちりめん状になるちりめんキャベツ（サボイキャベツともいう）などがある．

キャラウェイ（caraway）

香辛料の一つ．日本名は姫ういきょう．種子を香辛料として粒のまま用いる．香りづけとしてライ麦パンやケーキ，ビスケットなどの菓子類に使うほか，ドイツの漬け物の一つであるサワークラウトやチーズの香味料として使われる．また，ドイツ，オランダのリキュールであるキュンメルの主香料でもある．

きゃらに（伽羅煮）

野菜や山菜をしょうゆで黒光りするまで佃煮風に煮上げたもの．野菜類は少し生干ししてから煮る．みりんや粉とうがらしを加えて煮るといっそう味がよくなる．長期間の保存に耐えるので保存食になる．煮上がった色がきゃら色（香木の伽羅のような濃い茶色）をしているところから，きゃら煮の名がついた．

きゃらぶき（伽羅蕗）

ふきの茎を佃煮風に煮上げたもの．材料としては自生している山ぶきを使う．茶漬けの添え物や焼き魚の付け合わせ，あるいは，しるこの付け合わせなどに用いる．

●**きゃらぶきの作り方**

材料：山ぶき（葉を除いて）600 g　しょうゆカップ 1½　みりんカップ ¾　赤とうがらし 1 本

山ぶきの葉を切り落とし，たわしで表面のけばをとり，水でよく洗い，4 cm長さに切る．鍋に分量のしょうゆ，みりんを入れて煮立て，ふきを加える．落としぶたをして弱火で20分ほど煮つめる．煮汁が少なくなったら，

🧪 **調理科学**

キャベツのにおい消し

キャベツにはイオウ化合物が含まれていて，これが分解するといやなにおいを発する．この臭みを防ぐために，ゆで水などに酢を加える．こうすると，イオウ化合物を分解する酵素の働きが止まるために，臭みは出ない．

キャベツの甘味と旨味

キャベツの白色部分にはグルタミン，システインなどの遊離アミノ酸が多く，これが旨味のもとである．また，イオウ化合物は加熱によって強い甘味を生じる．炒める，煮る，ゆでるなどしたキャベツが甘いのは，この甘味による．

種子を抜いた赤とうがらしを加え，煮つめる．

キャンデー（candy）

砂糖，水あめを主原料として作った菓子の総称．このほかバター，かんてん，ピーナッツ，アーモンド，卵白などの副材料も用いられる．キャンデー，ヌガー，タフィー，ドロップなど各種のものがある．砂糖の加熱温度により，柔らかいものや堅いものができる．色や香りなどは，化学合成品を使ったものが多い．

キャンティ（chianti―伊）

ワインの一種．イタリア中部のトスカーナ州産のワインの総称で，とくに赤ワインが有名である．フラスコ形のびんに入れ，周囲をわらで編んだかごに入れてある．この入れ物は，かつてイタリアのトスカーナ地方がオリーブ園であったため，オリーブ油の容器を用いて作ったのがはじまりだといわれている．イタリアのワインで最も有名なものである．

キャンティ

キュイジーヌ（cuisine―仏）

料理という意味．英語のクッキング（cooking）にあたる．キュイジーヌ-アメリケーヌといえばアメリカの料理．キュイジーヌ-アングレーズはイギリスの料理．キュイジーヌ-ヌーベルフランセーズは新フランス料理のこと．

ぎゅうなべ（牛鍋）⇨すきやき

ぎゅうにく（牛肉）

赤肉，霜ふり肉などがある．霜ふり肉は口当たりが柔らかく，加熱しても堅くならない．赤肉は強く加熱すると堅くなる．年をとった牛ほど赤身が黒ずんでくる．鮮度のよい肉は鮮紅色で，きめが細かく，脂肪は純白でねっとりしている．子牛（➡こうしにく）はとくに柔らかく脂肪が少ない．

牛肉の部位と料理　　（付表参照）

か　　　た	カレー，シチュー，スープなどの煮込み
かたロース	すき焼き，しゃぶしゃぶ，焼き肉，炒め物など
リブロース	ステーキ，ロースト，すき焼きなど
サーロイン	ステーキ，すき焼きなど
ヒ　　　レ	ステーキ，ロースト，カツレツなど
ば　　　ら	シチュー，カレーなどの煮込み，焼き肉など
も　　　も	内側の部分はステーキ，衣揚げなど 外側の部分は煮込み，炒め物など
ラ　ン　プ	ステーキ，ローストなど
す　　　ね	シチュー，スープなどの煮込み

保存はラップフィルムでぴっちりと包み冷蔵する．スライスしたものは2～3日，かたまりのものは1週間程度保存できる．部位によって脂肪の含有量にかなりの差がある．たんぱく質は良質で吸収もよい．牛肉の旨味は主としてイノシン酸で，グルタミン酸などのアミノ酸も含まれる．

部位によって味，調理の方法などに非常なちがいがある．柔らかい部分はそのままビーフステーキやすき焼きなどに用いるが，堅い部分は長く煮込むことが大切．安くてにおいなどのある肉は，アメリカでよく行うブレイズ➡といった料理にすると臭みなど消えてよい．

ぎゅうにゅう（牛乳）

牛乳といってもその種類はさまざまであるが，市場に流通している牛乳類は，牛

乳，加工乳，乳飲料→がおもなものである．「牛乳」は生乳に何も加えないで加熱殺菌したもので，乳脂肪分3.0％以上，無脂乳固形分8.0％以上含むものをいう．「加工乳」は，生乳，牛乳を主原料にしてクリーム，脱脂粉乳などの乳製品を加えて成分を調整したもので，無脂乳固形分8.0％以上含むものをいう．乳脂肪などをプラスした濃厚型や，逆に乳脂肪分を低くした低脂肪乳などは加工乳となる．ビタミンや無機質を添加したもの，おなかをこわす原因となる乳糖を分解した乳糖分解乳は乳飲料に入る．

ロングライフミルク（略称LL牛乳）は，超高温瞬間殺菌し，特殊密封容器に詰めたもので，常温で保存できる．

牛乳，加工乳の区別は，びんの場合はキャップに，紙箱の場合は箱の横に書かれている「牛乳」「加工乳」の表示を見る．その他成分，品質保持期限（賞味期限）が必ず表示されている．また，「牛乳」でびん入りの場合は，紫色のキャップをかぶせ，区別できるように法律で規定されている．

おもなたんぱく質はカゼインといい，良質で必須アミノ酸9種をバランスよく含んでいる．脂肪は乳化されているため消化吸収がよい．牛乳の甘味はほとんどが乳糖でその量も多く，腸内で乳酸菌の繁殖を助けたり，カルシウムとリンの吸収をよくしたりする．乳糖はブドウ糖とガラクトースからなり，乳児には絶対必要な糖．ガラクトースは脳の発育に重要である．しかし，腸内に乳糖を分解する酵素が十分にない乳糖不耐症の場合，乳糖分解乳が用いられる．カルシウムは100g中110mg含み，非常によいカルシウム源となる．1日に600ml飲めば1日分のカルシウムがとれるほどである．ただし，牛乳は牛の子ども用なので，人間の乳児に対しては鉄，銅，亜鉛などの無機質が不足し，そのまま飲ませると貧血の原因となる．そのため調製粉乳などが用いられる．

沸騰するとすぐふきこぼれるので，牛乳を温めるときにはとくに注意する．温かくして飲む方が消化がよい．料理に使うときは，酸味の強いものといっしょにすると牛乳が凝固する．しかし，牛乳を先に加熱しておき，少しずつ酸味のものを加えてよく混ぜていくと，相当量を加えることができる．レバーなど内臓類を牛乳に浸したり，蒸し魚などのソースに牛乳を使うと，臭みを消す効果がある☞．シチューやソースなどは，牛乳を加えると，総じて口当たりがなめらかになる．

ぎゅうひ（求肥）

白玉粉に砂糖と水あめを加えて作ったもち状の菓子．長くおいても堅くなりにくい．白玉粉に砂糖と水あめを加えて，煮ながら半透明になるまでよく練り上げて作る．みつ豆のほか，ぎゅうひだんご，ぎゅうひまんじゅうなど応用範囲が広い．

●ぎゅうひの作り方

材料：白玉粉100g　砂糖200g　水あめ25g　水カップ1

鍋に白玉粉と水を少量入れてよく混ぜ，白玉粉が溶けたら，残りの水を加

調理科学

牛乳のにおいの吸着

牛乳のたんぱく質はコロイド状で肉や魚など食品の生臭みを吸着する働きがある．したがって調理前にこれらを牛乳に浸しておくと臭みがとれる．レバーの臭みも牛乳に浸すと除くことができる．

えて弱火にかけ，煮ながらよく練る．十分火が通って半透明になったころ砂糖を少しずつ入れる．煮はじめて30分くらいたち，やや堅くなったら水あめを入れ，さらに練りながら20分ほど煮る．だんだん弾力が出て練りにくくなるので，焦がさないよう鍋底からよく混ぜる．手にとってもつかず，柔らかくふっくらとでき上がったら，かたくり粉を振った上にとり出して薄くのばす．

ぎゅうひこんぶ（牛皮昆布・求肥昆布）
こんぶを酢，砂糖，水で蒸し煮にして干したもの．竜皮こんぶともいう．牛皮こんぶで巻いたものを牛皮巻きという．

きゅうり（胡瓜）
ウリ科の果菜．ビタミンC酸化酵素を含むので，おろして他の野菜と混ぜるとビタミンCが酸化される．しかし，この酵素は酸度を下げると働きが弱まるので，酢や酢じょうゆとともに使うとCの酸化は少なくなる．種類により，頭部にある苦味はククルビタシンという配糖体で，加熱してもこわれない．

緑色を鮮明に仕上げるには，塩をつけ，まな板の上でこすって板ずりするか，沸騰水にさっと入れて冷水に放つとよい．サラダ，もろきゅう，きゅうりもみ，漬け物などに．サラダに使うときはフォークで縦に筋目をつけて，ソースがよく浸み込みやすくしてから切るとよい．

きゅうりもみ（胡瓜もみ）
薄切りのきゅうりを塩でもんで水気を絞り，調味酢で和えたもの．調味酢に漬ける前にきゅうり中の水分を十分浸出させておくことがコツ．薄切りしたきゅうり100gに対し，塩小さじ1杯を振りかけて15分ほどおくのが一番よい．きゅうりの中に水分が多く残っていると調味酢がきゅうりに浸み込まないばかりでなく，きゅうりの水分が出てきて調味酢が水っぽくなってしまう．またきゅうりを絞るとき，塩気を洗い流さないことも大切．塩味には酸味を和らげる働きがある．調味酢と合わせたら，長時間おかないこともおいしく食べるコツ．

キュラソー（curaçao—仏）
オレンジの芳香と苦味のあるリキュール．甘口と辛口があり，色も無色，黄褐色，赤色，緑色など多彩だが，無色のホワイトキュラソーと黄褐色のオレンジキュラソーが一般的．ほとんどはカクテルに用いられるが，バニラエッセンスなどと同様に，ケーキなど菓子類の風味づけにも用いられる．

きょうせんにく（胸腺肉）
胸腺（咽頭）の肉．子牛，子羊，子山羊のものを利用する．リ・ド・ボォー（ris de veau—仏）は子牛の胸腺肉のこと．白い肉で柔らかいのが特徴である．よく血抜きをしてバター焼き，煮込みなどに．

きょうな（京菜）
アブラナ科の葉菜．名の通り京都を中心とした関西が主産地．関西ではみずなという．霜に当たってからのものが柔らかい．くじらの尾の身といっしょに煮て食べるハリハリ鍋は有名．ゆでてからし和え，煮物にもよい．漬け物にも適する．いずれもシャキッとした歯ざわりが大切なので，煮すぎや漬けすぎに注意する．

きょうな

きょうにん（杏仁）
あんずの核からとり出した仁のこと．あんにんともいう．表面は褐色だが，内部は

白色で脂肪に富んでいる．乾燥したもの，粉末にしたもののほか，搾って杏仁油をとる．中国では古来より薬用のほか，アーモンドに似た風味があるので，料理，菓子に用いられ，とくに杏仁豆腐🔁が有名．

ぎょく（玉）
すし用語で，卵焼きのにぎりのこと．卵は"玉子"とも書くがその"玉"をとった名前．料理店では卵の俗称として用いられることもある．

ぎょくすい（玉吸い）
卵を落とした吸い物のこと．吸い物を熱くし，火を止めてすぐに卵をそっと落として表面を固める．卵は冷蔵庫から出してしばらくおいたものでないと表面がきれいに固まらない．

ぎょくろ（玉露）
緑茶の中の高級品．独特の鮮緑色と香りがある．葉がよく巻き，かんでみてよい味と香りのあるものがよい．旨味はテアニン．とろりとした甘くて深みのある味が特徴．玉露のいれ方はテアニンのみを抽出するのがポイント．適温は50〜60度．熱湯を注ぐとタンニンが溶出して苦くなる．

ビタミンCが多く，浸出液中にこのCの一部が出てくるが，Cがあるのは2煎目くらいまで．それ以降はほとんどない．カフェインが多いので眠気を防ぎ，筋肉の作業能力を高めるなどの薬理作用がある．

●玉露のいれ方
分量（1人分）：玉露4g（大さじ1弱）湯の量40〜50ml

一度沸騰させた湯を大きめの茶碗にあけて冷ましておく．このとき，きゅうすや茶碗にも湯を入れて温めておく．湯が冷めて50〜60度くらいになったら，きゅうすの湯を捨てて玉露を入れ，冷ました湯を注ぐ．そのまま2〜3分おいた後，茶碗の湯を捨て，きゅうすから注ぎ分ける．

茶を注ぐときは次々と少しずつ茶碗に注ぎ，これをくり返す．はじめと終わりとでは湯に浸出した成分に多少のちがいがあるので，各茶碗の茶を均一にするためである．

ギョーザ（餃子）
中国料理の点心の一つ．正しい発音はジャオズ．焼きギョーザ，蒸しギョーザ，水ギョーザ，揚げギョーザの4種類がある．いずれも小麦粉を練って作った薄い皮で肉あんを包んだもの．加熱の方法が違う．

●ギョーザの作り方
材料（約30個分）：皮（強力粉200g　ごま油大さじ½　熱湯150ml）　中身（豚ひき肉200g　キャベツ200g　にら½束　ねぎ½束　しょうが1かけ　清酒大さじ1　しょうゆ大さじ1　塩小さじ1　ごま油大さじ1）

強力粉をボールに入れ，ごま油，熱湯を加え，力を入れながらよくこね，ぬれぶきんをかけて15分休ませる．生地を直径2cmくらいの棒状にのばし，小口から2cmくらいに切り，切り口を上にして並べる．これを一つずつ手のひらで平たくのばし，めん棒で直径10cmくらいにのばす．片手で生地を回しながら，短めのめん棒で中心から外側へのばすときれいにのばせる．こうすると中央に厚みができ，皮が破れにくい．

キャベツはゆでて水気を絞り，にら，ねぎ，しょうがとともにみじんに切り，豚ひき肉，調味料と合わせ，よく混ぜ合わせる．

皮の中央に中身をのせ，半円状にたたみ，一方のひだをとりながら形を作

る．皮は水でぬらすとよくつく．

焼きギョーザは，フライパンに油を熱し，ギョーザを並べ，中火で焼き色がつくまで焼き，湯をカップ1/3ほど加え，ふたをして蒸し焼きにする．ゆでギョーザは，煮立った湯にギョーザを入れてゆでる．ギョーザが浮いて皮につやが出れば上げてよい．蒸しギョーザは，蒸し器やせいろう➡などで強火で10分余り蒸す．からしじょうゆ，酢じょうゆが合う．

ぎょしょう（魚醬）

魚を塩漬け発酵させて作った一種のしょうゆ．魚しょうゆともいう．秋田のしょっつる，香川のいかなごしょうゆ，島根県のいわしじょうゆ，ベトナムのニョクマムなどは魚醬の一種．魚は内臓も用いる．魚醬は原料魚介のたんぱく質をそれ自身の酵素で分解してアミノ酸やペプチドにするもので，独特の風味が出る．魚介類の鍋物料理や煮物に，普通のしょうゆと同様に使う．濃厚な旨味をもつのでだし汁を使わなくてよい．

ぎょでん（魚田）

魚類にみそをつけて田楽風に仕立てたもの．あゆ，あじ，はぜなどの淡白で小さめの魚に向くが，ぶり，かつおなどでもできる．小さめの魚は，まずうねり串➡を打って素焼きしてから，練りみそをつけ，もう一度，さっと焦げめがつくくらいにあぶって乾かす．表にけしの実を振って盛りつけ，たでの葉やはじかみを添える．

ぎょにくソーセージ（魚肉ソーセージ）

魚肉のすり身に脂肪や植物たんぱく質，でんぷん，調味料，香辛料などを混ぜてソーセージのようにケーシングに詰めた，魚肉練り製品の一種．フィッシュソーセージともいう．主原料にはすけとうだらの冷凍すり身を用いることが多い．かまぼこのような弾力はない．ケーシングのふくれたものは避ける．

きらず➡おから
きりがさね（切り重ね）

さしみの代表的な切り方である平作りの一種．包丁のみねを少し内側に倒して切り，そのまま送って重ねる．重ねる角度を深くすると段が大きくつき，さしみが多く見えるが上品ではない．

切り重ね

きりごま（切り胡麻）

ごまをよく煎り，乾いたまな板の上で包丁で刻んだもの．刻むとごまの香りがよく出る．まな板に乾いたふきんを広げ，その上で刻むと集めるのに楽．浸し物やふりかけに使う．

きりたんぽ

秋田県の郷土料理．すりつぶしたごはんを秋田杉で作った串に，ちくわ状に塗りつけ焼いたもの．以前は，炉端のまわりに立てて焼いていた．山中で狩人やきこりが弁当の残り飯を棒先などにつけて焼いて野鳥鍋に入れたのが始まり．食べ方は，きりたんぽを小口から斜め切りにし，とり肉，ねぎ，ささがきごぼう，きのこ類などを加えて鍋にする．しょうゆ，みりん，清酒，砂糖で調味する．酒の肴やごはん代わりにもなる．きりたんぽを串につけたまま田楽みそ➡をつける食べ方もある．

きりちがい（切り違い）

飾り切りの一つ．きゅうりやうどで作ることが多い．きゅうりを5～6cm長さに切り，中央に包丁の先を刺して切り目を入れ，その包丁はそのままにして，さらに別

の包丁で両面から斜めに切る．

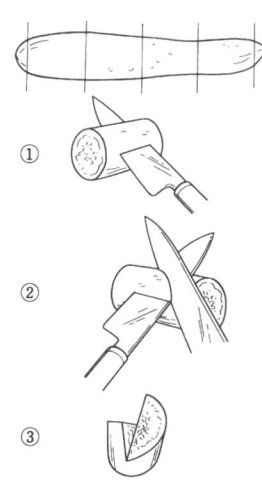

切り違い

きりぼしだいこん（切り干し大根）

だいこんの乾燥品．だいこんの切り方により，いろいろの形態のものがある．たとえば，縦割りの割り干し，細長く切ったせん切り干し，輪切りの花丸など．乾燥によって，独特のおいしさが出る．☞

よく乾燥したものを求める．せん切り干しはしょうゆで煮るか，しょうゆ漬けにする．煮物の場合は，水で戻し，最初だし汁で柔らかく煮てから調味料を加える．漬け物は，みりんと酢を同量混ぜ，これに少量の食塩としょうゆを加えた調味料に浸すだけで簡単にできる．➡はりはりづけ

キルシュワッサー（Kirschwasser―独）

さくらんぼから作ったブランデー．フランス語でキルシュ，英語でチェリーブランデーという．大部分はリキュールの原料と

して用いられるが，料理，菓子の香りづけにも用いる．

キワノ（kiwano）

ウリ科の果物．長さ7～20cmくらいのウリに似た楕円形で，色は黄色がかったオレンジ色．表面に肉質のとげがある．果肉は緑色のゼリー状で，多数の種子を包んでいる．果汁が多く，ライムに似た風味がある．縦に切り，スプーンで種子ごとすくって食べる．ジュースにしてもよい．

きんかん（金柑）

かんきつ類の一つ．皮ごと食用にする．皮に甘味や芳香がある．多量のビタミンCはとくに皮に多く含まれている．皮を煎じたものや甘煮にしたものはせき止めにもなる．生食のほか，砂糖煮，ジャム，マーマレードなどにもよい．

●きんかん甘煮の作り方

材料：きんかん200g　砂糖100g

　きんかんの皮に，縦に7～8本包丁で切り込みを入れ，さっとゆで，水につけてさらす．水気をきり，上下から押しつぶすようにして切り口の間から種子をとり出す．鍋にきんかんと砂糖を入れ，水をひたひたに加え，汁気がほとんどなくなるまで煮る．

きんぎょくとう（金玉糖）

和菓子の一種で夏向きの菓子．かんてんに砂糖を大量に入れて練り上げ，冷やし固めたもの．

●金玉糖の作り方

材料(6～7人分)：かんてん1本　砂糖350g　水カップ2　グラニュー糖

調理科学

切り干しだいこんの甘味

だいこんの辛味成分はイオウ化合物であるが，これは，だいこんを干すことで，酵素作用によって甘味物質に変わる．ゆっくり時間をかけて酵素を十分に作用させると甘くなるが，短時間に熱風乾燥すると，酵素が十分に働かず，甘味が少ない．

適量

かんてんは水で柔らかく戻して水気を絞り、小さくちぎって定量の水を加え、木じゃくしで混ぜながら煮溶かす。かんてんが完全に溶けたら砂糖を加え、ゆっくり混ぜながら煮つめ、しゃくしから落ちる液が10cmほど糸をひくようになったら火からおろし、荒熱をとり、型に流す。固まったら食べよい大きさに切り、グラニュー糖をまぶす。

きんざんじみそ（径山寺味噌）

醸造なめみその一つ。大麦、小麦などの麦と大豆を合わせて作ったこうじに、食塩、塩漬けして細かく刻んだまくわうり、なす、しょうがなどを混ぜ、約6か月くらい熟成させる。水あめ、砂糖などを加えて調味することもある。ふつうはこのまま食用にするが、漬け物や干し魚など他のものにまぶしつけて食べるのもよい。

きんし（錦糸）

錦糸のように細く黄金色をしているものにつける呼び名。薄焼き卵を糸のように細く刻んだ錦糸卵、ごぼうを針のように刻み、ごま油でよく炒めた錦糸ごぼうなどがある。錦糸卵は、ちらしずしやリャンバンメン（涼拌麺）に、また錦糸ごぼうは、汁物の材料に使われる。

きんしたまご（錦糸卵）

薄焼き卵➡をごく細く糸のように刻んだもの。ちらしずし、リャンバンメン（涼拌麺）などの飾りに使われる。切るとき、できるだけ幅をそろえることが、料理のでき上がりをきれいにする。

ぎんじょうしゅ（吟醸酒）

清酒➡の一種。純米酒➡または本醸造酒➡のうち、高度に精白した米（精米歩合60％以下）を使用し、低温で発酵させたものをいう。果物のような芳香があり、すっきりとした味で、なめらかなのどごしがある。冷やして飲むのによい。"大吟醸酒"は精米歩合50％以下の白米を使用したものである。

きんとき（金時）

氷菓子の一つで、あずきの粒あんの上にかき氷をかけたもの。氷あずきともいう。もとは、砂糖煮のきんとき豆を使ったのでこの名がある。

きんとん（金団）

くり、いんげん豆などを甘く煮、その一部を裏ごしにしたもの、あるいは、裏ごしにしたさつまいもなどを衣として練り合わせたもの。くりで作ったくりきんとん、いんげん豆の豆きんとんなどがある。

練り上げるときは、弱火で気長に煮つめるのがコツ。早く水分をとばそうとして強火にすると焦げてくる。主として料理の口取りに使われる。

●くりきんとんの作り方

材料：さつまいも400g　砂糖カップ1　くりの甘露煮20個　みりん大さじ3　くちなしの実1〜2個

さつまいもは、2cmくらいの輪切りにして厚めに皮をむき、水にさらしてアクを抜き、つぶしてガーゼに包んだくちなしの実とともに柔らかくゆで、熱いうちに裏ごしにかける。鍋に裏ごしにしたさつまいもを入れ、砂糖とくりの甘露煮のシロップ、みりんを加え、中火で練り上げる。くりの甘露煮を二つに切って混ぜ、さらに練り上げる。

●豆きんとんの作り方

材料：いんげん豆カップ2　砂糖300g　塩少々

いんげん豆はひと晩水につけて戻

し，柔らかく煮て，ざるにあげる．皮の破れていない豆を⅔ほどとり分け，残りは衣用として裏ごしする．粒のままの豆に砂糖と塩を入れて火にかけ，甘味を含めてから，裏ごし分も加えて練り上げる．

ぎんなん（銀杏）

いちょうの実．炒るか，ゆでるかしてから使う．ゆでるときは外側の鬼皮を除く．鬼皮の割り方は，すじ目を上にして，金づちか包丁の背でトンとたたくか，すじ目をペンチの歯に当てて割る．ぎんなん割りもある．あまり勢いよく力を入れると中の実までつぶれるので，ほどほどにする．中の薄皮は，新しいものは手でむけるが，古いものはゆでながらむく．殻つきのまま炒るときは，あらかじめ鬼皮に，金づちか包丁の背できずをつけてから用いる．きずが入っていないと中の空気が膨張し，ぎんなんが破裂して危険である．

つまみ物，茶碗蒸し，料理の添え物などに用いる．最近は水煮の缶詰があるので，それを用いれば便利である．

●ぎんなんのゆで方

少量の湯の中に鬼皮をとったぎんなんを入れ，木じゃくしまたは玉じゃくしの背でぎんなんをかき回すようにしてゆでると薄皮がむける．むけた皮は水で洗い流す．

きんぴらごぼう（金平牛蒡）

単にきんぴらともいう．ごぼうをささがきあるいはせん切りにしてごま油で炒め，しょうゆ，砂糖，清酒などで調味したもの．とうがらしやごまを振りかける．

ごぼうは切ったらすぐ酢水に浸し，水を何回もとりかえると白くできる．たっぷりめの油を使って炒め，味は薄味にするのがコツ．少量のにんじんを混ぜると，甘味，風味ともに引き立つ．→ごぼう

●きんぴらごぼうの作り方

材料：ごぼう200ｇ　赤とうがらし1本　ごま油大さじ2　しょうゆ大さじ1½　砂糖大さじ1　みりん大さじ1　白ごま少々

ごぼうは皮をこそげとり，細いささがきかせん切りにし，水にさらしてから，水気をきる．鍋にごま油を熱し，ごぼうを入れて炒める．ごぼうがしんなりとしたら，調味料を加えて炒り煮し，仕上げに種子をとり除いて薄く輪切りにした赤とうがらしと白ごまを振る．

きんぷら（金ぷら）

衣に卵黄を加えて揚げたてんぷら．黄金色のきれいな色をしている．本来は，小麦粉の代わりにそば粉を用いた色の浅黒いてんぷらであった．

ぎんぷら（銀ぷら）

卵白に水と小麦粉を混ぜた衣を用いたてんぷら．金ぷら→に対し，まっ白なのでこの名がある．卵白は泡立てて用いることもある．

く

ぐ（具）

　料理用材料のこと．具には"つれそう"などの意味があり，料理用に用いる材料の中でも，主材料よりはむしろ副材料のことをいう．五目ずしでは米飯以外の材料を，すきやきなどでは肉以外の副材料を具という．汁物の実のこともいう．しかし，一般的にはっきりした区別はなく，料理材料一般を具と称しているようである．別名"かやく" → ともいう．

グアニルさん（グアニル酸）

　しいたけの旨味の主成分であるが，まつたけ，えのきだけなど他のきのこのほか，牛，豚などの獣肉中にも微量ながら含まれている．

　1960年に旨味成分として発見され，その後，グアニル酸ナトリウムの形で食品添加物の調味料として使用されている．グルタミン酸ナトリウムとは大きな相乗効果がある．イノシン酸ナトリウムを含むうま味調味料は，ほとんどグアニル酸ナトリウムも含んでいる．→うまみちょうみりょう・→そうじょうこうか

くいあわせ（食い合わせ）

　食べ合わせともいう．2種以上の特定の食品を同時に食べると腹痛などを起こすとして，そのような食品は"食い合わせ"として食べないようにされてきた．うなぎと梅干し，かにと氷水などいろいろの食い合わせがいわれているが，多くは心理的なものであって，実際に食い合わせとなるような食品類はほとんどない．したがって，なんらそのようなことを心配する必要はない．

くうやむし（空也蒸し）

　豆腐料理の一つで空也豆腐ともいう．豆腐を蒸し茶碗の大きさに合わせて四角に切って入れ，上から卵汁を豆腐の高さまで加えて蒸したもの．蒸し上がったものに，くずあんをかけ，しょうが汁，おろしわさびを添える．貝柱，えび，鶏肉などのそぼろを添えることもある．豆腐をお堂に見立て，踊り念仏の空也念仏になぞらえてつけられた名称といわれている．

　●空也蒸しの作り方

材料：豆腐1丁　卵液（卵2個　だし汁　卵の4倍量　みりん大さじ2　しょうゆ小さじ1　塩小さじ2/3）　えびのそぼろあん（むきえび60g　だし汁カップ2/3　塩小さじ1/4　しょうゆ小さじ1/4　かたくり粉小さじ2　しょうが少々）

　豆腐は茶碗に合わせて大きな四角に切って器に入れ，卵，だし汁，調味料を合わせた卵液を豆腐の高さすれすれに注ぎ，弱火の蒸し器で約20分蒸す．えびはみじんに切り，熱湯をかける．小鍋にだし汁，調味料を入れ，えびと水溶きかたくり粉を入れ，火にかけてとろみをつける．蒸し上がった豆腐の上からかけ，おろししょうがをのせる．

くえんさん（枸櫞酸）

　主としてかんきつ類に含まれる有機酸で，さわやかで強い酸味がある．レモンや梅干し，トマトの酸味などはこの酸の味．果汁から抽出するか，でんぷん，ブドウ糖をクロカビで発酵して得られるクエン酸

は，酸味料として清涼飲料水，果汁，ゼリー，ジャム，ドロップなどに使われる．ジャムやゼリーを作るとき，酸味不足のときは，市販のクエン酸を利用することができる．

くさもち（草餅）

よもぎの若葉をつき込んだもち．あんを包んだものもある．

● **くさもちの作り方**

材料(10個分)：上新粉150g　砂糖大さじ2　よもぎ50～70g　炭酸水素ナトリウム(重曹)小さじ¼　こしあん200g

　よもぎは熱湯に炭酸水素ナトリウム(重曹)を入れた中でゆで，水にとってアク抜きし，小口から細かく刻み，すり鉢でよくすりつぶす．上新粉はボールに入れ，熱湯約カップ½を加えながら，耳たぶよりやや堅めにこね，5～6個にちぎり，蒸し器で約20分蒸す．いったん水にとり，すぐ水気をふいてすり鉢に入れ，砂糖とよもぎを加え，すりこ木でよくつき混ぜる．10等分し，小判形にのばす．あんを10等分にして丸め，皮の上にのせ，二つ折りにして端を閉じる．

くさや

伊豆諸島で作られる独特のにおいをもつ魚の干物．くさやもろ，とびうお，まあじ，むろあじなどを腹開きにし，くさや汁につけては乾燥することを繰り返したもの．くさや汁は塩水であるが，長年にわたって繰り返し使っている間に，魚のたんぱく質やエキス分が溶け出し，特有の旨味と臭気をもつ液になったものである．焼いて熱いうちにむしり，清酒をかけて浸み込ませると臭みが抜ける．酒の肴，茶漬け，そうざいに．また，温かいごはんにのせ，しょうゆをかけた茶漬けがよい．

くされずし（腐れ鮨）⇨ なれずし

くし（串）

先端のとがった，金属や竹製の細長い棒．材料に突き刺し，仕上がりの姿をよくするために用いる．金属製のものを金串，竹製のものを竹串という．形，長さともいろいろなものがある．料理の盛り付けに使う串を飾り串といい，てっぽう串，田楽串，松葉串，竹扇などがある．

　金串は魚を焼くものと，肉類を焼き，そのまま皿の上に出すものとがある．魚などを焼くものとしては，丸串と平串があるが，平串の方が使いよい．丸串は材料の大きさや形によって2～4本組み合わせて用いるが，多くは末広状に刺す．あるいは交差して刺したりする．平串の場合は，使用する本数が少なくてすみ，扱いやすい．

　洋風料理では焼き肉をするときに用いる金串でブロシェット→と呼ばれるものや，牛肉を串に刺して揚げながら食べるミートフォンデュ串など特殊なものがある．いずれも金属製である．

【串のいろいろ】

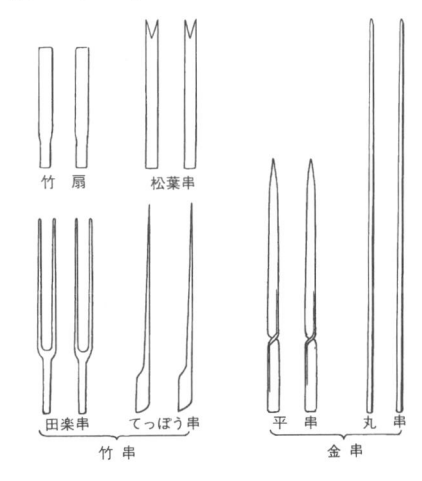

竹扇　松葉串

田楽串　てっぽう串　平串　丸串

竹串　　　　　　　金串

くしあげ（串揚げ）

肉，卵，魚介，野菜など多種の材料をひと口大にして一種あるいは数種ずつ串に刺し，から揚またはパン粉などの衣をつけて揚げたもの．関西ではパン粉を用いたものを串カツという．

くしうち（串打ち）

材料に串を刺すこと．おもに魚を直火焼きするときに用いられる．串打ちの種類としてはうねりぐし➡，ひらぐし➡，おうぎぐし➡，すくいぐし➡，つまおりぐし➡などがある．また，材料に調味料が浸み込みやすいよう，材料の表面を串でつついて穴をあけること．

くしカツ（串カツ）⇨くしあげ

くしやき（串焼き）

材料を串に刺して焼くこと，またその料理．材料としては肉類，魚介類，野菜などが用いられる．通常，串刺しの串は，和風のものでは竹串が，洋風のものではブロシェットが用いられる．➡くし

くじら（鯨）

クジラ目に属する哺乳動物．資源保護のため食用にされる量はわずかである．ほとんどが赤肉で，繊維があらく脂肪が少ない．尾の身は霜降り肉で柔らかい．肉にはくじら肉特有の臭みがある．市販されているくじら肉はほとんどが冷凍品．

くじらの臭みを抜くのには，しょうがやねぎを用いるとよい．また，みそでもにおいが消える．

くじら肉をさしみに使う際は，冷凍の新鮮なものを用い，半解け状態のときに食べる．焼く際は，しょうゆ，ねぎ，しょうが，とうがらしを混ぜたタレの中に凍ったまま切り身を浸し，解凍したころをみはからって焼くと臭みがない．ステーキや鍋物には多少脂肪の多い部分を，揚げ物や佃煮には赤肉を使う．いりかわ➡，さらしくじらなどの加工品もある．

くずうち（葛打ち）⇨くずたたき

くずきり（葛切り）

くず粉の水溶きを透明に煮てから冷やし固め，細い線状に切ったもの．よく冷やし，蜜をかけて食べる．京都の銘菓．鍋物など料理にも用いられる．乾燥品もある．

くずこ（葛粉）

マメ科のくずの根からとったでんぷんのこと．良質であるが高価．奈良県の吉野くず，福岡県の筑前くずなどが有名．菓子の原料や，日本料理のでんぷんあんに用いられる．くず粉を用いた料理は吉野➡の言葉を冠して呼ばれる．最近の市販品には，さつまいもでんぷんを混ぜたものがある．本物は石を砕いたような堅いかたまりになっている．くず湯➡，くずもち➡のほか，くずまんじゅう，くずちまきなど菓子材料として広く用いられる．➡でんぷん

くずそうめん（葛素麺）

くず粉でそうめん状に作ったもの．くず粉に水を加えて加熱したものを穴のあいた器にあけ，沸騰させた湯の中に穴から流し込んでそうめん状に固める．ゆだったら水に放して冷ます．おもに汁物のたねに用いられる．

くずたたき（葛叩き）

くず打ちともいう．材料にくず粉をまぶして調理したもののことで，表面がつるりとなる．豚肉，たい，はも，あわび，いかなどにくず粉をまぶしてゆで，吸い物のたねや，炊き合わせの材料に使用する．つるりとした触感がよい．

くずに（葛煮）⇨よしのに

くずひき（葛引き）

煮物，焼き物などにつやを出したり，煮汁をまとめたりするために，煮物の汁や汁

物の汁，調味したタレなどにくず粉，かたくり粉などの水溶きを加えてとろみをつけることをいう．とうがんのくず煮，薄くずあん，野菜あんといった料理がある．専門的には"くずを引く"という．

くずもち（葛餅）

くず粉で作った夏向きの菓子．水溶きしたくず粉を火にかけ，たえずかき混ぜながら糊状に練り上げる．不透明なうちはまだ煮えていないので，完全に透明になるまで煮る．これを型に流して冷やし固め，適当な大きさに切り，きな粉をかける．型は水でぬらしておくのが，とり出すときに形をくずさないコツ．

●くずもちの作り方

材料（3〜4人分）：くず粉100g　水カップ2½　砂糖大さじ2　きな粉，砂糖，塩 適量

くず粉は，かたまりをつぶし，鍋に入れて，水，砂糖を加えて混ぜる．強火にかけ，木じゃくしで混ぜながら煮る．煮立ってきたら弱火にして練る．流し型を水でぬらし，くず湯が熱いうちに流し込み，冷やし固める．適当な大きさに切り，きな粉，砂糖，塩を混ぜ合わせてかける．砂糖蜜ときな粉をかけてもよい．

くずゆ（葛湯）

くずでんぷんを少量の水で溶き，熱湯を注いでとろりと仕上げた飲み物．本来は，くず粉を用いたものがくず湯だが，かたくり粉（じゃがいもでんぷん）を用いたものもくず湯と称している．でんぷんを水溶きするときに砂糖を加えると，水中へのでんぷんの分散がよくなって混ぜやすい．砂糖の量が多いほど，でき上がったくず湯が堅い．鍋で加熱すると失敗が少ないが，このときは，あらかじめ十分な水を加えておくこと．途中で加水すると，均一にでき上がらない．加熱中は，たえずゆっくりかき混ぜる必要がある．

くず湯は体が温まり，消化がよいので，病人や子どものおやつ向き．ジュース，ワインなどを加えて変化をつけるのもよい．

●くず湯の作り方

材料（1人分）：くず粉小さじ½〜1　砂糖適量　熱湯カップ1

容器を十分に湯で温め，くず粉と砂糖を入れて少量の水で溶き，かき混ぜながら熱湯を一気に加えると，ぽってりと透明に仕上がる．あるいは，鍋に分量の材料を入れ，弱火で底からよくかき混ぜながら作ってもよい．

ぐそくに（具足煮）

えびやかにを殻つきのままぶつ切りまたは縦半分に切り，みりん，しょうゆで煮つけた料理．具足には甲冑（かっちゅう）という意味があり，殻つきの姿が甲冑に似ているところからきた名前である．えびはくるまえびやいせえびの大きいものがよい．器に盛ってからしょうがの搾り汁を1滴落とすと味が引き立つ．春は木の芽をのせる．

くちとり（口取り）

口取り肴の略．取り肴ともいう．儀式料理では，膳が出る前に吸い物とともに出される皿盛り物のことをいい，きんとん，卵焼きなどに季節の魚や野菜をとり合わせたもの．品数は一般には三〜九品の奇数にする．茶の湯では，主菓子（おもがし）に添えて出す煮物が口取り．古式の本膳料理では，三方にかち栗，のしこんぶ，のしあわびをのせて出すものをいった．

正月のお節料理の重詰にも口取りがあり，かまぼこ，梅花卵，きんとんなどが用いられている．一般的には，酒の肴という意味で口取りという場合もある．

くちなし（山梔子）

くちなしの実．黄色の美しい色が出るので着色料として用いられる．色素はカロテノイド系．たくあん，さつまいもの甘煮，くりきんとんなどの色づけのほか，菓子などにも使う．花は芳香があるので，そのままさしみのつまにしたり，さっとゆでて和え物にも用いられる．

くちゆず（口柚子）

吸い物の吸い口🔜に用いるゆずのこと．口とは吸い口のこと．

クッキー（cooky, cookie）

ビスケットのうち，卵，牛乳，砂糖，バターなどの多いものをアメリカでクッキーと呼ぶ．イギリスではビスケット🔜の一種．ハードクッキーとソフトクッキーがある．ハードクッキーは型で抜き，ソフトクッキーは絞り出して形を作る．小麦粉は薄力粉を用い，脂肪（バターあるいはマーガリン）の量で堅さをかげんする🔜．生地はバターの練り方がポイント．バターをよくすり，クリーム状にする．冬は少し湯せんにするとよい．溶かしすぎると風味が落ちる．砂糖を加えてさらによく混ぜる．空気を混ぜ込むようにするのがコツ．卵，バニラエッセンスを混ぜ，最後に小麦粉をふるって加え，さっくりと混ぜる．こねるのは禁物．

●クッキーの作り方

材料：薄力粉200ｇ　卵1個　砂糖80ｇ　バター100ｇ　ベーキングパウダー小さじ1　バニラエッセンス少々

（ソフトクッキーはこの分量で，バターを130〜150ｇにする）

ボールにバターを入れ，泡立て器でよく混ぜて白っぽいクリーム状にし，砂糖を加え，さらによくかき混ぜる．卵を溶きほぐし，2〜3回に分けて加え，完全に混ざり合うまで十分に混ぜたら，エッセンスを加える．小麦粉はベーキングパウダーとともに2〜3回ふるい，こねないようにバターと混ぜ合わせ，一つにまとめる．まな板に粉を軽く振り，めん棒で4〜5mmの厚さにのばし，抜き型で抜く．薄くバターを塗った天板に並べ，150〜160度のオーブンで10分程度焼く．

飾りにアーモンド，チーズ，チェリーなどを置いて焼いてもよい．

クッキングワイン

料理用のワイン．ワインの汁を搾るとき，はじめに自然流下させたものは高級品用として使われ，後半にプレスをかけてとった汁を使って発酵させたものが，クッキングワインにされる．種子や皮の周辺にある成分が多く出てくるので，渋味がやや強いが，これがかえって料理にはプラスになる．肉のつけ焼き，バーベキューソース，ドレッシングをはじめとして，そばのタレ，すき焼きなど多くの料理に使用する

🧪 調理科学

クッキーの脂肪と口当たり

クッキーは，脂肪分の含有率が高くなるにしたがって，サクサクと砕けやすい状態となる．これは，脂肪分が小麦粉でんぷんの間に入り，また，形成されたグルテンの間を断ち切るために結着性がわるくなるためである．したがって，脂肪分を多く含むクッキーほど砕けやすい．また，砕けたときの粒度も脂肪分が多いほど細かくなる．しかし口当たりは，脂肪分が多くなれば吸水性がわるくなるために，口中でべとついた感じとなる．生地の配合にもよるが，脂肪分の多い方が歯ざわりはよいが，あと口が重たくなる．

と，料理の味が引き立つ．
　ワインに食塩を1.5％以上加えて調味料とし，酒税がかからないようにしたものもある．→ワイン

クッパ
　朝鮮料理のごはん物の一つで，ごはんに肉や野菜を煮込んだスープをかけたもの．調理法の一例は，かたまりの肉をまずゆでてから薄切りにして，長ねぎ，たけのこ，にんじんなどの野菜を入れたスープとともにごはんにかける．カルビ（骨つきバラ肉）を用いたものはカルビクッパという．飯がふやける前の，熱いうちに食べる．

クネル（quenelle―仏）
　魚，肉，鳥などの肉をつぶし，卵，パン粉，牛乳，調味料類を加えて，円形や楕円形に形づくり，焼いたり，ゆでたり，蒸したりしたもの．西洋料理のつき合わせ，スープの浮き実などに用いられる．

クバルク（Quark―独）
　熟成させないフレッシュチーズの一種で，ドイツを中心にフランス，スイス，オーストリアで常用されている．凝乳，あるいは，凝乳チーズと訳される．おもに，脱脂乳を乳酸発酵させてできるカードを離漿したホエー（乳清）に混ぜてクリーム状に仕上げる．カテージチーズは，カードだけをとり出してさらに硬化させ，粒状にする点で，テクスチャーがまったく異なる．
　用途は，菓子材料やデザートチーズとして，また，サラダなどに広く用いられる．生クリームを配合したもの，野菜入り，フルーツ入りなどが市販されている．

くみたてしょくひん（組み立て食品）
　原料をいったんバラバラにしてもう一度組みなおした食品．原材料の形態からみて，このほうが形やコストなどの点で有利なものに利用されている．たとえば，ポテトチップスなどはその代表的なもの．通常のポテトチップスはスライスしたじゃがいもから揚げにするが，組み立て食品として作るときは，まず，じゃがいもを乾燥マッシュポテトとし，これに調味料，油などを混合してチップス状に焼き上げる．じゃがいもは形がまちまちなので，こうすれば，くずが出ず，しかも，一定の形に焼き上げることができる．マッシュポテトを練り，押し出して油で揚げるフライドポテトなども一種の組み立て食品である．このほか，大豆たんぱく質と大豆油を合わせ，豆乳状のものが作られるなど，食品工業上便利である．しかし，生のものから作った場合と比べて，栄養的にはかなり差がでる．

クミン（cumin）
　香辛料の一つ．キャラウェイに似た香り，ほろ苦味があり，別名をローマンキャラウェイという．チーズや漬け物のサワークラウトに用いるほか，カレー粉，チリパウダーにも入っている．スープ，シチュー，パン，米料理にも合う．市販品には丸ごとと粉末にしたものの両方がある．一般に粉末の方が使いやすい．

クーラー（cooler）
　酸味がきいて，清涼感のある飲み物のこと．たとえば，オレンジエードクーラーは，コップに砕氷をたっぷり入れ，その上にオレンジジュースとシロップを加え，冷たい炭酸水を満たしてさっとかき混ぜる．ワインクーラーのようにアルコールの入ったものもある．
　クーラーには冷却器という意味もあり，氷を入れてワインを冷やす器具をワインクーラーという．

クーラオロー（咕咾肉）⇒**すぶた**

くらかけ（鞍掛け）
　すし用語で，にぎりずしのたねに，赤貝

やたいら貝を用いるときのにぎり方．具を二つに開き，馬の背に鞍をかけるようにのせる．卵焼きですることもある．鞍をのせておく台を鞍かけというところから，この台に似た形に切ったり串を打つこともいう．

くらかけうち（鞍掛け打ち）

串打ちの一つで，馬の鞍のようにふくらませて串を打つこと．

くらげ（水母）

腔腸動物．食用できるものは少ないが，びぜんくらげが代表的な食用種．脱水して塩漬けしたもの（塩くらげ）を食用にする．塩くらげは塩とミョウバンをすり込んで脱水したあと塩につけたもの．肉の厚いもの，きれいなあめ色のものを選ぶ．中国料理の前菜には欠かせない材料．

塩くらげは，ひと晩水につけて塩を抜き，よく洗い流して熱湯につける．少し縮まる程度ですぐに水につけて冷やす．これを端からくるくると巻いて小口から細く切る．せん切りにして袋に入れて売っているものも，熱湯をさっとくぐらせてから水につけて戻す．酢の物がよく合う．コリコリした感触とさっぱりした味が生命．おろししょうが，からしなど香辛料をきかすとよい．同じく酢の味に合うきゅうりを合わせたり，うに和えにしたりするのも一方法．

グラス（glass）

ジュースや洋酒などの飲み物を入れるガラスの容器．用途，形，大きさによって名称が異なる．

最も一般的なのがタンブラーで，ビール用，ジュース用，ハイボール用などがある．タンブラーの変形のオールドファッショングラスは，アイスコーヒーなどに用いる．ほっそり背の高いコーリンググラスはエードグラスともいい，ジュースなどに使う．ウイスキーグラスはダブルとシングルがある．シャンパングラスはシャンパンのほか，甘口のカクテルやフルーツポンチにも使える．口径が小さく下の方のふくらんでいるのはブランデー用のグラスで，これも容量によっていろいろの大きさのものがある．カクテル用のカクテルグラスは，えびの冷菜にも用いられる．ワイングラスは白ワイン用，赤ワイン用，ポートワイン用がある．

そのほかリキュールグラス，シェリーグラス，サワーグラス，パフェグラス，ゴブレット，パンチグラス，サンデーグラスなどがある．

クラスティーブレッド（crusty bread）

皮を厚く焼いた堅焼きパンのこと．塩味の単純なパンで，皮に味わいがある．バゲット→，ブレッチェン→などはクラスティーブレッドである．

グラタン（gratin—仏）

オーブンを使う料理の代表的なもので，焦げ皮をはらせるというフランス語"グラティネ"からきた言葉．

グラタン皿に，下処理をしたマカロニ，鶏肉，貝，えび，野菜などを入れ，上からベシャメルソース→，トマトソース，生クリームなどをかけ，おろしチーズ，パン粉，バターなどをのせてオーブンで焼く．貝殻またはその形の焼き皿を用いて作ったものはコキール→という．

●マカロニグラタンの作り方
材料：マカロニ100g　鶏肉200g　たまねぎ中1個　バター大さじ2　塩，こしょう少々　ベシャメルソース（バター30g　小麦粉30g　牛乳カップ2　塩，こしょう少々）　粉チーズ大さじ4　パン粉大さじ4　パセリのみじん切り適量

マカロニは塩を加えた熱湯中でゆでる．たまねぎはみじんに切り，バターで炒め，1cm角に切った鶏肉を加え，さらに炒める．ベシャメルソースは，小麦粉をバターで炒め，牛乳でのばし，木じゃくしで混ぜながらソースの固さに煮つめ，塩，こしょうで調味する．ベシャメルソースの2/3量にマカロニ，鶏肉，たまねぎを混ぜて4等分し，バターをひいたグラタン皿に入れ，上から残りのベシャメルソースをかけ，粉チーズ，パン粉をかけ，強火のオーブンで，焦げ色がつくまで焼く．刻みパセリを振る．

クラッカー（cracker）

ビスケットの一種．小麦粉，油脂，食塩，炭酸水素ナトリウム（重曹）などを混合し，イーストで発酵させ，成形し，高温で急速に焼いたもの．クラック（crack—砕ける）が語源である．イーストと炭酸水素ナトリウムを併用するソーダクラッカーが一般的で，そのほか副材料により，チーズクラッカー，クリームクラッカー，オートミールクラッカーなどがある．パンの代わりやカナッペに用いたり，砕いてスープの浮き実に用いたりする．

グラッセ（glacer—仏）

料理に照りやつやをつけること．にんじん，かぼちゃ，さつまいもなどに用いられることが多い．少量の水かスープストックにバターと少量の砂糖，塩を加えた中に材料を入れ，煮汁がなくなるまで弱火で煮る．材料は煮くずれを防ぐために面とりをするのがコツ．

冷やすことや凍らせること，また糖衣をかけることもグラッセという．

●にんじんグラッセの作り方
材料：にんじん大1本　バター大さじ1　砂糖大さじ1　塩少々　スープ（水）カップ1〜1½　こしょう少々

にんじんは3〜4cmの長さに切り，縦に四〜六つ割りにし，面とりをする．厚手の鍋にバターを溶かしてにんじんを加え，砂糖と塩を加えてころがしながらバターをまぶし，スープを加え，煮立ったら弱火にし，汁気がなくなるまで煮る．最後にこしょうを振り入れ，鍋をゆすりながら照りをつける．

グラニューとう（グラニュー糖）

ざらめ糖の一種．結晶が小さく，純度は99.9％．ほとんど純粋のショ糖なので不純物が少なく，コーヒー，紅茶などの嗜好飲料に最適．さらっとして甘味が軽いので，材料の風味を生かす煮物にも適している．
➡さとう

クラブサンドイッチ（club sandwich）

アメリカ風のサンドイッチ．アメリカのカントリークラブなどで作り始めたのでこの名がある．クラブハウスサンドイッチともいう．パンを3層にして，その間に具をはさんで重ねたサンドイッチでボリュームがある．パンはトーストする．

具は，鶏肉，ベーコン，ハム，トマト，レタスなどが用いられる．

クラミーブレッド（crumby bread）

砂糖，油脂，ミルクなどを多く加えたふんわりと柔らかいパン．食パンはクラミーブレッドである．

クラレットパンチ（claret punch）

赤ワインを用いたパンチ．パンチのうちでは一番基本的なもので，色が美しいため，結婚式，誕生日，クリスマスなどの祝いのパーティーの飲み物として用いられる．クラレットとは，フランスのボルドー産の赤ワインのことで，本来はこのワイン

を用いるのでこの名がある．

●クラレットパンチの作り方

材料（約20人分）：クラレットまたは赤ワイン1本　キュラソー90mℓ　レモンジュース90mℓ　シュガーシロップ90mℓ　炭酸水（プレンソーダ）400mℓ

　炭酸水以外の材料をパンチボールに入れて混ぜ，氷片を入れる．パンチが薄まるのをさけるため，材料が冷えたら氷をとり出し，よく冷やした炭酸水を加える．各自のグラスに注ぎ分け，季節の果物を浮かせる．

クランベリーソース（cranberry sauce）

　クランベリー（おおみつるこけもも）に砂糖を加えて作った西洋料理用の冷たいソース．暗赤色で酸味がある．クリスマスの七面鳥のローストに欠かせない．アイスクリーム，クレープなどにも用いられる．

くり（栗）

　ブナ科．日本ぐり，中国ぐり，ヨーロッパぐり，アメリカぐりなどがある．日本ぐりは，大粒では銀寄せ，小粒ではしばぐりがよく知られている．中国ぐりは甘ぐりによい．ヨーロッパぐりはフランス，スペイン，イタリアで古くから広く栽培されている．

　アメリカぐりは，もともとは木材などに使用されていたが，19～20世紀に日本ぐりや中国ぐりを導入し，品種改良したものがある．

　皮のつやがよく色の明るいもの，手に持って重みのあるものがよい．皮に小さな白い粒のついているものや穴のあいたものは虫くい．8～10月下旬が収穫期．

　くりは，ゆでる，焼く，生のまま皮をむいて料理に用いるなどの方法がある．ゆでる場合は，たっぷりの湯の中で．ゆでかげんは，一つ取り出して包丁で半分に切ってみるか，箸または串をつき刺してみる．抵抗なくすっと通ればゆで上がっているので水をきり，そのまま冷ます．焼く場合は，鬼皮の一部にきずをつけてから焼く．きずをつけないで焼くと，中の空気が膨張してはねるので危い．生のまま料理に用いるときは，鬼皮と渋皮を除く必要がある．まず，底の色の薄い部分を包丁でむく．それから，底から上部に向かって狭い方の側面の皮をむき，次に，残りの部分を同様に下から上に包丁を入れて皮を除く．次に渋皮を除く．渋皮も包丁でむくが，甘露煮など形のまま煮上げるときは，よく切れる包丁で包丁目がたつようにむく．和風では，ゆでてそのまま食べるほか，甘露煮，渋皮煮➡，きんとん➡，くりごはん，くりせんべいに，洋風では，バター煮，マロングラッセに，中国風では，鶏肉との煮込みなどに用いる．

●くりの甘露煮の作り方

材料：くり20個　砂糖カップ2　焼きミョウバン小さじ2　くちなしの実3粒　みりん大さじ2

　くりの鬼皮と渋皮をきれいにむき，ひと晩水につけてさらす．カップ4～5杯の水に焼きミョウバンを入れた中で5～6分ゆでてとり出し，水洗いする．次にカップ4～5杯の水にくりとくちなしを入れ，柔らかくなるまで煮る．別に，カップ2の水に砂糖を煮溶かして蜜を作り，この中にくりを入れて紙で落としぶたをし，弱火でゆっくりと煮含める．七分通り煮つめたらみりんを加え，照りを出し，そのままおいて汁を含ませる．

グリエ（griller—仏）⇨グリル

クリスタルフルーツ（crystallized fruit）

　果実の表面に砂糖の結晶をふかせたも

の．ピール物と呼ばれるオレンジ，レモン，ざぼんなどのほか，アンゼリカ，チェリー，ペアー（洋なし）などがある．おもにケーキのデコレーションに用いられる．

グリッシーニ（grissini—伊）

イタリアのパンの一種で，細長く皮の堅い塩味のきいたパン．手の指ほどの太さである．マカロニやスパゲティを食べるときに添えたり，酒のつまみとして，少しずつ折りながら食べる．

クリーミングせい（クリーミング性）

クリーム状になる性質をいう．一般に乳化➡しやすいものがクリーミング性がよい．生クリームがそうであるし，ショートニングのように，人工的に食品材料を配合してクリーミング性をもたせたものも出回っている．

クリーム（cream）

牛乳中の脂肪分を分離したもの．生クリーム➡ともいう．クリームを泡立てたものはホイップドクリーム➡という．また，どろりとした濃度のある液体および柔らかくなめらかな粘性のあるものも総称してクリームという．たとえばバタークリーム➡，カスタードクリーム➡など．

クリームスープ（cream soup）

西洋料理のスープの一種で，ルウを牛乳でのばしたベシャメルソース➡で濃度をつけたもの．フランス語ではポタージュクレームという．トマトを主材料にしたトマトクリームスープ，コーンを用いたコーンクリームスープなどがある．

クリームソース（cream sauce）

ベシャメルソース➡に生クリームを加え，レモン汁，塩，こしょうで調味した口当たりのなめらかなソース．蒸し煮の鶏肉やゆでたアスパラガス，セロリ，カリフラワー，かぶなどの野菜にかけたり和えるの

に用いられる．

クリームソーダ（cream soda）

炭酸水（プレンソーダ）にシロップや果汁などを加えて色と甘味をつけ，アイスクリームを加えた飲み物．ソーダフロート，アイスクリームソーダともいう．加える材料により，メロンクリームソーダ，ストロベリークリームソーダ，クリームソーダなどの呼び名がある．

クリームタータ

酒石酸水素カリウムの別名．酒石英ともいう．ベーキングパウダーやイスパタなどの膨張材の原料となる．また，ドロップなどに入れて糖化を防止したり，ビスケットを均一に膨張させるために加えたりすることもある．

クリームチーズ（cream cheese）

ナチュラルチーズの一種で軟質チーズの一つ．クリームまたは牛乳とクリームを混ぜたものを原料とし，発酵，熟成はさせない．マイルドで濃厚な味が特徴である．チーズケーキの材料として用いるほか，柔らかいのでサンドイッチのパンに塗ったり，サラダのドレッシングの材料などに使われる．

クリームに（クリーム煮）

ベシャメルソース➡や生クリーム，牛乳などを用いた煮物．材料は鶏肉，白身魚，野菜などが用いられる．

グリル（grill）

網焼きにすること．また，網焼き料理のこと．グリエともいう．代表的なものにビーフステーキがある．炭火の上に専用の網をのせ，直火焼きし，網目をつけるのが特徴．火に近すぎて焦がしてしまうとまずくなる．焼き魚と同様に強火の遠火がよい．食堂のことをグリルと呼ぶが，これはグリルーム（焼き肉料理専門店）が転じたも

のである．

グリーンサラダ（green salad）
レタス，ピーマン，きゅうり，クレソンなど緑色の野菜を主にしたサラダ．→やさいサラダ

グリンピース（green peas）
えんどうの未熟なもの．生のものと，びん詰，缶詰，冷凍品が出回っている．生のものは時間とともに堅くなり，味が落ちるので，買ってきたらできるだけ早くゆでておく．さやをむいておくと早く堅くなるので，さやに入ったものを買った方がよい．さやは，表面に青みが残っていて，しかも，はち切れそうになっているものがよい．さやがガサガサになっているものは，収穫してから時間が長くたったものか，過熟のもので，豆が堅い．

ゆでるときは塩を加える．皮が柔らかく色もきれいに仕上がる．

びん詰，缶詰には生の豆を使ったフレッシュと，乾燥えんどうを水で戻し，緑色に着色した戻し豆を使用したものがある．いずれも容器に表示されているからよく気をつけて買うこと．戻しより，フレッシュの方が品質がよい．

生豆は，ゆでた後，料理の彩りやバター炒めに．煮物，豆ごはんもよい．冷凍品は，一度火を通してあるので，炒めるときは凍ったまま使う．びん詰，缶詰は缶をあけたらさっとゆでて緑を生かして用いる．

● 豆ごはんの作り方
材料：米カップ3　水カップ3½　塩小さじ1½　グリンピース（むいたもの）カップ1　こんぶ5cm

米は炊く1時間前によく洗い，ざるに上げて水きりをする．鍋に，米，分量の水，塩，こんぶを入れて火にかける．沸騰したらこんぶをとり出し，グリンピースを入れて手早くかき混ぜる．ふたをして，再び沸騰したら弱火にし，ふつうに炊き上げる．

グルタミンさん（グルタミン酸）
こんぶの旨味成分でアミノ酸の一種．このナトリウム塩はうま味調味料の主成分．グルタミン酸は酸味や塩味を和らげる働きがある．長く煮ると分解して味がまずくなるといわれているが，100度以下ではほとんど分解しない．しかし100度以上では変化してピロリドンカルボキシル酸となり，旨味がなくなって苦味が出る．イノシン酸，グアニル酸など他の旨味成分と強い相乗効果をもつ．料理の旨味の補助剤として使用するのはよいが，多量に使用すると，材料のもち味をこわすから使用量に注意することが必要である．なお，グルタミン酸は，こんぶのほか，パルメザン，ゴーダなどのチーズ，トマト，じゃがいも，鶏がらなどにも豊富に含まれている．→イノシンさん・→グアニルさん・→うまみちょうみりょう・→そうじょうこうか

グルテン（gluten）
小麦粉に水を加えてよくこね，流水に当ててでんぷん類を流し去った後に残る粘りの強いたんぱく質のかたまりのこと．小麦粉をこねることで，小麦たんぱく質の分子がからみ合い生成する．麩質，麩素ともいう．このたんぱく質はグリアジンとグルテニンからなる．小麦粉に水を加えてこねると粘りが出るのは，このグルテンによる．グルテンを多く含む小麦粉は強力粉，少ないものが薄力粉である．グルテンは，これにもち米粉を加えて蒸して生麩，でんぷん類を加えて焼いて，焼き麩に加工される．
☞こむぎこ

クルトン（croûton―仏）
パンで作ったスープの浮き実．薄切りの

パンをさいの目に切り，油で揚げるか，バターできつね色に炒り上げたもの．主としてポタージュスープの浮き実に用いられる．塩味のパンを選ぶのがコツ．揚げるときは，新しい油を用い，低めの温度で．熱いうちに紙の上にとり，油分を吸いとらせることが大切．

クルトンとは本来はパンの切れはしという意味．

クールブイヨン（court-bouillon―仏）

魚や甲殻類をゆでるために用いる香辛料入りゆで汁のこと．ゆでる材料や料理によってゆで汁に加えるものが異なる．水と香辛料，酢，塩，香味野菜が基本で，ワインや牛乳なども用いられる．クールとは短時間という意味．いずれも材料を合わせ，煮立ててからこす．魚介類をゆでたあとの液をスープに用いることもある．

くるまえび（車蝦）

クルマエビ科．体を丸くすると体にあるしまが車の輪のように見えるのでこの名がある．1年中あるが，夏に多くとれる．20gまでの小さいものをこまきまたはさいまき，40gまでをまきと呼んでいる．いせえびにつぐ高級品．日本料理，中国料理などに広く用いられる．すしでは，生きたまま調理して生で食べるのを"おどり"という．さしみ，てんぷら，椀だね，酢の物に．→えび

くるみ（胡桃）

クルミ科．英名はウォルナッツ．果実の核の中の仁を食用する．脂肪が多く，濃厚な味と独特の風味がある．殻つきのものは殻をとる．とがった方を上にして金づちで打つと割れる．くるみ割り器だと簡単に割れる．中の渋皮は，熱湯にしばらく浸してから竹串などを使ってとる．すりつぶしてくるみ酢，くるみじょうゆなどの和え衣にする．くるみ豆腐，あめ煮にもよい．そのほか，サラダ，クッキー，ケーキなどに用いる．中国料理では，えびや鶏肉とのうま煮にもよく用いれらる．

保存するときは殻つきのまま．むいたものは酸化しやすい．

くるみず（胡桃酢）

合わせ酢の一種．くるみの渋皮をとり，どろどろにすって，酢，砂糖，塩を加えて調味したもの．野菜類の和え物に合う．

●くるみ酢の配合割合
材料：むきぐるみ8個分　酢大さじ3
砂糖大さじ2　塩少々

　くるみをすり鉢でよくすり，酢，砂糖，塩を加えて混ぜ合わせる．

クレオールりょうり（クレオール料理）

アメリカ南部のルイジアナ州ニューオーリンズを発祥とするフランス系の料理．クレオール（Creole）とは，この地で生まれたスペイン，フランスの混血の白人や，その人たちの言語を意味する．クレオール料理は，現地の魚介類，トマト，辛い独特のスパイス，オクラを配し，フランス料理を中心に，スペイン人やアメリカ先住民，アフリカ人たちの料理が混合してでき上がった独特の料理．米，えびや白身魚の海産物，オクラ，トマトなどを使うとともに，特有のスパイスの風味が強いのが特徴である．→ガンボ

クレソン（cresson―仏）

アブラナ科．みずがらし，ウォータークレスともいう．香りが強く，葉が大きくて葉間のつまった太いもの，茶色がかった緑色で柔らかいものがよい．ほろ苦い味と芳香味が肉料理とよく合う．ビーフステーキ，ローストビーフなどのつけ合わせや，サラダ，スープの浮き実によい．さっとゆでて，浸し物，ごま和えにもよい．

グレナデンシロップ（grenadine sirup）

ざくろのシロップ．美しい紅色をしている．香りがよく，色がきれいなので，カクテルや洋菓子などに用いられる．市販されているものは合成品が多い．アイスクリームなどの上にうっすらとかけると，たいへんきれいで風味がよくなる．

グレービー（gravy）

肉を焼いたり，少量の液体の中で煮たあとに出る肉汁．肉の濃厚な旨味があるので，これをもとにしてグレービーソース☞を作り，その肉料理にかける．

グレービーソース（gravy sauce）

肉汁（☞グレービー）を土台にしたソース．西洋料理の肉料理に広く用いられる．肉を少量の液体で煮たり，また焼いたりしたときに出た汁を布でこして，塩，こしょうで調味し，炒った小麦粉で濃度をつける．濃度をつけないこともある．また，酸味をつけることもある．

クレープ（crêpe—仏）

小麦粉に砂糖，牛乳，卵，バターを加え，薄く焼いたフランス風のパンケーキ．クレープは織物のちりめんの意．小麦粉，塩，砂糖を混ぜたものに牛乳を加えるとき，ダマができないようにするには，ふるった粉の中央をくぼませ，牛乳を中央に少しずつ加えて溶くのがコツ．なめらかに仕上げるには，この生地を1～2時間放置してから焼く☞．ジャムやマーマレードをはさんだり，上から粉砂糖を振りかけたりして食べる．料理では，チーズやクリーム煮を巻いたりする．

●クレープの作り方

材料(12～16枚分)：小麦粉120ｇ　砂糖大さじ1　塩ひとつまみ　牛乳カップ1½　卵2個　バター大さじ2　ブランデー(ラム酒)少々

　小麦粉，砂糖，塩をふるってボールに入れ，中央をくぼませ，牛乳を少しずつ加えて混ぜ合わせ，さらに溶きほぐした卵を入れて混ぜ，溶かしたバター，ブランデーも加え，そのまま1～2時間休ませる．

　フライパンを中火で熱し，薄く油をひいて，クレープ生地を玉じゃくしに⅓ほどすくって流し入れ，手早く回し広げて焼く．両面を焦げないように焼く．

グレープフルーツ（grapefruit）

かんきつ類の仲間．アメリカで多く作られている．夏みかん大で，果皮は黄色．果肉は黄白色，薄赤色などがある．アメリカからの輸入品がほとんど．横二つに切り，先が曲

グレープフルーツの切り方

がったグレープフルーツナイフで皮と果肉を切り離し，スプーンで食べる．グラニュー糖，はちみつ，赤ワインなどをかけてもよい．苦味成分はナリンジン．とくに未熟

🧪 調理科学

クレープ生地をねかせる理由

　クレープの生地をねかせるのは，十分にグルテンを形成させ，生地を薄くなめらかに焼くためである．小麦粉に含まれる酵素プロテアーゼは，たんぱく質を一部分解してグルテンを形成しやすくする．つまり，たんぱく分子は，ほぐれて十分にからみ合うほど強力となる．したがって，この酵素が働くための時間を必要とする．これがクレープの生地をねかせる理由である．

果は苦味が強い．強い酸味はクエン酸．果皮が緑色のスィーティーも同じ仲間．

クロケット（croquette―仏）⇨コロッケ

くろこしょう（黒胡椒）⇨こしょう

くろざとう（黒砂糖）

さとうきびから作る糖蜜を含んだ砂糖の一種．黒糖ともいう．黒褐色でかたまり状である．精製されていないので，ビタミン類や無機質が豊富である．特有の風味を生かして，ようかん，かりんとう，ケーキなどの菓子類に用いられる．

クロックムッシュー（croque-monsieur―仏）

サンドイッチの一種．ハムとチーズをはさんだサンドイッチをオーブンまたはフライパンで両面を焼き，カリッと仕上げたもの．カリカリと音がする（croquer）という意味からこの名がある．

くろづくり（黒作り）

いかの塩辛の一種．いかのすみを加えて作るので黒色をしている．富山の名産．

クロテッドクリーム（clotted cream）

乳製品の一種で，牛乳を沸騰させて分離したクリームを集めて固めたもの．乳脂肪分が60～70％で，ホイップ用のクリームの約1.5倍．イングランド西部の特産で，スコーン⇨にジャムとともに添えて食べることが多い．

くろパン（黒パン）

色の黒いパンのこと．ライ麦パンをさすことが多い．黒糖やカラメルで色づけした黒パンもある．⇨ライむぎパン

くろビール（黒ビール）

色が黒いところからこの名がついた．カラメル化するほどいぶして焦がした麦芽を使うために，ビールが黒色になる．黒ビールには，下面発酵タイプの，甘味が強く苦味の弱いものと，発酵度，アルコール度，ホップの含有量の高い上面発酵タイプのものがある．前者の代表としては，ミュンヘンタイプの黒ビールがあり，後者のものとしては，イギリスのポーターやスタウトがある．日本の黒ビールは下面発酵のラガータイプのが多い．黒ビールには特有の風味があるため，人によって嗜好差が相当大きい．

クローブ（clove）⇨ちょうじ

くろまめ（黒豆）

大豆の黒いもの．黒大豆ともいう．よく乾燥し，粒がそろい，肉づきのよいものが良品．煮豆にするのがふつう．黒豆を砂糖としょうゆでふっくらと煮たものも黒豆と

調理科学

黒豆の色素

黒豆の色素はアントシアンである．アントシアン色素は鉄と反応すると，アントシアン鉄と呼ばれる非常に安定な色素を生じる．したがって，鉄鍋で煮る，あるいはくぎを加えるなど，鉄分を加えることで，黒豆の色は黒々とし，しかも安定する．アントシアン色素はアルカリ性で不安定となる．したがって，炭酸水素ナトリウム（重曹）を加えて煮ると褐色となり，非常に色がわるくなる．また，アントシアン色素は酸性で赤くなるのを利用し，黒豆の煮汁に酸を加えて鮮明な赤色の飲み物を作ることができる．

煮豆のしわ

十分煮た豆であっても，濃厚な調味料を加えると浸透圧の作用によって豆の中の水分が浸出し，それによって豆にしわがよる．したがって調味料を加えるときは，豆の内外の濃度差が大きくならないように，徐々に濃度を上げていくことが必要である．また最初から薄めた調味液に浸しておいて，そのまま火にかけて煮ると濃度差が小さく，ゆっくりと濃縮されるので豆にしわがよりにくい．

いい，「まめに働く」にちなんで正月料理には欠かせないものの一つである．

黒豆を煮るときは炭酸水素ナトリウム（重曹）を用いないこと．アントシアン色素が変色してきれいに仕上がらない．また，黒豆に多いビタミンB_1も破壊される．鉄鍋で煮るか，古くぎなどを加えて煮ると，アントシアン色素と鉄が反応して色よく仕上がる☞．煮上がった後，煮汁が豆にかぶっていると，豆にしわがよらない．☞

●黒豆の煮豆の作り方

材料：黒豆カップ2　砂糖200ｇ　塩小さじ1　しょうゆ大さじ3　古くぎ5～6本

鍋に水カップ6を入れて火にかけ，沸騰後，分量の調味料を加え，くぎ，黒豆を入れて，そのままひと晩おく．翌日，火にかけ，浮いてくるアクをすくいとり，さし水を2回ほどしたら，ごく弱火にし，落としぶたをして7～8時間煮含める．

クーローヨー（咕咾肉）⇨すぶた
クロロフィル（chlorophyll）

葉緑素ともいう．植物の緑色の成分である．調理上，加熱することで，色がよくもわるくも変化する．☞ほうれんそう

アルカリ性では安定であるが，酸性では不安定である．収穫した緑葉菜が直射日光に当たると黄色になるのは，クロロフィルの色が消え，カロテノイドの色が残るためである．

クロワッサン（croissant—仏）

バターを多く含む，パイ状の層になった三日月形のパン．朝食用によい．塩味．ローマ時代からある歴史的なパン．コーヒーとともに食べると味わいがある．脂肪分が多いパンなので，油のにおいに気をつけて買うこと．

くわい（慈姑）

オモダカ科．地下の塊茎を食用にする．水田で栽培する．11～3月ごろがしゅん．細いとがった芽の部分のよく伸びたものがよい．ほとんどがでんぷん．

くわい

甘味とほろ苦さが特徴なので，含め煮にするのがよい．形を生かして丸のまま皮をむき，柔らかくゆでてから味つけをする．正月料理では芽が出るという縁起から，くわいの芽をつけた含め煮を食べる習慣がある．

特徴のある味を生かして，生のまますりおろし，卵，小麦粉と混ぜて揚げ物の衣にするのもよい．生のまま薄く切って揚げたものは，くわいせんべいという．

●くわいせんべいの作り方

くわいは皮をむいて薄切りにし，1時間ほど水につけてさらす．水気をよくふきとり，中温の油でからりと揚げ，熱いうちに塩を振りかける．

くわやき（鍬焼き）

肉類をタレにつけ，鉄板やフライパンで焼いたもの．昔，小鳥の肉をタレにつけ，鍬で焼いたのが起源．

調理科学

燻製の防腐性

温燻，冷燻とも，煙の中に含まれる防腐性の物質によって材料の保存性を高める．煙の中には，各種の抗菌性に富む物質が含まれており，これを材料に十分に浸み込ませることが必要である．

くんせい（燻製）
　さくら，くぬぎ，かしなどの堅い木の煙でいぶしながら加熱乾燥した食品．煙の成分が浸透し，特有の風味が出るとともに防腐性がつく☞．
　低い温度の煙のみでいぶした冷燻，加熱しながらいぶした温燻などがある．冷燻の方が，時間はかかるが風味がよい．さけ，にしん，いか，たこ，かきなどの魚介類や，牛肉などの獣肉類，チーズ，卵などに利用される．煙の成分を含む液に浸したあと乾燥させる液燻もある．

け

けいにく（鶏肉）

にわとりの肉のこと。かしわともいい、英語ではチキンという。鶏肉は牛肉や豚肉と異なり、繊維が細かく柔らかいのが特徴である。脂肪が筋肉繊維の中に入り込まないため、その分味は淡白である。肉は部位によって色が違う。ふつう赤肉と白肉に分けられる。ももは赤肉で、味にコクがある。手羽肉は白肉で、味は淡白である。脂肪は手羽よりももの方が多い。

たんぱく質が主成分。皮つきの場合は脂肪も多い。しかしささみにはほとんどない。肝臓にはとくにビタミンAが多く含まれる。鶏肉には特有のにおいがあるが、材料によって、しょうゆ、ワイン、清酒、みりん、しょうが、レモンなどを使うことで消すことができる。

鶏肉は部位によって風味が違うので、それに適した調理法にするとよい。

もも肉はやや堅いが味にコクがある。カツレツ、ソテー、バーベキュー、から揚げ、水たき、シチュー、焼きとりなどによい。

手羽肉はもも肉より柔らかく、味が淡白なので、これらの特徴を生かして、蒸しどり、てんぷら、炊き込みごはんなどにする。油で揚げると油が加わることで味にコクが出る。またシチューなど、煮込む場合は味を少し濃いめにするとよい。

ささみは最も柔らかく、脂肪やにおいがないので、幼児や高年者によい。中央にある白い筋をとり除いてから用いる。吸い物、フライ、茶碗蒸し、蒸してサラダなどにする。さっと熱湯を通して霜降りにし、わさびじょうゆで食べてもよい。加熱しすぎると堅くなるので、火が通る程度にする。

皮は水でもみ洗いし、熱湯でさっとゆでてにおいをとってから、炒り煮、炒め物、和え物などにする。

手羽先は骨ごとシチューなどの煮込みやソテーにする。スープにもよい。

骨にはグルタミン酸が多く、鶏がらと称し、煮出すと味のよいスープがとれる。ローストや水だきなどは、骨ごと加熱することで骨のグルタミン酸が溶け出し、肉のイノシン酸と旨味の相乗効果→が働くため、味のよい料理になる。→がら

けいらん（鶏卵）

非常に良質のたんぱく質を含む食品。食品中では、アミノ酸スコアが100と理想値と同じ。これが栄養食品といわれる理由。卵黄にはレシチンがあり、これは、血中コレステロールの増加を防ぐので、鶏卵はコレステロール含有量が比較的多いが、血中コレステロールは増加しないという研究報告もある。

地卵とは、もともとは農家の庭先で飼われたにわとりの卵をさすが、現在は近郊でとれたものという意味の方が強い。赤玉はコーチン系の卵で、有精卵は雄とともに飼育したにわとりの卵である。ふつうの卵と成分的に大差はない。

割ったとき、卵黄の盛り上がるのが新しく、平たくなるのは古い。新鮮なものは卵白が2段になって卵黄がこんもりと盛り上がっている。

だし汁などを混ぜるときは液をよく冷ましてから混ぜないと熱のため卵が固まって

しまう．いくつもの卵をいっしょに使うときは一つずつ別の器に割ること．同じ器に割ると腐敗した卵が1個でもあると全部使えなくなる．

冷蔵庫から出したては調理がうまくできないから，しばらく放置して常温に戻すこと．消化率は半熟が一番よく，ゆですぎると消化がわるくなる．血の混じったものや，ゆで卵の黒くなるのは栄養や衛生上何ら問題はない．オムレツ→，目玉焼き→，だし巻き卵→，ゆで卵→などのほか，ケーキ，揚げ物の衣などに用いる．卵白と卵黄に分けて使用することも多い．卵白はメレンゲ→，スープのアクひき（→あくひき）などに，卵黄はマヨネーズ→，黄身和えなどに用いる．

けいりょう（計量）

調理において，材料や調味料の量を計ること．計量には，重さ，体積，温度などの測定が含まれ，これらのために計量器が使われる．計量器具としては，カップ，スプーン，はかり，温度計などがあり，そのほか，手ばかり→，目測（→めばかり）などの目安量も使われる．

器具による計量はとくに容量の場合，計量器への入れ方によってかなり差が出るので注意を要する．

けがに（毛蟹）

クリガニ科．日本では北海道が主産地．おおくりがにともいう．体全体が黄褐色の堅い羽状毛でおおわれている．一般のかにと食べ方は同じであるが，味が濃厚であり，旨味がある．→かに

ケーキ（cake）

洋菓子の一種．小麦粉，バター，砂糖，卵を主材料とし，種々の香料やナッツなどの風味材料を加えて生地を作り，これを焼いた菓子の総称．種類もたいへん多く，その名前も，作り方からきたもの，使う材料からくるもの，感覚，目的からのものなどがある．パウンドケーキ→，ショートケーキ→，デコレーションケーキ，フルーツケーキ，エンゼルケーキ→，ウェディングケーキなどがある．

糖分と脂肪が多いものは，エネルギーが高い．

けさおとし（袈裟落とし）

魚のおろし方の一つ．頭に胸びれ，腹びれをつけて，腹の方まで大きく斜めに切り落とす方法．表側から包丁を少し斜めにして入れ，包丁が骨にあたったら刃をまっすぐにたて，頭のつけねの関節を切る．裏返して同様に切り，頭を切り落とす．頭に身がたっぷりつくので，あらだきやかぶと煮など頭を料理に使う場合このような切り方をする．たすき落としともいう．

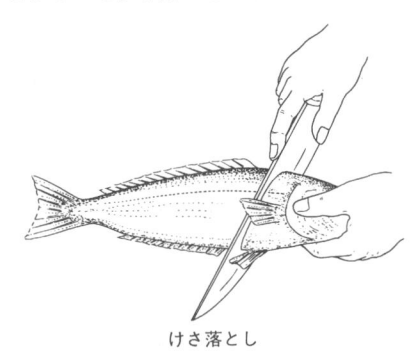

けさ落とし

けしず（罌粟酢）

けしの実を入れた三杯酢．塩でしめた魚類，貝類，蒸したあわび，うど，ずいきなどに向く．

●けし酢の配合割合

材料：酢大さじ4　しょうゆ大さじ1　砂糖大さじ1½　塩小さじ⅓　けしの実大さじ1　こんぶ適量　かつお節適量

酢，しょうゆ，砂糖，塩を小鍋に入

れ，こんぶ，かつお節を加え，ひと煮立ちさせてこし，冷ます．けしの実を粒のまま，またはすりつぶして加える．

けしのみ（罌粟の実）
けしの種子．英名はポピーシード．粒はたいへん細かい．丸のまま，パンやクッキー，ケーキに，振りかけてオーブンで焼くと香ばしくなり，歯ざわりもよい．また，いかの焼き物，川魚のさしみ，サラダなどにすりつぶして香りづけとして用いる．

けしょうざさ（化粧笹）
料理の盛りつけの際飾りや仕切りに使う，飾り切りをしたささのこと．

けしょうじお（化粧塩）
たいやあゆなどの魚を塩焼きにする際，焼き上がりを美しく見せるために振る塩のこと．最初はふつうに塩をし，塩気が少ししみたころ，魚の表面の水分をふきとり，さらにパラッと塩を振って強い直火で焼き上げると，表面が白い塩でおおわれる．ちょうど塩で化粧したように見えるのでこの名がある．
化粧塩は見た目が美しいだけでなく，魚の表面を塩でおおうため，皮が焦げにくい．したがって，味や香りがたいへんよく仕上がる利点がある．なお，尾びれや背びれ，腹びれなどに，焦げないように塩を塗りつけるのも化粧塩であるが，この場合はとくにひれ塩➡ともいう．

化粧塩

けしょうでり（化粧照り）
照り焼きやつけ焼きの仕上がりを美しく見せるために，数回タレをつけて焼いた後，最後にみりんやタレをはけで塗ること．

けずりぶし（削り節）
節類を機械で削ったもの．かつお，そうだがつお，さば，さんま，まぐろ，うるめいわしなどの節が使われる．法律により，「花かつお」という表示はかつお節を削ったものだけにしか使用できない．また，2種類以上の魚の節を混合したものは，「混合けずり節」という表示とともに，多く使用している魚から順に使用魚名を全部表示しなければならない．節が何であるか，必ず包装に明示されているから，表示をよく見ること．削り節は吸湿や酸化などにより品質低下が起こりやすい．そのため，包装したものでは，製品にチッ素ガスを充填したり，脱酸素剤を封入するなどして品質の劣化を防いでいる．

げそ
すし用語で，いかの足のこと．下足がつまったもの．

ケチャップ(ketchup) ➡ **トマトケチャップ**
げっけいじゅ（月桂樹） ➡ **ベイリーフ**
ケーパー(caper)
香辛料の一つ．フランス，イタリア，スペインなどで栽培されるフウチョウソウ科の低木で，この花のつぼみを酢漬けにしたもの．香気が高く，そのままピクルスとして食べるほか，スモークサーモンに添えたり，刻んで料理やソースの風味づけに用いる．

けやき（毛焼き）
鶏，かも，うずらなど食用にする鳥類を下ごしらえするとき，湯に浸して毛をむしり取るが，羽毛はとても細かい毛が残

る．これを火にかざして焼き取る操作をいう．

けん
さしみを盛り付ける際，敷きづま（→つま）としてさしみのうしろにおいたり，下に敷くもののこと．けんの材料には歯切れのよいだいこん，きゅうり，うどが用いられる．そうざい用としてはキャベツ，はくさいなどが使われることもある．薄切り，かつらむきなどした野菜を，さらに細い線状に切り，冷水に放ってパリッとさせて使う．→ラディッシュ

げんえんしょうゆ（減塩醬油）
本醸造のしょうゆから，イオン交換樹脂などを使って塩分を約半分に減らしたしょうゆ．健康増進法による特別用途食品としての規定では，しょうゆ100g中食塩は9g以下ときめられている．しかし，風味はふつうのしょうゆに劣らず，塩分が少ないだけ，かえって旨味は強い．高血圧，心臓病，腎臓病など，塩分を控えなければならない人はもちろん，つけじょうゆとして用いると味がよい．

また，うす塩，あさ塩，あま塩等と表示できる低塩しょうゆもある．これは通常のしょうゆの塩分より80％以下低塩であることが必要で，通常13％程度以下の塩分濃度のしょうゆである．

けんこうしょくひん（健康食品）
明確な定義はないが，健康増進や，体質改善，あるいは体力増強などを目的とした食品をいう．特定の栄養素を主成分にした栄養補助食品→もこの一部である．ロイヤルゼリー，薬用にんじん，クロレラ，プルーン，プロテインなどで，外見が錠剤やカプセル状など薬に似たものもある．健康増進法によって認可された特定保健用食品は効能が表示できる．広義には，自然食品，無農薬食品なども含む．

ゲンチアナ（gentian）
りんどうの一種で，根に強い苦味がある．カクテル用のスパイス，ビターズの苦味料に用いられる．料理にちょっとした苦味をつけたいときは，このビターズを用いるとよい．生薬のゲンチアナはこの植物の根を乾燥したもので，健胃散などに用いられる．

ゲンチアナ

けんちん（巻繊）
中国から伝わって日本料理化した料理．せん切りにしたにんじん，きくらげ，しいたけ，ごぼうなどをごま油で炒め，くずした豆腐も加えて炒め，しょうゆ，清酒などで調味したものをいう．本来はこれをゆばで巻き，揚げるか煮含めたものをいった．けんちんを基本にして，けんちん汁→，けんちん蒸し→などの料理がある．

けんちんじる（巻繊汁）
油炒めにした豆腐に，にんじん，だいこん，ごぼう，しいたけ，さといもなどを加え，しょうゆ，塩で調味した実だくさんの汁物．→けんちん

けんちんむし（巻繊蒸し）
豆腐，ごぼう，にんじん，きくらげなどをごま油で炒めたけんちんだねを，鶏肉，いか，あるいは背開き，腹開きして中骨を除いた魚で包んで蒸したもの．→けんちん

げんぺい（源平）
紅白2色の材料を用いて仕上げた料理をいう．源氏が白旗，平家が赤旗を用いた由来により，この名がある．だいこんとにんじんのなますを源平なます，まぐろといかのさしみを源平作り，そのほか，源平しん

じょ，源平巻きなどがある．

げんまい（玄米）

　もみがらを除いただけの米．白米とちがうのは，ぬか層があるため，たんぱく質，脂質，無機質，ビタミン類が多い点．ぬかや胚芽には，ビタミン B_1，B_2 などが多く含まれている．また，老化防止などに役立つビタミンEも豊富に含まれている．しかし，玄米は消化吸収率がわるいのが欠点．これを柔らかく炊くには圧力釜を用いるとよい．

こい（鯉）

コイ科の淡水魚．厳寒のものがとくに味がよい．たんぱく質，脂肪ともに多いので鮮度が低下しやすく，鮮度が落ちるとにおいが強くなる．料理するときは生きたものを使う方がよい．生の肉にはアノイリナーゼというビタミンB_1分解酵素がある．また，生で食べるときは，肝吸虫の幼虫が寄生していることがあるので注意する．

生きたものは気絶させて調理する．頭を包丁の背で強くたたくとよい．こいの胆のうは苦玉といい，これをつぶして肉につけるといくら洗っても苦くて食べられなくなるので，苦玉をつぶさずにとり出すことが大切．苦玉は腹びれを指で押さえた中あたりにある．生食するときはあらい⇒にする．薄くそいで氷水にさらし，わさびじょうゆや酢みそで食べる．あめだきにするときは，あらかじめ番茶で煮ると生臭みがとれる．こいこく⇒はみそで長時間煮込んだもので，魚臭が消えるとともに肉がしまって味もよくなる．中国料理では丸揚げの甘酢あんかけ（⇒タンツゥリィユィ）が有名．

こいくちしょうゆ（濃口醬油）

薄口しょうゆに対してふつうのしょうゆを呼ぶときに使用する名称．良品は，丸大豆，丸小麦を使い，6〜8か月かかってゆっくり醸造する．

塩分は約15％（重量比）．各種のアミノ酸や旨味成分，グリコーゲン，ブドウ糖，麦芽糖，それに微量成分を300種類近く含む．

よいものほどのびがよく，料理の味もよい．口を切ったとき，明るく透明な赤い色をしているもの，香気を深く吸い込んだとき気持ちのよい香りのするもの，コップの水に落としてみると底に近いところまで沈んでから散るもの，皿の上で傾けると適度な粘性のあるもの，試験管などに入れてよく振るとなかなか消えない泡の立つものがよい品物．よいものは保存料を加えなくてもかびが生えにくい．一般には，エチルアルコールを添加してかびを防いでいる．

快いフレーバーがあり，肉や魚のにおい消しに最適．ビーフステーキやチャーハンを作るとき，少量を鍋肌に落として焦がし，よい香りをつけると風味よく仕上が

調理科学

しょうゆの色の変化

濃口しょうゆは，開栓すると色が濃くなり，30度のとき，ほぼ15日で元の色の倍程度に増色する．これは空気による酸化によるものである．5度の場合は，2倍に増色するのにほぼ1か月以上かかる．したがって，増色を防止するためには，開封後は冷蔵庫など低温のところに保存することが必要である．また，日光に対しても増色は進行する．増色と塩分含有量とは関係があり，塩分含有量の少ない減塩しょうゆは，通常の濃口しょうゆよりも早く増色しやすい．増色は空気の影響が大きく，また容器では缶入りが最も増色しにくく，次いでびん，プラスチック容器の順となる．増色すると，とくに香りが失せ，風味が低下する．

加熱によるしょうゆの色の変化

しょうゆは，加熱によって褐色が濃くなる．とくにみりんなど，糖分を含む材料とともに加熱すると順次色がつく．佃煮などは，この加熱による色の変化を利用したものである．

る．煮物をするときも，仕上がりに少量のしょうゆを落とすと香りよく仕上がる．魚の煮物には必ず濃口しょうゆを使う．におい消しの効果がある．マヨネーズソースに1滴，うしお汁に1滴，トマト煮に1滴など，1滴のしょうゆを生かした使い方も多い．なるべく料理の仕上げで使うのがポイント．こうすると香りが生かせる．

開栓後は，冷蔵庫など冷暗所に置くことが望ましい．

こいこく（鯉濃）

筒切りにしたこいをみそ汁で煮込んだ濃厚な味の汁物．鯉濃醬（こいこくしょう）を略した言葉．こいには淡水魚特有の臭みがあるが，みそのもつ矯臭作用（☞みそに）によって，臭みが消える．

苦玉を除いたわたはおいしいので，煮込むときはいっしょに用いる．うろこはつけたままで調理する．調理する前に必ず清水に放して腹の中のものを吐き出させておくこと．➡こい

●鯉濃の作り方

材料：こい(生きたもの)1尾　清酒カップ½　水カップ10　赤みそカップ½弱　粉ざんしょう

こいの頭を包丁の背でたたき，静かになったら頭を落とす．胸びれの下からうろこ3枚目くらいの位置に胆のう（苦玉）があるのでとり除き，2～3cmの筒切りにする．鍋に分量の水と清酒，こいを加えて火にかけ，泡やアクをとりながら弱火で2～3時間煮たら，分量みその⅔量を加え，弱火で30分～1時間煮る．味をみて，残りのみそを加え，味を調える．椀に盛り，吸い口に粉ざんしょうを振る．白みそを用いてもよい．

長く煮込むほど味がよくなるので，一昼夜煮込むこともある．

こいも（子芋）➡さといも

こいか（甲烏賊）

胴の中に，舟形をした骨のあるいかの総称．➡いか

こうさい（香菜）

セリ科．別名こえんどろ．中国では香菜（シャンツァイ）とか芫荽（イエンソエイ）といい，若い葉を利用することが多い．英語名はコリアンダー➡で，西洋料理では主として果実を香辛料として利用する．

葉には独特の強烈な香りがあり，肉や魚のにおい消しや風味づけに用いられる．生の葉をそのまま炒め物や和え物に混ぜたり，かゆ，スープなどに散らしたり，みじん切りにしてタレの中に入れるなど，彩りをかねた薬味的な利用法が多い．さっとゆでてから用いる場合もある．

こうじ（麹）

穀類や豆類，あるいはぬか，ふすまなどにこうじかびを適当に繁殖させたものを一般にこうじと呼んでいる．通常家庭で用いられるものとしては米こうじがある．これは，漬け物や甘酒などを作るのに用いられる．また，みそを自分で作るときにも米こうじは利用できる．ひと握り手にとり，固く握ってみて，水分が多く，しっとりしたものはよくない．このようなものは，こうじの力が落ちている．握ってパラリと落ち，よく乾燥しているものがよい．

また，こうじのにおいをかいだとき，甘く，のどの奥に吸い込めるようなよい香りをもったものがよいこうじ．かび臭かったり，いやなにおいのあるものはよくないこうじである．🔗

こうじづけ（麹漬け）

塩漬けにした材料に，米こうじをまぶして漬けたもの．だいこんを使ったべったら漬けが有名だが，はくさい，なす，かぶなども漬ける．下漬けの塩は約5％．本漬け後5〜20日ほどで食べられる．薄塩のため貯蔵はきかない．気温の高いときは塩を多めにする．野菜のほか，あゆ，たい，いわしなどの魚類にこうじを加えて発酵させたものもある．かぶらずし🔗もこうじ漬けの一種．

こうしにく（子牛肉）

日本では生後10か月未満，欧米では2〜3か月くらいの子牛の肉をいう．英語ではヴィール（veal），フランス語ではヴォー（veau）と呼んでいる．ほとんどが乳牛の雄である．脂肪が少なく，肉の色が薄い．コクはないが柔らかく，くせのないのが特徴．油やチーズ，バター，卵などコクのある材料とともに調理することが多い．また，淡白でくせのない肉であるため，ワインやしょうゆなどで風味をつけやすい．欧米では乳のみで育てた幼い子牛の肉をとくにホワイトヴィールと呼んで高級料理に使用する．ホワイトヴィールは，肉が白っぽいところからついたものである．

こうしんりょう（香辛料）

主として種子，皮，根，花を使うスパイスと，葉を用いるハーブ🔗の総称．シーズニングともいう．肉料理とともにヨーロッパで発達した．

香りを与えるもの，色を与えるもの，辛味を与えるものなどがあり，その種類によって香味料，辛味料，苦味料，エッセンス🔗などと区別されている．

辛味料は，香辛料のうちでもとくに食物に辛味を添え，臭みを消し，食欲を増進させる力があるものをいう．とうがらし，マスタード，わさびなどがある．これらは防腐作用や殺菌作用が強く，またその刺激は消化酵素の分泌を促すので消化を助ける作用もある．抗酸化性も強い．

苦味料は，香辛料のうちで苦味をつけるために使われるものをいう．ゲンチアナ，ホップなどがある．

香味料は香りづけに使われるもので，ベイリーフ，シナモン，オールスパイス，タイムなどがある．色づけにはサフラン，パプリカ，ターメリックなどがある．

少量の香辛料は料理の味を深くするとともに舌の疲れをなおすので，最後まで料理がおいしく食べられる．また，一種でいろいろな役割を果たすものは少ないので，多くの種類の香辛料を少しずつ合わせて使うのがコツである．刺激性の香味が，飲食物に風味を与え，食欲を増す．また，消化液の分泌を促し，消化吸収をよくする．にんにくの成分などのように，ビタミンB_1の吸収をよくする成分を含むものもある．

ごうせいず（合成酢）

酢酸酢ともいう．氷酢酸を水で薄めたも

🧪 **調理科学**

こうじの糖化作用
　こうじの中には強力なアミラーゼが含まれる．これがでんぷんを糖化する．このアミラーゼは，40度程度でよく働き，65度以上になると活性を失う．

のに，うま味調味料や甘味料，香料，着色料などの食品添加物を加えて作ったものである．味，香りとも刺激が強く，酸味が舌をさす感じで醸造酢に比べ風味がよくない．100％醸造の酢以外のものはすべて"合成酢"と表示することが法律で決められている．この場合，醸造酢を10％以上混入したものには，その旨を10％刻みで併記してもよいことになっている．

こうそう（香草） ⇨ ハーブ

こうちゃ（紅茶）

茶の葉を発酵させ製茶したもの．煎汁が紅褐色なので日本では紅茶という．英語ではブラックティー（black tea）である．発酵させないで作ったのが緑茶である．

紅茶の色はタンニンによるものである．カフェインを含むので疲労回復に役立つが，この量はコーヒーより多いので，空腹時や夜間の飲用は注意が必要である．

葉を手でつかんでみて重く感じ，ずっしりしているものが良質．また，形にしまりがあって，よくよじれたものがよく，扁平なものはよくない．よいものは，ぬるい湯でも色がきれいに出る．熱湯で出すのがポイント．

紅茶の葉を茶こしに入れ，その上に湯を注いで順次入れていくと，1杯目は香り，2杯目は味，3杯目は香りも味も薄く色だけというように，1杯ごとに風味が異なる．紅茶の風味は，香り，味，色の三つがそろうことが必要．その目的を達するためには，ポットを使う．ティーバッグの場合でも同じである．

紅茶をレモンティーにする場合は，新しく切りたてのレモンを加えることが大切．古いレモンを加えると薬臭くなる．

🔬 調理科学

クリームダウン

気温の低いとき，紅茶をいれてしばらくおくと，クリームを入れたように白濁することがある．この現象をクリームダウンという．クリームダウンは，カフェインとタンニンがややゆるやかに冷却する際に結合して生ずるものである．非常にゆっくりと冷える場合にはこれは起こらない．また，瞬間的に冷却されるときも起こらない．タンニンとカフェインの作用であるために，カフェイン含有量の多い良質の紅茶ほど，このクリームダウンは起こりやすい．また，濃く出したものほど起こりやすい．したがって，アイスティーを作る際は，紅茶を出した後，気温の高い時期はそのまま放置して冷やすか，あるいは容器に氷を入れ，氷に少しずつ紅茶を注いで急速に紅茶を冷やせばクリームダウンは起こらない．

紅茶とレモン

紅茶にレモンを加えると，色が薄くなる．紅茶の色は，タンニンの発酵によって各種の重合物が作られ生じたものである．赤色素のテアフラビンは酸性で変化しないが，オレンジ色素のテアルビジンは酸性で色が薄くなる．レモンは酸を含み，これを加えると紅茶が酸性になる．そのために紅茶の色が薄くなる．

紅茶と金属成分

紅茶は，微量の金属成分によって味が変わる．また，金属の種類によっては黒変する．黒変に最も関係の強い金属は鉄分である．鉄分が紅茶に加わると，タンニンと結合して黒色のタンニン鉄を生じ，沈殿ができる．

鉄が入ってくる原因としては，紅茶を入れたときの水，湯わかしの材質が大きい．また，レモンティーの場合，レモンを切った包丁がさびていたりすると紅茶は黒くなる．はちみつのように鉄分を含むものを加えても同様である．紅茶の味は，微量の亜鉛，クロム，ニッケル，鉛，銅などによっても味に変化を生じる．したがって，紅茶をいれる水は，極力，きれいな純粋なものでなければならないし，湯わかしもこのような微量金属が溶け出さないもの，たとえば，ガラス，ほうろう，ステンレスの上質のものなどを使用する必要がある．

●紅茶の入れ方
材料（ホット・1杯分）：紅茶小さじ1〜山1　熱湯カップ2/3
　人数分の紅茶を温めたポットに入れ，熱湯を注ぎ，ふたをして少時おき，各茶碗につぎ分ける．
材料（アイスティー・1杯分）：紅茶小さじ2〜2 1/2　熱湯カップ2/3　氷適量
　人数分の紅茶を温めたポットに入れ，熱湯を注ぎ，ふたをして少時おく．氷片をグラス八分目くらい入れ，氷の上に砂糖を好みの量のせ，上から熱い紅茶を注ぎ，急速に冷やす．

こうなご（小女子）　⇨いかなご

こうみやさい（香味野菜）
　料理の味を引き立て，味をよくする野菜．高い香りをもっている．フランスではアロマートという．パセリ，にんじん，セロリ，たまねぎなどがあげられる．香りをつけるために用いる香辛料は香味料➡という．

こうみりょう（香味料）
　香辛料のうちで，とくに香りが高く，おもに香りづけや臭み消しに使われるものをいう．香辛料の中でこの中に入るものは，ベイリーフ，こしょう，シナモン，オールスパイス，ちょうじ，ナツメグ，メースなど．肉料理は香りで肉臭を消す必要があり，香味料はなくてはならない存在である．➡こうしんりょう

こうらがえし（甲羅返し）
　かにの甲羅を酢に浸したり酢でゆでたりして，柔らかくなったら裏返し，これにいろいろの材料を詰めて蒸したり焼いたりすること．

こうらむし（甲羅蒸し）
　かに料理の一つ．かにの身を細かくほぐし，しいたけのせん切り，みつばなどを加え，卵黄と合わせ，みりんなどで薄味をつける．これをよく洗ったかにの甲羅に盛り，上から泡立てた卵白をかけて蒸したもの．

こうらもり（甲羅盛り）
　かに料理の一つ．よく洗った甲羅に，かにのほぐし身とその他の材料を和えたものを盛りつけた料理．甲盛りともいう．

こうりょう（香料）
　料理に香りをつけたり，材料のもつ不快なにおいを消したりするために使われるもので，食品添加物の一種．天然香料と合成香料がある．合成香料は天然の香りに似せて作られる．各種の果実をはじめ，まつたけ，えび，ねぎなど多くの香料がある．エッセンス類も，ほとんどが合成香料である．➡エッセンス

こおり（氷）
　水の凍ったものであるが，家庭で作るもの，工業的に作られるものがある．工業的に作られるものは，氷を作る衛生基準があって非常にきれいであるが，家庭で作るものは，手のよごれなどがあると，大腸菌などの菌類を含んだままの氷ができることが多い．また，冷蔵庫中の汚染によって氷が汚染されることもあるから，十分注意しなければならない．大きな氷を砕いたものをかち割り氷という．工業的に作られた氷には，すぐ利用できる小形のものや砕氷などもある．また食塩と合わせ，寒剤としても用いられる．➡かんざい・➡ゆうかいねつ

こおりこんにゃく（凍り蒟蒻）
　こんにゃくを凍結させ，脱水，乾燥したもの．薄く切ったこんにゃくを冬の夜中，自然に凍らせ，これを日光のよく当たるところに並べて，解凍とともに不純物を除く．これをくり返して製品とする．でき上がったものは半透明で，表面に細かな網目

のあるものがよい品物である．関東北部などで多く作られる．貯蔵がきくので，精進料理に用いられる．使うときは，しばらく米のとぎ汁につけて柔らかく戻し，布に包んで水気をとってから，清酒，しょうゆ，酢，砂糖などで調味し，弱火でゆっくり煮るのがコツである．このほか，酢の物，和え物，汁の実などにも用いることができる．

こおりざとう（氷砂糖）

砂糖を大きく結晶させたもの．氷糖ともいう．砂糖製品中で結晶がもっとも大きい．製法により，結晶が不整形の氷糖と，一粒一粒の結晶の大きさがほぼそろっているクリスタル氷糖がある．純度が高く，アクがないうえ，水にいちどきに溶けないので，梅酒などのホームリキュールを作るときに用いられる．→さとう

こおりどうふ（凍り豆腐）

豆腐を一度凍らせた後に乾燥させたもの．高野山の宿坊で作りはじめたので高野豆腐，信州地方では凍（し）みる意から凍み豆腐ともいう．

ふつうの豆腐と食味が違うのは，凍結中にたんぱく質が変性するためである．

たんぱく質のよい給源である．古くなるとたんぱく質が変性し，脂肪も酸化して油臭くなり，栄養価値も下がる．

凍り豆腐は，調理するために湯を注いだとき，ふくれをよくするため膨軟加工が行われるが，かつてはアンモニアガスを豆腐の組織中に吸収させる方法が用いられていた．このアンモニアガスは保存中にしだいに逃げていくので，製造後あまり日のたったものはふくらみがわるかった．現在は炭酸水素ナトリウム（重曹）を用いて膨軟加工したものがほとんどである．こういったものでは，あらかじめ戻す必要のないものが多く，熱湯につけると溶けるものもあるので，戻し方の表示をよく見ることが大切である．

巻きずしに使用する場合は，古くなった堅い凍り豆腐がよいという人もあるが，これは形がくずれにくいためで，味は新しいものの方がよい．

凍り豆腐は，よいだしと，よい調味料を用いるのがポイントである．含め煮は調味をしたら落としぶたをして，ゆっくりと煮含める．塩味を吸いやすいので，少し甘めに味つけした方がよい．含め煮のほか，巻

🧪 調理科学

凍りこんにゃくのできる理由

こんにゃくは，コンニャクマンナンがアルカリによってゲル状に凝固したものである．これを凍らせた場合，こんにゃくの炭水化物と水とが分離し，炭水化物は不可逆的に変化する．そのため凍ったこんにゃくを解凍しても，元のこんにゃくの状態には戻らず，多孔性の凍りこんにゃくとなる．したがって，こんにゃくを変化させずに冷凍保存することはできない．

豆腐たんぱく質の変性

豆腐は，たんぱく質をカルシウム，マグネシウムなどの塩類によって凝固させたものである．これを冷凍するとたんぱく質が変性し，溶解しにくい形態となる．また，氷の結晶が成長することで豆腐の組織の間に空間を作り，スポンジ状となる．いったん凍り豆腐としてたんぱく質が変性したものは，元の豆腐に戻すことはできない．

豆腐のたんぱく質とアルカリ

凍り豆腐の膨軟加工は，たんぱく質がアルカリ性に弱く，弱アルカリ性にしておくと水に対する溶解性が高まることを利用したものである．炭酸水素ナトリウム（重曹）やアンモニアなど，アルカリ性のものを利用するのはこのためである．

きずしやちらしずしの具にも用いる．てんぷら，すきやき，汁の実にもよい．

こか（糊化）
生のベータ型でんぷんに，水，熱を加えることで，アルファ型でんぷんに変化するが，このとき，でんぷんは糊状になり，透明になる．これを糊化という．→でんぷん

こがねやき（黄金焼き）
切り身の魚を塩焼きし，焼き上がりに卵黄を塗ってさっと乾かしたもの．焦がさないように2～3回くり返すと美しい黄金色になる．たい，さわら，いか，えびなどに適した調理法．黄身焼きともいう．

コキール（coquille）
貝殻に盛った料理をいう．一般には，ほたて貝の貝殻，あるいはほたて貝の形をした陶器や金属製の容器を用いる．ゆでたえびやかになどを，たまねぎ，マッシュルームなどのバター炒めとともにホワイトソースで和え，ほたて貝の殻に詰め，おろしチーズをかけてオーブンで焼いたグラタンに似た料理．材料をマヨネーズで和え，焼かないものもある．フランス語ではコキーユ（coquille）．

こく
味についての言葉の一つ．味の深みとか，濃厚といった意味に使われている．具体的にどのような味とはっきり表現することができない面をもっている．清酒，しょうゆ，みりん，酢などの醸造品のもつ味の深さや，料理の表現不可能な複雑なおいしさをさすことが多い．

こくしょう（濃醤）
薄めのみそ汁に実を入れて煮込んだ汁物．こいを用いればこいこく→となる．どじょう，ほうぼうなどの魚も用いられる．

こぐちぎり（小口切り）
ねぎ，うど，にんじん，ごぼう，きゅうりなどの長い材料をそのままか，あるいは縦半分に切り，端の方から刻む切り方．厚さは材料や用途によって適当に変える．

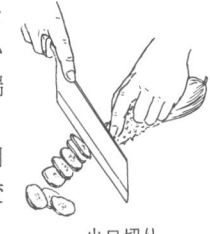

小口切り

こくもつす（穀物酢）
醸造酢→の一つで，穀物や穀物でんぷんなどを発酵させて造った酢．法律的には，1lの酢の中に穀物が40g以上含まれるものに限られる．

穀物酢のうち，原料穀物が一種類である場合，その原料の名前をつけて米酢，玄米酢などと称することができる．米酢は特有のこうじ臭が強いがまるみがある．米だけで造り，アルコールや糖類などを添加していないものは純米酢と呼ばれる．穀物酢には，そのほか，酒粕を原料とした粕酢，麦芽で大麦，小麦などを糖化してつくる麦芽酢，特殊な製法の黒酢，はとむぎを原料にしたはとむぎ酢などがある．

こけひき（鱗引き）
こけとはうろこのことで，魚のうろこを除くこと．またはうろこを除く器具のこと．うろこ引きともいう．

ココア（cocoa）
カカオ樹の種子（カカオ豆）を炒って殻を除き，粉砕し，圧力をかけてカカオバター（脂肪分）の一部を除き，残りのかたまりを粉砕したもの．

脂肪が多く，高エネルギー飲料．カフェインに似ているが，興奮性がはるかに弱いテオブロミンを含む．

何も加えていない純ココア，ココアの粉末に粉乳を加えたミルクココア，砂糖と粉乳を加えたインスタントココアがある．インスタントのものは，添加物の表示に注

意．ほとんど合成に近いものもある．

純ココアは鍋に入れたら熱湯を少しずつ加えてペースト状になるまで練るとつやと香り，粘りが出る．牛乳は温めて加えるのがコツ．ココアは，沸騰させすぎるとかえって芳香成分が逃げてしまうので注意する．カップに注いでから生クリーム，マシュマロなどを入れると，口当たりが柔らかくなる．

● ココアのいれ方

材料（1人分）：ココア大さじ1　砂糖適量　湯カップ1/3　牛乳カップ1/3

ココアに少量の温湯を加えてペースト状に練り，湯を加えてのばす．ココアは脂肪が多く，水ではのびないので注意する．これを火にかける．3分くらい煮て泡立ってきたら，温めた牛乳をかき混ぜながら加え，ひと煮立ちしたら砂糖を加えて混ぜ，火を止める．

ココット（cocotte—仏）

耐熱性の小型の深みのある器．ふたつきのものもある．この中に材料を入れてオーブンで焼いたものもココットという．肉，野菜，えび，ソースなどを下に敷き，上に卵を入れて焼くことが多い．

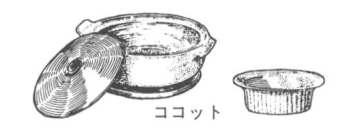

ココット

ココナッツ（coconuts）

ココヤシの果実．未熟果の胚乳は半透明の液状で，これをココナッツジュースと呼んで飲用にする．果実が熟すと殻の内側に近い部分から脂肪の多い白いゼリー状に変化し，だんだん厚く，堅くなる．この白くなった部分はココナッツと呼ばれ，糸状や生パン粉状に削ったものがそのまま料理や菓子材料に用いられる．乾燥したものはデシケーテッドココナッツと呼び，製菓材料となる．白い胚乳部のココナッツを搾って得た牛乳状の液体はココナッツミルクといい，調味料として広く用いられる．

こしょう（胡椒）

こしょうの実でスパイスの一種．英語でペッパー（pepper）という．一般的なのは，白こしょう（ホワイトペッパー），黒こしょう（ブラックペッパー）の2種である．白は完熟した実の外皮をむいたもの，黒は未熟な実を乾燥したもの．黒こしょうは白こしょうより辛味や香りが強く，少し青くさい．白こしょうは，辛味は弱いが香りは上品である．市販こしょうの粉末は，この白と黒を混合したものが多い．このほか，未熟な緑色の実を水煮や凍結乾燥したグリーンペッパーがある．こしょうにはレモンの香り成分であるリモネンを多く含むのでレモンと相性がよい．

こしょうは，におい消しと味の引き立て役に使う．肉料理では下ごしらえに，煮物，炒め物では仕上げに使う．なお，ビーフステーキは焼く直前に使う．

香りを生かして使うには，粒を買い，そのつどこしょうひき器でひいて用いるのがよい．ほとんどの肉料理，卵料理，魚料理に用いられる．

ごじる（呉汁）

すりつぶした大豆を使ったみそ汁．大豆を水に浸して十分柔らかくし，すり鉢あるいはミキサーでよくすりつぶし，だし汁でのばし，だいこん，にんじん，ごぼう，油あげなど好みのものを入れて煮込み，みそで調味する．

ゴーダチーズ（Gouda cheese）

ナチュラルチーズの一種．オランダのゴーダ地方原産の硬質チーズ．直径30cm，

高さ10cm，重さ4～10kgもある大きな円筒形．表面は淡黄色のロウ仕上げにしてあるので，一般に黄玉チーズとも呼んでいる．薄く切って食べるほか，プロセスチーズの原料として用いられる．→チーズ

こち（鯒）
コチ科の海水魚．白身の魚で味は淡白，夏に味がよい．

こちは頭が大きく平たいので独特のおろし方をする．まず背びれ，尾びれをとり，腹を上へ向けて頭を落とす．次いで腹を割って，以下，片身ずつ力を入れて引きながらおろす．魚臭があまりないので味つけは淡白でよい．

さしみ，酢の物，煮つけ，鍋物にする．新鮮なものはあらいがよい．てんぷらにしてもよい．

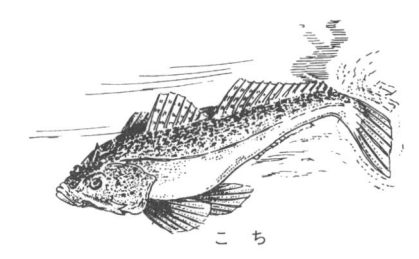

こち

コチュジャン
朝鮮料理に用いる代表的な調味料で，とうがらしみそのこと．米，麦，大豆，こうじ，とうがらしを主原料として発酵させて作る．少量の食塩，あるいは甘味の調節に水あめや砂糖を加えることもある．煮物，生野菜の和え物の調味など広く用いられる．

こづけ（小付け）
酒の肴になるような少量で気のきいた料理．小鉢など小さい器に盛って出すのでこの名がある．

こつざけ（骨酒）
たいやあまだいなどの焼き物の肉をむし

った後の骨をもう一度焼き，熱燗の酒に浸したもの．独特の風味を楽しむ．

ごったに（ごった煮）
肉類，野菜類などいろいろの材料をとり合わせた煮物．調味も，しょうゆ，砂糖，みそなど，きまりはない．

コートレット（côtelette—仏）
豚，子牛，羊の骨つき背肉のこと．また，これらの肉を用いてパン粉などの衣をつけてバターで焼いた料理につけられる名称．日本料理のカツレツはコートレットを変形したものである．日本のカツレツ風のものは欧米では作らない．

こなあめ（粉あめ）
水あめを乾燥して粉末にしたもの．急速に，しかも水分を3～5％まで乾燥するので，非常に水に溶けやすい性質をもっている．また粘度が大きく吸湿性が小さいので，多くの利用価値がある．あめ，アイスクリーム，佃煮，缶詰などに用いる．また粉あめは味が淡白でエネルギー源となるので，腎臓疾患用の低たんぱく高エネルギー食のエネルギー源としても用いられている．

こなざとう（粉砂糖）
白ざらめかグラニュー糖を粉砕したもの．英語でパウダーシュガーという．白く，柔らかい粉末であるが，吸湿性が大きく，すぐかたまり状になるので，保存に注意が必要である．ふつうは，固まりにくいようにコーンスターチを少量混合してある．グラニュー糖を乳鉢ですりつぶし，ふるいにかければ家庭でもできる．バタークリームやメレンゲに入れるほか，和菓子，洋菓子の装飾に使われる．→さとう

こなわさび（粉山葵）
わさびだいこん（→ホースラディッシュ）の乾燥粉末を主原料とし，からし粉，

でんぷん，着色料，糊料などを混合したもの．本物のわさびは使われていない．ぬるま湯で溶き，しばらくおくと，辛味成分が出てくる．しかし，風味は本物のわさびのようなわけにはいかない．用途は，さしみじょうゆ，にぎりずしなどが多い．→わさび

コニャック（cognac—仏）

フランスに産する世界で最も有名なブランデーの一種である．そのブランデーの集散地の都市の名前をとってコニャックと呼ばれた．コニャックには，熟成の新旧を見る目安として，びんに星のマークや，VO (very old), VVO (very very old), VSO (very special old), VSOP (very special old pale) といった頭文字がついている．しかし，これらのマークは，商品上のマークであって，法律できまったものではない．→ブランデー

こねこ（捏粉）

小麦粉を水でこねたもの．ドウ→，生地ともいう．料理によっていろいろな固さにする．

このこ（海鼠子）

なまこの卵巣を乾燥したもの．さっと火であぶり，食べやすく切って酒の肴にする．珍味の一つ．

このしろ（鰶）

ニシン科の海水魚．体長は20cmくらい．10cm前後の幼魚はこはだ→という．脂肪が多く，旨味のある魚である．小骨が多いので，すしだねにするときは骨切りをする．煮つけ，塩焼き，酢の物などにも向く．

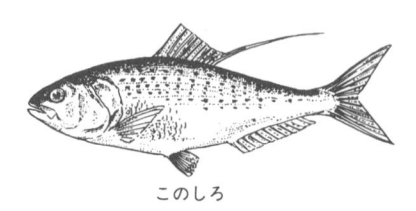

このしろ

このはぎり（木の葉切り）

果物の飾り切りの一つ．りんごなどを木の葉の形に切ったもの．料理のつけ合わせや，装飾的に口取りなどに用いられる．りんごを縦四つ割りにし，両面の切り口に添って下まで切り落とさないよう，5mm幅で平行に包丁を入れる．これをくり返し，ずらしていくと木の葉形になる．

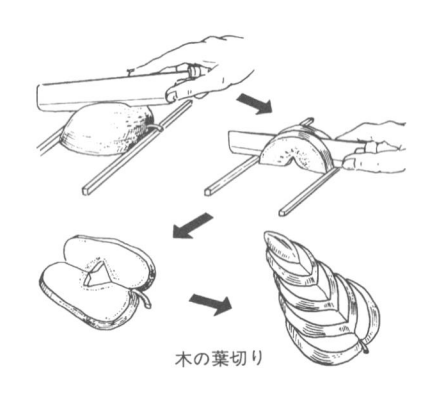

木の葉切り

このはどんぶり（木の葉丼）

かまぼこを用いたどんぶり物．かまぼこの薄切り，それにねぎやみつばなどをしょうゆ，砂糖，みりんで煮て卵でとじ，ごはんにかける．かまぼこの形を木の葉に見たてたものである．

このはやき（木の葉焼き）

魚の蒸し焼き料理の一つ．魚の切り身に薄塩を振り，かしわやさくらの葉で包む．さらに和紙でくるみ，水でぬらして火であぶり，葉をつけたまま皿に盛る．葉の香りと風情を楽しむ料理である．魚は，さわら，あまだい，たいなど白身魚が適当．しょうゆ，塩，だし汁でかけ汁を作り，上からかける．薬味は青ねぎ，みつばがよい．

このわた（海鼠腸）

なまこの腸から作った塩辛．ふつうは，いりこ→生産の際に抜きとる内臓を使用する．作り方は，なまこの腸をとって集め，

海水でよく洗い，さらに水で洗って水きりした後，塩を加えて混ぜ，樽に詰めて熟成する．樽詰め後1週間くらいが食べごろである．冬の間に製造したものがよいとされている．選び方としては，腸の長いもの，光沢のある黄色または黄褐色をしているものがよい．酒の肴，ごはんの添えものに用いられる．コップにこのわたを入れ，熱い燗酒を入れて混ぜると，このわた酒ができる．

コハクさん（コハク酸）

はまぐり，あさり，しじみなどの貝類や，清酒，みそ，しょうゆなどの発酵製品に多い旨味成分の一つ．味が濃厚なので，単独の調味料としてうま味調味料のように使うことはなく，加工食品に少量使われる程度である．清酒の旨味の主体といわれ，合成清酒の製造には欠かせない．

こはくに（琥珀煮）

とうがん，やまのいもなどをみりん，清酒，しょうゆなどで煮て，煮汁にくず粉でとろみをつけたもの．煮汁がこはく色になるのでこの名がある．

こはだ（小鰭）

このしろの幼魚で，成長とともに呼び名の変わる出世魚．体長が10cm前後のものをいう．外皮の模様のはっきりしたものがよい．三枚におろしてすしだねにしたり，煮つけ，塩焼き，から揚げ，酢の物にしてもよい．正月料理に，こはだの粟漬けを使うところもある．→このしろ

こばちもの（小鉢物）

小さめの鉢に盛った料理．本膳料理や酒の肴に用いられる．主として和え物，浸し物，酢の物などを入れる．

ごはん（御飯）　⇨ **べいはん**

コーヒー（coffee）

コーヒー豆を炒って粉砕し，熱湯で浸出した飲み物．カフェインを含むのが特徴で，神経を刺激し，覚せいの働きがある．食後に飲むとカフェインの働きで胃液の分泌が高まり，消化力が強まる．しかし，空腹時に飲むと，胃に障害を起こす原因となりやすい．苦味の主成分はクロロゲン酸などのタンニンによる．

炒った豆を買ってそのつどひくと風味がよい．ひいたものは7〜10日くらいで使いきる．湿気は厳禁．コーヒーは，豆を選び，器具に合わせた粗さにひく．

コーヒーは熱湯で短時間に浸出するのが，味，香りの点で最もよい．浸出方法としては，ペーパーあるいは布（ネル）のドリップ式が一番風味がよい．パーコレーターは何回も熱湯で抽出することになるため，苦味の強いコーヒーができがちである．サイフォンは香りはよいがコクがなく，器具の手入れなど面倒なところが欠点である．そのほかイタリア式のエスプレッソやカプチーノ，水出しなどがある．

なお，コーヒーは微量の金属類が影響するので，湯わかしはできるだけガラスやステンレスを用いる．また，コーヒーは産地，品種により風味がちがうから，自分に適した嗜好のものを配合するとよい．

コーヒーにクリームや牛乳を入れるのは酸味を，砂糖を入れるのは苦味を和らげるためである．コーヒーにクリームを入れる場合は，新鮮なものであることが必要．古くなったものは，コーヒーに入れると，フェザリング⇨といって，羽毛のような感じに固まることがある．このようなクリームは，コーヒーの味を損なうから注意が必要である．

冷たいコーヒーはグラスに氷を入れ，上に砂糖をのせ，熱いコーヒーを注ぎ入れると，香りが失われない．コーヒーを出して

長時間保温すると，酸化して風味が低下する．→インスタントコーヒー

コーヒーシュガー（coffee sugar）
砂糖の一種．グラニュー糖にカラメルを加え，再結晶させてから粗く砕いて作る．褐色でカラメルの香ばしい香りがある．コーヒーは，焙煎によりコーヒー豆の糖分がカラメルになり，よい香りがでる．この香りにさらにカラメル香をプラスし，コーヒーの香りを高める．

コピーしょくひん（コピー食品）
本物に似せて作られた一群の食品類の名称．実物と非常によく似ていて，かなり味のよいものが多い．かに風味かまぼこ（通称かに棒），ほたて貝柱かまぼこ，人造イクラ，代用キャビア，かずのこ風成形魚卵などがある．かに棒は，かにの代わりにすり身から作り，イクラでは，海藻抽出物で作ったソフトカプセルに植物油を入れて作るなど工夫がこらされている．資源に限りがある高級素材にコピー食品が多くみられる．

こふきいも（粉吹き芋）
じゃがいもをゆで上げた後，ゆで水を捨てて再び火にかけ，ころがしながら粉をふかせたもの．塩を振り，肉料理のつけ合わせなどに用いる．古いもを使うのがポイント．新いもではうまく粉をふかない．☞

こぶじめ（昆布じめ）
魚介類をこんぶの間にはさんで，30分ないし数時間軽く押しておき，こんぶの風味を材料につけた料理の総称．魚介類のほか，きゅうりやこんにゃくに用いることもある．魚の場合，身の柔らかいひらめやさよりはそぎ切りにして，ごく薄く塩をし，こんぶにはさむ．でき上がったものは，そのまま，あるいは酢洗いして用いる．酒の肴などによい．

こぶちゃ（昆布茶）
こんぶを細かく刻むか，粉末にしたものに熱湯を注いで作る．"喜ぶ"に通じるため，縁起物として正月や祝儀のときに出す習慣がある．一般にこぶ茶といわれているのは，微粉末にした乾燥こんぶに塩味をつけたものである．茶漬け，吸い物などにも使える．

ごへいもち（五平餅）
炊きたてのごはんをすりこ木で半つぶしにし，丸めて2〜3個串にさすか，細長く切った杉の板に握りつけて小判形に形を整え，焼いて練りみそを塗ったもの．中部地方の郷土料理の一つ．

ごぼう（牛蒡）
キク科の根菜．ほとんど四季を通じて出

調理科学

コーヒーのフェザリング
コーヒーは，いくらか酸を含んでいる．この酸が多い場合や，古くなったクリームや牛乳を用いた場合に，この中に生じた酸はクリームや牛乳中のたんぱく質を凝固させる．したがって，モロモロとしたフェザリング状を呈することになる．とくに温度が高い場合にこの反応は促進されるから，熱いコーヒーでこれが起こりやすい．

粉ふきいもの科学
粉ふきいもを作る場合，細胞膜が破れ，中のでんぷんが多量に出てくると，べたついて粉をふかなくなる．すなわち，粉ふきいもの粉は，じゃがいもの細胞がバラバラにほぐれた状態で，じゃがいもの表面に付着したものである．したがって，じゃがいもの細胞膜が弱まると，細胞がこわれて中からでんぷんが出ることになる．細胞膜を弱める条件としては，食塩とともにゆでた場合，および新いもを用いた場合である．新いもは細胞膜が非常に弱い．そのために，粉ふきいもになりにくい．

回るが，初夏の新ごぼうが柔らかい．繊維が多くこれらの給源によい．煮ると青くなることがあるのは，ごぼうの中にあるアントシアン色素が，ごぼうから浸出したカリウム，ナトリウム，カルシウムなどでアルカリ性になった煮汁と反応するため．切っておくと褐変するのはポリフェノール系の物質がごぼう中の酵素で酸化されるためである．酢水に浸すと褐変しないのは，酢がこの酵素の働きを止めるからである．→ポリフェノール・☞いろどめ

ごぼうは皮に風味があるので，たわしでこする程度に皮をとる．切ったらすぐ酢水に浸す．ゆでるときも，ゆで水に酢を加えると白く仕上がる．ぬかや米のとぎ汁を用いても同様の効果がある．組織があらく調味料をよく吸収するので，味は薄めにつける．含め煮，きんぴらごぼう→，たたきごぼう→，てんぷらなどに用いる．

こぼれうめ（こぼれ梅）

みりんかすのこと．みりんを醸造した際に搾った残りのかす．形が酒の粕のように板状ではなく，ころころして梅の花のようなのでこの名がある．奈良漬けなどの材料として用いられる．

ごま（胡麻）

ごまの種子．外皮の色で黒ごま，白ごま，茶ごま，金ごまなどに分けられる．市販品には，ごまを洗って乾かした洗いごま，炒って袋に詰めた炒りごま，皮を除いたむきごま，みがきごまなどがある．また，ごまを炒ってからすったすりごまや，ごまをペースト状にどろどろにすりつぶしたものもある．

よく実の入った粒のそろったもの，異物の混入していないものを選ぶ．白ごまの漂白は法律で禁止されているが，黒ごまは天然色素で着色したものもある．

ごまに含まれる油は，ビタミンEやセサモールなどの還元物質，必須脂肪酸であるリノール酸を多く含み，血圧を下げる働きがあり，栄養効果も大きい．とくにEは，生理的に効力の強いアルファ型が大部分を占める．また，たんぱく質，鉄，ビタミンB_1も多い．古来，強壮剤あるいは長寿の食品といわれてきたのは，このためである．

ごまは香ばしい香りがあるので，炒ったものをすりつぶしたり，刻んだりして香りづけに使う．炒ったごまの香ばしい香りはピラジン→による．ごまはすりつぶすと香りがよく，消化も向上する．

ごま和え，ごま豆腐，ごまじょうゆなどに用いる．炒りごまに焼き塩を混ぜたごま塩は，ごはんによく合う．→きりごま・→ごまあぶら・→ごましお・→すりごま

ごまあえ（胡麻和え）

炒りごまをよくすりつぶし，塩，砂糖，しょうゆなどの調味料を加えて，野菜その他の材料を和えたもの．しょうゆの代わりに，みそをすり混ぜてごまみそを作り，これで和えることもある．ごまよごしともいう．和える材料としては，さやいんげん，しゅんぎく，うど，ごぼうなど広範囲のものに利用できる．

ごまあぶら（胡麻油）

ごまの種子を圧搾してとった油．油の中で最も特徴的な強い香りをもつ．褐色のものと白色のものがある．白色のものは，ごまを生のまま油を搾ったもの，褐色のものは，ごまを炒ってから搾ったもので，炒りかげんで，油の色に濃淡が出る．色の濃いものほど香りが強いが，一方では味が濃厚となる．中国料理には欠かせない食用油．揚げ物，炒め物，和え酢，和え衣，ドレッシングなどに入れたり，各種の料理にごく

少量香りづけに使われる．ラー油➡の油もごま油である．

ごまいおろし（五枚卸し）

魚のおろし方の一つ．ひらめ，かれいなど平たい魚のおろし方．魚の頭をおとし，中央を縦に切って背身と腹身に分ける．裏も同様に切る．三枚におろし，縦に包丁を入れて背と腹に分ける方法もある．かつおのおろし方と同じなので節おろしともいう．

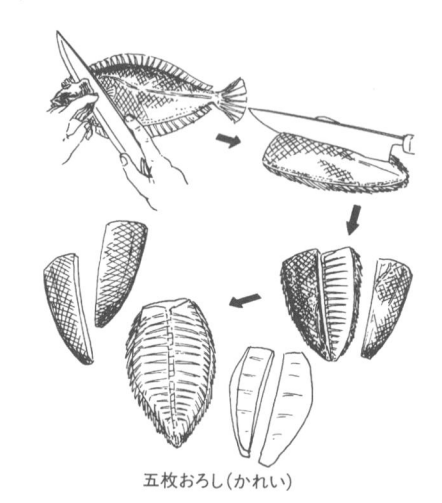

五枚おろし(かれい)

ごましお（胡麻塩）

炒りごまに塩を混ぜたもの．ほうろくにまず塩を入れてサラサラに炒り，そこへ洗ったごまをぬれたまま入れる．さらによくかき混ぜ，サラッとしてきたら，火からおろす．ごはんやにぎり飯に振る．とくに赤飯には欠かせない．

ごまじょうゆ（胡麻醬油）

ごまをよくするか，または切りごまにしてしょうゆ，砂糖を合わせたもの．もやし，ほうれん草など植物性のものには白ごまが，魚などには黒ごまが合う．

●ごまじょうゆの配合割合

材料：ごま大さじ3　しょうゆ大さじ2　砂糖大さじ1

ごまを油が出るくらいまでよくすり，調味料を加えて，さらによくすり混ぜる．

ごまず（胡麻酢）

すりごまと酢を混ぜ合わせた濃厚な味の合わせ酢．こまつ菜，ほうれん草，みつばなどの野菜や白身魚などによく合う．きゅうりとくらげのごま酢和え，いかときゅうりのごま酢和えなどがある．

●ごま酢の配合割合

材料：白ごま大さじ3　酢大さじ3　砂糖大さじ2　塩小さじ½

ごまは油が出るまですって，調味料を加え，さらによくすり混ぜる．

ごまずみそ（胡麻酢味噌）

酢みそ➡にごまを混ぜたもの．ごまの香りがさわやかで，ふろふきだいこんなどに向く．

ごまだれ（胡麻だれ）

しょうゆとみりん，または砂糖で作ったタレに，その20〜30％の，炒ったすりごまを入れたもの．ごまの香りが高く，さわらなど白身魚の焼き物などに用いられる．

こまつな（小松菜）

アブラナ科の葉菜．葉が3〜4枚出たものはとくにうぐいす菜という．冬に多く出回る．アクがないので浸し物，和え物，みそ汁の実，漬け物などにする．生あげと煮ても味がよい．東京では雑煮にも用いる．

ごまどうふ（胡麻豆腐）

ごまをすりつぶし，水とでんぷんを混ぜ，火にかけてよく練り，型に入れて固めた寄せ物．椀だねにしたり，冷やしてわさびじょうゆで食べたりする．ごまは白ごまを使う．

●ごま豆腐の作り方

材料（20×15cm流し箱一つ分）：白ご

まカップ1½　くず粉カップ1　水カップ6

ごまはすり鉢で油が出るまでよくする．さらにくず粉を加え細かくつぶし，分量の水を加えてくず粉が溶けるまでよく混ぜる．これを裏ごしに通し，鍋に移して火にかけ，煮立つまで強火にし，煮立ったら弱火にして十分にとろみがでるまで木しゃもじで練る．水でぬらした流し箱に入れ，冷やし固める．適当に切り，おろしわさびとしょうゆを添える．

こまのつめ（駒の爪）

野菜の切り方の一つ．ちょうど馬のひづめのような形をしているためこの名がある．にんじん，ごぼう，きゅうりなど円筒形のものを斜めに切り，少し間隔をおいて，今度はまっすぐに包丁を入れ，これを繰り返す．

ごまみそ（胡麻味噌）

すりごまと練りみそを混ぜたもの．青菜類，だいこん，はくさい，キャベツなどを和えるほか，ふろふきだいこんのかけみそや，なすのしぎ焼きのぬりみそなどに用いられる．

●ごまみその配合割合
材料：ごま大さじ3　赤みそ大さじ3　砂糖大さじ2　だし汁大さじ2〜3

ごまを炒ってよくすり，調味料とだし汁を加えてすり混ぜる．白みそを使うときは白ごまを使い，砂糖は加えない．

ごまめ（鱓）

かたくちいわしの幼魚を干したもの．田作りともいう．正月料理に食べるごまめのあめ煮のことも一般にごまめまたは田作りという．田作りの名は，昔，いわしを田の肥料に使ったことから豊作を願って名づけられたものである．煮干しのように，煮ていわしの油を抜かず，そのまま乾燥してあるので，保存の日数が長くなると油の酸化がはげしい．銀色の光沢があり，腹の切れていないもの，粒のそろったものを選ぶ．赤く油焼けしたものは，えぐ味があり，味もわるい．あめ煮にするときは形よく仕上げることが必要．そのためには，ごまめをほうろくやフライパンに入れて炒るとき，ガラガラかき回さないこと．弱火で，ポキンと折れるくらいまで気長に炒るのがコツ．

●ごまめの作り方
材料：ごまめ50g　しょうゆ大さじ1　砂糖大さじ3　みりん大さじ1　だし汁大さじ2　白ごま少々

ごまめを厚手のフライパンかほうろくに入れ，何回にも分けて少しずつ弱火で，ポキンと折れるくらいまで炒る．鍋にしょうゆ，砂糖，みりん，だし汁を合わせて火にかけ，泡が細かくなり，少し濃度がつきかけたらごまめを加え，さっとかき混ぜる．バットなどに広げて冷まし，白ごまを振る．七味とうがらしを振ってもよい．

ごまよごし（胡麻よごし）⇨ごまあえ

こむぎこ（小麦粉）

メリケン粉ともいう．たんぱく質の含量によって，薄力粉，中力粉，強力粉などがある．また小麦粉は，一等，二等，三等などの等級がある．製粉を行ったとき，最も表皮や胚芽の含量の少ないものを一等粉，ひきこんでいって皮の部分に近いものが三等粉．その中間を二等粉としている．等級

が下がるほど表皮や胚芽に由来する繊維，たんぱく質，無機質が多くなる。現在はほとんどが無漂白粉で，色は薄い黄金色をおびている。洋菓子，てんぷらには薄力粉，めん類には中力粉，パンには強力粉を使う。強力粉はこねたとき，粘りが強い。こねるときは塩を加え，ぬるま湯を用いると粘りが強く，のばしても切れにくい。

小麦粉の種類とおもな用途

種類	たんぱく質(％)	用途
強力粉	11.5〜13.5	パン，マカロニ
中力粉	8.5〜10.5	めん類など．
薄力粉	7.0〜8.5	ケーキ，てんぷらの衣

こめ（米）

もみ米からもみ殻を除いただけの玄米，ぬかを半量除いた半つき米（五分つき米），ぬかを70％除いた七分づき米，ぬかをほとんど除いた精白米など，搗精度によって名称が異なる。また，栽培方法によって水稲，陸稲（おかぼ）があるが，ほとんどは水稲である。

でんぷんの性質の違いからうるち米，もち米の分け方もある。うるち米はごはんとしてふつう炊飯しているもので，もち米は，もち，赤飯などに用いられる粘りのある米である。

また，大別すると，粘弾性の強い短粒のジャポニカ種と，粘りの少ない長粒のインディカ種がある。

そのほか，胚芽部を残した胚芽米，ビタミンB_1を強化した強化米，酒醸用の酒米と呼ばれるものなどがある。

粒がそろい，砕米や赤米，青米の入っていないもの，握ったとき実質感を感じ，離すとパラパラしてくっつかないものがよい。しかし，米の味は外観からは判断しにくい。

炭水化物が約77％あり，エネルギー源になる。たんぱく質は約6％と小麦より少ないが良質。俗に一升めしといわれるように，一升（約1.4kg）も食べればたんぱく質給源にも十分なりうる。代謝に多量のビタミンB_1が必要であるが，精白米にはB_1がほとんどないのが欠陥。→げんまい・→すいはん・→はいがまい

こめず（米酢）

米とこうじを主原料にして造った醸造酢。米のでんぷんがこうじによって糖分となり，これがアルコール発酵，酢酸発酵と続き，酢になる。また，米の中のたんぱく質が微生物によって分解され，アミノ酸やそのほかよい味の化合物がたくさんできているのでコクがある。米酢と表示できるのは1ℓの酢の中に米が40g以上使われている醸造酢に限られる。原料にアルコールや

調理科学

小麦粉とグルテン形成

小麦粉は，水と食塩を加えて強くこねるとグルテンを形成する。グルテンは，小麦粉中のたんぱく質の分子がもつれ合って生じる粘性の強いものである。たんぱく質が材料であるから，たんぱく質含有量の多い小麦粉の方がグルテンを多量に生成する。グルテンを生成する際，小麦粉中に含まれているたんぱく質分子が十分にほぐれることが必要である。そのためには，アミラーゼおよびプロテアーゼなどの酵素が十分に働く必要がある。これは小麦粉中に自然に含まれているもので，こねるときぬるま湯を用いたり，こねてから一定以上の時間，生地をねかせることで，これらの酵素が働き，強いグルテンを生じる。また，食塩もたんぱく質分子をいくらか溶解するように働くために，分子がほぐれやすくなり，これもグルテンの粘性を高める。

糖類を加えていないものは純米酢と表示できる。

こめぬか（米糠）
玄米を精白するときにできるもの。小ぬかともいう。
たんぱく質，脂質，炭水化物，無機質，ビタミンB_1，ナイアシンなどに富み，栄養価値が高い。とくに米のビタミンB_1はほとんどぬかの中に含まれている。このB_1が材料に浸透するので，ぬか漬けは栄養的にも有用な方法と考えられる。
ぬか漬け，ぬかみそ漬けのほか，アク抜きとしてたけのこ，だいこんのゆで水に加えたり，身欠きにしんや干しかずのこを戻したりするときに用いられる。☞

こめぬかゆ（米糠油）
米を搗精した後の，ぬかから搾った油。リノール酸，オレイン酸を多く含む。色が薄く，淡白でくせのない味の油である。てんぷら，サラダドレッシングなどに使える。

こめみそ（米味噌）
米こうじを使ったみそ。最も一般的なみそで，赤みそと白みそがある。赤みそには仙台みそ，江戸みそなどがある。白みそは関西や中国，四国などの暖かい地方独特のもので，こうじの使用量が多く，甘口で香りもよい。→みそ

ごもく（五目）
数種類の材料をとり合わせて作った料理につける名称。"五"というのは5品ではなく多いという意味。五目ずし，五目そば，五目飯，五目豆などがある。

ごもくじる（五目汁）
いろいろな材料の実の入った汁物。みそ仕立てにすることが多い。

ごもくずし（五目ずし）
混ぜずし，ばらずしともいう。数種類の調味した具をすし飯に加えたもの。具としては干ししいたけ，かんぴょう，にんじん，ごぼう，れんこん，油あげ，凍り豆腐，焼きあなごなどが一般的。具を混ぜたすし飯を器に盛り，錦糸卵，もみのり，きぬさや，さやいんげんなど青みのものを細く切って上に飾る。関西ではこれをちらしずしともいう。

ごもくめし（五目飯）
各種の野菜や肉類を米や調味料と混ぜて炊き込んだしょうゆ味のごはん。かやく飯ともいう。材料としては，鶏肉，しばえび，貝柱，れんこん，しいたけ，にんじん，ごぼう，油あげなどが用いられる。これらのうち4～5種類選び，小さく刻んで用いる。季節によって変化をつけるのがふつうである。

●五目飯の作り方
材料：米カップ3　水・しいたけのつけ汁カップ3¼　しょうゆ大さじ2　清酒大さじ3　塩小さじ½　鶏肉150g　干ししいたけ4枚　にんじん½本　ごぼう20cm　こんにゃく⅓丁　グリンピース大さじ4

🧪 調理科学

米ぬかとあく抜き
米ぬか中には，各種の酵素が含まれている。中でも脂肪分解酵素であるリパーゼはかなり強力である。したがって，脂肪分の多い身欠きにしんなどは，米のとぎ汁に浸すことによってリパーゼが働き，酸化した余分の油を除去し，味をよくする効果がある。また，米ぬか中にあるリン酸塩であるフィチンは鉄と結合し，ゆでている材料の中に含まれている鉄による褐変を防止する働きがある。たけのこをゆでるときの米ぬかはあく抜き，軟化と白くするのに有効。

米は炊く1時間前に洗ってざるにあげておく．鶏肉は1cmほどの角に切り，しょうゆ少々を振りかけて下味をつける．しいたけは水に戻してせん切り，にんじん，こんにゃくは2cm長さの細い短冊切り，ごぼうはささがきにしてアク抜きをする．鍋に米とそのほかの材料，調味料を加え，分量の水かげんをしてふつうに炊き上げる．グリンピースをゆで，炊き上がったごはんの上に散らす．

こもち（子持ち）

魚の腹に詰め物をし，ちょうど卵が入っているような形にしたものをいう．腹の中に入れるものとしては，しいたけ，たけのこ，にんじんなどの細かく切ったものに，卵の溶き汁を混ぜ，塩，しょうゆ，砂糖などで調味し，七分通り煮たものなどが用いられる．これを腹わたをとった魚の腹の中に詰めて蒸す．子持ちだい，子持ちえびなどがある．食品では，腹に卵の入った魚やかにを子持ちという．海藻などに魚が卵を生みつけ，付着しているようなものも子持ちという．子持ちわかめなどがある．

ゴーヤー⇨にがうり

ごり（鮴）

河川にすむはぜ類の地方名またはかじかとの混称．金沢では，ごり料理が名高く，かじかをまごりと称し，生のままみそ汁にしたごり汁のほか甘露煮などがある．

コリアンダー（coriander）

セリ科の植物．特有の鼻もちならぬにおいがあるが，生の葉は香味野菜，乾燥した種子は香辛料として利用される．生の葉は中国料理では香菜（シャンツァイ）（⇨とうさい）と呼ばれ，パセリ，みつばのように各種料理の香味づけに用いる．種子も未熟な間は同様のにおいがするが，完熟するにつれて，芳香に変わる．種子は直径3〜4mmの球形をしていて先端がちょっと尖っている．粉末にしたものを菓子パン，クッキーなどに入れる．カレー粉にはたいていこれが入っている．また，ハム，ソーセージの加工にはなくてはならない香辛料である．漢方ではこえんどろと称し，健胃，祛痰などに用いられる．

コリアンダー

コールスロー（coleslaw）

キャベツをごく細く切り，冷水に浸してパリッとさせてから，フレンチドレッシングあるいはマヨネーズで和えたサラダ．彩りにたまねぎ，紫キャベツ，にんじんなどを混ぜることもある．

コールドビーフ（cold beef）

よく焼いたローストビーフ⇨を冷たくしたもの．薄切りにしてそのまま，またはアスピック⇨をかけたり，サラダに入れたり，サンドイッチの具に用いられる．
コールドビーフ用の牛肉は，焼く前に肉の表面についているあぶらを取り除くことが大切．

コルネ（cornet—仏）

ハムやパンなどを円錐形に巻いたものや，単にくるりと巻いたものにつける名．コルネは，動物のつの【コルネ】のとかつの笛という意味．薄切りハムにマッシュポテトなどを詰めて巻いたコルネハム，パンにジャムをつめたコルネパン，ショートケーキのコルネ，コルネパイなどがある．

ハムのコルネ巻き

コルネパイ

コールラビ（kohlrabi）

アブラナ科でキャベツの変種．かぶのように肥大した茎を食べる．かぶかんらんともいう．コールラビの名はドイツ語に由来し，コールはキャベツ，ラビはかぶの意味．球と葉柄が緑白色のものと紅紫色のものがある．皮をむくとかぶに似て白く，水分が多くて甘味がある．生食するときは，薄切りか細いせん切りにして薄塩をしたあと酢の物やサラダにすると歯切れがよい．炒め物，スープの実，煮物，ピクルス，ぬかみそ漬けなどにもよい．

ころ⇨いりかわ

コロッケ

揚げ物料理の一つ．フランス語のクロケット（croquette）がなまった言葉．炒めるなどして調理した肉や魚介，野菜などを，裏ごししたじゃがいもあるいは濃いめのベシャメルソース➡で和え，小麦粉，溶き卵，パン粉をつけて油で揚げる．主材料により，ポテトコロッケ，ビーフコロッケ，つなぎや風味により，クリームコロッケ，カレーコロッケなどという．

通常よく作るポテトコロッケには，たまねぎ，にんじんなどはできるだけ小さく切り，ひき肉といっしょに，よく炒めておくのがポイント．じゃがいもの量に対して他の具の量が多すぎると身割れの原因になる．衣はつけ落としたところがあると，そこからくずれてくるので，まんべんなくつけるように注意する．余分なパン粉はよく落としておく．180度くらいの高温の油で，衣に焦げめをつける程度でさっと揚げる．

●クリームコロッケの作り方

材料：ベシャメルソース（バター大さじ4　小麦粉大さじ6　牛乳カップ2　塩，こしょう　少々）たまねぎ1個　むきえび100ｇ　マッシュルーム小1缶　バター，ワイン，塩，こしょう少々　小麦粉，溶き卵，パン粉，揚げ油各適量

鍋にバターを溶かし，小麦粉を焦がさないように炒め，牛乳で溶きのばし，煮つめて調味し，少し堅めのベシャメルソースを作る．たまねぎはみじんに切ってバターで炒め，それぞれ5mm角くらいに切ったえび，マッシュルームを加えて炒め，塩，こしょう，ワインで調味し，ベシャメルソースと合わせて冷ましておく．固まったらナイフで個数に等分して形を整える．小麦粉をまぶしながら作業すると手につかない．小麦粉，溶き卵，パン粉をまぶし，180度くらいの油で手早く揚げる．

ころも（衣）

揚げ物➡を作るときの，材料の外側を包むもの．代表的なものはてんぷら➡やフライ➡の衣で，小麦粉やパン粉などが使われる．

また，材料にまぶしたり和えたりするものも衣という．和え物の場合は和え衣➡という．

ころもあげ（衣揚げ）

衣をつけて揚げるものの総称．揚げ物は大きく分けると，から揚げと衣揚げとに分けることができる．衣揚げとしては，てんぷら➡，フライ➡，フリッター➡などがある．衣に用いる材料としては，てんぷらでは，卵を加えた小麦粉，フライでは，卵，パン粉，フリッターでは，卵白を泡立てた

ものなどが用いられる．春雨，そば，青のり，コーンフレーク，ごまなどを用いた変わり揚げもある．

コーンオイル（corn oil）
とうもろこしの胚芽から搾った油で，淡黄色ないし黄色で独特の風味がある．リノール酸が多い．ふつうサラダ油として市販されるものが多く，てんぷらやサラダのドレッシングなどに適している．→しょくぶつゆ

こんごうだし（混合出汁）
かつおとこんぶでとっただし汁．かつおのイノシン酸とこんぶのグルタミン酸の味の相乗効果→を利用した，味の強い合理的なだし汁．一般に和風料理に広く用いられている．料理の材料が動物性の旨味をもっているときはこんぶを多くし，逆に植物性の場合はかつお節を多くするのが上手な使い方である．→だし

●混合だしの作り方
材料（約1ℓ分）：水カップ5　かつおの削り節10〜20ｇ　こんぶ（10cm角）1枚
こんぶは水といっしょに鍋に入れ，沸騰直前にとり出し，かつお節を入れ，煮立ったらすぐ火を止め，熱いうちにこし分ける．

コーンスターチ（cornstarch）
とうもろこしの穀粒からとったでんぷん．純白で無臭である．粒子が細かく，糊化したものは舌ざわりがたいへんなめらか．ブラマンジェや焼き菓子などの菓子材料や，ソースの濃度づけに用いられる．アルファ化しにくいので，消化をよくするためには十分に熱をかけることが必要である．→でんぷん

コーンスープ（corn soup）
スイートコーンを使用したスープ．スイートコーンの甘味と味を味わう．スイートコーンの若いものを煮てすりつぶすか，缶詰のスイートコーンをスープストックや牛乳などでのばし，塩味をつけて仕上げる．スイートコーンの缶詰には，クリームコーンと粒状のホールコーンがあるが，それぞれ特有の風味がある．通常クリーム状の方がスープとしては適している．

コンソメ（consommé―仏）
西洋料理の澄んだスープの総称．ポタージュクレール→ともいう．英語では，クリアスープ（clear soup）という．
獣鳥肉類や，魚介類などからとったスープストックに，さらに肉類，鶏がら，魚の骨，香味野菜，香辛料を加え，味と香りをつけたものをこして，透明にしたスープ．器に入れ，浮き実を入れて供する．スープストック→のよさが，味を決めるポイントとなる．
インスタントのブイヨンキューブを使うときは，少量のしょうゆとワインを使うと，インスタントのにおいが消える．

●コンソメの作り方
材料（約5カップ分）：スープストックカップ10　牛すね肉300ｇ　にんじん50ｇ　たまねぎ½個　セロリ1本　パセリの茎，粒こしょう少々　ベイリーフ1枚　塩少々　卵白　2個分
牛肉は薄切り，あるいはあらくひいておく．野菜は薄切りにする．鍋に肉，野菜，こしょう，ベイリーフ，卵白を加えてよく混ぜ，冷やしておいたスープストックと塩を加え，強火で煮る．スープストックは熱いと卵白が早く凝固するため，アク抜きの効果が減るので必ず冷やしたものを使う．はじめ静かに混ぜ，卵白が浮き上がったら弱火で2時間煮続ける．ぐらぐら煮た

り，ふたをしたりすると濁るので注意する．目の細かい布で静かにこす．

コンデンスミルク（condensed milk）

加糖練乳ともいう．牛乳にショ糖を加え，もとの容積の1/3～1/2に濃縮したもの．ショ糖が，細菌の繁殖を抑えている．缶に入っているが，高温では褐色になるので加熱殺菌は行わないため，コンデンスミルクは缶詰ではなく缶入りである．

濃縮する前に一度殺菌するだけで，後の工程では加熱をしないため，乳成分の熱変性が少なく，したがって製品の舌ざわりが非常になめらかで消化もよい．糖分を含むので，薄めても牛乳の代わりには使えない．果物などにかけて用いる．

こんにゃく（蒟蒻）

サトイモ科のこんにゃくの地下にできる球茎（こんにゃくいも，こんにゃく玉）を加工して作ったもの．本来は，こんにゃくいもをつぶし，石灰を加えて型に入れて固め，煮て仕上げたもの．一般には，こんにゃくいもの粉末からマンナンの部分だけを集めた精粉を用いて作ったものが多い．板状の板こんにゃく，球形に丸めた玉こんにゃく，細くつき出した糸こんにゃく，それよりさらに細いしらたきなどがある．青のり，ゆず，ごま，とうがらしなどを混ぜたものもある．板こんにゃくは，使用するとき塩もみすると，石灰分を除くとともに口当たりがよくなる．包丁で切らずに手でちぎった方が表面積が大きくなり，調味液が浸みやすい．味をつける前に鍋に入れ，から炒りし，水分をなくしておくと歯ざわりがよくなる．📖

料理としては油やみそとよく合う．煮込みおでん，白和え，酢みそ，各種鍋物に用いる．生のままさしみ形に切り，酢みそをつけて食べてもよい．

コンビニエンスフーズ（convenience foods）

便利な食品という意味．インスタント食品のうち，ある程度手を加える必要のあるもの，味もあまりついていない種類のものをさす．つまりこれらの食品は，調理する上で面倒な箇所や技術を要する部分が処理されている．たとえば，マッシュポテト，ブイヨンキューブ，ケーキミックスなどがそうである．

コンビネーション（combination）

いろいろな材料を組み合わせた料理につけられる名称．たとえば，コンビネーションサラダなどがある．

コンビーフ（corned beef）

牛肉の塊を塩漬したあと蒸煮し，ほぐすかまたはそのままで調味料，香辛料などで調味したもの．一般には缶詰のコンビーフが多い．JAS（日本農林規格）では畜肉コンビーフについて，牛肉のみを用いたものをコンビーフと記載することとしている．コンビーフは脂肪分が多く，塩味も適度にあるので，野菜などとの炒め物によい．またサラダ，サンドイッチなどに用いる．

🧪 調理科学

こんにゃくをコリコリさせるには

こんにゃくは，主成分のコンニャクマンナンを石灰あるいはその他のアルカリ塩類によってゲル化させたものである．ゲル状になったこんにゃくは，水分が少ない状態になればなるほど，コリコリした口当たりを呈する．したがって，こんにゃくを調理する際，塩でもむことによる脱水（これは浸透圧の作用による），また，鍋でのから炒りによる脱水によって，こんにゃくの口当たりをコリコリさせることが可能である．

こんぶ（昆布）

まこんぶ，りしりこんぶ，ながこんぶ，みついしこんぶなどがある．まこんぶは肉質が厚くて幅広く，甘味があるので，菓子材料，とろろこんぶなどに加工．りしりこんぶはまこんぶに似たやや小形のもので，だしこんぶに最適．ながこんぶは細長くあまり上等でないが，煮こんぶ，こんぶ巻き，だし用に使う．みついしこんぶは，ながこんぶより少し短く，煮ると柔らかで味もよく美しい緑色となるので，こんぶ巻き，佃煮などによい．料理に使うときは，旨味が流れ去るので水で洗わないこと．柔らかく煮るには酢を少量加えるとよい．

旨味成分はおもにグルタミン酸．こんぶの表面についている白い粉はグルタミン酸とマンニトールで，これを落とすと旨味がなくなってしまう．マンニトールは甘味成分．特有の粘りはアルギン酸による．カリウム，ヨウ素，カルシウム，β-カロテンなども豊富に含まれる．また，ラミニンといった血圧降下作用のあるアミノ酸も含む．不老長寿の食品といわれる理由がこのあたりにある．→こんぶだし・→こんぶまき

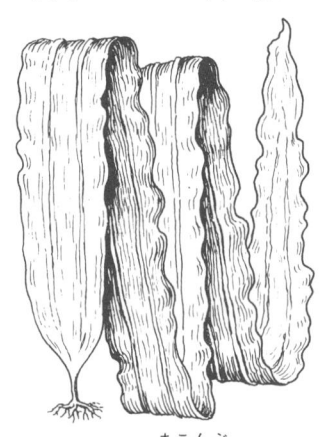

まこんぶ

こんぶだし（昆布出汁）

植物性のだしの一つで，精進料理や魚料理に使う．こんぶの旨味は，表面付近にあるので，水で洗うと旨味が流れ去る．

加熱するときはふたをしないこと．また，煮すぎるとこんぶ臭が出，煮立てると粘質物が出て汁が濁るので，注意する．だしをとった後のこんぶは柔らかく煮て佃煮にするとよい．→こんごうだし・→だし

●こんぶだしのとり方

こんぶだしをとるときのこんぶの量は，水1 l に対してこんぶ20〜40 g が標準（水の重量の2〜4％）．水から入れて火にかけ，沸騰直前でとり出す．こんぶの旨味成分は比較的低温で抽出できるため，水に30〜60分浸してとる方法もある．しかし，長くつけすぎるとぬめりが出る．

こんぶちゃ（昆布茶）⇨こぶちゃ

こんぶまき（昆布巻き）

こんぶを巻いてしょうゆ，みりん，砂糖

🧪 調理科学

こんぶは酢で柔らかくなる

こんぶは，酢を振りかけるか酢水に浸すと柔らかくなる．これは，こんぶの主要成分であるアルギン酸などの繊維が酢によって軟化し，一部は溶けるからで，これがこんぶを柔らかくする理由である．

こんぶの旨味成分

こんぶの旨味成分はグルタミン酸である．このほかに，マンニトールと呼ばれる，甘味のある物質も関与する．こんぶからの旨味成分の浸出は，60〜80度程度の温度で十分である．しかし，この温度帯の通過時間が短いと，十分にだしの味が出ない．したがって，少量でこんぶだしをとる場合には，ゆっくりと沸騰するように火かげんを弱めにする必要がある．沸騰させるとだし汁が粘るのは，こんぶ中のアルギン酸が溶出するためで，これを防止するために沸騰直前に引き上げる．

などで煮込んだものこんぶは水につけて柔らかくしてから使うが，このつけ水にはこんぶの旨味成分が溶け出ているので，捨てないで煮込むときのだしに使う．芯にする魚はにしん，ふな，はぜなど．かんぴょうで結ぶときは，ごくゆるく結ぶ．強く結ぶと煮込んでいるうちにこんぶがふくれてきて切れる．鍋にこんぶ巻きを一列に並べ，先のつけ汁をひたひたに入れ，煮立つまでは強火，後は弱火でじっくり煮込む．こんぶに竹串が通るくらいに柔らかくなってから，調味する．

● こんぶ巻きの作り方

材料(10本分)：だしこんぶ(5cm幅)1m　焼きわかさぎ10尾　かんぴょう(20cm)10本　砂糖大さじ4　しょうゆ大さじ2　みりん大さじ2　清酒大さじ2

こんぶは水につけて柔らかくし，焼きわかさぎを芯にして軽く巻き，真中をかんぴょうで結ぶ．鍋にこんぶ巻きを一列に並べ，こんぶのつけ汁をひたひたに入れ，弱火で，こんぶに竹串が通るくらい柔らかくなるまで煮る．調味料を加え，汁気がほとんどなくなるまで煮る．

コーンフレーク（cornflakes）

粉砕したとうもろこしを味つけして加熱後乾燥し，ローラーの間を通してフレーク状にしたもの．そのまま砂糖と牛乳をかけて食べるほか，ケーキの飾りや揚げ物の衣にしてもよい．欧米では主として朝食のシリアルとして多く用いられてきた．

主成分はでんぷん．とうもろこしが原料であるため，たんぱく質には，必須アミノ酸であるトリプトファンとリジンが少ないが，ふつう牛乳をかけて食べるので，たんぱく質の欠陥は補われる．

コンポート（compote）

果物に甘味をつけて煮たもの．元の形をくずさないように調理する．デザートとして用いられることが多い．りんごのコンポート・ド・ポンム，いちごのストロベリーコンポートなどがある．また，果物を盛る足つきの器のこともいう．

コーンミール（corn meal）

とうもろこしを粉末にしたもの．かゆ状に煮て牛乳をかけて朝食にしたり，菓子，製パンにも用いられる．

さ

さいきょうづけ（西京漬け）
白みそをみりんや清酒でのばし，魚の切り身を漬けたもの．淡白な魚に白みその甘味とまろやかな風味がつく．魚は，たい，さわら，まながつおなど白身のものを用いる．白みそは塩分が少ないので，他のみそ漬けに比べて保存性が低い．

さいきょうみそ（西京味噌）
京都の本田味噌本店製の白みその商品名で，京都白みその代表的なもの．白みそは米こうじを多く用いた米みその一種で，甘味が強く，塩分が少ない．

さいきょうやき（西京焼き）
西京漬け⇒を焼いたもの．

さいくかまぼこ（細工蒲鉾）
魚のすり身を一定の形に整えて蒸したものに，着色したり，すり身でいろいろ飾って意匠をこらしたかまぼこ．白かまぼこの周囲に赤い縁をつけた日の出，青い縁をつけた青山，扇形に作った末広，かまぼこの断面に松竹梅，鶴，亀の模様を入れたものなどがある．主として儀式用に用いられる．

さいくずし（細工鮨）
すしをいろいろに取り合わせて図案化したり，季節の花などを表現したり，デコレーションなどをしたすし．
すしをいろいろな形に細工するところからこの名が生まれた．味そのものよりも，外見のはなやかさに主力をおいた技巧的なすしである．

さいくたまご（細工卵）
ゆで卵をいろいろな形に形づくったもの．梅花卵は，卵の熱いうちに殻をむき，食紅で色をつけてから，輪切りだいこんに丸箸5本を等間隔にぐるっと突き刺した中に入れ，上部をひもで結ぶ．あまり強く結ぶと卵が割れて形がくずれるので，結びかげんに注意する．卵が冷えてから取り出し，好みの厚さに切る．菊花卵は，固ゆで卵の中央を包丁で山形に二つに切り分けた上，卵のとがった端を切ってすわりをよくする．

さいしこみしょうゆ（再仕込み醬油）
別名甘露しょうゆ．仕込むとき，塩水の代わりに，火入れしない濃口しょうゆを使って仕込んだもので，しょうゆを二度醸造したようなところからこの名がある．味は濃厚で，さしみやにぎりずし用のしょうゆとして用いられる．

サイダー（cider）
清涼飲料水の一種．炭酸水に甘味と酸味，果実エッセンスで風味をつけてある．酸味料には酒石酸やクエン酸，果実エッセンスにはレモンやパイナップル，オレンジなどを用いる．
栄養的にはエネルギーのみ．飲みすぎると糖分のとりすぎになるので注意が必要．⇒せいりょういんりょう

サイダービネガー（cider vinegar）⇒りんごす

さいのめぎり（賽の目切り）
小形のさいころ形に切る野菜の切り方．さいの目はさいころからきたもの．だいこん，にんじん，いも類，豆腐な

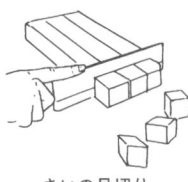

さいの目切り

どによく使われる．材料を7〜8mmから1cm角の拍子木形に切りそろえ，これを小口から同じくらいの厚さに切る．

ザウアークラウト（Sauerkraut—独）⇨ **サワークラウト**

サウザンド・アイランド・ドレッシング（Thousand Island dressing）

マヨネーズに，トマトケチャップを加え，ゆで卵，セロリ，ピーマン，たまねぎ，パセリなどのみじん切りや生クリームなどを混ぜて作るピンク色のソース．中に各種のものが入り，数千もの島が浮かんでいるような感じからこの名ができた．魚，鶏，野菜のサラダに．

●サウザンド・アイランド・ドレッシングの作り方

材料（約½カップ分）：マヨネーズ大さじ6　トマトケチャップ小さじ2　チリソース小さじ1　セロリ，たまねぎ，ピクルス，パセリ，ゆで卵のみじん切り各小さじ1　レモン汁適量

マヨネーズ，その他の材料を混ぜ合わせる．ソースが堅すぎるときはレモン汁を加え，好みの柔らかさに調節する．

さかいり（酒煎り）

材料に清酒を少量使って，水気のなくなるまで煎りつけること．ぎんなん，えび，いかなどに用いられる．

さかしお（酒塩）

清酒と塩を適宜合わせた調味液．魚や野菜を煮るときに用いる．

さかだし（酒出汁）

清酒とだし汁を合わせたもの．魚などの下煮に用いると，仕上げの味が生きる．

さかな（肴）

酒を飲むときに添えて食べる料理や食品のこと．平安時代から使われてきた言葉である．"な"とは添えるという意味で，肴とは酒に添えるものという意味である．肴は日本酒の味とともに変化している．したがって，時代とともに肴に用いられるものの味は変化してきている．

酒の肴には，酒の味を引き立て，あまり満腹にならないものが好まれる．とくに酢の物や塩味の強いものが多く用いられる．健康的な面からいうと，塩分の多いものを避け，できるだけたんぱく質の多いものを用いることが酒の肴としては望ましい．

さかに（酒煮）

清酒をたっぷり使って煮ること．また，煮たもののこと．清酒の風味を生かすため，調味はおもに塩だけにする．

さかむし（酒蒸し）

材料に清酒を振りかけて蒸すこと．または蒸した料理．清酒の風味を利用したもので，白身魚や貝類などに用いられる．魚の場合は，こんぶを敷いた器に薄塩をあてた魚をのせ，清酒を振りかけて蒸す．あわびは身をとり出して塩を振り，清酒を振りかけて柔らかくなるまで蒸す．はまぐりは鍋に入れ清酒を振って蒸しゆで，または清酒とだし汁を合わせた中で蒸し煮にする．

ざく

料理の主材料に添える副材料．雑具（ざく）からきた言葉．たとえば，鍋料理では主となる肉や魚に添える野菜や豆腐などがざくである．

さくさん（酢酸）

有機酸の一種で，食酢の中の主成分として含まれているもの．エチルアルコールを酢酸菌によって発酵させると酢酸ができる．合成品もある．酢酸は，合成酢の製造や漬け物の味つけなどに利用されている．酢酸は強い酸味と刺激臭をもっていて蒸発しやすい．加熱するとこの酢酸分は非常に

早く蒸発してしまう．したがって酢を加えて煮た後,酸味を残したい場合,酢酸分が少なく,蒸発しにくいクエン酸などを多く含む果実酢などを用いる方がよい．

ザクースカ（zakuska—露）
　ロシア料理の前菜のこと．西洋料理のオードブルにあたるもの．軽食をさすこともある．ロシアでは会食に客がそろうまで,野菜，肉，魚などの塩漬けや酢漬け，その他加工品をつまみながら酒を飲む風習があった．このとき食べる食品や料理がザクースカである．ザクースカの例としてはサラミソーセージ，魚の塩漬けや燻製，キャビア，きゅうりの塩漬けなどがあげられる．

さくどり（作取り）
　大きな魚などを三枚におろし，腹の部分や小骨などをとって，料理に適した形にあらく処理することをいう．さしみや切り身，あらいなどを作る前に身の形を整えることである．また，まぐろのような大きな肉のかたまりを，さしみや切り身にする前に適当な大きさに切り整えるときにもいう．

さくらいり（桜炒り）
　たこの足を薄い輪切りにして清酒，しょうゆで炒り上げたもの．形や色が桜の花びらに似ているのでこの名がある．吸い物だねや料理の飾りに．煮含めたものは桜煮ともいう．

さくらえび（桜蝦）
　サクラエビ科の小形のえび．半透明で淡紅色を呈するのでこの名がある．静岡県駿河湾で多くとれる．春がしゅん．多くは素干し，煮干しなどに加工されるが漁獲期には釜あげも出回る．三杯酢，和え物などの彩りにする．

さくらづけ（桜漬け）
　ひのなを細かく刻んで当座漬けにしたもの．ひのなの代わりに，薄切りのだいこんを梅漬けのしそでほんのりと桜色に染めた即席漬けもある．また，八重桜の花を塩漬けしたものも桜漬けという．熱湯をかけ，桜湯➡として，めでたいときの茶の代わりに用いられる．

さくらなべ（桜鍋）
　馬肉を使った鍋料理．馬肉を俗にさくら肉というところからこの名がついた．みそを使うのが特徴である．

さくらに（桜煮）➡**さくらいり**

さくらにく（桜肉）➡**ばにく**

さくらぼし（桜干し）➡**みりんぼし**

さくらみそ（桜味噌）
　醸造なめみそで，径山寺みその製法とほとんど同じであるが，水あめ，はちみつなどが多量に入っている．なめみその中でも甘味が強い方で，赤みをおびている．

さくらめし（桜飯）
　しょうゆ味のごはん．具の入らないものをいう．しょうゆ，清酒，塩などの調味料を加えて，うっすらと色をつけて炊く．
　桜飯にいろいろの具を組み合わせると変わりごはんができる．桜飯の上に，たいのそぼろをのせたたい飯，鶏肉のそぼろをのせた鶏飯などがある．まつたけ飯などは，桜飯を応用したものである．また，たこの足を混ぜて炊いたごはんも色がつくので桜飯という．

さくらもち（桜餅）
　塩漬けにした桜の葉で巻いた和菓子．関東のものは，小麦粉を水で溶いて小判形に焼いた皮にあずきあんを包み，上を塩漬けの桜の葉でおおったものが多い．
　関西では，本格的には道明寺ほしい➡を，一般的にはもち米を蒸し，あずきあんを包んで，塩漬けの桜の葉で包んだものが多い．

さくらゆ（桜湯）

塩漬けの桜の花に熱湯を注ぎ，桜の花が開いたところを飲む．塩味で香りのよい飲み物である．結婚式などのとき，縁起物として茶の代わりに用いられる．

さくらんぼ ⇨ おうとう

ざくろ（石榴）

ザクロ科．赤い色の美しい果実．堅い外皮の中に，ルビーのような赤い実がたくさんつく．種子があるが，甘くて多汁．果汁に砂糖を加えてシロップなどにする．このシロップはグレナデンシロップで，アイスクリームなどにかけると，薄い赤い色と香りを添える．

さけ（鮭）

サケ科の魚．一般にさけという場合しろざけをさすが，べにざけ，ぎんざけ，ますのすけなど他のさけ類を総称することもある．川にさかのぼってきたときが最も味がよい．秋以後北海道や東北地方沿岸に来遊する群れはあきあじと呼ぶ．さけの身の赤い色はアスタキサンチン（⇨えび）による．

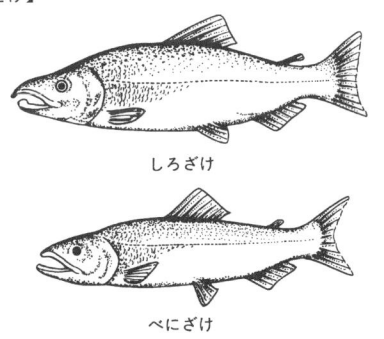

塩焼き，照り焼き，粕漬け，フライ，ムニエルなどにする．⇨しおざけ

さけ（酒）

アルコールを含んだ飲料のこと．アルコール飲料ともいう．法律的には，アルコール分が1％以上含まれているものがすべて酒である．製造上からみると醸造酒，蒸留酒，混成酒に分けられる．原料別では果実酒，穀物酒，乳酒などに，また，酒の産地によって分類すると，日本酒，洋酒，中国酒などに分けられる．

酒を調理に使用するのは，香りをつけるため，肉を柔らかくするためなどの目的がある．香りづけにはシェリー，ワイン，ブランデーなどが，魚臭を消すためにはみりん，清酒などが，肉臭を消したり肉を柔らかくするためにはワインが効果的である．みりんや清酒などの魚臭を消す効果は，こうじの自己消化により産生した成分による．また，アルコールによる肉の軟化作用は，アルコール分が薄いときにのみ効果があり，アルコール濃度の高いときには，アルコールによるたんぱく質変性のため身がしまって堅くなる．

さけかす（酒粕）

清酒を搾ったあとの固形物．アルコール分は8％程度．コクのある旨味があり，粕汁など料理に用いると体が温まる．酒粕を熟成させて，粕漬け，奈良漬けなどに用いる．

ざこ（雑魚）

種々雑多な魚の幼魚のこと．じゃこともいう．ざこ類は，多くは佃煮，または煮干し，日干しなどにされる．えびざこ，あみざこと呼ばれる小えびや，小はぜ，小ぶな，小はやなどもざこのうちである．内臓や骨も食べてしまうため，無機質の給源と

してよい．⇨だしじゃこ

さごし⇨さわら

ささあげ（笹揚げ）
笹の葉に魚のすり身をのせて油で揚げたもの．魚に笹の葉の香りが移り，風雅な味わいがある．

ザーサイ（榨菜）
中国四川省で多く作られる漬け物で，中国名は榨菜（ジャアツァイ）．材料はからしなの一種で，これもザーサイという．コブ状に肥大した茎を乾燥後，塩漬けし，圧搾して水分を除き，とうがらし，さんしょうなどの香辛料と食塩を加え，かめに漬け込み熟成させる．乳酸菌が作る乳酸が塩味のとがりを和らげる．ピリッとした辛味と独特の風味がある．そのまま薄切りにして供するほか，スープや炒め物の具，和え物の薬味などに用いる．

さざえ（栄螺）
巻き貝．冬から春にかけてがしゅん．殻にさわるとすぐ身をすくめ，ふたを堅くとじるものを選ぶ．ゆでるか，火にかけると簡単に身が引き出せる．つぼ焼きが一般的．このほか，さしみ，酢の物，和え物にもよい．長時間加熱すると身が堅くなるので煮物にはあまり向かない．

さざえ

● さざえのつぼ焼きの作り方
　さざえの口からしょうゆを入れて殻ごと火にかけ，そのままつぼ焼きにする．あるいは，いったん身を取り出し，わたを除く．さざえの身，ゆり根，しいたけなどを適当な大きさに切って殻に詰め，だし汁に塩，薄口しょうゆ，みりんを合わせて注ぎ込む．焼き網の上で強火の直火で焼く．煮立ったらみつばをのせて食べると香りがよい．わたもさっとゆでてぶつ切りにして入れると風味が出る．

ささがき（笹搔き）
鉛筆を削るように材料をまわしながらそぎ切る野菜の切り方．切った形が笹の葉に似ているのでこの名がある．おもににんじん，ごぼうに用い，水の中に削り落としてアクを抜く．きんぴらごぼう，混ぜごはんの具，汁の実などに用いられる．

ささがき

ささげ（豇豆）
マメ科．ささげ（カウピーともいう）と，その近縁種のはたささげ（やっこささげ），ながささげの総称．ささげ，はたささげは完熟した豆を，ながささげは完熟豆のほか，未熟な若いさやを野菜として利用する．野菜として知られている十六ささげはながささげの一品種．完熟豆はあんや甘納豆の原料のほか，赤色で小粒のものは赤飯に使われる．若いさや用はさやの筋をとり，しょうゆ，みりん，砂糖であっさり煮るか，油あげとともに煮上げてもよい．ゆでたものはごま和え，白和えにする．

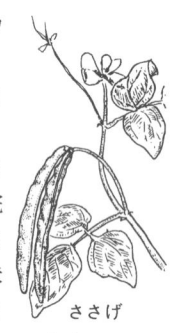

ささげ

ささづくり（笹作り）

さしみの切り方の一つ．きすやさよりなど身の幅のせまい魚に用いられる手法で，三枚におろした身を斜めにそぎ切りにする．形が笹の葉に似ているところからの名称．また，あゆの"あらい作り"のこと．あゆを三枚におろし，皮をひいて薄くそぎ切り，冷水で手早く洗うか，氷で冷やして身を縮ませる．→あらい

ささみ（笹身）

鶏の胸骨の両側についている細長い肉．たんぱく質は多いが脂肪はほとんどないため，口当たりがカサカサしているので，植物油などを少し加えて調理した方がよい．白いすじが1本入っているので調理するときはとり除く．

ささやき（笹焼き）

大笹の葉に油を引き，魚や鶏肉などの材料を包んで焼いたもの．材料に移った笹の香を楽しむ料理．あゆの笹焼きは，あゆを三枚におろし，しょうゆとみりんに浸したあと，笹の葉で包んで焼く．

さしこみ（差込み）

椀だね→にあしらうものをいう．正式な吸い物の実は，主になる椀だねと，それにあしらう差込み，色どりを添えるつま，香りを添える吸い口の四つで構成される．差込みとしては，うど，まつたけ，なめこ，ゆば，麩など植物性のものが用いられる．

さしみ（刺身）

鮮度のよい魚介類をそのまま食べる料理．"つくり"，"うちみ"ともいう．日本特有の料理．同じ材料でも，切り方により，平作り→，引き作り→，糸作り→，そぎ作り→，角作り→，短冊作り，背ごし作り→などがある．さしみを簡単に加工する場合もあり，これには，あらい→，皮作り→，たたき作り（→たたき）などがある．また，盛りつけにより花作り，山水盛りと名づけたり，2～3種を盛り合わせたものは二色作り，三色作りという．

新鮮な魚介類を生のまま食べるので，加熱などの調理方法による栄養分の損失が少ない．歯ざわりがよいのは魚が死後硬直→している間である．時間がたつと魚に含まれる酵素が働いて自己消化が起こり，風味が低下するとともに，pHが高くなるため身が柔らかくなる．

調理科学

さしみの死後硬直

動物は死んだ後，筋肉が硬直する．これを死後硬直と呼んでいる．さしみの場合，口当たりのよいのはこの死後硬直の状態のときである．死後硬直は，酵素力の強い，背の青い，表層性の魚は早く起こり，早く解消する．一方，白身魚といわれる，海底の方にいる底魚は，硬直がゆっくり表れ，またその死後硬直は長く続く．死後硬直は，筋肉中にあるATP（アデノシン三リン酸）の減少による．すなわち，ATPは筋肉の伸縮に関係する物質で，魚が死ぬことによってリン酸塩が生成されなくなると筋肉は硬直状態のままとなる．一方，死後硬直の間はグリコーゲンが分解されて乳酸生成が増加し，筋肉が酸性になることによって味がよくなる．しかしやがて，魚肉中に含まれるたんぱく質消化酵素など各種の酵素によって，自己消化がはじまり，しだいに硬直が解けてpHがアルカリ側になる．なお，死後硬直は，即死させた魚は硬直が長く続くが，苦しんで死んだ魚は硬直が早く解ける．これは，苦しんだ際に酵素がたくさん生産され，早く自己消化が起こるためと考えられる．なお硬直状態は，冷蔵することによって長く持続させることができるので，白身の魚をおろして冷蔵庫で冷やしておけば，魚の種類にもよるが，長い場合，二日ぐらいにわたって硬直を保たせることができる．

また，包丁がよく切れ，切り目の角がたっている方が味がよい．さしみにして30分以上もおくと，空気にふれている面が酸化し，味がわるくなるとともに生臭みが出てくる．したがって，でき上がったさしみを買うよりは，魚の切り身を買って食べる直前に切った方がよい．ただし，まぐろなど一部の魚は少し熟成させ，身が柔らかくなってからの方が味がよい．

さしみは，少量のおろしわさびをのせ，それを内側にしてしょうゆをつけて食べると味がよい．これは，最初にしょうゆの旨味が舌の上にひろがり，次いで魚の弾力が歯にさわり，最後に魚臭をわさびがカムフラージュしてくれるためである．

さしみには魚介類のほか，牛肉，馬肉，鶏肉，こんにゃくなども用いられる．

さしみず（差し水）

めんや豆をゆでるとき，沸騰をしずめるために加える水のこと．

ざつぶし（雑節）

かつお節以外の節類を呼ぶ言葉．さんま節，うるめ節，さば節，まぐろ節，いわし節などがある．味は一般に，かつおより濃厚であるが，一方では生臭みも強い．

さつまあげ（薩摩揚げ）

魚のすり身を調味して成形し，油で揚げたもの．魚のすり身だけを揚げたもののほか，ごぼう巻き，いか巻きなどもある．関東ではさつまあげ，関西ではてんぷら，鹿児島ではつけあげと呼ぶ．油臭さがなく，弾力のあるものが良品．熱湯をかけて油抜き➡をしてから用いると，いやな油っこさが抜ける．

そのまま焼いて，からしじょうゆをつけて酒の肴に．おでんや，甘辛く煮てそうざいに．煮込み料理に使うと特有の濃厚な味が生きる．

さつまいも（薩摩芋）

ヒルガオ科．用途に応じた品種改良が行われていて種類も多い．皮の赤い紅赤（金時）や農林1号，高系14号，コガネセンガンなどがある．

おもな成分はでんぷんだがビタミンCも多い．これはかなり安定していて，焼きいもでは生のときの約8割のCが残っている．肉質の色が濃いものほど，β-カロテン含有量が多い．

蒸しても焼いてもよいが，加熱するときは，強く一気に行うこと．火力が弱く，加熱がゆるやかで長時間かかると，ごりごりして柔らかくならない場合がある．電子レンジで加熱したものは，蒸したり焼いたりしたものより甘味が著しく少ない．➡

切ったさつまいもは，空気にふれると黒変する．したがって，皮をむいたり切ったりしたものは必ず水に浸しておくこと．また，さつまいもには苦味成分のクロロゲン酸が含まれていて，アルカリ性にすると緑色に変化する．したがって，炭酸水素ナトリウム（重曹）などを使用すると，緑変することがある．

さつまいもを切ると切り口から白い乳状の粘液が出てくるが，この粘液はヤラピンといい，緩下作用をもつ．さつまいもは温度が低いと腐りやすいので，保存は13～14度で．煮物，汁物の実，てんぷら，焼きいも，スイートポテトなどに．

さつまじる（薩摩汁）

みそ汁と煮物の中間のようなもの．鹿児島（さつま）の郷土料理であるところからこの名がある．現在では手軽さ，作りやすさから各地方に普及している．

本来は，鶏の骨つきのぶつ切りに，だいこん，にんじん，さといもなどを適当な大きさに切って取り合わせ，たっぷりの水で

煮，みそで調味したものであるが，現在では，鶏肉の代わりに豚肉が多く使われている．

さといも（里芋）

サトイモ科．地下茎を食用とする．品種によって親いもを食べるもの（やつがしら，たけのこいも），親いもの周辺にできる子いもを食べるもの（土垂(どたれ)，石川早生），両方食べるもの（赤芽，えびいも，セレベス）などがある．堅くしまって形がよく，皮が薄くてしっとりとしたものを選ぶ．皮をむいて売っているさといもは味が落ちる．うま煮，おでんなどに．含め煮には薄口しょうゆを使う方が色がきれいに上がる．子いもはゆでるか蒸すかして衣かつぎ⇒にする．

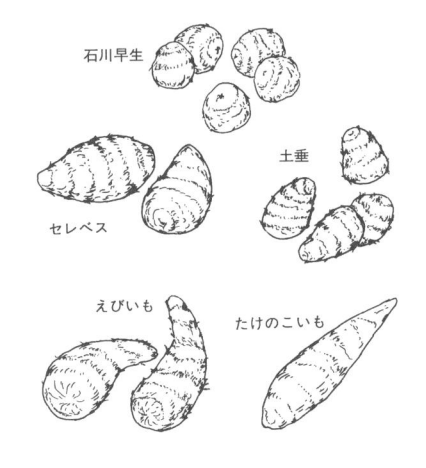

【さといも】
石川早生
土垂
セレベス
えびいも
たけのこいも

さとう（砂糖）

糖類の一種で主成分はショ糖．さとうきびからつくるものでは，糖蜜を含む含蜜糖と，糖蜜を分離精製した分蜜糖に分かれる．甜菜糖(てんさい)では分蜜糖のみである．含蜜糖には黒糖，赤糖，白下糖などがあり，無機質やビタミン類を豊富に含む．糖蜜特有の風味があり，甘味度が強く，料理や菓子などに使われる．分蜜糖では，ざらめ糖と車(くるま)糖があり，前者の方が甘味度が淡白である．ざらめ糖には，グラニュー糖，白ざらめ糖，中ざらめ糖などがある．車糖では，上白糖，中白糖，三温糖などがあり，いずれも粒度が細かい．車糖は，しっとりさせるためビスコと称する砂糖分解物を添加してあり，そのため，グラニュー糖などより甘味度が強い．砂糖分解物はブドウ糖，果糖などの還元糖なので，アミノ酸を含むものと加熱したり，長期に保存すると

調理科学

さつまいもの甘味

さつまいもには，アミラーゼというでんぷん糖化酵素が多く含まれていて，蒸したり焼いたりしている間にこの酵素が働き，多くの糖分を作る．ところが，電子レンジ加熱の場合では，この酵素が働く時間のないままに料理ができてしまう．すなわち，いもの中の糖分はほとんど増加しない．その結果，電子レンジ加熱のいもは甘味が少ないのである．

さといものえぐ味とぬめり

さといもの中にはえぐ味のあるものがある．このえぐ味の成分は主として，ホモゲンチジン酸やシュウ酸カルシウムである．皮をむくときに手がかゆくなるのはシュウ酸カルシウムが針状の結晶をしているためである．むくとき手に炭酸水素ナトリウム（重曹）や塩，灰汁などをつけるとよいといわれる．ぬめりはガラクタンである．ゆでこぼすとぬめりが少なくなる．その理由は，最初細胞中にあるぬめり成分が，加熱により外へ押し出されるので，ゆで汁は粘っこくなる．しかし，さといもの中のでんぷんがアルファ化するとともに，ぬめり成分はでんぷんに包まれ，外へ出なくなる．そこで，汁をゆでこぼしてさといもを軽く洗えば，以後ぬめりは出てこない．酢や塩を加えてゆでると，粘性が低下する．

それらが反応して褐色を呈するので，ジャムやホームリキュールには使わない方がよい．なお，砂糖を大きな結晶にして砕いたものが氷糖（→こおりざとう）で，グラニュー糖を細かく擦り，でんぷんを混ぜたものが粉糖（→こなざとう）である．

砂糖は甘味を持つとともに保水性が強い．そのため，脱水性も強力で，菓子，パンなどでんぷん使用の食品のでんぷん老化を防ぎ，水分を微生物に使わせないような働きがあるため，保存性も増す．砂糖漬けなどがその例である．また，卵のように加熱でたんぱく質が変成するものでは，砂糖を加えることで卵の水分が砂糖に取られ，卵たんぱく質の凝固温度が上昇し，柔らかく仕上がる．

コーヒー，紅茶などの嗜好飲料では，精製度の高いグラニュー糖のようなものを加えると，風味に変化がなく，嗜好品の本来の味を楽しめる．煮物や汁粉などでは，黒糖などを少し加えると風味が向上する．なお，菓子や汁粉のように，甘味を強く効かせたいものでは，少量の食塩を加えるとよい．→たいひこうか

甘味はまた，味覚の順応効果が強く，そのため，砂糖の濃い味つけでは素材の風味が失われる．しかし，くせの強い食品は，甘味を強くつけて不快な風味を消すことが

ショ糖液の溶解度

温度 ℃	溶液100g中にふくまれるショ糖量	水100g中に溶解するショ糖量
0	64.18 %	179.2 g
5	64.87	184.7
10	65.58	190.5
15	66.33	197.0
20	67.09	203.9
25	67.89	211.4
30	68.70	219.5
35	69.55	228.4
40	70.42	238.1
45	71.32	248.8
50	72.25	260.4
55	73.20	273.1
60	74.18	287.3
65	75.18	302.9
70	76.22	320.5
75	77.27	339.9
80	78.36	362.1
85	79.46	386.8
90	80.61	415.7
95	81.77	448.6
100	82.97	487.2

（近藤美千代監：調理，医歯薬出版）

調理科学

砂糖の温度上昇と溶解度

砂糖は水に非常に溶解しやすい性質をもつ．常温では，重量で，水1に対してほぼ2倍の砂糖量が溶解する．温度上昇とともに砂糖の溶解度は上昇する（上表参照）．したがってこれを利用し，加熱して多量の砂糖を溶解した後，徐々に温度を下げ，過飽和の溶液を作り，そこに砂糖のたねを植えることにより，フォンダンのような微細結晶の状態から，白ざらめ，氷砂糖のような大きな砂糖の結晶を得ることもできる．

砂糖の加熱調理による変化

砂糖は100度以上に加熱することによって，各種の変化をともなう．140〜150度で沸騰状態になった場合，砂糖はあめ状となり，冷えても元の砂糖に戻らず，キャンデーを作る．さらに加熱することによって褐色になり，いわゆるカラメルを生じる．カラメルは温度が170〜190度の間に生じ，温度と加熱時間などにより，各種の色，香りをもつカラメルができる．温度が高くなるほど色が濃く，また苦味も生じる．カラメルはよいフレーバーをもち，食品のにおいを消すとともに，食欲を増進させる．

できる．また，味覚テストや食前に砂糖の味の強いものを食べると，テストする食品の味が分からなくなったり，空腹感が消失したりする．

砂糖は，ブドウ糖と果糖が1分子ずつ結合したもので，食べると，すぐに吸収される．そのため，運動後など血糖値が低下しているような場合には，甘味を非常においしく感じる．また，疲労の回復も早い．ただし，果糖の過剰摂取は，体内で脂肪への変換を多くし，肥満や動脈硬化の原因になる．

さとうじょうゆ（砂糖醬油）

しょうゆと砂糖を合わせたもの．もちやだんごにつけて用いる．

さとうづけ（砂糖漬け）

果実，豆，野菜などの長期保存を目的とした漬け物．砂糖の防腐効果を利用したものである．塩漬けと異なり，砂糖の味は濃度が高くてもそのまま食べることができるため，料理に使うよりは，そのまま食べられるものが多い．古くからあるものとしては，ぶんたん，あんず，ふき，しょうが，ゆり，だいだいなどを漬けたものがある．また，マロングラッセ，甘納豆，菓子材料として使うアンゼリカ，ドレンチェリー，ジンジャー，ペアーなどのクリスタルものや，オレンジ，シトロン，レモン，メロンなどのピールものも砂糖漬けの一種である．

砂糖漬けは，材料を適当な大きさに切り，柔らかく煮て乾燥するか，または糖液で煮てから乾燥し，これを桶あるいはつぼのようなものに，砂糖を振りかけながら重しをして漬ける．砂糖漬けに用いる砂糖は，純度の高い白ざらめ糖が適している．還元糖の多い上白糖などを使うとアミノ酸と反応して褐色に変化し，色がきたなくなる．

さとうみつ（砂糖蜜）

砂糖を煮溶かして作った濃厚な砂糖液のこと．シロップともいう．濃度にいろいろな種類があり，用途によって使い分けられ

砂糖蜜の濃度
（水200mlについての砂糖の量）

度　数	砂　糖　量
10度	40g
20度	80g
30度	120g
40度	160g
50度	200g

調理科学

砂糖とたんぱく質の関係

たんぱく質に砂糖が加わると，その熱変性によって起こる凝固の温度が上昇する．卵の場合，少量の砂糖を加えることで，熱凝固温度が上昇し，そのために加熱調理の場合，卵がふっくらと固まる．すなわち，たんぱく質の熱凝固は，凝固温度が高く加熱時間がゆるやかになるほど柔らかに凝固する．したがって，凝固温度が上昇することはこの条件にかなうわけである．また，砂糖の保水性も，でき上がったものに対してソフトさを加える．炒り卵，卵焼き，厚焼き卵などに砂糖を加えるとふっくらできるのはこのためである．

砂糖漬けの防腐性

砂糖は防腐力が非常に強い．とくに水に対して飽和状態に砂糖が溶け込んだ場合，砂糖は強力に水をかかえ込む．すなわち保水性を発揮し，その水分を，増殖のために必要とする細菌に使用させない．したがって，細菌による腐敗は砂糖を十分に加えた食品では起こらない．これを利用したものが，ジャム，マーマレード，砂糖漬け，ようかんといったものである．

る．砂糖蜜の濃度はふつう度数で表される．レモンスカッシュ，エードなどの冷たい飲み物には度数の低いものが，ホットケーキやみつ豆には度数の高いものが適している．▶

さば（鯖）

サバ科のうちサバ属の海水魚の総称．日本近海にはまさば（ほんさば），ごまさばの2種がある．皮につやがあり，手に持ったときピンと硬直しているのが新しい．

アミノ酸の一種のヒスチジンの多いのが特徴．また，さばは消化酵素の力が強力であるため，自己消化が起こりやすい．この点でも鮮度が落ちるのが速い▶．"さばの生きぐされ"というのはこのため．脂肪量は季節によって変わる．とくにまさばは10〜11月にかけて脂肪は最も高くなる．このため味がよい．"秋さばは嫁に食わすな"といわれてきたほどである．

腐敗が速いので手早く処理してしまうこと．酢じめにすると，酢の防腐効果によって安全に生食することができる．煮るときは，生臭みが強く油っこいので，甘味をきかせた濃厚な味つけにするとよい．生臭みを消すのにはしょうがが最適．また，みそ味とよく合うので，みそ煮▶にするのもよい．そのほか，塩焼き，フライ，船場汁▶などに用いる．

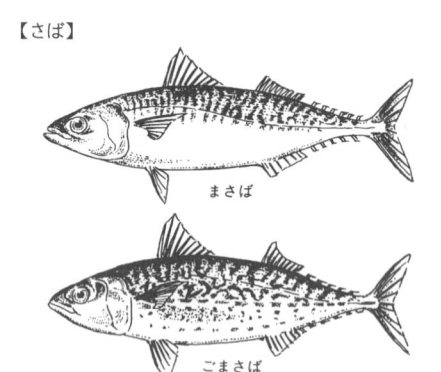

【さば】

まさば

ごまさば

さばずし（鯖鮨）

塩だけ，あるいは，塩と酢でしめたさばを用いたすし．京都の棒ずし，大阪のバッテラ，高知の姿ずしなどはよく知られている．すし飯にしめさば▶をのせたものでは，短期間のうちに食べるものと，1日〜数日熟成させるものがある．塩飯に塩さばをのせて乳酸発酵させるものもあり，これは和歌山の下ずし(▶なれずし)が有名である．

調理科学

砂糖蜜の沸点

砂糖蜜は砂糖を水に溶かして100度以上に加熱することで作ることができる．この際，沸点の程度により，砂糖蜜の状況が異なる．とくに沸点が高くなるほど，砂糖蜜は粘性を増す．ただし，加熱しすぎると褐変し，カラメルとなる．砂糖蜜の濃度と沸点は表のようである．この沸点は見かけの沸点であるために，水のように常に一定ではなく，徐々に上昇していくから，目的の沸点になったらすぐに加熱を止めることが必要である．

ショ糖溶液の濃度と沸点

ショ糖濃度(%)	10	20	30	40	50	60	70	80	90.8
沸点(℃)	100.4	100.6	101.0	101.5	102.0	103.0	106.5	112.0	130.0

（近藤美千代監：調理，医歯薬出版）

ヒスタミン

さばに多いヒスチジンは，ふつうの室温だと酵素の作用で分解しやすく，ヒスタミンになる．ヒスタミンが人体内に過剰に摂取されると，人によっては，じんましんや腹痛が起こる．ヒスタミンは悪臭がないので，腐敗に気がつかないことが多い．

さばぶし（鯖節）
さばから作ったかつお節の類似品．おもに，薄く削って削り節として用いられる．味や香りはかつお節に劣るが，濃厚なだしがとれる．ただし，生臭みがあるので，しょうゆなどを使って濃厚な煮つけなどに用いればよいが，吸い物などにはあまりよくない．みそ汁は，さば節でもよい．

サバラン（savarin—仏）
パンだねをじゃの目型に焼いて，ラムやキルシュの入ったシロップに浸した菓子．フランスの文筆家で食通のブリア・サバランの名をとったもの．

さび
すし屋で使われる独特の呼び方で，わさびのこと．

サフラワーゆ（サフラワー油）
キク科の植物サフラワー（べにばな）の種子を原料とした油．別名べにばな油ともいう．植物油中でもとくにリノール酸が多く，全脂肪酸中76%を占めていたが，近年，オレイン酸を75%以上占めるハイオレイックあるいは，高オレイン酸サフラワー油が多くなりつつある．これの性質はオリーブ油に近い状態である．精製したものをサラダドレッシングやてんぷらなどに用いる．におい，味ともにくせがない．→しょくぶつゆ

サフラン（saffron）
香辛料の一つ．サフランの花の赤い雌しべの柱頭を乾燥させたもの．芳香とほのかな辛味があり，美しい黄色を出すので，ソース，スープ，魚料理，ごはん料理の風味づけや，着色料に使われる．色はカロテン→による．とくにブイヤベース→やパエリヤ→には，なくてはならない香辛料である．

サブレ（sablé—仏）
小麦粉，卵，バターなどでたねを作り，焼いた洋菓子の一種．サブレとはフランス語で"砂をまぶした"という意味．サクサクした歯ごたえと，割るとパラパラと砂のようにくずれるところからこの名がある．ナッツ，干し果実，ココアなどを加えて変化をつけたものや，グラニュー糖をまぶして焼いたものもある．

ざぼん（朱欒）
かんきつ類の一種で，日本では九州南部に産する．別名ぶんたん，ぼんたん，うちむらさきともいう．熱帯，亜熱帯性の果樹．1個の重さは1kg程度もあり，果肉の色は白っぽいものと薄紫色のものがある．果汁が少なく，苦味があるが，品種によっては汁の多いものもある．生食のほか，厚い皮を利用して砂糖漬けにしたものは，ざぼん漬けあるいはぶんたん漬けと呼ばれている．

さめ（鮫）
軟骨魚に属する海水魚．西日本では一般にふかと呼ぶ．脂肪が少なく，口当たりがよくないので，かまぼこ，ちくわ，はんぺんなどの練り製品の原料に使われる．新しいものはさしみ，照り焼き，フライ，煮つけ，酢みそ和えなどにする．古くなると，強いアンモニア臭が出てくる．

サモサ（samosa）
インド料理の一つ．小麦粉を練り，薄くのばした生地に，炒めたひき肉や野菜を包んで三角形に形づくり，油で揚げる．具によっていろいろの種類ができる．チリソースなどのソースをつけて食べる．

さやいんげん（莢隠元）
いんげん豆のうち，若いさやごと食べる

サフラン

ものをいう．三度豆ともいう．小形で濃い緑色のもの，曲げて容易に折れるもの，さやに凹凸のないものがよい．

両側のすじをとってからゆでること．組織がしっかりしているので，1.5％ほどの塩を加えた熱湯でゆでるのがコツ．きれいな緑色になり，柔らかく仕上がる（☞ほうれんそう）．ゆでたものをバター炒めや，ごま和えにする．また，緑色を生かして青みやあしらいにするのも上手な使い方．細切りにして汁，スープなどの青み，肉料理の付け合わせなどにも用いる．

さやえんどう（莢豌豆）

えんどうのうち，若いさやごと食べるものをいう．さやの小さい日本きぬさや，さやの大きいアメリカさや，フランス大さや，オランダさや，さやと未熟豆をいっしょに食べるスナップえんどう➡などがある．歯ざわりが大切なのでゆですぎないことがコツ．1.5％程度の塩を加えてゆでると緑色がきれいに上がる（☞ほうれんそう）．きぬさやは柔らかいのですじをとらなくてもよいが，春たけてから出回る露地栽培ものはすじをていねいにとる．バター炒め，煮物，汁の実などに用いられる．

さより（鱵）

サヨリ科の海水魚．春から秋までが味がよい．長くとがった下あごの先の，紅があざやかなものほど新鮮．肉は白く脂肪が少なく，味は淡白で香りもよい．

三枚におろして吸い物の椀だねやさしみ，酢の物，てんぷらに．椀だねにするときは，三枚におろしてから，ひと結びして熱湯でさっとゆでて用いる．さしみは糸作りにする．糸作りは，三枚におろして腹の黒い部分を削り取り，斜めか縦に細く切る．清酒とみりんを合わせた中に梅干し，こんぶ，かつお節を入れ，煮つめてこした煎り酒か，調味酢を添えるのが定式．多くは他のさしみと合わせ，前盛りに用いる．酢の物にしてもよい．

さより

さらさたまご（更紗卵）

とき卵に数種類の具を彩りよく加えて焼いた厚焼き卵．具に，薄味をつけたにんじんやしいたけ，ゆでたグリンピース，えびのそぼろなどを用いる．切り口が更紗模様のように見えるのでこの名がある．

さらしあん（晒餡）

あずきのこし生あんを加熱乾燥し，粉末状にしたもの．水と砂糖を加えて練るだけでこしあんができるので，手軽にあんがつくれる．懐中しるこの原料にもなる．長期保存できるが，保存がわるかったり，品質の劣るものはひなた臭さがある．使う場合にぬるま湯を加えてかき混ぜ，沈殿したら上澄み液を捨ててさらすとよい．

さらしくじら（晒鯨）

くじらの脂肪を含んだ尾の部分をさらしたもの．薄切りにし，熱湯でさっとゆでて脂肪を抜き，冷水でさらして作る．縮れた白肉片に黒い皮が一部ついている．ゼラチン分が多く，ぷりぷりした食感で，白みその酢みそ和えやみそ汁の実に使う．関西ではおばけ（尾羽毛）とかおばいけなどともいい，主として関西で使われる．

さらしねぎ（晒葱）

小口切りやせん切りにしたねぎを，ふきんに包んで水の中で洗い，水気をきったもの．洗いねぎともいう．ねぎ特有のねばり，辛み，臭みが抜け，口当たりが柔らかくなる．薬味や料理のあしらいとして用いる．さらしパセリ，さらしたまねぎ，さら

しじそなども同様にして作る．

さらす（晒す）

材料に含まれる不快な味やえぐ味，渋味を除いたり，切った野菜などをパリッとさせるために，冷水や流水につけること．水ざらしともいう．

サラダ（salad）

各種の野菜，肉，卵などを取り合わせ，サラダドレッシングなどで調味した料理．古くは野菜に塩をかけたものがサラダであった．材料に制限がなく，生野菜，魚介，ハム，卵，果物など豊富な素材を取り合わせられる．動物性食品と植物性食品をうまく組み合わせるのがよい．生野菜からビタミン類や無機質を，魚，貝，ハム，卵からたんぱく質や脂肪をとることができ，組み合わせの変化を楽しみながら，栄養的にバランスのとれたものにすることができる．

野菜サラダの場合には，野菜をできるだけ冷たくするのがポイント．よく冷やすと細胞がもろくなり，食べたときに歯切れがよい（➡やさいサラダ）．そのためには洗ってから冷やすこと．また，器は厚手のガラス，あるいは陶器を用い，容器ごと冷やしておくこと．使用するドレッシングも十分に冷やしておくことが大切．レタス，きゅうりなど緑色の中に，にんじん，ラディッシュなどのオレンジや赤色のものを少量加えると，食欲が増進する．

サラダドレッシング（salad dressing）

サラダ料理の調味に用いるソースを総称してこのように呼ぶ．サラダドレッシングの数は多いが，大別するとマヨネーズ➡系とビネグレット（➡ドレッシング）系に分けることができる．これらを基本にして各種の応用ソースがつくられる．

サラダな（サラダ菜）

レタスの一種．結球する玉レタスの仲間だが，本葉14～15枚程度で半結球の間に収穫する．葉を一枚ずつはがし，サラダや料理の飾りに用いる．サンドイッチなどに使うときは葉柄の部分を包丁などでたたき，平らにしてから用いるとよい．

サラダゆ（サラダ油）

主としてサラダに使う目的で精製した植物油．JASの基準では，酸価0.15以下をいう．食用植物油の中では精製度の最も高いものの総称．加熱して蒸発する成分や，冷やして固まる成分はほとんどとり除いてある．においが軽く，味にくせのないのが特徴．らっかせい油，コーンオイル，綿実油，なたね油，大豆油など，ほとんどの植物油を原料油として精製し，一種だけかあるいは数種混合してある．味が淡白でさらりとしているので，サラダドレッシングに使うほか，てんぷらにも向く．➡しょくぶつゆ

サラミソーセージ（salami sausage）

牛肉，豚肉を原料に，香辛料をきかせた乾燥ソーセージ．保存性がよい．堅いタイプのものの保存は，冷蔵庫に入れない方がよい．薄切りにして，カナッペ，おつまみ，サラダなどにする．

ほかに，水分の多いソフトサラミもある．この保存は冷蔵する必要がある．用途は通常のサラミと同じである．

ざらめとう（粗目糖）

精製した砂糖のうち結晶の大きいもの．外国ではハードシュガーと呼ばれている．グラニュー糖，白ざら糖，中ざら糖などがある．ほぼ純粋のショ糖に近く，あっさりした甘味がある．淡白な味を必要とする菓子や，コーヒー，紅茶などに使う．ジャムやマーマレードの材料として使うと，保存している間に褐変が起こりにくく，きれいなものができる．➡さとう

ざるそば（笊蕎麦）
　ゆでたそばをざるの上に盛るのでこの名がある．たんに"ざる"ともいう．しょうゆ，みりんを基本にしたつけ汁と，わさび，ねぎなどの薬味で食べる．そば本来の風味が味わえる料理．

サルモネラちゅうどく（サルモネラ中毒）
　サルモネラで起こる細菌性食中毒．ネズミ，ハエ，ゴキブリ，ネコなどが感染源．これらが食品に菌をまきちらし，菌の繁殖したものを食べると発病する．多発期間は5〜10月．中毒症状は，急性の胃腸炎症状，全身倦怠，頭痛，腹痛，嘔吐，発熱など．食中毒の中では，恐ろしいものの一つ．
　予防には加熱が一番．サルモネラは60度，20分の加熱で死滅する．感染源のネズミ，ハエ，ゴキブリなどを駆除することも大切である．なお，鶏卵や鶏肉の中にはサルモネラによる汚染のあるものもあり，生食には注意が必要である．

サーロインステーキ（sirloin steak）
　牛肉の一部位であるサーロインを使ったビーフステーキ．サーロインは，牛の背中の中央部の肉で尾に近い部位のこと．牛肉の中では最も味のよい部分で，脂肪が少なくてステーキに最適である．

サワー（sour）
　酸っぱいという意味．カクテルでは，ブランデーやウイスキーにレモン汁を加えたものにサワーをつけて呼ぶ．たとえば，ウイスキーに用いればウイスキーサワーとなる．

さわがに（沢蟹）
　淡水の河川などにすんでいる小形のかに類．きれいな水の流れるところにすんでいる．沢にすむところからさわがにの名がある．このかには，肺吸虫の中間宿主として知られているので生食はさける．油でから揚げにして食べるのが一般的．

サワークラウト（sauerkraut）
　酸っぱいキャベツという意味．キャベツを塩漬けにして乳酸発酵させたドイツ特有の漬け物である．ドイツ語ではザウアークラウト，フランス語ではシュークルート．わが国では主として缶詰で市販されている．ソーセージの付け合わせによく使用する．そのほか，じゃがいも料理の付け合わせ，肉の煮込み，炒め物によい．

サワークリーム（sour cream）
　生クリーム→を乳酸発酵させたもの．酸味があり，丸焼きのじゃがいもに添えたり，シチューなどに入れたりして用いる．

サワークリームドレッシング（sour cream dressing）
　サワークリーム→を用いた酸味のきいたドレッシング．水気の多い野菜に向く．
　●サワークリームドレッシングの作り方
材料（約½カップ分）：サワークリーム大さじ3　生クリーム大さじ2　酢大さじ2　サラダ油小さじ1　塩小さじ½　こしょう小さじ½
　以上の材料をよく混ぜ合わせる．

さわしがき（醂柿）
　渋を抜いた柿のこと．渋柿はタンニンの成分が水に溶けるために，それが味覚に感じ，渋く感じる．このタンニンを不溶性に変化させることを渋を抜く→という．タンニンを不溶性にするには，湯，アルコール，二酸化炭素（炭酸ガス）などが用いられる．家庭で簡単に行うには，柿をポリ袋に詰め，りんごをいっしょに入れて密封しておくと，りんごから出るエチレンガスにより軟化が促進され，渋が抜ける．しかし，渋味は感じなくてもタンニンはそのままあるので，これを多食すると，鉄と結合

して鉄の吸収がわるくなり，貧血などの原因になる．"柿を食べると冷える"というのは，このことからきたものと考えられる．

さわちりょうり（皿鉢料理）

"さわち"と呼ばれる大皿にいろいろな料理を盛り合わせたもの．土佐（高知県）の名物料理．"さわち"は浅鉢（あさはち）の"あ"が略されて"さわち"となまったとか，皿鉢が"さわち"になったなど諸説がある．料理には，生ものと組みものがある．

生ものでは，たいの生け作り，たたき，さしみなど．

組みものは，すし，煮物，焼き物，揚げ物など海の幸，山の幸，里の幸を豊富に盛り込む．主食になるすしから寄せ物，果実などに至るまで，一皿で全コースが盛られている．

さわに（沢煮）

煮物の一種．みりん，清酒，しょうゆなどでごく薄い味つけのたっぷりの煮汁で煮るのが特徴で，材料のもち味を味わう．材料には，あっさりしているが旨味のあるはもやこち，鶏のささみなどが適している．

"さわ"は古語で"多くの"という意味．

さわにわん（沢煮椀）

豚のあぶら身とにんじん，ごぼう，しいたけ，ねぎなどのせん切りを加えた実だくさんの汁物．沢煮🢂から転じたもので，野菜の香りと歯ざわりを楽しむ．そうざい，酒の肴によく用いられる．

さわら（鰆）

サバ科の海水魚．春の魚はたいとさわらといわれるが，味がよいのは冬季．瀬戸内海が主産場．味にくせがないのでさしみによい．酒蒸し，照り焼き，魚すき，ムニエル，フライ，てんぷらにも好適．さわらは身が柔らかいので，ひと塩干し，みそ漬け，粕漬けにして水分を減らすのもよい．さわらの幼魚は小形で腰が細いので，さごしと呼ばれる．

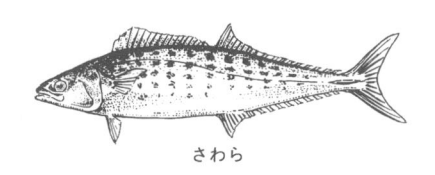

さわら

さんおんとう（三温糖）

黄褐色をした純度の低い砂糖．粒が細かく，しっとりしている．甘味が濃厚なので，駄菓子，佃煮などに使われる．家庭では煮物やぜんざいなどに使われることもある．🢂さとう

サングリア（sangria—スペイン）

ワインをベースにした飲み物で，一種のカクテル．赤ワインにオレンジやレモンの果汁を加え，シロップで甘味をつけるが，オレンジ，りんご，レモンなどを切って入れることもある．赤ワインや白ワインに甘味と果物の風味をつけてびん詰にした市販品もある．

さんさい（山菜）

野生の植物で，通常食用になるものをいう．山ごぼう，山ぶき，たらの芽，わらび，ぜんまい，よもぎなど多くの種類がある．しかし現在は，栽培により量産されたものが山菜として販売されている場合も多い．ゆでて浸し物，酢の物，和え物にする

調理科学

渋抜きの原理

柿の渋抜きの原理は，柿の呼吸を止めて果実の中で分子間呼吸を行うようにし，その結果，生成されたアルコールにより，タンニンが不溶性になるのを利用するものである．つまり，間接的に渋味をなくす方法をとっている．

のが一般的.

山菜には，アクや苦味の強いものが多い．アクの成分はホモゲンチジン酸，シュウ酸，アルカロイド類，タンニン系物質，サポニンなどがあげられる．アクの強いものは木灰や炭酸水素ナトリウム(重曹)を熱湯に加えてゆでるか，ゆでてから，これらを加える．アク抜きのあとはよく水さらしをする．→ぜんまい・→よもぎ・→わらび

さんしゅうみそじたて（三州味噌仕立て）

みそ汁の仕立て方の一つ．切りみそ仕立てともいう．豆みそを用いてみそ汁をつくる場合，風味をよくするために，みそは刻んで用いる．豆みそとしてはおもに三州みそが用いられるので，この名で呼ばれるようになった．

さんしょう（山椒）

ミカン科の落葉低木で，古くから若芽，花，実などが香辛料として使われてきた．一般に若芽を木の芽→，花を花ざんしょう，実を実ざんしょうと呼んでいる．実ざんしょうのうち，実がまだ緑色のときに採取した青ざんしょうはそのまま吸い口やあしらいのほか，塩漬け，佃煮などにする．

成熟した実は乾燥粉末にして粉ざんしょうにする．粉ざんしょうは生臭みや脂っこさを消す働きがあるので，うなぎ飯や焼き鳥に用いるとよい．粉ざんしょうは，七味とうがらしにも混ぜられている．花ざんしょうは汁物の吸い口や，つくだ煮風に煮たりする．

さんしょうの香り成分はテルペン系で，オイゲノール，リモネン，フェランドレン，シトロネラールなどを含んでいる．辛味成分はサンショオール．健胃，駆虫などの作用がある．

サンス（三絲）

中国料理で，3種類の材料をせん切りにして取り合わせたものに使う名称．涼拌三絲（リャンバンサンス）など．

サンデー（sundae）

アイスクリームやシャーベットの上に果物を飾ったり，フルーツソースやシロップをかけたりした冷たい菓子．この名の由来は，一週のうち，とくに日曜日（Sunday）の憩いのひとときに，若い人たちがアイスクリームの上に好きなものをのせ，遊びながら食べたところからきたという．材料の組み合わせにより，バナナサンデー，ストロベリーサンデー，チョコレートナッツサンデーなど，種類が多い．

サンドイッチ（sandwich）

パンとパンの間に卵や肉，魚，チーズ，野菜などの具をはさんだもの．勝負ごとの好きだったイギリスのサンドイッチ伯爵が，勝負中に食べるために工夫したところからこの名がある．2枚の食パンの間に材料をはさんだものが，最も典型的であるが，フランスパン，ロールパン，ライ麦パンなど各種のパンが用いられ，オープンサンドイッチ→，ロールサンドイッチ，クラブサンドイッチ→などもある．

作ってすぐに食べるサンドイッチは塩味系のパンも使えるが，弁当などに持っていく場合には，甘味の強いパンを選ぶ方がパンが堅くなりにくい．また，水分の多い具をはさむときは，必ずバターをパンの面にぬることが大切→．サンドイッチに使うパンは，ひと晩おいたものがよいとよくいわれるが，これは食パンが切りやすいためだけであって，おいしいのはできるだけ新し

いパンを使うことである．

サンドイッチフィリング（sandwich filling）

サンドイッチの中にはさむ材料のこと．多種類の食品が使われる．ヨーロッパでは俗に"AからZまでの食品をはさむ"という．これはアンチョビー（anchovy）からズッキーニ（zucchini—西洋かぼちゃ）に至るまであらゆる食品という意味であって，何をはさんでもよいということを表現している．

さんとうさい（山東菜）

はくさいのうち，結球しないかあるいは半結球の葉菜．中国の山東省から渡来したので，さんとうさいという名がついた．12月ごろがしゅんで，主として漬け物に利用される．

さんどまめ（三度豆）⇨さやいんげん

さんのぜん（三の膳）

本膳料理➡で，本膳，二の膳に次いで出される膳のこと．のせる料理は献立の品数によって変わるが，二汁五菜の献立では，焼き物をのせて供する．

さんばいず（三杯酢）

合わせ酢の一つ．酢にしょうゆまたは塩のほか，砂糖を混ぜ合わせたもの．魚，えび，かになどの塩をしたり下ゆでしたもの，野菜のなますなどに用いられる．材料に合わせて甘味を強くしたり，弱くしたりする．

●三杯酢の配合割合
〈甘味の弱いもの〉
材料：酢大さじ4　しょうゆ大さじ⅓

砂糖大さじ1
〈甘味の強いもの〉
材料：酢大さじ4　しょうゆ大さじ1
砂糖大さじ1½　塩小さじ⅓

さんぺいじる（三平汁）

ぬか漬けか塩漬けにしたにしん，さけ，ほっけ，たらなどの魚を骨ごとぶつ切りにし，だいこん，じゃがいも，にんじん，さきげなどの野菜を加えて煮込んだ汁物．北海道松前地方の郷土料理．漁師の三平が作ったからとか，松前藩の賄い方の斎藤三平の考案によるものとかいわれている．魚の塩味を主体に，清酒と，少量のしょうゆで味つけする．昔はにしんのぬか漬けを用いたらしい．

●三平汁の作り方
材料：塩ざけ300g　じゃがいも2個　だいこん¼本　にんじん½本　長ねぎ1本　こんぶだしカップ5　清酒大さじ2　塩少々

　塩ざけはぶつ切り，じゃがいもは大切り，だいこん，にんじんはいちょう切り，長ねぎはぶつ切りにする．鍋にだし汁と，ねぎを除いた材料を入れ，柔らかく煮る．調味料を加えて味を調え，ねぎを入れてさっと煮る．

さんぽうかん（三宝柑）

かんきつ類の一種．主産地は和歌山県の暖かい海岸地方．頭の部分がつき出た特殊な形をしている．その形状から別名，つぼかん，だるまかんとも呼ばれる．皮が厚く身は小さいが甘い．特有の香気がある．しかし種子が多い．皮は夏みかんのような苦

調理科学

サンドイッチのバターの役割

　バターは，乳化の状態が，油中に水分の分散した形であるため油性である．そのため防水の役目を果たし，具の水分がパンに吸い込まれ，パンがベタつくのが防止できる．しかし，マヨネーズは水に油が分散した水性であるため，防水の役目を果たさない．

味がないのでマーマレードに適する．シーズンは3～4月ごろ．

さんぼんじろ（三盆白）⇨わさんぼん

さんま（秋刀魚）

　サンマ科の海水魚．腹の切れていないもの，背色が青々とさえたもの，胴の太ったものを選ぶ．新鮮なものは内臓ごと食べる．秋が漁獲の最盛期であるが冷凍保存されるものが多く，年中，出回っている．

　イコサペンタエン酸➡と呼ばれる血栓防止に役立つ多価不飽和脂肪酸が含まれる．血合い肉は他の魚より多くのビタミンB_{12}を含んでいる．

　焼き魚のほか，バター焼き，マリネなどに．油や酸味と味が合うので，チーズ焼き，つけ焼き，みそ焼きなどにして，レモン汁をかけてもよい．酢の物，押しずしなどにもよい．干物は，薄塩のものが多いので日もちがわるい．とくに脂肪が酸化しやすいので，保存は冷凍するとよい．

さんま

さんまいおろし（三枚卸し）

　魚を，上身，中骨，下身の三枚におろす方法．魚の頭をとり，骨の上側を骨にそって包丁を入れ，上身をとる．これを二枚におろすと

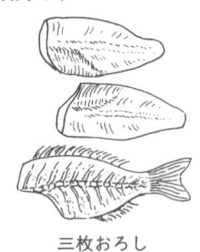

三枚おろし

いう．次に骨つきの身を，骨を下にして同様に骨にそって包丁を入れ，下身をとる．すしだね，ムニエル，フライなどに用いられる．

さんまいにく（三枚肉）⇨ばらにく

さんみ（酸味）

　5原味（塩味，甘味，酸味，苦味，旨味）の一つ．いわゆる酸っぱい味である．おいしさを支配する味ともいわれ，学習によってうけいれられる原味とされている．そして，酸味をもつあらゆる物質は化学的にみると，すべて酸であるといってもよい．

　しかし，すべての酸が必ずしも酸味を有するとはかぎらない．酸味は水素イオンによって感じるため，実際に酸味のあるのを口に含んで感じる味は，唾液によって薄められたり中和されたりするから，その酸がもっている真実の酸味を感じない場合が多い．その酸が強い緩衝性をもっていると酸味が強く感じるが，緩衝性の少ないものでは酸味は速やかに感じられなくなる．また，調理に用いる調味料の場合も同じで，緩衝性の強い酢を用いた場合は料理は酸味を強く感じるが，緩衝性の弱い酢を用いた場合は，料理の酸味は大きく減退する．

　酸味を感じる代表的なものとしては，酢酸，クエン酸，酒石酸，アスコルビン酸，乳酸などがある．酸味は塩味に対してまるみをもたせる働きがある．"あんばい（⇨あんばい）"といわれる作用がこれである．

し

ジアスターゼ（diastase） ⇨ **アミラーゼ**

シイクワシャー
　かんきつ類の一種で，沖縄特産のごく小形のみかん．ヒラミレモンともいう．熟すと黄色くなるが，未熟なうちの皮は緑色．酸味が強いので，レモン，ゆず，すだちのように利用する．果汁を薄めて糖類を加えた飲料もある．

しいざかな（強肴）
　懐石料理などで，酒をすすめる場合に，献立(汁，飯，向付け，煮物，焼き物，箸洗い，八寸)のほかに1～2品添える料理のこと．この料理は酢の物，和え物，炊き合わせ，揚げ物などいずれでも差し支えない．

シィジン（什錦）
　中国料理で，多くの材料を用いた料理につけて用いられる．たとえば什錦湯麺，
シイジンフオグオ
什錦火鍋など．日本料理の五目に当たる言葉．

しいたけ（椎茸）
　キシメジ科のきのこ．生と乾燥品がある．しいたけは乾燥により独特の旨味と風味が生じる．旨味の主成分はグアニル酸→．干ししいたけは水で戻して使うが，つけ水にはグアニル酸のほか，レンチオニンといった味や香りの成分が出てくる→．レンチオニンは，ほんのわずかで料理すべての風味を非常に増強する作用がある．したがって，しいたけのつけ水は捨てないで，そのまま料理に使うようにすると料理全体の味が向上する．

　生しいたけにはエルゴステロールが多く含まれ，天日乾燥すると紫外線の作用でこれがビタミンDに変わる．ただし，人工乾燥のものにはDはない．なお，生しいたけを食べて日光に当たっても体内でビタミ

しいたけ

調理科学

しいたけの香り成分
　しいたけには特有の香り成分がある．その中でも料理の旨味を強調させる香り成分としてレンチオニンがあげられる．レンチオニンは，しいたけに含まれる酵素の作用によって生成する．したがって，生しいたけそのものには存在しない．生しいたけをつぶすかあるいは乾燥することでこのレンチオニンは生まれる．純粋にとり出したレンチオニンは，1ppmの微量で食品や料理の旨味を強調する力がある．

しいたけの旨味成分
　しいたけの旨味成分は，グアニル酸が主体である．これは，細胞の中に含まれているグアニル酸を生成する酵素によって，しいたけ中の核酸より作られるものである．生しいたけには少なく，しいたけを干すと濃縮や酵素の作用により旨味が増える．したがって，しいたけをだしの一部として使用する場合は，必ず干ししいたけを利用するのはここに理由がある．

干ししいたけの戻し方
　干ししいたけを戻す際，旨味成分や香り成分を十分に生成させることで，よりよい料理を作ることができる．その条件としては，酵素がよく働くことが必要である．そのためには，ほぼ40度程度が適温である．したがって，40度程度の温湯に干ししいたけを浸して戻すのがよい．この場合，戻すのにかかる時間も比較的早く，ほぼ30分～1時間で十分に戻る．また，わずかに砂糖を加えることで，砂糖の保水性によりしいたけの中心部まで水分が浸透しやすくなり，乾燥による風味変化が砂糖により戻される．

ンDはできない．しいたけには，血中コレステロールを低下させるエリタデニンが含まれている．また，免疫性抗がん物質のレンチナンも含まれている．

生しいたけはそのままさっと焼いてレモン汁をかけたり，椀だね，鍋物，てんぷらなどに，干ししいたけは戻して🈯，含め煮，五目ずしや五目飯の具，炒め物などに用いる．中国料理では，干ししいたけは調味料的に多くの料理に用いられ，欠くことのできない材料の一つとなっている．

しいのみ（椎の実）

ブナ科のしいの種実．生のまま，あるいは，炒って食べる．味は渋味がなくかすかに甘い．このしいの木は，しいたけの原木に用いられる．

しいら（鱰）

シイラ科の海水魚．白身で大形．夏に味がよい．やや水分が多いが味にくせがなく，さしみ，塩焼き，煮つけ，洋風料理などに使える．また，干物や練り製品の材料にもなる．冷凍スティックの原料としても欠かせない．

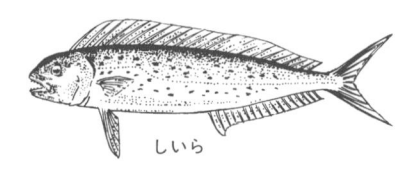

しいら

シェーカー（shaker）

カクテルや飲み物を混合するための特殊な器具．上下，左右，前後に振って使うところからこの名がある．トップ，ストレーナー，ボディーの三つの部分からなっている．ボディーはカクテルの材料と氷を入れる部分，ストレーナーは網目状になっており，カクテルに混ざっている氷が外に出ないようにするた

シェーカー

めのもの．トップはふたの部分で，注ぐときはトップをはずし，ストレーナーから材料を注ぐ．

シェーク（shake）

シェーカーで酒，卵，ジュースなどを混ぜ合わせること．おもにカクテルを作るのに用いられる操作．

シェフサラダ（chef salad）

コック長特製のサラダのこと．これといったきまりはなく，各人で特徴のあるものが作られる．

シェリー（sherry）

スペインのワインで，独特の古酒香がある．シェリー酒ともいう．この風味は，白かびを生やしてつけたもの．大きく分けて辛口と甘口がある．辛口は食前のアペリチーフに，甘口は食後のデザートに．羊肉や牛肉の料理に振りかけたり，煮込み料理に入れたりしても用いられる．

しお（塩）

塩化ナトリウムを主成分とする調味料．日本の古来の製法は塩田を用いた天日塩であったが，1972年に，にがりをほとんど含まないイオン交換膜製塩に変更された．塩の製法や販売は塩専売法(1905年制定)により国が管理してきたが，1997年に専売法の廃止とともに塩事業法が施行され，塩に関する規制が緩和された．これによりいろいろなタイプの塩が流通するようになった．

従来の専売塩と呼ばれた塩化ナトリウム含量の高い「食塩」「クッキングソルト」などのほかに，製法にこだわった「特殊製法塩」と呼ばれる天日塩や，にがりを加えた塩がある．また，「特殊用塩」に含まれるものに医療用や化粧品用，限定販売用などがある．国内外の自然塩も多くなり，風味の向上や魚の身をしめるといった調理効果も見直されている．

塩味はこれをおいしく感じる範囲がせまいので調味かげんがむずかしい．調味するときは塩を何回も加えず，必要量をいっぺんに入れて味みをするのがコツ．塩味をまるくするものに酢やうま味調味料がある．とくに酢と塩には昔からあんばい➡の作用があることが知られている．

塩は人体に絶対に欠かすことのできない成分で，体液の浸透圧を調節する．また塩素は胃酸の成分としても重要である．🧪

一方，高血圧の予防には，塩の摂取量は1日10g以下にすることが望ましいとされている．➡しおかげん

しおいり（塩炒り）

鍋に材料と塩を入れて炒りつけること．たとえば，ぎんなんの塩炒りは，殻を軽く叩いてきずをつけ，塩とともにフライパンに入れ，弱火で10～15分くらいかけて炒りつける．

しおかげん（塩加減）

塩を使って，料理一般に材料のもち味を生かした調味をすることをいう．対比効果➡により甘味，旨味を引き立てる．塩味はおいしく感じる範囲がせまい．ふつうは汁物で1％弱，煮物で2％前後の食塩濃度がおいしい基本．多人数分の料理を一度に作るときは，1人分の倍数の食塩量より少し少なめにすること．それは，俗に塩を呼ぶというように，一度に多量に作ると，不思議に塩辛くなるためである．また，塩の種類により使い分けをすることも必要である．➡しお

しおから（塩辛）

魚介類の肉，内臓，卵などを塩漬けし，魚肉のたんぱく質を分解熟成させた食品．かつおの内臓で作った酒盗，あわびの腸のうろ漬け，あゆの卵巣，精巣，内臓などのうるか，いかの肉と肝臓を使った白作り，黒作り，赤作り，うにの卵巣を使った粒うにや練りうに，さけ，ますの腎臓から作ったためふん，なまこの腸から作ったこのわたなどがある．食塩は防腐のため比較的多く使うが，熟成の際，酵素の働きを止めるほどではないので食べごろを選ぶことが大切．🧪

しおこんぶ（塩昆布）

こんぶを角切りまたは細切りにして，しょうゆ，砂糖，みりんなどを合わせた調味液の中で煮つめたもの．また，炭火などでゆっくりと加熱乾燥し，表面に粉をふかせた塩ふきこんぶもあるが，簡単には，煮つめたあと汁気をきって乾燥機にかけ，粉末調味料をまぶしつけたものもある．

しおざけ（塩鮭）

さけの塩蔵品．甘塩，辛塩がある．肉に弾力があり，皮が美しく，油焼けしていないものを選ぶこと．そのまま焼いて食べるのが一番．塩のききすぎているときは薄

🧪 調理科学

塩の脱水性

食塩は強い浸透圧の作用をもつ．これによって，材料から多量の水分を脱水することができる．浸透圧➡の作用は，塩分濃度の低い食品材料組織中より，濃い方へ水分を強力に引き出すもので，これを利用したものとして，漬け物，塩干物，また調理では，塩もみ，即席漬けといったものがあげられる．

塩の保存性

食塩には保存性がある．しかし，それは濃度と関係がある．通常，10％未満では長期の保存は期待できない．一方，10％以上では保存性が発揮され，濃度が高くなるほど保存性はよくなる．しかし，保存性はよくなっても脂肪含有量の高いものでは脂肪の酸化を完全に防ぐことはできない．したがって，食塩による保存を過度に期待することはむずかしい．

塩水に浸して塩出し➡をして用いる．塩気が抜けたらとり出し，よく水気をふいて焼く．また，焼いてから少量の酢を振りかけると塩味がまるくなる．焼いて茶漬け，酢の物などに．粕汁，蒸し物にもよい．

しおさば（塩鯖）

塩蔵のさばのこと．さばを背開きまたは腹開きにしてえらや内臓を除き，塩をしたものである．肉がしまり，身の割れていないものがよい．また，皮が赤茶けていず，青く光り，つやのあるものがよい．多くは塩をしてすぐ冷凍し➡，販売の際解凍するので，購入後すぐ使わないときは冷凍保存をしないといたみが早い．

そのまま焼いて食べるほか，酢に浸してしめバッテラ➡，船場汁➡などに用いられる．

しおじめ（塩じめ）

魚の下処理法の一つ．生きのいい魚に塩をたっぷりまぶし，塩による脱水とたんぱく質の変性により身をしめること．酢じめする前にまず塩じめすることが多い．魚に塩が真白になるほどまぶしつけるのがよい方法である．➡

しおせんべい（塩煎餅）

米菓の一種．うるち米の粉末をこねて蒸し，薄くのばして乾かしたのち，火であぶりながら，しょうゆを主とした調味料を塗って仕上げる．草加せんべいが有名．

しおだし（塩出し）

塩蔵物などから塩を抜くことをいう．塩抜きともいう．水または薄い塩水，あるいは，酢水，清酒などに浸して塩分を抜く．とくに薄い塩水につけると早く塩出しができるとともに，水が塩蔵物に吸収され，水っぽくなるのが防げる．この薄い塩水につけて塩出しすることを呼び塩➡という．塩ざけ，塩さばなどの塩蔵の魚や塩かずのこに用いられる．

しおづけ（塩漬け）

材料を塩で漬けたもので漬け物の基本．即席漬け，当座漬け，保存漬けに分けられる．即席漬けは，早漬けや一夜漬け➡などともいい，1〜2日のうちにできるもの．当座漬けは2〜3日から1〜2週間でできるもの．保存漬けは1〜2か月からそれ以上の長期間貯蔵するものをいう．おもなものに，はくさい漬け➡，のざわな漬け，すぐ

🧪 調理科学

塩辛の理論

食品材料には酵素が多く含まれている．とくに内臓には酵素の種類も多く，また，その作用力も大である．内臓と食品材料を混合し，あるいは，米こうじなどの微生物酵素を利用して熟成発酵させるものを塩辛というが，この際，多量の食塩を用いる．食塩を用いると酵素作用は非常にゆるやかとなり，そのため，適度の旨味を生じる．もし食塩による酵素作用抑制が働かない場合は，酵素による分解などが進みすぎ，食味としてはたいへんよくない味を生じることが多い．つまり，塩辛において食塩は，保存性とともに，酵素作用の抑制に力があり，これが塩辛の旨味を増強するのに役立っている．

冷凍保存と食塩

魚類をそのまま冷凍すると，身がザクザクして口当たりの低下することが多い．しかし，食塩を十分に作用させ，魚肉のたんぱく質をある程度変性させたのちに冷凍すれば，その変化は非常に少なくてすむ．したがって，そのまま冷凍すれば味の低下や身くずれが起こる魚類では，食塩を作用させたのちに冷凍にすれば，たいへん保存性がよくなる．とくに，薄塩の食品はふつう保存性がよくないが，これを冷凍にすれば，十分に薄塩でも保存に耐えることができる．したがって，現在，多くの塩物は塩をしたのち，冷凍にして保存する場合が多い．

き漬け➡，高菜漬け，広島菜漬け，しば漬けなどがある🖙．魚介類や肉類に塩をして貯蔵性を増す方法は塩蔵といい，この食品を塩蔵品➡という．

しおに（塩煮）
塩味だけで仕上げた煮物．潮煮➡ともいう．少量の砂糖，みりんを使うこともある．

しおびき（塩びき）
塩をしたさけのことを一般にしおびきという．塩ざけと同じ意味に使われているが，本来は塩蔵した魚全般のこと．

しおふきがい（潮吹き貝）
バカガイ科の二枚貝．ホースのような管足から噴水のように潮水を吹くので潮吹きの名がある．夏が産卵期で，味がよいのは冬．はまぐり，あさりなどに混ざって潮干狩りのときによくとれるが，砂が多いのであまり喜ばれない．身は佃煮などに用いられる．

しおふきこんぶ（塩ふき昆布）⇨しおこんぶ

しおぼし（塩干し）
魚介類を食塩水に浸してから天日あるいは人工的に乾燥したもの．塩干しには，魚体をそのまま使う丸干し➡と，開いて干す開き干し➡とがある．いわし，あじ，さんま，かます，さば，たらなどに用いられることが多い．塩干しするとたんぱく質は変性し，消化吸収がわるくなる．油脂の多いものでは油焼けが起こりやすい．油焼けしたものは脂肪が褐色化し，いやなにおいを出すので食べない方がよい．また，舌をさすような渋味を感じることがある．🖙

しおむし（塩蒸し）
塩で味をつけた蒸し物．魚や鶏肉の切り身に塩味を含ませ，こんぶを敷いた器に入れ蒸し器で蒸す．割り下➡またはぽん酢をかけて食べる．魚はたい，ひらめ，かれい，すずき，あまだいなどの白身魚や，えび，かになどが向く．

しおもみ（塩もみ）
刻んだ野菜に塩を振りかけて手でよくもむこと．塩の浸透圧の作用によって，早く

🧪 調理科学

塩じめによるたんぱく質の変性

食塩は，濃度が高い場合，たんぱく質を凝固変性させる性質がある．これは，脱水の強力な作用とともに，食塩そのものがたんぱく質を変性させるのに役立つからである．この食塩によるたんぱく質の変性を利用したものが塩じめである．塩じめした材料は，低温に保存すれば比較的長くもたせることができる．それは，塩じめによって，元の材料に含まれている酵素が作用を停止し，それによって保存性が増すためである．

塩漬けの保存性

塩漬けすると，食品材料の保存性がよくなる．食品材料は，放置しておくとその中に含まれている酵素によってしだいに変化し，あるいは分解が行われる．また，空気中に多数存在する微生物によっても，その酵素により分解が進む．これを防ぐためには，食塩を高濃度に加えておくことが必要である．

微生物はたんぱく質が主体であるから，非常に濃度の濃い食塩には脱水凝固する．これが，微生物の繁殖を抑える理由である．一般に塩分濃度が高くなるほど保存性はよくなり，反対に塩分濃度が低くなるほど保存性は低くなる．

塩の発酵抑制

食塩は微生物の増殖を抑える力があるため，濃度を高く使用した場合，発酵抑制にも役立つ．微生物だけでなく，酵素の作用も食塩は抑えることができるからである．そこで，この食塩の発酵抑制作用を利用して，各種の食品に食塩を添加し発酵させる．チーズ，みそ，しょうゆなどそのよい例である．漬け物も食塩濃度が高いためにその発酵が適度に調整され，旨味のある漬け物ができ上がる．

野菜の中の水分をとり出すことができる。塩の量は、両手のひら山盛り1杯の切った野菜に対し（約100g）、小さじ1杯くらい（約5g）が適当。なます、きゅうりもみなどの下処理に用いられる。

しおやき（塩焼き）

材料に塩を振って焼くこと、またその料理。魚の代表的な調理法で、姿焼きにすることが多いが、切り身にも行う。塩かげんは、魚の重量の2％ぐらいが適当。鮮度のよい魚の最もおいしい食べ方で、焼き魚の基本である。

焼き方は強火の遠火がポイント。魚は大名に焼かせろといわれるように、ゆっくりと時間をかけて焼くのがよい。気短に焼くと表面だけ焦げてうまく焼けない。尾、ひれなど、薄くて焦げやすい部分には食塩をたっぷりとつけて焼く。これをひれ塩という。食塩があると、焦げてその部分がなくならないからである。網の上で焼くよりも、金串に刺し、魚の表面が焼き網など金属と接しない方がよい。金属と魚肉は化学結合を起こし、金網に魚肉のつくことが多い。これを防止するためには、酢あるいは食用油を金網に塗っておくとよい。塩焼きはすべての魚に用いることができるが、いずれもできるだけ新鮮であることが大切である。

なお、落下した液汁などから出る炎を魚にふれさせないこと。これがつくと、魚のたんぱく質が、煙の中にあるいやなにおいを吸着しまずくなる。さんまを七輪でもうもうと煙を立てて焼いているのは、けっしてよい焼き方とはいえない。煙が出るようならば、できるだけうちわなどであおぎ、煙を魚に当てないよう、とばすことが大事。うなぎ屋などでうちわであおいでいるのは、煙を付着させないための知恵である。ロースターやオーブンを使うのも一つの方法。

しおゆで（塩茹で）

塩を加えた湯で食品をゆでること。食塩濃度は1.5％くらいが適当。青菜、枝豆、そら豆、きぬさや、さやいんげん、たこ、

🧪 調理科学

塩干しの理論

魚の干物を作る場合は、食塩水の中をくぐらせてから干すのが通常である。その理由は、表面に食塩水を付着させると、塩分濃度が高いために浸透圧の作用が働き、魚の中心部の水分が表面に引き寄せられる。表面にある水分は蒸発するため、常に表面の塩分濃度は高い。したがって、中心部の水分は次々と魚の表面に引き寄せられ、最終的には中心部まで乾燥させることができる。もし食塩水を使用しない場合は、魚の表面にたんぱく質の膜を生じ、中心部はいつまでたっても乾くことができない。したがって腐敗する。つまり、食塩水を表面に付着させることによって、中心まで十分に乾燥することができる。

強火の遠火

熱源に近いところでは、温度はたいへん高い。この高い温度に直接食品がふれると強く焦げる結果となる。ところが、大量の熱エネルギーを少し離れた場所で吸収させれば、熱エネルギーは多量に供給されるが、温度は極端に上昇しない。したがって、こんがりと焼くことができる。とくにこの条件を満たすのには放射熱が有効である。放射熱を多く発するためには、熱源が、強い熱エネルギーをもち、しかも、熱せられた温度の高い気体が炎となって上昇しないことが必要である。この目的を達するためには、備長炭が適している。備長炭は非常に堅く炎が出にくいからである。素焼き板をガスで加熱するとか、あるいは、電熱器のシーズヒーターを用いるのもよい。ガスの場合は直接の炎は温度が高いが、素焼き板を加熱することで、放射熱が多量に得られるからである。

えびなどを塩ゆでにすることが多い．塩ゆでは，材料に薄い塩味をつけたり，青菜を色よくゆでるなどの目的がある．また，新鮮な青菜では甘味が引き立つ．青菜をゆでるときはふたをとること．ふたをすると野菜から出てくる酸類が外に逃げられずにゆで水にとけるため，酸で葉緑素が変化して野菜の色がわるくなる．→ほうれんそう

じかに（直煮）
材料のもち味を生かすため，下ゆでせずにじかに煮ること．材料は新鮮であることが大切．さといも，たけのこ，だいこん，かぼちゃなどに用いられるが，アクの強いものには不適．田舎煮ということもある．

じかびやき（直火焼き）
火に直接材料をかざして焼くこと．適当な焦げめがつき特有の香りが生じる．魚の塩焼き(→しおやき)，グリル→などもその一つである．

しきしぎり（色紙切り）
色紙のように薄く四角く切ること．丸いものはまわりを角に切り落とし，小口から薄く切る．だいこん，にんじん，じゃがいも，キャベツなどの野菜や薄焼き卵を切るときに用いる．汁物の椀だねやサラダ，炒め物などによい．

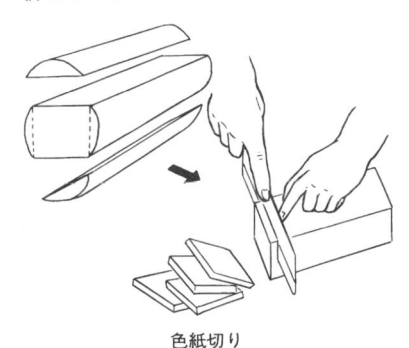

色紙切り

しぎやき（鴫焼き）
なすに油をぬり，火で焼いて練りみそをつけ，さらに軽くあぶったもの．なすをくりぬいた中にシギの肉をつめて焼いたのが始まりで，時代とともに調理法や形が変化し，なすの料理になったといわれている．なすを油焼きしてみそをぬることもある．

●しぎ焼きの作り方
なすは縦半分に切るか，横に1cmくらいの厚さの輪切りにし，薄い塩水につけてアクを抜く．水気をふき，全体に油をたっぷり含ますように塗りつけ，串でプツプツと穴をあける．オーブンか金串に刺して焼く．柔らかくなったら田楽みそ→を塗りつけ，もう一度さっとあぶり，串を抜いて器に盛る．青じそ，粉ざんしょうを添えると風味がよい．

フライパンにたっぷりめの油をひいて焼いてもよい．

しぐれに（時雨煮）
魚，貝，肉などにしょうゆ，みりん，しょうがのせん切りを加え，佃煮風に煮たもの．かつお，まぐろ，さば，はまぐり，あさりなどに用いられる．とくに三重県桑名のはまぐりのしぐれ煮は有名．

●しぐれ煮（あさり）の作り方
材料：あさり（むき身）300ｇ　清酒カップ1/4　しょうゆカップ1/2弱　砂糖大さじ1 1/2　土しょうが1かけ

あさりをざるに入れ，薄い塩水で振り洗いして水気をきる（殻つきの場合は海水程度の塩水につけて砂を抜き，鍋に少量の水とともに入れて火にかける．貝が口を開けたら火からおろし，身をとり出す）．鍋に，清酒，しょうゆ，砂糖，土しょうがのせん切りを加え，ひと煮たちさせ，あさりを加える．色が変わり身が縮んできたらあさりをとり出し，残った煮汁を焦げない

程度に煮詰め，あさりを戻し，ひと煮立ちさせ，味をからませる．

しぐれみそ（時雨味噌）
甘く練り上げたみそに，むきはまぐりを入れたもの．なめみその一種．はまぐりの代わりにかきを用いるとかきみそとなる．

シーザーサラダ（Caesar salad）
シーザーは，ローマの政治家であり将軍であった人の名．野菜を主に，アンチョビー，オリーブの実，クルトンなどを，半熟のつぶした卵黄入りのドレッシングで和えたサラダ．アメリカで創案されたもの．

シシケバブ（shish kebab）
トルコの代表的な串焼き料理．羊肉の角切りをワイン，サラダ油，塩，香味野菜，香辛料などを合わせたつけ汁につけ，これをたまねぎ，トマト，ピーマン，マッシュルームなどの野菜とともに串に刺してあぶり焼きにしたもの．シシは金串，ケバブは焼き肉の意．トルコ以外に，ブルガリアをはじめバルカン半島の国々にも広がっている．

ししとうがらし（獅子唐辛子）
ナス科の野菜．とうがらしの甘味種の一つで，略してししとうともいう．ピーマンを細くしたような形で，長さ5〜6cmくらい．とうがらしと違い，先は凹凸があり，獅子頭に似ているので，この名がある．まるのまま，てんぷら，フライ，鉄板焼き，串焼きなどにする．ただし，加熱すると破裂するので，串で表面に穴をあけるかナイフで切り目を入れておくとよい．

しじみ（蜆）
シジミ科の二枚貝．寒しじみといわれるように冬に味がよい．半日以上真水に入れ，砂をはかせる．

たんぱく質は一般魚肉に比べ量は少ないが質はたいへんよい．とくに必須アミノ酸の一つで，肝機能をよく保持するために必要とされるメチオニンが多く，これが昔から黄疸によいといわれてきた根拠．身にはビタミンB_1を破壊する酵素アノイリナーゼが含まれているが，加熱するとその働きがなくなるので問題とはならない．

小形なので身を食べるというより，汁に入れ，だしを味わう．旨味は強いがくせがあるので，みそ汁がよい．水から火にかけ，殻が開いたらみそを溶き入れる．みそは甘口のものより辛口の方がよい．殻をはずした身しじみはつくだ煮や和え物に．

ししゃも（柳葉魚）
キュウリウオ科の魚．ふだんは海にいるが，10〜11月ごろ産卵のため川をのぼる．北海道の釧路湾沿いでしかとれない．晩秋がしゅん．卵をもった雌は子持ちししゃもと呼ばれ，雄より喜ばれる．生のものはさしみ，塩焼き，フライ，てんぷらにする．素干しは焼いて酒の肴に．ほとんど冷凍か素干しで各地に送られる．しかし量が少な

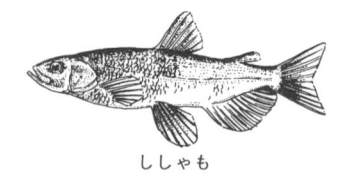

ししゃも

調理科学

しじみのコハク酸

貝類の旨味成分の中でとくに強く感じるのがコハク酸である．貝類独特の旨味といってもよい．コハク酸は濃度が高くなると非常にくどいが，適度の濃度ではたいへんよい旨味を呈する．しじみやあさりなどを汁物のだしとして使用できるのは，主としてこのコハク酸によるものである．

いので，市場に出回っているものは北欧産のししゃもに似たカペリン⇒という魚がほとんどである．

シーズニング（seasoning）

調味料の意．また，調味料や香辛料で料理に調味すること．幅広く調味のことを指す場合と，風味をよくする味つけに限定される場合と，そのときによって使い分けが行われている．

しそ（紫蘇）

シソ科．赤じそと青じそがある．梅干しに使うのは赤じそ．青じそはおおばともいい，てんぷらや，細かく刻んできゅうりもみや温かいごはんに混ぜたり，そうめんの薬味などに．特有の香りはペリラアルデヒド（シソアルデヒド）．赤じその色素はアントシアンのシソニンとペリラニンで，酸性溶液中では，美しい紅色になる．⇒いろどめ

葉じそのほか，しその実の若いものである穂じそ，開きかけた二葉である芽じそなども用いられる．穂じそはさしみのつま，揚げ物などに．穂先を手のひらでポンとたたくと，香りが高くなる．芽じそはさしみのつま，汁物の吸い口などに．いずれも色と香りを生かして使う．⇒うめぼし

穂じそ　　　青じそ

したあじ（下味）

調理の下ごしらえの一つ．生の材料にあらかじめ味をつけておくこと．仕上がりの味に直接関係はないが，料理の良否に大きく影響する味．方法としては，しょうゆ，塩，清酒などの調味料や香辛料をふりかけたり，調味液に浸す．薄味を含ませておくことで，でき上がりの味を引きしめるのが目的．仕上がりに影響するほどの濃い味をつけないことが大切．

しだし（仕出し）

注文に応じて料理を作り，届けること．出前ともいう．とくにこれを専門にしている業者を仕出し屋という．

したしょり（下処理）

魚や野菜など本格的な調理にかかる前にあらかじめ洗ったり，不用な部分をとり除いたりする操作のこと．前処理ともいう．

したに（下煮）

煮えにくいものや味の浸み込みにくい材料を，あらかじめ煮ておくこと．これらをさらに揚げる，蒸す，和えるなどして仕上げる．椀だね，五目飯の具，酢の物の具などに行われる．

したびらめ（舌鮃・舌平目）

ウシノシタ科とササウシノシタ科の海水魚の総称．牛の舌ともいう．表皮が灰褐色をしたのが，くろうしのした，赤褐色があかしたびらめ．白身で淡白．一年中あるが，とくに夏から秋にかけてがよい．中形で肉の厚いものを選ぶ．

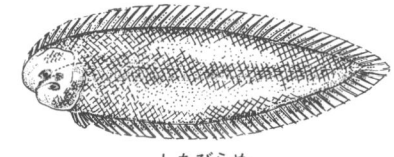

したびらめ

皮が堅いので洋風料理のときには皮を手ではぎとることが大切．粘質物が多くむきにくいが，ふきんでぬめりをとり，指先に塩をつけてむくとよい．ムニエルやフライ

などに．皮つきのまましょうゆと清酒，またはみりんなどでやや辛めに煮つけるのが日本的な使い方．冬季には煮魚を一夜おいて煮こごりにしたのが珍重される．

しちみとうがらし（七味唐辛子）

七色とうがらしともいう．とうがらし，黒ごま，あさの実，さんしょう，陳皮（みかんの皮の干したもの），青のりまたはしその実，けしの実の七種を混合して粉末にしたもの．あさの実はすらないで粒のまま加えることもある．とうがらしの粉末が均一で香りのよいものを選ぶ．めん類，鍋物などの薬味に用いる．

しちめんちょう（七面鳥）

キジ科の鳥．英語でターキー．冬になると脂がのり，クリスマスのころが絶好の食べごろ．雄の方が柔らかくて味がよい．その見分け方は胸毛を見る．雄の胸には黒い胸毛がついているが，羽毛を抜いても，ここだけは残っている．にわとりよりはるかに大きく，胸の肉が多い．欧米ではクリスマス，感謝祭などに七面鳥を使うが，結婚式やその他のお祝い料理にもよく使われる．調理法としてはほとんどローストである．→ローストチキン

シチュー（stew）

肉や魚介類などと野菜をスープ，ソース，牛乳などを用いて弱火で長時間煮込んだもの．用いる肉の種類や部位により，ビーフシチュー，ポークシチュー，タンシチュー，テールシチューなど，また用いるソースによってホワイトシチュー，ブラウンシチューなどがある．長時間煮込むので，堅い肉も柔らかくなる（📷すじにく）．また，長く煮込むことで煮汁の塩味もまろやかになる📷．ばら肉を使うのが一般的．

しっぽくりょうり（卓袱料理）

長崎県特有の料理で，中国料理が日本化したもの．しっぽくは，もともと，卓のおおいの意味であるが，転じて，その上で供された料理も，しっぽくというようになった．献立はひれ椀，みそ椀，小菜，大皿，大鉢，ごはん，香の物，梅椀で一コース．配膳や食べ方は中国風で，椀物以外は大皿に盛って供される．また関西や信州では，うどん，そばの具にまつたけ，しいたけ，かまぼこ，麩，鶏肉，野菜などを用いたものをしっぽくと呼ぶこともある．

しなちく ⇨ メンマ

しなの（信濃）

そばを使った料理につける名称．信濃（長野県）はそばの産地であるところからついた名称．信州というのも同じ．信濃蒸し，信濃揚げなどがある．

シナモン（cinnamon）

香辛料の一つ．ニッケイという木の皮を乾燥したもの．同属のニッケイの木でも，その種類によってシナモン，ニッケイ，カ

🧪 調理科学

シチューの煮汁の乳化

煮汁は，脂肪分が含まれているとき，ゆっくりと煮ることできれいに乳化する．ただし，乳化には乳化剤が必要で，シチューなどの場合は，ゼラチンがその役を果たす．シチューの中のゼラチンは，原料の肉の硬たんぱく質であるコラーゲンが変性しゼラチンとなって汁の中に分散し，これがその役を果たす．乳化には時間を必要とする．とくに煮ている場合にはコトコトとゆっくり沸騰させることで，液が攪拌され，また，気泡が途中で消滅する際に高周波を出す．これが乳化の促進材料となって有効に働く．したがって，時間をかけてゆっくり，しかも強く煮立てないように煮ることが乳化を促進させる大きなポイントである．

シアと区別しているが，一般にはこれらを含めてシナモンあるいは肉桂と呼んでいる．軽い辛味と甘味，甘ったるいような芳香がある．甘い香りの主体はシンナムアルデヒド．辛い香辛料の味をソフトにする働きがある．ケーキやクッキー，その他の菓子類，パンなどに広く使われる．りんごにはとくに合い，焼きりんごには欠かせない．

じねんじょ（自然薯）
野生のやまのいも🔁のこと．

しの（篠）
しのは茎が細い竹であるが，これに似せて，円筒状に細く長く切ること．だいこん，かぶ，うどなどに用いられる．

しのだ（信太・信田）
油あげを用いた料理につけられる名称．名前の由来は，大阪の信太の森にまつわるキツネの恩返しの説話とされ，キツネは油あげが大好物であるというところから名づけられたもの．しのだずし，しのだうどんなどというように使われる．

しのだずし（信太鮨・信田鮨） ▷いなりずし

しのびぼうちょう（忍び包丁） ▷かくしぼうちょう

しばえび（芝蝦）
クルマエビ科．体長12〜15cmの小形のえび．昔，東京芝浦で多くとれたのでこの名がついた．淡白な旨味をもつ．むき身の冷凍品は食塩の添加されているものもある．てんぷら，すし，付け焼き，酢の物，各種の中国料理，サラダ，サンドイッチの彩りなどに用いる．干しえびにしたものは甘味があり，中国料理などに広く使われる．🔁えび

しばづけ（柴漬け・紫葉漬け）
なす，うり，だいこん，しょうが，とうがらしなどを赤じその葉とともに刻んで塩漬けにし，乳酸発酵をさせたもの．京都の北部の特産品である．平安時代からある古い漬け物で，平家滅亡後，建礼門院が洛北大原の寂光院に隠棲したとき，お供がしそ漬けを献じ，建礼門院をなぐさめたのが始まりといわれている．酸味が非常に強いのと，しその香りが強く，また，なすの歯ざわりが喜ばれる．空気に触れると味がどんどん変化するので，出したらできるだけ早く食べること．しば漬けを圧搾器にかけて水分を除いたのち，しょうゆ，砂糖，酢などで調味して漬け直した味しば漬けもある．

ジビエ（gibier―仏）
野鳥獣のこと．フランスでは狩猟シーズンになるとレストランでもジビエを主材料にした料理が供され，美食の最高料理とされている．ジビエは小鳥類（やまうずら，やまばとなど），野鳥類（やましぎ，きじ，かもなど），獣類（いのしし，しか，うさぎなど）に分けられる．ロースト，シチュー，パテ，スープなどに用いられる．

シフォンケーキ（chiffon cake）
洋菓子の一種．小麦粉，砂糖，泡立てた卵白，サラダ油を合わせ，ふんわりと焼いたもの．chiffonは絹のようにふんわりしているという意味で，泡立てた卵白を用いたケーキの名前につけられる．副材料によって抹茶，紅茶，コーヒー，ココアなどの種類がある．

しぶがき（渋柿）
熟しても渋味がとれない柿．渋味成分はタンニン細胞中のシブオール．渋抜きしたり干し柿にして食べる．渋抜きにした柿は渋味を感じなくても渋味成分があるので，多食すると便秘の原因になる．🔁かき・🔁さわしがき・🔁ほしがき

しぶかわに（渋皮煮）

くりの甘露煮の一種で，くりを渋皮のまま砂糖蜜で煮たもの．お茶受け，ケーキの飾りなどに用いる．

● 渋皮煮の作り方

材料：くり適量　砂糖　皮をむいたくりの重量の½〜同量　しょうゆ少々　みりん少々

くりを10分ほどゆで，渋皮にきずをつけないように鬼皮をむき，水に浸して2時間ほどさらす．鍋にくりと水を入れ，弱火にかけ，渋皮の色がゆで汁に出なくなるまで，水をとりかえながらゆでる．柔らかくなったら砂糖と少量のしょうゆ，みりんを加え，さらに弱火でゆっくりと煮含める．

シーフード（sea food）

魚介類など海産物のこと．海産物を使った料理名にもつけられる．シーフードサラダ→，魚介類を入れたシーフードスパゲティなどがある．

シーフードサラダ（sea food salad）

魚介類などの海産物を主材としたサラダ．えび，かに，ツナ缶，貝柱，たこ，いかなどと野菜を混ぜ合わせ，ドレッシングで和える．わかめ，とさかのりなどの海藻が主になると海藻サラダともいう．魚介類は新鮮なものは生でもよいが，下ゆでして用いると魚や貝のくせがとれる．また，ドレッシングにしょうが，わさび，しそ，からし，しょうゆなどを用いるのも効果的である．

じぶに（治部煮）

石川県金沢の郷土料理．かも肉やとり肉のそぎ身に小麦粉をまぶし，しょうゆ，砂糖，清酒などで濃いめに味つけした煮汁でさっと煮たもの．名称の由来は，煮るときにじぶじぶ音が出るからとか，治部という人の名前からなどといわれている．昔はつぐみなどの野鳥も用いられた．金沢特産のすだれ麩，ほうれん草，せり，ゆり根，しいたけなどをとり合わせ，椀盛りにする．

● じぶ煮の作り方

材料：鶏（胸肉）（またはかも）1½枚　小麦粉少々　しいたけ4枚　ほうれん草適量　だし汁カップ1　清酒カップ1　みりん大さじ3　砂糖小さじ2　しょうゆ大さじ3½

とり肉を薄くひと口大にそぎ切り，小麦粉をまぶし，だし汁と調味料を加えてひと煮立ちさせた中へ，静かに入れて煮る．最後にしいたけとさっとゆでたほうれん草を適宜加えてひと煮立ちさせる．

しぶぬき（渋抜き）⇨さわしがき

しぶみ（渋味）

舌の粘膜のたんぱく質を凝固させようとする一種の収れん作用によって感じる味．渋味物質の代表的なものにタンニンがある．多くの場合あまり好ましい味ではない．しかし，ほんのわずかに含まれている場合には，茶や赤ワインのタンニンのように，かえって舌の味覚細胞周辺の粘質物を固めて洗い流して細胞を清浄化し，味の感覚を鋭敏にする働きがある．

しぼりだしぶくろ（絞り出し袋）

デコレーションケーキやショートケーキの上に生クリームを飾りつけたり，マッシュポテトを絞り出したりするのに用いる袋．厚手の木綿製の袋がよいがビニール製のものも市販されている．紙で作ることもできる．紙製は使い捨てができ，口の切り方で口金代わりになるので便利である．紙はハトロン紙，硫酸紙がよい．口金はいろいろな形のものがあり，先のところにはめて用いる．絞り出し袋にクリームなどを入

れて用いるときは，十分に上を堅くひねってから絞り出していく．

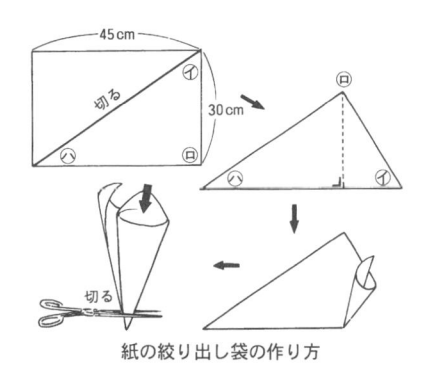

紙の絞り出し袋の作り方

じーまーみどうふ（地豆豆腐）
ピーナッツを使ってごま豆腐のように作ったもので，沖縄料理の一つ．しょうがじょうゆやわさびじょうゆで食べたり，椀だねにも用いる．じーまーみは沖縄県でピーナッツのこと．

しみどうふ（凍み豆腐）⇨こおりどうふ

しめさば（締め鯖）
塩じめしたさばを酢の中に浸したもの．さばはとくに腐りやすい魚であるが，酢じめすると保存がきく．

さばを三枚におろして腹骨をすき取り，両面に塩をたっぷりまぶしつけ，4〜5時間おく．これでさばの生臭みが抜ける．さっと水洗いして水気をふきとり，生酢に20分ほど浸す．しめかげんは魚のまわりが少し白くなる程度（☞すじめ）．血合いの部分の小骨を抜き取り，皮を引く．すしだねや，きずしに用いる．

しめじ（占地）
キシメジ科のきのこ．以前はしめじというと，似た形のきのこの総称であったが，分類が進んでからはそのうちの一種，ほんしめじをさすことが多い．さっと水で洗ってから，すまし汁やきのこ飯，煮物，鍋物，バター炒めなどに用いる．市販品でほんしめじと称していたものは，ぶなしめじの栽培品である．

しめたまご（しめ卵）
溶き卵を，塩を少量加えた湯，または調味しただし汁の中に流し込んで熱を通し，ふきんにとり，巻きすなどで巻いて形を整えたもの．えびなど他の材料を小さく切って卵と合わせ流し入れることもある．適当に切って椀だねに使う．湯どり卵ともいう．☞

しめる
材料の下ごしらえの一種で，魚の身をしめる，巻き簀で巻きしめる，煮物を煮しめるなどといったことに使う．また，生きた魚や鳥を殺して調理することもしめるという．魚の身をしめる場合には，塩じめ⇨，酢じめ⇨，こぶじめ⇨などがある．巻きしめは，巻きずしののりを落ち着かせたり，厚焼き卵や堅ゆで卵を梅などの形に作るときに行われる．

しもふり（霜降り）
切り身にした獣鳥魚肉類を，手早く熱湯に通したり，熱湯をかけたりすること．湯

調理科学

しめ卵の形が整う理由
卵は主体がたんぱく質であるが，たんぱく質は加熱された際，非常に弾力性に富む．一方，これが冷却されれば弾力性を失う．したがって，温度が高いときに形をつけ，そのまま冷やすと弾力性を失ったたんぱく質は与えられた形として固定される．これを利用してしめ卵を作る．

ぶりともいう．肉の表面が白くなって霜が降りたように見えるのでこの名がある．鶏肉やたい，かつおなどに用いられる．鶏肉のささみの霜降りにわさびじょうゆを添えた料理は鶏わさと呼ばれる．

しもふりにく（霜降り肉）

筋肉内に脂肪が網の目のように入っている肉のこと．牛肉が一般的．霜降り肉は柔らかく，舌の上でとろけるようなコクをもっているため，日本では最高級品として扱われている．肉の組織の間に細かく脂肪が入り込んでいるため，たいへん脂肪が多い．したがって，その分たんぱく質の量は少なくなっている．霜降り肉は高エネルギーなので，血圧の高い人や心臓のわるい人，肥満の人は注意が必要．脂が細かく肉の組織に入り込んでいるため，強熱しても堅くならない🔖．そのため水炊き（しゃぶしゃぶ），すき焼きなどさっと加熱して食べる料理に向く．長く煮込むと脂肪が溶け出し，せっかくの霜降り肉の味が落ちるので，煮込み料理には不適当．

ジャア（炸）

中国料理の調理法で，材料をたっぷりの油で揚げることをいう．その料理を炸菜（ジャアツァイ）という．炸は材料の処理や衣のちがいにより，清炸（チンジャア）（素揚げ），乾炸（ガンジャア）（から揚げ），軟炸（ロワンジャア）（衣揚げ），高麗炸（ガオリイジャア）（衣に泡立てた卵白を使い雪のように白く仕上げた衣揚げ），酥炸（スウジャア）（さっくりした歯ざわりの衣揚げ），巻包炸（ジュアンパオジャア）（巻揚げ，包み揚げ），油淋炸（イウリンジャア）（熱い油をかけながら揚げる方法），紙包炸（パオジャア）（材料を紙で包んで揚げる方法）などがある．このほか，刻んだナッツ類を下味をつけた材料にまぶして揚げる方法として，杏仁炸（シンレンジャア）（アーモンド揚げ），桃核炸（ホワタオジャア）（くるみ揚げ），花生炸（ホワションジャア）（ピーナッツ揚げ）などがある．

ジャアツァイ（炸菜）

中国料理の揚げ物料理のこと．炸菜（チャアツァイ）ともいう．料理例として，炸蝦球（ジャアシャチウ）（えびの揚げだんご），乾炸子鶏塊（ガンジャアズジイコワイ）（鶏肉のから揚げ）などがある．→ジャア

じゃがいも（じゃが芋）

ナス科．馬鈴薯ともいう．男爵，メークイン，紅丸などの品種がある．男爵は球形で皮は淡黄褐色．紅丸は楕円形で皮はピンク色．メークインは長楕円形で皮は淡黄色．でんぷんが主成分であるがエネルギーは同重量のごはんの約半分．カリウムが多く，食塩のとりすぎや動物性食品を多く食べたとき，体内のナトリウムを排泄し，血圧の上がるのを防止する．芽の部分にはソラニンという毒素が含まれているのでとり除く🔖．家庭で保存するときはりんごといっしょに置くと発芽が抑えられる．じゃがいもはビタミンCが多く，その損失を防ぐためにも，また風味をよくするためにも，ゆでるときは，皮つきのままでゆでるのがよい．丸ごと焼くベークドポテト→，

🧪 調理科学

脂肪の断熱作用

霜降り肉はすき焼きなど，強熱する料理に適している．通常，脂肪分の少ない赤身の部分を強く加熱すると収縮し，肉はたいへん堅くなる．これは，たんぱく繊維が強い熱にあって強く収縮してしまうためである．ところが，脂肪が筋肉組織中に細かく入っていると，この収縮が起こりにくい．その理由は，脂肪は断熱性が強く，熱を直接伝えにくいためである．つまり，強熱されても強い熱が直接たんぱく繊維に伝わらず，収縮が強く起こらない．霜降りでない肉の場合は，脂肪分を細かく切り込むミンチの形にすれば，霜降りと同じような効果が得られる．

粉ふきいも→, 煮物, から揚げ, ポテトチップス→, コロッケ→, マッシュポテト→などに用いる.

しゃくしな（杓子菜）⇨**たいさい**

しゃこ（蝦蛄）

　シャコ科の節足動物. 体調は 15 cm くらい. 体の色は灰白色だが, ゆでると紫赤色になる. 卵をもつ春から夏がしゅん. 形はあまりよくないが味はよい. 頭を除き, はさみで殻の両側を切って背と腹の殻をはずす. ゆでてわさびじょうゆで食べたり, てんぷら, すしのたねに. ゆでたものは腐敗してもわかりにくいので, 食中毒に注意する.

しゃこ

じゃこ（雑魚）⇨**ざこ**

シャシリック（shashlýk—露）

　羊肉や豚肉を調味液に浸して串焼きにしたもので, 野外料理の一つ.

ジャス（JAS）

　日本農林規格（Japanese Agricultural Standard）の略称. 農林物資の規格と品質表示の制度全体を意味する. 制定された規格は JAS 規格と呼び, 格付に合格した製品につけるマークを JAS マークという. JAS 規格は任意表示であるが, 特定の品目については品質表示が義務づけられている. JAS 規格のほかに特別な製法による商品を規格化する特定 JAS（熟成ハムなど）がある.

ジャスミンティー（jasmin tea）

　中国茶の一つ. 中国緑茶（釜炒茶(かまいりちゃ)）の中にジャスミンの花の生または乾燥したものを混ぜたもの. 熱湯を注ぎ, ふつうの茶のように飲むとジャスミンの花の香りが高い. 口中をさわやかにするので, 中国料理では料理の最後に出てくる.

シャトー（château—仏）

　野菜の切り方の一つ. にんじんやじゃがいもをくし形に切り, 面を落として卵形にしたもの. シャトーブリアンステーキ→のつけ合わせに用いられたので, この名がついた. 現在では各種のステーキやグリルし

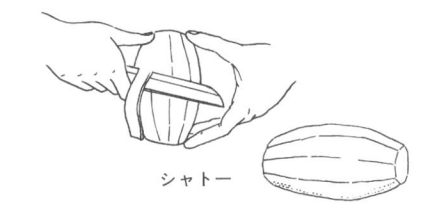

シャトー

調理科学

ソラニン

　じゃがいもにはソラニンが含まれている. とくに皮に近い部分に多いが, 芽や, 地上に出たために太陽光を受け, 緑色に変化した部分に非常に多い. ソラニンは弱い毒性物質であり, 多量に摂取すると腹痛, 嘔吐などをともなう. しかし熱に弱く, 加熱すればほとんど破壊される. じゃがいもは通常加熱して使用するから, ほとんどソラニンの毒性は問題にならない. しかし, 芽や皮の青い部分は多量のソラニンを含有するため, 加熱によっても完全にソラニンが分解しにくい点もあり, このような部分は十分に除去する必要がある.

じゃがいもとチロシン

　じゃがいもは, 切って空気中に放置すると, 酵素の作用によってその中に含まれているチロシンがメラニンに変化する. その結果, 褐色の色が出る. これを防止するためには, 皮をむいたり切ったりしたじゃがいもを水に浸し, 褐変する材料であるチロシンを水に流せばよい. また, 水で酵素も薄められ, その作用が少なくなるとともに, 水によって空気と遮断されて酸化が防止できる. したがって, じゃがいもを水に浸すと, 白くきれいに調理することができる.

たもののつけ合わせやシチューなどにも使われる．

シャトーブリアン（Châteaubriand—仏）
ビーフステーキの一種．シャトーブリアンというのは，ヒレ肉の一番厚い部分を使ったステーキで，フランスの美食家の名をとったもの．これが転じて，このステーキに用いられるヒレ肉の部分もシャトーブリアンという．じゃがいもの切り方やソースの名にシャトーとあるのは，このステーキに用いられたところに由来している．

じゃのめぎり（蛇の目切り）
太い輪の形に切ること．芯をくりぬき，小口切りにする．きゅうりや，しろうりに用いられる切り方．吸い物のつまや，その中に詰めものをして用いることが多い．

蛇の目切り

じゃばらぎり（蛇腹切り）
野菜の切り方の一つで，おもにきゅうりに用いられる．丸ごとのきゅうりに斜めに薄く，きゅうりの半分くらいまで切り目を入れる．次に裏返して同様に切り目を入れる．塩を振るか塩水につけて，しんなりしてきたら4～5cm長さに切り，両端をもってひねる．さしみや焼き魚のあしらいに用いられる．

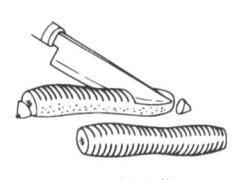

じゃばら切り

しゃぶしゃぶ
水炊きの鍋料理の一種．牛肉は霜降り肉あるいはロースの薄切りがよい．肉は煮立っている湯にさっと浸す程度に加熱する．熱いうちにタレをつけて食べる．タレは，しょうゆをベースに酢，レモン汁を合わせたもの，すりごま，みそ，しょうゆ，だし汁，みりんを合わせたものなどがある．豚肉，鶏肉，たら，かになどにも用いられる．

シャーベット（sherbet）
果汁や酒類にシロップを加えて凍らせたもの．フランス語でソルベ（sorbet）といい，コース料理では肉料理の前に出される．

ジャーマンステーキ（German steak）
ジャーマンはドイツ風という意味．ハンバーグステーキ→のこと．

シヤミィ（蝦米）
中国料理で干しえび→のこと．

ジャム（jam）
果物に砂糖を加えて煮つめたもの．ジャムはペクチン，酸，糖分が適量ずつあることが必要．ペクチンの少ない果物には粉末ペクチンを，酸味の少ない果物には酸を加えることがじょうずに作るコツ．いずれの場合にも糖分は一定量加える必要がある．糖度の最低限度は45～50％，すなわち材料の果物と同量かそれ以上の糖度が必要．糖度が60％くらいまでは高くなればなるほどゼリー化力が強い．一般に，材料と同重量の砂糖を加え，煮つめて2/3くらいの量にするのがよい．未熟なもの，過熟なものはペクチンが少ないのでうまくゼリー化しないから注意する．また未熟なうちに収穫し，追熟させたものも十分量のペクチンは期待できない．
ジャムに適する果物としてはりんご，すもも，あんず，いちごなど．なしやももはペクチンの含有量が少ないので不適当．しかし，粉末のペクチンを使って，レモン汁やクエン酸などで酸味を補えば，どの果物からでもジャムが作れる．工業製では，材料の風味を残し，香りのよいジャムに仕上げるためオリゴ糖が併用される場合がある．オレンジなどかんきつ類を用いたもの

はマーマレードというが，これも広義にはジャムの一種である．ジャムの中でも果物の原形をとどめているものはプレザーブスタイルと呼ばれ，高級品．いちごはとくにプレザーブスタイルにすることが多い．

ジャムは煮つめかげんが大切．煮つめかげんを見るときは，水を一杯入れたコップに煮つめた液を1滴落としてみる．この1滴が底まで玉になって落ち，落ちてから散るのが一番よい煮つめかげん．底に落ちても固まっているのは煮つめすぎ．☞

しゃり（舎利）
米粒や米飯のことをいう．すし用語ではすしめしのこと．

シャリアピンステーキ（Shalyapin steak）
すりおろしたたまねぎをステーキ用肉にまぶして焼き，さらに，別にみじん切りのたまねぎをバターで茶色に炒めてステーキの上にのせたもの．ロシアの歌手シャリアピンが来日したとき，帝国ホテルで作られたステーキ．

シャルロット（charlotte―仏）
洋菓子の一つ．シャルロット型（底部がややすぼまった円柱形）の内側にカステラ，ビスケットなどの薄切りを並べ，プディングやババロアなどの生地を詰めて固めたもの．ケーキのまわりにビスケットを飾ったものもいう．シャルロットは婦人の名前．

ジャン（醬）
中国の調味料で，日本のしょうゆやみその原形である．おもなものはみそ状の黄醬(ホワンジャン)（大豆），豆瓣醬(ドウバンジャン)（そらまめ➡トウバンジャン），甜麺醬(テイエンミエンジャン)（小麦粉），ペースト状の蝦醬(シャジャン)（エビ），蠔油(ハオイウ)（かき➡オイスターソース），芝麻醬(ジイマアジャン)（ごま，ごま油など）などがある．

マヨネーズ，トマトケチャップ，ジャムなども醬の仲間とされている．

シャンツァイ（香菜）⇨こうさい

シャンティイー（Chantilly―仏）
シャンティイー風の意で，泡立てた生クリームを用いたソースや菓子，クリーム料理などにつけて用いられる．シャンティイークリーム，ソースシャンティイー（➡シャンティイー風ソース）などがある．シャンティイーは，フランスのパリの北部にある町の名．

🧪 調 理 科 学

ジャムの保存性

砂糖は保水性とともに脱水性が強い．砂糖は，常温の場合，水に対して2倍溶解する．したがって，濃度67%の場合，完全に余分の水分（自由水）は存在しない．この状態以上になると，砂糖は結晶として析出するが，ちょうどこの濃度である場合，余分の水分がないために微生物の繁殖は防止される．つまり，飽和状態の砂糖液が存在すると，すべての食品の長期保存ができるわけである．これを利用したのがジャム，マーマレード，砂糖漬けなどである．

ペクチンのゼリー化

ゼリーは，ペクチン，かんてん，ゼラチンなどでできるが，とくにペクチンゼリーの場合は，ペクチン，酸，砂糖の三つのバランスが重要である．ペクチン濃度が高ければゼリー化は十分に行われるが，ペクチン濃度が低い場合は糖を多くする必要がある．糖濃度が高くなるにしたがってゼリー化力は強くなる．また，酸も適度に含まれなければならない．酸の量が多くなるにしたがってゼリー強度は高くなる．したがって，ジャムやマーマレードは，一種のペクチンゼリー状態にしているわけであるから，ペクチン含有量が低い場合は，とくに糖分と酸の添加を十分にする必要がある．酸の不足している場合にはレモン汁などによって酸を補う．

シャンティイークリーム⇨**ホイップドクリーム**

シャンティイーふうソース（シャンティイー風ソース）
マヨネーズに，泡立てた生クリームと，レモン汁を加えたもの．野菜，えび，魚などの冷たい料理にかけて用いられる．フランス名はソースシャンティイー（sauce Chantilly）

シャンパン（champagne—仏）
ぶどうから作った発泡酒で，発泡酒の王といわれる．17世紀の末にカトリックの僧によって作られたといわれる．ぶどうからとった果汁をふつうのワインのように発酵させ，発酵の途中で耐圧びんに詰め，強くコルク栓をし，再び発酵を続け，発酵の際にでる二酸化炭素（炭酸ガス）をびんの中に閉じこめ，ワインの中に溶かし込む．フランスのシャンパーニュ地方で産出される特定の発泡性ワインのみにこの名称が使える．ほとんどが白であるが，一部ロゼもある．冷やしてから，勢いよく音をさせて栓を抜く．おもに祝宴用．⇨スパークリングワイン

シャンピニオン（champignon—仏）⇨**マッシュルーム**

ジュ（jus—仏）
肉を煮たり焼いたりしたときに出る肉汁のこと．英語ではグレービー⇨ともいう．

じゅうそう（重曹）⇨**たんさんすいそナトリウム**

じゅうづめ（重詰）
重箱に詰めた料理のこと．おせち料理や行楽弁当などに用いられる．重詰には二段重から五段重までありり，上から一の重，二の重と数える．各重で詰めるものが異なる．たとえば，正月の重詰では，一の重に祝い肴，二の重に口取り，三の重に焼き物，与（四）の重に煮しめ，五の重は酢の物を入れる．酢の物を三の重に入れた場合，五の重はひかえの重として，祝い肴や他の四つの重と同じものを予備に詰めておくのがふつうである．

じゅうろくささげ（十六豇豆）
ささげ⇨の一種．さやが非常に長く，その中に16粒ほどの種子を貯えるのでこの名がある．未熟のさやは柔らかいのでさや豆として食べられる．和え物，浸し物にするとよい．成熟した種子はあずきの代用としてあん菓子の材料に用いることができる．

シュガーピース（sugar peas）
グリンピースのうち，豆が大粒で糖分が多く，味のよい系統のものをいう．実えんどうとして生の豆を料理にも使うが，おもに水煮缶詰や，冷凍グリンピースとして冷凍品に用いられる．

じゅくせい（熟成）
食品を一定期間おくことによって，微生物の酵素作用などにより風味がよくなる現象をいう．エージング（aging）ともいい，熟成させることを一般に"ねかす"という．食品加工の製造工程に取り入れられているものにウイスキーやワインなどの酒類をはじめ，しょうゆ，酢などの調味料，そのほかハムやソーセージ，漬け物，パンなど多くのものがある．

シュークリーム
洋菓子の一種．フランス語ではシュー・ア・ラ・クレーム（chou á la crème）．シューはキャベツ，ア・ラ・クレームはクリーム入りのことで，キャベツの形をしたクリーム入りの菓子という意味．フランス語がなまってシュークリームと呼ばれるようになった．

●**シュークリームの作り方**
材料(18個分)

〈シュー生地〉：バター70ｇ　水80mℓ　小麦粉75ｇ　卵約3個
〈カスタードクリーム〉：卵黄3個　砂糖100ｇ　小麦粉大さじ4　牛乳カップ2　バニラエッセンス少々

〈シュー生地〉

　鍋にバターと水を入れて煮立て，ふるった小麦粉を一度に入れ，弱火にして，木しゃもじでよく練る．火からおろして，割りほぐした卵を3〜4回に分けてたねの堅さを見ながら加えていく．スプーンで落としてみて，ゆっくりと尾を引いて落ちるくらいがよい．薄くバターを塗り，小麦粉を振った天板にスプーンで1杯ずつ間隔をあけてたねを落とす．180〜200度に温めたオーブンに入れる．

　皮がふくらんで薄茶色に焼き色がついてきたら火をごく弱め，そのまま10分ほど焼いてよく火を通し，火を消して2〜3分余熱で焼いて十分に乾燥させる．

　ふくらみはじめの途中では絶対に扉をあけないこと．熱いうちに天板からはずし，網にとって冷ます．側面に包丁で切り目を入れ，カスタードクリームを詰める．🔲

〈カスタードクリーム〉
　カスタードクリーム参照

シュークルート（choucroute―仏）　⇨サワークラウト

ジューサー

　ジュースを作る機器．通常日本で用いられているものは，歯を回転させ，細かく材料を砕いたのち遠心分離によって汁とかすを分ける方法をとっている．しかし，この方法は，余分の成分まで汁の中に出るために味が変化し，また，ビタミン類も変化が大きい．英語では，レモン搾り器もジューサーという．🔲

ジューシー

　沖縄料理の用語の一つ．本来ぞうすいのことであるが，炊き込みごはんのようなものにもジューシーの言葉が使われる．柔らかいぞうすいをボロボロジューシー，ヤファラジューシー，堅くて炊き込みごはんのようなものをクファジューシーといって区別している．フーチバボロボロジューシーというと，よもぎ入りぞうすいのこと．

ジュース（juice）

　100％の果汁あるいは野菜汁をいう．果汁の入ったものについては，薄めたものや合成品まで通常ジュースと呼んでいるが，法律的には，ジュースという商品名は100％のもの以外には使用できない．手製でジュースを作る場合，にんじんなどのビタミンC酸化酵素を含むものをいっしょにすると，他の材料のビタミンCまで酸化される．

　りんごでジュースを作るときは，少量の食塩を加えると褐変するのが防がれるとともに（➡ポリフェノール），ビタミンの破壊

調理科学

シューのふくれる理由

　シューは，加熱によって生じた水蒸気の圧力によって膨張するものである．したがって，水蒸気が発生した際に，その水蒸気の圧力を十分保たせる組織が必要である．それには，でんぷんが十分にアルファ化し，ち密な膜を作るようにする必要がある．シュークリームのシューを加熱して十分に練り上げるのはそのためである．水蒸気の圧力は非常に強いため，それの逃げる場所が少ない場合，膜状となった糊状でんぷんを押し広げ，中に空洞を作る．

も防止できる．レモン汁や酢を加えても褐変を防止できる．手作りのジュースは空気酸化の進行が早いので，作ったらできるだけ早く飲むことである．→かじついんりょう

しゅとう（酒盗）
かつおの塩辛の別名．かつおの内臓を塩漬けにして発酵したもの．高知県の特産である．

ジュニパーベリー（juniper berry）
ネズの実のことで，ジンの香料として使われる．

シューマイ
小麦粉をこねて作った皮で，豚ひき肉，野菜などを合わせたあんを包んで蒸したもの．中国料理の点心の一つ．主材料によりえびシューマイ，かにシューマイなど各種のシューマイがある．

●シューマイの作り方
材料（20個分）
〈皮〉：小麦粉100ｇ　熱湯カップ½　塩小さじ⅔
〈中身〉：豚ひき肉200ｇ　青ねぎ１本　干ししいたけ２枚　しょうが少々　かたくり粉大さじ１　しょうゆ大さじ１　塩小さじ½　ごま油小さじ１

小麦粉に熱湯を少しずつ加えて混ぜ，耳たぶくらいの堅さにこねる．ぬれぶきんをかぶせてねかせ，もう一度こねる．こうするとたいへん粘りのある生地になる．ねかせたものを板の上にとり出し，かたくり粉を打ちながら，めん棒でなるべく薄くのばす．手に持ったときに，指がすけて見えるくらいにのばす．のばした生地は8cmくらいの正方形に切る．

青ねぎと戻したしいたけはみじんに切り，豚ひき肉，しょうがの搾り汁，その他の調味料を加えてよく練り混ぜる．皮に，中身を少量のせて，きんちゃく形に包み，ふきんを敷いた蒸し器に入れ，強火で10分ほど蒸す．熱いうちに，酢じょうゆ，またはからしじょうゆで食べる．

ジュリエンヌ（julienne―仏）
野菜，肉，その他の材料を細くせん切りにしたもの．また，せん切りにしたものを用いたり，加えた料理名にも用いられる．野菜のせん切りを浮き実に用いたスープはコンソメジュリエンヌという．

しゅんぎく（春菊）
キク科の葉菜．きくなともいう．春先のものが柔らかい．茎の長さは5cm内外のものを．香りと色が生命なので加熱しすぎないことがコツ．繊維が柔らかく，ゆですぎると形もくずれてくる．ゆで上がったものはすぐ冷水で冷やし，堅く絞る．熱をもったまま放っておくとゆですぎの状態になり，黄褐色に変色する．ゆでるときは茎の

調理科学

ジューサーによるビタミンの変化

ビタミン類の中でもとくにビタミンＣは，空気によって酸化しやすい．ジューサーによって細胞を砕かれ，細胞中の液汁がとり出された場合，その中に含まれている酸化酵素が働き，空気中の酸素をとり入れてビタミンＣを酸化する．しかし空気を巻き込むミキサーに比べ，ジューサーの方が，接触する空気量が少ないために，酸化はやや少ない．なお，酸化酵素を強力に含む食品，たとえば，にんじん，かぼちゃといったものの液汁中の酵素が加わるとビタミンＣの酸化は大きくなる．したがって，どのような材料を混合するかはジュースを作る場合，十分に注意しなければならない．

部分をそろえ，茎の方から先に入れる．→ほうれんそう

料理は香気を生かして使う．さっとゆでて白和え，ごま和え，浸し物に．鍋物，煮物，揚げ物にもよい．魚のちり鍋などには香り野菜として欠かせない．

じゅんさい（蓴菜）

スイレン科の水生植物．食用部分は水中にある淡緑褐色の新葉と新茎と花蕾．新葉が5〜6cmにのびた5〜6月ごろ摘みとる．新葉はくるりと巻いていて濃い粘質物でおおわれている．嗜好品的色彩が強い野菜．生のものはさっと熱湯を通したあと水にとり，三杯酢，酢みそ和えに．みそ汁や吸い物の実にしてもよい．煮ると風味がなくなるので煮てはいけない．汁物では，椀にじゅんさいを入れてから汁を注ぎ入れる．市販の水煮，びん詰は加熱処理をしてあるのでそのまま使えばよい．塩漬けしてあるものは塩出しして使う．

じゅんまいしゅ（純米酒）

清酒→の一種．米だけで造った清酒で，精米歩合70%以下の白米を使用し，醸造アルコールやブドウ糖などは加えない．味は濃厚なものが多く，酸度もやや高くまろやかな風味をもっている．全国各地に個性的な純米酒がある．"特別純米酒"は純米酒のうち品質がとくに優れたものにつけられる名称で，精米歩合で説明する場合は60%以下の白米を使用した場合に限られる．

しょうが（生姜）

ショウガ科．英語ではジンジャー．しょうがは品種が多いが，また栽培法により芽しょうが，葉しょうが，根しょうがなどの分け方もある．芽しょうがは光線をさえぎり新芽を30cmくらいにのばして軟化栽培したもの．葉しょうがはまだ根茎の小さいものを葉つきのまま収穫したもの．根しょうがは，十分熟成した地下茎を秋に収穫し，貯蔵して随時出荷するもので，土しょうが，ひねしょうがともいう．夏から秋にとった根しょうがで，すぐ出荷するものは新しょうがという．

芽しょうがは筆しょうが→として酢魚，焼き魚のつけ合わせに，新しょうがを甘酢や梅酢につけたものは薄切りや細切りにしてすしなどに添えると食味を助ける．根茎には特有の芳香と辛味があり→，根しょうがは香辛料として用途が広い．におい消しの効果が強いので，肉や生魚の臭い消しに使われる．薄く刻んだり，せん切りにして肉類と煮合わせたり，おろして薬味などに．このほか乾燥粉末にして菓子などにも使われる．→ふでしょうが

しょうがじょうゆ（生姜醬油）

しょうゆにおろししょうが，あるいはしょうがの搾り汁を混ぜたもの．和え物やつけじょうゆとして用いる．いかやえびのように甘味があり，しかも淡白な味のものに向く．

しょうがず（生姜酢）

三杯酢→か二杯酢→にしょうがを少量おろして加えたもの．しょうがの辛味がきいた合わせ酢．えび，いか，かに，たこ，貝類などの酢の物に用いられる．

しょうがみそ（生姜味噌）

みそにしょうがをおろし入れたもの．脂

肪の多い魚介などを和えるのに用いる．しょうがで生臭みが消え，口当たりがさっぱりする．

●しょうがみその配合割合

材料：しょうが10ｇ　甘みそ大さじ2　砂糖小さじ2　清酒少々

みそ，砂糖，清酒を合わせ，火にかけて練り，すりおろしたしょうがを混ぜる．

しょうじんあげ（精進揚げ）

野菜類だけで作った揚げ物．魚介類の揚げ物をてんぷら➡というのに対して，野菜類の揚げ物を精進揚げと呼ぶ．にんじん，ごぼう，れんこん，さつまいも，さやいんげん，たけのこ，なすなど，ほとんどの野菜が用いられる．

じょうしんこ（上新粉）　⇨しんこ

しょうじんずし（精進ずし）

すしの材料に植物性のものだけを用いて作ったすしのこと．巻きずし➡，ちらしし➡などがある．

しょうじんだし（精進出汁）

植物性の材料だけを使ってとっただし汁．だしの材料としてはかんぴょう，こんぶ，しいたけ，にんじん，かぶ，じゃがいもなどが用いられる．おもに精進料理に用いられる．

●精進だしの作り方

〈A〉材料：かんぴょう10ｇ　干ししいたけ10ｇ　水カップ4　こんぶ(10cm角)1枚　水カップ4

かんぴょうとしいたけはカップ4の水に2～3時間浸してだしをとる．こんぶはカップ4の水に入れ，火にかけて沸騰直前にとり出し，こんぶだしを作る．こんぶだしとかんぴょう，しいたけのだし汁を同量合わせて用いる．

〈B〉材料：にんじん，かぶ，じゃがいもなど400～500ｇ　水カップ7

野菜を大切りにし，分量の水を加え，とろ火で約1時間煮てこす．

しょうじんなます（精進なます）

魚介類を用いないで，植物性の食品だけを用いて作ったなますのこと．合わせ酢もかつお節を使った土佐酢などを用いずに，三杯酢，ごま酢などを用いる．

しょうじんりょうり（精進料理）

肉や魚を用いず，野菜，穀物，豆，海藻などの植物性食品のみで調理した料理のこと．精進とはサンスクリットのビールヤの訳で，仏教の修行にひたすら励むことを意味する仏教用語である．仏教では美食を戒

調理科学

しょうがの辛味成分

しょうがの辛味成分は，ジンゲロン，ショーガオールといったものである．これらは，生臭みの成分であるトリメチルアミンやピペリジン（とくに魚の）といった成分とよく結合し，におい消しに大きな働きがある．ただし，これらの有効成分は生のたんぱく質とも結合しやすい．したがって，魚を煮る際に，魚の身が生の状態でしょうがを加えるとにおい消しの効果を発揮する前にたんぱく質と結合してしまう．軽くさっと煮立った状態のときしょうが汁を加えると効果が大きい．ただし，あまり加熱しすぎて魚肉たんぱく質が強く変性した後では効果がなくなる．臭み成分がたんぱく質中にとり込まれてしまい，しょうがの有効成分が到達しにくくなるからである．

しょうがの辛味成分は，また，消化液の分泌を促し，神経の安静などをもたらす．したがって鎮静的な作用がある．また，発汗作用があり，かぜのひき始めなどに用いると発汗してかぜが治る．したがって，ヨーロッパでは紅茶にしょうがを入れたジンジャーティーなどがよく用いられる．

め，粗食を旨として肉食しないことを原則としているところから，できてきた料理である．おもに寺院に発達したので，京都が中心地になっている．

しょうずく（小荳蔲）⇨カルダモン
じょうぞうしょうゆ（醸造醬油）

本醸造方式によってのみ造られたしょうゆのことで，アミノ酸液が1滴もはいっていないもの．JASではJASマークとともに「本醸造」の表示がある．醸造しょうゆとひと口にいっても，丸大豆，丸小麦を使用して長期間醸造したものと，脱脂加工大豆，あるいは，丸大豆に脱脂加工大豆も混合して醸造したものとでは味に大きな格差がある．また，JASの規格では，新式醸造といったものもあるが，これは原料の脱脂大豆などを酸で分解し，これをもとにして短期間醸造したもので，本来の醸造とは異なる．アミノ酸を混合したものはアミノ酸液混合と表示しなければならない．醸造しょうゆは風味がよく，のびがよい．→しょうゆ

じょうぞうす（醸造酢）

でんぷん質や糖分の多い穀類，果実類，糖類，あるいはアルコールなどを原料として酢酸発酵させて造った酢．穀物酢，米酢，粕酢，麦芽酢，りんご酢，ぶどう酢などがあり，原材料によってそれぞれ風味が違う．酸味の主体はいずれも酢酸であるが，他にりんご酸，酒石酸，クエン酸など多くの酸類やその他の微量成分を含むので，味がまるく深みがある．また浸透力も強いので，魚をしめるために使うと身の中心部までよくしめることができる．

市販品で"醸造酢"と表示できるのは100％醸造のもののみで，1滴でも合成酢酸の混じったものは"合成酢"と表示される．また，材料名を表示できるのは，醸造酢のみに限られ，それも，穀類では1ℓの酢の中に商品名の穀物が40ｇ以上，果実では果汁が300ｇ以上含まれているものに限られている．合成酢より味，香りともにすぐれている．→ごうせいず

しょうちゅう（焼酎）

蒸留酒の一つ．酒粕を蒸留した粕とりしょうちゅう，いもを原料にしたいもしょうちゅうなどのほか，あわ，むぎ，そばなどを原料にしたものもあり，それぞれ独特の風味がある．また，果実酒用には純度の高いアルコールを水で薄めたくせのないホワイトリカーがある．アルコール度は20，25，35，40，45度など各種ある．地方色のあるものとしては熊本県の球磨（くま）しょうちゅう，唐粟（からあわ）しょうちゅう，沖縄の泡盛（あわもり）などがある．

じょうはくとう（上白糖）

通常白砂糖と呼ばれているもの．比較的純度の高い細かい砂糖の結晶に，砂糖を塩酸で分解してアルカリで中和したビスコと称するものを振りかけ，しっとりさせたものである．ショ糖分の純度は97％程度．砂糖の分解物を含むために甘味が強く，グラニュー糖よりくどい味がする．砂糖の分解物を混ぜてあるため，このような砂糖で梅酒などを作るとアミノ酸と反応し，褐色が強くなることがある．しかし，一般の料理に使ううえにおいてはさしつかえない．コーヒー，紅茶など香りのよいものを飲むときには，上白糖よりグラニュー糖の方が適している．

じょうはつねつ（蒸発熱）⇨きかねつ
じょうやなべ（常夜鍋）

鍋物の一つ．薄切りの豚肉とほうれん草を沸騰した湯でさっと煮て，酢じょうゆ，だいこんおろし，七味とうがらしなどで食べる．毎晩食べてもあきないというところ

からこの名がある.

しょうゆ（醬油）
大豆，小麦，食塩，水を混合し，しょうゆこうじ菌によって6〜8か月前後の醸造で造られる日本独特の調味料．濃口しょうゆ→，薄口しょうゆ→，たまりしょうゆ→，再仕込みしょうゆ→，白しょうゆ→をはじめ，低塩しょうゆ，減塩しょうゆ→など種類が多い．醸造法により，本醸造，新式醸造，アミノ酸液混合の三つに分類される．

旨味成分である窒素含有量が濃口1.50%以上，薄口1.15%以上のものにはJASマークとともに，"特級"の表示がある.

しょうゆの香りは複雑で，フェノール類の4-エチルグアヤコールのほかに，コーヒー，パイナップル，バニラ，バラなどの香りも含まれている．しょうゆが香りの調味料といわれるゆえんである．しょうゆの色はソヤメラニン酸というしょうゆ独特の色素．しょうゆの味と香りは，こうじ菌と酵母と乳酸菌を使って長時間かけて醸造し，はじめて生まれるもので，速醸したものや，アミノ酸添加のものには本来の味わいは期待できない．

しょうゆあらい（醬油洗い）
材料の下処理の一つ．しょうゆに浸すようにして洗ったり，少量のしょうゆを材料にかけて味をつけたあと水気をよくきって料理に用いる．料理が水っぽく仕上がるのを防ぐほか，材料のもつ臭みやくせを除く働きがある．野菜，魚，肉などに行われる．

しょうゆあん（醬油餡）
しょうゆをきかせた色の濃いでんぷんあん．豆腐，野菜，魚などに用いられる．

●しょうゆあんの配合割合
材料：しょうゆ小さじ2　砂糖小さじ½　だし汁カップ¾　かたくり粉小さじ1〜2

材料を全部混ぜ合わせて火にかけてとろみをつける.

しょうゆづけ（醬油漬け）
塩漬けや乾燥した野菜類，魚介類を，各種調味料や香辛料などを加えて調味したしょうゆに漬けたもの．しょうゆの風味や防腐性を生かした漬け物．切り干しだいこんのはりはり漬け→や，こんぶとするめを漬けた松前漬け→，福神漬け→などがその代表．

しょうゆドレッシング（醬油ドレッシング）
サラダドレッシングの一種で，フレンチドレッシング（→ドレッシング）にしょうゆを混ぜたもの．しょうゆの風味がよく，油っこさ，酸っぱさが和らげられる．しょうゆの乳化力で，分離せずによく混ざる．西洋野菜のほか，なす，はくさい，柿などにもよく合う．

じょうりゅうす（蒸留酢）
醸造酢を蒸留したもの．酢酸の含有量が通常の酢より高い．おもにピクルス用に使われ，一般料理に用いることはあまりない．原料にした酢によって特有の香りがあり，色は無色透明．欧米でよく使われる．→す

しょうろ（松露）
ショウロ科のきのこ．白い丸形の食用のきのこで，春と秋に海岸の松林の砂中に生じる．若いものは色が白く，少し粘り気がある．生長したものは淡黄褐色で，麦しょうろなどとも呼ばれる．肉色の白いものが良質．特有の松の香りがある．

しょうろ

生のまま吸い物に入れたり，ゆでて酢の

物や和え物，あるいは鍋物にする．西洋しょうろといわれるものはトリュフ→といい，形は似ているがまったく別種である．

しょくえん（食塩） ⇨しお
しょくぜんしゅ（食前酒） ⇨アペリティフ
しょくたくえん（食卓塩） ⇨しお
しょくちゅうどく（食中毒）

飲食物を摂取したことによって起こる健康障害．腸炎ビブリオ，サルモネラ，病原大腸菌などの細菌性食中毒，ふぐ毒，きのこ毒などの自然毒中毒，メチルアルコール，ヒ素，有機リン，有機水銀など有害な化学物質による化学性食中毒のほか，酸化した油，ヒスタミンなどアミノ酸の変性物質によっても中毒は起こる．細菌性食中毒の予防の原則は，①菌をつけない，②菌を増殖させない，③殺菌する，の三つである．

食中毒は多くの場合急性で，発熱，嘔吐，下痢，腹痛など特有の症状を呈する．→サルモネラちゅうどく・→ちょうえんビブリオ・→ぶどうきゅうきん

しょくパン（食パン）

食パンには，山形に盛り上がったイギリス型と四角いアメリカ型がある．また，配合材料により，糖類，牛乳，油脂などをほとんど加えないリーンタイプと，これらを多く加えたリッチタイプがある．リーンタイプはトースト，リッチタイプはサンドイッチ向き．ずっしりと重いものよりも軽いもの，押して戻りの早いのがよいもの．焼いてからなるべく時間の短いものがよい．日がたつほど味が落ちる．冷蔵庫に保存するのは，でんぷんが老化するためによくない．冷凍保存の方がよい．

トーストやサンドイッチのほかに，牛乳，砂糖，卵を合わせた液に浸し，フライパンで焼くフレンチトーストは食パンのおいしい食べ方の一つ．またさいの目に切って，プディングのたねとして混ぜるとよい．ひき肉料理には食パンを牛乳に浸し，堅く絞って混ぜると加熱しても肉が堅くならず風味もよい．→パン

しょくぶつゆ（植物油）

植物からとった油で，動物の脂肪と違って，常温で液体のものが多い．ごま油→，なたね油→，綿実油→，サフラワー油→，コーンオイル→，大豆油→，オリーブ油→など原料植物名で呼ばれる．動物脂より軽い感じで風味があり，あっさりしていて香りが高いものが多いので，和風，洋風，中国風と何にでも使うことができる．加熱したときの香りは，油ごとに異なるので，各油のくせをよく知っておくことが大切．

植物油には精製油とサラダ油の区別がある．サラダ油の方が精製度が高い．できるだけ製造後新しいものを使う．賞味期限をすぎたものは風味も悪く健康上もよくない．油は日光，空気，加熱によって酸化変敗する．変敗したものは粘稠度が増し，泡立ちが細かく，消えにくくなる．

脂肪酸ではリノール酸やオレイン酸が多い．リノール酸はべにばな油や綿実油に，オレイン酸はオリーブ油やなたね油に多い．これらの脂肪酸は酸化しやすいので管理に注意が必要である．

しょくべに（食紅） ⇨**ちゃくしょくりょう**
しょくようがえる（食用蛙）

食用にされるかえるをさすが，一般にはうしがえるの通称として使われている．肉は柔らかく，鶏肉のささみに似て，脂肪が少なくあっさりした味．料理に使うのはももついた足のところだけ．身は柔らかいので骨ごと使う．料理はほとんど鶏肉と同じと考えてよい．

脂肪が少ないので，てんぷら，フライな

ど油を使った料理にするとよい．鍋物や煮込みには，脂肪のある材料といっしょに用いる．

しょくようゆし（食用油脂）

食用となる油脂の総称．植物性と動物性がある．植物性としては大豆油，なたね油，ごま油，綿実油，サフラワー油など，動物性としてはラード，バターなど多くのものがある．利用の多いのは植物性の液状のものである．

ジョッキ

ビールを飲むための大形の器のこと．広口の水さし，かめ，あるいは取手つきのびんを意味する英語のジャグがなまったものといわれている．古くから木，竹，陶磁器，象牙，ガラス，銀，ピュータ（錫と鉛の合金）など種々の材質を使い，いろいろの形のものが作られてきた．中世以前は，ビールは上流階級の人の飲み物であり，そのため銀製など高価なものが多かった．中世以後は庶民にも飲まれるようになり，陶器などのジョッキも出現するようになった．肉厚な材質がビールの冷たさを保ち，なめらかな感触をもつという利点がある．

なお，ドイツには，ジョッキにふたのあるものもあるが，ビールはガスを発散したり，温度が上昇すると風味をそこなうところから，ふたつきのものができたと考えられる．

しょっつる（塩汁）

秋田県特有の魚しょうゆ．しょっつるとは，しおしる（塩汁）またはひしお汁のなまったものといわれている．はたはた，いわし，いかなど，あじ，小さばなどが原料である．魚に食塩を加え，1～3年間放置して熟成したものを用いる．熟成が終わって液状になったらろ過し，煮沸してこし，数か月間保存ののち，製品とする．薄い色で特有のにおいをもつものがよい品．秋田県の郷土料理であるしょっつる鍋→には欠かせない調味料．

しょっつるなべ（しょっつる鍋）

秋田県の郷土料理．鍋にだしを入れ，しょっつる→とみりんで調味した中にたら，はたはた，はくさい，ねぎ，きのこ，豆腐などを入れ，煮ながら食べる．ほたて貝の殻を鍋にして1人分ずつ小さいコンロで煮ながら食べるのをしょっつる貝焼きという．

しょとう（蔗糖）

砂糖の主成分で，強い甘味がある．ショ糖は果糖とブドウ糖が一つずつ結合したもので，甘味はブドウ糖の約2倍．→かとう・→さとう・→ぶどうとう

ショートケーキ（short cake）

スポンジケーキ→を台に用いた洋菓子の一つ．スポンジケーキの厚みを二つか三つに切り，泡立てた生クリームとフルーツをはさみ，上面や側面もクリームや果物，糖衣，チョコレートなどで飾った菓子．果物はいちご，バナナ，パイナップル，あんず，さくらんぼ，プラムなどが用いられる．

ショートドリンクス（short drinks）

カクテル用語の一つ．作ってすぐ飲まなければおいしさを失う飲料のこと．カクテルグラスなど小形のグラスが用いられる．これに対し，ゆっくり飲む飲み物をロングドリンクスという．

ショートニング（shortening）

植物油，動物脂などを原料にしてラード状に作った調理用の油脂．製品は無味，無臭，無色．

アメリカで余った綿実油の利用法と，ラード不足に対する対処法として考え出されたもの．マーガリンとは違い水分を含まず脂肪100％で，菓子，パン，アイスクリーム，料理用など用途別のものがある．

ショーフロワ（chaud-froid—仏）

冷製料理の一つ．ショーは熱い，フロワは冷たいという意味で，肉や魚などを一度火を通してから冷製にした料理をいう．多くはショーフロワソースをかける．ショーフロワソースはゼラチンを煮とかして加えゼリー状にしたソースで，ホワイトソースやブラウンソースをベースにしたものが多い．マヨネーズを用いたものもある．

ジョン（蒸）

中国料理の調理法の一つで蒸すことをいう．多くの場合，材料を蒸籠（中国風せいろう）に入れ，湯を沸騰させた鍋にのせて蒸しあげる．種類としては，清蒸（チンジョン）（材料を器に入れ，塩などで薄味をつけて蒸す），粉蒸（フェンジョン）（材料に米粉をまぶして蒸す），扣蒸（コウジョン）（材料を型詰めにして蒸す），包蒸（パオジョン）（包み蒸し）などがある．なお蒸籠を用いず，材料を入れた容器を直接鍋に置き，湯煎（ゆせん）のようにして蒸す場合もある．蒸には，材料のもち味が失われず，形がくずれにくいなどの特徴がある．蒸した料理を蒸菜（ジョンツァイ）➡という．

ジョンツァイ（蒸菜）

中国料理の蒸し物料理のこと．料理例は，清蒸魚（チンジョンユイ）（魚の姿蒸し），醸冬菇（ニャンドングゥ）（しいたけの詰め物蒸し）など．➡ジョン

しらあえ（白和え）

豆腐と炒った白ごまをすり鉢ですり，砂糖，塩で調味した衣で和えた料理．衣の色が白いので白和えという．白ごまの代わりに豆腐と白みそで作ることもある．こんにゃく，ひじき，柿などに利用される．

●ひじきの白和えの作り方

材料：ひじき20g　油あげ1枚（だし汁カップ½　しょうゆ大さじ1　砂糖小さじ2　みりん大さじ1）豆腐½丁　白ごま大さじ3　薄口しょうゆ小さじ½　塩小さじ½　砂糖小さじ1

　ひじきは水につけて戻し，油あげは油抜き➡したあとせん切りにし，調味しただし汁の中で煮たあと冷まし，ざるにあげて水気をきる．豆腐は軽い重しをして水気をきる．白ごまは炒ってすり鉢でよくすり，豆腐を加えてさらによくすり，調味する．冷ましたひじきと油あげを和える．

しらうお（白魚）

シラウオ科．体は細長く，生きているときは無色透明だが，死ぬと白くなる．初夏の高級魚．すき通るようで，体に強い弾力のあるものがよい．味はきわめて淡白．黄味酢和え，椀だね，てんぷら，卵とじに．

しらうお

しらが（白髪）

白く細く作ったものにつける呼び名．白髪に似ているのでこの名がある．白髪だいこん，白髪ねぎ➡，白髪こんぶなどがある．また，えび，たい，ひらめなどの白身の魚を，ゆでるか蒸すかしてごく薄くむしることを"白髪にむしる"という．

しらがねぎ（白髪葱）

ねぎの白い部分を白髪のように細く切ったもの．根深ねぎの白い部分を4〜5cm長さに切り，縦に包丁を入れて開き，中心の芯を除く．開

白髪ねぎの作り方

いたねぎを3～4枚重ねて縦にごく細く切り水にさらす．和え物の天盛り➡や鍋物の薬味などに．

しらこ（白子）
魚の精巣のこと．白色または淡紅色をしている．ふぐ，たい，たらといったものの成熟したしらこは味がよい．しらこ和え，ちり鍋，吸い物などに用いられる．

しらしめゆ（白絞油）
精製した油のこと．なたね油を主として用いていたころ，種子を炒ってから油をとるため，色の濃い油が普通であった．これを加熱しないで採油し，色の白い（うすい）油がつくれるようになり，これを白絞油と呼んだ．

その後，大豆油，炒らずに搾油したごま油，綿実油などの精製油も白絞油と呼ぶようになった．➡しょくぶつゆ

しらずあえ（白酢和え）
豆腐と白ごまをすりつぶし，砂糖，塩，酢などで調味したものを白酢といい，これで和えた料理を白酢和えと呼ぶ．白和え➡は野菜に適しているが，白酢和えは魚にも合う．おもにいか，貝柱，くらげ，うど，わらびなどに用いられる．

しらすぼし（白子干し）➡ちりめんじゃこ
しらたき（白滝）➡こんにゃく
しらたまこ（白玉粉）
もち米を水に浸し，磨砕して水でさらし，乾燥粉末にしたもの．以前は寒中に水でさらしてつくったので，寒晒粉（かんざらしこ）ともいう．粒子が細かく，でんぷんの中でも消化がよいものの一つ．

きめが細かく光沢のあるものが良品．水を加えて練ったものを丸め，蒸すかゆでるかして氷あずき，しるこ，みつ豆などに．求肥，うぐいす餅など和菓子の材料にも欠かせない．

しらたまだんご（白玉団子）
白玉粉➡を水でこねて小さく丸め，熱湯でゆでたもの．単に白玉ともいう．熱湯に入れて浮き上がればゆで上がった証拠．それ以上湯の中に入れておくとゆですぎになり，だんごのまわりがとろけて，口当たりもわるくなる．白玉粉を水でこねるときは，一度に水を加えないこと．堅さをみながら少しずつ加えていくことが大切．みつ豆，しるこなどのほか，酢の物，みそ汁やすまし汁の実としても用いられる．

●白玉だんごの作り方
ボールに白玉粉を入れ，水を少しずつ加えて耳たぶぐらいの堅さにこね，2cmぐらいのだんごに丸める．中央を指で少しくぼませ，たっぷりの湯の中に入れる．浮き上がってきたら穴じゃくしですくいとり，すぐに水に放ち，水気をきる．

しらに（白煮）
白い材料を白く煮上げたもの．"しろに"ともいう．砂糖，塩，みりんで調味し，しょうゆは用いない．うど，だいこん，れんこん，ゆり根，やまのいも，かぶ，いか，しらうおなどに用いられる．

しらやき（白焼き）
材料に調味料を用いず，そのまま直火で焼き上げること．素焼きともいう．おもに照り焼きや，かば焼きの下焼きとして用いられる調理法．白焼きのまま食べるときはタレや合わせみそをつける．うなぎ，ぶりなど魚のほか，しいたけ，ねぎ，ししとうがらし，なすなどにも用いられる焼き方である．

シリアル（cereals）
シリアルは穀類という意味．とくに朝食用穀類加工品を呼ぶ．オートミール➡，コーンフレーク➡などがある．

しるこ（汁粉）

あずきあんの汁に砂糖を加え，もちを入れたもの．関西ではこしあんのものをしるこ，粒あんのものをぜんざい➡と呼んでいる．甘味をきかせるには少量の塩を加える（➡たいひこうか）．口直しに塩こんぶを添えることが多い．

種類としては，こしあんを使った御膳しるこ，つぶしあんを使った田舎しるこ，小倉あんで作った小倉しるこ，白あんのしるこに抹茶を入れた常磐しるこ，椀に盛ったもちの上に，煮立てた濃いあんをかけたぜんざい（関西ではかめやまという）などがある．また，もなかの皮にさらしあん，砂糖，でんぷん，求肥などを入れた懐中しるこや，ポリ袋で包装したインスタントしるこもある．

しるもの（汁物）

"汁"，"汁の物"ともいう．日本料理の始めに出されることが多い．箸洗といって，料理と料理の間に出されたり，止め椀といって，料理の最後のしめくくりとして出されることもある．

汁物は大別するとすまし汁とにごり汁がある．すまし汁はふつう吸い物といわれ，その仕立て方により，すまし汁仕立て（➡すいもの），吉野仕立て➡，すっぽん仕立て➡，潮仕立て（➡うしおじる）などがある．にごり汁には，みそ汁➡，さつま汁➡，粕汁，卯の花汁➡，すり流し汁➡，けんちん汁➡，のっぺい汁➡，三平汁➡，たぬき汁➡などがある．

しろうり（白瓜）

うりの一種．大形の長楕円形で外皮はなめらかで薄緑色，中は透明感のある白色である．皮のとくに緑色をおびたものをあおうり，縦に濃緑色または淡緑色のしまのあるものをしまうりと呼んでいる．ほとんどは浅漬けなど漬け物に利用されるが，肉質の柔らかいものは，三杯酢やうりもみにしてもよい．皮をむいて縦半分に切り，種子を除いて小口から薄く切り，塩を振るか，塩水につけてしんなりさせてから調味液につける．肉質のしまっているものは奈良漬けなどにする．全体が均一の太さでまっすぐのもの，表面に光沢があり重いものを選ぶ．熟しすぎたものは歯切れがわるい．

しろこしょう（白胡椒）➡こしょう

しろざけ（白酒）

蒸し米に，米こうじ，みりん，あるいは清酒やしょうちゅうなどを混ぜ，1か月ぐらい熟成して糖化させたあとすりつぶしたもの．白く濁って，特有の粘りと甘味をもっている．桃の節句の飲み物．

しろざとう（白砂糖）➡じょうはくとう

しろしたとう（白下糖）

さとうきびから作る含蜜糖の一種．糖蜜分の中に細かい砂糖の結晶が多く析出した泥状の砂糖である．鹿児島，四国などで古くから作られている．四国の和三盆は，この白下糖を原料にし，水を加えては搾ることを繰り返すという方法で精製して作ったもの．

しろしょうゆ（白醬油）

名古屋特有の料理用しょうゆ．小麦を主原料として，炒った大豆と合わせてこうじにし，塩水に仕込んで造る．色が非常に薄く，黄金色で味も淡白．独特の香気がある．うどん汁，吸い物，鍋料理の汁，野菜，魚肉の煮物などに用いられる．➡しょうゆ

シロップ（sirup, syrup）

砂糖を煮溶かして作った濃厚な砂糖液．砂糖蜜ともいう．添加する材料によってフルーツの香りをつけたフルーツシロップ，コーヒーを用いたコーヒーシロップ，アラ

ビアゴムを加えたガムシロップ⇒などがある．このほか，グレナデンシロップ⇒，メープルシロップ⇒など果汁や樹液から作るシロップもある．菓子，カクテル，ジュースなどに広く利用される．

シロップづけ（シロップ漬け）

主として保存のために砂糖の濃い液を用い，それに浸したものをいう．シロップ漬けには果実やくりの実などの缶詰，びん詰などがある．材料の種類によって糖蜜の糖度は異なる．ほとんどの果物缶詰はシロップ漬けである．

しろみ（白身）

肉の色が白いという場合と，赤身に対する白身の場合とがある．魚では，たい，かれいなど，肉の色が白いものに対して用いられ，白身魚⇒と呼ばれている．
とりでは，赤身のもも肉に対して，手羽を白身という場合がある．卵では卵黄を黄身と呼ぶのに対して，卵白を白身という．

しろみざかな（白身魚）

川魚や近海魚など，脂肪分が少なく，淡白な味のする魚をいう．たい，ひらめ，かれい，たらなどがある．てんぷら，椀だねなどに．煮魚にするときは薄味で色を美しく仕上げる．

しろみそ（白味噌）

黄色みをおびた白っぽいみそのこと．米こうじを多く使い，醸造期間の短い甘味のある米みそ．赤みそに対してつけられた名称．食塩分は6％程度と少ない．関西以南の暖かい地方に多い．関西ではとくに正月の雑煮は白みそ仕立てにすることが多い．みそ汁のほか，酢みそ，木の芽みそなど用途が広い．⇒みそ

ジン（gin）

ライ麦，とうもろこしなどを主原料にした蒸留酒．ジュニパーベリー（ネズの実）のほか，各種の香草を加えるのが特徴．樽詰貯蔵しないので無色透明．種類はオランダジン（ジュネバ），ロンドンジンのほか，ドライジン，オールドトムジン，スロージンなどがある．アルコール分は37～50％．ジンフィズ，マテニーなどカクテルのベースに用いる．

じんがさ

すし用語でしいたけのこと．

ジンギスカンなべ（成吉思汗鍋）

鉄かぶとをふせたような形で，表面全体にみぞのある鍋．また，この鍋を用いて焼く羊肉料理．鍋の表面に油を塗り，タレにつけた羊肉や野菜を焼きながらタレをつけて食べる．名前の由来は，蒙古の英雄チンギスハーンが兵士のために作らせたという伝説からといわれている．
しょうが，にんにく，しょうゆ，酒，こ

調理科学

シロップ漬けの保存できる理由

砂糖による保存は，砂糖に十分に水分をかかえ込ませれば，その役目を果たすことができる．それには，砂糖が水に溶ける飽和状態まで加えられていることが必要である．この濃度は常温の場合水分に対して2倍である．しかし，これほど多く砂糖を加えられるのは，ジャムとか砂糖漬けとかいったものになる．シロップ漬けの場合は，含まれている水分に対して十分な砂糖分がないので，このような防腐効果は低い．したがって，シロップを用いて漬け込み保存するとともに，シロップ漬けの場合は，必ずびん詰，あるいは缶詰などにし，完全殺菌して保存しなければならない．また，砂糖には強い酸化防止性がある．果物でも，乾燥により酸化して変色したり，あるいは不快なにおいを出したりするようなものでは，乾燥よりも砂糖を使っての酸化防止が適している．

しょう，砂糖，塩などで作った調味液に羊肉を2〜3時間つけて，十分においけ消しをすることが大切．強火で汁がでないようにさっと焼くのがコツ．焼きたてにタレをつけて食べる．タレはしょうゆをベースに，酢，だし汁，にんにく，ねぎのみじん切りを合わせる．また，からしじょうゆ，からし酢みそなどもよく合う．中国では烤羊肉（カオヤンロウ）といい，すのこ状の鉄板で焼く．

しんこ（新粉・糝粉）

うるち米を水に浸して柔らかくしたあと粉砕し，乾燥にしたもの．粒子の細かい上新粉と粗い並新粉があるが，一般には上新粉（じょうしんこ）が市販されている．熱湯でこねて☞，蒸してから，すりこ木でつき，かしわもち，だんごなどにする．塩せんべいなどの菓子原料にも用いられる．

ジンジャー（ginger）⇨しょうが

ジンジャーエール（ginger ale）

しょうが（ジンジャー）風味の炭酸飲料．清涼飲料水の一種である．きりっとするような一種独特の刺激のある風味をもっている．そのままでも飲用するが，おもにジュース，シロップなどを添加したり，パンチやクーラーなどの飲み物に混ぜたり，ウイスキーなどの蒸留酒を割ったり，製菓，製パンの風味づけに用いられる．ジンジャーエールには辛口と甘口がある．用途に応じて使い分ける．

しんしゅうみそ（信州味噌）

米こうじを使った辛みそで，あっさりした味が特徴．食塩分は12〜13％．大豆の約半量の米こうじを使う．くせがないので全国的に広く用いられ，色の白い，辛みその代名詞にさえなっている．☞みそ

しんじょ（真薯・糝薯）

はんぺんの一種．魚肉をすりつぶし，やまのいも，卵白，小麦粉などを加え，塩，みりんなどで調味し，蒸したり，ゆでたり，揚げたりしたもの．わさびじょうゆ，しょうがじょうゆで食べたり，椀だねなどに用いる．

しんぞう（心臓）

俗にハツともいう．牛，豚とも食用になる．子牛のが柔らかくて，味もよい．明るい赤色で，つやと張りのあるものを選ぶ．においの強いもの，血のにじんだものはさける．きたない部分や白い部分をとり除き，真中を切り込んで，中の血のかたまりを除き，塩水の中で軽くもみ洗いして血抜きをする．塩水は3％が適量．料理用に切ってから血抜きをしてもよい．バター焼き，串焼きなどに．しょうゆ，清酒，しょうがで煮込んでもよい．

じんぞう（腎臓）

キドニーまたはまめともいう．子牛，牛，豚の3種がある．豚はそら豆のような形，牛は小さなかたまりに分かれている．子牛のは柔らかく，くせがなく最上．形のくずれていない新鮮なものであることが大切．まわりの薄皮を手ではぎ，二つに割って中心にある白い部分を切りとる．子牛の腎臓はそのままソテー，煮込みなどに使う．牛，とくに豚の場合はくせがあるので

調理科学

新粉を熱湯でこねる理由

新粉はうるち米を使用して作ったものである．うるち米はもち米とちがって粘性が低い．したがってこねるときに熱湯を用い，でんぷんの一部をアルファ化して糊状とし，それによって接着をもたらすものである．もし水でこねた場合は接着性がないために，だんごとしてはまとまりにくい．

熱湯でゆでる．湯の中にたまねぎ，しょうがなどを入れると臭みが消える．野菜煮込み，ソテー，和え物などに．煮物の場合はよく煮込み，焼き物の場合は焼きすぎないようにするのがコツ．ソースやタレには臭み消しに生のたまねぎ，しょうが汁，しょうゆなどを用いる．

しんとうあつ（浸透圧）

水は通すが塩類などある種の物質は通さないという性質をもつ半透膜の両側に濃度のちがう液をおくと，塩類を溶解した液が，濃度を均等にしようとして膜にある種の力が働く．この力を浸透圧という．食品の動植物の細胞はこのような半透膜でおおわれているから，高い濃度の食塩水あるいは食塩を振りかけることで，この浸透圧の作用が働き，細胞内の水分が外へひき出される．漬け物➡やなます➡の水出しもこの作用によるものである．

ジントニック（gin and tonic）

ジンにトニックウォーター（硫酸キニーネなどで香味をつけた無色透明の炭酸飲料）を加えたカクテルの一種．口当たりが柔らかく，トニックウォーターの苦味のある軽い飲み物．

ジンフィズ（gin fizz）

ドライジンにレモン汁と糖液，炭酸水を加えたカクテルの一種．口当たりがよく，アルコールの刺激がほとんど分らないため，つい飲みすぎる可能性があるので注意が必要である．

しんみ（辛味）

焼けるような，あるいは痛いような感覚を生じさせる味．からみともいう．この味はほとんど物理的な刺激によると考えてもよい．しかし辛味は味覚神経を刺激することによってだ液の分泌をうながし，さらに血液の循環などをよくするために，味覚が疲労した際，これを更新させる効果が強い．したがって，料理を最後までおいしく食べさせるのに大きな効果をもっている．なお，辛味にも，快い味と不快な味とがある．不快な辛味というのは，ヒスチジンが分解されてできたヒスタミンによるものであると考えられている．辛味は，辛味物質の辛味の強度および芳香の有無で次のような3種に分類されている．

強い辛味料（hot spice）：とうがらし，からし，しょうが，こしょう，わさび．

おだやかな辛味料（mild spice）：パプリカ，コリアンダー．

芳香性辛味料（aromatic spice）：オールスパイス，カルダモン，にっけい，ちょうじ，メース，にくずく，タイム，さんしょう．

ジンライム（gin lime）

ドライジンとライムジュースのカクテル．甘口にするときはガムシロップを適量加える．口当たりと香りがたいへんよい．

シンレンどうふ（杏仁豆腐）

中国の点心の一つ．中国語ではシンレンドウフゥという．本来は杏仁（あんずの仁．ほろ苦味がある）をすりつぶしたものを用いて作るのが正式だが，一般にはかんてんと牛乳とアーモンドエッセンスで作っている．かんてんを水で煮溶かし，牛乳とアーモンドエッセンスを加え，盛りつけ用の大きめの器に入れる．固まったら器に入れたまま，ひし形になるように斜め格子に包丁を入れる．小さく切った缶詰の果物とシロップを注ぎ，そのまま食卓に出す．杏仁豆腐ともいう．

す（酢）

アルコールを含む原料を，酢酸菌によって発酵させて造った酸味のある調味料．使われる原料によって穀物酢→，米酢→，粕酢→，りんご酢→，麦芽酢→，ぶどう酢→（ワイン酢）などの種類がある．日本で主として使用されているのは，穀物酢，米酢，りんご酢などである．一般に，刺激的なにおいがなく，風味豊かなものが良品とされている．醸造によって造るものは醸造酢→，合成酢酸を薄め味を調整したものや，醸造酢に合成酢酸を加えたものは合成酢→という．

一般の料理には穀物酢，すしには米酢，サラダにはりんご酢が適している．酢は料理にかくし味として使われることが多く，塩味をまるくするあんばいの作用がある．→・→あんばい・→かじつす

す（鬆）

だいこんやごぼうなどの中心部に生じる，組織が粗く筋っぽくなった部分のこと．"すが入る"などという．栽培中に野菜が霜に当たったり，とうが立ったときにできる．また，料理に小さい穴があいたり，ザクザクの状態になったものも"す"といい，この場合は"すが立つ"という．プディング，茶碗蒸し，卵豆腐などで加熱しすぎたときに料理の中や表面に細かい泡のような穴ができ，中の組織が粗くなる．

ス（絲）

中国料理の切り方の一つで，材料を4〜5cmの長さに糸状に細く切ること．スーともいう．

すあげ（素揚げ）

材料に衣をつけずにそのまま揚げる揚げ方．たとえば，ポテトチップス，フライド

調理科学

酢の蒸発

酢には，揮発酸と不揮発酸がある．揮発酸とは加熱によって酸が蒸発するもので，これに対して，不揮発酸は加熱しても蒸発しない酸である．揮発酸の主なるものは酢酸で，これは発酵して造った醸造酢の主な酸である．不揮発酸としては果汁の中に含まれるクエン酸，りんご酸，酒石酸，それに発酵によりできる乳酸も不揮発酸である．自然の食物，たとえば野菜の中に含まれているシュウ酸も不揮発酸に入る．揮発酸は，最初に加えてあっても，長く加熱する間にかなりの量が蒸発し，酸味が少なくなる．

酢によるたんぱく質の変性

酢によって，たんぱく質は凝固変性する．たんぱく質は，強い酸により，構造が変化し，水に対する溶解性を失う．これが，たんぱく質の酸変性である．酢には4％程度の酸を含むので，この変性が起こるのである．微生物や酵素もたんぱく質であるため，強い酸にあうとたんぱく質変性が起こり，増殖が抑制される．たんぱく質はこのほか，金属，食塩，熱，アルコールなどによっても変性する．→すじめ

油と水の入れ替わり

素揚げは，表面の油と水が入れ替わることにより，サックリとした口当たりとなる．したがって，表面の水分が素早く蒸発するように考慮しなければならない．材料にもよるが，低温でゆっくり揚げた方がよいもの，高温でサッと揚げた方がよいものなどがあるが，一般には低温でゆっくり揚げ，表面付近の水分が十分蒸発して油と入れ替わることが望ましい．油と水分が入れ替わるほど，サクサクとしたよい口当たりとなる．

ポテトなど．☞

すあぶらソース（酢油ソース）⇨**ドレッシング**

すあらい（酢洗い）
酢そのまま，または水で薄めた酢で材料を洗うこと．酢の物を作るときの下処理で，主として魚介類の表面を洗う方法．生臭みが抜けて身がしまる．酢洗いすると，合わせ酢がなじみやすくなるほか，殺菌☞や，魚では薄皮がむきやすくなる効果がある．

すいあじ（吸い味）
吸い物程度の味かげんのこと．ふつう，塩，しょうゆで調味した味のことで，吸いかげんともいう．

すいか（西瓜）
ウリ科．本来は7～8月が最盛期であったが，施設栽培などにより1年中みられる．ずっしりと重みのあるもの，指ではじいて澄んだ音のするものがよい．音の鈍いのは未熟か過熟．また，花おちのまわりが黄色く，押すと弾力のあるもの，切ったものでは，種子のまわりがゆるんでいないものがよい．よく冷やすことが大切．少量の塩をかけると甘味が強調される．そのまま食べるほか，フルーツポンチ，フルーツカクテルなどに．種子を乾燥して炒ったものは，中国料理で前菜として用いられる．

すいかげん（吸い加減）⇨**すいあじ**

ずいき（芋茎）
さといもの葉柄．これを乾燥したものは芋がらという．生は太く長くみずみずしいものがよい．アクが強いのでアク抜きをして用いる．皮をむくときは，根の方から葉に向かってひくとむきやすい．和え物，煮物などに．乾燥品は水で戻し，ゆでたあと水にさらしてアクを抜いて用いる．煮つけやみそ汁の実に．ひなびた味わいがある．調味料をよく吸収するので，味つけは薄めにする．

●**ずいきのアクの抜き方**
生は，皮をむいて切ったら酢水に浸し，何回も水をかえてさらしてから酢水でゆでる．このとき赤とうがらしを加えると，えぐ味をかくす効果がある．

すいくち（吸い口）
吸い物やみそ汁などの汁物に添える香りのもの．季節に合ったもので，他の材料とのとり合わせを考えて選ぶ．しょうがの搾り汁，ゆずの皮，木の芽，ねぎ，粉ざんしょうなどが用いられる．吸い口は器に盛るときに添える．

ずいき

調理科学

酢洗いの効用
酢は非常に強い殺菌力をもつ．これは，酢の中に含まれる酸がたんぱく質を変性させ，そのために細菌類の菌体であるたんぱく質も変性されて生育できなくなるからである．したがって，酢，あるいは酢をいくらか薄めた状態の水で洗うことで，魚などの表面についている細菌を殺菌することができる．また，魚はたんぱく質であるために鮮度が落ちると，アンモニアなどが生じ，pHがアルカリ側に移行する．たんぱく質はアルカリ性になると柔らかくなり，ダレた状態となる．酢洗いによってpHを酸性にすると，再び魚肉はしまり，口当たりもよくなる．酢洗いは，殺菌作用および，この身をしめる二つの作用をもっている．

すいじ（吸い地）

吸い物程度の味かげんに調味した汁のこと．吸い物のほか，吸い物の実の下煮や，蒸し鉢にも用いられる．

すいしょうに（水晶煮）

とうがん，きゅうり，しろうりなど白い色の材料を，色づかぬよう透き通ったように煮上げたもの．水溶きのくずで煮汁にとろみをつけることもある．

●きゅうりの水晶煮の作り方

材料：きゅうり3本　だし汁カップ2　塩小さじ1　しょうゆ少々　みりん大さじ1　しょうが1かけ

きゅうりは皮をむき，2～3cmに切る．種子が多ければとる．鍋にきゅうり，だし汁，調味料を加え，透き通るまで煮る．皿に盛り，おろししょうがを天盛りにする．冷やして食べてもよい．

スイートコーン（sweet corn）

とうもろこしの一種．甘味種で，未熟な柔らかいものをいう．軸つきをゆでるか焼くかしてバターやしょうゆをつけて食べる．また，ゆでてから粒をほぐしとり，スープ，てんぷら，サラダ，クリーム煮などに．冷凍品もあり，軸つきは凍ったままゆでるか電子レンジで加熱して食べる．粒状も凍ったままゆでるか炒めて用いる．

缶詰には，クリームスタイルとホールスタイルがある．クリームスタイルは，スイートコーンをつぶしクリーム状にしたもの．ホールスタイルは，粒のまま缶詰にしたものである．いずれもスープ，煮込みなどに主として用いる．甘味と風味があって味がよい．

スイートポテト（sweet potato）

さつまいものこと．また，さつまいもを用いた洋菓子．菓子は，蒸し焼きにして裏ごししたさつまいもに，砂糖，卵黄，バター，牛乳を加えて練り，形を作りオーブンで焼き上げる．

●スイートポテトの作り方

材料：さつまいも（1本100ｇ見当）4本　砂糖カップ½　バター大さじ1　牛乳カップ¼　卵黄2個分　シナモン少々　卵黄（ドリール用）2個分

さつまいもは洗って丸のまま200度のオーブンで約25分（竹串が通るまで）焼く．縦半分に切り，皮をきずつけないようにスプーンで中身をくり抜き，裏ごしにかける．砂糖，バター，牛乳，卵黄，シナモンを加えて練り合わせ，もとのさつまいもの皮に形よく詰め，ドリールを塗り，220度に温めたオーブンで上面をきつね色に焼き上げる．スイートポテト用の型に詰めたり，アルミホイルで舟型に形づくった中に詰めて焼いてもよい．

すいとん（炊団・水団）

小麦粉を水で練っただんごにしたものを，すまし汁またはみそ汁で煮込んだもの．ふつうは，だんごに卵を加えたり，汁にはしいたけ，にんじん，だいこんなどの野菜やきのこ，油あげを配して作られる．

すいはん（炊飯）

米に水を加えて加熱し，飯にすること．

米と水の分量

種　　類	水　の　量 （米に対する容量比）
精白米（普通）	1.2 倍
精白米新米	1.0 ～ 1.1
古米・七分つき米	1.2 ～ 1.3
玄　　　米	1.5 ～ 1.7
インディカ米	1.5 ～ 1.8
も　ち　米	0.8
す　し　飯	1.1

米は十分に吸水🔗させることがコツ．そのためには，冬は1時間，夏は30分前から米を水浸する必要がある．また，水の分量も大切．ふつうは，重量比で，米1に対し水1.5，容量比で1:1.2．おいしいごはんは，米粒の状態のまま米のでんぷんを芯までアルファ化することで，それには一定の加熱条件が必要である．🔗

すいもの（吸い物）

汁物の一種．すまし汁ともいう．吸い物は椀だね，椀づま，吸い口の三つで成り立つ．椀だねは，魚，貝，豆腐などで，吸い物の中身となるもの．椀づまは椀だねの添えもので，椀だねを引き立てるよう配色や形を考える．吸い口は，吸い物全体に香気を与えるもので，木の芽，ゆずなど，食欲をそそるような季節のものを選ぶ．

じょうずにだしをとることが大切．こんぶは沸騰直前に引き上げ，次にかつお節を入れ，ひと煮立ちしたらすぐに火を止めて，かつお節をこし分ける．とり終わっただしは，なるべく早く吸い物に仕立てる．塩の適量は0.7〜0.8％程度．加熱するときぐらぐら沸騰させないで，煮立ったところで火を止め，そこにしょうゆを少量加えると，だしの成分としょうゆの旨味との相乗効果🔗によって，風味が引き立つ．また，だしの不要なにおいがしょうゆによって消される．煮返すことは禁物．

すうどん（素饂飩）

ゆでうどんに調味しただし汁をかけ，刻みねぎ，七味とうがらしなどの薬味を添えたもの．かけうどんともいう．

すえひろぎり（末広切り）

扇のような形に切る方法．材料を拍子木形に切り，一方の端を少し残して縦に切り込みを入れ，広げて扇形にする．扇は末広ともいうのでこの名がある．にんじん，きゅうり，たけのこなどに用いられる．吸い物，口取り，酢の物，サラダなどに．一種の飾り切りである．

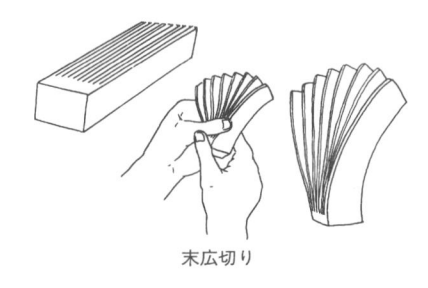

末広切り

すがたずし（姿ずし）

すしだねの形をくずさず姿のまま使ったすし．あゆずし，さばずし，えびの姿ず

調理科学

米の吸水

米は吸水が十分でないと，でんぷんのアルファ化に必要な水分が不足し，よい状態に炊き上がらない．吸水は温度が高い方が早く，温度が低いとゆっくりとなる．通常，冬は1時間，夏は30分くらいで十分に吸水する．

炊飯の条件

炊飯の条件は，米粒の中心まで十分にでんぷんがアルファ化する必要がある．はじめから強火にすると，米粒の外側のみがアルファ化し，そのため中に熱が伝わりにくい．したがって，ゆっくり加熱し，米粒の中心まである程度加熱された状態にしてから強火にして，一気に熱を通す．ただし，米が中心までアルファ化するのには，98度で20分以上要するから，沸騰したら火力をかげんし，ゆっくりと20分以上98度に保つ必要がある．火力が強すぎてふきこぼれると，余分の水がないので，水分不足からアルファ化が十分できないからである．

最後に強火にして少し焦がすとメラノイジン🔗ができ，香ばしさができる．蒸らしは，水分を均一にし，浮いている水分を米粒の中に十分吸い込ませるためである．

し，たけのこの姿ずしなどがある．多くは地方名物になっている．秋田のはたはたずし，高知県のさばずしなどが有名．

すがたもり（姿盛り）
さしみや焼き物，蒸し物などの料理で，材料の形をそのまま生かして盛りつけること．魚を使った料理に多く用いられ，さしみでは，生作りにこの姿盛りが利用されることが多い．

すがたやき（姿焼き）
魚を姿のまま焼くこと．たい，あゆ，いさき，あじなどに用いられる．姿を美しくするには，串を打って魚をくねらせ（→うねりぐし），ひれにはひれ塩→をしてピンとさせる．祝儀などではたいが用いられ，これをとくに尾頭つきと呼ぶ．

スカッシュ（squash）
天然果汁に砂糖を加え炭酸水で割った飲み物．用いる果実によりオレンジスカッシュ，レモンスカッシュ，グレープスカッシュなどがある．

スカラップ（scallop）
ほたて貝，またはその貝殻のこと．ほたて貝の貝殻に材料を入れて焼いた貝鍋や，ほたて貝の貝柱料理もスカラップという．

スキムミルク（skim milk）⇨**だっしふんにゅう**

すきやき（鋤焼き）
牛すき，牛鍋などともいう．昔は肉を"すき"を使って焼いたのでこの名がある．材料は牛肉の薄切り，しらたき，焼き豆腐，ねぎ，しゅんぎく，たまねぎ，しいたけなど．肉は霜降り肉→，あるいはロース肉の薄切りが一番．
関東風の煮方は，割り下→を鍋に入れて煮立て，牛肉その他の材料を入れて煮る．関西風は，まず牛脂を鍋にひき，はじめに牛肉を，それからねぎやその他の野菜を加えて少し焼いたところで，砂糖，しょうゆ，みりんなどを別々に加えて調味する．食べるスピードに合わせて鍋に材料を入れていくことが大切．煮すぎないこと．とくに肉はサッと火が通った程度でとりだすのがポイント．こんにゃくは湯通しして使う．そのままだと，こんにゃく中に多く残っているカルシウム分のため，肉の色が赤っぽくなるうえ，堅くなることがある．水分が多くなったときは"麩"を鍋に入れるとよく，水分が少ないときはだし汁か野菜を入れる．水を加えることは極力さけること．鍋は厚手の鉄鍋がよい．

すぎやき（杉焼き）⇨**いたやき**

すくいぐし（すくい串）
串の打ち方の一つ．いかのように焼くと丸くなるものを平たく焼くために打つ串．身をすくうようにして串を刺す．竹串で添え串をすると形が安定して焼きやすくなる．ぬい串ともいう．

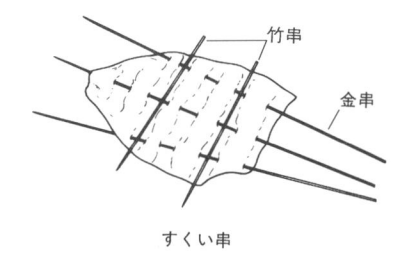

すくい串

すくがらす
あみあいごの幼魚の塩辛．沖縄では2～3cmのあいごをスク，その塩辛をカラスといい，沖縄独特の食べものである．そのまま，あるいは冷ややっこの上にのせて食べる．
背びれ，腹びれに鋭いとげがあり，刺されると非常に痛い．頭部から口に入れ，とげの部分を前歯でかんでから食べると，とげを舌に刺さずに食べることができる．

すぐきづけ（酸茎漬け）

京都の北部だけでとれる特有のすぐきなを塩漬けにし，乳酸発酵をさせた漬け物．酸味が強く，すぐきな特有の香りがある．300年ほどの歴史がある．秋遅く収穫し，塩漬けにしたのち，発酵させて出荷する．長くおくと酸味が強くなり，においもわるくなる．いわゆるぶぶ漬け（茶漬け）の材料として京都で多く用いられる漬け物の一つである．

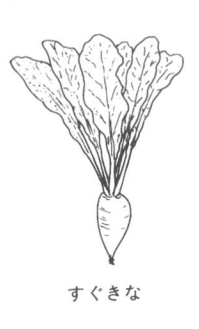

すぐきな

スクランブルエッグ（scrambled eggs）

洋風炒り卵のこと．卵に牛乳を少量加え，塩，こしょうし，たっぷりのバターを溶かしたフライパンに入れてかき混ぜ，半熟状に仕上げる．多くはバターを塗ったトーストの上に盛ってすすめる．和風の炒り卵はとくに菜種卵という．

スクワッシュ（squash）

英語で料理用かぼちゃの総称．種類が多く，完熟果を食べるグループのウインタースクワッシュ（ひょうたん形のバターナッツ，紡錘形のハッバードなど）と，未熟果を食べるグループのサマースクワッシュ（きゅうりに似たズッキーニ，首の曲がったクロックネックなど）に分類される．そのままオーブンで焼いてスプーンですくって食べたり，ゆでてつぶし，肉料理のつけ合わせにする．スープ，パイにも利用される．

すけとうだら（鱈）

タラ科の海水魚．すけそうだらともいう．鮮度が落ちやすく，漁場に近いところでないと本当のおいしさは味わえない．多くは練り製品の材料として冷凍すり身や，すき身などの塩干しにされる．新鮮なものはちり鍋，フライ，ムニエルに．たらこはすけとうだらの卵巣を塩蔵したもの．

すけとうだら

スコッチエッグ（Scotch eggs）

スコットランド風の卵料理．ゆで卵をひき肉で包み，パン粉をまぶして揚げたもの．

●スコッチエッグの作り方

材料：卵4個　合いびき肉250ｇ　たまねぎ½個　バター大さじ½　パン粉カップ½　牛乳大さじ2　ワイン大さじ1　卵½個分　塩小さじ½　こしょう少々　ナツメグ少々　小麦粉，溶き卵，パン粉各適量　揚げ油

卵は卵黄が中央にくるように堅ゆでにする．たまねぎはみじんに切りバターで炒め，パン粉は牛乳とワインを振りかけ湿らせる．合いびき肉に，たまねぎ，パン粉，卵，調味料を加え，よく混ぜあわせ4等分する．卵の殻をむき，小麦粉をまぶし，ひき肉の中央にくるようにして包む．小麦粉，溶き卵，パン粉をつけ，中温の油で揚げる．

すごもり（巣籠り）

日本料理の盛りつけ方の一つ．はるさめやそうめんなどのめん類，せん切り野菜などを使って，鳥の巣のように形づくり，その中に卵や魚類，肉類などをおさめる．巣ごもりぞうに，巣ごもり卵のすまし汁，巣ごもりうずら卵などがある．

スコーン（scones）

焼き菓子の一種．小麦粉，バター，牛乳，砂糖，ベーキングパウダーを合わせ，

小さい丸にまとめてオーブンで焼く．イギリスのアフタヌーンティー（afternoon tea）に欠かせない菓子．

すし（鮓，鮨，寿司）

酸味をつけたすし飯に，生あるいは塩や酢でしめた魚やその他のすしだねをとり合わせた料理．すしは"酸し"すなわちすっぱいという意味．昔は魚を塩漬けにし自然発酵させたものをすしといっていた．その後，発酵を早めるためにごはんを用いた熟れずし➡があらわれ，さらに熟れずしより熟成期間を短くした生成(なまなれ)をへて，ごはんに酢を用いてもっと早く作れるようにした早ずし，あるいは一夜ずしと呼ばれるものへと発展した．さらににぎりずしが登場すると，これは作ってすぐに食べられるところから，すしの主流はにぎりずしへと移行していった．

すしは材料や作り方から，にぎりずし➡，巻きずし➡，押しずし➡，ちらしずし➡，蒸しずし➡，いなりずし➡，茶巾ずし➡，箱ずし➡，細工ずし➡などがある．また，地方によって各地独特のものがある．

すじこ（筋子）

さけ，ますの卵巣を膜に包まれたままの状態で塩漬けにしたもの．鈴子とも呼ばれる．明るい朱色で，弾力性があり，卵粒のはっきりしているものがよい．そのままか，切ってだいこんおろしと和えて酒の肴に．また，みそ汁，すまし汁の椀だねに．オードブル，サンドイッチにすると彩りがよい．卵をほぐしたものはイクラと呼ばれる．

すしず（鮨酢）

すし飯の味つけに用いる合わせ酢のこと．酢，塩，砂糖を混ぜ合わせて作るが，その割合はさまざまで，地方やすしの種類によってちがう．にぎりずしのときは砂糖をひかえ，大阪ずしやいなりずしのときは砂糖を多くする．酢の酸味を和らげるために砂糖を多く使いすぎると，味がぼやけてよくない．

味をしめるには塩を一定量使う必要がある．☞あんばい

●すし酢の割合
材料：米カップ5　酢カップ½　塩15〜20g　砂糖20〜40g

すしだね（すし種）

にぎりずしや押しずしなどに使う魚介類や厚焼き卵などのこと．

すじにく（筋肉）

牛，豚などのすじの部分．堅いが，長時間煮込むとゼラチン化して柔らかくなり☞，煮汁もとろりとなる．おでんや，スープストックをとるとき他の肉とともに用いると煮汁が乳化し，塩味もまろやかになる．

すしまい（すし米）

すし飯に適した米．硬質で粒ぞろいがよく，乾燥のきいた精白米が適している．

🧪 調理科学

硬たんぱく質とゼラチン化

たんぱく質には多くの種類があるが，筋肉どうし，あるいは筋肉と骨を結びつける，いわゆるすじと呼ばれるものは，コラーゲンという硬たんぱく質でできている．硬たんぱく質は非常に強靱であるが，水とともに長く加熱されると熱変性を起こし，組織の変化とともにゼラチン化する．骨の弾性を保っているたんぱく質や，皮にもコラーゲンは多いので，こういった部分もゼラチンを生じやすい．

しかし，圧力鍋などで強熱されるとゼラチンは分解し，いわゆるゼリー化を起こさなくなる．

すじめ（酢じめ）
　魚の下処理の一つ．魚にたっぷり塩を振り，3〜4時間後軽く水洗いし，水気をとって生酢に浸し，魚の表面が白くなる程度浸す．さばなど脂肪分の多い魚の処理として行われる．すしだねや和え物に用いられる．⇒す

すしめし（すし飯）
　すし用に米飯をすし酢で味をつけたもの．すしはすし飯が大切．米は粘りの少ない硬質で乾燥したものがよい．よく洗って30分間水に浸してからざるにあげて水をきる．水かげんは容量で米の1割増し．十分蒸らしたら，熱い間に半切りなどの白木製の器に移し，合わせ酢をかける．
　ごはんは，はじめ広げずに1か所にまとめ，すし酢を振りかけて，しばらく浸み込ませる．それから，木しゃもじで底から切りかえして混ぜ，ごはん粒をつぶさないように混ぜる．このときうちわや扇風機であおぐと表面の水分がいくぶん蒸発し，つやよくパラリと仕上がる．⇒すしず

すじょうゆ（酢醬油）
　酢としょうゆを合わせた合わせじょうゆ．ゆでたかにや中国料理などのつけじょうゆとして用いる．酢としょうゆの割合は同量あるいは2対3で，だし汁で割ることもある．

すずき（鱸）
　スズキ科の魚．成長につれて名前が変わる出世魚．25cmくらいまでのものをせいご，60cmぐらいまでをふっこ，それ以上はすずきと呼んでいる．夏がしゅん．さしみ，塩焼き，椀だねなどに．
　さしみにするときは歯当たりが強いのでやや薄く切る．あらいにして酢みそで食べると，とくに味がよい．また体形が美しいので姿焼きにするのも一方法．塩焼き，網焼き，油焼きなど持ち味を生かせる．

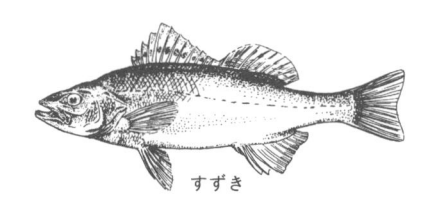

すずき

すずな（菘）⇒かぶ

すずめ（雀）
　小形で味がよいので，小鳥焼きの第一の材料となっている．秋のみのりのころから味がのる．とくに寒すずめといって，冬にとれるすずめは味がよい．体臭のないもの，羽毛のぬれていないものを選ぶ．焼き鳥は羽毛をとり，翼を切って腹をさき，臓物を除いたのち，みりんじょうゆでつけ焼きにする．骨ごと食べられるのが特徴．

すずめずし（雀鮨）
　たいを使ったすしの一つ．古くはぼらの子を用いた熟れずしであったが，のちに小だいを用いるようになった．魚を背開きし，魚の腹にたくさんごはんを詰めた姿が，ちょうどふくらすずめに見えるところからこの名がついたという．近年はたいの切り身を用い，すし枠で押すものに変わった．大阪と和歌山の名物．

すずめだい（雀鯛）
　スズメダイ科の海水魚．全長12〜13cm内外で，南日本の暖海の沿岸に多い．塩で軽く生干しにし，そのまま火であぶって食べる．とくに福岡の名産で，あぶって食べるところからこの地方では"あぶってか

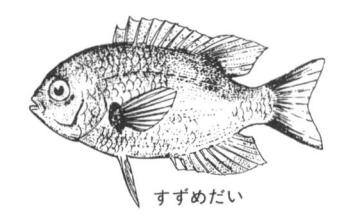

すずめだい

も"と呼んでいる．

すずめやき（雀焼き）
ふなや小だいを背開きにして串に刺し，みりんじょうゆでつけ焼きにしたもの．焼いた形がすずめに似ているところからすずめ焼きと呼ばれている．すずめをつけ焼きにしたものもいう．

スタウト（stout）
イギリスの黒ビールで，アルコール度が高く，味は濃厚である．ホップを多量に加える．苦味があり，特有の風味があるので，好ききらいが強い．アイルランドのダブリンで多く作られている．→ビール

すだち（酢橘）
かんきつ類の一種．香りと酸味があり，ゆず，だいだいなどと同様な使い方がされる．徳島県の特産．
若い緑果は焼きまつたけ，焼き魚，そばつゆなどに添えて風味を引き立てる．ふつうは横半分に切り，料理に添えて出し，食べるときに汁を搾る．こうすると香りが逃げない．また，皮をおろして薬味として用いる．
おろしてから長くおくと香りがとび，風味もわるくなるので，使う直前におろす．黄色く熟れたものは，汁はたっぷりあるが香りがない．

スタッフド（stuffed）
詰め物をした料理のこと．フランス語ではファルシ（farci），日本語では印籠→，射込み→などという．外側になるものは，ゆで卵の白身，きゅうり，トマト，ピーマン，かぼちゃ，たまねぎ，なすなど．中に詰めるものは，ひき肉，かに，ゆで卵の黄身などが用いられる．外側に用いる材料により，スタッフドキューカンバー，スタッフドエッグ，スタッフドピーマンなどと呼ばれる．

ズッキーニ（zucchini）
ウリ科．形はきゅうりに似ているがかぼちゃの仲間．皮は緑色のものが普及しているが黄色のものもある．果肉は白くなめらかな口当たりで，シチュー，スープ煮，炒め物などに用いられる．

すづけ（酢漬け）
酢を用いた漬け物．材料を，多くは脱水のために塩漬けしてから酢に漬ける．材料には，きゅうり，らっきょう，かぶ，だいこんなどの野菜類，いわし，あじ，きす，小だいなどの魚類が使われる．酢漬けのもとの形は，材料を塩蔵にしたものが自然に乳酸発酵したもので，のちに酢を用いて漬けるようになった．らっきょう漬け，ピクルス，ままかりの酢漬けなどがある．

すっぽん（鼈）
スッポン科のかめの一種．肉はたいへん味がよく，また栄養的にも優れているとして古くから各国で珍重されている．養殖も行われている．10〜4月が脂肪もよくのり食べごろ．におい消しにはしょうがの搾り汁がよい．すっぽん料理は味つけに清酒をたっぷり使うのが特徴．鍋物，ぞうすい，吸い物などに．生血は赤ワインで薄めて保血剤や強精剤に用いられる．

すっぽんじたて（すっぽん仕立て）
材料から出ただしを主にして，これにたっぷりの清酒を用いて仕立てた汁物のこと．すっぽんは俗にまるというので，丸煮仕立て，丸仕立てともいう．材料にはすっぽんのほか，こち，おこぜ，かわはぎ，こい，鶏肉など，旨味はあるが特有のにおいとくせのあるものが用いられる．臭み消しにねぎとしょうがを必ず用いるのが特徴．通常，鍋にだし汁（または水）と清酒を3：1くらいの割合で加えて火にかけ，煮立ったらひと口切りにした材料を加え，清酒とし

ょうゆで吸い物より少し濃いめの味をつけて煮る．おろしぎわに，青ねぎを細く切ったものとしょうが汁を加える．

すっぽんに（すっぽん煮）
　煮物の一種．すっぽんの肉を清酒，みりん，砂糖で調味した濃い味の汁でこってりと煮つめたもの．おこぜ，こち，あかえい，なまずなど肉のしまった魚を同様に煮たものもこう呼ぶ．揚げてから煮ることもある．

スティック（stick）
　棒状にしたものをいう．野菜では，きゅうり，にんじん，セロリなどを生のまま食べるときこの切り方をすることがある．また，アイスクリームの棒状のもの，冷凍食品の魚肉を固め，パン粉をつけて棒状にしたものなど，いずれもスティックである．

ステーキ（steak）
　厚切りの肉や魚，ハムなどを網や鉄板で焼いた料理．材料によりビーフステーキ🔁，ポークステーキ，サーモンステーキ，ハムステーキなどがある．

ストック（stock）⇨スープストック

すどりしょうが（酢どり生姜）
　葉しょうがや芽しょうがを熱湯で軽くゆで，酢あるいは甘酢に漬けたもの．酢に漬けると，しょうがはきれいな薄紅色に発色する．すし，焼き魚などのあしらいとして用いられる．根元を筆の形に整えたものを筆しょうが🔁という．🔁アントシアン

すどる（酢どる）
　材料を酢に漬けること．酸味をつけたり，色をきれいに発色させる目的で行われる．酢どった食品は酢どりしょうが🔁，酢どりぼうふうなどと呼ぶ．

ストロベリー（strawberry）⇨いちご

すなぎも（砂肝）
　鶏の砂嚢のこと．砂嚢中の袋を切らないよう包丁を浅く入れ，手で開いて中の袋をそっくりとり出す．白い部分やすじを残して赤い身だけをそぎとる．袋をとってから半分に切ると赤身がそぎやすい．一般には，切り開いたものが市販されている．若鶏の砂ぎもは柔らかいが老鶏のは堅い．串焼き，ソテーなどに．使う前にさっと熱湯をかけると臭みがとれる．

スナップえんどう（スナップ豌豆）
　さやえんどうの一種．さやは厚みがあり，グリンピース大の未熟豆もいっしょに食べる．スナックえんどうとも呼ぶ．すじをとってゆで，サラダ，煮物，炒め物，てんぷらなどに用いる．

すに（酢煮）
　煮汁に酢を加えて煮ること．れんこんやごぼうなどを変色させないで白く仕上げるときや，さば，いわしなど生臭みやくせのあるものをさっぱりと仕上げるとき，あるいはビーツなど赤い色をより美しく仕上げるときに用いられる．

すのもの（酢の物）
　魚介類，野菜，海藻などを二杯酢，三杯酢などの合わせ酢で調味したもの．新鮮な魚介はそのまま，その他は酢洗い，霜降り，野菜は塩もみ，ゆでるなどの下処理を

🧪 調理科学

クロロフィルと酸
　クロロフィル🔁は酸性で不安定となる．そのため，和え物に酢を含む調味料を早くから合わせておくと，クロロフィルが分解し，酢の物の色がわるくなる．したがってクロロフィルを含む緑色の野菜類は食べる直前に和えることが必要である．なお，緑色は銅で色止めができるが，これは食品衛生法で禁示されている．

してから用いる．材料と調味酢は食べる直前に合わせるようにする．

スパイス（spice）⇨**こうしんりょう**

スパオ（四宝）
中国料理で4種類の珍しい材料を使った料理につけて用いられる言葉．それぞれ単品でもすぐれた材料だが，4種を合わせるといっそう価値の出るものである．たとえば4種の美しい材料で作ったスープは川四宝（チョワンスパオ）という．

スパークリングワイン（sparkling wine）
二酸化炭素（炭酸ガス）を含ませた，発泡性のワインのこと．シャンパン⇨もスパークリングワインの一種である．

スパゲティ（spaghetti）
パスタの一種．直径2mm前後の細い棒状のめん．やや黄色がかってよく乾燥したものが上質．塩を加えた湯でゆでて，ざるに上げる．すぐに食べない場合はバターやサラダ油を薄くまぶしておく．スパゲティはゆでると重量で約3倍増える．水洗いはしない．熱いうちにおろしチーズをかけたり，ミートソースなど各種ソースをかけて食べる．また，つけ合わせやスープの実にも用いられる．

●**スパゲティのゆで方**
ゆで水をスパゲティの重量の7倍以上用意し，塩を水の1～1.5％加える．沸騰したらスパゲティをパラパラとほぐして入れ，常に沸騰状態を保つようにしてゆでる．ゆで時間は，メーカーの表示を基準にする．指先でちぎり，めんの中心部にわずかに芯が残っているくらいがよい．ざるにあけ，水気をきる．

スパニッシュ（Spanish）
スペイン風という意味．トマトをはじめ，にんにく，パプリカ，サフラン，ピーマン，たまねぎ，オリーブ油などをたっぷり使うのが特徴．スパニッシュライス，スパニッシュオムレツなどがある．

スピリッツ（spirit）
広義には蒸留酒一般を意味するが，ブランデー，ウイスキー，しょうちゅうを除く，ジン，テキーラ，ラム，ウオツカなどの蒸留酒をさすことが多い．日本の酒税法では，清酒，しょうちゅう，ウイスキー類（ブランデーを含む），ビール，果実酒以外の酒をスピリッツ類として分類し，エキス分が規制されている．ストレートでも飲むが，カクテルベースに使うことが多い．

スープ（soup）
獣鳥肉，魚介類などからとっただし（スープストックまたはブイヨンという）を調味した汁物の総称．澄んだものと濁ったものがある．日本では一般に澄んだスープをコンソメ，濁ったスープをポタージュといっているが，フランス料理ではポタージュはスープの総称で，澄んだものはポタージュクレール，濁ったものはポタージュリエという．澄んだスープは濃厚な料理に，濁ったスープはあっさりした料理と合わせる．浮き実にはさらしパセリ，クルトン⇨，コーンフレーク，ヌードルなどが用い

調理科学

スパゲティに油をまぶす理由
スパゲティはゆでたとき，表面のでんぷんは糊状となっている．これが冷えるとでんぷんがお互いに接着し，スパゲティはかたまりとなり，ほぐしにくくなる．しかし，熱い間なら油を吸い込みやすいので，ゆで上げたらすぐバターやサラダ油をまぶしておけば，スパゲティに油膜が張り，でんぷんの接着が防がれる．

られる．

すぶき（酢ぶき）
こんぶや野菜の表面を酢でしめしたふきんでふくこと．表面をきれいにすると同時に，野菜ではアクをとめ，こんぶでは柔らかくすることができる．

スープストック（soup strock）
西洋料理で用いるだし汁のこと．単にストックともいう．フランス語ではブイヨン（bouillon）という．煮込み，ソース，スープなどに旨味をつけるために使う．スープストックのよしあしは，仕上がった料理の味に大きく影響を与える．和風のだし汁より旨味成分の種類が多く，味も複雑である．種類としては，牛肉，とりがら，牛すね肉，魚などのスープストックがある．これらを2～3種類混ぜてとることも多い．材料配合の一例は次の通り．

●スープストックの作り方
〈牛すね肉のストック〉
材料（でき上がり1l）：牛すね肉450g　にんじん1本　たまねぎ1個　セロリ1本　パセリの茎少々　ベイリーフ1～2枚　粒こしょう少々　塩少々　水2l

牛すね肉はさっと水洗いし，表面の血や臭みをとって鍋に入れ，分量の水と塩少々を加えて強火にかける．アクが浮いてきたら火を弱め，きれいにとり除く．にんじん，たまねぎ，セロリをぶつ切りにし，その他の材料とともに加え，弱火にして1～2時間煮続け，約半量に煮つめた後，こす．

〈魚のストック〉
材料（でき上がり1l）：魚のあら（白身魚）500g　にんじん小1本　たまねぎ小1個　セロリ1本　パセリの茎少々　ベイリーフ1枚　粒こしょう少々　水カップ7　塩少々

野菜は薄切りにし，魚のあらは水でよく洗っておく．鍋に魚と分量の水を入れて強火で煮立て，アクが浮いてきたら火を弱めてきれいにすくいとり，材料全部を入れ，弱火で約15分間煮続けた後，こして用いる．煮すぎると魚臭くなるので短時間で仕上げること．

〈野菜のストック〉
材料（でき上がり1l）：にんじん1本　たまねぎ1個　セロリ1本　キャベツ2葉　ベイリーフ1枚　塩少々　水カップ8

野菜は適当な大きさのぶつ切りにし，分量の水，その他の材料を加えて強火にかける．沸騰したら弱火にし，アクをとり，30～40分煮続けた後，こす．

すぶた（酢豚）
揚げた豚肉と野菜を甘酢あんでからめた中国料理．甘酢あんにトマトケチャップを用いた広東料理の咕咾肉（クウラオロウ）（古老肉とも書く），肉が主体でケチャップを用いない上海料理の糖醋肉（タンツウロウ）の両方を日本では混同して酢豚と呼んでいる．クーラオローともいう．咕咾肉の広東読みはクーローヨー．パイナップルは豚肉と相性がよく，酢豚の場合も加えると豚肉の臭みが消え，風味がよくなる．

●酢豚の作り方
材料：豚肉（ももかたまり）400g　清酒，しょうゆ，かたくり粉各少々　揚げ油　たまねぎ½個　干ししいたけ4枚　にんじん¼本　ピーマン4個　パイナップル（生または缶詰）2枚　甘酢あん（酢大さじ3　砂糖大さじ3　しょうゆ大さじ3　トマトケチャップ大さ

じ3　だし汁(水)カップ½　かたくり粉大さじ1)

　豚肉は2cmの角切りにし、しょうゆ、清酒で下味をつけ、かたくり粉をまぶし、油でからりと揚げる。たまねぎ、ピーマン、にんじん、パイナップルはひと口大に切り、にんじんは堅めにゆでておく。干ししいたけは戻して2～3個にそぎ切る。野菜を熱した油にさっと通してすぐにとり出す（油通し）。中華鍋に油を熱して先の野菜を炒め、豚肉も加え、甘酢あんの調味料を全部合わせて加え、ひと煮立ちしたら火からおろす。

スープに（スープ煮）

肉や魚でとったスープで煮込む料理．あっさり味つけし、熱いうちにスープとともに食べる．いせえびのスープ煮、さけのスープ煮、などがある．

スフレ（soufflé―仏）

泡立てた卵白を加えてふくらませた菓子や料理のこと．菓子ではコーンスフレ、チョコレートスフレなど、料理ではふわふわオムレツなどがある．

スプレッド（spread）

のばすという意味からついた言葉で、食パンなどに薄くのばして塗るものの総称．バター、ジャムなどを素材としたもの、クリーム類、チョコレート類、マヨネーズにピクルスなどを加えたものなど、すべてスプレッドである．からしバターなどもスプレッドの一つである．

スペアリブ（spareribs）

豚の骨つきばら肉のこと．調味液に漬けて味をしみ込ませ、直火焼きにしたり、時間をかけて煮込んだりする．

スポンジケーキ（sponge cake）

泡立てた卵に小麦粉、砂糖などを加えて軽いスポンジ状に焼き上げたケーキ．ショートケーキ、デコレーションケーキの土台となり、好みのデコレーションをすればいろいろと変化を楽しめる．ケーキ類は、材料を混ぜる前に、あらかじめ、オーブン、焼き型などをすぐ使えるように準備しておくことが大切．

●スポンジケーキの作り方
材料(18cmケーキ型)：小麦粉(薄力粉)120g　卵3個　砂糖120g　バター大さじ2　牛乳大さじ1　バニラエッセンス少々

　小麦粉はよくふるっておく．卵は卵黄と卵白に分ける．卵黄をよくほぐし、砂糖の量の⅔を加え、少し白っぽくなるまで泡立て器で混ぜ合わせる．次に卵白を泡立て、先がピンと立つようになれば残りの砂糖を加え、さらに泡立てる．泡立てた卵白に卵黄とバニラエッセンスを加え、泡をつぶさないように混ぜこむ．さらに小麦粉、牛乳、溶かしバターを加え、さっくりと混ぜる．内側に紙を敷いたケーキ型に流し込み、160～170度のオーブンで約

調理科学

スポンジケーキの膨化

　スポンジケーキは卵白の泡を使ってふくれさせる．卵白の泡は中に空気が入っている．これが加熱とともに膨張し、泡をふくれさせる．そこで生地がふくれる．したがって、泡が弾力に富めばよくふくれるが、泡が弱いとうまくふくれない．また、小麦粉を練った生地の弾力が強すぎると、泡の膨張では十分にふくらまない．そのため、ケーキなどでは、薄力粉を使用し、練らないようにさっくりと混ぜて焼く．

30分焼く.

すましじる(清まし汁) ⇨すいもの

すみそ(酢味噌)
みそに砂糖を練り込み,酢を加えてすりのばしたもの.あさり,あおやぎなどの貝類や,あじ,いわしなどの魚にねぎ,あさつきなどをとり合わせて和える.酢みそ和えは別名ぬたともいう.

●酢みその配合割合(容量比)
材料:みそ2 酢1 砂糖1(みりん1)
少し温めながら混ぜ合わせる.

すむし(素蒸し)
材料に味をつけずにそのまま蒸すこと.蒸し上がってから汁をかけたり,つけ汁をつけて食べる.料理の下ごしらえとしても用いられる.

スモーガスボード(smörgåsbord—スウェーデン)
日本のバイキング料理⇨の元となったもので,スカンジナビアで発達した前菜的な料理のこと.スモーガスはオーブンサンドイッチ,ボードは台,すなわちスモーガスボードは各種の料理をのせたテーブルという意味で,オープンサンドイッチ,燻製の魚,酢漬け魚,冷製肉,サラダ,チーズ,パンなどの各種料理が並べられている.これらの料理をアクアヴィットと呼ばれるじゃがいもの蒸留酒を飲みながら食べる.また,この形式のレストランのこともいう.

スモーク(smoke)
燻製にすること.材料を,さくら,くぬぎ,かしなどの堅い木の煙でいぶし,保存性と独特の風味をつける.スモークドビーフ,スモークドタン,スモークドサーモンなどは代表的.薄く切って,オードブル,サンドイッチなどに用いられる.

すもも(李) ⇨プラム

すやき(素焼き) ⇨しらやき

スライス(slice)
薄切りのこと.食肉やハム,食パンなどの薄切りは,いずれもスライスという.

すりごま(擂り胡麻)
ごまを炒ってすり鉢などですりつぶしたもの.料理により粗ずりや,油の出るまでするなどすり方をかげんする.市販品もある.和え衣の材料や,ごま豆腐,カナッペなどに.あたりごまともいう.

すりながしじる(擂り流し汁)
材料をすりつぶし,裏ごしして汁物に仕立てたもの.材料には,たい,ひらめ,かつお,えびなどのほか,大豆,えだまめ,豆腐などが用いられる.すりつぶした材料は,みそ仕立てまたはすまし仕立てにする.粉ざんしょう,みょうが,しょうが,ゆるく溶いたからしなどの薬味を添えるとよい.

●すり流し汁の作り方
材料:白身魚100g みそ60g だし汁カップ4 青ねぎ½本
魚は皮や骨をとり,包丁でたたいてからすり鉢でよくする.みそを加えてさらにすり,だし汁でのばす.鍋に移して火にかけ,煮立ったらねぎの小口切りを加え,火を止める.

すりみ(擂り身)
魚肉をすりつぶしたもの.魚肉たんぱく

調理科学

すり身と塩
魚肉は薄い食塩水に可溶性であり,濃い食塩水で凝固する.すり身は,この薄い食塩水による溶解性を利用したもの.食塩を加えない場合は,たんぱく質が溶解せず,そぼろのような状態になる.

質はおもにミオシンとミオゲンからなる．これらは水には溶けず，薄い食塩液に溶ける性質をもつので，すり身を作るときは必ず塩を加える🔷．塩を加えないと，すり身にならない．すり身を加熱すると，たんぱく質が変性して弾力のある固体になる．これを利用したのがかまぼこやちくわなどの水産練り製品．冷凍すり身を使用する際は，解凍し，もう一度よくすり直す．

すりみつ（すり蜜）
砂糖に水を加えて加熱し，あめ状になったら冷却し，すり混ぜてまっ白に仕上げたもの．糖蜜をすって作るのでこの名がある．英語ではフォンダンという．➡フォンダン

するめ（鯣）
いかを素干しにした製品の総称．生のときとは違った風味が生じる．けんさきいかを原料にしたけんさきするめが，香り，姿とも最高．足が全部そろい，吸盤もしっかりしていて，べっこう色のものが良品．赤褐色をしているものや，かびの出ているものはよくない．

そのまま軽く火であぶって食べるのが一番．熱いうちでないと，きれいに裂けない．歯がわるいなど堅いのが無理な人には，柔らかく水で戻してからみりんとしょうゆを合わせた中に浸し，焼いたり，細かく刻んで，砂糖で甘く煮つけるとよい．

すれんこん（酢蓮根）
れんこんを軽くゆでて甘酢につけたもの．酢ばすともいう．れんこんの皮をむき，薄切り，あるいは花形など好みの形に薄く切り，酢水に漬けてアク抜きし，酢水でシャキッとした歯ざわりが残る程度にゆで，酢，砂糖，塩を合わせた甘酢に浸す．アクのポリフェノール➡の褐変を酸で防ぎ，粘質物のムチン質が酸で変化して，歯ざわりがよくなる．種子を除いた赤とうがらしの輪切りを加えてもよい．焼き魚に添えたり，ちらしずしなどに用いる．

スロークッカー（slow cooker）
数時間から十数時間，80〜90度で熱すると，鍋の中のものがとろりとした感じで，柔らかくなる．このような条件に作られている鍋である．陶器製の内鍋と，加熱のための外鍋からできており，100ワット前後の電熱を連続で通して中のものを調理する．🔷

ずんだ
枝豆をゆでてすりつぶしたもの．東北地方での呼び名で，地方によりじんだ，じんだん，ずだなどともいう．つぶしたものを砂糖と塩などで調味し，きのこ，なすなどを和えたり，ついたもちにからめてずんだもちにしたりする．ずんだという名前は，豆打(ずだ)がなまったもの，甚太(じんた)という人が考えたことによるなどといわれる．

🧪 調 理 科 学

スロークッカーの加熱の理論

ゆっくり，わずかの電力で加熱するとなると，金属ではどんなにぶ厚くても完全には均一に熱が分布しない．しかし，陶器の場合は全体が均一に加熱できる．熱くなりにくいが冷めにくいという利点を生かせるからである．陶器だと，熱源のない部分でも，熱のかかっているところと同じような状態で加熱できる．

鶏肉の皮やすじの部分や牛肉のすじの部分などには，コラーゲンという硬たんぱく質が含まれているが，100度くらいで水とともに長く温めていると，これがゼラチンに変化する．ゼラチンは乳化剤の作用があるため調味料と汁がよくなじみ，口当たりのよい味となる．また硬たんぱく質がゼラチン化するので骨ばなれがよくなる．

せ

せあぶら（背あぶら）
　豚のロース肉の上側にあるあぶら身．細かく刻んで脂肪の少ない肉を焼くときに用いたり，沢煮椀➡に入れたりする．

せいご ➡ すずき

ぜいご
　あじの体側にあるとげのような変形したうろこのこと．➡あじ

せいしゅ（清酒）
　米から造った日本独特の醸造酒．単に酒または日本酒ともいう．白米を蒸し，米こうじと混ぜて糖化させながら，同時に，酵母の働きによりアルコール発酵を行わせる．糖化と発酵を連続的に行わせるので，アルコール生成量は15〜20％にも達する．清酒は醸造酒なので発酵により生じたさまざまな微量成分を含み，これがコクのある旨味のもととなっている．
　乳酸，りんご酸などの有機酸，グルタミン酸，ロイシンなどのアミノ酸，ブドウ糖，麦芽糖などの糖分などその成分は数百種といわれている．また，微量成分として，各種のエステル類，ケトン類，アルデヒド類，アミン類が含まれ，これらが香気に関係している．
　製法や原料から本醸造酒➡，純米酒➡，吟醸酒➡など特定名称のものがある．以前は，清酒に特級，一級，二級といった級別があったが，1989年4月の酒税法改正にともない，級別制は廃止された．
　清酒の味は飲んだときの感じで甘口，辛口などと表現される．甘口はエキス分が多く含まれ，柔らかい風味がある．辛口はそれが少なく，飲んだとき辛く感じる．清酒の味には酸味も関係し，エキス分の含量が同じでも酸が少ないと甘く，多いと辛く感じる．
　清酒を煮物や漬け汁，吸い物などの料理に加えると，風味がよくなる．とくに，魚を使用する場合は，清酒を使用すると，生臭みが消える．これは，清酒醸造中に，こうじが自己消化してできた不揮発性成分の中にある有効成分によるものである．ただし，有効物質は分離されていない．料理には燗（かん）冷ましでもよい．

せいせいえん（精製塩）➡ しお

セイボリー（savory）
　前菜に対する後菜のこと．ひととおり料理の出たあとに出す塩味の軽い料理をさす．カナッペ，小形のパイなどが用いられる．

セイボリー（savory）
　シソ科植物の葉で，香草の一つ．温かみのある芳香があるが，幾分ヤニっぽい．肉料理，スクランブルエッグ，サラダ，スープなどに他の香草と混ぜて，あるいはブーケにして使われることも多い．➡ハーブ・➡ブーケガルニ

せいりょういんりょう（清涼飲料）
　さわやかな涼しい感じのする飲み物でアルコールを含まないものの総称．ソフトドリンクともいう．ラムネ，サイダー，コーラといった炭酸飲料や果実飲料，コーヒー飲料，紅茶飲料，スポーツ飲料，ミネラルウォーターなどがある．糖分の多いものは，夏の暑いときにがぶ飲みすると，エネルギーのとり過ぎから，太る原因ともなる．➡サイダー

せいろう（蒸籠）

蒸し器の一つ．一番古いせいろうは弥生時代用いられた甑（こしき）であろう．その後，いろいろな形のものが作られるようになった．せいろうには材質として木製，竹製がある．中国のせいろうとしてはチョンロン（蒸籠）がある．→むしき

せきはん（赤飯）

もち米のごはんにあずきやささげを入れたもの．あずきなどの煮汁で赤く染めるので赤飯という．おもに祝儀のときに用いられる．蒸す方法と炊く方法があるが，蒸すのが本来の作り方．蒸したものはお強（こわ）ともいう．もち米を用いず，うるち米だけで作ったものはあずきごはん→という．

あずきは2～3倍の水を加えて堅めにゆでておく．煮汁は色づけに用いるので捨てないこと．あずきの量は米の1～2割が適当．せいろうにふきんを敷き，米とあずきを入れたら，中央に少しくぼみをつけて蒸すのがコツ．こうすると蒸気の通りがよくなる．必ず強火で蒸す．途中であずきの煮汁を用いて打ち水をする→．米粒が指でらくにつぶせるようになったら半切り桶に移し，風を送って冷まし，つやを出す．

●赤飯の作り方
材料：もち米カップ3　あずきカップ1/3　塩小さじ1弱

あずきは皮が破れないように堅めにゆでる．もち米は洗って，あずきの煮汁にひと晩浸し，色をつける．せいろうにふきんを敷き，もち米，あずき，塩を混ぜて入れる．中央に少しくぼませ，ふたをぴったりとし，強火で30～40分蒸す．途中で，あずきの煮汁を用いて2～3回打ち水をする．

せごしづくり（背越し作り）

さしみの作り方の一つ．頭を切り落とし，背びれ，腹びれ，内臓をとり，腹の中をよく洗って，小口から3～5mmくらいの厚さに切る．これをざるに入れ，冷水でよく洗って用いる．たで酢，からし酢みそ，三杯酢などで食べる．あゆ，ふな，うぐいなど淡水魚に用いられる．

背ごし作り

セージ（sage）

香辛料の一つ．サルビアの一種で，葉には高い芳香と苦味，渋味がある．肉類，とくに豚肉とよく合う．サラダドレッシング，チャウダー，カレーソース，詰め物などに使われる．生の葉はハーブ→として用いられる．

ぜにがたぎり（銭形切り）

円形の中心を小さい四角に切り抜き，昔の貨幣に似せた切り方．だいこん，にんじんなどに使い，椀だね，煮物などに用いられる．

銭形切り

調理科学

打ち水の効果

もち米は，最初の浸水時の吸水では水分が不足で，これを蒸すとごはんが堅く仕上がる．したがって，蒸す途中で打ち水（またはふり水）をして水分を補うことが必要である．打ち水の回数は堅さの好みによるが，2～3回がふつう．

せびらき（背開き）

魚の背の方から開くおろし方．頭は用途によりつけたままと，除く場合がある．また，有頭でも，身とともに頭を開く場合と，頭は開かない場合がある．背の方から中骨が下側になるように包丁を入れ，中骨にそって腹側を切らないように尾まで切り，左右に開く．フライやてんぷらにするときは骨を除く．あじやきすなどの小さな魚に用いられる．

【背開き】

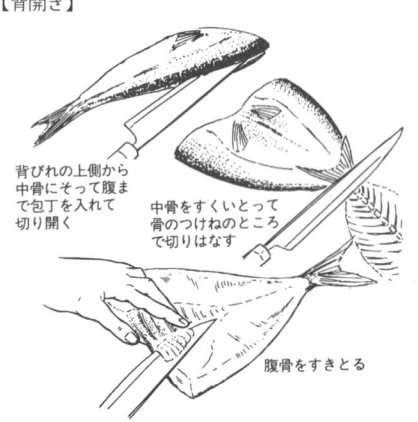

背びれの上側から中骨にそって腹まで包丁を入れて切り開く

中骨をすくいとって骨のつけねのところで切りはなす

腹骨をすきとる

ゼラチン（gelatin）

牛や豚などの動物の骨，皮，すじの部分を煮てコラーゲンを溶かし出し，粉，粒，板状にしたもの．コラーゲンは不溶性の硬たんぱく質で，水とともに加熱することによって分解し，水溶性のゼラチンになる．板状は色が淡く透明で厚さが一定のもの，粉末状は透明で湿気をおびていないものを選ぶ．いずれも不快な味やにおいがなく，完全に溶けるものが良質．

たんぱく質の一種で必須アミノ酸であるトリプトファンなどが欠けているが，リジンが多い．消化がよく，食べやすいので，病人食にもよい．液にしたとき，沸騰させないのがポイント．もし沸騰させたりすると白濁する．また，ジュースや果物などを加えてわずかに酸味を感じる程度のとき，固まらなくなることがある．この場合はレモン汁などを加えて酸味を強めると再び固

調理科学

ゼラチンの凝固条件

ゼラチンはたんぱく質であるため，ゼリー化するのにいくつかの条件がある．まず，たんぱく質液であるため，等電点に達すると，凝固しにくくなる．このときは酸を加えるなどして，等電点からはずす必要がある．等電点はゼラチンの種類によって異なるが，だいたいpH5付近のものとpH9付近のものがある．また，たんぱく質分解酵素を含む食品，たとえば，パパイア，パイナップル，キーウイフルーツ，いちじくなどの生のものを加えるとたんぱく質が分解され，凝固しなくなる．ゼリー化する際は，ゲル化剤が網目構造に

ゼラチンゾルの凝固温度とゼリーの融解温度

ゼラチン濃度	凝固温度	融解温度
2％	3 度	20 度
3	8	23.5
4	10.5	25
5	13.5	26.5
6	14.5	27
10	18.5	28.5

なるが，その形成は，ゼチランの場合たいへんゆっくりであるため，ゼリーを作る場合，時間をかけて冷やす必要がある．また，ゼラチンは強く加熱するとたんぱく質が変化し，ゼリー化しにくくなるから，沸騰前で加熱をやめる必要がある．

まるようになる．ゼラチンの凝固温度は低いうえ☞，ゼリー化に時間がかかるので冷蔵庫で十分時間をかけて固まらせること．ゼラチンゼリーは融解温度が低いので（表），室温が高いと溶けやすい．食べる直前まで冷蔵庫に入れておくこと．各種のゼリー菓子やアスピックゼリーなどに．

● ゼラチンの濃度

　ゼラチン濃度は，通常，粉末，板ゼラチンとも2〜3％が適当である．

　短時間に固めたいときはゼラチンの分量を少し増す．アルコール類がたくさんはいるときは，固まりにくいのでゼラチンを多めにする．砂糖の濃度の高いときはゼラチン濃度が低くても固まりやすい．

● ゼラチンの戻し方

　板ゼラチンは，ひたひたの水につけてやわらかく戻してから使用する．戻し方が足りないと均一に溶けにくい．粉末ゼラチンも約倍量の水を加え，ふやかしてから用いるが，最近は，直接湯にふり込んで使用することのできるものもあるので，製品の表示に従うとよい．

せり（芹）

セリ科の多年草．早春に山野，河辺などの湿地に生える．早春が食用季．春の七草の一つ．栽培種より自生のものの方が香りがよいが，一般に出回っているのは施設栽培されたもの．山間にはせりに似た毒ぜりもあるので注意．

香りと歯当たりが大切．したがって加熱しすぎないこと．アクが強すぎるときは，ゆでたあと水で十分さらすとよい．ゆでて浸し物，和え物にするほか，生のまま鍋物，汁の実に用いる．

ゼリー（jelly）

かんてん☞，ゼラチン☞，ペクチン☞，カラギーナン☞のようなゼリー化物質に水を加え，煮溶かしたあと，冷やし固めたもの．砂糖を多く加えた方がゼリー化しやすい☞．ゼリーは冷やすと固まり，温めると溶ける．ただ固まる温度と溶ける温度は同じではなく，固まる温度は溶ける温度よりかなり低温である．そのため，十分に冷やさないときれいなゼリーができない．

　また，ゼリーの堅さには酸が大きく影響する．これは各ゼリーによって大きく性質が異なる．

ゼリーがし（ゼリー菓子）

かんてん，ゼラチン，ペクチンなどゼリーを作る物質を材料とし，これに多量の砂糖を加えて作った菓子．柔らかくて透明感と弾力性がある．

ゼリービーンズ，フルーツゼリーキャンデー，金玉糖，淡雪かんなど，いずれもゼリー菓子に入る．

せり

調理科学

ゼリー強度と砂糖

　ゼリー強度はいずれのゼリーでも，ゲル化剤（ゼラチン，ペクチン，かんてんなど）の量が多いほど，あるいは糖分が多いほど強い．しかし，ゲル化剤がゲル化に必要な濃度以下の場合は糖分が多くてもゼリー強度は強くならない．

離水

　ゼリー類は，糖分含量が少ない場合，糖による保水性が弱いので離水が起こる．離水は，温度が高いほど，また，糖分やゲル化剤が少ないほど起こりやすい．

セルフィユ（cerfeuil—仏） ⇨**チャービル**

セルリアック（celeriac）

セリ科の根菜．根セロリとも呼ばれ，根を食べる．セロリと同じ香りがある．サラダには生のまま細く刻んで使う．アクが強いので，水でよくさらす．またスープや煮込み料理に．皮をむき，煮てソースで和えてもよい．

セルリアック

セロリ（celery）

セリ科．セロリのよさは香気と歯ざわりにあるので必ず新鮮なものを求める．茎が太くて長く，葉が生き生きしているもの，押してみて堅いものがよい．へこむものは中にスがはいっている．最近はミニセロリと称し，軸も葉も緑色のセロリが出回っている．一本の大きさは今までのものと変らないが，株の大きさは約半分と小形．そのまま塩をつけたり，マヨネーズ，ビネグレットソースを添えて．サラダ，スープ，煮込み物，炒め物など用途が広い．

生食するときは氷水につけると，シャキシャキした歯ざわりのよいものになる（☞やさいサラダ）．葉の部分は香味料としてスープや煮込み料理に活用．茎がしんなりしてきたら，根元の方を氷水につけるとピンとなる．

せわた（背腸）

えび類の殻の下の背中にはしっている黒い線状の腸のこと．これは調理するときにとり除いて用いる．むきえびの場合は串をつき刺

殻つきの場合

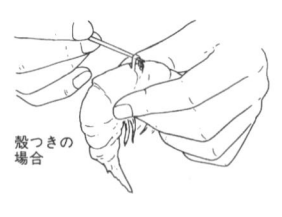

背わた

し，引っかけてとる．殻つきの場合は，えびを丸く曲げ，頭から2節目ぐらいのところから串をさし込んでとる．料理によっては背開きし，背わたをつまんでとることもある．

開いたとき両端にある青みをおびたどろりとしたものはえびの卵なので，これは残しておく．

せんぎり（繊切り・千切り・線切り）

材料をせん状に細く長く切ること．だいこんやにんじんの場合は5〜6cm長さの輪切りにし，座りをよくするため端の1枚を縦に切ってから切り口を下に向け，端から薄く切る．これを上下をそろえて斜めにずらし，端から細く切る．または，薄い輪切りにして，少しずらせて重ね，端から細く切る．

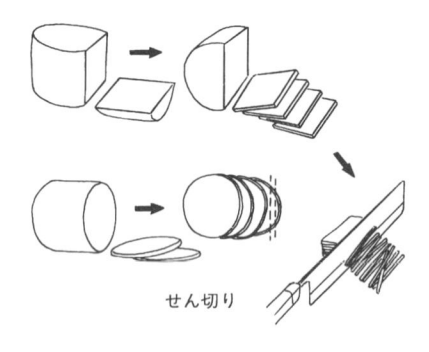

せん切り

ぜんさい（前菜）

食事の最初に出される料理．日本料理では突き出し，通し，西洋料理ではオードブル，ロシア料理ではザクースカ，中国料理では前菜（チエンツァイ）という．つぎに出る料理への食欲をそそるのが目的．本料理に影響しないよう少量がふつう．

ぜんざい（善哉）

切りもちまたは粟もち，甘く煮含めたくりなどを椀に盛り，上に煮立てた濃いあんをかけたもの．あんはこしあんを用いる．

本来は，切りもちを煮あずき汁で柔らかく煮たものであったが，江戸時代になるともちの上に濃い練りあんをかけた形式が喜ばれ，関東では今もこの形である．しかし，関西地方は古い形のままを伝え，現在でも切りもちに煮あずき汁をかけたもの（関東でいう田舎しるこ）をさす．関東地方でいう"ぜんざい"は，関西の"かめやま"に当たる．→しるこ

せんだいみそ（仙台味噌）

米こうじで作った赤い色のみそで，辛みその代表格．塩分は12%内外で，塩辛いのが特徴．佐渡みそ，津軽みそ，越後みそなどがみな同類で，地方により味に特色がある．香りが高く，光沢があり，粘りも強い．みそ汁にすると，味も香りもともによくのびる．塩分が高く，強い香りがあり，におい消しの効果が大きいので，みそ煮，みそ漬けなどにも使われる．→みそ

せんちゃ（煎茶）

代表的な緑茶．乾燥が十分で，葉がよく巻き，そろっているものがよい．

ビタミンCが緑茶の中でも一番多い．しかし，浸出した液に出てくるCは少なく，浸出液によるCはあまり期待できない．カフェインを含むので，眠気を防ぐ働きがある．このほか，甘味と旨味成分のテアニン，渋味のタンニン（カテキンなど），ブドウ糖なども含まれている．

煎茶のおいしさは，テアニンとタンニンをバランスよく浸出させることにある．タンニンが多く出すぎると苦くなる．テアニンは60～65度でよく浸出し，それ以上の温度では苦味のあるタンニンが出てくる．両方を適度に浸出できる適温は75～80度程度．煎茶を80度以上の温度で浸出するとタンニンが多く溶けすぎ，非常に渋くなる．→ちゃ

●煎茶のいれ方

きゅうす，茶碗に湯を注ぎ，温めておく．湯ざまし器（煎茶用）に1人分100mlくらいの熱湯をとり，3分ほどおく（80度くらいにさめる）．きゅうすの湯を捨て，1人分約5gの茶葉を入れ，さまし湯を注ぐ．30秒～1分後に，茶碗に2～3回に分けて注ぐ．二煎めは，一煎めより湯の温度を幾分高くする．

せんばじる（船場汁）

ぶつ切りの塩さばにだいこんの薄切りを加えて作った実だくさんの吸い物．大阪の船場から生まれたところから，この名がある．

火からおろす直前に酢を少量加えると生臭みが消える．さばから塩味が出るので，調味は味をみながらかげんする．食べる前にしょうが汁，ねぎを入れ，さばの臭みを消す．生のさばを使うときは，塩をたっぷり当てて，1時間ほどおいてから使う．吸い口は木の芽，さんしょう，ゆず，レモン，こしょうなどのうちいずれでもよい．

●船場汁の作り方

材料：塩さば¼尾分　だいこん80g　水カップ5　こんぶ10～20g　塩，しょうゆ各少々　酢小さじ1　しょうが汁少々　青ねぎ少々

塩さばはぶつ切り，だいこんは短冊に切る．鍋にさば，だいこん，こんぶを入れて火にかけ，弱火でふたをしないで煮る．煮立ちはじめたら，こんぶをとり出し，アクをすくいとり，だいこんが柔らかくなったら，塩かげんをみて塩としょうゆで味を調え，火からおろす直前に酢を加える．食べる前にしょうが汁，斜め切りの青ねぎを入れる．

せんばに（船場煮）

船場汁→の水分を少なくして煮物風にしたもの．

せんべい（煎餅）

干菓子の一種．小麦粉を主原料とし，砂糖，卵，水あめ，みそなどを加えたものを型に入れて焼いたもの．焼き色にむらがなく，芳香があって手でパリッと割れるものがよい．保存性がある．湿気に十分気をつける．名物菓子が多く，種類も非常に豊富である．かわらせんべい，みそせんべい，二〇加（にわか）せんべいなどが有名．なお，塩せんべい→を略してせいべいということもある．

センマイ⇨いぶくろ

ぜんまい（薇）

ゼンマイ科のしだの一種．わらびより大きくがっちりしている．毛をかぶって巻いている若葉が食用となる．ぜんまいは乾燥により風味とコクが増す．生のぜんまいにはビタミンB_1分解酵素のアノイリナーゼを含むが，一般には加熱するので問題はない．ぜんまいはアクが強いので，生のものはアク抜きをして用いることが必要．

市販の乾燥品を戻したものは，黒っぽく太いものがよい．乾燥したものはぬるま湯につけて手でよくもみ，そのままゆで上げてひと晩ゆで水につけて戻す．含め煮，炒め煮，白和えなどに．

ぜんまい

● 干しぜんまいの作り方

ぜんまいをゆでてアクを抜き，日光に当てて乾燥する．そのまま乾燥すると堅くなるので，干し上がるまでに途中でときどき手でもんで繊維を柔らかくする．

● ぜんまいのアク抜き

0.5％の炭酸水素ナトリウム（重曹）を入れた湯でゆでて，冷めるまでそのままおき，冷めたら水にとってひと晩さらし，よく洗う．

せんまいづけ（千枚漬け）

京都の漬け物の一種．大形のかぶを薄切り，塩漬けしたのち，自然に乳酸発酵させて作る．

原料のかぶには，肉質のしまった聖護院かぶ，近江かぶが適している．皮をむき，2mm程度の厚さに薄く切って2～3％程度の塩を加えて下漬けする．1～2日たって水が上がってきたら，上下を返してさらに塩漬けをつづける．その後一度全部樽からとり出し，樽の底に板こんぶを敷き，その上にかぶとこんぶを交互に積み重ねる．そのとき，塩，みりん，とうがらしなども振りかけながら漬けていく．2～3日して水が上がったら，重しを半分に減らし，さらに15～20日間熟成を行う．この間に乳酸発酵が行われる．味がよいのは11月から翌年2月ごろまでの温度の低い時季のものである．漬け樽から出すと酸化が進み，味が非常に落ちるので，できるだけ早く食べることが必要である．酢を用いて酸味をつけた速成ものも多くなっている．

せんろっぽん（千六本）

だいこんのせん切りのこと．中国語で，繊蘿蔔（繊は細い，蘿蔔はだいこんの意）と書くが，これを唐音でよんだセンロウポの転じたもの．だいこんはマッチの軸の太さくらいに切る．

そ

そうざい（総菜）
主食に対して日常の副菜に使われる料理の総称．市販品では，調理されていてそのまま食べることのできる料理そのものをそうざいと呼ぶ．塩分の少ないものをそうざい，塩分の強いものは佃煮として分類している．

そうさいこうか（相殺効果）⇨よくせいこうか

そうじょうこうか（相乗効果）
旨味どうしが合わさることにより，それぞれのもつ旨味の強さよりも飛躍的に味の強くなる場合がある．これを味の相乗効果と呼ぶ．とくに，グルタミン酸とイノシン酸，グルタミン酸とグアニル酸といったものの間には，この相乗効果が強い．混合だしの場合は，こんぶのグルタミン酸とかつお節のイノシン酸による相乗効果である．うま味調味料にはこの作用を利用した混合タイプがある．➡うまみちょうみりょう

ぞうすい（雑炊）
ごはんに魚介，野菜などを加え，調味しただし汁で炊き，かゆ状に仕上げたもの．しょうゆ，塩，みそなどで調味する．別名おじや．本来は節米用や，病人食，保温食であったが，最近ではかきぞうすい，かにぞうすい，なめこぞうすいなどがあり，嗜好食とされている．寄せ鍋や水だきの残り汁にご飯を入れて食べる方法もある．
材料のごはんは水洗いしてねばりをとるのがコツ．しょうゆを少し加えただし汁に具を加えて調味し，最後にごはんを入れる．中火でひと煮立ちしたら火を止める．ごはんはかき混ぜすぎないこと．

●卵雑炊の作り方
材料：ごはん（冷や飯）カップ3　だし汁カップ5　卵2個　みつば1束　塩小さじ1　しょうゆ小さじ1

ごはんはほぐしてさっと水洗いし，ざるにあげる．鍋にだし汁と調味料を加えて火にかけ，ごはんを入れる．煮立ったら，割りほぐした卵を箸を伝わらせて回し入れ，半熟状態になったら2～3㎝に切ったみつばを散らして火を止める．

そうだがつお（宗太鰹）
サバ科の海水魚．丸そうだと平そうだの2種類がある．形の断面が円形の方が丸そうだである．かつおに似ているが，腹に黒いすじがない．秋にとれるものが味がよく，煮つけ，さしみなどのほか，なまり節，そうだ節に加工される．"かめ節"と呼ばれる小形のかつお節の多くは，そうだがつおを原料にしたものが多い．

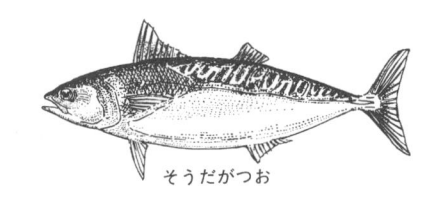

そうだがつお

そうだぶし（そうだ節）
そうだがつおで作った削り節のこと．➡けずりぶし

ぞうに（雑煮）
もちを主とし，いろいろな材料を加えた汁物．正月の祝膳のうちでもっとも大切な献立の一つ．煮雑（にまぜ）ともいう．作り方や用いる材料は地方により特色がある．大別する

と，関西は丸もちでみそ仕立て，関東は切りもちですまし仕立てにする．材料にはだいこん，にんじん，さといもなどのほか鶏肉，貝類，塩ざけなどが用いられる．

もちは焼いて入れる場合と，そのまま煮る場合がある．焼く場合は，多くはすまし仕立て，煮る場合はみそ仕立てにする．焼いたもちはいったん熱湯につけ，焦げた部分を落とすと，汁がよごれず，もちも柔らかい．煮る場合には，もちをはじめから入れて煮ると汁がどろどろするので，別鍋で軽くゆでて用いる．ゆでかげんは，箸でつまんでもちが変形する程度．箸で切れるのはゆですぎ．すまし仕立てもみそ仕立ても汁を別に仕立てておき，もちを加えたら長く煮ないこと．

そうめん（素麺）

ごく細いめんの名称．JASでは，乾めん類のうち太さ1.3mm未満のものをそうめんと呼ぶことがきめられている．機械そうめんと手のべそうめんがある．機械そうめんは生地を細くカットして乾燥する．手のべの方は，植物油を使ってよりをかけながらのばすので風味がよく，めんの中心に細い穴がある．手のべそうめんのよいものは，腰が強く，曲げても折れにくいが，機械そうめんは簡単に折れる．手のべは2年以上たったひねものの方が味がよいが，機械そうめんは新しいうちがよい．たっぷりの沸騰した湯の中でゆで，手早く冷水にとって冷やす．冷やしそうめん，にゅうめんなどに．→

そえぐし（添え串）

材料を串にさして焼くとき，主になる串に対し，補助的に打つ串のこと．たいにうねり串→を打つときや，いかにすくい串→をしたとき添え串を打つと，形が安定し，焼きやすくなる．

そぎぎり（そぎ切り）

包丁を斜めに入れて薄くそぐようにして切る切り方．へぎ切りともいう．さしみの場合はそぎ作り→という．たけのこ，しいたけ，肉，魚などに用いられる．

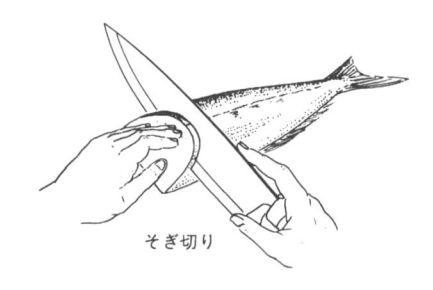

そぎ切り

そぎづくり（そぎ作り）

さしみの切り方の一つ．包丁をたおして，切り口を手で軽く押さえるようにしてそいでいく．へぎ作りともいう．たい，ひらめ，こちなどに用いられる．

調理科学

そうめんとヤク（厄）

そうめんはめんを細くのばしたもので，この際，切れないようにするためと，乾燥時に小麦粉中の酵素が働いて，やはり切れたり柔らかくなったりすることを防止するために，かなり強く食塩を加える．

手のべそうめんは，できてすぐのものより，梅雨どきを経過したものの方が味がよい．そうめん中の酵素は生きているので，梅雨どきになると，湿度と温度により酵素が働き，そうめんの味をよくする．以前は管理がわるいと，このときにそうめんが腐ったのでヤク（厄）といった．ヤクの時期をうまく管理すると，たんぱく質の一部は分解してアミノ酸となり，でんぷんの一部は糖類となり，脂肪はにおいがとれる．手のべそうめんはのばすときにサラダ油を使用するが，ヤクでこのにおいがなくなる．

手のべそうめんをゆでたら水で洗うのは，表面の油の酸化したものなどをとり，味をよくする目的がある．

ソーキぶに（ソーキ骨）

沖縄料理の用語の一つで，豚の骨つきばら肉のこと．だいこん，こんぶなどと煮込んだものはソーキ骨のおつゆ，柔らかく煮たソーキ骨をのせたそばはソーキそばという．

そぎゆず（そぎ柚子）

ゆずの皮を薄くそいだもの．吸い口，茶碗蒸しなどに用いられる．

そくせきづけ（即席漬け）

1～2日のうちにできる漬け物をいう．とくに半日くらいで漬け上げるものを一夜漬けともいう．生に近い感触を楽しむ漬け物である．風味を増すためにはしょうが，みそ，とうがらし，からしなどを加えることもある．短期間で漬けるので保存性はあまりない．しかし，栄養的な面からみると，他の漬け物に比べ，ビタミン類などは多く残存している．

ソース（sauce）

西洋料理の味や色をひきたてるために料理にかけたり，煮込みに使ったりする味のついた液．語源はサール（sāl＝塩）という言葉からであるといわれ，元来は塩を基本とした"和え汁"の意味であった．一般にウスターソースやトンカツソースもソースと呼ばれるが，これは日本独特のソースで加工調味料の一種である．ソースは種類が多く，魚，獣鳥肉，卵，野菜の料理やデザートについて，それぞれに合ったソースがきまっている．

料理に用いるソースは料理人が作るもので，何種類かの基礎ソースと数百種の応用ソースがある．基礎ソースは，白色のベシャメルソース⇒，淡黄色のブルーテソース⇒，茶褐色のブラウンソース⇒，ドミグラスソース⇒，トマトソース⇒などがあり，これらの基礎ソースを土台にして各種の応用ソースが作られる．

一例としてベシャメルソースに生クリームを加えたクリームソース⇒，生のトマトを煮つめたものやトマトピューレーを加えたオーロラソース⇒，ゼラチンを加えたショーフロワソース（⇒ショーフロワ）などがある．デザート用ソースではカラメルソース⇒が代表的．

ソーセージ（sausage）

家畜または家禽等の肉をひき肉にし，その他の副材料や調味料，香辛料を加えてケーシングに詰めた肉製品．古くから牛，羊，豚などの腸に詰めていたので腸詰ともいう．ソーセージは比較的水分が多く保存期間の短いドメスチックソーセージと，水分が少なく保存性のよいドライソーセージに大別される．

ドメスチックソーセージとしてはポークソーセージ，ウインナーソーセージ，フランクフルトソーセージ，ボロニアソーセージ，レバーソーセージなど，ドライソーセージとしてはサラミソーセージ，セルベラートソーセージなど種類は豊富である．いずれも原料肉に脂肪を加えて作ってあるので，脂肪含有量が25%前後もある．そのため，ハムに比べたんぱく質は少ない．いろいろの肉の混ぜられたものが多いが，栄養的には何の肉でもあまり変わりがない．使用原材料名が多い順に表示されているので，それを見ればソーセージの質がわかる．サラミソーセージなどのドライソーセージは薄切りにしてカナッペ，おつまみなどに．そのほかにはソテー，サラダ，サンドイッチなどに．ウインナー，フランクフルトなどはゆでて，からしじょうゆで食べるのもよい．なお，魚肉ソーセージ⇒は日本特有のもので，水産練り製品の一種である．

ソーダすい（ソーダ水）⇨たんさいすい
ソテー（sauter—仏）
　西洋料理の調理法の一つで，少量の油を用いて炒めること．語源は跳ぶとか踊るという意味で，鍋をゆすって材料を焦げつかないように踊らせるところからきたもの．ステーキ肉のように少し厚めの材料を，ゆすらずに両面焼く方法も含まれる．

そとひき（外ひき）⇨かわひき

そば（蕎麦）
　ふつう，そば切りをそばと呼んでいる．打って切っただけの生そば，それをゆでたゆでそば，乾燥した干しそばなどがある．
　そばを打つときは，そば粉だけでは切れやすくめん状にしにくいので，小麦粉，やまのいもなどがつなぎ⇨として用いられることが多い．そば粉に，ゆず，ごま，抹茶，ちんぴ，卵などを加えた変わりそばもある．
　生そば，干しそばはゆでてから，ゆでそばは湯の中で手早くさばいてから用いる．そばは水を吸いやすく，ゆでてから長くおくと吸水して，いわゆるのびた状態になるので，ゆで上げたらすぐ食べること．
　もり，ざる，かけなどの料理がある．つゆは，かつおのだし汁にしょうゆ，砂糖，みりんで味をつける．薬味には刻みねぎやもみのりを．そばのおいしさはそばの良否とともに，そばつゆ⇨が大切である．

●そばのゆで方
　生そば，干しそばとも，沸騰したたっぷりの湯にほぐし入れてゆでる．生そばは固まりやすいので，とくに注意して1本ずつさばくようにする．ゆで時間は，めんの太さにより異なるので，めんを指でちぎってみて確かめる．ゆで上がったらざるにとって湯をきり，水をかけ，冷水中で手早くめんを冷まし，水気をきる．
　ふきこぼれやすいが，火力を弱くするとめんの腰が弱くなるので，強めの中火以下にはしないこと．ふき上がってきて差し水をする場合は，多量の水を加えるとゆで湯の温度が下がりすぎるので注意する．

そばがき（蕎麦がき）
　そば粉に熱湯をかけて強く混ぜたもの．茶碗は十分温めておき，煮えたぎっている湯を用いるのがコツ．鍋に水溶きしたそば粉を入れて火にかけ，かきまわしながら練り上げてもよい．しょうゆをつけて食べるが，だいこんおろし，刻みねぎを薬味にするといっそう風味が出る．

そばきり（蕎麦切り）
　そば粉につなぎとして小麦粉などを用いてこね，これを薄くのばし，端から包丁で切り，めん状にしたもの．略してそばという．⇨そば

そばこ（蕎麦粉）
　そばの種子を製粉したもの．そばの中心部をひいて白いのが一番粉，その残りをひいたのが二番粉，さらにその残りをひいたのが三番粉．二番粉，三番粉は独特の香りが強い．たぎった熱湯を加えてよく練ると

🧪 調理科学

そばのつなぎ
　うどん，そうめんなど小麦粉の場合は，グルテンの粘りを利用してめん状にするが，そば粉にはグルテンが含まれていない．したがって，接着力を必要とする．ふつうはやまのいも，卵白，小麦粉などを加えるが，いずれも接着力が強い．また，そば粉を加熱して練り，でんぷんをアルファ化してからこれをつなぎにして生のそば粉を加えることもある．

そばがき⇒ができる．こねたものを丸めて，野菜，こんにゃくと煮たのがそばちり．手打ちそばは，小麦粉，やまのいもなどをつなぎに加えてのばし，切ってゆでる．⇒そば

そばつゆ（蕎麦つゆ）

盛りそばやかけそば用の汁のこと．基本となるものはみりんとしょうゆに砂糖を加えて煮立てたもので，本がえし（⇒かえし）という．そば店ではこれを常に備えていて，必要に応じかつお節のだし汁を合わせてつけ汁にする．

そばゆ（蕎麦湯）

そば切り（そば）をゆでた汁．ビタミン類が豊富．そばを食べ終わったあとのつけ汁の中へそば湯を注いで飲む．

そば湯を入れて出す塗り製の容器を湯桶(ゆとう)という．

ソフトクリーム ⇒ アイスクリーム

ソフトドーナツ

ドーナツの柔らかいもの．ふつうのドーナツより牛乳や卵を多くして生地を柔らかく作る．ドーナツ型に入れ，油の中に落として揚げる．あるいは，絞り出し袋で絞り出して揚げる．

●ソフトドーナツの作り方

材料（10〜12個）：小麦粉（薄力粉）100g　ベーキングパウダー小さじ1　塩少々　バター大さじ2　卵1個　牛乳大さじ4　砂糖大さじ3　バニラエッセンス少々

小麦粉にベーキングパウダーと塩を混ぜ，ふるいにかける．ボールにバターと砂糖を入れてよく混ぜ合わせ，白っぽくなったら卵を加え，牛乳，バニラエッセンスも加える．この中にふるった小麦粉を加えて，柔らかい生地を作る．揚げ油を中火よりやや弱火に熱し，油をつけたドーナツスプーンに生地を流して油に沈める．少し固まってきたらスプーンをゆすってドーナツをはずし，両面きつね色に揚げる．スプーンで生地をすくって，落とし揚げにしてもよい．

ソフトドリンク（soft drink）

アルコール分を含まない，あるいは含んでもごく少量の飲料のこと．炭酸飲料，果汁飲料，乳酸飲料，コーヒー，ココアのほか，牛乳，卵，クリームなどを使った飲み物もこれに含まれる．

そぼろ

鳥獣魚肉をぽろぽろに炒り上げたもので，おぼろより少し粗めのもの．

魚の場合は，ゆでたり蒸したりして身をほぐしてから使う．調味料をよく混ぜ合わせ，から鍋で炒り上げる．小さめの鍋を使い，箸を4，5本使って水気がなくなるまで炒り上げるのがコツ．とりそぼろ，たいそぼろなどがある．

そめおろし（染め卸し）

だいこんおろしにしょうゆをかけたもの．しょうゆで色を染めるところからつけられた名称．さんまやあじの塩焼きに添える．

そらまめ（空豆）

マメ科．未熟豆を野菜として食用にする．5〜6月がしゅん．さやつきのものを選ぶ．さやは柄が緑色でみずみずしく，しわのないものがよい．むくと堅くなるので，使う前にむくのが大切．さやから出した豆は塩を少し入れた湯で3〜4分間強火でふたをあけたままゆでる．おつま

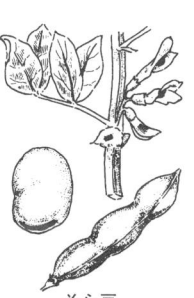

そら豆

みやおやつに．てんぷらにするときは，生のまま切り目を入れて揚げる．色や持ち味をいかすには，薄味の含め煮がよい．スープやクリーム煮にしてもよい．

完熟豆を乾燥したものは，水に浸して戻し，皮ごと甘煮にしたおたふく豆や，皮を除いて甘煮にした富貴豆などに．

ソルビトール（sorbitol）

海藻類，たばこ，果実などに含まれている糖類で甘味がある．とくに，ななかまどの実に多く含まれている．ブドウ糖から合成されたものが食品添加物として許可され，低エネルギーのキャンデーやチューインガムをはじめ，加工食品の保湿性甘味料として使用されている．

ソルベ（sorbet―仏）⇨**シャーベット**

そろえみつば（揃え三つ葉）

ゆでたみつばの軸をそろえ，3cm長さくらいに切ったもの．汁物，めん類などに浮かせて用いる．散らばらないようにみつばの軸で結ぶこともある．

タアサイ（塌菜）

アブラナ科の中国野菜．中国ではタァツァイ（塌菜）と呼ぶ．葉はチンゲンサイに似ている．冬場は葉が花のように平らに開き，地面にはうようにして育つが，夏場は葉が立ち上がる．葉は柔らかくアクもないので，そのまま炒め物や，汁の実，煮浸しなどに向く．

ダァツァイ（大菜）

中国料理の宴席料理における主要料理のこと．前菜につづいて出される．調理法の異なる湯菜（スープ料理）タンツァイ➡湯，炸菜（揚げ物）ジャアツァイ➡，炒菜（炒め物）チャオツァイ➡，溜菜（あんかけ）リュウツァイ➡，蒸菜（蒸し物）ジョンツァイ➡，煨菜（煮込み物）ウエイツァイ➡，烤菜（直火焼き）カオツァイ➡などの料理がある．

たい（鯛）

タイ科の海水魚の総称．まだい，ちだい，くろだい，きだいなどが代表的．このうちまだいが姿，味ともにすぐれている．まだいが最も味がよいのは産卵前の早春だが，瀬戸内海沿岸では4月ごろのものをさくらだいと称し賞味する．産卵後のものは味が落ちる．産卵が終わったころはちょうど麦刈りの時季にあたるので，このころのまだいをむぎわらだいと称する．ちだいは全体に濃い紅色で，えらぶたの後縁の上方が血のように赤いのでこの名がある．まだいに似ているのでまだいの代わりに使われることが多い．きだいはれんこだいとも呼ばれ，全体に黄色がかった赤色をしている．くろだいはまだいが赤に対して黒っぽい色をしている．関西ではちぬと呼ぶ．あまだい，いしだいなど赤い色の魚をたいと呼ぶことが多いが，これらはタイ科の魚ではない．

たいはうろこが堅いので，下ごしらえのときに完全にとり除くことが大切である．姿のまま塩焼きにすることが多い．生食にはまだい，くろだいがよく，ちだいは身が柔らかいので歯切れのよさがなく生食には向かない．このほか，焼き物，煮物，蒸し物，鍋物など，淡白な味で臭味がなく，しかも旨味が多いので広範囲に利用できる．とくにまだいはほとんど捨てるところがなく，卵巣（真子）は煮物に，精巣（白子）は椀

【たい】

まだい

きだい

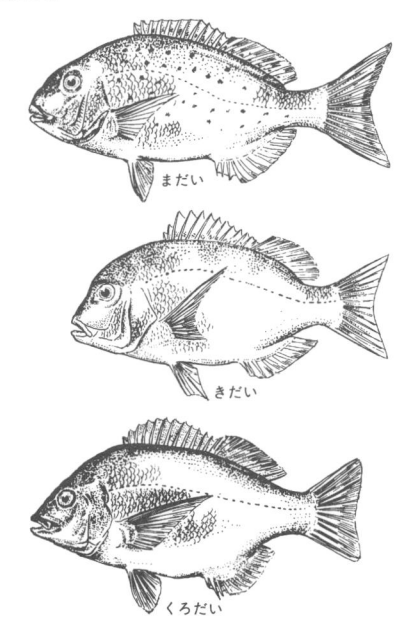

くろだい

だねや鍋物に，骨や頭はうしお汁→やあらだき→にする．

だいがくいも（大学芋）

油で揚げたさつまいもを砂糖あめでからめたもの→．両方とも熱いうちに処理するのがコツ．冷たくなったいもを入れると，あめが結晶状態に戻ってしまう．あめも冷めると固まってしまう．表面に黒ごまをふりかけることもある．

●大学いもの作り方

材料：さつまいも200 g　揚げ油　油大さじ1　砂糖60 g（いもの重量の30％）　酢小さじ1

さつまいもは乱切りにし，油でカラッと揚げる．揚げ鍋の油を大さじ1杯ほど残し，火を弱め，砂糖と酢を加える．糸を引くようになったら，揚げた熱いいもを入れ，手早くかき混ぜ，あめをからませる．

だいこん（大根）

アブラナ科．原産は地中海沿岸地方が有力とされている．エジプト，ギリシアでは早くから食用とされ，エジプトでは，ピラミッド建設の労働者たちの常食であったことが記録として残っている．日本書紀によると最初は"おおね"と呼ばれていたらしく，だいこんと呼ばれるようになったのは室町時代ごろからである．春の七草ではすずしろと呼ぶ．

種類が多く，練馬，宮重，守口，聖護院，桜島，亀戸など，多くは産地名がついている．また出荷時期によって，春だいこん，夏だいこん，秋だいこん，冬だいこんに大別される．秋から冬にかけて多く出回る．近年は品種改良によって品種も多く，分類も複雑になっている．

だいこんは多量のアミラーゼを含み，自然の消化剤となる→．だいこんの辛味成分は含硫化合物で，切ったりおろしたりして組織を破壊することで生じる→．

だいこんをゆでるときは米のとぎ汁か，湯に米粒を加えると苦味やだいこん臭がとれ，白く仕上がる．

ひげ根が少なく，表面が白く，きめの細かいもの，たたいてみて実質感のあるものを選ぶ．なます→,煮物，ふろふき→，おでん，漬け物，おろして薬味などにする．おろしたものをかきの振り洗いに使うと，ぬ

🧪 調理科学

砂糖あめと酢

濃厚な砂糖溶液は少しの刺激で結晶化しやすい．砂糖溶液に酢を加えて加熱すると，ショ糖の一部が転化糖に変わり，結晶化を防ぐことができる．

だいこんに含まれる酵素

だいこんには各種の酵素が含まれているが，最も多いのが，でんぷんを分解して消化を助けるアミラーゼである．この酵素はだいこんが生のときに働き，加熱すると活性を失う．昔から，もちの食べすぎにはだいこんおろしがよいとか，もちを切るときは，だいこんを切りながらだと切りやすいといわれてきたのは，このアミラーゼの働きによる．

だいこんの辛味成分

だいこんの辛味成分は含硫化合物のカラシ油配糖体で，だいこんの中に存在している．切ったり，すりおろしたりなど組織を破壊すると，だいこんのもつミロシナーゼという酵素の作用で遊離したカラシ油からイソチオシアネート類が生成され，辛味が生じる．辛味成分はだいこんの頭より尾の方に多い．辛味成分は揮発性のため，おろして長時間放置すると辛味は消える．加熱によっても辛味はなくなる．酢を加えると辛味が和らぐ．辛味成分は加熱により甘味成分に変わる．辛いだいこんほど煮ると甘くなる．一方，この辛味は肉や魚の生臭みを消すので，薬味としても用いられる．

【だいこん】

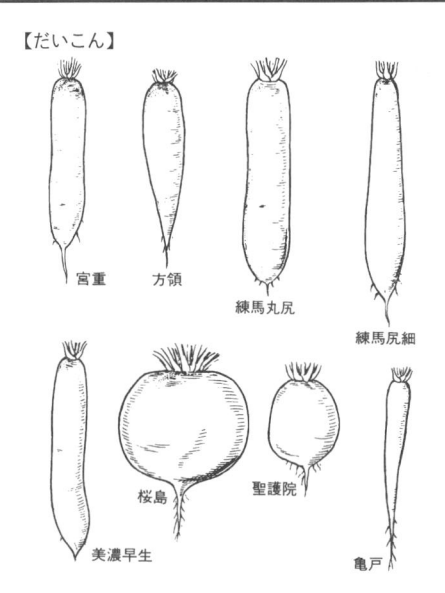

宮重／方領／練馬丸尻／練馬尻細／桜島／聖護院／美濃早生／亀戸

めりや，かきに混じった小さい殻を除くことができる．

だいこんの葉は緑黄色野菜で，各種のビタミン，無機質を多く含むので，浅漬け，ぬか漬け，炒め煮などにして利用したい．
→だいこんおろし

だいこんおろし（大根卸し）

だいこんをおろし器でおろしたもの．だいこんの組織は堅いので，生食の場合はおろして利用するのがよい．だいこんおろしの辛味と苦味は薬味によく，焼き魚，揚げ物，めん類，鍋物などの薬味に使う．たかのつめと合わせてもみじおろしにもする．辛味をきかせるには食べる直前におろす．おろして時間がたつと辛味は減る．ビタミンCも減少する．▶

だいこんおろしの味はおろし器とも関係が深く，だいこんの細胞をボロボロかき落とすようなつくりのものがよい．▶

たいさい（体菜）

アブラナ科．原産地は中国で，日本へは明治初期に伝わった．葉は濃緑色，葉柄は白くて長い．基部がふくれて杓子のような形をしているので，しゃくし菜ともいう．菜の少ない冬季に栽培され，1月下旬から3月ごろまでがしゅん．緑色が退色しにくいので，漬け物用に重宝される．浸し物，和え物などにもよい．

たいさい

たいしょうえび（大正蝦）

クルマエビ科のえび．中国の渤海湾と黄海でとれる．一名高麗えびともいう．大正年間に日本に輸入されだしたのでこの名がついた．日本のくるまえびとはちがって胴の節が少なく，斑紋がなく，尾は朱褐色．味もくるまえびにやや劣る．春と秋に多くとれる．てんぷらやフライにする．冷凍えびとして輸入もされている．→えび

調理科学

だいこんおろしとビタミンC

だいこんおろしのビタミンCは，2時間で半分以上が酸化される．この酸化は酢を加えることで抑えられる．おろして時間をおくときは酢を合わせておくとよい．

おいしいだいこんおろしとは

おろし器は，昔から使われている板金を打ち抜いて作ったおろし器が最も味よい．陶器で作ったもので，刃が針のようになったものも，比較的よいだいこんおろしができる．よくないのは，スピードの速いおろし器あるいはミキサーなどである．その理由は粒子の形にある．だいこんおろしは，ボロボロと細胞をかき落とすようなつくりにできたものが水分の分離も少なく，味もよい．これに対し，スピードの速いもの，およびミキサーでは，鋭い刃でだいこんをひっかき切ることになり，その結果細胞がこわれ，多くの液汁が出るとともに，粒子がとがっているために口当たりがあまりよくない．

だいず（大豆）

マメ科．黄色，黒色，緑色などがあるが，ふつう，大豆といえば黄大豆をさす．国産のほか，アメリカ，中国からの輸入が多い．

黄大豆はみそ，納豆，豆腐，きな粉のほか一般料理用に，黒大豆は黒豆➡として正月の煮豆に，青大豆は菓子用のきな粉に用いられる．

大豆は畑の肉といわれるように，良質のたんぱく質を多く含み，たんぱく質補給源としてよい食品である．たんぱく質に次いで多いのは油分で，オレイン酸やリノール酸などを含む．またレシチンが含まれ，血中コレステロールの高くなるのを防ぐ効果がある．

長寿者の多い地域では，大豆およびその加工品の摂取量がたいへん多い．大豆はすぐれた食品ではあるが，組織が堅いため，煮豆などふつうの調理法では十分消化されない．そこで，豆腐やきな粉，みそ，納豆などのように，加工して食べる方が栄養素の利用法として効果的である．

皮につやがあり，粒のそろったもの，虫食いのないもの，皮のはげていないものが良品である．

ひと晩水に浸して煮ると早く柔らかくなる➡．柔らかくするため炭酸水素ナトリウム（重曹）を加えることもあるが，栄養上，味覚上からあまり感心できない➡．大豆の料理は，十分に火を通すことがコツである．火の通りがわるいと青臭い．➡ごじる・➡にまめ

● 五目豆の作り方

材料：大豆1カップ　にんじん50ｇ　こんにゃく½丁　れんこん50ｇ　ごぼう50ｇ　砂糖大さじ2　みりん大さじ3　しょうゆ大さじ3

大豆はひと晩水に浸した後，さし水をしながら中火でゆでる．アク抜きをしたれんこん，ごぼう，にんじん，こんにゃくは1.5cm角に切る．大豆が柔らかくなったら野菜類を加え，水をひたひた程度に調節して，落としぶたをして煮る．野菜が柔らかくなったら調味料を加え，弱火でゆっくりと煮含め，そのまま冷まして味を含ませる．

だいずゆ（大豆油）

大豆からとった油．精製していない大豆油は黄褐色で不快なにおいがあるので，精製したものが食用とされる．精製した大豆油は淡黄色で味がよく，大豆白絞油とも呼ばれる．さらに高度の精製を行ったものが大豆サラダ油で，てんぷらやサラダに使われる．➡しょくぶつゆ

だいだい（橙）

かんきつ類の一種．果実は球形で赤橙色．果皮は厚く中身に密着し，袋ははがれにくい．

酸味が多く生食には不向き．だいだいの

調理科学

大豆の吸水

大豆を柔らかく煮るには，煮る前に水に浸して十分吸水させる必要がある．大豆は組織が堅いので，少なくとも5～6時間は水につける．吸水は水温が高いほど速い．十分に吸水すると，乾燥時の重量の約2.2～2.3倍になる．

大豆と重曹

大豆を煮る際，炭酸水素ナトリウム（重曹）を加えると，表皮が軟化して柔らかく煮上がる．炭酸水素ナトリウムのアルカリ性によって，たんぱく質の溶解度が高まるためである．しかしビタミンB_1の損失は大きい．またアルカリによって味覚的に味もわるくなる．

汁を搾ったものはぽん酢といい，魚介類の臭みを消すのに好適な香りをもっている．水炊き，ちり鍋など鍋料理のつけ汁に，しょうゆと合わせてぽん酢しょうゆとして用いるとよい．汁の搾り方は，横半分に切ってレモン搾器で搾るのが最もよいが，縦に四〜八つに切って手で搾ってもよい．汁はしばらく放置しておくと薬臭くなるので，食べる直前に搾る．皮は香りがよいのでマーマレードの原料にもなる．

だいとくじなっとう（大徳寺納豆）

塩辛納豆の一種．京都の大徳寺の名産．別名，寺納豆，塩納豆ともいう．蒸した大豆に，こうじ菌や香せんを振りかけて大豆こうじを作り，水分が35％以下になるまで乾燥したあと，食塩水に浸して重しをし，3か月〜1年ほど熟成させる．その間攪拌と天日乾燥を続けて仕上げる．色は黒に近い赤褐色で，塩分が強い．風味はみそに似ている．茶漬け，酒の肴などに用いられる．浜納豆➡，京都の天竜寺納豆も同類である．

だいとくじべんとう（大徳寺弁当）

幕の内弁当の一種．角を切った縁高の大徳寺重を用い，抜き型で抜いた米飯，うま煮，焼き肴，卵焼き，和え物などを彩りよく詰める．茶会などで懐石料理の代わりに用いられる．

たいひこうか（対比効果）

一方の味が十分に強いときに，弱い別の味を加えると，強い方の味がより強まる現象のこと．たとえば砂糖液に少量の塩を添加すると，甘味が増強される．あんやしるこを作るときに，甘味を強く出すために利用する．また，グルタミン酸ナトリウムを水に溶かしただけではあまり強い味はしないが，これに塩を加えると，旨味がたいへん強くなるのも対比効果によるものである．➡あん・➡しるこ・➡だし

だいふくもち（大福餅）

もちであんをくるんだもの．焼いたものもある．粒あん，こしあんがある．昔は腹太といい，大きな塩あんのもちであったが，後に形を小さく作り，あんも砂糖入りとなった．

たいみそ（鯛味噌）

なめみその一種．たいを蒸して水分をとったものをもみほぐしてそぼろにし，砂糖，みりん，みそを加えて練り上げる．市販品の多くはたいの代わりにたら，ひらめ，いしなぎなどの白身魚を用いている．

●たいみその作り方

材料(約1カップ分)：たいの切り身2切れ　塩少々　清酒少々　赤みそカップ½　砂糖カップ¾　みりんカップ½

たいは，塩と清酒を振りかけ，蒸し器で蒸す．皮と骨をとり除き，身をほぐし，すり鉢に入れすりつぶす．鍋にみそ，砂糖，みりんを入れ，なめみその堅さになるまで煮つめ，そぼろを加え，照りよく練り上げる．

だいみょうおろし（大名おろし）

さんま，きす，さよりなど細くて小さい魚や，さばなど身割れしやすい魚のおろし方．頭を切り落とし，頭の方から中骨が下側になるように身と骨の間に包丁を入れ，骨の上をすべらせるように包丁を上下に動

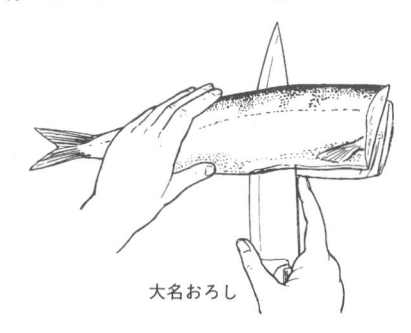

大名おろし

かしながら，尾まで切り離す．ひっくり返して裏も同様に切る．骨に身がついてぜいたくなおろし方なので，この名がある．

タイム（thyme）
シソ科の植物で香辛料の一つ．茎や葉をそのまま乾かしたものと粉末がある．香気が高く，クラムチャウダー，えびやかにのコロッケ，舌びらめのムニエルなどおもに魚の料理に広く利用される．ソース，ソーセージの香辛料としても欠かせない．香りが高いので入れすぎに注意する．生の葉や小枝もハーブ➡として乾燥したものと同様に利用する．

たいめし（鯛飯）
たいを炊き込んだごはん．うろこと内臓を除いた丸ごとのたいを米の上にのせて清酒，塩，しょうゆなどで味をつけて炊いたもの，たいのでんぶを作ってごはんにかけたもの，さらに味つけしただし汁をかけて汁かけ飯のようにして食べるものなどいろいろある．たいのそぼろ，ゆで卵の卵黄の裏ごし，卵白のみじん切り，もみのり，だいこんおろし，刻みねぎを好みの分量ずつごはんにのせ，だし汁をかけて食べる松江のたい飯は有名．

たいめん（鯛麺）
煮たり焼いたりしたたいとゆでたそうめんを盛り合わせた料理で，広島，愛媛，大分などの郷土料理．広島，愛媛のたいめんは姿のまま煮たたいを用い，たいの煮汁をつけ汁として，ほぐしたたいの身とそうめんをつけて食べる．大分では姿焼きのたいを用い，しょうゆ味のだし汁で食べる．たいのすり身に卵白をつなぎに入れてそうめん状にしたものもたいめんといい，おもに椀だねに用いられる．

たいやき（鯛焼き）
たいの形に焼いた焼き菓子．小麦粉の水溶きを，たいを形どった鉄製の焼き型に流し，あんを入れ，さらに水溶き小麦粉を流して表裏から焼いたもの．

たいらぎ（玉珧）
ハボウキガイ科の二枚貝．たいら貝ともいう．冬がしゅん．身は少なく，臭気があるが，貝柱は大きくて美味．貝柱がおもに食用とされる．新鮮な生のものはすしだね，酢の物，さしみに．てんぷら，付け焼きなどにもよい．乾燥したものは中国料理に用いられる．

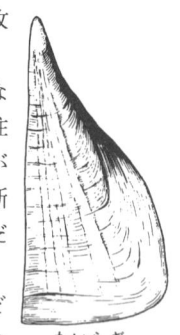

たかな（高菜）
アブラナ科．原産は中央アジア．葉は長円形で大きく，紫色をおびた緑色をしている．関西，九州地方で多く栽培されている．晩春に出回る．ピリリとした辛味があり，漬け物にすると独特の風味がある．九州の高菜漬けは有名．ゆでて，和え物，煮物にしてもよい．

たかのつめ（鷹の爪）
辛いとうがらしの一種．香辛料として用いられる．とうがらしの辛味種のうち最も辛味が強い．辛味成分はカプサイシンという一種のアルカロイド．実は熟すと外皮が深紅色になる．

日本料理，中国料理，朝鮮料理のほか，メキシコ料理のタコス➡やエンチラーダス➡などにも広く用いられている．➡とうがらし

ターキー（turkey）⇨しちめんちょう

たきあわせ（炊き合わせ）

魚介類，鶏肉，あいがもや季節の野菜を2種類以上とり合わせ，それぞれ材料別に煮上げて器に盛り合わせたもの．薄味にして，材料のそれぞれの持ち味を生かすように煮る．関西風の煮物．

たきおこわ（炊きおこわ）

もち米とうるち米，煮たあずきを合わせて，炊き上げた赤飯．もち米とうるち米の量は好みで変えてもよいが，吸水量が異なるので，それぞれの容量から水量を計算して加えることが大切である．

●炊きおこわの作り方

材料：もち米カップ2　うるち米カップ1　あずき煮汁＋水560ml（もち米×0.8＋うるち米×1.2）あずきカップ1/2　塩小さじ1/4

あずきは堅めにゆでてざるにあげ，煮汁は残す．米は炊く1時間前に洗ってざるにあげる．あずきの煮汁と水を合わせて火にかけ，煮立つ直前に米とあずきと塩を加えてかき混ぜ，再び煮立ったら火を弱め，ふつうに炊き上げる．あずきは煮える速度が米と異なるので，必ずゆでたものを用いる．

たきがわどうふ（滝川豆腐）

裏ごしした豆腐または豆乳をかんてんで固め，ところてん突きで突き出したもの．しょうゆ，みりん，清酒などで調味しただし汁をかけ，青ゆずの皮やわさびを添える．夏の料理．

たきこみごはん（炊き込みごはん）

米に種々の材料を加え，塩やしょうゆ，清酒で味つけして炊いたごはんのこと．中に入れる材料によって，まつたけごはん，くりごはん，各種の材料を加えて五目ごはんなどと呼ぶ．また，塩味のものを塩味ごはん，しょうゆ味のものを桜飯➡またはしょうゆ飯ということもある．

ひと口食べたときに味がちょうどよいと感じるのは味が濃すぎる．調味のとき，汁をなめてみて，吸い物より少し濃いめ程度の味にする．塩味ごはんのときは，米2カップについて塩小さじ1が適当．しょうゆだけのときは，米2カップに対し大さじ2．薄口しょうゆを用いると，色が薄く仕上がり，材料の持ち味が生かされる．さらに色を薄くするときはしょうゆと塩を併用する．まつたけ，たけのこ，しめじ，かきなどはしょうゆ味に，くり，菜飯，青豆などは塩味が合う．風味をよくするには清酒，みりん，だし汁を使う．清酒，みりんは，米2カップに対し大さじ1～1.5．水かげんは，あらかじめとっただし汁でするか，だしこんぶを入れて炊く．だしこんぶは煮立ったらとり出す．

●炊き込みごはんの作り方

材料：米カップ3　水カップ3 1/4　清酒大さじ3　しょうゆ大さじ1 1/2　塩小さじ3/4　ごぼう20cm　にんじん2cm　干ししいたけ2枚　こんにゃく1/4丁　グリンピース少々　鶏肉80g　油あげ1/2枚

米は分量の水と調味料を合わせた中につけておく．ごぼうはささがきにし，アクを抜く．しいたけは戻し，にんじん，こんにゃく，油あげとともにせん切りにする．鶏肉は小指大のあられに切る．米に材料を加え，ふつうのごはんのように炊く．グリンピースは沸騰後に混ぜる．

だきみ（抱き身）

にわとりやあひるなど鳥類の胸肉のこと．

たくあんづけ（沢庵漬け）

だいこんをぬかと塩で漬けたもの．だい

こんを干したものを漬ける本たくあんと、塩押ししたものを漬ける早漬けたくあんがある。本たくあんは、だいこんの干しかげん、塩かげんによって長期の保存にも耐えるが、早漬けたくあんはあまり保存がきかない。美濃早生系や練馬尻細系の、みずみずしい重みのあるものを選ぶ。ぬかは香りのよい新しいもの、塩はニガリ分の多いものがよい。市販品には、だいこんを飽和食塩水に浸したあと、ぬかのほかに着色料、甘味料、保存料、うま味調味料などを振りかけて数日で仕上げたものが多い。

本たくあんはだいこんの干し方によってたくあん漬けの優劣がきまるので、だいこんをよく干すことが大切である。また食べる期間によって乾燥する日数が違う（表）。

たくあん漬けの基本量（18ℓ容器）

食べる期間	生だいこん	乾燥期間	塩の量	ぬかの量
当座漬け	20～25本	7日くらい	4カップ	18カップ
3月ごろまで	25～30本	11～12日	4カップ	15カップ
6月ごろまで	25～30本	14～15日	5.5カップ	10カップ
夏を越す	35～40本	20～22日	10カップ	7カップ

甘味づけは好みに応じてざらめ糖を1～2カップ加える。

干し上げたものは柔らかくもんですぐ漬け込む。放っておくと吸湿する。漬けるときの塩かげんも保存期間によって異なる。ぬかは乳酸発酵を促進するので、長くおくものほど塩を多くし、ぬかを少なくする。

●たくあんの漬け方

干しだいこんを平らな板の上でころがしながらもんで柔らかくする。ぬかと塩はよく混ぜ合わせる。熱湯消毒した漬け物容器の底に塩ぬかを振り込み、その上にだいこんをすき間なく並べる。その上に塩ぬかを振り、だいこんを並べることを交互に繰り返して漬け込み、一番上に塩ぬかをたっぷり振り、干しただいこん葉をすき間なくかぶせ、押しぶたをして重しをする。重しは18ℓ容器で30～40kgが標準。1週間ほどで水が上がる。つねに押しぶたの上まで液が上がるようにする。水の上がりがわるい場合は重しが軽いので、重しを重くするか、海水程度の塩水を注ぎ入れる。甘味をつける場合はぬかと塩に砂糖も合わせて用いる。

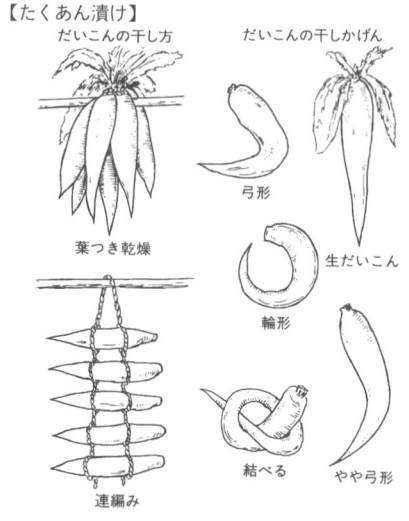

【たくあん漬け】

だいこんの干し方
葉つき乾燥
連編み

だいこんの干しかげん
弓形
生だいこん
輪形
結べる
やや弓形

たけのこ（筍）

竹の地下茎から出た幼い茎。最も広く用いられる孟宗竹は太くて味もよく、走りは2月ごろから出るが4～5月がしゅん。地面を暖め、冬の間に出すものもある。淡竹は孟宗竹のあとに出回り、細長く、皮の色は赤褐色。えぐ味は少ないが、甘味も薄い。真竹は皮に黒褐色の斑点があり、アクが強く肉質も堅い。東北地方に多産する根曲がり竹は細竹で、根元が曲がっている。中身は象牙細工のように白く、独特の香味があり、びん詰、缶詰に加工して年中出回っている。

根元に赤い斑点の少ないもの、根元のみ

ずみずしいもの，形の割に重いものを選ぶ．白っぽくパサパサしているのは古い．

たけのこは掘りたてほど柔らかく，えぐ味も少ない．たけのこのえぐ味の成分はホモゲンチジン酸とシュウ酸で，これは掘りとってから時間がたつほど増える．シュウ酸はカルシウムの吸収を阻害するので，多食する場合はカルシウムの多いものを同時に補給しなければならない．その面では，たけのことわかめを用いた若竹煮などは，わかめ中にカルシウムが多いので合理的な料理といえる．

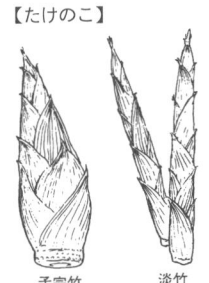

味の成分としては，チロシン，ベタイン，コリン，アスパラギンなどがある．たけのこの煮汁が白濁するのは，チロシンが溶け出し，冷却によって再び沈殿したものである．

たけのこは柔らかくゆで，アクを抜いてから料理に用いる．煮物，和え物，吸い物などによく，とくに木の芽和え，若竹煮→，若竹汁→，たけのこ飯はよく知られている．

●たけのこのゆで方
　穂先を斜めに切り落とし，皮に，縦に包丁目を入れ，湯にぬか，米のとぎ汁，米粒などを入れてゆでる．金串が通る程度にゆでて，そのまま冷えるまでおいて皮をとり，水洗いする．米ぬかその他でんぷんを含むものを入れるのは，これらがたけのこの表面を包んで，空気や水中の酸素との接触を防ぎ，たけのこが酸化されず白くゆで上がるからである．皮つきでゆでるのは，皮の中に含まれる亜硫酸塩が，漂白作用で色を白くするとともに，繊維を柔らかくする作用をもっているためである．

【たけのこ】
孟宗竹　淡竹

　　たけのこの部位と適した料理
A（姫皮）：酢の物，和え物，椀だね
B（先端）：酢の物，和え物，椀だね，
　　　　　たけのこ飯，サラダ
C（真中）：煮物，炒め物，揚げ物，焼
　　　　　き物
D（根元）：
　せん切り…寄せ揚げ
　薄切り…たけのこの揚げせんべい
　すりおろす…揚げまんじゅう

たけやき（竹焼き）

青竹を器にしてオーブンで焼く料理．両節をつけた青竹を縦二つ割りにして器とふたにし，器の方に魚介，鶏肉，野菜などを並べ，塩を振りかけてふたをかぶせオーブンで焼く．ほのかな青竹の香りを楽しむ料理．

たこ（蛸）

頭足類に属する軟体動物．食用とされるものにまだこ，みずだこ，てながだこ，いいだこ→などがある．生きているものはさわると縮むのが新しい．ゆでたものは，皮のはがれやすいもの，粘りのあるのは古いので避ける．筋肉が堅く，腐敗しても判別がむずかしいので注意する．色がとくに濃いのは着色してある．特有の甘味はベタインによるものである．

ごく新鮮なものは生のままさしみなどにすることもあるが，ふつうはゆでてから用いる．たこは鮮度が落ちやすいので，最近はゆでて冷凍したものが多く出回っている．ゆでて酢だこにするのが一般的．そのほか酢みそやからし酢みそで和えたり，煮物，おでんだねなどに用いる．

【たこ】

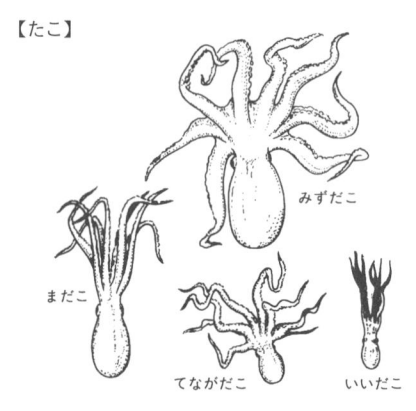

みずだこ
まだこ
てながだこ
いいだこ

●たこのゆで方
　内臓をとり除き，塩をたっぷり振ってよくもみ，ぬめりをとったあと，水でよく洗う．たっぷりの湯をわかした中で赤くなるまでゆでる．ゆでるとき，番茶を煮出して使うと色の止まりがよくなる🔁．冷蔵庫に入れれば2〜3日はもつ．

タコス（tacos―スペイン）
　メキシコ料理の一つ．とうもろこしあるいは小麦粉で作った平焼きパンであるトルティーヤ🔁を二つ折りにし，その折り曲げたすき間に具をはさみ，ソースをかけたもの．具は牛肉や豚肉のひき肉の炒めたもの，レタス，トマト，ピーマンなどの生野菜，チーズなどで，トマト，とうがらしを主材料にして作った辛味の強いタコソースをかける．

たこやき（たこ焼き）
　小麦粉に溶き卵を混ぜ，丸くくぼんだ鉄板に入れ，中に小さく切ったたこの足，削り節，てんかすなどを入れて球形に焼いたもの．ソースか，だし汁にしょうゆやみりん，砂糖などで調味した汁をつけて熱いうちに食べる．たこの代わりにこんにゃくを使ったものもある．大阪が本場の食べ物．

だし（出汁）
　鳥獣肉類およびその骨，魚介類，しいたけ，こんぶ，大豆，かんぴょうなどを煮出した汁のこと．料理の風味をよくし，材料の持ち味を高めるために用いられる．
　日本料理のだし汁には，かつおだし🔁，吸い物用のかつおとこんぶの混合だし🔁，一番だし🔁，煮物やみそ汁用の二番だし🔁，煮干しだし🔁，精進用のこんぶだし🔁，しいたけだしなどがある．
　中国料理では，だし汁のことを湯（タン）🔁と呼び，鶏肉，豚肉，ハム，干し貝柱など鳥獣魚介からとった葷湯（ホウンタン）と，しいたけ，にんじん，たまねぎ，セロリなど野菜を主にしてとった素湯（スウタン）がある．
　西洋料理のだし汁はスープストック🔁と呼ばれる．フランス語ではブイヨンがだし汁にあたるもので，スープや料理に広く用いられる．ソース用のだし汁はフォン🔁と呼んで区別する．また，スープ用のだし汁はスープ専用にとり，それを素汁（もとじる）ということもあるが，一般にはスープストック（ブイヨン）を使うことが多い．だし汁をとるときは旨味成分だけを効率よく煮出すことが大切である．

だしこんぶ（出汁昆布）
　だし用に用いられるこんぶのこと．りし

🧪 調理科学

たこの色
　たこはゆでると赤くなる．これは体の表面に色素胞が細かく分布していて，ゆでると皮のたんぱく質が変性し，赤色の色素が遊離するためである．ゆでるとき番茶の煮出し汁を用いるとよいといわれるが，これは，番茶に含まれるタンニンが色素と強く結合し，色を安定させるためである．

りこんぶやみついしこんぶがよいとされている．表面についている白い粉は甘味成分のマンニットである．使うとき水で洗うとマンニットが溶けて味が弱くなるので，洗わない方がよい．→こんぶだし

だしじゃこ（出汁雑魚）
　関西方面で主としていわしの煮干しのことをさす．だしをとるのによく利用されるためにこの名がある．かたくちいわしのほか，まいわしなども使用される．→にぼし・→にぼしだし

だしのもと（出汁の素）
　一般には和風のインスタントだしをさす．かつおだし，こんぶだし，煮干しだし，あるいはそれらを混合した混合だしなどを濃縮液状，乾燥粉末にするか，あるいはこれらのだしの原料を細かい粉末にしたもの．ものによっては，それらにうま味調味料を配合したものもある．
　メーカーによって味や香りがちがうので，自分の好みに合ったものを選べばよい．うま味調味料よりほんもののだしの味わいに近い．

だしまきたまご（出汁巻き卵）
　だし汁のたっぷり入った，柔らかい卵焼き．卵液は卵焼き器に2～3回に分けて入れ，分厚く焼き上げる．
　鍋に一度にたくさんの卵液を入れないことが，きれいに仕上げるコツである．また，中火程度で焼く．火力が弱すぎると，汁が分離して焼きにくい．そのまま適当な厚さに切ってもよいが，熱いうちに巻き簀で巻いて，ひょうたん形，松形などに形づくることもできる．切り口からしっとりつゆが浸み出るくらいがよい焼きかげんである．

　●だし巻き卵の作り方
　　材料：卵4個　だし汁 卵の量の1/4
　　塩小さじ1/4　砂糖小さじ1/4　しょうゆ（薄口）小さじ2/3
　　卵，だし汁，調味料を泡立てないように混ぜ合わせる．油をひいた卵焼き器に卵液を玉じゃくしに軽く一杯程度を流し込む．半熟程度に固まったら，箸で手前に巻き寄せ，鍋のあいたところに油を薄く塗る．焼けた卵を鍋の向こうへ寄せ，手前にも油を塗り，卵液を流し入れる．半熟程度に焼けたら，箸で手前に巻く．卵液がなくなるまで，くり返し焼く．巻き簀で軽く巻いて形を整えてから切り分ける．

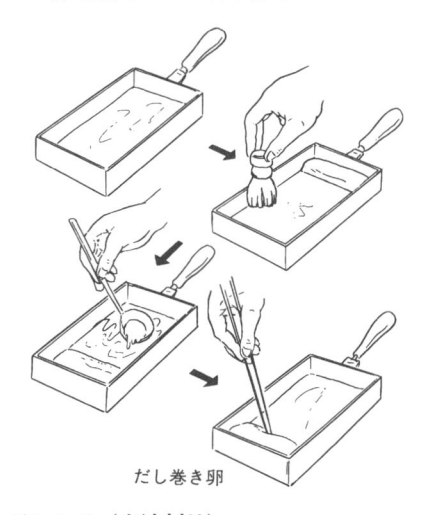

だし巻き卵

だしわり（出汁割り）
　味を和らげ，旨味をもたせるために，しょうゆ，酢などの調味料をだし汁で薄めたもの．しょうゆを用いたものは割りじょうゆ→，酢を用いたものは割り酢→という．調味液のベースとして使われる．

たすきおとし（襷落とし）⇨**けさおとし**

たたき（叩き）
　材料を包丁の腹やすりこ木でたたくこと．あるいは，包丁で細かくたたき切ることをいう．
　魚のたたきを単に"たたき"ともいう．

かつおのたたきはとくに有名である．また，あじやいわしのたたきなますを略してたたきともいう．牛肉や鶏肉などを用いてかつおのたたき風に作ったものもある．→かつおたたき・→おきなます

たたきごぼう（叩き牛蒡）

ごぼうを，味をしみやすく，また食べやすくするため，包丁のみねやすりこ木で叩いて調理したもの．一般にはごま酢で和えたものをたたきごぼうと呼んでいる．正月料理の一つとして重詰などに用いられる．

● たたきごぼうの作り方

材料：ごぼう200g　白ごま大さじ4　酢大さじ3　砂糖大さじ1½　塩小さじ½　だし汁大さじ1

ごぼうは皮をこそげ，細いものは丸のまま，太いものは四つ割りにし，適当な長さに切り，酢水でアク抜きをし，米のとぎ汁に塩をひとつまみ加えて，かためにさっとゆでる．水気をきり，まな板の上で，すりこ木などでたたいて軽く形をつぶす．白ごまは煎ってすり，だし汁と調味料でのばし，ごま酢を作り，ごぼうを和える．

たたきなます（叩きなます）　⇨おきなます
たたみいわし（畳鰯）

しらすと呼ぶいわしの稚魚を洗い，板のり状に薄く干したもの．湘南地方や静岡県がおもな産地．ごみがなく形のそろったもの，魚体の白く細いものを選ぶ．変質しやすいので早く食べる．さっとあぶってしょうゆをつけたり，野菜との合わせ煮などにもよい．

たちうお（太刀魚）

タチウオ科の海水魚．年中，味はあまり変わらないが，関西では夏に味がよい魚としている．名前が示すように，体形は刀のように細長くて平たく，体長は1m以上にも達する．口は大きく裂け，歯は鋭く，尾端は細長くとがっている．全身銀色に輝いているが，これはグアニンが沈着したものである．グアニンは人造真珠の原料となる．全身の輝きがよく，傷のついていないものが新鮮である．

たちうお

細長いので筒切りにする．うろこはたいへん細かいのでそのまま使える．肉は白身で柔らかく，味は淡白．照り焼き，塩焼き，煮つけ，酒蒸し，汁の実，から揚げ，ムニエルにしてもよい．焼くときは，焦げやすいので火かげんに注意する．練り製品の原料にもなる．

たづくり（田作り）　⇨ごまめ
だっしにゅう（脱脂乳）

牛乳から乳脂肪を分離したもの．そのまま飲用することは少なく，アイスクリーム，ヨーグルト，チーズ，脱脂粉乳などの原料として用いられる．

だっしふんにゅう（脱脂粉乳）

牛乳から脂肪を除いて粉末にしたもの．スキムミルクともいう．脂肪と脂溶性ビタミンA，Dがないが，ほかの栄養素は牛乳とほとんど同じ．たんぱく質，カルシウム，ビタミンB_2のたいへんよい給源となる．

製品はほとんど脂肪を含まないので脂肪の変質は少ない．しかし吸湿したり，保存温度が高いとたんぱく質が変性して，溶けにくくなるので，湿気を吸わないよう保存に注意する．水またはぬるま湯で戻し，牛乳と同じように使用する．

200mlの湯または水に，脱脂粉乳20g（大さじ約4）を溶かすと，ふつうの牛乳

と同じくらいの濃度になる．

たつたあげ（竜田揚げ）
材料をしょうゆと清酒を合わせた液につけ，かたくり粉をまぶして油で揚げたもの．みりんや砂糖を加えると早く焦げ色がつきすぎ，中心まで火が通りにくくなる．鶏肉，豚肉，さば，かつおなどに向く．揚げ色が紅色をしているところから，紅葉の名所，竜田川にちなんで名づけられた．

●さばの竜田揚げの作り方
材料：さば1尾　しょうゆ大さじ3　清酒大さじ1　しょうがの搾り汁少々　かたくり粉　揚げ油

さばは三枚におろし，腹骨，血合いをとり，2cm幅のそぎ切りにし，しょうゆ，清酒，しょうがの搾り汁を混ぜ合わせた調味液につける．下味がついたら，軽く水分をふきとり，かたくり粉をまぶし，中温の揚げ油で少し時間をかけ，カラッと揚げる．

たづなぎり（手綱切り）
おもにこんにゃくに用いられる切り方．こんにゃくを短冊に切り，中央に切れ目を入れ，一方の端を切れ目にくぐらせる．馬の手綱のようなのでこの名がある．

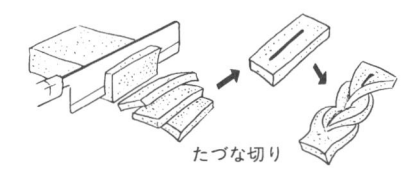

たづな切り

たで（蓼）
タデ科の一年草．この若葉，若芽を薬味として料理に用いる．タデ科に属する植物は種類が多いが，多く使用されるのは，ほんたで，あるいはまたでの別名をもつ，やなぎたでである．非常に辛味が強い．栽培されているのはやなぎたでの変種の数品種で，葉や茎の赤いむらさきたで（あかたで，べにたで）やほそばたで，緑色のあおたでやあざぶたでなどである．あおたでは5～8月に多く出るもので，あざぶたでとともにおもに葉を用い，とくにたで酢→としてあゆの塩焼きに欠かせない．むらさきたでやほそばたでは，ふた葉のうちに摘みとる．これを芽たでまたは紅たで→，赤芽ともいい，おもにさしみのつまに用いられる．

たてじお（立て塩）
魚介類を洗ったり，材料に塩味を含ませたりするときに用いる塩水のこと．塩水の濃度は3～4％くらいが適当である．真水で洗うと魚の旨味が逃げるので，これを防止するのと，魚肉中に水が吸い込まれ，肉が水っぽくなるのを防ぐためである．立て塩を使うのは，丸のままの魚やいかなどであって，切り身魚にこの方法を使うと旨味が損失する．

たでず（蓼酢）
たでの葉を入れた合わせ酢．魚の塩焼きにそえる．なかでもあゆの塩焼きにはつきものである．たでの葉をすり鉢でよくすりつぶすか，包丁で細かく切り，酢とだし汁を加え，塩で味を調える．すりつぶしたたでを裏ごしして用いる場合もある．また，たでが沈殿しないよう少量の飯粒をたでの葉にすりまぜ，酢，だし汁，塩で調味することもある．

●たで酢の配合割合
材料：酢大さじ3　だし汁大さじ1　塩少々　たでの葉5～6枚

たでの葉は細かく切るかすり鉢でよくすりつぶし，酢，だし汁，塩を入れてすり混ぜる．

たてづま（立妻）
さしみのつまの一種．つまの中でも花丸きゅうり，花穂じそ，ぼうふうなどのよう

にさしみに立てるようにあしらうものをいう．

だてまき（伊達巻き）

厚焼き卵の一種．白身魚のすり身に卵を混ぜ，だし汁，みりん，塩，しょうゆを入れてのばし，卵焼き器に一度に流して平らに焼き，熱いうちに巻き簀で巻いたもの．冷めてから切る．正月料理の重詰，口取り，折り詰などに用いられる．

●だて巻きの作り方

材料：卵4個　白身魚1切れ　塩（すり身用）小さじ¼　だし汁大さじ3　塩小さじ⅓　しょうゆ小さじ1　みりん小さじ2

白身魚はすり鉢に入れ，塩を加えてよくすり混ぜる．卵を割りほぐし，少量ずつ加え，なめらかになるまでよくすり混ぜる．だし汁，調味料を加え，さらによく混ぜる．薄く油を塗った卵焼き器に，卵液を一度に流し入れ，やや大きめのふたをして弱火でゆっくり焼き上げる．表面が乾いた状態になれば，ひっくり返し，裏にも少し焼き目をつける．熱いうちに巻き簀で巻き，堅く縛る．冷めてから切り分ける．

たにし（田螺）

タニシ科の淡水産の巻貝の総称．まるたにし，おおたにし，ひめたにし，ながたにしがある．たんぱく質が主成分であるが，たいへん堅く，消化しにくい．多食すると消化不良を起こすことがある．一方，昔から薬効があるといわれ，粉末か煮干しにして，旅に出るとき携えて少量ずつ用いると，水当たりをしないともいわれてきた．

殻のまま塩ゆでし，針などで身をくり抜

たにし

き，しょうゆで食べるとあっさりしている．ゆでてそぎ身にしてみそ煮や木の芽和えに．みそ焼き，みそ汁にもよい．

たにんどんぶり（他人丼）

親子どんぶり➡の鶏肉を，牛肉または豚肉に変えたもの．鶏肉と卵で作ったものが親子どんぶりであるのに対して，牛肉や豚肉は卵と無縁であるところから名づけられた．

たぬき（狸）

関東ではうどんやそばに揚げ玉を入れたもの，関西ではそばに油あげを入れた"かけ"のことをたぬきという．関東のたぬきは，おそらく，てんかすだけで中味がなく，だまされた感じがするところからきたものであろう．

たぬきじる（狸汁）

ちぎりこんにゃく，ささがきごぼう，さつまいも，さといもなどの油炒めを実にした汁物．みそまたはしょうゆと塩で調味する．元来はたぬきの肉を用いるものであるが，寺では生臭物を忌むところからこんにゃくを代用した．

たね（種）

料理に用いる材料のこと．汁物の実を椀だね，にぎりずしの材料をすしだね，てんぷらの材料をてんぷらだね，おでんの材料をおでんだねなどという．洋風では，小麦粉を練ったものをたねともいい，パイだね，シューだねなどという．たねを逆さに読んでねたともいう．

タバスコ（Tabasco）

非常に辛味の強い赤とうがらしであるタバスコの果実で作った，たいへん辛いソース．タバスコの果肉に酢，塩を加え発酵させて作る．タバスコは登録商品名．サラダ，スパゲティ，ピザパイなどに2〜3滴落とすと風味を増す．

タピオカ (tapioca)
トウダイグサ科のキャッサバの根塊から作ったでんぷんのこと．加工品に，直径3～6mmの球形に作ったタピオカパール，さらに小さいタピオカシード，切片状に乾燥したタピオカフレーク，微細粉にしたタピオカフラワーなどがある．料理にはおもにタピオカパールが用いられ，戻してから使う．戻し方は，鍋にたっぷりの湯をわかしてタピオカを入れ，中火でゆでる．透明になったらすぐ冷水に漬け，5～10分冷やす．ゆですぎるとでんぷんが溶けて形がくずれるので注意する．ゆでたものをスープに入れたり，タピオカプディングにする．

たべあわせ（食べ合わせ）⇨くいあわせ

たま
すし用語で，赤貝の身のこと．玉のように丸いところからつけられた名称．

だま
小麦粉などの粉類が液体にきれいにとけずにできた粒状のかたまりのこと．ソースなどを作る際，ルウ→を牛乳やブイヨンでのばすが，このとき，ルウがよくのびないでかたまりができることがあるが，これをだまという．だまができるとなかなかつぶしにくく，ソースもきれいに仕上がらないので，これを作らないようにしなければならない．そのためには，少しずつスープを入れてルウをのばすことが必要である．

たまご（卵）⇨けいらん

たまござけ（卵酒）
割りほぐした卵に清酒を加えてよく混ぜ，弱火にかけて卵を半熟状にしたもの．好みにより砂糖やはちみつを加える．体が温まり，昔からかぜのひきはじめや，寒い夜などに飲まれてきた．

●卵酒の作り方
材料（1人分）：卵1個　清酒カップ1　はちみつ少々

鍋に卵を割りほぐし，清酒を加え，弱火にかける．卵が半熟程度になればよい．好みにより，はちみつを加える．

たまごどうふ（卵豆腐）
卵に調味しただし汁を加え，蒸して豆腐状にしたもの．卵とだし汁の割合は，堅めのものは卵1に対して1～1.5，柔らかくするときは2～2.5がよい．そのまま食べるほか，あんかけにしたり，吸い物やスープの実として用いる．蒸し器のふたは直接せず，ふきんをかぶせる．強火で蒸すとスがたってなめらかにできない．始めは強火でもよいが，卵の表面が白くなりかけたら火力をおとし弱火で蒸し上げる．☞プディング

●卵豆腐の作り方
材料：卵4個　だし汁 卵と同量　塩小さじ½　薄口しょうゆ小さじ1　みりん小さじ2
〈かけ汁〉：だし汁カップ1½　塩小さじ½　薄口しょうゆ小さじ½　みりん小さじ1

卵は割りほぐし，だし汁，調味料を加え，泡が立たないよう，静かに混ぜ合わせ，裏ごし器を通してなめらかにする．流し型に流し入れ，表面の泡をすくいとる．蒸気の立った蒸し器に入れて蒸し上げる．よく冷やして切り分け，器に盛り，かけ汁をはる．かけ汁はだし汁に分量の調味料を加え，ひと煮立ちさせて冷ます．

たまごとじ（卵とじ）
野菜，魚介，肉などの煮物や汁物の上から，よくほぐした卵をまわしかけ，半熟状態にしたもの．煮物の場合はとじ煮ともいう．溶きほぐした卵を材料の上にまんべん

なくまわしかけ，入れ終わったら火を弱くしてふたをし，卵が半熟程度になるまで蒸し煮するのがポイント．卵が固まらなくても，煮えすぎてもよくない．卵を入れたら煮えかげんに注意する．

たまごやき（卵焼き）

卵を溶きほぐし，だし汁，塩，みりん，しょうゆなどで調味して焼いたもの．だし汁を多く用いたものをだし巻き卵→，すり身を用いて厚く焼いたものを厚焼き卵→，紙のように薄く焼いたものを薄焼き卵という．

たまねぎ（玉葱）

ユリ科．鱗茎を食用とする．黄，紫，白の3種がある．

黄色種は最も一般的なもので，肉がしまって堅く充実し，貯蔵がきく．傷がなくて堅くしまり，皮につやのあるものがよい．芽が出たり，ブカブカになっているのはよくない．紫色種は，白と紫の切り口の断層が美しく，サラダに重宝される．白色種は春に出荷され，扁平で柔らかく，辛味も少ないので生食向き．新たまねぎといわれているのはこの種のもので，肉質が柔らかいため貯蔵はきかない．

たまねぎの辛味と刺激臭は，香味野菜として，薄く刻んだり，みじんに切ったりして広く料理に用いられる．とくに肉や魚の臭み消しに最適で，西洋料理では欠くことのできない材料の一つである→．サラダ，ハンバーグ，スープ，ソテー，シチューやカレーの煮込み物，パン粉揚げなどによい．小玉ねぎは丸のまま，シチューやクリーム和え，バター煮などに使う．

たまり（溜）

みそもろみの中から澄んだ液をとり出したもの．しょうゆの原形．現在名古屋で造られているたまりしょうゆはこの名残である．

たまりしょうゆ（溜醬油）

大豆だけで造ったしょうゆ．東海地方の特産．味は濃厚で，甘ったるい．濃口や薄口しょうゆが大豆と小麦を使うのに対し，たまりしょうゆは大豆のみを使う．1年くらい熟成し，もろみの下から液を抜き，そのまま製品としたのが生引（きびき）たまり，残りのもろみに塩水を混ぜてねかせ，また下から液を抜いたのが素引（すびき）たまりである．その後にとったものをニイラたまりという．さしみやすしのつけじょうゆ，つくだ煮などに用いられる．→しょうゆ

タマリロ（tamarilo）

ナス科の果物．卵大の楕円形で，皮は赤または黄色でつやがある．果肉は皮と同じ色で，中心部に黒くて小さな種子が多数あり，透明感のあるゼリーで包まれている．

🧪 調理科学

たまねぎのにおいの成分

たまねぎをすりおろしたり刻んだりすると，強いにおいが生じる．このにおいの主成分は，ジプロピルジスルフィドという含硫化合物で，たまねぎに含まれる先駆物質に，切るなどして空気に触れて酵素が作用することによって生じる．そのため，酵素が働く前にゆでるなどの加熱をするとにおいが出ない．たまねぎのにおいは肉の臭み消しや料理の風味づけに効果的で，この目的で用いる場合は，生で刻んだり，すりおろしてよくにおいを出させる．

一方，先駆物質にはにおいはないが甘味がある．この甘味を利用するときは，加熱して酵素を失活させるとよい．以前，たまねぎの甘味は，たまねぎを加熱したときに生じるプロピルメルカプタンによるとされてきたが，現在は疑問とされている．

たまねぎを切ると涙を出させる刺激物質が生じるが，これはにおいの成分とは別のもので，におい成分と同時に生成される．

トマトのような香りで，わずかに酸味と甘味がある．

皮に少ししわがよっていて，弾力のあるものが食べごろ．縦二つに割り，種子ごとすくって食べる．砂糖をかけると色が鮮やかになり，特有のくせが和らぐ．

タマレス（tamales—スペイン）

メキシコ料理の一つ．とうもろこしの粉を練り，とうもろこしの皮やバナナの葉で包んで蒸したもの．塩やチリソースで味つけしただけのもののほか，木の実を香辛料で煮たものや，肉，魚介類などを加えたものもある．本来は中央アメリカからアンデスでの祭りや儀式のときの料理であったが，現在は，都会では日常的な料理になっている．

ターメリック（turmeric）

ショウガ科の多年生植物の根茎を乾燥したもの．うこんともいい，香辛料の一つ．クルクミンという黄色色素を含むので香りや味よりも着色料として使われる．カレー粉の色づけには欠かせないもので，そのほか，たくあん，マスタードなどの着色料として利用される．高価なサフランの代用として，ピラフ，ブイヤベースなどにも用いられる．

たら（鱈）

タラ科の海水魚の総称．単にまだらをさすこともある．まだら，すけとうだら，こまいなどの種類がある．アフリカでとれるメルルーサ➡もたらの仲間である．12〜2月ごろが味がよい．白身の淡白な味でくせがなく，どんな料理にも向く．内臓にはビタミンAやDが非常に多く，以前は肝油の原料として利用された．たらこ➡はすけとうだらの卵巣を塩漬けにしたものである．

たらちり，うしお汁，煮つけ，でんぶ，ムニエル，バター焼き，フライなどにする．ちゃんこ鍋の材料にも用いる．➡ひだら

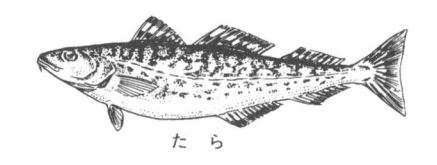

たら

たらこ（鱈子）

すけとうだらの卵巣を塩蔵したもの．たんぱく質が多く，鶏卵などと似た成分がある．めんたいこともいう．消化はあまりよくない．たらこには，塩分が多く含まれているので，とりすぎに注意が必要である．新鮮なものは生食できる．焼くときは，半なまくらいに焼き，焼きすぎない方がよい．焼いてそのままだいこんおろしで和えたり，三杯酢で食べたりする．焼いてほぐし，そぼろ状にして，浸し物の上にかけたり，和え物に混ぜてもよい．

タラゴン（tarragon）

キク科．香辛料の一つ．葉にはアニス➡に似た芳香がある．フランス名はエストラゴン．ピクルス，ソース，サラダ，シチューなどに広く用いられ，とくにエスカルゴには欠くことのできない香辛料．また，鶏肉やえびなど淡白な味のものにもよく合う．

酢にタラゴンを茎葉とも浸して香りを浸出したものはタラゴンビネガーといい，ドレッシング，マリネなどに用いられる．

たらのめ（楤の芽）

ウコギ科のたらのきの若芽．香りがうどに似ているので，うどもどきともいう．4〜5月ごろの10cmくらいに伸びた若芽を摘みとるが，ハウス内でさし木による栽培も行われている．

小さなとげは，ゆでると柔らかくなる．

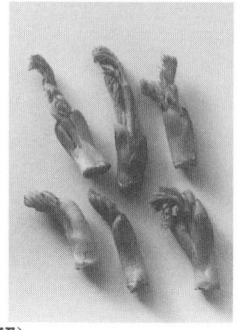

生のままてんぷら, さっとゆでてごま和え, くるみ和え, 浸し物に. 煮物にしてもよい. 加熱するときは基部に包丁目を入れると火の通りがよくなる.

たらばがに（鱈場蟹）

タラバガニ科の甲殻類. かにとは名がつくが, 正しくはヤドカリ類に属する. 北海道, 千島など北の海に多い. 北海道のたら漁場に多くいて, かにに似ているのでたらばがにの名がある. 多くは水煮缶詰となり, かに缶詰の中では最も味がよく, 上質とされている. サラダや酢の物, あるいは各種の西洋料理や中国料理に利用される. 生ものは秋から冬に味がよい. 産地以外の市場へは, はさみと足を切り離して冷凍品としたものが多い. 生のものはさしみや焼きがにする. また, 塩ゆでやかにちりにしてぽん酢で食べる. ➡かに

タルタルステーキ（tartare steak）

生の牛肉を用いた料理. 新鮮な牛肉のヒレやもも肉を包丁で細かくたたき, 丸く形を整えて皿に盛る. これに卵黄, 刻みパセリやたまねぎ, ケーパーのピクルス, カイエンペッパーなどを添える. 塩, こしょう, オリーブ油などで調味し, 肉と混ぜながら食べる.

タルタルソース（tartare sauce）

マヨネーズに, たまねぎ, ゆで卵, ピクルスなどのみじん切りを加えて混ぜ合わせたもの. 魚のフライ, ムニエル, サラダ, 網焼き料理などに用いられる.

● タルタルソースの作り方

材料：マヨネーズカップ½　たまねぎ¼個　ゆで卵½個　きゅうりのピクルス1本　パセリ1枝

マヨネーズに, たまねぎ, ゆで卵, ピクルス, パセリなどのみじん切りを加え, 混ぜ合わせる. ソースが堅すぎるときは, レモン汁を加えるとよい. マヨネーズに加える材料や分量は適宜変えてもよい.

タルト（tarte—仏）

ビスケット, パイなどの生地を焼き皿に敷いて焼き, 果物などを詰めたもの. あるいは, パイ皿に敷いた生地に果物などをのせて焼いたもの. 果物はりんご, いちご, バナナなどが多く用いられる. 大きな型で焼いて切り分ける.

タルトレット（tartelette—仏）

タルト➡の小形のものをタルトレットという. 型は丸, 長円形などがある.

たれ

しょうゆやみそにみりん, 砂糖などを加えて煮つめた調味液のこと. かば焼きや付け焼きなど魚や肉につけて焼いたり, 鉄板焼きなどに添えて用いる. しょうゆを主体にしたたれのしょうゆとみりんの割合は, 基本的には容量比で1対1. しかし料理によって, 調味料の材料や配合, 作り方が異なる. しょうゆはつやと味の重みを出すために必ず濃口を使う. しょうゆやみりんの焼けた香ばしい香りで魚や肉の生臭みが消える（➡メラノイジン）. 生臭みのある魚や鳥, 獣肉ではにおい消しと香りをつけるため, 粒ざんしょう, こしょう, しょうが, たまねぎの搾り汁などを加えることが多い. たれとは, みそからたれるたれじるという意味であった. ➡かばやき・➡てりやき・➡やきとり

タン（tongue）

舌のこと. 豚の舌も用いるが, タンとい

えばふつう牛の舌をさす．黒い斑点のある黒牛の舌がよい．牛の舌は皮が堅いので，皮をむいてから長時間煮込んで柔らかくするのがコツ．焼き肉，タンシチューのほかに，塩漬け，コールドタンなどにする．加熱はゆっくりと時間をかけるのがコツ．→タンシチュー

●皮のとり方

皮のとり方には，舌を石やまな板などにたたきつけてから削るようにしてとる方法や，香味野菜とともに1～2時間ほど煮込んで柔らかくしてから除く方法などがある．急ぐ場合は熱湯に浸し，熱いうちにナイフで皮を削りとり，また熱湯に浸して温める．これをくり返す．店ではふつう皮をとって売っているが，皮つきを買い，調理する前に皮をとる方が味はよい．

タン（湯）

中国料理のだしの総称．湯菜(タンツァイ)（スープ料理）をはじめ各種料理の基礎となるスープである．また，湯菜のこともいう．種類としては，澄んだものを清湯(チンタン)，濁ったものを奶湯(ナイタン)といい，肉類など動物性食品からとるものを葷湯(ホウンタン)，野菜など精進料理の材料からとるものを素湯(スウタン)という．また，いわゆる一番だしのスープを頭湯(トウタン)といい，二番だしのスープを二湯・毛湯(アルタン・マオタン)といって区別している．上等のスープは上湯(シャンタン)，頂湯(ディンタン)，高湯(ガオタン)という．だしの材料としては肉類，鶏肉，老鶏，豚骨，干し貝柱，干ししいたけなどが使われる．

だんご（団子）

米，麦，あわ，きびなどの穀粉を水でこねて丸め，蒸す，ゆでる，焼くなどしたもの．あん，きな粉，砂糖などをまぶしつけたり，しょうゆをつけ焼きしたものがある．いずれも堅くならないうちに食べる．羽二重だんご，みたらしだんご→などが有名．名物菓子になっているものが多い．

たんざくぎり（短冊切り）

野菜を長さ4～5cm，厚さ1cmくらいに切り，小口から薄く切ったもの．短冊形になるのでこの名がある．だいこん，きゅうり，にんじん，うど，じゃがいもなどに用いられる．料理としては酢の物，和え物，汁物などに用いる．

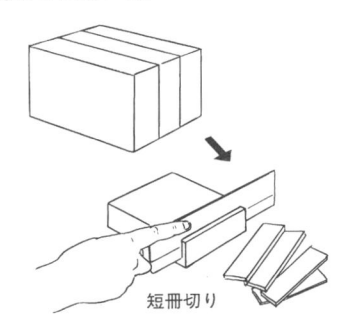

短冊切り

たんさんいんりょう（炭酸飲料）

二酸化炭素（炭酸ガス）を吹き込んだ飲料のこと．炭酸水，ラムネ，サイダー，果汁入り炭酸飲料，乳酸入り炭酸飲料など多くの種類がある．二酸化炭素による独特の爽快さがある．

たんさんすい（炭酸水）

炭酸飲料→の一種で，二酸化炭素（炭酸ガス）の水溶液．プレーンソーダ，ソーダ水ともいう．カクテルや飲み物を割るのに用いられることが多い．赤ワインにシロップ，炭酸水，レモン汁を加えたクラレットパンチ→は口当たりが柔らかく，色もきれいである．炭酸水はよく冷やしたものを用いる．

たんさんすいそナトリウム（炭酸水素ナトリウム）

重曹のこと．加熱すると二酸化炭素（炭酸ガス）ができるので，ベーキングパウダーなどの代わりに用いられることもある．

ただし，アルカリ性が強いので，炭酸水素ナトリウムを用いるとケーキなど味が落ちる．また山菜のアク抜きのほか，豆を柔らかくゆでたり，緑色の葉菜類を色よくゆでたりするときに用いることもあるが，いずれもビタミン類をこわし，料理が微アルカリ性になるためにおいしさが減ずる欠点があるので，あまり使わない方がよい．

タンシチュー

牛の舌を使ったシチュー．皮をむいた舌（➡タン）に，塩，こしょうをして，フライパンで両面に焼き色をつけた後，赤ワインやブランデーを振り，汁気のなくなるまで煮てから野菜とともに煮込むと，特有の臭みが抜ける．

タンツァイ（湯菜） ⇨ タン（湯）

タンツゥリィユィ（糖醋鯉魚）

中国料理のこいの丸揚げ甘酢あんかけのこと．豪華な料理である．こいは身に切り込みを入れ，かたくり粉をまぶして揚げる．別に，せん切りにした豚肉，はくさい，にんじん，たけのこ，しいたけなどを炒めてスープを加え，しょうゆ，砂糖，酢で味つけして，かたくり粉でとろみをつけたあんを作り，こいの上にかける．

タンドリーチキン（tandoori chicken）

インド料理の代表的なもので鶏肉の焼き物．鶏肉を大きくさばいてヨーグルトと香辛料にひと晩つけ込み，タンドールと呼ばれる壺形のかまどで香ばしく焼く．つけ汁に着色料を加えて肉色を赤く仕上げることが多い．焼いたものを手でむしりながら食べる．

タンニン（tannin）

渋味をもった物質で，いわゆる渋と呼ばれるもの．柿，茶葉などの渋味はタンニンによるものである．とくに水に溶ける状態の場合に強い渋味が感じられる．たんぱく質と結合したり，鉄と結合する．そのため，タンニンの多いものを多食すると鉄が吸収できず，貧血を起こすことがある．また，タンニンは多量摂取すると，たんぱく質である粘膜と結合し，これを犯す．したがって，柿などのようにタンニンの多い食品は用心しなければならない．➡かき・➡ちゃ

タンバル（timbale―仏）

円筒形の焼き型，抜き型，ゼリー型などのこと．また，タンバル型を用いて作った料理のこと．たとえば，タンバル型の内側にマカロニや白身の魚などをはりつけ，中に魚や肉，鶏肉などのすり身を詰めてオーブンで焼き，型から抜いて盛りつける．

ダンプリング（dumpling）

小麦粉に牛乳，卵，バターなどを加えて練り，だんご状にしてゆでたもの．スープやシチューの実にする．また，パン菓子の一種で，りんごなどの果物をパイ皮で包んで焼いたものもいう．

タンメン

中華そばの一種だが，日本でこの名で呼ぶ料理は，ゆでた中華めんと野菜炒めなどの具の上から塩味で調味した汁をかけたものをいう．中国料理では湯麺（タンミエン）といい，汁そばの総称である．

ち

ちあいにく（血合い肉）
　魚の背肉と腹肉の境目にある暗赤色の三角形の肉のこと．多くの魚に多少ともあるが，とくに，かつお，まぐろ，さば，ぶりなどが大きい．血合いは血液を多く含んでいるので生臭いが，一方，鉄やビタミンなどが多く，栄養価は高い．一般に，生で食べるさしみの場合には除く．

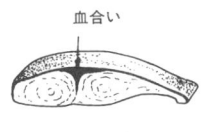

チエミエン（切麺）
　小麦粉をこねて薄くのばした生地を細く切っためんのこと．刀切麺（ダオチエミエン）ともいう．

チェリー（cherry） ⇨おうとう

チェリモヤ（cherimoya）
　バンレイシ科の果物．直径10〜15cmくらいの丸形か心臓形で，表面は緑色でコルク質のうろこ状である．果肉は乳白色でクリーミー．中にいんげん豆くらいの褐色の種子が20個ほど散在する．成熟したものは芳香があり，甘味がほどよく，世界三大美果の一つといわれるように味がよい．皮が茶色っぽく香りが強くなったら食べごろ．よく冷やし，縦にナイフを入れ，スプーンですくって食べる．

チエンツァイ（前菜）
　中国料理の前菜のこと．冷菜（ロンツァイ）あるいは冷葷（ロンホウン）と呼ぶ冷たい前菜と熱葷（ルオホウン）と呼ぶ温かい前菜があるが，最近は温かいのは略されることが多い．前菜には色，味，材料，調理法など調和のとれているものが要求される．

チキン（chicken） ⇨けいにく

チキンライス
　米と鶏肉，野菜などの具を油で炒め，トマトピューレー，トマトケチャップなどを加えたスープで炊き上げる．一般には，ごはんを油で炒め，にんじん，たまねぎ，鶏肉などを加えてケチャップで調味したものをさす．日本独自の料理．

ちぐさやき（千草焼き）
　卵焼きの一種で，卵に鶏肉，しいたけ，たけのこ，にんじんなど各種のものを細かく切って加えて焼いたもの．卵焼き器で厚く1枚に焼く．いろいろなものが入っているということで千草と呼ばれている．

ちくぜんに（筑前煮）
　筑前（福岡県）の郷土料理．鶏肉のぶつ切り，にんじん，れんこん，だいこん，こんにゃくなどをよく炒めてから水を加え，砂糖，しょうゆで炒り煮したもの．福岡ではがめ煮と呼び，骨つきの鶏肉を用い，正月料理に用いられている．

　●ちくぜん煮の作り方
材料：鶏肉300g　たけのこ200g　れんこん200g　こんにゃく1枚　にんじん½本　ごぼう（大）½本　だし汁カップ2　しょうゆ大さじ5　砂糖大さじ3　みりん大さじ3
　材料はすべてひと口大に切りそろえる．鍋に油を熱し，鶏肉を炒めていったんとり出し，他の材料を炒める．再び鶏肉を鍋に戻し，だし汁，調味料を加え，弱火で煮汁がほとんどなくなるまで煮込む．

ちくわ（竹輪）
　練り製品の一つ．魚のすり身を竹ある

は鉄の棒などに巻きつけて焼き上げたもの．上等品はとびうお，かます，ぐちなどを用い，ふつうはすけとうだら，ほっけなどを原料にする．切り口が竹の輪に似ているのでこの名がある．表面がきつね色に焦げ，つやがよく，適当に火ぶくれして，皮の薄いものがよい．おでん，煮込みなどに入れるときは上等のものを使う．安価なものは材料のわるさをごまかすために甘味を強くつけてあり，煮るとこの甘味が出て，全体の味をわるくする．油炒めにしてもよい．生で食べるときはとくに鮮度に注意．
→すりみ

チゲ
朝鮮料理の鍋物の一つ．肉，魚，豆腐などの主材料と野菜をスープで煮込み，あみの塩辛，テンジャン（みそ），コチュジャン（とうがらしみそ）などで調味する．汁気が多く，献立ではスープとして扱われる．調味料と主材料からテンジャンチゲ（みそ味のチゲ），センソンチゲ（魚のチゲ），トゥブチゲ（豆腐のチゲ）などと呼ぶ．

チコリー（chicory）
キク科．根株を土にうめ，軟白したはくさいの芯のような部分を食用とする．さくさくした歯ざわりと，ほろ苦い風味が特徴．生のままサラダにしたり，バター炒め，蒸し煮などにする．エンダイブ→と混同されやすく，エンダイブがチコリーの名で売られていることもある．フランスではアンディーブという．

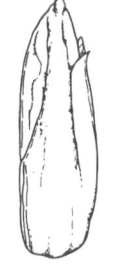

チコリー

チーズ（cheese）
牛乳またはその他の乳汁や脱脂乳，クリームなどに凝乳酵素レンネットや乳酸菌を加えて固め，凝固物をそのまま，あるいは熟成させて作ったもの．種類が多いが，大きく分けて，前述の製法で作ったナチュラルチーズ→と，加工したプロセスチーズ→がある．また，チーズの堅さから，軟質チーズ，半硬質チーズ，硬質チーズに分けられる．

チーズのたんぱく質は，牛乳そのもののたんぱく質であるためにたいへん良質であり，熟成の間に，消化しやすい形になっている．またナチュラルチーズには乳酸菌が生きたまま残存し，腸内でこの菌が増え，ビタミン B_2 を生産して吸収利用される．

調理に使う場合は，ナチュラル，プロセスどちらでもよいが，加熱して溶けるタイプのものが料理となじみやすい．

料理に振りかけるときは，チーズおろしでおろすか，できるだけ細かく刻むとよい．市販の粉チーズを使えば便利．オーブン料理では，料理に混ぜるより，上に振りかけるか，のせて焼くと風味がよい．

チーズには，このほかチーズフードの規格のものがある．これは牛乳から作ったチーズ分が51％以上で，乳に由来していない脂肪やたんぱく質，炭水化物を加える場合は重量の10％以内と定められている．

チーズケーキ（cheesecake）
チーズを主材料にした洋菓子．チーズクリームケーキ，タルト・オ・フロマージュ，ケーゼクーヘンなどの名で呼ばれる．用いられるチーズは，クリームチーズ→，カテージチーズ→，粉チーズが一般的で，白カビのついたカマンベールや，イタリアのリコッタチーズなどもある．菓子の形態から，パイなどの生地にクリーム状のフィリングを流して焼くクリームタイプ，ゼラチンで冷やし固めるレアチーズケーキ，チーズスフレなどスポンジ状に仕上げるものの3種が主流で，そのほか，マスカルポー

ネチーズを用いたクリーム状のティラミスなどもある．チーズのもつコク，風味，口当たりを生かしたもので，フルーツソースなど，果物を組み合わせることも多い．

チップ（chip）

　菓子や食物などの小片あるいは薄い輪切りのこと．チョコチップ，バナナチップなどのほか，じゃがいもを薄い輪切りにして油で揚げたものはポテトチップスという．

ちぬき（血抜き）

　内臓などの血を抜くこと．血が多く含まれていると臭みが強いので，調理する際に血抜きを行う．通常2％くらいの塩水につけてから手でもみ洗いし，水が濁らなくなるまでこれを数回くり返す．また，鶏などの頸動脈を切って血を抜いたり，こいなど活魚の尾のつけ根に包丁を入れて血を抜くことも血抜きという．

ちまき（粽）

　くずまたはしん粉で作ったもち，あるいはもち米をささ，まこも，あしの葉で巻き，いぐさで三角形，紡錘形などにしばって蒸したもの．ちまきは茅巻きの意味で，昔はち（茅）の葉で巻いたのでこの名がある．中国から伝来したもので，日本では保存食，行事食，主食的な料理や菓子などに発展した．菓子ではくずちまき，道喜ちまきなどが有名で，とくに5月5日の端午の節句に用いられる．主食的なものとして東北や新潟県地方のもち米のちまき，中国料理のちまきなどがある．中国ちまきは，肉や卵の加工品，ぎんなん，はすの実，松の実などを油炒めしてもち米と混ぜ，竹皮にくるんで蒸したもので，日本のちまきとは形，内容とも大きく異なる．

ちゃ（茶）

　製法から大別すると，発酵させない緑茶➡と発酵させる紅茶➡やウーロン茶➡などがある．緑茶には玉露➡，煎茶➡，番茶➡，抹茶➡などがある．

　種類によってかなり成分が違う．カフェインは玉露に多く，次いで煎茶が多い．しかし番茶にはカフェインは少ない．一方，タンニン➡は煎茶，番茶の順に多く，これらは茶の味に大きく影響している．ビタミン類ではCが含まれている．しかし茶を入れた場合，このビタミンCはほとんど煎汁には出てこないので，C給源としては茶はあまり期待できない．しかし，抹茶のように茶葉全部を粉末にした場合には，C給源として大きな価値がある．紅茶は，茶葉を発酵させてから製茶するのでビタミンCは完全に消滅している．

　カフェインは気分をよくするとともに，消化液の分泌を高めるために，栄養的に間接的な効果がある．

　しかし茶にはタンニンも多いので，鉄を含む薬剤を茶で飲むと，タンニンと結合して効力がなくなるから注意しなければならない．

　一般に，十分乾燥したもの，形がそろっていてよりのきいたもの，濃い緑色のものがよい．紅茶は重みのある黒光りするものを選ぶ．茶は香りが生命なので，密封した缶に保存し，他の種類の茶や，一般食品と同じ缶には入れないこと．

チャイブ（chive）

　ユリ科．ねぎの仲間で，葉と鱗茎をハーブとして用いる．香りはねぎと同じ．刻んで，サラダ，シチュー，スープなどのほか，じゃがいもの煮物によく合う．

チャウダー（chowder）

　貝や魚を実にしたアメリカ特有のスープ．はまぐり，かき，あさり，とうもろこし，えび，白身魚などを主材料とし，ベーコン，たまねぎ，トマト，じゃがいもを適

宜とり合わせて用いる．貝類を用いるときは殻のまま煮て肉だけをとり出し，煮汁はこしてスープに用いる．浮き実にソーダクラッカーを用いることが多い．

●オイスターチャウダーの作り方

材料：かき200g　ベーコン2枚　たまねぎ1個　セロリ½本　にんじん½個　じゃがいも中2個　バター大さじ3　小麦粉大さじ2　スープストックカップ2½　牛乳カップ2　塩小さじ1¼　こしょう少々　パセリ少々　ソーダクラッカー4枚

かきは塩水で振り洗いする．ベーコン，たまねぎはせん切り，セロリは薄切り，じゃがいも，にんじんは厚めの短冊に切る．鍋にバターを溶かし，かき以外の材料を炒め，小麦粉を振り込み，スープストックでのばし，野菜が柔らかくなるまで煮込む．かきを加え，2～3分煮て，牛乳を加え，塩，こしょうで調味し，ひと煮立ちさせる．器に盛り，刻みパセリを散らし，ソーダクラッカーを砕いて添える．

チャオ（炒）

中国料理の調理法の一つで，材料を油で炒めることをいう．炒めた料理のことを炒菜（チャオツァイ）という．少量の油で強火で手早く仕上げるのが原則．そのため，材料を適当な同じ大きさに切りそろえる．また，魚介類，肉類などでは下味をつけたり，油通しなど下準備が必要なものもある．炒の種類としておもなものに清炒（チンチャオ），乾炒（ガンチャオ），京炒（ジンチャオ），生炒（ションチャオ）などがある．清炒とは材料をそのまままさっと炒めること，乾炒は材料に下味をつけ，汁気がほとんどなくなるように炒めることである．京炒は主材料に下味をつけ，卵白でといたでんぷんをつけて揚げてから副材料といっしょにさらに炒めること

である．生炒は材料をそのままやや時間をかけて炒めることである．

チャオツァイ（炒菜）

中国料理の炒め料理のこと．➡チャオ

ちゃかいせき（茶懐石）

茶席で出される料理のこと．➡かいせきりょうり

ちゃがゆ（茶粥）

煎じた茶で煮たかゆ．番茶がよいが煎茶も味がよい．あらかじめ湯を沸かし，茶袋に茶葉をつめて煮出し，沸騰したときに洗った米または冷や飯を入れ，塩味をつける．冷や飯を入れて作ったものを奈良では"入れ茶粥"と呼び，熱いうちに食べるものとされている．

ちゃきんしぼり（茶巾絞り）

蒸して裏ごししたさつまいもや豆類，魚のすり身などを清潔なふきんかラップフィルムなどで包んで絞り，絞り目をつけたもの．本来は茶道で使う茶巾で絞ったものをいう．

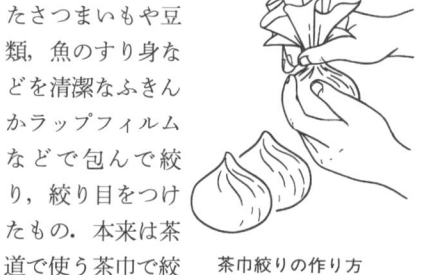

茶巾絞りの作り方

ちゃきんずし（茶巾ずし）

薄焼き卵で五目ずしを包み，絞り口をかんぴょうまたはゆでたみつばでくくったすし．

ちゃくしょくりょう（着色料）

着色を目的として使用する食品添加物で，合成着色料と，天然物の成分を利用する天然色素がある．合成着色料は使用基準が定められ，赤色用に配合した食紅などがある．天然色素としては紅花（黄～オレンジ），赤かぶ（赤），紅こうじ菌（赤）などのほかにクロロフィル（緑），カロテン

（オレンジ），くちなし（黄）などがある．梅干しのように，赤じそのアントシアン色素を利用するものもある．

チャーシュー（叉焼） ⇨やきぶた

ちゃせんぎり（茶筅切り）
　野菜の切り方の一種．茶せんのように，縦に切り込みを入れる切り方．おもになすに用いられるが，ごぼう，うどなどでも作る．なすは小形を選び，へたをつけたまま縦にひと回り細かい切り込みを入れる．これを煮たり，揚げたりした後，上下を持ってひねると茶せんのようになる．うま煮，口取りなどに使われる．

【茶せん切り】

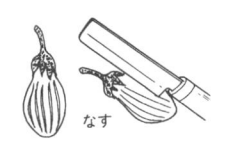

うどやごぼう　　　なす

ちゃづけ（茶漬け）
　ごはんに熱い茶をかけて食べるもの．のり茶，てんぷらをのせた天茶，うなぎをのせたうな茶などがある．
　いれたての熱い茶を使うこと．番茶，ほうじ茶が最適．冷えたごはんは一度熱湯を通すとよい．調味しただし汁をかける場合は，堅めに炊いた温かいごはんがよい．具をのせ，汁をかけたらふたをして蒸らす．こうすると味がなじみやすい．具の上から少量のよいしょうゆをかけると香りがよくなる．

チャツネ（chutney）
　よく熟した果実に，酢，とうがらし，しょうがなどの香辛料を加えて作った甘辛味の強いジャム状のインドの保存食．ふつう，果実はマンゴーを用いるが，その他，りんご，タマリンド，レーズンなどが用いられる．細かく刻んでカレーの薬味などに用いる．

ちゃのこ（茶の子）
　簡単な食事あるいは朝食前の茶漬けなどの小食をいう．また，茶受け，仏事の供物も茶の子と呼ばれる．

チャパティ（chapati）
　インドなどの暑い地方で主として作られる小麦粉の平焼きパン．発酵させずに薄い円形にのばして焼く．カレー料理に添えて食べられる．

チャーハン（炒飯）
　ごはんと具を油で炒め，塩，こしょう，しょうゆで調味したもの．焼き飯ともいう．中国では炒飯(チャオファン)．具には肉類，ハム，卵，えび，かに，野菜などが用いられる．パラリと仕上げるコツは，油を加熱したら溶き卵を加え，手早くかきまわし，半熟程度まで加熱し，油を吸収させること．次にごはんをつぶさないよう加えて炒め，さらに水気の少ない具を加えて炒め，最後に塩とこしょうを振る．卵は余分な油を吸収し，ごはんがベタベタするのを防ぐ役割を果たす．🔥
　油はラードを使うとパラリとできる．しょうゆは，ごはんを少しよけ，その部分の鍋肌を熱したところへたらしてジュッといわせ，すぐにごはんと混ぜる．よい香りが

調理科学

チャーハンの卵の役割
　卵は，加熱凝固する際に吸着力が強い．これを利用して，熱した油に卵を加え，凝固する際に油を吸着させるとともに，ごはんや具を炒めていくときの油ひきの役目をさせる．したがって，はじめにあまり強く凝固させてしまうと，油ひきの役目が十分に果たせなくなるから，さっと固まった程度でごはんを入れるのがよい．

本格的なチャーハンの味を作る．この香りはメラノイジン反応によるもの．ごはんの上にしょうゆをかけてはいけない．

チャービル (chervil)

セリ科．パセリを少し大きくした形の葉で，生の葉をハーブとして利用する．香りは甘くさわやかで，魚料理にとくによく合う．

あぶり焼きした魚などに，細かく刻んで振りかけたり，スープ，サラダ，フレンチドレッシング，鶏肉用のバターソースなどに刻んで入れる．乾燥品もある．フランス語でセルフィユ．

チャプスイ

アメリカ式中国料理の一種．英語ではchop sueyと書く．各種の肉類，たけのこ，にんじん，しいたけ，はくさいなどの具を用い，だし汁，しょうゆ，塩で調味し，かたくり粉でとろみをつける．もやしが主材料になることもある．

ちゃめし (茶飯)

茶の煎じ汁で炊いたごはん．塩，清酒で調味する．茶は番茶，煎茶，ほうじ茶を用いる．しょうゆを用いた桜飯を茶飯と呼ぶこともある．おでんに茶飯というときの茶飯は後者である．

●茶飯の作り方

材料：米カップ3　茶葉大さじ4　清酒大さじ3　塩小さじ1½

米は炊く30分前に洗ってざるにあげておく．カップ3½の水を鍋に煮立て，茶葉をガーゼに包んで糸で結び，2〜3分煮出してとり出す．ここに米と清酒，塩を加え，湯炊きにする．

ちゃりょうり (茶料理)

茶席で出される懐石料理を略した呼び名．

ちゃわんむし (茶碗蒸し)

魚介類，鶏肉，かまぼこ，ぎんなん，ゆり根，しいたけ，みつばなどを具にし，だし汁でのばした卵汁を加えて，蒸し茶碗で蒸したもの．温かくて口当たりのよい冬向きの料理．アクの強い材料は用いないことが大切．少量のしょうゆを加えておくと，卵の生臭みが消える．

卵に対して，だし汁は3〜3.5倍程度．卵は泡立てないようによくほぐす．強火で蒸すと急速に温度が上がるためスが入るので，蒸し器のふたをずらして，弱火で蒸す．☞プディング

●茶碗蒸しの作り方

材料：卵3個　だし汁カップ2　塩小さじ½　しょうゆ小さじ½　清酒小さじ1　鶏肉120g　えび(中)4匹　生しいたけ4枚　ゆり根1個　ぎんなん12個　かまぼこ(薄切り)4枚　みつば4本

鶏肉はひと口大にそぎ切り，えびは殻と背わたをとり，清酒，しょうゆ少々を振りかけて下味をつける．しいたけは軸をとり，ゆり根はほぐして軽くゆで，ぎんなんは殻を除いてゆで，薄皮をはがす．分量の卵とだし汁，調味料を加え，卵液を作る．蒸し茶碗に材料と卵液を入れ，約20分弱火で蒸す．途中で結びみつばをのせる．

調理科学

チャーハンは強火で

強火で手早く炒めることで，ごはんの表面が急速に水分を失い，代わりに油が入り，パラリとして口当たりのよい状態となる．水分がごはんの表面に残っていると油が浮いてぎらぎらし，しつこい状態となる．

ちゃわんもり（茶碗盛り）
ふたつきの陶器の茶碗に盛った吸い物．料理の最初に出すすまし汁で，塩と清酒で色を薄く，味も淡白に仕上げる．

ちゃんこなべ（ちゃんこ鍋）
力士が食べる独特の鍋物．魚介類や鶏肉，野菜をぶつ切りにして水炊きのように煮て酢じょうゆで食べたり，調味しただし汁で寄せ鍋風にする．煮汁もともに食べる．

チャンプルー
沖縄料理の一つで，豆腐を主材料に野菜をとり合わせた炒め物．用いた野菜によって○○チャンプルーと呼ばれる．にがうり（ゴーヤー）を用いるとゴーヤーチャンプルー，にら（チリビラ）を用いたものはチリビラチャンプルー，もやし（マーミナ）を用いたものはマーミナチャンプルーと呼ばれる．

●ゴーヤーチャンプルーの作り方
材料：ゴーヤー1本（400〜500ｇ）　豆腐1丁　削りかつお節カップ½　ラード大さじ3　卵2個　塩少々

ゴーヤーは縦二つに切って，スプーンで種子とわたを除き，半月の薄切りにして，塩をまぶし，しんなりしてきたら水気を絞る．豆腐は軽く重しをして水気をきる．鍋にラードを熱し，豆腐をひと口大に手で割り入れて炒める．表面に焦げめがついてきたら削りかつおとゴーヤーを入れてさらに炒め，塩で味を調え，溶きほぐした卵をゴーヤーにからめるように流し入れてかき混ぜ，卵が半熟になったら火を止める．

チャンポン
チャンポン用の中華めんにいろいろな魚介や野菜を入れた汁の多いめん料理で，長崎地方の郷土料理．

●チャンポンの作り方
材料：チャンポンめん4玉　豚肉（薄切り）150ｇ　ねぎ2本　もやし½袋　きくらげ4枚　にんじん¼本　かまぼこ（薄切り）4枚　キャベツ2枚　いか½ぱい　ラード大さじ3　塩，こしょう　少々　豚骨スープ　カップ6　しょうゆ（薄口）大さじ2½　塩小さじ1　こしょう少々

豚肉は3cm，ねぎは斜め切り，きくらげは戻して太めのせん切り，にんじんは短冊切り，キャベツは大きめの短冊切り，いかはひと口大に切る．中華鍋にラードを熱し，火の通りにくいものから順に加えて炒め，塩，こしょうで下味をつける．スープを注ぎ，調味料で調味する．チャンポンめんは熱湯をくぐらせ，水気をよくきり，具の中に加え，ひと煮立ちさせて火からおろし，どんぶりに盛り分ける．皿うどんは，かたくり粉で汁にとろみをつけ，揚げるか炒めためんにかけたもの．

ちゅうかそば（中華そば）
中国風のめん類（→ちゅうかめん）やめん料理の総称．またラーメンのこと．めん料理にはラーメン→，チャーシューメン，タンメン→などのようにスープをはったもの，焼きそば→のように炒めたもののほか，涼拌麺（リャンバンメン）→など多くの種類がある．

ちゅうかまんじゅう（中華饅頭）
中国料理の点心の一つ．中国では包子（パオズ）（発酵させた小麦粉の生地で具を包んだ蒸し物）の一種で，具には豚肉，牛肉，あずき，果実など各種のものがある．日本で一般に普及しているのは，豚肉と野菜を包んだ肉まんじゅう（肉まん，豚まんともいう）とあずきあんの入ったあんまんじゅうで，その他，カレー風味などがある．生地

の発酵にはイーストを使ったものと炭酸水素ナトリウム（重曹）を用いたものとがある．

ちゅうかめん（中華麺）

中国風めん類の日本での呼び名．中華そばとも呼ばれるが，そばではなくうどんの一種．うどんとちがう点は，小麦粉を食塩水でこねるのではなく，梘水（かんすい）➡というアルカリ性の水を用いることである➡．生めん，ゆでめん，蒸しめん，冷凍めん，乾めんなどがある．生めん，乾めんはゆでてから，ゆでめんは熱湯を通して用いる．ラーメン➡，焼きそば➡，タンメン➡などにする．なお，インスタントラーメン➡もある．

●中華めんのゆで方

中華めんのゆで方は他のめん類とほとんど同じであるが，生めんはたっぷりの湯でゆでて，吹き上がってきたら火を弱め，しんがなくなるまでゆでる．乾めんも生めんと同様にゆでるが，めんに十分吸水させるため，煮立ったらたっぷりの差し水を2～3回くり返し，柔らかくゆでる．蒸しめんは熱湯に2～3分浸してほぐしてから使う．

ちゅうごくしゅ（中国酒）

中国に産する酒の総称．醸造酒（黄酒(ホワンジョウ)）と蒸留酒（白酒(パイジョウ)）に大別される．黄酒の代表的な酒は招興酒(シャオシンジョウ)（紹興酒）．黄酒を貯蔵した古い酒をラオチュー（老酒(ラオジョウ)）と呼び，年数の経たものほど良品とされる．黄酒のアルコール分は9～20％．白酒は，コーリャン酒（高粱酒(ガオリャンジオウ)）が代表的で，そのうちマオタイ酒（茅台酒(マオタイジオウ)）は有名．一般にアルコール分は50～65％と高い．やや酸味があり，特有の芳香をもっている．

ちょうえんビブリオ（腸炎ビブリオ）

細菌性食中毒の一種．3～4％の薄い食塩水中に好んで発育する．そのため，かつては病原性好塩菌ともいった．海水中にいて，魚とともについてくることが多い．この菌が増殖しても食品や料理の風味が変化しないうえ，短時間のうちにたいへん早く増えるから注意が必要．中毒症状は腹痛，下痢など．死亡することはなく，軽度の中毒は気づかないことも多い．多発するのは7～9月．原因食としては野菜の漬け物，さしみ，たこやいかなどの非加熱食品など．生魚を調理したまな板やふきんなども汚染源になるから注意が必要．淡水，熱に弱いので真水でよく洗い，食べる直前に加熱すれば心配ない．

ちょうじ（丁子）

香辛料の一つ．英語ではクローブ．熱帯地方で栽培されている常緑高木のちょうじの花のつぼみを乾燥させたもの．甘ったるい芳香が強く，形は褐色のねじくぎ状．丸のまま肉料理，ソース，スープのほか，甘味シロップに加えたり，粉末にしたものをケーキやパン，チョコレー

ちょうじ

🧪 調理科学

小麦粉と梘水(かんすい)

小麦粉の中のたんぱく質は，アルカリ性の水でこねると非常に強い粘りを出し，グルテンが強く形成される．梘水を使うとそのアルカリ性によってグルテンの粘弾性が増し，口当たりがよくなる．また，小麦粉中に含まれているフラボノイド色素は，梘水でアルカリ性になると黄色く変色するため，中華めん独特の黄色が発色する．

ト，プディングなどのデザート類に使ったりする．

ちょうせいふんにゅう（調製粉乳）

育児用の粉乳．牛乳を加工し，乳幼児に必要な栄養素を配合，調製して製造する．調製粉乳には，母乳の代替品として用いられる授乳期用と，離乳期に栄養を補足するための2種類がある．授乳期用の調製粉乳は，成分，組織などをできるだけ母乳に近づけてある．離乳期用の調整粉乳は，離乳期以降の乳幼児が離乳食とともにとることで，離乳食で不足する栄養成分を補えるよう調製されている．

ちょうづめ（腸詰め）　⇨ソーセージ

ちょうみ（調味）

調理技術の一つで飲食物の味や香りをおいしく調えること．調味の目的は食品材料をおいしく食べられるようにすることで，材料の持ち味を生かし，不快な風味をカバーするために各種の調味料や香辛料が使われる．調味は人によってくせがあり，また調味料のちょっとした質のちがい，加工法のちがい，温度条件のちがいなどで微妙に味のつき方が変わるが，なんといってもよい調味料を使うのが一番大切．材料がよくても調味料の質がよくなければ，風味がわるくなるからである．また，調味料を加えるタイミングや，調味料そのものの特質をよく知っておくことも，おいしく調味するためにはぜひ必要．→こうしんりょう・→ちょうみりょう

ちょうみしょうゆ（調味醬油）

しょうゆに砂糖，酢，みりん，だし汁，ごま，溶きがらし，わさび，かつお節，しょうがの搾り汁などを加えたもの．加える材料によって，合わせじょうゆ→，からしじょうゆ→，ごまじょうゆ→，砂糖じょうゆ→，しょうがじょうゆ→，土佐じょうゆ→，わさびじょうゆ→，割りじょうゆ→などと呼ばれる．さしみ，浸し物，野菜の和え物，冷ややっこなどに用いられる．

ちょうみず（調味酢）　⇨あわせず

ちょうみみそ（調味味噌）

みそをベースにして砂糖，酢，みりん，木の芽，ごま，からしなどを加えたもの．加えた材料によって木の芽みそ→，ごまみそ→，からし酢みそ→，ごま酢みそ→，酢みそ→，田楽みそ→などと呼ばれる．浸し物，和え物，冷ややっこ，田楽などに用いられる．

ちょうみりょう（調味料）

料理の味や色，口当たりを調える働きをするものの総称．基本的な調味料としては，塩，酢，砂糖などがあり，ほかに各種の複雑な要素の入ったしょうゆ，みそ，ウスターソースなどがある．調味料の種類は豊富で，酒，うま味調味料，食用油，香辛料，香草なども調味料としてとり扱う場合が多い．

調味料は味をつけるだけが目的ではなく，料理の材料の物理的な条件を左右して，口当たりの改良や保存，形づくりなどにもひと役買っている．砂糖の例をあげれば，甘味料としてのほかに，たんぱく質性食品の加熱調理に際し，柔らかく仕上げる作用，でんぷんの老化防止剤としての作用，ゼリー化促進，防腐，つや出しなどの働きがある．

調味料は品質のよいものを選ぶことが大切である．

ちょうりずみしょくひん（調理済み食品）

完全に味つけ調理され，そのまま湯を加えるかあるいは，電子レンジで温める程度で食べることのできる加工食品類をいう．そうざいもこの仲間である．冷凍しゅうまい，レトルト食品のカレー，シチュー，真

空包装の炊き込みごはん，赤飯など非常に多くの種類がある．

チョコレート（chocolate）

カカオ豆を炒って破砕し，種皮と胚芽を除いて得られたニブ（胚乳部）をすりつぶしたもの（カカオマス）に，砂糖，粉乳，ココアバターなどを混ぜて練り上げたもの．ココアバターは，ココア製造時にカカオマスから一部取り除いた脂肪である．粉乳を入れたものをミルクチョコレート，入れないものをスイートチョコレート（ブラックチョコレートともいう）と呼ぶ．ココアバターに粉乳や砂糖を加えた白いチョコレートは，ホワイトチョコレートと呼ばれる．

テオブロミンという一種のアルカロイドを含んでいるため興奮作用がある．カフェインも少量含む．チョコレートは高エネルギー食品である．したがって，激しいスポーツや登山などのときには，疲労回復や非常食として利用される．

チョコレートの表面に白い粉のふくことがあるが，これはブルームといい，チョコレートがいったん溶けて再び固まったときに起こる現象である．チョコレートに含まれる脂肪（ココアバター）の融点は35度程度である．したがって口溶けはよいが，夏季は溶けやすく，ブルームが起きやすいので冷蔵庫などに保存する．

ちよむすび（千代結び）

かまぼこやみつばなどを重ね結びにする場合に用いる結び方の一つ．汁物の椀だねや煮物などに用いる．

ちょろぎ（甘露子）

シソ科．かいこの幼虫に似た小形の地下の塊茎を食用にする．白色で半透明であり，美しいので，生をそのまま煮たり，和え物，吸い物にするほか，ゆでてバター炒めにしたり，しそ巻きにしたりすることもある．煮るとゆり根に似た味がする．

また，梅酢漬け，砂糖漬けにして貯蔵される．梅酢で赤く染めたものは，正月のおせち料理として用いる地方もある．

チョンロン（蒸籠）

中国式の蒸し器．曲げ物で，枠は木製だが，すのこやふたの上部は竹で編まれている．蒸気がうまく調整でき，しずくが落ちないので，きれいに蒸し物ができる．水をはった中華鍋にのせて用いる．→むしき

ちらしずし（散らしずし）

すし飯の上に各種のすしだねを飾ったもの．吹き寄せずしともいう．具の一部をすし飯と混ぜる場合と，全部をすし飯の上に飾る場合とがある．関東のちらしずしは，すし飯の上にさしみや各種の具をきれいに飾る．魚はそぎ切り，にんじん，れんこんなどは花形切りなどと形を美しくする．きぬさや，グリンピース，紅しょうが，錦糸卵などで配色をよくする．関西のちらしずしは五目ずし→の形態で，小さく切った具をすし飯に混ぜ込み，容器に盛った上から焼きのりの細切り，紅しょうがのせん切り，錦糸卵などを飾る．生の魚は用いない．

チリコンカーン（chile con carne—スペイン）

ひき肉あるいは刻んだ牛肉をチリパウダ

—→，トマト，塩などで煮込んだメキシコ系の料理．アメリカではいんげんまたはうずら豆を加えたものが一般的で，略してチリともいう．メキシコのものには豆が入らず，煮た豆やトルティーヤ→を添えて食べる．

●チリコンカーンの作り方（豆入り）
材料：うずら豆カップ2　たまねぎ1個　にんにく1かけ　牛ひき肉200g　バター大さじ2　トマトピューレーカップ1　スープストックカップ2　チリパウダー小さじ1/4（またはパプリカ小さじ1）　塩小さじ1

うずら豆はひと晩水につけ，八，九分通り柔らかくなるまでゆでる．深鍋にバターを熱し，みじん切りにしたにんにく，たまねぎを炒め，ひき肉を加えてさらに炒める．分量のスープストック，調味料，うずら豆を加え，弱火で煮汁がほとんどなくなるまで煮込む．

ちりず（ちり酢） ⇨ぽんず

チリソース（chili sauce）
トマトを主原料に，チリという辛いとうがらし，たまねぎ，辛口ピーマン，ちょうじ，シナモン，ナツメグなどを加えて混ぜ合わせたソース．辛い味のトマトケチャップのようなもの．えびやかにのカクテルソース，魚や貝などのトマト味の煮込みもの，サラダドレッシングの風味づけに用いられる．

ちりなべ（ちり鍋）
白身魚と野菜を材料とした鍋料理．魚の切り身を煮るとちりちりに縮まるところからついた名称．単にちりともいう．土鍋に魚，野菜，豆腐，だしこんぶを入れて水炊きにし，煮えたところを小鉢にとり分け，ぽん酢じょうゆで食べる．用いる魚に

よって，たらちり，ふぐちりなどと呼ばれる．

チリパウダー（chili powder）
とうがらしの一品種のチリにオレガノ，クミン，その他の香辛料を配合した七味とうがらし的な混合香辛料．紅色をしていて辛い香辛料の代表のように思われているが，それほど辛くはない．チリコンカーン→のほか，ソース，ピクルス，オムレツ，えびやかきのカクテルに少し振りかけると，彩りが美しくなる．

ちりむし（ちり蒸し）
白身魚と豆腐を用いた蒸し物．ちり鍋と同様の材料を用いるが，蒸し物にしたのでこの名がある．たら，たい，こちなど白身魚と，豆腐，しいたけなどをこんぶを敷いた器に盛り，塩と清酒をふりかけ，蒸し上げる．もみじおろしなどの薬味をそえ，ぽん酢しょうゆで食べる．

ちりめんじゃこ（縮緬雑魚）
かたくちいわしのごく小さい幼魚を塩ゆでしてから干したもの．しらす干しともいう．乾燥の程度により，柔らかいものをしらす干し，よく干したものをちりめんといって分けることもあるが，本来は同じものである．そのままで二杯酢をかけて食べたり，おろし和え，ちらしずしなどの材料として用いられる．塩分を含むので多量の摂取は注意が必要．

チルドにく（チルド肉）
チルドは冷やすという意味で，チルド肉は冷蔵した肉ということ．実際には，輸送を冷蔵状態で行うものにこの名を使っている．肉類は，低温熟成が必要で，通常，冷蔵庫で熟成させる．この期間を利用して，冷蔵コンテナーで輸送し，食べごろに熟成されたときに店頭にくるように工夫したものがチルド肉である．牛肉，マトンな

どに多く利用されている．熟成期間の短い豚にはあまり利用されない．冷凍肉にくらべて味がよい．

チロリアンソース

フランス語ではソース・ティロリエンヌ（sauce tyrolienne）．香草を加えて煮つめた酢に白ワイン，卵黄，塩を加えてとろりとさせ，サラダ油を加えてマヨネーズのように作り，トマトピューレーを加えたもの．一般には，マヨネーズにトマトケチャップを加え，淡桃色にして塩，レモンで味を調えて作る．魚のフライなどに向く．

チンゲンサイ（青梗菜）

アブラナ科の中国野菜．中国ではチンゲンツァイあるいは青梗白菜（ゲンパイツァイ）と呼ぶ．名の通り，茎も葉と同じく薄緑色をしている．

チンゲンサイ

しゃくしなに似て葉は肉厚だが，柔らかくて歯切れがよい．ゆでたり油で炒めると，緑色がいっそう鮮やかになる．そのまま，あるいは肉類と合わせて炒めたり，あんかけ，煮込みもの，スープなどに用いる．葉に厚みがあるので，調理しても比較的かさが減らずしっかりしている．

ちんぴ（陳皮）

みかんの外皮を乾燥したもの．七味とうがらしの材料の一つである．よい香りをもっている．菓子の香りづけなどにも使用される．

ちんみ（珍味）

珍しくて味のよい食品や料理のこと．主として，酒の肴としておつまみに用いられる．高価なものが多く，魚介類の乾燥したもの，味つけ加工品などが多い．珍味としてのはっきりした区別があるわけではないが，このわた，酒盗，からすみ，うになどの加工品が珍味と呼ばれることが多い．

ツァイ（菜）

中国語で料理のこと．また，日本でいうお菜（さい）と同じ意味で副食物のこと．
菜の意味もあり，たとえばあぶらなを油菜（イウツァイ）という．

ツァイダン（菜単）

中国料理の献立のこと．中国料理の献立は前菜（チェンツァイ）→，大菜（ダアツァイ）→，点心→，の三つから構成され，それぞれに細かい分類がある．

ツウリュウ（醋溜）

中国料理の溜菜の一種で甘酢あんかけのこと．砂糖，しょうゆ，酢などでこってりと甘酸っぱく味つけする．砂糖を多く使ったものは糖醋（タンツウ）という．

つきだし（突き出し）

おもに関西で使われる言葉で，お通しのこと．つまみ物ともいう．客の注文にかかわらず，まず突き出すというところから名づけられたらしい．

つきみ（月見）

卵黄を月に見たてたもので，卵や卵黄を割り落とした料理につけて用いられる名称．うどんやそばのかけに卵を入れたものを月見うどん，月見そばという．

つくし（土筆）

トクサ科で春の野草．つくしの風味は穂にある．軸の太くて短いもの，頭の堅いものがよい．長く伸びたものはよくない．ほとんどが繊維で嗜好性食品の感じが強い．ビタミンB_1分解酵素のアノイリナーゼを含むが，加熱して用いれば問題ない．はかまをとってゆで，卵とじ，和え物，つくし飯などにする．

●つくしの卵とじの作り方
材料：つくし200ｇ　卵2個　だし汁カップ2　しょうゆ小さじ1　塩小さじ½　みりん小さじ1

つくしははかまと下の堅い部分をとり，5分ぐらいゆで，1時間ほど水にさらしてアク抜きをする．水気を絞り，3㎝長さに切りそろえる．分量のだし汁と調味料を加えひと煮立ちさせ，つくしを加え，再び煮立ったら溶き卵を流し込み，卵が半熟状に固まったら火からおろす．

つくだに（佃煮）

魚介，肉，野菜などをしょうゆ，みりんなどで煮つめたもの．しぐれ煮→，甘露煮→，あめ煮，角煮→，塩こんぶ→などがこれに入る．水分が少なく，しょうゆの防腐作用で保存性に富む．常備菜によい．佃煮は，しょうゆに，みりん，あめ，砂糖などの糖類を合わせ，加熱して作るが，このとき，糖分はカラメル化（→カラメル）するとともに，アミノ酸と糖分はメラノイジン→を生じる．これらの味と香りが佃煮のおいしさとなっている．

つくね

ひき肉や魚肉のすり身につなぎとして卵などを加え，しょうゆ，みりんなどで調味し，だんごか小判形にしたもの．これを焼いたものはつくね焼き，揚げたものはつくね揚げという．蒸したものや，煮たものもある．

つくり（作り）⇨さしみ

づけ

すし用語で，まぐろの赤身または赤身のにぎりのこと．昔，まぐろは保存と色づけのためしょうゆに漬けたことからきた名称．

つけあわせ（付け合わせ）

主となる材料に添えるもの．料理を引き立て，味の調和をよくする働きがある．日本料理では，さしみのつま，焼き物に添えるはじかみしょうが，菊花だいこんなどがこれにあたる．西洋料理では，ガルニチュールと呼び，魚料理にはボイルドポテト，マッシュポテト，キャベツなどの野菜のゆでたもの，ローストにはフライドポテトや野菜炒め，シチューにはボイルドポテト，野菜煮込みなどが用いられる．

つけじる（つけ汁）

てんぷら，そばなどにつけて食べる調味液のこと．しょうゆを主体に，だし汁，みりん，砂糖，塩などを合わせる．ふつう"つゆ"といい，用途によって，てんつゆ，そばつゆと呼ぶ．

●つけ汁の配合割合

	つゆ（うどん，そうめん）	てんつゆ（衣あり）	てんつゆ（衣なし）
だし汁	4	4	3
みりん	1	1	1
しょうゆ	1	1	1

材料は合わせて火にかけ，沸騰したらすぐおろし，そのまま冷やす．
薬味としてさらしねぎ，だいこんおろし，しょうが，わさびなどを添える．そば，うどんなど冷やして食べるものには，つけ汁もよく冷やす．➡そばつゆ

つけだい（付け台）

すし屋で，握ってすしを置くための客の前の台のこと．

つけもの（漬け物）

おもに野菜類を塩，ぬかみそ，酒粕，こうじ，しょうゆなどに漬けたものの総称．各地方で名産になっているものが多い．市販品では着色料，保存料，甘味料などの食品添加物を使っているものが多い．家庭で作るときは，野菜類を自動車の多く通る所には干さないこと．食品用ではないポリ容器には漬けないこと．

漬け物は漬かると乳酸ができ，塩味が和らぐので，塩分をとりすぎやすい点は注意を要する．➡

つけやき（付け焼き）

材料にタレをつけながら焼くこと．魚，鶏肉，牛肉，ししとうがらしなどに多く用いられる．照りはあまり出さず，また味も照り焼きほど濃くしない．タレは，しょうゆとみりんを同量合わせ，さっとひと煮立ちさせたものを用いる．しょうゆとみりんが強熱によりメラノイジン➡を生じ，これが，材料の生臭みを消し，風味を高める．タレに木の芽，からし，こしょうなどの薬

調理科学

漬け物の塩と重しの働き

漬け物は食塩を十分に用い，重しをして水出しをする．この水出しは，食塩の浸透圧➡の作用による．水が出てくることは，材料の中の液が出てくることで，この中には酵素類が多く含まれている．この酵素がまず働き，ついで，その他の栄養分が，有用な菌の繁殖を促す．しかし，材料が十分に水につかっていないと，空気酸化が起こり，漬け物の味が変化し，また，かびなどがはえる．重しが重すぎると，組織中の水が多く出てしまい，漬け物はかさかさした状態となる．

味を入れて風味をつけることが多い．関東では照り焼きと同義語に使われている．

つつぎり（筒切り）
魚の切り方の一種．うろこをとり，頭を切り落とし，切り口からわたをとり，骨のまま輪切りにしたもの．こい，こち，さばなどに用いられる．切った形が筒のようになるのでこの名がある．煮物や汁物に．

筒切り

ツナ（tuna） ⇨ まぐろ

つなぎ（繋）
材料をまとめるために加えるものの総称．材料により小麦粉，かたくり粉，卵，やまのいもなどが用いられる．かまぼこ，そば，肉だんごなどを作るときに使われる．西洋料理ではつなぎのことをリエゾン⇨といい，ソースの濃度をつける場合に用いられる．

つばめのす（燕の巣）
あなつばめの巣．中国料理の材料の一つ．海藻をかみくだいて唾液と混ぜて固めたもので，高価なものである．熱湯につけて柔らかく戻し，毛をピンセットでとり，よく洗ってから，スープなど各種料理に使う．中国名は燕窩（イエンウオ）．

つぶ
エゾバイ科．巻き貝の種類は多いが，それらのうちおもにひめえぞぼらの通称．地方によりつぶと呼ばれる貝は異なり，えぞぼらもつぶと呼ぶことがある．殻ごとしょうゆを加えて，直火の上で焼いて食べるこ とが多いが，ゆでて身をとり出し，甘からく煮つけたり，酢みそ和えなどにもする．冷凍品も多く出回っている．

つぶみそ（粒味噌）
大豆の形がそのまま残っているみそ．みそ汁に使うときは，ていねいにすり鉢ですると舌ざわりがよくなる．⇨みそ

つぼ（坪）
本膳料理に用いられるふたつきの深い塗りの器のこと．この器に野菜の煮物などを盛りつけて出し，献立名としても使われる．

つぼぬき（つぼ抜き）
小魚などの内臓をとる方法で，姿のまま調理する場合に用いられる．指でえらぶたをあけ，そこから箸を差し込んでえらをひっかけ，そのまま静かに引っぱってえらと内臓を引き抜く方法．

つぼやき（壺焼き）
巻き貝を貝殻ごと焼いたもの．さざえのつぼ焼きが代表的．さざえの口からしょうゆをさし，直火で焼く．肉をとり出し，小さく切って，しいたけ，ぎんなん，えびなどとともに殻に戻し，だし汁に薄口しょうゆ，塩，みりんを合わせた液を注ぎ，強火で焼くこともある．焼きいもで，つぼを用いて蒸し焼きにしたものを俗につぼ焼き（⇨やきいも）ということもある．

つま（妻）
さしみや汁物のあしらいとして添えるもの．主材料を引き立てるところから妻と呼ぶ．さしみでは，さしみのうしろにおいたり，下に敷くのを敷きづま（⇨けん），上や前にそえるものを飾りづまという．飾りづまには，芽じそ，穂じそ，しその葉，うど，花丸きゅうり，ぼうふう，おごのりなどが用いられる．吸い物の場合は椀づまと呼ばれ，椀だねとの味や配色を考え，野

菜，きのこ，海藻類が用いられる．

つまおりぐし（端折り串）
串の打ち方の一つ．三枚におろした魚の身が薄いものや細長いものに用いる方法．あじ，さより，あまだいなどに用いられる．片づま折りと両づま折りがある．両づま折りは，皮のついた方を下にして，頭と尾の両方から内側に巻いて2本の串で止める．片づま折りは，皮目を下にして身の一端を内側に折り曲げて串を打つ．

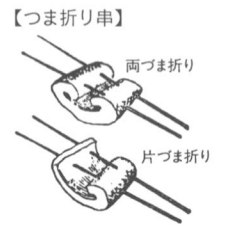

【つま折り串】
両づま折り
片づま折り

つまみな（つまみ菜）
本葉が2～3枚出たころまびきとった，だいこんなどの若い菜のこと．もう少し大きく育ったものはまびきな⇒，双葉のものは貝割れなという．生のままサラダなどにして食べると辛味と香りがよい．また，さっとゆでて浸し物にしてもよい．

つみいれ（摘み入れ）
魚肉のすり身をだんご状に作り，ゆでたもの．たい，ひらめ，きすなどの白身魚が上品．そうざいにはいわし，あじ，さばが適当である．すまし汁，みそ汁，粕汁など汁物のたねや煮物などに用いる．

●いわしのつみいれの作り方
材料：いわし小250g　しょうがの搾り汁少々　塩少々　清酒小さじ1　かたくり粉大さじ1

いわしは頭，腹わたをとり，塩水で洗い水気をとる．包丁で細かくたたき，すり鉢に入れてよくする．しょうが汁，塩，清酒，かたくり粉を加えさらにすり混ぜる．これを直径2cmくらいに丸め，熱湯の中に落とし入れ，浮き上がってきたらすくいとる．

つめ
すし用語．あなごやしゃこなどのにぎりの上に塗るとろりとしたタレのことで，"煮つめ"の略語．あなごなどを煮て残った汁にみりんと砂糖，しょうゆを加えて煮つめて作る．

つやに（艶煮）
材料に光沢をつけて煮る煮物．光沢の材料としては，砂糖やみりん，バターなどが用いられる．日本料理では，くりやさつまいもを甘く煮含めた甘露煮，西洋料理では，にんじんやグリンピースをバターで炒め煮したグラッセ⇒などはつや煮の一種である．

つゆ
汁のこと．すまし汁のことをおつゆとも呼ぶ．てんつゆ，そばつゆなどもある．

つるしぎり（吊し切り）
魚の切り方の一つ．上からつるしておいておろすもの．あんこうのように身が柔らかく粘りのある魚に用いられる切り方．

つるむらさき（蔓紫）
ツルムラサキ科．つる性の植物で，若い葉，茎などを食べる．茎，葉とも紫紅色をおびているが，変種に緑色のものがある．そのまま油炒め，てんぷら，汁の実，サラダにしたり，ゆでて浸し物，和え物にする．独特のにおいがあり，加熱すると少し粘りがでる．

て

であいもの（出合い物）
同じ季節に出回る食品のうち、お互いに相性のよいものをいう。また出合いものは、加熱時間や歯ぎれのよさなど、共通した性質をもったものなどもいわれることが多い。栄養的によい組み合わせのものもある。だいこんとさば、まつたけとすだち、さといもとゆず、たけのことわかめなどがこの例である。

ディーエッチエー（DHA） ⇨ ドコサヘキサエンさん

ティエンミェンジャン（甜麺醤）
小麦粉を主原料とした中国の甘いみそ。麺醤ともいう。北京ダック（→カオヤズ）の薬味に欠かせない調味料で、炒め物などにも用いる。

ディップ（dip）
浸すという意味。クリームチーズ、カテージチーズ、マヨネーズ、生クリーム、ヨーグルトなどを単品または数種合わせてベースにし、レモン汁、酢、おろしたまねぎ、おろしセロリ、ケチャップ、練りがらしなど好みのものを加えてとろりと仕上げたもの。ポテトチップス、クラッカー、生野菜などにつけて食べる。

　●ディップの配合割合
　材料：クリームチーズカップ½　レモン汁大さじ½　練りがらし小さじ½　たまねぎのみじん切り大さじ1　パセリのみじん切り少々
　材料を全部混ぜ合わせる。

ティーバッグ（tea bag）
茶を特殊な紙袋に入れ、袋ごと湯または水に浸して、茶の成分を浸出させるようにしたもの。最初紅茶から始まったが、緑茶、ウーロン茶、ハーブティー、健康茶などもある。1人用のほかに数人用、業務用の大型タイプなどがある。茶葉は浸出しやすいように細かく砕かれている。

ティボーンステーキ（T-bone steak）
T形に骨のついたビーフステーキ。骨の両側にヒレ→とサーロイン（→サーロインステーキ）がついている。食卓で切り分けて食べる。

ティラピア（tilapia）
カワスズメ科ティラピア属の淡水魚の総称。東アフリカ、中東が原産。日本で養殖されているのはティラピア・ニロチカ(Tilapia nilotica)。黒い丈夫なうろこでおおわれ、一見黒だいに似ているのでちかだい（近鯛）、あるいはいずみだいの名で市場に出ている。身は白身でたいに近い味をもつ。触感もたいに似ている。水温が高いことが必要なので、温泉の温水や工場や発電所などの温排水の出るところで飼育され、これが市場に出ている。調理法はたいと同様である。

ティラミス（tiramisu―伊）
イタリアの菓子。イタリアのロンバルジア地方のマスカルポーネチーズというフレッシュチーズにコーヒーや洋酒に浸したスポンジケーキなどをとり合わせたクリーム状のデザート。

ディル（dill）
セリ科。種子を香辛料として、生の葉をハーブとして利用する。種子は明るい褐色の楕円形で、香りはキャラウェイ→に似ている。

圧扁したものと粉末とがある．葉には軽い辛味と芳香がある．いずれもきゅうりのピクルスや，スープ，サラダ，ソースなどに．また粉末をポテトサラダ，マカロニなどに振りかけるのもよい．

てうち（手打ち）

うどんやそばを機械を使わず手でこねて薄くのばし，包丁で切ること．手打ちそば，手打ちうどんなどと呼ぶ．そうめんの場合は，手延べといい，練った生地を引きのばしてめん状にする．

テキーラ（tequila）

メキシコ特産の蒸留酒で，サボテンの一種であるマゲイからつくったもの．マゲイの茎を室の中で蒸して汁を搾り，発酵させたあと蒸留し，樽で熟成する．テキーラはアルコール分40〜50％程度．独特のにおいと香りをもっている．この酒は，少量の塩とレモンかライムの半切れを添えてストレートで飲むことが多い．カクテルとしては，グレープフルーツのジュースでテキーラを割り，少量のグレナデンシロップで色をつけたテキーラサンライズ，テキーラにコアントローとレモンジュースを加え，ふちに食塩をつけたグラスで飲むマルガリータなどがよく知られている．

テクスチャー（texture）

食品を食べたときに感じる触感を総合してテクスチャーという．本来，テクスチャーという意味は，ラテン語で"織りなす"ということで，英語でも，織物，手ざわり，触感，組織などを示している．食品のおいしさは，ふつう，そのものがもっている味，香り，風味といったものに重点がおかれるが，食べたときに舌で感じる滑らかさ，柔らかさ，粘り，歯でかんだときの砕けやすさ，堅さなども，その食品のおいしさをたいへん左右するものである．近年，食品の研究や味覚官能テストなどで，このような点での研究が盛んになり，これらのたくさんの要素を総合して食品のテクスチャーと表現されている．テクスチャーはその食品がもっている物理的な性格，つまり，粘度，硬度といったものの単独の作用ではなく，食品を口に入れたときに，その物理的な性質によって起こる総合的な感覚である．

てごし（手漉し）

裏ごしをするとき，しゃもじなどを用いず手のひらでつぶしてこすること．あずき，豆腐などを手ごしすると滑らかなものができる．

デコレーション（decoration）

飾り，装飾のこと．デコレーションケーキなどのように，ケーキに多く用いられる．

デザート（dessert）

西洋料理で，食後に出す菓子，果物，アイスクリームなどをいう．西洋料理では調味に砂糖を使わないので，しめくくりとして，甘いもので満足感の仕上げをする🔖．

てず（手酢）

すしを握るときに手につける酢水のこと．水と酢を同量合わせて用いられる．

てつ⇨ふぐ

デーツ（date）

なつめやしの果実．日本のなつめに似て

調理科学

甘味の満足感

甘味は味覚に満足感を与えるものである．とくに糖分は味覚に対しての作用だけでなく，血中に急速に吸収される．その結果，血中の糖分濃度が上昇し，満腹感を感じさせる．これが甘味による満足感の生じる理由である．

いる．日本では乾燥した果実が市販されており，甘く煮て食べたり，洋風の寄せ物菓子に加えたりして用いる．味は干し柿よりもさらに甘くしたような感じである．

てっか（鉄火）
料理名に用いられる言葉で，まぐろなど赤い材料を使ったり，赤く仕上げた料理に用いられる．さらに，わさびやとうがらしなど辛味をきかすこともある．鉄火というのは，本来は鉄を赤く焼いた状態のことである．まぐろをわさびじょうゆで和えた鉄火和え，まぐろとわさびを温かいごはんにのせた鉄火どんぶり，まぐろとわさびを細巻きにした鉄火巻きなどがある．

てっかみそ（鉄火味噌）
赤みそにごぼうや炒り大豆を混ぜたもの．なめみその一種．

●鉄火みその作り方
材料：大豆カップ½　ごぼう1本　ごま油大さじ1　赤みそ100g　砂糖大さじ4　みりん大さじ2　清酒適量

大豆は弱火で皮に割れめができるまでよく炒る．ごぼうは細かいささがきにして水につけ，アクを抜く．ごま油を熱してごぼうを炒め，ごぼうがしんなりしてきたらみそ，砂糖，みりんを加えて練り上げる．堅さは清酒でかげんする．最後に炒り大豆を加えて練り上げる．

てっきゅう
鉄火巻きときゅうり巻きを盛り合わせたものの一般名．すしの呼び名の一つである．

てっさ⇨ふぐさし
てっせん（鉄扇）
魚や肉のすり身を平らにのばして蒸すか，または焼き上げて末広形に切り，鉄扇串という青竹で作った飾り串を打ったもの．また，串にささず，鉄扇の形に整えた場合にも用いる．

てっちり
ふぐを用いたちり鍋．ふぐちりともいう．土鍋にこんぶを敷き，ふぐの切り身，豆腐，ねぎ，しいたけなどを入れ，湯を加えて煮る．煮えたところからぽん酢しょうゆにだいこんおろし，さらしねぎ，七味とうがらしで食べる．

てっぽう⇨ふぐ
てっぽうまき（鉄砲巻き）
細い巻きずしの一種．かんぴょう巻きのように，細巻きにしたものをいう．鉄砲の砲身に似ているためについた名前．

てっぽうやき（鉄砲焼き）
魚，鳥，肉，たけのこなどにとうがらしみそをぬって焼いた料理．ピリッとする刺激性になぞらえた名前．

てのべそうめん（手延べ素麺）⇨そうめん
てば（手羽）
にわとりの羽のつけ根から切り離した部分．手羽もとと手羽先が含まれている．手羽先はさらに先端の部分と手羽なかに分かれる．手羽もとは柔らかいので，煮物，スープ，水炊きに．手羽先は肉は少ないが旨味があるので，から揚げやスープなどの材料にされる．手羽なかは，細い方の骨を抜き，身をくるりと返してチューリップ形にし，から揚げやソテーに用いる．⇨けいにく

てばかり（手秤り）
手の感覚を利用して，食品の計量を行う方法．人間の手の感覚は非常にデリケートで，練習を積むと，1g程度の重量の差を判別することができる．通常，刻んだ葉菜類は，片手山1杯で約50g，両手山1杯で約100gである．また，ひとつまみも，各個人ごとでは非常に正確で，毎回のつま

んだ量の差は0.1g以下である．これは，人間の指の先の感覚がたいへんにデリケートだからである．

てびらき（手開き）

包丁を使わず指先で魚を開くこと．いわしなど小形で身の柔らかい魚に用いられる手法．

頭をとり，親指を中骨と身の間に入れて，静かにしごいて身を開く．中骨は尾のつけ根を指でつまんで切り，静かに引っぱってはずす．

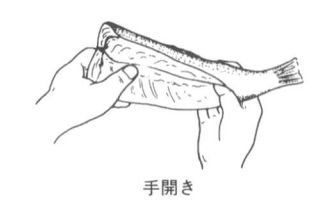

手開き

テーブルパン

食卓で食事どきに出されるパンのこと．はっきりした定義はないが，料理を食べる合間に口直しの目的で食べることが多いので，甘いものより塩味系のものが多い．

テーブルワイン（table wine）

食事中に飲むワインを一般にテーブルワインという．フランス，ドイツ，イタリアなどではワインの分類上，上級ワインに対して，一般ワインのことをテーブルワインと称している．

てぼう（手亡）

小形のいんげん豆の一種．豆の大きさで，大てぼう，中てぼう，小てぼうと区別されていたが，現在はてぼうといえば大てぼうをさす．

主として煮豆や白あんを作るのに用いられるが，煮豆の場合は，少し皮の堅いのが難点である．

デミグラスソース（demi-glace sauce）

⇨ドミグラスソース

デミタス（demi tasse―仏）

食後に飲む小さいコーヒーカップのこと．デミは半分，タスは茶碗という意味．

デュクセルソース

ブラウンソース➡をベースにした応用ソース．フランス語でソース・デュクセル（sauce Duxelles）という．デュクセルとはフランスの侯爵の名前．用途が広く，魚，肉，とり，野菜などの料理のかけ汁やグラタン料理などに向く．

●デュクセルソースの作り方

材料（約1カップ分）：ブラウンソース➡カップ1　たまねぎ小½個　マッシュルーム3個　セロリ¼本　パセリ少々　トマトピューレー大さじ2　白ワイン大さじ3　バター大さじ1　塩少々　こしょう少々

野菜はすべてみじんに切る．鍋にバターを溶かし，たまねぎをよく炒め，セロリ，マッシュルームを加えてさらに炒め，白ワインを加え，汁気がなくなるまで煮つめる．そこにトマトピューレー，ブラウンソースを加え，塩，こしょうで調味し，弱火で10分ほど煮込む．パセリを加えて仕上げる．

てり（照り）

つやつやした光沢のこと．料理に光沢のあるものを"照りがある"という．また，光沢をつけることを"照りをつける"という．照りをつけるためには，みりん，卵白の水溶き，あるいはくずで濃度をつけた煮汁をからませる，などといった方法がある．冷たい料理では，煮溶かしたかんてんを材料に塗って冷やし固めることもある．料理では照り焼き➡，照り煮などがある．

てりじょうゆ（照り醬油）

焼き物に照りをつけるために用いられる調味しょうゆ．タレともいう．ふつうは，

しょうゆ，みりん，清酒，砂糖を合わせて煮つめて作るが，煮つめる操作を省き，かたくり粉でとろみをつける方法もある。

テリーヌ（terrine—仏）

本来は陶製のふたつきの容器のことであるが，この容器に詰めて焼いたものもテリーヌという。パイ皮にくるんで焼いたものはパテともいうが両者には，はっきりした区別はなく，同一物として扱われていることが多い。

材料には豚肉，牛肉，レバー類，かも，鶏肉，魚介類が用いられる。薄切りあるいはひき肉にしてスパイス，塩，ワインなどで調味し，テリーヌ型に詰め，湯せんしながらオーブンで焼く。冷めてから切り，オードブルに用いる。肉の切り方や重ね方，あるいは彩りのきれいな野菜を入れたりして切り口を美しくしたものが多い。

てりやき（照り焼き）

材料にタレ（照りじょうゆ）をぬりながら照りが出るように焼くこと，またその料理。しょうゆとみりんがアミノカルボニル反応（→メラノイジン）を起こし，美しい照りと，香ばしい香りを出す。はも，ぶり，まぐろ，うなぎなどの身の厚い魚や脂肪の多い魚によく使われる。タレは，しょうゆ，みりんあるいは清酒も混ぜて煮つめる。魚をよく素焼きしてからタレをつけはじめるのがコツ。何回も繰り返してぬる方がよい。アメリカでは，しょうゆを用いて焼いた肉が，TERIYAKIとして愛好されている。

●タレの作り方
しょうゆ2，みりん3，あるいはしょうゆとみりんを同量合わせて火にかけ，3割ほど煮つめる。

てりやきソース（照り焼きソース）

しょうゆに，みりんやワインなどのアルコール分を配合して，照り焼き用にしたソース。

テール（tail）

ふつうテールといえば牛の尾（オックステール）をさす。一般には皮を除き，すぐに調理できるよう関節ごとに切ったものが売られている。骨のまわりについているわずかの堅い肉はよく煮るとゼラチン状になり柔らかくなる。長く煮込むシチューやスープなどに用いられる。→テールシチュー

テールシチュー

牛の尾を主材にしたシチュー。正しくはオックステールシチュー。できるだけ長時間煮込むのがポイント。長い時間とろ火でことことと煮ると堅い部分はゼラチン質となり，汁がトロッとした感じになり，味もよくなる（→すじにく）。よく煮ると骨ばなれもよくなるので，骨をはずして供してもよい。

●テールシチューの作り方
材料：テール（牛の尾）800ｇ　塩，こしょう　少々　小麦粉適量　バター大さじ1　サラダ油大さじ1　たまねぎ中1個　赤ワインカップ1/2〜1　水カップ3　固形スープの素1個　トマトピューレーカップ1/2　ベイリーフ1枚　セロリ1本　小たまねぎ8個　にんじん大1本　塩，こしょう　少々

テールは熱湯に塩ひとつまみ加えた中で3分ほどゆで，水にとり，洗って水気をきる。これに塩，こしょうをし，小麦粉をまぶし，バターとサラダ油で焦げめがつくまで炒めてとり出す。同じ鍋にたまねぎのみじん切りを加え，きつね色になるまで炒め，テールを戻し，赤ワイン，水，スープの素，トマトピューレー，ベイリーフを加え，アクをとりながら，弱火で約2

時間半煮る．セロリはすじをとって2cm角に切り，小たまねぎは上下を切って皮をむき，にんじんは乱切りにして途中で加える．塩，こしょうで味を調える．

でんがく（田楽）

豆腐を串に刺し，田楽みそ→をぬって焼いたもの．田楽豆腐の略称．さといも，こんにゃく，なすなどでも作る．魚を材料としたものは魚田→，串に刺した材料を煮込んだものは煮込み田楽という．煮込み田楽は現在ではおでんと呼ばれることが多い．
→おでん

でんがくみそ（田楽味噌）

田楽に塗る練りみそ．みそに砂糖，みりん，清酒などを加えて加熱しながらよく練ったもの．みそは赤みそを使うことが多いが，白みそを混ぜることもある．木の芽のすりつぶしたものを入れると木の芽みそとなる．

●田楽みその配合割合
材料：赤みそ80g　みりん大さじ2　砂糖大さじ1　だし汁大さじ2　卵黄1個分
卵黄以外の材料を小鍋に入れ，火にかけてよく練り合わせ，最後に卵黄を入れて手早く混ぜる．

てんかす

てんぷらを揚げるとき，揚げ油の中に散ったてんぷらの衣のこと．揚げ玉ともいう．うどんやたこ焼き，みそ汁などに入れて用いられる．

でんじちょうりき（電磁調理器）

電磁波が鉄に吸収されると，磁場ができ，これがさらに反発してエネルギーを生じる．モーターはこれを利用したものであるが，この反発ができないとき，運動エネルギーは熱エネルギーに変わる．これを利用したのが電磁調理器である．誘導加熱（インダクション・ヒーティング induction heating）という意味からIHと呼ばれる．器具としてはコンロ（電磁加熱器，IHクッキングヒーターなどという）と電磁加熱炊飯器（IHジャー炊飯器）がある．

調理科学

電子レンジの加熱の理論

電子レンジは電波の一種であるマイクロ波により，物体にエネルギーを供給し，その電波によって水分がエネルギーを得，振動する．その際に，水分子どうしがこすれ合って，熱エネルギーを発生する．そして，水分を含む食品はそれ自体から熱を発する．これが電子レンジによる加熱方法である．電子レンジ加熱は，急速に温度が上昇し，たんぱく質変性なども急速に起こりやすいので，殺菌作用もかなりある．しかし一方では，水分が組織から分離しやすくなり，そのために，いったん電子レンジで加熱した食品あるいは調理品は，冷めるとカサカサした状態となりやすい．とくに，でんぷん性食品，たとえば，パン，まんじゅう，もちといったものや，たんぱく質性食品，たとえば，肉などは，電子レンジによる加熱によって，このような現象を生じやすい．また，急速加熱により，たんぱく質繊維の場合は，そのらせん状構造が強く収縮し，そのため肉などは非常に口当たりが堅くなる．したがって，電子レンジ加熱はこのようなものに対しては十分注意しながら行う必要がある．また，急速に温度上昇があるため，酵素が適温で働くようなものでは，酵素の働く余地が少ない．たとえばさつまいもを加熱する場合，電子レンジ加熱では，アミラーゼの働く時間が非常に短く限定され，そのために甘味のある焼きいもなどができにくい．

電波は，細い金属線に対しては，帯電するので，金線，銀線など金属線の入った食器，あるいは金属串，ホッチキスの針のようなものはスパークして危険であるから，電子レンジ内には入れないよう注意する必要がある．

熱効率が高い，炎が出ない，温度調節が細かく設定できるなどのメリットがある．加熱には磁石の力が働く鉄，ほうろう，ステンレス製の鍋に限られる．

でんしレンジ（電子レンジ）
マグネトロントという，特殊な真空管から発射する高周波電波であるマイクロ波を利用して加熱する調理器具．日本では1960年代に登場し，70年代に普及した．食品や料理の加熱以外に，冷凍食品の解凍などに用いる．オーブンやグリルの機能を備えたものなど多様化している．

てんしん（点心）
中国料理で軽い食事代わりになる軽食や，菓子，デザートなどの総称．点心には塩味と甘味のものがあり，塩味のものにはラーメン，シューマイ，ギョーザ，チャーハンなどが，甘味のものは中国菓子類，甘い飲み物などがある．

てんちゃ（天茶）
てんぷらを使った茶漬け．てんぷらと焼きのり，しょうが，さらしねぎをごはんの上にのせ，その上から熱い茶をかけ，ふたをして1〜2分してから食べる．茶の代わりに，薄味に調味しただし汁をかけることもある．

てんつゆ（天つゆ）⇨つけじる

てんどん（天丼）
てんぷらどんぶりのこと．どんぶりに温かいごはんを入れ，その上にてんぷらをのせ，つゆをかける．つゆは，だし汁にみりん，しょうゆを加えて煮立てたもの．→かけじる

てんなん（天南）
てんぷら南蛮のこと．かけそばやかけうどんのたねにてんぷらとねぎを使ったものをいう．

てんぴ（天火）⇨オーブン

でんぶ（田麩）
魚の身をほぐし，しょうゆ，みりん，砂糖などで調味し，水分のなくなるまで炒りつけたもの．しょうゆを用いず，砂糖，みりん，塩で調味したり，食紅で薄く色をつけたものもある．魚にはかつお，かれい，たら，たい，えびなどが用いられる．そのまま温かいごはんに振りかけたり，おにぎりにまぶしたりする．彩りとして料理の飾りにもよい．

●でんぶの作り方

材料：白身魚200g　砂糖大さじ2　みりん小さじ2　塩ひとつまみ

　白身魚は4〜5分ゆでて水にとり，骨や皮，血合いを除く．身をほぐし，ふきんに包み，水の中で洗うようにしてさらす．水気をよく絞り，鍋にあけ，割り箸4〜5本でかき混ぜ，調味料を加え，気長に炒りあげる．

てんぷら（天婦羅）
魚介，野菜などの材料に，小麦粉を水と卵で溶いた衣をつけて揚げたもの．小さく切った材料を数種合わせて揚げたものはかき揚げ→，野菜を中心に揚げたてんぷらは精進揚げ→という．また衣に卵黄だけを加えて揚げたものを金ぷら→，卵白を泡立てて加えたものを銀ぷら→という．熱いうちにだいこんおろしとてんつゆ，あるいは塩をつけて食べる．衣は薄力粉を冷水でとき，混ぜすぎないようにする．粘りが出るとからりと揚がらない．

油はできるだけ新しいものを使うこと．油は数種合わせると香りの幅が広がる．鍋は口の広いものより，細めで深いものの方がよい．口が広いと油は酸化しやすく，油が酸化してくると粘性を増し，揚げ物に多くの油が付着するとともに，粘性を増した油は口当たりがわるくなるからである．

また油がいたんでくるとからりと揚がらない．

揚げ温度は最高180度まで．温度を上げすぎると油が酸化する．とくに，植物性の材料は140度くらいの低温でゆっくりと揚げる方がよい．

なお，関西では，魚のすり身を油で揚げたさつまあげ（揚げかまぼこ）をてんぷらとも呼んでいる．

てんぷらゆ（天婦羅油）

てんぷら油は精製植物油の一般名称．サラダ油よりも精製度が低いものをいう．サラダドレッシングなどに使うには少し油臭いが，てんぷらに使うと，それぞれの油のもっている風味が生かされる．ふつうは，油をカクテルする方がよいので，市販品では，数種の油を混ぜたものが多い．

でんぷん（澱粉）

植物の根や茎，種子，実に貯蔵されている糖類で，エネルギー源として重要な成分．穀類，いも類などに多く含まれている．でんぷんは，生（ベータでんぷん）では消化液が侵入しにくいため消化がよくない．これに水を加えて加熱したアルファでんぷん🔖は消化液が作用しやすく，栄養的に利用できる状態になっている．したがって，でんぷんを食用にするときには，十分にアルファ化することが必要である．でんぷんの種類によってアルファ化の温度，所要時間などが異なるため，それぞれに応じた加熱方法をとることが大切である．

アルファ化した柔らかいでんぷんも時間がたつと再び堅くなってくる．これはでんぷんが老化したためである🔖．老化したも

🧪 調理科学

てんぷらの衣の粘り

てんぷらの衣は，小麦粉のたんぱく質によりグルテン形成が行われると，油で揚げたとき油と水の交替がうまくいかなくなり，口当たりの重い衣になる．したがって，極力，グルテンの形成を抑えるような工夫が必要である．そのためには，グルテン形成力の低い薄力粉を用いる．しかも，温度が低いと酵素は作用しにくいので，小麦粉や水を冷やすとよい衣ができる．また，水その他の材料を合わせたとき，衣を極力攪拌せず，粗く混ぜる程度にとどめる方がよい．

小麦粉にでんぷんを加える理由

衣をさっくり揚げるためには，小麦粉にでんぷんを混ぜればよいともいわれる．これは，小麦粉だけでは，グルテンの形成量が多く，それが，さっくりとした衣を作るのにマイナスとなる．目的の口当たりを得るためには，グルテン形成の絶対量を減らせばよい．それには，グルテンの材料となるものを含まないでんぷん性食品と合わすのがよく，これがでんぷんを加えると衣がさっくり揚がる理由である．つまり，でんぷんによって小麦粉を薄める形となる．

衣の炭酸水素ナトリウム（重曹）の影響

衣をカリッと揚げるためには，衣の中の水分が除去され，反対に油が入ることが必要である．そのためには衣を多孔質にし，水分蒸発をしやすくするようにする必要がある．その目的にかなうのが炭酸水素ナトリウム（重曹）などの膨張剤である．膨張剤を加えることで，加熱により生地は多孔質にふくれあがり，同時に水分の蒸発も盛んとなる．そして，そのあとに脂肪分が入りこみ，口当たりがサクサクする．

油の香り

油脂類は，加熱することで，それぞれ特有の香りを発する．油脂は，グリセリンに3分子の脂肪酸が結合した形であり，その脂肪酸の種類によって，加熱したときの香りが異なるからである．よい香りを出すのは，不飽和脂肪酸を多くもつものの方がよい．また，油脂それぞれで結合している脂肪酸はかなり異なるので，いくつかの油を混合し，揚げ物に使うと，よい香りが混合されて供給できる．なお，油が加熱されたときに出るおいしい香りは，ディープフライフレーバーと呼ばれている．

のは加熱すれば再び柔らかくなる．もちを焼く，パンをトーストするなどがそうである．

テンペ（tempe）
蒸した大豆にテンペ菌というかびを植え，加温発酵させた食品．インドネシアのジャワ島東部で，常食として数百年前から作られてきた．日本の納豆に似ているが，納豆のように糸は引かず，においもない．発酵により大豆はたいへん消化吸収しやすい形になっている．

てんもり（天盛り）
酢の物や和え物を盛りつけた上に，料理の味を引き立てるため少量のあしらいをのせること．木の芽，針しょうが，ゆず，芽じそなど香りのものが用いられる．

調理科学

でんぷんのアルファ化

でんぷんは，生の状態では規則正しい結晶構造をしている．この状態では水となじみにくく，また分子も消化液と作用しにくい．しかし，水が存在する状態で加熱することにより，この規則正しい構造はくずれて自由な形となる．この状態をアルファ型という．また，この状態にすることをアルファ化という．アルファ化したでんぷんは糊状となり，また消化酵素も作用しやすく口当たりもよい．

でんぷんの老化

いったんアルファ化したでんぷんは，水分が多い状態で9度以下の低温になると，再び生のでんぷん，つまりベータ型に戻る．この戻り現象をでんぷんの老化と呼んでいる．冷やごはんやもちが堅くなっているのはこのためである．

でんぷんのベータ化，つまり生のでんぷんへの戻りを防止するためには各種の方法がある．老化防止に役立つ物質としては，水分をとり，それを利用できないようにする糖分が最も有効である．水分を固体の結晶にしてしまう冷凍も有効である．また，食品添加物の乳化剤を加えることにより老化を遅らせることができる．

と

ドウ（dough）
小麦粉に水を加えて作った粘り気のある生地のこと．パン生地，うどん生地，パイ生地などをさす．→こむぎこ

とうがらし（唐辛子）
ナス科．辛味の強い辛味種と，弱い甘味種の2種類がある．辛味種にはカイエン（→カイエンペッパー），たかのつめ→，やつふさ，タバスコ→，チリなどがある．一般に赤色で果形は細長い．甘味種にはパプリカ→，ピーマン→，伏見甘，ししとうがらし→などがある．

甘味種の多くは野菜的に使われるが，辛味種は漬け物，佃煮，その他ソース類に辛味づけとして使われる．

辛味成分はカプサイシンという一種のアルカロイドで，果皮に多い．

とうがん（冬瓜）
ウリ科の果菜．味がたいへん淡白で固有の風味がないので，よいだしで味つけをするのがポイント．煮るときは，柔らかくゆでてから調味する．色をきれいに上げるためには薄口しょうゆを，また，とうがんだけでは味が単純なので，旨味の出る動物性食品を加えて調理することが大切．あんかけ料理，汁の実，蒸し物などに向く．

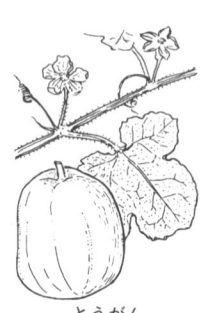

●とうがんのスープの作り方
材料：とうがん400ｇ　鶏ささみ2本　生しいたけ2枚　湯（スープ）カップ4　青ねぎ1本　塩，清酒，しょうゆ各少々

スープを塩，清酒，しょうゆで吸い物程度に味をつける．とうがんは皮をむいて長いせん切り，生しいたけは軸をとりせん切り，鶏ささみは長いせん切りにする．スープにとうがん，しいたけ，ささみを入れ，とうがんが透明になったら火を止め，青ねぎの細切りを散らす．

とうざづけ（当座漬け）
2～3日から2週間くらいの短期間で食べる漬け物のこと．長期保存はしないので塩味も比較的うすく，材料の重さの4％程度で漬けるものが多い．はくさい，しゃくしなどの塩漬けがこれに入る．

ドウチイ（豆鼓）
中国の調味料．大豆を粒ごと発酵させたもので，黒くて塩辛く，特有の風味があり，日本の浜納豆→によく似ている．炒め物，煮物などに塩味と香りをつけるのに用いる．

とうにゅう（豆乳）
大豆を水につけて柔らかくしたあと，水を加えながらどろどろにすり砕き，加熱して布袋でこしたもの．豆腐製造の際の中間産物．たんぱく質，炭水化物，ビタミンB_1に富む栄養飲料．牛乳や母乳代わりに用いることができる．しかし，牛乳に比べ脂肪と無機質が不足している．

最近は豆乳が飲料として市販されている．市販品を買うときは，表示をよく確かめること．JASにより「豆乳」「調製豆

乳」「豆乳飲料」の3種がある．「豆乳」は丸大豆を使って作った混ぜもののない本当の豆乳．「調製豆乳」は大豆たんぱく質や粉末状にした加工大豆を原料にして作ったもので，あとから植物油を添加することもある．豆乳に以上のものを加えたものも含まれる．"豆乳飲料"は豆乳あるいは調製豆乳にコーヒー，ココアなどを混ぜたものをいう．

●豆乳の作り方

材料（約2*l*）：大豆カップ1　水カップ10

大豆はひと晩水につける．翌日水気をきってミキサーに入れ，カップ2の水を加えて砕く．大きな深鍋に分量の残りの水を入れて沸騰させ，砕いた豆を入れる．ふきこぼれないように沸騰させ，混ぜながら15分煮る．木綿袋でこし，豆乳を絞りとる．袋に残ったものがおからで，料理に利用できる．

トウバンジャン（豆板醤）

そら豆で作ったみそに赤とうがらしを加えた，辛味の強い中国の調味料．トウバンジャンは中国では豆瓣醤といい，そらまめを用いたみそのことで，とうがらしを加えたものは豆瓣辣醤と呼んで区別する．しかし一般には，とうがらし入りをトウバンジャンと呼んでいる．マーボーどうふ（麻婆豆腐）のほか，炒め物などに中国で

は広く用いられている．

とうばんやき（陶板焼き）

耐熱性の陶製の板を用い，肉や魚介，野菜を焼いたもの．陶板は保温性がよく（☞いしやき），熱のあたりが柔らかいので，油がとび散りにくく，材料もよく焼ける．また石焼きと同じく風雅な感じが喜ばれる．

とうふ（豆腐）

豆乳に凝固剤を入れて固めたもの．木綿豆腐，絹ごし豆腐，ソフト豆腐，充填豆腐などがある．木綿豆腐は，木綿布を敷いた小孔のあいた型箱に流し，水気をきって固めたもの．絹ごし豆腐は，木綿豆腐のように水きりをしないでそのまま固めた豆腐．ソフト豆腐は，木綿豆腐と同様に型箱に入れるが，短時間水切りして圧搾成形した豆腐．充填豆腐は，絹ごしと同じ方法だが，包装容器に詰めている途中で固まらないよう，低温で凝固剤を混ぜ，容器に入れて密封してから加温して凝固させたものである．凝固剤としては，硫酸カルシウム，塩化カルシウム，塩化マグネシウム，グルコノデルタラクトン，にがりなどが使用される☞．焼き豆腐は，豆腐を直火で焼いたものであるが，現在はバーナーで焦げめだけをつけたものがほとんどである．

湯豆腐，冷ややっこ，すき焼き，田楽などに．そのほか，みそ汁の実，白和え，け

🧪 調理科学

豆腐の凝固の理論

豆腐は，大豆たんぱく液である豆乳を凝固させて作る．大豆たんぱくは，マグネシウム，カルシウムといった塩類によって凝固する．これは一種のたんぱく質の変性である．マグネシウム塩類としてはにがりがあり，カルシウム塩類としては塩化カルシウム，硫酸カルシウムがあげられる．凝固剤は，強く加熱した場合には，固まったたんぱく質の凝集がさらに強くなり，豆腐の口当たりが堅くなるので，通常，70度程度の温度で凝固させる．したがって，湯豆腐のように，さらに加熱する場合には，残存している凝固剤が働き，豆腐のしまることが多い．また凝固剤としては，酸によっても凝固するので，酸味料であるグルコノデルタラクトンを使用することもある．

んちん汁、おでんなど豆腐百珍といわれるように料理は多い．豆腐は水分が多いので、料理によっては水きりをする．形をくずさないで水をきるときは、ふきんやペーパータオルに包んで、斜めにしたまな板にのせ、もう1枚まな板をのせるか平皿を2～3枚のせる．炒り豆腐のように十分に水気をきりたいときは湯の中にくずし入れてざっとゆでて、ふきんにとって水気をとる．→いりどうふ・→ひややっこ・→ゆどうふ

とうみつ（糖蜜）

原料植物の搾り汁から砂糖の結晶をとった、残りの最終糖液のこと．一種特有の焦げ臭をもった、粘りのある黒褐色の液体．モラッセスともいう．ビタミンや無機質は精製した砂糖より多い．菓子の香りづけや、アルコール発酵などの原料にされる．

トウミャオ（豆苗）

中国野菜の一つで、えんどうの柔らかい新芽のこと．中国ではドウミヤオあるいは豌豆苗（ワンドウミヤオ）という．茎から出てくる若芽とつるを10cmくらいのところで摘む．口当たりは柔らかで、さやえんどうに似た特有の香りがする．中国料理では上等な材料とされている．さっと炒めて用いるほか、スープの浮き実などに使う．

トウミャオ

どうみょうじあげ（道明寺揚げ）

材料に、小麦粉、卵白、道明寺粉→をまぶして油で揚げたもの．あじ、きす、あゆなどの小魚に用いられる．外観から、泡雪揚げ、みぞれ揚げともいう．てんつゆと薬味を添えて食べる．

どうみょうじこ（道明寺粉）

もち米を水に浸して蒸し、乾燥して粗くひいたもの．粒子の大きさにより大、中、小の3種がある．桜もち、つばきもちなどの和菓子のほか、道明寺蒸し、道明寺揚げなど料理にも用いられる．

どうみょうじほしい（道明寺糒）

もち米を水に浸し、一度蒸してから乾燥したもの．昔の携帯食、非常食であった．大阪府の道明寺で作られたのでこの名がある．粉にひいたものは道明寺粉→といい、和菓子や料理に用いられる．

とうもろこし（玉蜀黍）

イネ科の植物で、なんばんきび、なんばきび、とうきびともいう．でんぷん製造に多く用いられる馬歯種（デント）や柔軟種（ソフト）、ひき割りや粉末にして食用にする硬粒種（フリント）、完熟前の柔らかいのを焼いて食べたり、缶詰にする甘味種（スイート）、ポップコーンに用いられる爆裂種（ポップ）などの種類がある．市場に生あるいは冷凍の形で多く出回っているのは甘味種である．甘味種は未熟なものの方が甘味がある．

生のとうもろこしは、収穫後できるだけ新しいものが柔らかく、味もよい．時間とともに味が落ちていく．蒸すか焼くかして食べることが多いが、しょうゆとバターがよく合う．→スイートコーン

どうわり（同割り）

調味料を2種以上混ぜ合わせて用いるとき、同量ずつ合わせること．

ドゥン（燉）

中国料理の煮物の調理法の一つで、蒸し煮のこと．原形のままかまたは大きく切っ

た材料を，厚手の深鉢にかぶる程度の水またはスープとともに入れ，弱火で長時間，柔らかくなるまで蒸し煮する．蒸し煮の方法は容器ごと湯煎(ゆせん)にしたり，蒸し器で蒸す．直火で煮るのと違って，おだやかに加熱されるため，煮くずれやスープの濁りのないのが特徴である．この方法でつくる料理を燉菜(ドゥンツァイ)という．

ドゥンツァイ（燉菜）
中国料理で蒸し煮した料理のこと．料理例は，燉冬瓜盅(ドゥンドンゴワジョン)（とうがんを器にして，中に具を詰めスープ蒸しにしたもの），清燉嫩鶏(チンドゥンネンジイ)（丸鶏のスープ蒸し煮）などがある．→ドゥン

とくさ（木賊）
黒みをおびた緑色をとくさ色というが，その色に仕上げた料理につけて用いられる．おもに青のり粉が使われる．とくさうどは，4〜5cmに切ったうどを細い円筒形にむき，煮つけて青のり粉をまぶしたもの．ごぼうで作ったものはとくさごぼうという．

ドコサヘキサエンさん（ドコサヘキサエン酸）
魚の脂肪分を構成する多価不飽和脂肪酸の一つ．DHAともいう．いわし，さんまなど青背魚に多く含まれている．胎児の脳神経系の発達に寄与，アレルギー性疾患の鎮静，老化予防などの働きがあるとして注目されている．

とこぶし（常節）
ミミガイ科．あわびによく似た巻き貝．ながれこともいう．形，色はあわびに似ているが，形は小さく味はあわびより劣る．秋から春までが味がよい．生食には向かない．殻のまま身の方に塩を振ってたわしでこすり，水洗いして調理する．身が小さいので殻ごと煮つけたり，殻をはずして付け焼き，佃煮風にしてもよい．殻を身からはずすときは，ゆでるか，空鍋に入れてふたをし火にかける．煮物の場合は一度蒸してから煮ると柔らかく仕上がる．長く煮ても柔らかくなるが，とこぶしの風味がなくなる．

ところてん（心太）
てんぐさを煮て作る日本独特の海藻製品．盛夏の清涼食品として古くから食べられてきた．かんてんと異なり，磯のにおいがある．ところてん突きでつき出したものに二杯酢や蜜をかける．

とさかのり（鶏冠海苔）
紅藻類の海藻．鮮やかな紅色をしている．にわとりのとさかに似ているのでこの名がある．春採取するが，生のものをさしみのつまや酢の物にする．塩蔵品は水で戻し塩抜きして用いる．

とさかのり

とさじょうゆ（土佐醬油）
調味しょうゆの一つ．濃口しょうゆとみりんを合わせ，削りがつおを入れて煮立て，こしたもの．冷ましてから用いる．さしみ，洗い，冷ややっこなどのつけじょうゆに用いられる．

●土佐じょうゆの配合割合
材料：しょうゆカップ1　みりん大さじ2　削りがつお10g
みりんを煮切り，しょうゆ，削りがつおを加え，ひと煮立ちさせたあと，こす．

とさず（土佐酢）
合わせ酢の一つ．二杯酢や三杯酢に削り

がつおを入れて煮立て，こして冷ましたもの．魚や野菜の和え物に使う．

●土佐酢の配合割合

材料：三杯酢カップ1/2　みりん大さじ1　削りがつお5g

材料を合わせてひと煮立ちさせたあとこす．

とさづくり（土佐作り）

高知県の郷土料理であるかつおのたたきのこと．➡かつおたたき

とさに（土佐煮）

削ったかつお節を加えて煮たもの．野菜やこんにゃくを煮て，火から下ろす間際に削りがつおを入れて材料にからめる．あるいは，煮汁に削りがつおを多く入れ，かつおの旨味を含ませて煮る．かか煮ともいう．

●土佐煮の作り方

材料：こんにゃく2丁　削りがつお5g　サラダ油大さじ2　砂糖大さじ2　みりん大さじ1　しょうゆ大さじ3〜4

こんにゃくは塩でもみ，水洗いしてひと口大に手でちぎる．サラダ油でこんにゃくをよく炒め，調味料を加えて弱火で気長に炒りつける．煮汁がほとんどなくなったら，かつお節を手でもんで加え，煮汁がなくなるまで炒りつける．

とじに（とじ煮）

卵とじのこと．➡たまごとじ

どじょう（泥鰌）

ドジョウ科の淡水魚．たんぱく質のほかビタミンA，B_2が多く，うなぎに劣らない栄養食品である．小さいものは骨ごと食べられるので，カルシウム給源としてもよい．夏がしゅん．

どろ臭いのでしばらく水に入れてどろをはかせてから用いる．開くときは背開きにして，中骨と腹骨をすきとる．煮るときはみそを用いるとどろ臭さが気にならない．しょうがをにおい消しに使うのもよい．どじょう汁，丸煮，柳川鍋➡などに．

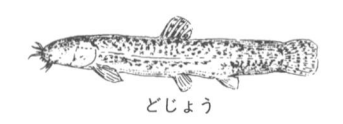

どじょう

トスタダス（tostadas—スペイン）

メキシコの料理．トルティーヤ➡と同じくとうもろこしの粉で作った生地を，トルティーヤより小形にのばし，油でカリカリに揚げる．そしてこの上にトマトソースを塗り，ゆでた鶏肉の細切り，刻みキャベツ，ラディッシュの輪切り，たまねぎのみじん切り，刻んだチーズなどをのせたもの．オープンサンドに似ている．鶏肉の代わりに他の肉を用いることもある．

トースト（toast）

食パンを焼いたもの．バターやジャムを塗って食べる．トーストは，きつね色に焦がすことにより，よい風味を出すととも

🧪 調理科学

トーストの科学

トーストした際，表面にメラノイジン➡が生ずるとともに，一部老化したでんぷんが再加熱により，再びアルファ化する．また，食パンを非常に薄く切って乾燥した状態に加熱すれば，カリカリとした口当たりとなり，厚く切ってトーストした場合には，内部の水分蒸発が少ないため蒸した状態となり，でんぷんはアルファ化し，ふっくらした口当たりとなる．また，糖分の少ないパンの方が口当たりがよくなるのは，糖分による水蒸気のさまたげがないため，表面の水分がよくとび，表面がカリッと乾燥するからである．

に，老化したでんぷんを，再び焼きたての状態に戻す操作である．この際，加熱時間が長く，水分が多く逃げるとカサカサしたトーストになる．

なお，甘味の多いパンは，表面が早く焦げやすく，中心部まで火通りしないうちに焦げるのと，砂糖分があめ状になるので歯ざわりがわるい．これに対し，糖分の少ない塩味のパンでは，シャリシャリとしたよい歯ざわりが楽しめる．塩味のフランスパンなどもトーストにするとよい．この際は，輪切りにしてもよいが，上下半分に割って中側を焼く方がよい．

とそ（屠蘇）

とそ酒のことで薬酒の一種．とそ散といわれる粉末状の生薬（さんしょう，ぼうふう，びゃくじゅつ，肉桂など）を袋に入れ，みりんか清酒に浸して成分を浸出したもの．日本では昔から正月三が日に飲んで，その年一年の無病息災を祈る風習がある．

トッピング（topping）

頂部の飾りの意．ケーキやアイスクリームなどの上を飾りつけるもので，生クリーム，バタークリームなどが用いられる．

どてなべ（土手鍋）

鍋料理の一種．鍋のまわりに，砂糖，みりんなどで調味したみそをぬりつけ，だし汁を入れて，かき，はまぐりなど貝類のほかに，こんにゃく，ねぎ，豆腐なども入れて，いっしょに煮ながら食べる．かきを用いたかきの土手鍋がよく知られている．まわりのみそをくずしながら煮汁に煮溶かして食べるのが特徴である．

● 土手鍋の作り方

材料：かき600g　ねぎ2本　焼き豆腐1丁　生しいたけ4枚　はくさい6枚　春菊2把　糸こんにゃく1袋　みそカップ1　だし汁カップ3　砂糖大さじ3　みりん大さじ3　清酒カップ1/4

かきは塩水の中で振り洗いし，水気をきる．ねぎは1cmの斜め切り，焼き豆腐はひと口大に切り，はくさいはざく切り，春菊は根を切りとり，糸こんにゃくはゆでて食べよい長さに切る．砂糖，みりん，清酒を加えて練り上げたみそを鍋のまわりに土手のように塗り，だし汁をはり，材料を入れて煮る．煮えてきたらみそを煮汁に煮溶かして味を調節しながら食べる．

ドーナツ（doughnut）

小麦粉に，バター，牛乳，砂糖などを加えて混ぜ，油で揚げた菓子．小麦粉をこねたドウを薄くのばして型で抜いたものと，型で抜くことができない程度に柔らかく溶いたたねを，ドーナツ型に入れるか，絞り出し袋で油の中に絞り出して揚げるソフトドーナツの2種がある．小麦粉とベーキングパウダーはいっしょに混ぜ，ふるいでふるっておくのがポイント．バターと小麦粉を混ぜ合わせるときは，さっくりと混ぜ，決して練らないことがふっくら仕上げるコツ．砂糖をまぶすときは砂糖を紙袋に入れ，この中にドーナツを入れて2〜3度振るとまんべんなく砂糖がつく．夏はバターが溶け，たねが柔らかくなって扱いにくくなるので，冷蔵庫で冷やして用いるとよい．

● ドーナツの作り方

材料（10〜12個分）：小麦粉200g　ベーキングパウダー小さじ2　塩少々　バター大さじ2　砂糖大さじ5　牛乳カップ1/3　卵1個　バニラエッセンス少々　粉砂糖（またはグラニュー糖）適量　揚げ油適量

小麦粉，ベーキングパウダー，塩を合わせて2回ふるっておく．ボールにバターを入れ，泡立て器でクリーム状になるまで練り，砂糖，卵，牛乳，エッセンスを順に加え，最後にふるった小麦粉を加えてさっくりと混ぜ，ひとまとめにする．打ち粉をしたまな板の上にのせ，めん棒で1cmの厚さにのばす．ドーナツ型で抜き，中温に熱した油で揚げる．好みにより粉砂糖を振りかけたり，グラニュー糖をまぶす．

とびうお（飛魚）
トビウオ科の海水魚の総称，およびその中の一種．春から初夏がしゅん．内臓が小さく鮮度が落ちにくい．味は淡白．水っぽいのでさしみには向かない．また脂肪分が少なく，加熱によって身がしまって堅くなるので煮魚にも不向き．塩焼き，照り焼き，酢の物，バター焼きなどがよい．ちくわ，はんぺんの原料にもなる．福岡あたりでは干したり（干しあご）焼いてから干したもの（焼きあご）を，だしをとる材料として使っている．

とびうお

どびんむし（土瓶蒸し）
土びんにまつたけ，焼きあなご，みつばなどを入れ，吸い物よりやや濃いめの汁を加え，蒸すか，火にかけてひと煮立ちさせたもの．すだちの輪切りやだいだいを添える．

どぶづけ⇨ぬかみそづけ
トマト（tomato）
ナス科の果菜．本来は夏の野菜だが現在はハウス栽培などにより年中出回っている．品種は桃色種，赤色種，黄色種などがある．桃色種はおもに生食用，赤色種は加工用に用いられる．小形のミニトマトもあり，真っ赤で球形のもの，赤や黄色の洋なし形などがある．また，糖度を高くしたフルーツトマト（デザートトマト）と呼ばれるものもある．青臭い一種独特の香りは，青葉アルコールと呼ばれる成分を中心とした香りである．トマトの赤い色素はビタミンA効力のあるβ-カロテンは少なく，A効力のないリコペンが大半をしめている．そのため色の割にビタミンA効果は少ない．

皮は，熱湯をさっとくぐらせるか，へたの部分にフォークなどを刺してガス火でさっと全体をあぶり，すぐ冷水にとって冷ましてからむくときれいにむける．

サラダ，シチュー，スープ，ミートソースなどに．とくに豚肉などといっしょに用いると肉の臭みが消える．☞

トマトケチャップ（tomato ketchup）
トマトピューレーに香辛料，ビネガー，砂糖などを加えて濃縮し，仕上げ機にかけて粒子を細かくして作ったトマト調味料．単にケチャップともいう．開栓したら保存は冷蔵庫で行う．

独特の酸味と香りがあるので多くの料理

調理科学

トマトの臭み消し
青葉アルコールやその他のトマト特有の青臭いにおいの成分は，料理素材のもつ生臭みを消す効果がある．このため，トマトを肉とともに煮込むと，肉の臭みが消えるので，肉や魚の料理に利用されることが多い．

に合う．とくに油っこいものや卵料理に使うとさっぱりした味が得られる．また，肉の臭い消しの効果があるので，肉用ソースのベースに用いられることも多い．

トマトジュース（tomato juice）

完熟した新鮮なトマトを搾汁後皮や種子などを除去したもの，またはこれに食塩を加えたもの．原料には，生トマトのほか，トマトの搾汁を濃縮して保存したものも用いられ，後者は"濃縮トマト還元"と表示される．

原料には，桃色系の生食用トマトとは異なり，リコペン含量の多い赤色系の加工用トマトが用いられる．

トマトジュースには，ふつう塩分が0.3～0.6％程加えられているが，無塩のものも売られている．

飲むときは容器ごとよく冷やすと味がよい．氷を入れて冷やすと，うすまって風味が低下する．調味料としてトマト煮，トマトソース，トマトスープなどに．また，トマトジュースに刻んだ野菜を加えてゼラチンで固めたゼリーサラダなどにも用いる．

トマトソース（tomato sauce）

トマトピューレーやペーストをベースとして作るソースの総称．使用範囲が広く，魚料理，肉料理，鶏肉料理，野菜料理などに用いられる．

●トマトソースの作り方

材料（カップ1杯強）：トマトピューレーカップ½　にんにく½かけ　バター大さじ1½　たまねぎ70g　にんじん20g　ピーマン½個　セロリ½本　小麦粉大さじ1　スープストックカップ1½　ベイリーフ1枚　塩小さじ½　こしょう少々　砂糖小さじ½

材料はすべてみじんに切る．にんにくをバターでよく炒め，トマトピューレー以外の材料を加えてさらに炒める．小麦粉を振り込み，さっと炒め，トマトピューレーを加え，スープストックを徐々に加えてのばす．ベイリーフ，塩，こしょう，砂糖を加え，20～30分弱火で煮込み，裏ごしにかける．

トマトピューレー（tomato puree）

トマトを煮て裏ごしし，濃縮したもの．固形分は24％未満．ケチャップのように味がついていないので，料理に使いやすく自由に調味できる．ミートソース，シチュー，スープ，煮込み料理，トマトピラフなどに．非常に変質しやすいので口を開けたら全部使い切ってしまうこと．

トマトペースト（tomato paste）

トマトピューレーをさらに濃く煮つめたもので，固形分は24％以上のものをいう．調理ではスパゲティなどのトマトソースやミートソースに，加工用ではトマトサージン，さんまのトマト漬けなどに用いられる．非常に変質しやすいので，口を開けたら1回で使いきってしまうこと．

ドミグラスソース（demi-glace sauce）

ブラウンソースを土台にして，褐色のだし汁（フォンブラン，フォン）を加えて煮込んだ褐色のソース．デミグラスソー

調理科学

トマトケチャップの油の吸収

トマト，特に加工用トマトは，ペクチンを多量に含有する．このペクチンは，油の吸収力が強い．したがって，油を使用した料理に，トマトピューレー，トマトケチャップなどを使用することで，余分の油分を吸収し，口当たりをよくする．また，酸味もその口当たりのよさにプラスする．

スともいう．焼き肉料理のうちでもとくにビーフステーキに使われる．

●ドミグラスソースの作り方
材料（カップ1杯分）：スープストックカップ1　ブラウンソースカップ⅓　バター大さじ1

　鍋にブラウンソースを入れ，スープストックを徐々に加えてのばし，弱火で3割ほど煮つめる．仕上げにバターを入れる．

スープストック：本格的には褐色のスープストックを用いる．作り方はスープストックの材料の牛すね肉，たまねぎ，にんじんを褐色になるまで炒める．スープストックの項，牛すね肉のストックの作り方を参照．

トム・ヤム・クン（tom yam kung）
タイの代表的なスープ．えびと魚，野菜，きのこをたっぷり入れたもので，ライムの酸味ととうがらしの辛味を効かせ，コリアンダーやレモングラスなどのハーブで香りをつける．さらに，魚しょうゆのナンプラーを用いて調味する．これにより濃厚な旨味となる．トムは水で煮たもの，クンはえびという意味．

とめわん（止め椀）
会席料理などで献立の最後にごはんと香の物とともに出す汁のこと．

ともあえ（共和え）
主材料，和え衣とも同一材料で作った和え物．多くは魚介類が用いられる．たとえば，主材料を，その内臓を裏ごしして調味酢でのばした"共酢"で和えるなどの例がある．いか，あわび，あんこうなどに用いられる．

ともず（共酢）
和える主材料と同じ材料を用いた合わせ酢のこと．たとえば，いかを和える場合，いかの内臓を裏ごしし，砂糖，清酒，塩で調味して酢でのばしたものを共酢という．

ドライカレー
ひき肉，たまねぎ，ピーマン，にんじんなど野菜のみじん切り，干しぶどうなどを炒め，カレー粉で味をつけた汁気のないカレー．バターライス▶にかけて混ぜて食べる．パンにはさんでもよい．また，カレー風味の炒めごはんのこともいう．

●ドライカレーの作り方
材料：牛ひき肉200g　たまねぎ2個　にんにく1かけ　しょうが1かけ　トマト（水煮缶）2個　ピーマン2個　生しいたけ2枚　バター大さじ2　カレー粉大さじ2　塩小さじ1½　こしょう，ナツメグ，タイム各少々　スープストックカップ¼

　トマトは種子を除き，他の野菜とともにみじんに切る．鍋にバターを溶かし，たまねぎを褐色になるまでよく炒め，にんにく，しょうがを加えてさらに炒める．次にピーマン，生しいたけ，ひき肉を炒め，カレー粉，塩，その他の香辛料を加える．トマトとスープストックを加え，弱火で20分ほど煮込む．

とらまめ（虎豆）
いんげん豆の一種で，とらのようにしま模様があるところからこの名がある．煮豆の材料として用いられる．皮は柔らかく味はまろやかでこくがある．▶いんげんまめ

どらやき（どら焼き）
小麦粉をこねて焼いた2枚の皮にあずきあんをはさんだ焼き菓子．

ドリア
一種のライスグラタン．バターをぬったグラタン皿にピラフを入れ，上からベシャメルソース▶またはカレーソースをかけて

えびなどを飾り、オーブンで焼いたもの。

●ドリアの作り方

材料：米カップ2　バター大さじ1　スープストック480ml　塩小さじ1　こしょう少々　ベシャメルソース→カップ1½　サラダ油大さじ2　たまねぎ½個　マッシュルーム小1缶　むきえび80g　塩，こしょう　各少々　粉チーズ，パン粉　各少々　パセリ少々

ピラフを作る。米を炊く30分前に洗い、ざるに上げておく。鍋にバターを溶かして米を炒め、分量の水を加え、塩、こしょうで調味して炊く。

鍋に油を熱し、たまねぎのみじん切り、マッシュルームの薄切り、むきえびを炒め、ベシャメルソースを加え、堅ければ、スープストックでのばし、塩、こしょうで調味する。

グラタン皿にバターを塗ってピラフを入れ、上からソースをかけ、粉チーズ、パン粉を振りかけオーブンで焼き、刻みパセリを振る。

とりあぶら（鶏油）

中国の料理用の油。中国名は鶏油（ジイイウ）。鶏の体脂や皮下脂肪を蒸して溶かし出し、こした黄色の油である。おもに中国料理の仕上げ直前に、香りと色をつけるために用いる。

ドリアン（durian）

熱帯産の果物の一つ。卵形で子どもの頭くらいの大きさがある。全面に鋭いとげがとりまいている。ドリとはマレー語で"とげ"の意味。殻には五つの線があり、中は5室に分かれ、刃物で割ると堅い種子が数個ある。果肉は淡いクリーム色のバター状で、蜜と

ドリアン

チーズを練り合わせたような濃厚な甘味があり、多少の酸味をもっている。しかし、特異なにおいがあるのでなじみにくい。

とりがい（鳥貝）

ザルガイ科の二枚貝。軟体部の足を食用にする。足の形がとりに似ているのでこの名があるといわれる。秋から春にかけて味がよい。足を長い三角形に開いたものが売られている。肉質が厚く、紫黒色が濃くて、つやのよいものが新鮮。しこしことした歯ざわりが特徴。素焼き、付け焼きにして酒の肴に。生のまますしだね、さしみ、酢の物、さっとゆでてサラダに入れてもよい。香りも旨味も少なく、しこしことした歯ざわりだけが特色。加熱するとますます堅くなるので、加熱調理には向かない。

とり貝

とりがら（鶏がら）⇨がら

とりざかな（取り肴）⇨くちとり

ドリップ（drip）

液汁のこと。冷凍の魚や肉を解凍したときに流れ出る液汁のことをいう場合が多い。解凍の際、温かすぎて急速に解けた場合や、急速凍結を行わず、緩慢凍結で凍らせた魚や肉などを戻すと、ドリップが多くなる。ドリップが出たあとは、細胞組織がこわれるため、旨味成分が減るとともに形がくずれ、肉はかすかすになる。

とりにく（とり肉）⇨けいにく

トリュフ（truffe—仏）

しょうろに似たきのこで、別名西洋しょうろともいう。くるみ大からじゃがいも大の球形で、黒色で香りが高く、土中に生える。高級フランス料理の味つけには欠かせないもので、ソース、にわとりの詰め物、フォアグラ（がちょうの肝）などの料理に

用いられる.

トルテ（Torte―独）
ドイツ語で円盤状の菓子をトルテと呼ぶ. フルーツパイやクリームパイ（ザーネトルテ），バターケーキ系のものまで広範囲のものが含まれている.

トルティーヤ（tortilla―スペイン）
とうもろこしの粉を薄くのばして平たく焼いたメキシコの平焼きパン. 日本のごはんと同様主食の位置にあり，食事には必ずついてくる. 焼きたての温かいトルティーヤを冷めないようナプキンに包んでテーブルに出し，スープ，肉料理，豆料理などあらゆる料理をこのトルティーヤとともに食べる.

最近は小麦粉で作ったトルティーヤも多くなっている. トルティーヤを用いた料理も多く，エンチラーダス⇒，タコス⇒，トスタダス⇒などがある.

トルネード（tournedos―仏）
トルヌードともいう. 牛ヒレ肉の中央部あたりの切り身で，この部分を用いたステーキはトルネードステーキという.

ドレッシング（dressing）
西洋料理のソースの一種. 一般には，酢と油を主とするビネグレットソース系をいうが，広義には，マヨネーズ⇒系も含まれる. ビネグレットソースはフレンチドレッシング，酢油ソースともいう. これに各種の香辛料，香草，調味料などを加えるといろいろな応用ソースができる. ドレッシングは，あらかじめサラダにかけておくと浸透圧の作用で水分が外へ吸い出され，野菜類がしんなりしてくるので，必ず食用寸前にかけることが大切である.

油はできるだけ新鮮なものを用いる. 古いものを使うと油臭く，胃にもたれる. 酢は醸造酢を使う. よく乳化している方が味にまるみがある. 乳化剤としては，香辛料のパプリカとマスタードの粉末を加え，よく攪拌すればよい. これらは乳化力が非常に強い⇒. ドレッシングは作りおきしておくと，油が酸化し，味が落ちる.

油と酢の割合は2：1くらいが標準. しかし，別にきまりはないから好みによって作る.

このソースを応用したものにシッホナードドレッシング⇒，ラビゴットソース⇒などがある.

トレビス（trévise―仏）
キク科の葉菜で，イタリア産の野菜. 葉は肉厚でキャベツのように結球し，色はワインレッドで外見は紫キャベツに似ているが，レタスの仲間である. 全体が赤いものと，葉先だけが赤くて芯の白いものとがある. トレビーツともいう. 味はほろ苦くコクがあり，口当たりはレタスよりはしっかりしていてキャベツよりは柔らかい. 苦味

調理科学

ドレッシングの乳化

ドレッシングは，通常，卵黄などの乳化剤を使用しないセパレートタイプのものが多い. この場合，分離するとはいっても，できれば，ある程度乳化している方が味がまるくなる. 乳化させるためには，乳化剤が必要であるが，香辛料の中に乳化剤としての力をもつものがある. それは，マスタードおよびパプリカである. とくにマスタードの乳化力は強い. 練ったものよりも，粉状の方が乳化力は強く発揮される. 単純に油と酢を混ぜた場合は，すぐに分離するが，マスタードを加え，十分によく攪拌した場合は，20～30分，分離せずにおくこともできる. パプリカが加われば，乳化力はさらによくなる.

ドレンチェリー（drained cherry）
糖濃度を80％近くにまでしたおうとうの砂糖漬けで，製法はマラスキノチェリー➡とだいたい同じ．通常，赤く着色してあるが，緑色や黄色もある．主として菓子の飾りなどに用いられる．また細かく切ってアイスクリームの中に混ぜることもある．

とろ
まぐろの腹側の脂肪分の多い肉のこと．脂肪分が多く，組織の中に細かく入りこんでいるのでとろりとして味にまるみがある．脂ののりかげんで，大とろ，中とろなどと分けることもある．さしみ，すしだね，ぬた，山かけ，付け焼きなどに用いる．

トロピカルフルーツ（tropical fruits）
熱帯産の果物の総称．特有の香りと味をもつものが多い．たとえば，マンゴー，パパイア，キーウイフルーツ，フィージョア，アボカド，パイナップル，ドリアン，パッションフルーツなどがある．

とろろいも ➡ やまのいも

とろろこんぶ（とろろ昆布）
まこんぶ，りしりこんぶ，ほそめこんぶなどのこんぶを酸で処理して柔らかくし，糸状に削ったもの．葉の表面の部分を主に削った黒とろろと，内部のみを使った白とろろがある．箱ずしやにぎり飯に巻いたり，湯を注いでしょうゆを落としたすまし汁に重宝．

とろろじる（とろろ汁）
やまといも，ながいも，つくねいもなどのやまのいも類をすりおろし，しょうゆ，みりん，塩などで調味しただし汁，またはみそ汁を加えてすりのばしたもの．だし汁類は生温かいものを用いる．熱すぎるととろろの粘りがなくなり，冷たすぎるととろろになじまない．

とんカツ
豚肉に，小麦粉，溶き卵，パン粉をつけて油で揚げた日本独自の料理．ポークカツレツともいう．ウスターソース，トマトケチャップ，あるいは両方を合わせたソースなどをかけて食べる．

とんカツソース
ウスターソース➡とよく似た製品であるが，原料にトマト，りんごなどを多く使ってあるので粘りが強い．主に食卓用としてカツやフライなどの肉料理やお好み焼きなどに手軽に用いられる．

どんつゆ
どんぶり物の上からかけるつゆの総称．てんどんやカツどんの場合は，どんぶりに盛ったごはんの上にてんぷらやカツレツをのせ，その上から，しょうゆ，みりん，だし汁を合わせて煮立てたどんつゆをかける．どんつゆの味は，つけ汁よりも相当淡白にし，また，旨味成分の強いことが大切．そのためにはだしを比較的濃厚にとり，香りのよいしょうゆを使うことである．

調理科学

とろろ汁の口当たり

とろろ汁の口当たりは，単にやまのいもをおろしただけでは生じない．これを，すり鉢でよくすり混ぜることにより，特有の口当たりを生じる．これは，とろろ汁の中に，気泡が多く入ったためである．気泡は，直接材料の味を味覚に感じさせる部分を少なくする．その分，口当たりがおだやかで，また味も柔らかくなる．やまのいもの場合，特有の粘質物をもつが，これが気泡を中に内蔵しやすい．

とんぶり

アカザ科のほうきぐさの種子．収穫後乾燥したものをゆでて皮を除いたものが市販されている．秋田県の特産．そのままで酢の物や和え物，カナッペなどにする．小粒で形や歯ざわりが魚卵状なので"陸のキャビア""山のかずのこ"とも呼ばれる．

な

ナイ（奶）
　中国で乳または白い状態のものをいう．牛乳は牛奶（ニュウナイ），牛乳を使ったスープは奶油湯（ナイイウタン）という．奶湯（ナイタン）というのはだし汁を濃くとって白く濁らせて作ったスープで，牛乳は用いていない．

なおし（直し）
　みりん⇒熟成の途中にさらにしょうちゅうやアルコールを加えて搾ったもの．アルコール度が20％以上と高く，飲料によい．本直しともいう．

ながいも（長芋）⇒やまのいも

なかおち（中落ち）
　魚を三枚におろしたときに出る中骨の部分．吸い物，あらだきなどに用いられる．

ながしもの（流し物）
　寒天やゼラチンなどで材料を冷やし固めたもの．滝川豆腐⇒，煮こごり⇒などがこれにあたる．

なかみのおつゆ（中身のおつゆ）
　沖縄料理の一つ．なかみとは豚の小腸，大腸，胃などのことで，これらを用いて作った吸い物のこと．なかみをよく洗い，おからを入れた湯で2時間くらいゆで（おからを用いるのはなかみの脂肪分や臭みを吸着させ，白くゆで上げるため），よく洗って細く切り，さらに1時間くらいゆでてから，しいたけなどとともに汁物に仕立てる．味つけは塩としょうゆ．沖縄特産のヒハチ⇒を振って食べる．

ナゲット（nugget）
　鶏肉，豚肉，えびなどをひと口大に切ったり，すり身などにしたものをひと口大にまとめ，てんぷらに近い衣をつけて揚げたもの．
　ナゲットは天然の金塊という意味．ファーストフーズチェーンのマクドナルド社がチキンナゲットを考案したのが最初である．テクスチャーに工夫があり，てんぷらのかき揚げの感触をヒントに作られた．マスタードやトマト味などのソースをつけて食べることが多い．

なし（梨）
　バラ科．日本なし，西洋なし，中国なしがある．
　日本なしには赤なし（長十郎，幸水，豊水，新高など）と青なし（二十世紀，新世紀など）の別がある．歯ざわりがよく，生食が一番．サラダ，白和えに入れるとさわやかな感じになる．大きくて形のよいもの，皮のみずみずしいもの，ずっしりと重いものがよい．
　西洋なしはペアともいい，果肉が柔らかく，香りの高いのが特徴．ラフランス，バートレットなどがある．採取直後は堅いので1週間くらいおいて追熟させる．さわって少し柔らかいのが食べごろ．生食のほか，シロップ煮にして缶詰にする．
　中国なしには鴨梨（ヤーリー），慈梨（ツーリー）などの品種があり，果肉は日本なしと同様に堅く，生食向きである．なしのコツコツしたものは石細胞といい，日本なしに多い．

なす（茄子）
　ナス科．形は丸形，中長形，長形，きんちゃく形などがある．大きさも民田（みんでん）なすなど小形のものから米なすなど大形のものまでさまざまである．色は紫紺色がふつうだが，品種によって，緑色または白色のもの

もある．なすの色素はアントシアン系のナスニン（紫）とヒアシン（青褐色）で，アルミニウム（ミョウバンに含まれる）や鉄（古くぎ）などの金属にあうと安定した濃紫色に固定される．➡アントシアン・➡みょうばん

へたが新鮮で傷がなく，紫紺色でつやのあるものを選ぶ．茶色の斑点のあるものは古い．油をよく吸収し，また油とよく合うので揚げ物，炒め煮によい．また，直火でこんがり焼き，皮をむいて焼きなすにし，からしじょうゆやしょうがじょうゆで食べる．

煮るときは，切ったなすを薄い食塩水につけてアクを抜いてから用いる．鍋に少量のごま油を落とし，水きりしたなすを入れ，さっと炒めてから煮るとなすの色がよく残り，味がよくなる．ゆでるときは，へたも軸も皮もつけたままゆでること．鍋に少量のミョウバンと食塩を加えて，たっぷりの湯で火の通るまでゆでるとなすの紺色がきれいに止まる．ゆですぎると風味がなくなる．漬け物にするときは，鮮やかな紫紺色を損なわないため，漬け床の中に焼きミョウバンや古い鉄くぎを入れるとよい．また，漬ける前に，塩でなすの表面を十分こすっておくときれいにできる．➡しぎやき・➡やきなす

なずな（薺）

アブラナ科．春の七草の一つで，ぺんぺん草ともいわれている．若いものは七草がゆに使うほか，和え物，浸し物にする．一種の風味があって味のよい野草である．アクは少ないので，若いものはそのまま用いることができる．➡ななくさがゆ

ナタ・デ・ココ（nata de coco—スペイン）

おもに，フィリピンなど東南アジアでデザートとして食べられているもの．ココナッツミルクに砂糖，酢酸菌を加えて発酵させると白い半透明の寒天ゼリー状の物質が上部に形成される．このゼリー状のものは，酢酸の働きでできた繊維層で，これをタガログ語でナタ（浮くの意）という．ナタはサイコロ状にカットし，水洗いしたあと，シロップ漬けにして容器に詰め，製品とする．フルーツやアイスクリームなどを添えたり，杏仁豆腐に加えるなどしてデザートに用いる．

パイナップルで作ったものはナタ・デ・ピニャという．

なたね（菜種）➡**あぶらな**
なたね➡**いりたまご**
なたねゆ（菜種油）

あぶらな（なたね）またはからしなの種子からとった油．精製しないものは特有のからしのようなにおいがある．食用にするときは精製してこの臭みを除く．てんぷら油，サラダ油として，多く使われる．脂肪酸中オレイン酸が60％近くを占めるので，揚げ物はカラリと揚がり，油も比較的安定している．➡しょくぶつゆ

なたまめ（鉈豆）

マメ科．さやは長さ30cm，幅5cmくらいになり，中には紅色または白色の扁平で碁石くらいの豆が10〜14個入っている．未熟な若いさやを刻んで福神漬けやみそ漬けにする．成熟したものはさやから豆を出し

て乾燥貯蔵する．豆には毒成分である青酸配糖体やサポニンなどを含むので，食用にする場合は，水を何回もかえながら煮て毒成分を除き，煮たり，炊き込みごはんに用いたりする．

なた豆

ナチュラルチーズ（natural cheese）

牛乳やその他の乳汁，脱脂乳などに酵素や乳酸菌を作用させて脂肪とたんぱく質を固め，凝固物をそのまま，あるいはこれをさらに熟成，発酵させたもの．かびを働かせることもある．チーズ本来の姿はこのナチュラルチーズで，欧米ではおもにこのナチュラルチーズが愛用されている．ナチュラルチーズには軟質，半硬質，硬質，超硬質のものがある．

ナチュラルチーズ類はそれぞれ独特の風味をもった優れたチーズであるが，まだ乳酸菌や酵素が生きたまま保たれているため，放置しておくと発酵が進み，風味が変わるとともに，保存がわるいとかびなどが生えやすい欠点をもっている．この点を改良したのがプロセスチーズ⇒である．

ナチュラルチーズとしてはエメンタールチーズ⇒，エダムチーズ⇒，カテージチーズ⇒，クリームチーズ⇒，パルメザンチーズ⇒，ブルーチーズ⇒などがある．⇒チーズ

ナッツ（nut）

堅果類の木の実の総称．一般には種子や一部の豆も含めていう．

なっとう（納豆）

糸引き納豆と塩辛納豆（⇒浜納豆）があるが，ふつう納豆といえば糸引き納豆をさす．糸引き納豆は，大豆をナットウ菌で発酵させた食品．ナットウ菌の働きで大豆のたんぱく質が分解され，一部がアミノ酸になるので消化吸収がよくなる．また，たんぱく質分解酵素，でんぷん分解酵素などの各種の消化酵素類も多く含まれ，これが消化を助ける．ビタミンB_2が多いのも特徴．

日付け表示を見てなるべく鮮度のよいうちに食べる．古くなるほどアンモニア臭が強くなる．刻みねぎ，削りがつお，溶きがらしを混ぜてしょうゆ味で食べるのが最高．そのほか，みそ汁，まぐろ和えなどに用いる．

よくかき混ぜて十分粘りを出すのが，おいしく食べるコツ．

なっとうじる（納豆汁）

みそ汁の一種．糸引き納豆をすり鉢でよくすり，だし汁で溶いたみそを加えてのばし，ひと煮立ちさせて，さらしねぎを散らす．豆腐のさいの目切りを入れてもよい．

なつみかん（夏蜜柑）

かんきつ類の一種．春から夏がシーズン．甘なつは酸味の少ない変種．ビタミンCを多く含む．苦味はおもにナリンジン⇒で，とくに果皮に多い．酸味は主としてクエン酸で，疲労の回復や新陳代謝を盛んにするなど，爽快な気分にする利点がある．大形でずっしり重いものを選ぶ．

酸味の強いものは砂糖をかけると酸味が

調理科学

ナリンジン（naringin）

なつみかんやグレープフルーツに含まれている苦味成分．ナリンジンは，ナリンジナーゼ（かび類によって生成する）という酵素を作用させることによってナリンニンと糖に分解し，苦味をなくすことができる．この働きは，なつみかんなどでジャムやマーマレードを作るときに，苦味抜きに利用されている．

和らぐが，塩，炭酸水素ナトリウム（重曹）などをつけても和らぐ．横半分に切り，ナイフで周囲の袋の背の部分を切って砂糖をかけて食べたり，汁を搾って砂糖と炭酸水を加え，飲み物にしてもよい．夏みかん酒の原料には，酸味の強いものを選ぶ．マーマレード→にもよい．

なつめ（棗）

クロウメモドキ科．果実は3〜5cmの楕円形で，褐色に熟したものをとり，その果肉を食べる．中に大きな種子が入っている．中国では古くから，もも，くり，あんず，すもも，なつめの五つを五果と呼び，重要な果物として扱われていた．果肉は少し酸味があるが，甘く香りがよい．生食，また乾燥して菓子などに用いる．

ナツメグ（nutmeg）

香辛料の一つでニクズクの種子．果実が熟すと果肉が割れて鮮紅色の仮種皮に包まれた殻が現れる．この殻の中の種子がナツメグで，外の鮮紅色の仮種皮がメースである．

わが国では，ナツメグとメースの両方ともニクズクということがある．ナツメグは甘い刺激性の香りで，ハンバーグなどひき肉料理の香りづけのほか，ドーナツ，プディングなどに用いられる．丸のままのものと粉末とが市販されているが，丸のままのものを買っておろし器ですりおろすと新鮮な香味が出る．メースもふつうは粉末にして魚の風味漬け，肉の詰め物，ソースなどに用いられる．パウンドケーキなどに入れると，鮮やかな黄金色が楽しめる．

なないろとうがらし（七色唐辛子）⇨しちみとうがらし

ななくさがゆ（七草粥）

春の七草を入れて炊いたかゆのこと．とくに1月7日にこのかゆを食べると万病を防ぐといわれている．春の七草は地方によって多少ちがいはあるが，一般には，せり，なずな，ごぎょう，はこべら，ほとけのざ，すずな（かぶ），すずしろ（だいこん）をさす．なずなやだいこん葉の若いものなどを刻んで入れて作る場合が多いが，最近は七草がゆ用の野草をパックにしたものも売られている．京都ではとくに七野の七草と呼ばれ，大原野のせり，内野のなずな，平野のごぎょう，嵯峨野のはこべら，蓮台野のほとけのざ，紫野のすずな，北野のすずしろが選ばれていたという．

【春の七草】

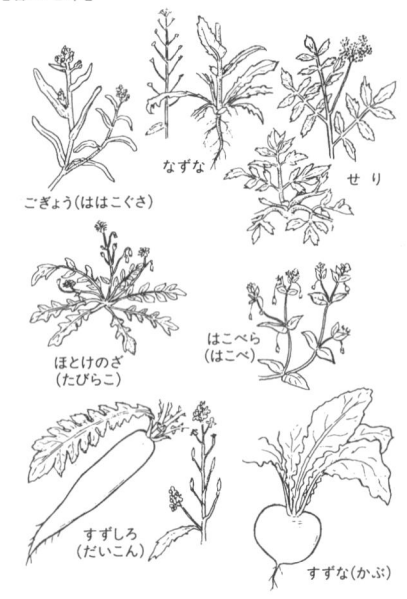

ごぎょう（ははこぐさ）
なずな
せり
ほとけのざ（たびらこ）
はこべら（はこべ）
すずしろ（だいこん）
すずな（かぶ）

●七草がゆの作り方

米1に対して水5の割合でかゆを炊き（全がゆ），火を止める少し前に，もちを加え，柔らかくなったら，さっとゆでて刻んだ青葉を加え，塩少々で

調味して火を止め，5分ほど蒸らす．

ななめぎり（斜め切り）
包丁を斜めに使って輪切りにする切り方．ねぎ，にんじん，ごぼう，れんこん，さつまいも，きゅうりなどに広く用いられる．主として鍋物，酢の物，スープの浮き実，料理の飾りなどに用いる野菜の切り方である．

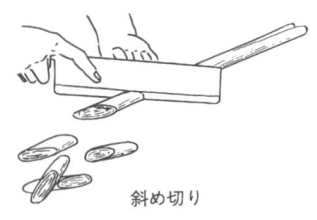

斜め切り

なのはな（菜の花）
菜花，花菜ともいう．もともとはあぶらな➡の花をさしたが，アブラナ科のこまつ菜➡やしゃくし菜➡などの花も菜の花と呼んでいる．花と花のついている茎の部分を食べる．ほろ苦く，独特の風味がある．花が開き過ぎず，花も葉を鮮やかなものがよい．さっとゆでて，からし和えや浸し物，また，汁の実，塩で軽く漬けた漬け物にもよい．

なのはなづけ（菜の花漬け）
菜の花を塩漬けにした京都の漬け物．菜の花の頂花を摘み，それを塩漬けにする．塩は材料の重量の3～4％．重しをのせ，水が上がってきたら食べられる．

なばな（菜花）➡なのはな

なべもの（鍋物）
卓上においた鍋で材料を煮ながら食べる料理．鍋料理ともいう．材料の煮方や味つけにより，湯豆腐➡，ちり鍋➡，水炊き➡のように湯またはこんぶだしで煮て，ぽん酢やつけじょうゆと薬味で食べるもの，寄せ鍋➡などのように薄く味つけした中で煮て汁といっしょに食べるもの，すきやき➡や土手鍋➡などのように割り下や合わせみそで調味した濃い味つけで短時間火を通して煮るもの，に分けられる．材料は魚介類，獣鳥肉類，野菜類などで，互いに味をひき立て，彩りのよいものを数種とり合わせて用いる．

なべやきうどん（鍋焼きうどん）
単に鍋焼きともいう．小さな鍋に，うどん，かまぼこ，卵，ねぎなどを1人前ずつ入れ，これにだし汁としょうゆを加えて煮込み，そのまま供するうどんのこと．できたてを鍋ごとすすめるので，冬の夜食に喜ばれる．

ナポリタン（Neapolitan）➡ナポリテーヌ

ナポリテーヌ（napolitaine—仏）
ナポリ風の意．ナポリタンともいう．南イタリアのナポリはトマトの産地であることから，ナポリ風の料理にはトマトを多く用いている．たとえば，トマトソース➡でスパゲティを和えたものはスパゲティ・ア・ラ・ナポリテーヌという．

なまあげ（生揚げ）
厚あげともいう．豆腐を厚めに切って油で揚げてあるので，豆腐の栄養成分に油を加えたようなものである．表面についている油は酸化しやすいので，使用するときには熱湯をかけ（☞あぶらぬき），酸化した油を除く方がよい．

なまクリーム（生クリーム）
生乳や牛乳をクリーム分離機にかけて，乳脂肪分を集めたもの．正式にはクリームと呼ぶ．乳等省令では，乳脂肪分18％以上のものと規定されている．製品には乳脂肪が約20％のもの，約45％のものなどがある．類似品に，植物油脂を加えたものや，植物油脂のみのものもあるので，表示をみて，脂肪の種類と含量を確認する必要

がある．乳化の形は，O/W型（→にゅうか）で，泡立てのとき強く攪拌しすぎると乳化が逆転し，バター型のW/O型になるから注意を要する．

乳脂肪20％前後のものは，コーヒーや料理の風味づけに，45％前後のものは，泡立ててホイップドクリーム→として製菓やデザート類，飲み物に用いる．

生クリームを乳酸発酵させたものをサワークリームという．→サワークリーム

なまこ（海鼠）

棘皮動物ナマコ類の総称．種類はたいへん多いが，ふつう食用としているのはまなまこである．まなまこには赤なまこ，青なまこ，黒なまこの3種ある．関東，東北地方では青なまこを，関西では赤なまこを珍重する傾向がある．初冬のころが味がよい．太くて短く，いぼがはっきりしていて堅いものが新鮮．表面がなめらかで肉の柔らかいものは漁獲後時間のたったもの．新鮮なものはコリコリとして歯ざわりがよい．

なまこ

腸は，なまこの両端を切り落とし，真中を縦に切ってとり出す．あるいは，両端を切ってから，菜箸に布を巻いたものを差し込んで洗い流す．なまこは切る前に塩をたっぷり振りかけて身を引きしめておくことが大切．塩をたっぷり振りかけ，ざるなどをかぶせて5分くらい強くゆすぶると身がしまり，ぬめりがとれる．表面が柔らかくなったものは包丁の背で軽くたたき，肉を緊張させてから用いるとよい．酢とよく合い，薄切りにしてぽん酢や二杯酢で酢の物にする．

なまざけ（生酒）

清酒→の一種．もろみを搾ったあと，加熱処理しないで貯蔵し，びんなどの容器に詰めた清酒をいう．マイクロフィルターでろ過して除菌を行っている．普通，搾りたてのフレッシュな香味が残っている．ただし，酵素の活性が残っているため，低温で保管しないと香味が変化しやすい．冷やして飲むのによい．なお，通常生酒という場合，生貯蔵酒→，貯蔵前に加熱した生詰を含めることもある．

なます（膾・鱠）

生の魚や野菜などを調味酢で和えたもの．材料が新鮮であれば，ほとんどの魚や野菜が用いられる．さけの頭を使った氷頭なます→や，野菜を主にしたものでは，だいこんなます，柿なますがよく知られている．調味酢は，二杯酢，三杯酢のほか，しょうが酢，たで酢など好みに応じて用いる．

野菜のなますは，細かく切った野菜100gに塩小さじ1杯程度をよくまぶし，15分以上おいて十分に水分を絞りとるのがコツ．これを調味液に浸すと，急速に調味液を中心部まで吸い込む（→きゅうりもみ）．なお，塩で材料の野菜の水分を十分にとり出しておかないと，調味液の浸入がわるく，そのまま調味液に浸した場合には，調味液はただ野菜の外につくだけである．あるいは反対に，中にある水分が調味液の方へ吸い出され，調味液が薄まってしまう．

なまず（鯰）

ナマズ科の淡水魚．白身で脂肪分が少なく，淡白で味もよい．かば焼き，みそ汁，てんぷら，鍋物などにする．なまず鍋にするときは三枚におろし，さっと熱湯をかけて皮のぬめりをとり除くのがコツ．これを適宜に切って，割り下で煮ながら食べる．

なまちょぞうしゅ（生貯蔵酒）

清酒→の一種．もろみを搾ったあと，加熱処理しないで5度以下の低温で貯蔵し，

容器に入れて出荷する際に加熱処理した清酒をいう．冷やして飲むのに適している．

なまハム（生ハム）

正式な名称は，非加熱食肉製品で，生ハムは通称である．湯煮や蒸し煮などの加熱を行わないで低温で燻煙したもの．ラックスハムともいう．今までのラックスハムは法律上加温処理が必要であったが，1982年に非加熱食肉製品の製造が法規で認可となり，ラックスハムは，本来の生ハムそのものとなった．

生ハムは，まず，豚肉のかたまりを塩漬（えんせき）処理をし，塩抜きをした後，低温で燻煙・乾燥処理したものである．

肉は強く加熱されないので，生の状態に近く，ソフトで味がよい．ただし，通常のハムに比べ，食塩分は高い．食べ方としては，生の口当たりを生かし，薄く切ったものをメロン，パパイアといった果物とともに食べるなど，オードブル的に使用されることが多い．

なまふ（生麩）

小麦粉をこねてとり出したグルテンを加工したもの．小麦粉をよくこね，でんぷん分を洗い流し，後に残ったグルテンというたんぱく質のねばねばしたものにもち米粉を加えるなどしてよく練り合わせ，ゆでるか蒸して作る．京都の名産である．生麩はさらに，あわを入れたあわ麩，青のりを入れたのり麩，ぎんなん，きくらげ，ゆり根などを入れたかやく麩，正月用の手まり麩，婚礼用に鶴や亀を形どったものなどがある．

生麩は消化吸収がよい．炊き合わせや汁物などに用いられる．グルテンに小麦粉と膨剤を加えて焼いたのが焼き麩である．生麩を蒸して，しるこなどの中にもち代わりに入れてもよい．また，生麩を食べるともちのような感触があり，この中にあんを入れたものは"麩まんじゅう"という．→ふ

なまぶし（生節）⇨なまりぶし

なまぼし（生干し）

短時間乾燥して水分を多く残す乾燥法．おもに魚に用いられ，一塩干し，一夜干しともいう．生干しは水分が多いので保存がきかない．しかし，魚の持ち味を生かすことができる．かれい，きす，あじなどの魚がこの生干しに加工されている．

なまりぶし（生節）

かつお節を作る途中の製品．水分を多く含むので長期保存はきかない．煮つけるときはやや濃厚な味で．炒り煮や佃煮にしてときどき火を通すと長期保存が可能．細かくほぐしてきゅうりと酢の物にしたり，だいこんおろしやわさびじょうゆで和えるのも風味を生かした食べ方である．なまぶしともいう．

ナムル

朝鮮料理の和え物のこと．炒めたり，ゆでたりした材料をしょうゆ，ごま油，にん

調理科学

生干しの科学

食塩水に浸し，これを太陽光あるいは人工的熱風で軽く乾燥したものが生干しであるが，この乾燥のときに酵素が働いて，旨味が増加する．とくに太陽光で干したものは，魚体が40度程度になり，酵素がよく働き，魚肉たんぱく質はアミノ酸が増加し，またイノシン酸も増加する．この際に，食塩が魚の表面にあることで，魚の内部の水分を吸い出し，早く平均に乾燥できる．しかし，最近は乾燥を短時間で行い，その後急速凍結をするので，酵素の働く時間が少なく，味のよく出ていないものが多くなっている．

にく，とうがらしなどを合わせた調味液に漬ける．材料はおもに大豆もやし，ほうれん草，きゅうり，ぜんまいなどが用いられる．

●ナムル（大豆もやしのナムル）の作り方

材料：大豆もやし300ｇ　ごま油大さじ1½　しょうゆ大さじ1弱　砂糖ひとつまみ　赤とうがらし1本

大豆もやしはひたひたの水とともに火にかけてゆでる．大豆の部分が柔らかくなったら，ざるにあげて水気をきり，ごま油，しょうゆ，砂糖，種子をとって薄い輪切りにした赤とうがらしを合わせた調味液に浸す．

なめこ（滑茸）

モエギタケ科のきのこ．なめらこ，なめたけ，なめすすきなどとも呼ばれ，粘り気が多いところからこの名がある．本場東北地方ではぶなの木に生えるなめこをさすが，ほかの地方ではえのきたけ，あるいはぬめりすぎたけなどもなめこといっている．秋から冬にかけて，とくにぶなの枯木に生えるが，近年では栽培品が多く出回っている．なめこは採取してから4〜5日しかもたないので，そのほとんどがびん詰，缶詰にされることが多いが，生のものも出回っている．

汁の実，酢の物，おろし和え，鍋料理，雑炊などに用いられる．ツルリとした舌ざわりと香りが身上．白みそ仕立てに豆腐となめこを実としたなめこ汁は，東北地方の名物である．

なめし（菜飯）

青菜を刻んで炊き込んだり，ごはんに混ぜぜたもの．だいこん葉，しゅんぎく，かぶの葉，よめな，しその葉，こまつな，きょうなといったものの青菜が用いられ，その風味は特有のものがある．愛知県の豊橋では昔から菜飯田楽が名物とされ，田楽とともにこの青菜を混ぜたごはんが食べられてきた．

●菜飯の作り方

材料：米カップ3　水カップ3⅓　清酒大さじ3　塩小さじ1　こんぶ(10cm角)1枚　青菜（だいこん葉，かぶの葉）適量

青菜は塩ゆでし，水でさらした後，固く絞って細かく刻む．米は洗ってざるにあげ，30分おく．鍋に米と分量の水，調味料を入れ，こんぶを上にのせて火にかける．沸騰してきたらこんぶをとり出し，あとはふつうに炊く．炊き上がったごはんに青菜を混ぜ合わせる．

なめみそ（嘗味噌）

みそに各種の材料を混ぜ，甘味をきかせたもの．直接製造したものと，ふつうのみそを二次的に加工したものとがある．醸造なめみそは大豆，小麦，こうじ，その他の材料を使って直接醸造したもの．ひしおみそ，径山寺みそなどがある．加工なめみそは，ふつうのみそに野菜その他を加えて練り上げ，砂糖，水あめ，みりん，清酒などを加えて作ったもの．ゆずみそ，たいみそ，しぐれみそなどのほか，鉄火みそ，田楽みそなどがある．そのままおかずにされるが，生野菜など他の材料にからめたりしてもよい．

ならちゃめし（奈良茶飯）

水の代わりに煎じた茶で炊いたごはんのこと．東大寺の建立のときに米を節約するためにかゆが食べられたが，これが茶がゆになり，さらにごはんに変わって茶飯とな

った．単に奈良茶とも呼ばれる．

ならづけ（奈良漬け）
　うり，きゅうり，すいか，だいこんなどを酒粕に漬けたもの．本来はしろうりを酒粕に漬けたものだけを奈良漬けといっていたようであるが，現在は各種の菜瓜類も併用されている．奈良は昔，良酒の産地として有名で，粕漬けもその酒粕の利用として早くから発達していた．

なると（鳴門）
　切り口が鳴門の渦に似ていることにちなんだもので，切り口が渦巻き状のものや，巻いた料理につけて用いられる．いかの鳴門作り，鳴門巻きこんぶなどがある．また，鳴門巻き⇒の略称．

なるとまき（鳴門巻き）
　蒸しかまぼこの一種．食紅で着色したすり身を，着色していないすり身で巻き込み，巻き簀で包んで蒸す．切り口が鳴門の渦に似ているのでこの名がある．
　また，こんぶにすり身をのばして，端から巻いて成形したかまぼこをいうこともある．

なれずし（熟れ鮨）
　魚を塩漬けにした後，ごはんといっしょに漬けて自然発酵させたもの．特有のにおいがあり，腐れずし，熟れずしともいう．すしの古い形で，魚だけを食べる．滋賀県のふなずし⇒はその原形を今も残している．その後，熟成期間を短くした生成（なまなれ）が発達し，奈良県吉野のあゆで作る釣瓶（つるべ）ずし，

和歌山県のさばで作る下（しも）ずしなどがある．これは魚もごはんも共に食べる．⬛

ナン（nan）
　インドをはじめ，アフガニスタン，イラン，イラクなどの国々で主食とされている平焼きパン．小麦粉の生地を発酵させ，薄くのばしたものを，タンドールというかまどの内側にはりつけて焼く．地域によって原料や形が異なる．カレー料理や煮物などの料理を包んで食べる．

なんきん（南瓜）⇒**かぼちゃ**

なんきんまめ（南京豆）⇒**ピーナッツ**

なんばん（南蛮）
　おもに，ねぎやとうがらしを用いた料理につけて用いられる名称．室町から江戸時代にかけて東南アジアを南蛮と呼んでいたが，スペイン人やポルトガル人が東南アジアを経て渡来したため，その本国や植民地，さらに西欧諸国も含めて南蛮と呼ぶようになった．南蛮を経て入ってきた料理にはねぎやとうがらしを用いたものが多く，また油もよく使われていたので，これらの材料や調理法を用いたものに南蛮の名称がつけられるようになったといわれている．南蛮漬け⇒，かも南蛮⇒などがある．とうがらしの別名としても用いられる．

なんばんづけ（南蛮漬け）
　から揚げした魚を，酢，しょうゆ，砂糖に，とうがらし，ねぎのみじん切りなどを加えた漬け汁に漬け込んだもの．材料は揚げたての熱いうちに調味液に漬けること．

調理科学

なれずしの科学
　塩漬けした魚に飯を加えて漬け込むと，時間とともに乳酸発酵を起こし，酸の増加によって塩味がまるくなる．また，特有の香りや旨味が生じる．酸の生成が少ないときには，味の慣れは起こりにくい．滋賀県のふなずしにみられるように，古代のなれずしは魚介類の保存が目的で飯は食べないものであった．のちに，魚とともに飯も食べるようになり，短時間でつくる生成（なまなれ）や押しずしが多くなった．

ジュッと音をたてるくらいの方がよい．カラリと揚げておくことが大切．小あじなどの場合は調味液に浸したまま2～3日おけば，骨まで食べられる．作ってすぐよりも1日か2日たった方が味がなじむので，早めに作っておくとよい．

なんぶやき（南部焼き）
　タレの中にごまを入れ，魚や肉をつけて焼いたもの．ごまはそのままか，すりごま，切りごまにして用いる．南部とは，ごまを使った料理につける名称．衣にごまをまぶして揚げたものは南部揚げという．

に

にがうり（苦瓜）

ウリ科．未熟果を野菜として食用する．特有の苦味がある．沖縄や南九州では古くから栽培しており，沖縄ではゴーヤー，鹿児島ではにがごいという．にがうりの名は苦味があるため．別名つるれいしともいうが，表面の多数のいぼが果実のライチに似ているため．果実は両端のとがった長楕円形で，長さは品種により異なり15〜50cm．

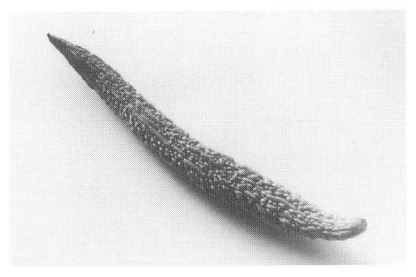

縦二つに割り，種子とわたをスプーンで深めに削って除いてから薄切りにして用いる．そのままでは苦味が強すぎるので，ふり塩をして水気を絞ったり，さっとゆでたり，炒めたりする．炒め物では，さっと炒めて油を捨て，改めて炒める．酢の物，和え物，炒め物，ジュース，漬け物などにする．豆腐との炒め物のゴーヤーチャンプルー（→チャンプルー）は沖縄の代表的料理．

にがだま（苦玉）

魚の胆のうのこと．非常に苦いところからこの名がある．一名"にがきも"ともいう．とくに，こいの場合が問題で，こいこくのように内臓をつけたまま筒切りにするものでは，この部分を傷つけると，こい全体が苦くなるので，つぶさないようにとり除く必要がある．こいの頭から下うろこ3枚目のところを切れば苦玉をはずして切ることができる．

にがみ（苦味）

5原味（甘味，塩味，酸味，苦味，旨味）の一つ．苦味は多くなればたいへん不快な味であるが，ごくわずか含まれている場合には，かえってそのものの持ち味になり，好ましい場合がある．たとえば，ビールのほろ苦さや，茶，コーヒー，ココア，レタスなどの苦味は大切な要素となっている．苦味は酸味とともに，情緒的あるいは趣味的な味と呼ばれ，この味をうまく扱えば料理の味をたいへん引き立たせることができる．香辛料のこしょうなどもその例である．

苦味を感じさせる物質はおもに植物アルカロイド類で，代表的なものとしてはビールに用いられるホップに含まれているフムロンやルプロン，コーヒーやお茶に含まれているカフェインやタンニン，ココアに含まれているテオブロミンなどがある．

また，味覚官能テストには，薬品であるキニーネが純粋の苦味物質として用いられる．苦味は舌の奥の方でとくに敏感に感じられる．

他の味に比べてごく少量で感じ，しかも味が長く残るという性質がある．また，人の苦味に対する感覚は，温度が低いほど敏感で，高温になるほど鈍くなる．そのため，冷えたコーヒーは温かいときに比べ苦く感じる．また，苦味に砂糖などの甘味が加わると舌の感覚は苦味に対して鈍くなる．コーヒーに砂糖を入れると苦味が減って感じるのがその例である．

にがよもぎ（苦蓬）

キク科の植物．強い香気のある薬用植物で葉に苦味がある．健胃剤として薬効がある．カクテルのベースや食前酒として知られるベルモット→は，にがよもぎをワインで浸出させたものである．

にがよもぎ

にかんもり（にかん盛り）

仕上げた料理を2個盛りつけること．二丁盛りともいう．"かん"は数の単位を表し，"個"と同じ意味をもつ．

にきり（煮切り）

料理に使用するみりんや清酒を煮立て，アルコールに火をつけて燃やすこと．→にきりみりん

にぎりずし（握りずし）

すし飯にわさびとたねをのせ，軽く握ったもの．にぎりずしのたねは新鮮であることが第一条件．まぐろ，さより，きす，あなご，いか，赤貝など各種の魚介類のほか，卵，野菜などを，生で，または焼く，ゆでる，酢じめなどに加工して用いる．すし飯は握りかげんがむずかしく，ごはんの量が多くても少なくても食べにくい．専門家では米1斗で1000個といわれている．しょうゆをつけて食べるが，このしょうゆはたねにつけ，ごはんにはつけないようにした方がよい．

握り方は，まず指先を手酢につけ，両手を軽く湿らせる．手酢は殺菌と手の臭みをとる効果がある．一方の手でたねを持ち，もう一方の手ですし飯を俵形に握る．すし飯を握ったまま，人差指でわさびをとり，たねにぬり，その上にすし飯をのせる．すし飯の量は，家庭でする場合は少し小さめにして，米1カップで15〜16個が適当．すし飯は体温くらいの温かさのときに握るのが最高→．握りかげんは，口の中へ入れたときに，ぱらっとくずれて，口の中に広がる程度にする．必ず握りたてをすすめる．冷えると酸味を強く感じるとともに，口当たりがわるくなる．

にきりみりん（煮切り味醂）

煮立てたみりんに火をつけてアルコール分を燃やしてしまったもの．みりんを調味料として使う場合，アルコール以外のエキス分にその目的があり，高濃度のアルコール分は不要であるので，このようにして煮切ったみりんを用いることが多い．煮立てるだけでもアルコール分を除くことはできるが，煮切った方がみりんの一部が熱せられて軽く焦げ，香りがよくなる．

にぎりめし（握り飯）

別名おにぎり，おむすびともいう．ごはんを手で丸め，俵形，三角形，円形などいろいろな形にしたもの．中心に梅干し，花

調理科学

にぎりずしのすし飯が温かい理由

にぎりずし用のすし飯は人肌程度の温度のものが使用される．これは，にぎりやすさや，食べたときの触感からきたものである．にぎりずしを口に入れたとき，ごはんがバラリとほぐれ，口の中に広がる程度に握ったものがおいしい．これは，口中の飯が，だ液を吸収して，これがおいしさを感じさせるからである．したがって，冷えたすし飯は，でんぷんが一部ベータ化するから吸水率はわるくなり，おいしさが減少する．また，強く握ると，口に入れたときにくずれないから，柔らかく握る．もしこのとき，すし飯どうしの接着力がよくないと，すしを口に入れるまでにバラバラになる可能性がある．しかし，温かいすし飯は接着力があるから，柔らかく握っても形が保たれる．

かつお，塩ざけ，たらこなどを入れて握ったり，握ったもののまわりに，のりを巻いたりごまを振ったりする．

ごはんは少し堅く炊き，熱いうちに握ることが大切．片手に塩または塩水をつけ，適量のごはんをとって軽く握る．具を入れるときは，軽く握ったごはんを二つに割り，中心に入れる．形がくずれない程度に両手で握り，好みの形に作る．広げたラップフィルムに熱いごはんをのせて包み，両手で形を整えると，にぎり飯の表面に細菌のつくのがある程度防げる．☞

にくエキス（肉エキス）

肉のだし汁，あるいは肉を酵素で分解したものを濃縮したもので，スープの材料として用いられる．ペースト状のものと粉末状のものがある．インスタントスープの材料にされることが多い．

にくずく（肉荳蔲）⇨ナツメグ

にこごり（煮凝）

ゼラチン質の多い煮魚の汁を冷やすとゼリー状に固まるが，この固まったものをいう．かれい，ひらめなどを煮魚にすると，冬などよくこの現象が起こる．また，魚や野菜を煮汁といっしょにかんてんやゼラチン液で固めたものも煮こごりという．☞

にこみ（煮込み）

材料を十分時間をかけて長時間煮ることをいう．おでん，シチューなどが代表的なものである．煮込むことによって，動物性食品のコラーゲンがゼラチンに変化し，これが多く溶け出し，乳化剤となるために塩味がまるくなり，旨味が出てくる．☞シチュー

🧪 調理科学

にぎり飯の衛生

にぎり飯による食中毒が多い．これは，手についている食中毒菌，主としてブドウ球菌によるものである．手で握った場合でも，これをいったんこんがりと表面を焼けば，付着した菌は死滅する．それに竹の皮に包めば，この中には，殺菌性の強い亜硫酸が多く含まれ，また，防腐性のあるサリチル酸も含まれている．したがって日持ちする．しかし，握っていきなりラップフィルムなどに包めば，にぎり飯の表面に水分が多くたまり，ここで細菌が繁殖する．これが食中毒を起こす原因となっている．しかし熱い飯を，直接ラップフィルムに包み，これを外から握って，そのまま包みこんだ場合には細菌が付着しないから，中毒は防止できる．ただし，表面がべとつくことはしかたがない．

魚と煮こごり

煮こごりは，魚の種類によって，できるものとできにくいものがある．とくに，コラーゲンという硬たんぱく質を多く含むものは煮こごりができやすい．これは，コラーゲンが水とともに加熱されることでゼラチンに変化するが，これは冷えると固まるためである．また，組織自体が非常に堅い場合も，よく煮ることでゼラチン化し，柔らかく透明になるものもある．ふかひれなどはその例である．

たんぱく質の熱変性

魚を煮る場合，調味液を煮立たせておいてから魚を入れるのがよいとされている．これは，瞬間的に魚の表面のたんぱく質が固まって膜を作り，魚肉中の旨味成分が抜けにくくなるからである．たんぱく質は，熱が加えられると熱変性を起こす．とくに魚肉たんぱく質の場合，繊維状になったたんぱく質は，らせん構造をしているが，これが熱によって強く収縮し，弾力性を失う．これが熱変性である．この熱変性は，熱が強くかかるほど強く，また，食塩がともにあると低温で早く起こる．これを利用したのが煮汁の煮立った中に魚肉を入れる方法である．つまり，煮汁には，食塩が多いが，これが，魚肉のたんぱく質を早く固める．しかも，いったん固まったたんぱく質は，中に熱を通しにくいから，中の方は強いたんぱく質の変性が起きず，ふっくらとした煮魚を作ることができる．また，旨味成分も外に出にくい．

にざかな（煮魚）

魚をしょうゆを主体にした調味液の中で煮たもの．魚は，沸騰している調味液の中に入れて煮るのがポイント．調味料が煮立ったらなるべく手早く魚を入れる．あまり煮立たせると調味料の風味が逃げてしまう．また，調味料が温まらないうちに魚を入れると，浸透圧の作用で魚の中の水分が外へとり出され，魚肉がしまって堅くなる．

● 調味液の割合

白身魚では，しょうゆ1，水またはだし汁3，みりん0.3，砂糖0.5の割合．青背魚では，しょうゆ1，水またはだし汁1，みりん0.3，砂糖0.6の割合である．なお，砂糖よりもみりんを用いる方がよい．

にし（螺）

巻き貝のある一群の総称．そのうちあかにし，てんぐにしは食用とされる．ゆでて針で身をつき刺して引き出し，しょうゆをつけて食べる．

【にし】

あかにし　　てんぐにし

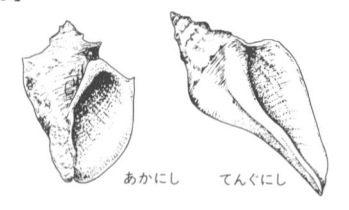

にしきたまご（錦卵）

二色卵とも書く．ゆで卵を卵黄と卵白に分け，それぞれ裏ごしして，塩，薄口しょうゆで調味し，蒸し箱に黄と白の2段に詰めて蒸したもの．または，巻き簀に卵黄，卵白を重ねて，だて巻きのように巻いて蒸したものも錦卵という．

にじます（虹鱒）

サケ科．日本では多くが養殖である．アメリカ原産の小形ます．塩でぬめりをとり，塩焼き，照り焼き，フライなどにするとよい．

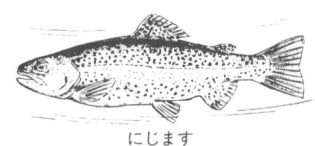

にじます

にしめ（煮しめ）

からりと色よく仕上げたうま煮と，含め煮の中間に当たる煮方．煮汁が少し残っているくらいで煮上げ，照りはつけない．にんじん，さといも，れんこん，こんにゃく，干ししいたけなどに適した煮方．じっくり煮込むので，正月用の保存食によい．

汁気がなくなるので，調味は薄味につけるとちょうどよい．面とりなど，切り方を工夫すると煮くずれが防げる．

にしん（鰊）

ニシン科の海水魚．北海道の北部からサハリンにかけてが主産地．北海道ではかど，東北ではかどいわしともいう．3～5月がしゅん．うろこと腹がしっかりしていて眼の赤くないもの，押さえて弾力のあるものがよい．

新鮮なものは塩焼きにしてしょうゆで食べる．また，さしみ，酢の物，かば焼きにもする．冷凍や生干しの食べ方も，ほとんど生と同様．身欠きにしんは，にしんを塩を加えずに素干しにしたものである．⇨みがきにしん

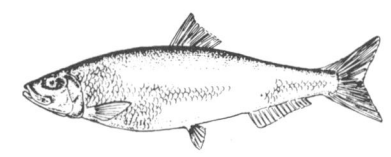

にしん

にちょうもり（二丁盛り）⇨にかんもり
にっけい（肉桂）⇨シナモン

にぬきたまご（煮抜き卵）
　ゆで卵のこと．おもに関西での呼び方．→ゆでたまご

にのしる（二の汁）
　本膳料理→の二の膳に用いられる汁物のこと．すまし汁が使われる．本膳で出す汁を一の汁といい，これにはみそ汁が使われる．

にのぜん（二の膳）
　本膳料理→で本膳の次に出す膳のこと．料理は献立の品数によって変わるが，だいたい3～4種で，二の汁（すまし汁），平（煮物），猪口（和え物）などである．

にはいず（二杯酢）
　合わせ酢の一種で，酢としょうゆ（または塩）の2種を合わせた甘味のないもの．だし汁を加えることもある．酢の強いものは，たこ，かにを和えるのに用い，酢の弱いものは塩焼きの魚に添えたりする．

二杯酢の配合割合（例）

	酢	しょうゆ
酢の強いもの	2	1
酢の弱いもの	1	1

にばんだし（二番出汁）
　一番だし→をとった後のかつお節に一番だしの1/2量の水を加えて火にかけ，煮立ってきたら弱火にして2～3分煮てこしたもの．新しくかつお節やこんぶを加えることもある．煮物のだしとして用いられるが，旨味成分はあまり含まれていないので，だしとしての効果は少ないと考えた方がよい．→だし

にびたし（煮浸し）
　だし汁，清酒，みりん，砂糖，しょうゆなどを合わせて，素焼きにした魚を弱火でゆっくりと煮たもの．煮汁をたっぷりめにして気長に煮るとパサパサせずに仕上がる．煮つけるとパサパサしやすいあじ，あゆなどに用いられる．
　野菜の場合は，青菜類をゆでるなどして柔らかくしてから，薄味の煮汁でさっと煮，器に盛り煮汁をかける．

にぼし（煮干し）
　魚介類を煮て乾燥したものの総称．いわし，いかなど，えび，なまこ，あわび，貝柱などが煮干しとしてあるが，一般には，単に煮干しといえば，いわしの煮干しをさす．いりこともいう．新鮮な材料を，塩水中で15分ほど煮た後，天日に干した素朴なものである．一気に乾燥したものがよい．とれた時季によって味が異なる．腹の部分がくずれたもの，頭のとれているもの，黄褐色に変色したものは避ける．煮ることによって，魚介類の中に含まれている酵素はこわされ，付着している細菌も死滅する．そのうえ，熱せられることによってたんぱく質は凝固し，水分も一部除かれる．そのため，素干し品や塩干し品に比べて乾燥も多少早くなる．

にぼしだし（煮干し出汁）
　煮干しからとっただし汁．煮干しの種類によって多少だしのとり方がちがうが，一般には，煮干しを水にひと晩つけて出した水だしの方が，魚臭が比較的少なく旨味が強い．加熱してだしをとるときは鍋にふたをしないこと．ふたをすると魚臭が水蒸気とともに蒸発しないため，生臭いだし汁となる．煮干しだしはみそ汁や煮物向き．少し生臭いので吸い物には不向き．煮干しは頭やわたを除く方がよい味のだし汁が得られる．頭もわたもつけたままだしをとるとやや苦味が出てくる．→だし

●煮干しだしのとり方
　煮干しの頭とわたをとり，縦二つに

割り，だしをとる水に30分浸してから静かに加熱し，2〜3分沸騰させたら火を止めてこす．煮干しの分量は水1ℓに対し20ｇが適量．水につけて水だしにするときは，定量の水に煮干しをひと晩つけた後，こし分ける．

にほんしゅ（日本酒）⇨せいしゅ

にまいおろし（二枚卸し）
頭をとった魚を二枚におろすこと．まず頭をとり，腹を手前にして腹側から包丁を入れ，包丁の刃を骨の上にそわせながら開いていく．中骨のついている身と中骨のついていない身の二つに分かれるので二枚おろしという．

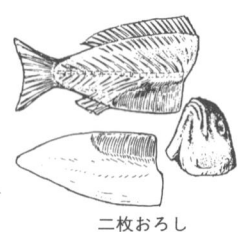

二枚おろし

にまめ（煮豆）
大豆，うずら豆，てぼう，きんとき豆などを，砂糖や，砂糖としょうゆで煮たもの．ひと晩水につけ，気長にゆっくり煮るのがコツ．

大豆は調味液に浸しておいてから煮る方がよく，うずら豆などいんげんはまず柔らかく煮てから調味するのがコツ．いんげんは，はじめから調味料を入れてしまうと豆が収縮し，柔らかくならない．調味料は一度に加えず，何回かに分けて加えるのがよい．一度に濃い調味液にしてしまうと味が浸透しにくく，豆が堅くなってしまう恐れもある．落としぶたをして弱火で気長に煮ると煮くずれせず，きれいに仕上がる．そうざい品として売っているものは食中毒に注意する．びん，缶詰や真空包装にして加熱殺菌してあるものは安全である．⇨あずき・⇨うぐいすまめ・⇨うずらまめ・⇨くろまめ・⇨だいず

にもの（煮物）
だし汁あるいは水で材料を煮て調味した料理の総称．煮しめ⇨，佃煮⇨，炒め煮⇨，含め煮⇨，照り煮，あちゃら煮，いとこ煮⇨，吉野煮⇨，甘露煮⇨，うま煮⇨，みそ煮⇨などがある．懐石料理では椀盛り⇨がこれにあたる．

にものがわり（煮物代わり）
会席料理⇨の献立で，煮物の代わりに蒸し物や寄せ物を出すことがあるが，その料理のことをいう．

にものわん（煮物椀）
懐石料理⇨で出される煮物のこと．椀盛り⇨ともいう．

ニヤン（醸）
中国料理の調理法の一つ．えびや鶏のささみをすり身状にしたものを他の材料の中に詰めたり，上にぬったり飾ったりすることをいう．この料理を醸菜(ニヤンツァイ)といい，醸豆腐(ニヤンドウフウ)（豆腐の肉詰め），醸黄瓜(ニヤンホワンゴウ)（きゅうりに豚ひき肉を詰めて蒸したもの）などがある．

ニヤンツァイ（醸菜）⇨ニヤン

にゅういんりょう（乳飲料）
牛乳や脱脂乳などを主要原料として加工した飲料．一般に，コーヒー牛乳，フルーツ牛乳などと呼ばれているものがこれに当たる．公正競争規約により，食品衛生法での牛乳の規定に合わないものは牛乳という語は商品名として使えない．公正競争規約では，乳飲料について，乳固形分3.0％以上含有するものと規制している．牛乳にビタミン，無機質など他の栄養成分を添加したものも乳飲料に区分される．

にゅうか（乳化）
ふつうは混ざり合うことのない水と油が細かい粒子となって分散という形で混ざり合うこと．乳化には通常乳化剤が必要．マ

ヨネーズでは，卵黄中のレシチンやたんぱく質が乳化剤として働く．また添加物の乳化剤としては，マーガリンを作るときなどに用いられるモノグリセライドやレシチンなどが用いられる．乳化には牛乳，マヨネーズなどのように水に油が溶けた水中油滴型と，バターのように油に水が溶けた油中水滴型とがある．これらの乳化した油は味覚にまるみを与える利点がある．料理に乳化作用をうまく利用すると味がまるくなる．よく煮込んだおでんの煮汁，シチューやスープなどの味がまろやかなのは乳化が起こっているからである．そのためには，長時間気長に煮ること．➡おでん・➡シチュー

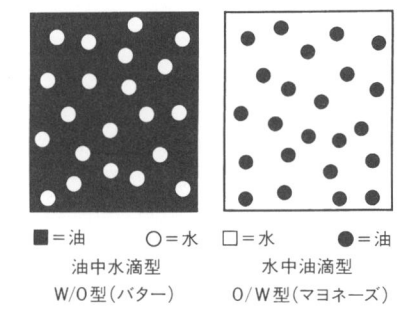

■=油　〇=水　□=水　●=油
油中水滴型　　　　水中油滴型
W/O型（バター）　O/W型（マヨネーズ）

にゅうさん（乳酸）

牛乳を乳酸菌で発酵させたときなどに生じる，強い酸味のある酸の一種．漬け物の中の酸味，清酒，しょうゆ，みそなどに含まれるおもな酸味も乳酸である．また生体内では，筋肉細胞内で代謝の結果乳酸を生じるが，これがたまると疲労の原因になる．しかし乳酸そのものは，食品としてとったとき，気分を爽快にするとともに，殺菌作用があり，その結果整腸作用がある．

にゅうさんきんいんりょう（乳酸菌飲料）

牛乳などの乳や脱脂乳などを原料にし，乳酸菌または酵母で発酵させ，糖類などを加えてつくる飲料．酸乳飲料あるいは乳酸飲料と呼ばれることもある．食品衛生法によって無脂乳固形分3％以上のものを"乳製品"扱いとし，3％未満のものは"乳等を主要原料とする食品"に区分している．乳酸菌飲料は，乳酸菌や酵母による乳酸発酵によって生成される乳酸および菌そのものが，整腸作用など健康によい働きをするということが特徴となっている．そのため，乳酸菌数または酵母数が規格化されている．製品中の乳酸菌は生きているものと殺菌したものがあり，殺菌したものはその旨表示される．製品は，果汁や香料，糖類を加え，飲みやすいものになっている．

にゅうふ（乳腐）⇨フゥルゥ

にゅうめん（煮麺，入麺）

温かいそうめん料理．ゆでたそうめんを熱湯にくぐらせて器に盛り，その上に下煮した好みの具をのせ，すまし仕立ての熱い汁をかけたもの．汁も具もそうめんもいっしょに煮込んでもよい．薬味にはみょうがのみじん切りが合う．

●にゅうめんの作り方

材料：そうめん4把　鶏ささみ4本　干ししいたけ4枚　しょうゆ小さじ2　みりん小さじ2　えび(中)8尾　みつば1把　だし汁カップ6　しょうゆ（薄口）大さじ2　塩小さじ1　みりん大さじ1　みょうが少々

そうめんはゆでて水気をきる．鶏ささみはすじをとり，そぎ切る．しいたけは戻し，しょうゆ，みりんで煮て下味をつける．えびは殻と背わたをとり，塩ゆでする．みつばはさっと湯に通して3cmに切る．鍋にだし汁と調味料を合わせて煮立て，鶏ささみを加え，火が通ったら火を止める．器に湯通しして温めたそうめんを入れ，ささ

み，しいたけ，えび，みつばを飾り，上から熱いだし汁を注ぐ．みょうがのせん切りを散らす．

ニョクマム（nuoc mam）
おもにベトナムで用いられている魚醬（ぎょしょう）→．あじ，いわし，さばなどを原料とし塩と合わせて半年ほど発酵させたあと，おりを除く．調味料として用いられている．

ニョッキ（gnocchi—伊）
パスタ→の一種．小麦粉にバター，卵，牛乳，チーズなどを加えてよく練り合わせ，棒状にして小さく切ったり，だんご状にし，塩を加えた湯でゆでてから用いる．イタリアでは家庭で作られる．この材料に裏ごししたじゃがいもを加えて作ったいもニョッキもある．溶かしバターをかけて粉チーズをまぶしたり，スープの浮き身にしたり，トマトソースやミートソースで和えて用いる．

●いもニョッキの作り方
材料：じゃがいも400g　強力粉200g　卵1個　バター大さじ2　ナツメグ少々　塩小さじ1

じゃがいもはまるごと柔らかくゆでて皮をむき，マッシャーでつぶすか裏ごしにかける．卵，バター，ナツメグ，塩を加えよく練り，強力粉を少しずつ加え，さらに練り上げる．用途によって，ひと口大に丸めたり，1cmぐらいの棒状にのばして2～3cm長さに切りそろえる．たっぷりの湯をわかし，塩を少量加えた中に入れ，浮き上がってきたらすくい上げる．

にら（韮）
ユリ科．葉ののびが速いので，春から花の咲く夏まで，数回刈りとることができる．一年中あるが早春のものが柔らかい．ビタミンAのもとになるβ-カロテンが多い．刺激成分の含硫化合物は，肉の臭みを消すとともに，ビタミンB_1の吸収をよくする作用がある．またこの刺激によって消化液の分泌を促し，消化を助け，胃腸を整える働きがあるといわれている．

みそ汁の実，卵とじ，油炒めなどにするときは，一度ゆでてから用いるとにおいが少し和らぐ．にら自体を味わうには，さっと緑色が濃くなった程度の短時間の加熱にとどめること．汁の実にするときは，鍋をおろす直前に入れるのがコツ．ぞうすいの中ににらを入れ，にらがゆにすると体が温まる．ギョーザにも欠かせない材料の一つ．にらを軟化栽培したものは黄にら，花茎がのびたものは花にらという．

にわとり ⇒ けいにく

にんじん（人参）
セリ科．日本にんじんと西洋にんじんがある．ビタミンAのもとになるβ-カロテンがたいへん多い．にんじんの色の主成分もβ-カロテンである．油を使った料理にするとカロテンの吸収がよい→．にんじんにはビタミンC酸化酵素（アスコルビナーゼ）が含まれている．おろしやジュースにするときは酢を加えると酵素の働きを止めることができる→．繊維が堅く，火が通りにくい点を考慮に入れて調理することが大切．和風では煮しめ，てんぷら，なます，ごま和え，白和えなどに．洋風，中国風料理では，肉類との煮込みや炒め物，スープ，グラッセなどがある．生食ではスティックに切ったり，サラダなどに．香りが強いので，肉とともに煮込むときは香草的な役目も果たしている．

にんにく（大蒜）
ユリ科．英語ではガーリック．ねぎに似

た非常に強い臭気がある。地下の鱗茎を利用する。

殺菌，駆虫の作用があるほか，刻んだりつぶすことで，においの物質アリインがアリシンに変化し，ビタミンB_1と結合してその吸収をよくする。強壮など，昔から薬用効果があるとされてきた理由は，アリインやスコルジニンなどの薬用成分が含まれているためである。

形の丸い，粒のそろった大きめのものが良質。保存は風通しのよい日陰につるす。中国料理や洋風料理になくてはならない香辛料。和風ではあまり用いられないが，高知のかつおのたたきには欠かせない。しょうゆに漬けて保存し，べっ甲色になったものを食べると精がつくといわれる。サラダを作るときは，ボールににんにくの切り口をこすりつけておくと，ほのかな香りが味をよくする。カレー，シチュー，ハンバーグステーキなどには，みじん切りにして，たまねぎとともにバターで炒めて用いるとよい。また，にんにくのかたまりで，熱した鍋をこするだけでも効果がある。にんにくの香りによって，塩味がまるく感じるようになるためである。食後の口のにおい消しには，牛乳がよいといわれている。若い茎と葉は葉にんにくとしてねぎやにらと同様に，花茎は茎にんにく（にんにくの芽）として炒め物や，ゆでてサラダなどに利用する。

調理科学

カロテンと油の吸収

カロテンは一般に脂溶性であるから水には溶けにくい。カロテンが吸収されるためには，いったん溶ける必要がある。油がともにあるとカロテンは溶け，これが消化された後に吸収しやすい状態になる。にんじんのようにカロテンの給源としてよいものでは，できるだけ油を使用して，カロテンの吸収をよくすることが大切である。

にんじんのビタミンC酸化酵素

にんじんにはビタミンC酸化酵素（アスコルビナーゼ）が含まれている。これは，にんじんだけでなく，かぼちゃ，りんごなどにもある。この酵素は細胞中にあるから，すりつぶしたにんじんの組織を，ビタミンCを多く含むもの，たとえば，だいこんおろしに混ぜたりすると，酵素によってだいこんのビタミンCも酸化され，酸化型ビタミンCとなり，生理的効力が低下する。また酸化型になったビタミンCは破壊されやすい。しかし，アスコルビナーゼもたんぱく質であるから，加熱によって失活し，効力を失う。また，酸に対しても効力を失うから，酢を加えるとか加熱するなどしてから，ビタミンCの多い素材と混ぜるようにすれば，ビタミンCの酸化の心配はない。

なお，組織をすりつぶさない細切りとか，薄切りにしたにんじんと他のものを混ぜても，ビタミンCの酸化はほとんど起こらない。

ぬ

ぬいぐし（縫い串） ⇨ **すくいぐし**

ぬかづけ（糠漬け）

　米ぬかと塩を用いて作る漬け物．代表的なものにたくあん漬け➡がある．ぬかみそ漬け➡もぬか漬けの仲間であるが，ぬかみそ漬けはぬか床を使うため，一般的には，たくあん漬けなどとは区別されている．ぬか漬けはぬかに含まれている酵素や乳酸菌によって味よく漬かると同時に，ぬかの中のビタミンB_1などの栄養分を利用することもできる．野菜類のほか，いわしやぶりなどの魚にも用いられる．

ぬかみそづけ（糠味噌漬け）

　米ぬかと食塩と水を合わせてぬか床を作り，これに，きゅうり，なすなどを数時間ないしひと晩くらい漬けて旨味を移した漬け物．ぬか床には乳酸菌が繁殖し，漬けた材料に風味と酸味を与え，特有のまるみのある味を与える．栄養的には，ビタミンB_1がぬかから多量に移行する．作る人の個性がよく出る漬け物である．どぶ漬けともいう．

　容器はほうろう引きのものやプラスチックのものより，木製の樽の方が余分な水分を吸収するのでよい．

　床は作ってもすぐには使えない．まず，水分の多い野菜類を漬けて床を慣れさせるのが第一段階で，これを捨て漬けという．だいこん葉，キャベツ，はくさいなどが適当．夏で4〜5日，冬で10日くらい．これを行ったら，漬け始めることができる．ぬかみそはよくかき混ぜることが欠かせない条件で，1日に少なくとも1回，暑いときは2〜3回はかき混ぜる必要がある．かき混ぜ方が足りないと臭気が出て，漬け物の味がわるくなる．乳酸菌が繁殖しないで酪酸菌が繁殖するためである．

　ぬかみそは古くなるほど味がよくなってくるので，よくかき混ぜて大切に使うこと．また，ときどき新しいぬかと塩を補給することを忘れてはならない．ぬかみそ漬けは漬け床の旨味を材料に吸収させて食べるので，漬けておく期間が大切．以下，材料ごとの漬け方の一例を示す．

調理科学

ぬかの酵素の働き

　ぬかには各種の酵素が多く含まれている．これらの酵素は，ぬか漬けの床の熟成に効果があるとともに，漬け込んだ材料に対してもいくらかの働きがある．ぬかに含まれる酵素としてはリパーゼ，アミラーゼ，プロテアーゼ，セルラーゼなどがあり，これらがぬか自体の成分を分解し，旨味を出すとともに，乳酸菌の増殖に必要な栄養成分を供給する．

ぬか床の臭みの原因

　ぬかみそ漬けは，1日に少なくとも1回，夏など気温の高いときでは1日に2〜3回，床を底の方から上へかき混ぜ，すみずみまで空気が入るようにする．もしかき混ぜないでおくと，乳酸菌以外の腐敗菌である嫌気性の酪酸菌や酢酸菌などが繁殖して，腐ったような不快なにおいが強くなる．ときには虫さえわく結果になる．酪酸菌は，特有の不快な刺激臭をもつ一種の腐敗菌である．そこでまめにかき混ぜて，半好気性菌である乳酸菌のみの生育をうながし，反対に嫌気性の酪酸菌，酢酸菌やその他の雑菌の繁殖を防ぐのである．また，かき混ぜることによって，床の温度をいつも一定に保たせることができる．

なす……全体がすんなりした形のものがよい．軸をとり，へたはつけたまま皮全体に塩をこすりつけるような気持ちでもむ．漬け時間は二つ割りにした場合，夏で3～4時間，秋で5～6時間が適当．

きゅうり……軽く塩もみし，つるについていた方を下にして縦に漬ける．夏なら，丸のままで3～4時間，二つ割りで2時間くらいが適当．

しろうり……二つ割りにして，夏で3～4時間浅漬けする．

かぶ……小かぶをまるごと漬けるのがよい．根と茎では漬かる時間が違うので別々に漬けること．根はなかなか漬かりにくいので冬で1日半～2日くらいかかる．茎はひと晩で漬かる．

●ぬか床の作り方

分量は好みによってちがうが，一般には，重量比で米ぬか10に対して塩2.5～3.5，水10～13くらい．塩は水に溶かし，一度煮立て，冷ましてから使う．よくふるったぬかを容器に入れ，これを塩水で練り上げ，みそくらいの堅さにするのがコツ．この際，ぬかの一部を炒っておくと香りがよい．ぬかの中に，こんぶ，こうじ，とうがらしなどを加えると味がよくなる．

ぬた

酢みそ和えまたはからし酢みそ和えのこと．和える材料はあさり，あおやぎ，あじ，いか，ねぎ，わけぎ，わかめなどを適当にとり合わせる．→すみそ

ヌードル（noodle）

一般的には小麦粉に卵を加えて作ったイタリア風のめんでパスタの一種．JASではマカロニ類の一種で帯状にしたものをいう．使い方は，スパゲティ，マカロニとほぼ同じであるが，ゆでる時間は短めにする．卵の入っているものは口当たりがなめらかである．

ぬのめぼうちょう（布目包丁）

包丁の入れ方の一つで，布の織目のように縦横に包丁目を入れること．こんにゃくのように味の浸み込みにくいもの，いかなど食い切りのわるいものにすると食べやすくなる．

ヌーボー（nouveau―仏）

ワインの新酒のことで，ヌーボーは新しいという意味．仕込みと発酵がすんだワインを熟成前に飲用する．フルーティーで新鮮な風味がある．しかし風味の変化が早いので発売期間は3か月くらいである．フランスでは，法律によってヌーボーの発売解禁日を11月第3木曜日午前0時と定めている．ブルゴーニュ地方のボージョレー地区のものがボージョレー・ヌーボーとしてとくに有名．オーストラリアのヌーボーは5月がシーズンで，オージー・ヌーボーと呼ばれる．

ぬめり

ぬるぬるした粘液のこと．じゅんさい，なめこ，やまのいも，オクラ，さといもやうなぎ，はも，あなご，なまこなどは材料特有のぬめりをもつ．じゅんさい，なめこ，オクラ，とろろ汁などのように，ぬめりによる触感を楽しむもの以外は，ぬめりをとってから料理に使う．ぬめりをとるには包丁やふきんでこすったり，塩でもんだり，塩水で洗ったりするとよい．

ね

ねかす
　味をよくする，腰を強くする，あるいは生地を柔らかくするために，材料を少しのあいだ放置して熟成させること．こうじなどを室(むろ)に入れてこうじかびをつけたり，小麦粉を練ってしばらく放置して酵素を働かせたり，パン生地中のイーストを発酵させてふくれるようにすることなどをねかすという．ねかす場合は，微生物の発酵しやすい温度や，酵素が働きやすい温度に保つことが必要である．

ねぎ（葱）
　ユリ科．ねぎには，軟化した白色部を食用とするものと，葉部も白色部もともに食用とする品種がある．前者は根深種と呼ばれ，関東地方で好んで栽培されている．後者は葉ねぎ種で，関西での栽培が多い．
　ねぎ特有のにおいの成分は含硫化合物で，ねぎ中では配糖体の形で存在し，酵素によって分解されてできる．この含硫化合物は消化液の分泌を盛んにし，消化器中でビタミンB_1と結合してB_1の吸収をよくする．また，肉，魚などの動物性食品の臭みを消す働きがある．とくに臭みの強いマトンやくじらは，ぶつ切りにしたねぎとともにしょうゆに浸すと，臭み消しに効果的である．すきやきに入れると肉の臭みが消え，ねぎ自身の味も引き立つ．煮すぎないようにすることが大切．また，みじん切りにしたものは，うどん，そばなどのめん類や鍋物の薬味に用いる．
　白い部分は高温で短時間加熱すると甘味が強くなる．これは，ねぎのにおい成分の含硫化合物が変化し，もともとある甘味物質が表面化するためである．

ねぎま（葱鮪）
　材料にねぎとまぐろを使った料理につける名称．ねぎとまぐろを串に刺して焼いたのがねぎま焼き，鍋物をねぎま鍋という．

ネクター（nectar）
　果実飲料の一種．果肉をすりつぶして裏ごしにしたものを主原料とした粘稠性(ねんちゅう)のある飲み物．ネクターとはギリシア神話の神々が飲んだという不老不死の薬酒を意味するネクタル（nectar—ラテン語）からきた言葉といわれ，一般的には甘美な飲料という意味にも用いられる．原料としては，もも，西洋なし，あんず，バナナ，すもも，パパイア，マンゴーなどが用いられるが，ももを用いたピーチネクターが大半をしめる．

ねじうめ（ねじ梅）
　梅花形に切ったにんじん，だいこん，くわいなどの野菜に，さらに図のような切り目を入れ，花びらを一片ずつ浮き出させたもの．かんてんなどの流し物やらくがんなども，特殊な型を使ってねじ梅形に仕上げる場合もある．

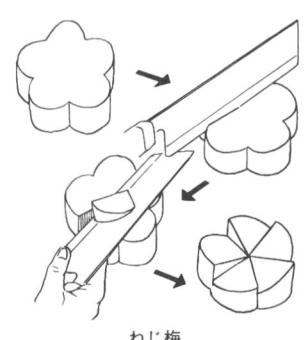

ねじ梅

ねた ⇨ たね
ねぶか（根深） ⇨ ねぎ
ネーブル
　かんきつ類の一つで，ネーブルオレンジの略称．ネーブルとは"へそ"のこと．国産品もあるが，輸入品（サンキストのマーク）が多い．果肉は柔らかく，甘味，酸味もほどよく，香気が高い．皮のつやと色がよく，へたの新鮮なものを選ぶ．

ねりきり（練り切り）
　生菓子の一つ．白あんに砂糖を加えてよく練り，つなぎにみじん粉，やまのいも，求肥(ぎゅうひ)☞などを加えて作った練り切りあんを使って彫刻をした木型に押しつけたり，手で細工する．着色料で色をつけたりして四季の感じを出して作られることが多い．

ねりせいひん（練り製品）
　水産加工品の一種．魚肉を食塩といっしょにすりつぶし，これに調味料，うま味調味料，その他の添加物などを加えて形づくり，加熱して固めたもので，かまぼこ☞，ちくわ☞，はんぺん☞，揚げかまぼこ，魚肉ソーセージ☞などがある．練り製品は日本独特のもので歴史も非常に古い．種類が多く，各地特有の名産品も作られている．

ねりみそ（練り味噌）
　みそに砂糖，清酒，だし汁などを加えて加熱しながら，気長にねっとりと練ったもの．各種の料理に使う調味みその土台になる．用途によって，酢，からし，ごま，木の芽，ゆずなどを加える．みりんを使うといっそうつやが出る．ふろふき，豆腐やこんにゃくの田楽，焼きなすなどに使われる．また，炒った大豆を加えて鉄火みそにしたり，白身魚のほぐし身を加えて魚みそを作ったりする．

ねりもの（練り物）
　調理の過程で，練るような操作をした料理のこと．生菓子の材料となるあんやきんとん，魚のすり身を練り混ぜて作るかまぼこ，しんじょなどがこの例である．

ノアゼット（noisette—仏）
　西洋料理の野菜の切り方の一つ．長さ2cmくらいのくし形に切って面をとったもの．シャトーに似ているが，それほど長くないものをいう．

のうしゅくかじゅう（濃縮果汁）
　果汁を減圧，低温で¼〜⅕に濃縮したもの．ビタミン，無機質類はほとんど残る．多くは冷凍果汁として保存し，果実飲料→の原料として用いられる．→ジュース

のしいか（熨斗烏賊）
　するめを調味液につけた後，打ちのばしたもの．昔は木づちを使ったが，現在はローラーをくぐらせてのばして作る．主として酒の肴に用いられる．これを細く切り，ごまじょうゆなどで和えると，つまみとしてよい．

のしぐし（伸し串）
　えびなどを加熱すると丸まるが，これをまっすぐな形に仕上げたいときに用いる串の打ち方．えびは殻つきのまま腹側の頭のつけ根から尾に向かって，または尾から頭に向かって殻と身の間に串を刺す．とくに焼き料理やゆでたりする場合に使う．

のし串

のしもち（伸し餅）
　平たくのばしたもち．ふつうは，これを四角に切って切りもちとして用いる．本来，もちは円満のしるしとして丸く作るのを本義としてきたが，室町時代以降は略式ののしもちが発達してきた．とくに中部地方から東では，のしもちを切った切りもちが多く用いられている．

のっぺいじる（のっぺい汁）
　豆腐，油あげ，さといも，にんじん，しいたけなどを材料にして，塩，しょうゆですまし汁に仕立て，くずをひいて濃度をつけた汁．

のぼりぐし（登り串）⇨**うねりぐし**
のり（海苔）⇨**あさくさのり**
ノルマンドソース（normande sauce）
　ブルーテソース→をベースにして卵黄を入れた淡黄色のソース．フランス名はソース・ノルマンド（sauce normande）．白身魚の蒸しゆでなど魚料理に使われる．

●**ノルマンドソースの作り方**
材料（約1カップ分）：ブルーテソースカップ¾　魚のだし汁カップ½　卵黄1個分　バター30g　生クリーム大さじ4　レモン汁少々

　ブルーテソースと魚のだし汁を合わせて煮つめ，卵黄を入れて手早く混ぜ合わせ，一度布でこす．これを再び火にかけ，バター，生クリームを混ぜ合わせ，レモン汁を入れて仕上げる．

は

バー (bar)
　洋酒などを飲ませる酒場のこと．これは昔，イギリスなどで，簡単な飲食店で飲食物を並べて客に出すカウンターをバーと呼ぶようになったのが始まりのようである．
　アイスバー，チョコレートバーなど細い棒状のものの名前にも使われる．

バァス (抜絲)
　中国料理で材料にあめをからませること．パースーともいう．おもに点心に用いられる．砂糖を煮てあめ状にし，これに揚げたり，蒸したりした材料を加えてからませる．砂糖はあめ状にすることによりわずかにカラメルの香りがつき，風味が増す．通常，この料理は油を薄く塗った皿にとり，熱いうちに水に入れた小鉢とともに供し，水にくぐらせて表面のあめを固めたあと食べる．材料としては，さつまいも，やまのいも，くり，ぎんなんなどが用いられる．

バァバオ (八宝)
　中国料理の料理用語．バーボー，はっぽうともいう．数が多いことを意味しており，よい材料をたくさん使って作った料理をいう．必ずしも8種類使う必要はない．八宝菜(バアバオツァイ)(➡はっぽうさい)，八宝飯(バアバオファン)➡などがある．

バァバオファン (八宝飯)
　中国料理の点心の一つ．バーボーハン，はっぽうはんともいう．果物で飾ったもち米の蒸し菓子．器の内側に干し果物や砂糖漬けの果物をはりつけ，甘味をつけたもち米のごはんをつめ，蒸し器で蒸し，皿にあける．ごはんにあんをつめることもある．甘味のあるくずびきしたシロップをかける．

パイ (pie)
　小麦粉に，バター，マーガリン，ショートニングなどの脂肪を混ぜ込み，そのまま，あるいは種々の詰め物をして焼いたもの．小麦粉と脂肪の層が幾重にもなり，はがすと紙のようになるフレンチタイプと，1枚皮のアメリカンタイプがある．中に入れるものによって，アップルパイ，レモンパイ，クリームパイ，パンプキンパイ，ミートパイなどがある．
　また形により，皿形のディッシュパイ，角(つの)形のコルネパイ，長方形にして上面の生地に切り込みを入れたアルメットパイ，木の葉形のリーフパイなどに分けられる．
　フレンチタイプは，小麦粉に水を加えてよく練り，ぬれぶきんに包んで20分くらいねかせておく．バターは1cmくらいの厚さにのばして冷やしておき，ねかせておいた生地で包み込む．めん棒で押しのばし，もとの大きさの3倍くらいになったら，3～4枚に折りたたむ．次に反対方向にのばして同様に折りたたむ．これを繰り返し，

🧪 **調理科学**

パイの層
　パイが層状になるのは，小麦粉の生地と油が交互に層をなしている状態で加熱されるからである．油が生地の小麦粉に均一に混合するとパイ状にならず，クッキー状となる．油が層状に存在して加熱されると，油が生地に浸透し，油と油の間にある小麦粉の生地をフライする形になる．それでサクサクしたパイの層ができる．

交互に4～5回行う．最後に好みの厚さにのばせばよい．☞

アメリカンタイプは，バターをナイフまたは指先で，粉の中に混ぜ込んでいき，水を加えてまとめる．だいたい混ざったらのし板の上にのせ，小麦粉を振りながらのばしては，たたむことをくり返す．バターのかたまりがなくなったら，でき上がり．

●パイ（アップルパイ）の作り方
材料(21cmパイ皿1枚分)：パイ生地｛小麦粉(薄力粉)150g バター80～100g 水カップ約1/4 塩ひとつまみ｝ りんごの甘煮(りんご4個 砂糖100g レモン1/2個 シナモン少々) ドリール(卵1個)

〈パイ生地（アメリカ式）〉

小麦粉と塩といっしょにふるい，台の上に置き，堅く冷やしたバターを真中に置き，粉をまぶすようにしながらナイフで細かく切る．

あずきつぶ大になったら，ボールに移し，やっとまとまる程度まで，水を振りかけながら加える．20cm角くらいの大きさに整え，ラップフィルムで包み，冷蔵庫で最低1時間ねかせる．台の上にとり出し，めん棒で3mmぐらいの厚さにのばす．これを3～4枚に折りたたむ．次に反対方向にのばして同様に折りたたむ．これをくり返し，交互に3～4回行う．最後に30～40cmの正方形にのばし，パイ皿の大きさより2～3cm大きく切り，パイ皿に敷き，まわりの余分なパイ生地をナイフで切り落とす．りんごの甘煮をパイ皿に並べ，パイ生地の残りで1cm幅の細長いリボンを作り，格子状にのせ，さらにパイ皿のふちにも重ねる．つや出しに，溶き卵をはけでぬり，200度のオーブンで30～40分焼く．

〈りんごの甘煮の作り方〉

りんごは皮をむいて芯をとり，いちょう形に切り，砂糖，レモンの搾り汁を加え，半透明になるまで煮て，シナモンを振りかける．

はいがまい（胚芽米）

胚芽の部分を残して搗精した米．正式には胚芽精米という．胚芽にはビタミンB_1をはじめ，栄養的に優れた成分が多く含まれている．ふつうに搗精を行うと，ぬかだけでなく胚芽も除かれてしまうが，特殊な方法によってぬかは除き，白米に近い状態にし，胚芽を残したものである．胚芽は脂肪を含むため長くおくと脂肪の酸化により風味が落ちるので，少量ずつ買い，早く使いきるようにする．洗うときは，さっと水を加えてほこりを流す程度にする．とぐとせっかくの胚芽が流出する．

バイキングりょうり（バイキング料理）

数多くの料理を一卓に並べ，各自が好みのものを食べたいだけ食べる料理供与形式．略してバイキングとも呼んでいる．バイキングの意味は北欧スカンジナビア地方の航海者のことで，彼らの食べ方と北欧のセルフサービス方式の食事であるスモーガスボード→を結びつけて，日本でバイキング料理と呼ぶようになった．

パイナップル（pineapple）

パイナップル科．形が松かさに似ているのでパイン（松）アップル（果実の意味）と呼ばれる．買うときは，下1/3ぐらいまでがやや赤みをおびて芳香のあるものがよい．赤くなったものは熟しすぎである．主成分は炭水化物で，ショ糖がほとんど．酸はおもにクエン酸．生食するほか，パイナップルの生や缶詰を酢豚に入れたり，ビーフシチューや豚肉の煮込みに入れ

たり，豚肉やハムのソテーにつけ合わせるなど料理に利用する．生のものはブロメリンというたんぱく質分解酵素を含むので，生のパイナップルの切ったものを生の肉類のつけ込み用などに使うと肉の風味がよく，肉が柔らかに仕上がる．また，肉食後に食べると，消化を助ける．しかし，ゼラチンゼリーに加えるとゼラチンはたんぱく質なので分解され，固まらない．ゼラチンゼリーの場合は，パイナップルに火を通して酵素の働きをとめるか，缶詰を使用するとよい．

【パイナップルの切り方(一例)】

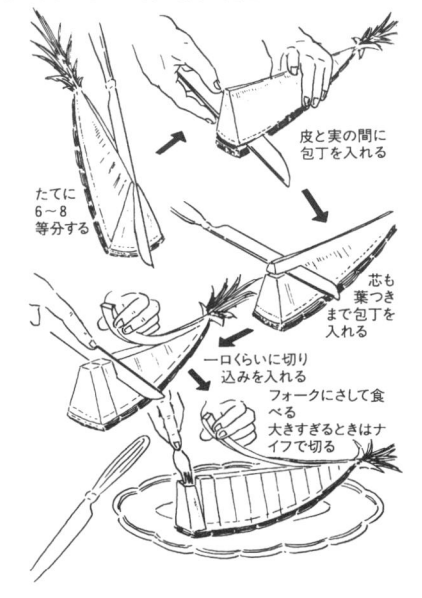

たてに6～8等分する
皮と実の間に包丁を入れる
芯も葉つきまで包丁を入れる
一口くらいに切り込みを入れる
フォークにさして食べる
大きすぎるときはナイフで切る

生で食べるときの切り方は，輪切りにする場合は上下を切り落とし，皮部をらせん形に削って，円筒形に仕上げる．ついで芯抜きで芯をくり抜く，2cmくらいの厚さの輪切りにする．簡単なのは，縦二つ割りにしたあと，さらに縦に6～8等分し，芯を厚めにとり（あるいは芯の一部を葉につけて残し），果肉と皮の間にナイフを入れて切り，2cmくらいの幅に果肉に切り込みを

入れる．酸味が強すぎるときは砂糖蜜に5時間くらいつけ，冷蔵庫で冷やしたあとで食べるとよい．皮をむかず，皮ごと果肉をもぎとって食べるスナックパインという品種もある．

干しパイナップルは堅いので，ブランデーやワイン，しょうちゅうなどを振りかけて柔らかくしてから，菓子などの材料に用いる．

ばいにくあえ（梅肉和え）

梅肉酢→や，梅肉にしょうゆを合わせた梅肉しょうゆで和えたもの．れんこん，きゅうり，うどなどに用いられる．

ばいにくず（梅肉酢）

梅干しの肉を裏ごしにかけ，砂糖，しょうゆ，だし汁，清酒などで調味したり，のばしたもの．

はもの湯びき，たいなどのさしみやあらいの添え酢のほか，れんこん，うどなどを和えるのにも用いられる．いずれも白い材料に合う．

●梅肉酢の配合割合

材料：梅肉大さじ3　砂糖大さじ2　清酒大さじ2

ひと晩水につけて塩出しした梅干しの肉を裏ごしにかけ，砂糖，煮切った清酒を加えて混ぜ合わせる．堅さは清酒，だし汁でかげんする．

ハイビスカスティー

ハイビスカスの花を乾燥してお茶状にしたもの．熱湯で紅茶のように浸出する．きれいな紅色で，梅干しのような香りと酸味がある．食後の飲み物として口の中がさわやかになる．

ハイボール（highball）

ウイスキー，ブランデー，ジンなどの蒸留酒に，氷と炭酸水を加えたもの．一般にはウイスキーを用いることが多い．通常タ

ンブラーに入れてすすめる．炭酸水の代わりにジンジャーエールを用いたり，コーラを用いたりすることもある．

パウダーシュガー（powdered sugar）⇨**こなざとう**

バウムクーヘン（Baumkuchen―独）
ドイツ菓子の一つ．バウムは木，クーヘンは菓子の意味で，でき上がったものが木の年輪のようになっているのでこの名がある．焼きがまに備え付けの太い棒にケーキのたねをかけながら焼き，表面がきつね色になったらまた新しいたねをかけることを数十回繰り返して年輪のように作る．

パウンドケーキ（pound cake）
小麦粉，バター，砂糖を各1ポンドずつ用いて作ったケーキ．実際にはいろいろな割合がある．レーズンなどのドライフルーツを加えてもよく，非常に濃厚な味のケーキである．

●パウンドケーキの作り方
材料（パウンド型1個分）：小麦粉120g　ベーキングパウダー小さじ⅓　バター90g　砂糖60g　卵黄2個分　卵白2個分　砂糖大さじ2　バニラエッセンス少々　レーズン50g　チェリー少々　レモンピール少々　ラム酒（ブランデー）　飾り用（くるみ，プラム，チェリー）

小麦粉とベーキングパウダーはふるっておく．レーズン，チェリー，レモンピールは細かく切り，ラム酒かブランデーを振りかけておく．ボールにバターを入れてクリーム状に練り，砂糖，卵黄を順に加えてよく混ぜ，ドライフルーツ，バニラエッセンスを加える．この中に卵白を泡立て，砂糖を加えて作ったメレンゲを加えて，ざっくり混ぜ合わせ，さらにふるった小麦粉とベーキングパウダーを加える．パウンド型に紙を敷き，生地を流し込み，型を2～3回軽く落として空気を抜き，中温に熱したオーブンで40～50分焼く．焼き上がる少し前に，くるみ，プラム，チェリーを飾る．

パエリヤ（paella―スペイン）
オリーブ油をたくさん使ったスペイン風炊き込みごはん．口が広くて浅いパエリヤという鉄鍋を使う．米とにんにくをオリーブ油で炒め，えび，白身魚，はまぐり，ムール貝などの魚介類とスープストック，トマト，サフランなどを加えて炊き，とり分けて食べる．

バオ（包）
中国料理の調理法の一つで，小麦粉生地などでものを包み込むこと．中華まんじゅうは包子(バオズ)と呼ばれる．

ハオイウ（蠔油）⇨**オイスターソース**

バオズ（包子）
中華まんじゅうのこと．中国料理の点心の一つ．肉まんじゅうは肉包子(ロウバオズ)，あんまんじゅうは豆沙包子(ドウシアバオズ)という．

ばかがい（馬鹿貝）
バカガイ科の二枚貝．寒中から春先にかけてがしゅん．千葉県の青柳で多くとれたのであおやぎとも呼ばれる．身は堅いが，貝柱は柔らかく淡白な味である．むき身と貝柱とに分けて売っている．むき身はすし，吸い物だねに．貝柱は生のまま二杯酢，てんぷら，酢みそ和え，みぞれ酢，わさびじょうゆ和えによい．

はかた（博多）
博多帯の織り柄のように，2種以上の色を配して材料を重ねたものの総称．また，そのようにすることを博多作りという．ゆで卵を卵黄と卵白に分けて裏ごしにかけ，押し枠に交互に詰めて蒸したものを博多

卵，チーズときゅうりを重ねたものを博多きゅうりという．調理法によって博多揚げ，博多蒸し，博多焼きなどと呼ぶ．

ばくがす（麦芽酢）

麦芽を用いて，大麦，ライ麦，小麦，とうもろこしなどの穀類を糖化し，酵母を加えアルコール発酵させたうえ，さらに酢酸菌を加えて発酵させたもの．ビールが酢になったようなものである．香りは柔らかでまるみがあり，味にもコクがある．ビールの中心地，ドイツでの使用が盛んである．酢の物，サラダドレッシングのほか，加工食品の材料としても用いられている．モルト酢ともいう．→す

はくさい（白菜）

アブラナ科．一年中出回っているが冬のものが最も味がよい．塩漬け，ぬかみそ漬け，こうじ漬けなど漬け物のほか，各種料理に用いられる．鍋物にもよく合う．味にくせがないので，どんな鍋物にも使える．とくに豚肉とベーコンによく合い，いっしょに煮るとよい味になる．軸をせん切りにしてりんごとドレッシングで和えるとサラダにもなる．

はくさいづけ（白菜漬け）

はくさいの塩漬けのこと．はくさいはできるだけ新鮮なものを用いること．丸ごと水でよく洗い，縦四つ割りにし，半日ほど直射日光に当てて乾かす．これに食塩を5％加えて漬け，十分に重し（→つけもの）をかける．気温が高い場合は食塩を多めにし，気温が低い場合は少なめにし，発酵の調節を行う．早く発酵しすぎると深みのない味になる．漬けはじめは塩辛いが，乳酸菌が繁殖して乳酸が多くなってくると，しだいに塩味がまるくなり，あまり感じなくなる．これは，酸味によって塩味のとがりがまるくなるためである．しかし，白かびなどを生やした場合は，この乳酸が白かびによって消費されるため，再び塩味が戻ってくるので，絶対に白かびを生やしてはならない．

また，できるだけ早く水が上がるように，重しを調節する．水が上がらないときは，空気に触れる度合いが高く，酸素を好む菌が繁殖する．はくさい漬けにとって，酸素を好む菌はあまり好ましくなく，とくに酵母が繁殖すると，はくさいの組織の中にガスがたまり，ザクザクしたはくさい漬けとなる．はくさい漬けの容器はできるだけ暖房のない部屋に置くことが大切で，漬かったものを暖房のはいっている室内に持ってくると，数日の間に酸味が増え，味が落ちるので注意しなければならない．

●はくさい漬けの作り方

材料：はくさい適量　塩　はくさいの重量の5％　赤とうがらし，こんぶ

はくさいを丸ごと水洗いし，汚れた葉をとり除き，縦四つ割りにし，半日ほど直射日光に当てて乾かす．こんぶは細く切り，赤とうがらしは二～三つにちぎる．漬ける容器の底に，塩ひと握りを振り入れ，はくさいの切り口を上にしてきっちりと詰める．塩を振り，こんぶととうがらしを散らす．以下同様にして順次漬け込み，はくさいの2倍の重しをのせ，水が上がったら半分に減らす．食べごろは1週間後．

ばくだいかい（莫大海）

中国産の柏樹（はくじゅ）の果実のことで，日本料理の特殊な材料．略してばくだいともいう．この実は乾燥してあり，使うときに水でふやかすと中身が大きくふくれて海綿状のものが外へ出てくる．大きくふくれるところから"ばくだい"と呼ばれたらしい．戻したものをさしみのつまや酢の物などに用い

る．中国では薬用にもされる．

ばくちじる（博打汁）
さいの目切りにした材料を実にした汁のこと．博徒が使うさいころに似ているのでこの名がある．

パクチョイ
アブラナ科で，中国野菜の一つ．チンゲンサイ⇒と同じ仲間であるが，葉柄は白くて太く，肉厚である．煮物，和え物，鍋物，漬け物など日本のはくさいと同様に使える．

バゲット（baguette—仏）
フランスパン⇒の一種．皮が堅く，中は大きな穴がいくつもある．皮を食べるパンで，皮をかみしめて食べるところにこのパンのおいしさがある．皮がパリッと堅く，曲げるとポキンと折れるくらいで，軽いものがよい．端から切ってバターをつけて食べる．⇒クラスティーブレッド

はこずし（箱鮨）
大阪ずしの代表．木枠の中にすし飯と，酢じめした魚，厚焼き卵，焼きあなご，ゆでえびなどのすしだねを入れて上から押し，角形に作る．

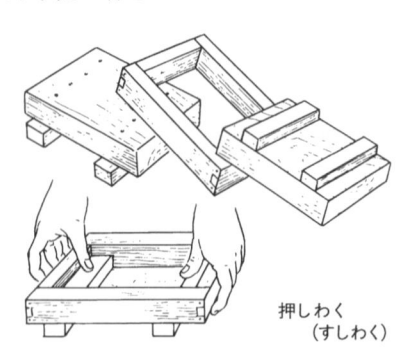

押しわく
（すしわく）

すし飯は少し甘味をきかせること，押しわくを水あるいは酢水でよくしめらせることがコツである．押しわくの底に葉ランを敷き，まず，たねの表を下にして美しく敷き

つめる．すし飯，中具，すし飯と詰めて，押しぶたをのせ，両手で押しをかける．押しわくを2～3回まわして押すと平均に押しがきく．夏は強く，冬は少し軽く押す．

はし（箸）
日本では奈良時代に現在のような2本の箸が使われるようになったといわれる．もとは中国から伝わったもので，それがわが国で独特のものに発達した．箸の種類は多く，盛りつけ箸，菜箸，割り箸，菓子箸，てんぷら箸のような日常用の箸のほかに，祝い箸，利休箸，真魚箸など，儀式，行事などに用いられる箸もある．

材質も竹，ヤナギ，スギ，ヒノキのほか，ハギ，クワ，シタンなどの木材も使われる．また金，銅，鉄，アルミニウムなどの金属性の箸もあるし，最近ではプラスチックのものもある．また，動物の角やきばなどを用いたものもあり，象牙，しかの角の箸はその代表的なものであった．

形には，丸形，角形，平形，両細形などがある．木の箸には，漆塗りや蒔絵をほどこしたものもある．祝い箸は祝儀に用いる箸で，折れないようにヤナギの枝で作られている．太い丸箸で両端が細くなっている．利休箸はスギで作った角箸の面をとり，両端を細く削った箸で両方から使えるもの．真魚箸は，儀式や特別の席で魚や鳥など生臭いものを調理するときに用いる特殊な箸．盛りつけ箸は，先の鋭い金属性の箸である．菜箸には和え物用，煮物用，揚げ物用，焼き物用などがあり，ふつう竹製で長いものが多い．てんぷらには先が金属になった特殊な揚げ箸が用いられる．これは油の中に入れても焦げない特性がある．菓子箸の特殊なものとしては，クロモジの木で作ったものがあるし，また青竹や霜降り竹を用いたものもある．割り箸は徳川時

代の末期のころから使われるようになった．飲食店の発達によって使い捨ての箸が必要となったからと考えられる．

　箸はその重さ，口当たりなどによって料理の味に大きな影響を与える．したがって料理をよく作っても，箸の吟味をおこたると料理の評価を低くすることがあるから注意しなければならない．

【はし】

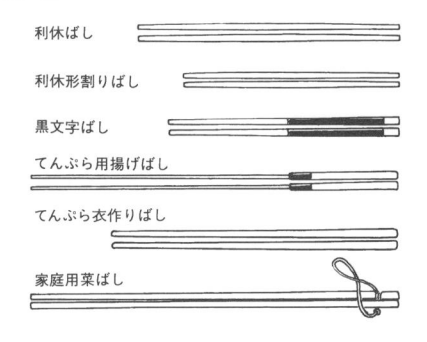

利休ばし
利休形割りばし
黒文字ばし
てんぷら用揚げばし
てんぷら衣作りばし
家庭用菜ばし

はしあらい（箸洗い）
　懐石料理➡で，一応の食事が終わったあとに出される味の薄い吸い物のこと．いままで使った箸の先を洗い，次に出される八寸➡でさらに一献を楽しむという意味で出されるものである．ひと口椀，ひと口吸い物，湯吸い物ともいい，ごく小さい椀に薄味の吸い物や，梅干しと塩でかげんした湯などを入れて供する．

はじかみ（薑）
　しょうがのこと．とくに芽しょうがのことをいう．また，これらを甘酢につけた酢どりしょうがのこともいう．

はじそ（葉紫蘇）
　青じその葉のこと．大葉ともいう．青みとして料理のあしらいや薬味，揚げ物にして彩りとして用いられる．➡しそ

はしやすめ（箸休め）
　食事の間に，料理の味に変化をもたせたり，口をさっぱりさせるためのちょっとした料理のこと．たとえば，酢の物や和え物といったものがよく用いられる．

はしりもの（走り物）➡はつもの

バジル（basil）
　ハーブの一種．イタリア語ではバジリコ（basilico）という．甘い香りとかすかな辛味がある．トマトの風味とよく合い，生のまま，または乾燥してイタリア料理，スパゲッティによく使われる．

はす（蓮）➡れんこん

パースー（抜絲）➡パァス

パスタ（pasta—伊）
　小麦粉をこねて作ったイタリアのめん類の総称．マカロニ➡，スパゲッティ➡などのほか，日本のそうめんのように細いバーミセリー➡，小麦粉にバター，卵，牛乳，チーズなどを練り合わせてだんご状にしたニョッキ➡，小麦粉に全卵または卵黄を加えてこねたヌードル➡や，フェトチーネ➡，カネロニ➡などがある．

はすのみ（蓮の実）
　はすの種子．乾燥したものは水で戻して砂糖漬けなどにする．おつまみにも用いられる．未熟なものは甘いので生食できる．

はぜ（沙魚）
　ハゼ科の魚の総称．ハゼ科の魚は種類が多いが，ふつう，はぜといえば，まはぜをさす．秋から冬にかけてがしゅん．
　淡白な味で脂肪が少ないので揚げ物にするのがよい．小さいものは頭と内臓さえ除いておけば骨まで食べられる．鮮度が落ちやすいので素焼きにして干し，甘露煮，あめ煮など濃い味で煮含めておくのもよい．

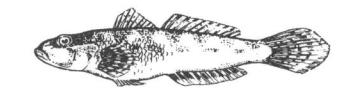

はぜ

干しはぜは，みそ汁のだしなどに使うと，かつお節とは違った味が楽しめる．

パセリ（parsley）

セリ科．年中使えるが，柔らかいのは春．葉が細かくてよくちぢれたものがよい．プロビタミンAのβ-カロテン，ビタミンCが多い．カルシウム，鉄も多く，きわめて栄養価の高い野菜．香気成分はピネン，アピオールなどである．飾りだけでなく，料理に加えて食べたい野菜．

みじん切りは，香りを生かして使うには水にさらさない方がよい．パラリとさせるには水ざらしが必要．このときは，刻んだパセリをふきんに包み，流水中でもみながら青い汁を流し，最後に堅く絞る．細かく刻んだものは香味野菜としてソースやスープに用いる．茎はスープの香りづけに重宝．使い残したものは一度水をくぐらせて水気をきり，ラップフィルムでピッチリ包んで冷蔵庫に入れておくか，コップに水を入れてパセリをさし，冷蔵庫に入れておくと長持ちする．みじんに切って冷凍しておけばいつでも使える．

バター（butter）

牛乳中の脂肪（クリーム）を分離して，そのまま，あるいは食塩を加えて練り上げたもの．原料クリームの発酵の有無により，発酵バターと非発酵バターに分けられる．発酵バターは風味が強く，酸味のあるのが特徴．また，食塩を添加したものを加塩バター，添加しないものを無塩バターという．ふつうは加塩バターが用いられる．無塩バターは菓子原料に向く．

バターはそのままパンにぬって食べるほか，各種料理の焼き物，煮物，炒め物，また菓子，ケーキ類に，溶かしたり混ぜこんだりして使うとたいへん風味が引き立つ．

脂肪は分子の小さい飽和脂肪酸が多い．また，バターは体温でよく溶け，しかも，乳化しているので消化がよい．これが栄養上重要である．消化率のよさは食用油脂中第一位で97〜98%と高率．また，安定度の高いビタミンAを多く含むことも特徴の一つである．ビタミンAの含量は飼料により左右される．直射日光にあてたり，高温で放置すると脂肪が酸化され，風味が著しく低下する．とくにバターは脂肪と水が乳化しているため，一度溶けると一部が脂肪と水に分離するので，冷やしてももとの状態に戻らない．にゅうか

パンにつける場合は，非発酵のバターでよいが，魚のバター焼きなどの場合には，発酵バターの方が風味がよい．日本で販売されているものの多くは非発酵バターで，酸味と発酵臭がないため，魚の生臭みが消えにくい．発酵バターがない際は，少量の醸造しょうゆを加えると，風味が発酵バターに近くなる．これは，しょうゆのもつ

🧪 調理科学

バターの香り

バターには2種あり，通常のものは発酵させないが，ファーメントバター（発酵バター）は乳酸発酵させる．それにより，バターはやや酸味をおび，さらりとした口当たりになるとともに，発酵による香りが加わる．

バターの乳化

バターは油の中に水分が分散した形の乳化をしていて，ほぼ16%程度の水分を含んでいる．これがバターの口当たりをソフトにする基礎となっている．バターが溶解すると，この乳化状態がこわれ，再び低温にして脂肪が固まっても，もとのバターの状態には戻らない．したがって，バターは低温に保つ必要がある．

2％程度の乳酸と発酵のよい香りによる効果である．

バターの保存は，一般には冷蔵で，長く保存するときは冷凍庫に入れること．10度以上の場所に保存すると，油の酸化が生じる．

バタークリーム（butter cream）

バターに砂糖や砂糖シロップを加えて泡立て，クリーム状にしたもの．ケーキの飾りに用いられる．作り方は，粉砂糖を用いる方法，砂糖シロップを用いる方法，メレンゲを用いる方法などがある．バターは無塩の方が上品な味のものができる．

最初バターを攪拌するとき，冬季はバターが堅くてなかなか混ぜにくいので，ボールだけをあらかじめ少し温めてからバターを入れて混ぜると扱いやすい．いくらバターが堅くても，絶対溶かしてはいけない．溶けてしまったらバタークリームはできない．また，再び固めてももとの状態のバターには戻らない．作りやすい点では，マーガリンの方が気温に合わせて柔らかさがかげんしてあるため扱いやすい．

●バタークリームの作り方

粉砂糖で作る場合は，無塩バター200gと粉砂糖を80〜100g用意する．バターをボールに入れ，泡立て器でよく攪拌して，なめらかになったら，ふるいにかけてかたまりを除いた粉砂糖を少しずつ加えてよく混ぜ，なめらかなクリーム状にする．メレンゲを用いる場合は，卵白2個分をよく泡立て，粉砂糖を加えてさらに泡立て，クリーム状にしたバターに少しずつ混ぜる．

バターケーキ（butter cake）

バターをたくさん使ったこくのあるケーキ．パウンドケーキ→もバターケーキの一種である．

●バターケーキの作り方

材料（18cmケーキ型）：小麦粉（薄力粉）120g　バター 90〜120g　砂糖60g　卵黄2個分　卵白2個分　砂糖大さじ2　バニラエッセンス少々

バターを泡立て器でクリーム状に練り，ふるった砂糖を2回に分けて加える．さらに卵黄を1個ずつ加え，エッセンスも加える．別に卵白を泡立て，砂糖を加えてメレンゲを作り，バターに加え，泡立てるように混ぜる．ふるった小麦粉を加え，さっくりと混ぜ，ケーキ型に流し込み，160〜170度のオーブンで30〜40分焼く．竹串を刺してみて，何もついてこなければよい．焼くとき，ラム酒につけたドライフルーツを加えてもよい．

バタースカッチ（butterscotch）

赤砂糖，バター，バニラで作ったキャンデーのこと．これを細かく刻んだものをパーフェやアイスクリームなどに加える．チョコレートに加えられることもある．砕ける歯ざわりがおいしく，赤砂糖の香ばしさなども加わって味覚を楽しませる材料の一つである．

はたはた（鰰）

ハタハタ科の海水魚．初冬にとれる．秋田地方では，産卵のため沿岸にやってくる冬季によく雷が鳴るところからかみなりうおとも．白身だが脂肪が多いため特有の味がある．塩焼き，てんぷら，煮つけ，みそ汁にもよい．はたはたの卵巣はぶり子といい，煮てみそ汁などに入れる．生のまましょうゆ，のりをかけて食べてもよい．

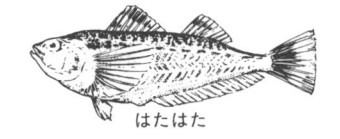

はたはた

バターやき（バター焼き）

鍋にバターを溶かし，この中で肉や魚を焼くこと．バターを煮溶かしたとき，少量のしょうゆを落とすと香りがよくなる．日本のバターは非発酵バターが多いため，魚の生臭みを消すことはできないが，しょうゆを少量加えると，発酵臭と，しょうゆ中の乳酸の酸味が加わり，発酵バターを使用したのと同じような効果が出る．なお，この際，あまり多くしょうゆを入れると焦げるので，なるべく少量加えることがポイントである．→ムニエル

バターライス（buttered rice）

米をみじん切りのたまねぎとともにバターで炒め，スープストック→で炊いたもの．ごはんをたまねぎのみじん切りとバターで炒めたものもバターライスという．料理のつけ合わせとして用いることが多い．→ピラフ

はたんきょう（巴旦杏）⇨プラム

はちがわり（鉢代わり）

日本料理で鉢肴（日本料理の本膳のときに供される焼き魚の料理）の代わりに供される料理のこと．鉢代わりには揚げ物料理が使われるが，この場合献立表には「鉢代わり，××揚げ」と記載する．焼き物代わりともいう．

はちざかな（鉢肴）

焼き魚のこと．本膳料理では尾頭つきの魚の焼き物を大鉢に盛って供するのが通例で，鉢肴はこれに由来するという．

はちはいどうふ（八杯豆腐）

豆腐を主体としたすまし汁のこと．豆腐を小さい短冊に切り，だし汁，しょうゆ，清酒を合わせて煮立てた中に入れ，くずでとろりとさせ，さらしねぎ，もみのりをかけて食べる．八杯豆腐とは，豆腐1丁で8人分とれるからとか，調味の割合が，だし汁4，しょうゆ2，清酒2で，その合計が8だからともいわれている．

はちまえ（鉢前）

器に盛った鉢肴→の手前にあしらうもの．鉢肴の材料に調和するものを使う．たとえば菊花だいこんやはじかみしょうがなどが用いられる．

はちみつ（蜂蜜）

みつばちが花から花蜜をとって運び，口から酵素を出して処理し，巣に貯えた蜜のこと．これを人間が採取してはちみつとして使用する．はちみつには，はちが採取した花によりそれぞれ特有の香りがある．れんげ，なたね，にせアカシア，みかん，そば，くり，クローバーなどのはちみつがあるが，日本人にはれんげからとったものが好まれる．甘味の強さは砂糖の約80％．

はちみつの表示については，公正競争規約により"はちみつ" "加糖はちみつ" "ロイヤルゼリー入りはちみつ"の3種類に統一され，"はちみつ"と表示できるのは100％純粋のもののみである．"加糖はちみつ"は水あめやブドウ糖入りで，はちみつが60％入っているもの，"ロイヤルゼリー入りはちみつ"は，ロイヤルゼリーが3％以上含まれていることになっている．

主成分は糖分で約80％を占める．糖分はブドウ糖と果糖で，果糖の方がやや多いため，甘味を強く感じる．はちみつは糖分のほかにビタミンB_1，B_2，B_6，パントテン酸などのビタミン類と鉄，カルシウム，マンガンなど各種の無機質を含んでいる．昔から不老長寿の食べものであるといわれるのもこのためである．

はちみつの用途はたいへん広いが，料理では，パンやホットケーキにつけたり，きんとんなどに甘味料として使われる．照り焼きのタレにしょうゆと混ぜて使ってもき

れいなつやが出る．そのほか飲料では，レモンやワインと混ぜてもよく合う．冬など低温におくと不透明に結晶化するものもあるが，これは温めればもとに戻る．☞

はちむし（鉢蒸し）
　鉢に魚，野菜，きのこなどを入れてすまし汁を注ぎ，器ごと蒸したものをいう．蒸し物料理の一つである．

ハツ ⇨ **しんぞう**

はっか（薄荷） ⇨ **ミント**

はっかく（八角）
　香辛料の一つ．英名スターアニス．八つの角を出したような星形をした種実を熟さないうちにとり，乾燥して用いる．フェンネルやアニスに似た芳香があり，苦味があるのが特徴．中国料理では重要な香辛料で，鳥獣肉，内臓，川魚などの煮物や蒸し物に用い，材料のくせを和らげ，風味を添える．

はつかだいこん（二十日大根） ⇨ **ラディッシュ**

はっこう（発酵）
　微生物による分解などの変化の中で，人類にとって有用な現象をいう．糖液を放置しておくと，液から泡が発生して表面をおおうようになるが，これをラテン語でフェルウェーレ（fervere 沸く）といい，英語のファーメンテーション（fermentation 発酵）という言葉が生まれた．発酵は最終生成物によって分類できる．食品に広く応用されているのはアルコール発酵，乳酸発酵，酢酸発酵などである．
　発酵と同じく，微生物の作用によって起こるものに腐敗がある．これは発酵とはっきり区別することはできないが，一般に，人間に有益な変化をもたらすものを発酵といい，悪臭をもった物質や有害な物質を生成するような場合を腐敗という．炭水化物の分解には発酵のものが多く，たんぱく質や脂肪の分解には腐敗のものが多い．日本には，清酒をはじめ，みそ，しょうゆ，酢，漬け物，いずしなど，発酵を利用した食品が多い．

はっさく（八朔）
　かんきつ類の一種．1～4月がしゅん．夏みかんより小形で，果汁は少ない方だが，甘味と酸味が適当でさわやか．皮が張りきってつやのあるもの，色の濃い，へたの新しいものを選ぶ．他の果物と盛り合わせてフルーツサラダにしたり，レタス，レーズンなどとドレッシングで和えてもよい．

ハッシュ（hash）
　肉類を細切りあるいは細かく切ること．また，細かく切った肉類をグレービーやドミグラスソース，トマトソースなどで煮込んだ料理をいう．
　日本ではこの料理をヒントにハヤシライス➡がつくられた．

パッションフルーツ（passion fruit）
　トケイソウ科の果物．別名，果物時計草ともいう．めしべの先が三つに分かれ，時計の文字盤のように見えるのでこの名があ

調理科学

はちみつの糖と鉄
　原料の花の蜜の甘味成分はショ糖で，はちの唾液中の酵素インベルターゼによって果糖とブドウ糖に分解され，さらに濃縮される．冬季に白く濁るのはブドウ糖が結晶化したもので，温めると溶けて透明になる．
　はちみつは花蜜が材料であるため，その中に含まれる鉄分もはちみつの中に混入する．したがって，紅茶のようにタンニンを含む飲料にはちみつを加えると，鉄とタンニンが反応し，黒い沈殿を生じるので注意が必要である．

る．果実は鮮やかな黒紫色で，長さ7cmくらいの卵形に近い球形である．品種により黄色に熟すものもある．果実の内部は果肉がなく，米粒くらいの種子が無数にあり，そのまわりに黄色いねばねばしたものがつながっている．この黄色い液果部分に酸味と芳香がある．生食のほか，おもに搾って汁をとり，砂糖を加えてジュースにして飲む．パッションフルーツは飲む果物ともいわれている．酸味が強いので，砂糖を加える．

はっすん（八寸）

懐石料理➡で酒の肴として出される八寸（約24cm）四方の杉木地の盆に盛り合わせた料理．八寸は元来は，料理をのせる八寸四方の器のことであるが，のちに，八寸に盛りつけた料理もいうようになった．海のもの（生臭もの）と山のもの（精進もの）2，3種を組み合わせる．会席料理でも酒の肴となる料理を3～5種盛り合わせたものを八寸と称している．

はつたけ（初茸）

ベニタケ科の食用きのこの一つ．全国で広くとれる．初秋のころ，他のきのこよりも先だって生えるのでこの名がある．全体に淡い赤褐色で，かさに同色のやや濃い環状の模様がある．かさに

はつたけ

傷をつけると暗紅色の汁が出るが，たちまちあい色に変色するところから，関西地方ではあいたけとも呼ばれている．

かさが七分通り開いたころが食べごろ．よいだしが出るので，豆腐のすまし汁など汁の実に加えるのが最もよい．また，塩を振って焼いたり，付け焼き，たき込みごはん，佃煮，塩漬け，みそ漬けなど利用範囲は非常に広い．

はっちょうみそ（八丁味噌）

愛知県岡崎市名産の豆みそ．暗褐色の堅いみそで，旨味はよいが香りが少ない．やや渋味のあるのが特徴である．辛みそなので長期の貯蔵に耐える．おもにみそ汁に用いられる．

バッテラ

塩と酢でしめたサバを薄くそぎ切りにし，すし飯とともにすし枠で押したもの．関西地方での呼び名．もともとは，このしろを用いた押しずしをバッテラと呼んでいた．バッテラという名は，一説では，ポルトガル語のバッテーラ（ボート）からきていたといわれ，仕上がった形がボートに似ていたからといわれている．その後このしろが少なくなり，高価になったので，安くて大阪人好みのさばを用いるようになったが名前はそのまま残り，今日に至っている．

はっぽう（八宝）➡バァバオ

はっぽうさい（八宝菜）

中国料理の炒め物の一種で，種々の材料を炒め合わせて，料理に複雑な味を出した料理．八宝とは数が多いことを意味する．豚肉，いか，しいたけ，にんじん，たまねぎ，たけのこ，さやえんどうなどを形をそろえて切り，油で炒め，スープを加え，塩，こしょう，しょうゆ，清酒，ごま油などで調味し，最後にかたくり粉の水溶きでとろみをつける．

はっぽうだし（八方出汁）

水に清酒，みりんを加え，削りがつおを入れ，煮立ててこしたもので，だし汁の一種．八方だしというのは，使用目的が広いというところからつけられたといわれる．これを基本にしてしょうゆ，塩，だし汁などを加えて煮物やてんぷらのつけ汁などに使う．薄口しょうゆを用い，色や味を薄く仕立てたものは淡口八方といい，各種の煮物に使われる．

はっぽうはん（八宝飯）⇨バァバオファン

はつもの（初物）

走り物ともいう．その季節に初めて出てきた野菜，穀物，果物，魚介などのことで，昔は季節の到来とともにたいへんに喜ばれた．しかし，最近は施設栽培や養殖などにより年中出回るものが多くなり，季節感がなくなっている．初物としては，初がつおなどが有名である．なお，昔は初物を食べると75日寿命が伸びるといわれた．

パテ（pâté—仏）

パテは本来パイの一種で，肉や魚介，野菜などをすりつぶして調味した具をパイ皮に包んでオーブンで焼いたものをいう．しかし，一般には，パイ皮を使わずに焼き型に具を入れて蒸し焼きにしたものもいう．そのため，テリーヌ型で焼くテリーヌ⇨もパテと呼ぶことがある．

はなうど（花独活）

うどを小菊やあやめなどの花形に切ったもの．さしみのつま，酢の物の飾りなどに使われる．

花うど

はながたぎり（花形切り）

花の形に切る切り方．桜形，梅形に切ることが多い．おもに，にんじん，だいこん，くわいなど野菜に用いられ，用途は吸い物，酢の物，サラダなどである．

ラディッシュの花形切りは，花形に包丁を入れ，冷水に浸して開かせる．できるだけ冷たい水に浸すのがポイント（⇨やさいサラダ）．

食塩などを含ませると，浸透圧の作用で中の水分が失われ，花はきれいに開かない．⇨うめがたぎり・⇨きっかぎり・⇨きっかたまご

ラディッシュの花形切り

はながつお（花鰹）⇨けずりぶし
はなキャベツ（花キャベツ）⇨カリフラワー
はなざんしょう（花山椒）

さんしょうの花のこと．小さくて黄緑色をしている．香りがよいので，吸い口や，料理を盛りつけたとき上にのせたりして用いられる．

バナナ（banana）

バショウ科．ずんぐりしたのが台湾系とフィリピン系で甘味が多い．スマートなのは中南米系で，味は淡白でやや酸味がある．このほか果実の小さいモンキーバナナや，果皮の赤いモラードなどもある．

炭水化物が多く，エネルギーの高い果物である．糖分はブドウ糖なので消化がよく，病人や子どもなどにはよいエネルギー源となる．離乳食にもよく用いられる．

皮をむいておくと褐変するので，サラダなどに用いる場合もなるべく合わせる直前に皮をむく．レモン汁を振りかければ，ある程度褐変が防げる．10度以下の低温におくと皮が黒ずんでくるから冷蔵庫に入れてはいけない．食べる前に30分くらい冷

やす程度にする．青いものは新聞紙に包んで暖かいところにおくと黄色くなる．黒い斑点が出たころが食べごろである．ジュース，サラダ，焼きバナナ，フリッターなどに．

はなまき（花巻き）
かけそばやかけうどんに焼きのりをもんで振りかけたもの．花巻きそば，花巻きうどんという．

はなまめ（花豆）
マメ科．いんげん豆の近縁種で正式名は紅花いんげん．大形の豆で，紫紅色に黒い模様の紫花豆と白色の白花豆とがある．煮豆，甘納豆，あんなどにして食べる．紫花豆の煮豆は，ひと晩水に漬け，漬け水ごと火にかけて煮る．十分にアクをとるのがコツで，途中で3回ほどゆでこぼしをし，また，表面に浮くアクも除く．砂糖は豆が柔らかくなってから加える．

はなまるきゅうり（花丸胡瓜）
花のついている長さ3cmくらいの小形きゅうりのこと．さしみのつまや料理のあしらいに用いられる．

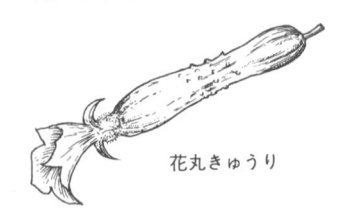

花丸きゅうり

はなゆず（花柚子）
ゆずの花のつぼみのこと．つぼみを軽く押しつぶして吸い物の香りづけに用いる．5～6月ごろに花が咲くが，このころに出回る．

はならっきょう（花薤）
小粒のらっきょうを使ったらっきょう漬けのこと．別名豆らっきょうともいう．

ばにく（馬肉）
俗にさくら肉という．肉は暗赤色．見かけは牛肉とほとんど差がない．脂肪は柔らかく，必須脂肪酸のリノレン酸を多く含む．グリコーゲンが多いので甘味があり，煮ると泡立つ傾向がある．色が濃い赤色をしているのはミオグロビンの含有量が多いため．

臭みを消すにはしょうが汁が効果的である．味にくせがあるので，しょうゆ，みそなどで味つけを濃くするとよい．すきやき風の料理をさくら鍋，さしみは馬さしという．

バニラ（vanilla）
バニラの果実であるバニラ豆（バニラビーンズ）からとった香料．甘い香気がある．芳香成分はバニリンで，合成品も多く使用される．通常，バニラエッセンスのかたちで，洋菓子，アイスクリーム，キャラメル，洋酒，清涼飲料水などに用いられる．甘味のあるものに加えると，甘味が深みをもったよい味に感じる．また，辛味のあるものに少量用いると辛味が和らいで感じる．

ハネデュー（honeydew）
外見がなめらかな白っぽい大きなメロンである．肉質はさえた美しい淡緑色で，はちみつのような甘みをもつところからこの名前がある．アメリカから多く輸入されて

調理科学

バナナの褐変
バナナには，ポリフェノールという物質が，ポリフェノール酸化酵素とともに含まれている．切ることで組織がこわれると酸化酵素が活性化してポリフェノールが酸化され，褐変する．酸化酵素は酸で働きが止まるので，レモン汁を振りかけると防止できる．

いる．冷やして食べるとよい．
パパイア（papaya）
　パパイア科．黄色からオレンジ色のところが食べごろ．ビタミンＣが多い．甘味が強く，熱帯特有の香気がある．たんぱく質分解酵素パパイン（→ゼラチン）を含み，肉食のあとに食べると消化を助ける．また，パパインは精製して，肉を柔らかくする酵素剤や消化剤などとして利用されている．
　生食するときは縦二つに切って皿にのせ，中の空どうのまわりについている小粒の黒い種子を除き，レモン汁を搾り，果肉をスプーンですくって食べる．ひと口くらいの大きさに切り，カテージチーズやヨーグルトをかけて食べてもよい．緑色がかった若い果実はみそ漬け，かす漬け，ピクルスなどにする．沖縄県や台湾，その他南方では青果を刻み，炒め物などの料理にも用いる．

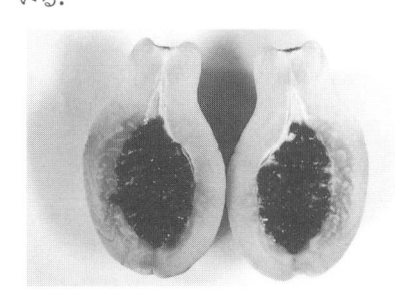

ババコ（babaco）
　パパイア科．オクラを大きくしたような形で，長さが20〜30㎝くらいになる．切り口は五角形の星形で，皮は緑色から熟すと黄色になる．縦中央に柔らかい芯があり，小さい種子を包むゼリー状の果肉がとりまく．皮に近い果肉はなめらかで，かすかな酸味と甘味がある．たんぱく質分解酵素を含んでいる．熟したものを縦二つに割り，すくって食べる．ブランデーやワインを振りかけてもよい．

ババロア（bavarois—仏）
　牛乳，卵，砂糖，ゼラチン液，泡立てた生クリーム，香料などを合わせて型に入れ，冷やし固めたもの．用いる副材料によってバニラババロア，チョコレートババロア，ストロベリーババロアなどの種類がある．冷たくて舌ざわりのよい夏のデザート向きの菓子．
●ババロアの作り方
材料（15㎝のゼリー型１個分）：いちご200ｇ　砂糖120ｇ　レモン汁大さじ１　水カップ¼　生クリームカップ１　粉ゼラチン大さじ１½　水大さじ３
　いちごはへたをとり，裏ごしにかけ，砂糖，レモン汁，水を加える．分量の水でふやかしたゼラチンを，器ごと湯せんにかけてよく溶かし，いちご液に加え，手早くかき混ぜ，少しとろみがつくまで冷ます．生クリームを泡立ててゼリー液に加え，サラダ油をぬったゼリー型に流し込み，冷やし固める．

ハーブ（herb）
　香草ともいう．香辛料のうち，葉を使うものをいう．高い香りと独特の風味をもつ草類で，パセリ，チャービル，タラゴン，タイム，セイジ，マージョラム，オレガノ，バジルなどがある．これらの香草は葉や芽をつみとり，生のまま，あるいは乾燥して香辛料とする．おもに料理の香りづけやにおい消しにする．また，数種の香草を束にしたものをブーケガルニ→といい，スープストックなどをとるとき，鍋の中にいっしょに入れる．

パーフェ
　甘いクリーム状のソフトドリンクスの一種．アイスクリーム，シャーベット，果物，泡立てたクリームなどをグラスに交互

に入れ，その間に甘いソースを流し込み，上に泡立てた生クリームを絞ってフルーツやナッツを飾る．フランスの，卵黄と生クリームで作ったパルフェ（parfait）と呼ばれるアイスクリーム状のものに由来するといわれる．チョコレートパーフェ，ストロベリーパーフェなどがある．

ハーブティー（herb tea）

香草や薬用植物の葉，花，茎などを乾燥して茶としたもの．薬用，あるいは香りを楽しむ嗜好品として飲まれる．代表的なものはぼだいじゅ茶（ぼだいじゅの花や包葉を利用．リンデンティー），ペパーミントティー（ペパーミントの花や葉を利用），カモマイルティー（カモマイルの花を利用．カモミールティー），ハイビスカスティー（ハイビスカスの花を利用），ローズティー（のばらの花と実を利用）などがある．茶の入れ方は，1人分小さじ1くらいの茶を，組織の中にある香り成分を浸出しやすくするため，手のひらで軽くもんで組織をこわし香りをたて，陶器かガラス製のポットに入れる．これに紅茶のように熱湯を注ぎ，4～5分おいて香りや色が出たらカップに注ぐ．色の美しい花では直接カップに入れて熱湯を注ぐ場合もある．カモマイルとペパーミントのようにハーブをブレンドしてもよい．また，ラベンダー，ローズ，紅茶のようにハーブとくせのない紅茶を組み合わせる方法もある．レモンやはちみつなどを加えてもよい．

パフドライス（puffed rice）

米を密閉した容器に入れ，加熱しながら容器内の圧力を高めたのち，急激に減圧して圧力を抜き，膨化させたもの．表面に砂糖をコーティングしたものもある．朝食に牛乳をかけて食べることが多い．ポン菓子とも呼ばれている．

パプリカ（paprika）

香辛料の一種で，辛くない種類のとうがらし粉．おだやかな香気と，かすかな甘味，それにきれいな紅色をもっている．ハンガリーものとスペインものがある．ゆで卵やポテトサラダに装飾用にふったり，サラダドレッシング，スープなどに色と香りづけに用いられる．色はβ-カロテンやカプサンチンによるもの．また，赤・黄・オレンジ色などの大型で肉厚のベル型ピーマンのことをいう．甘味があるので，生食にも向く．

バーベキュー（barbecue）

野外で行うあぶり焼き料理．肉，魚介，野菜などを直火で焼き，バーベキューソースをかけて食べる．本来は豚の丸焼き，あるいは野外料理を意味している．

熱源は炭火が一番．炭火はよくおこし，においがなくなってから使う．金網はよく熱し，サラダ油を塗り，肉にもサラダ油を塗って焼く．形くずれしやすいもの，水気の多いものはアルミ箔に包むとよい．

バーベキューソース（barbecue sauce）

バーベキューに用いるソース．市販品は，しょうゆやウスターソース，トマトケチャップなどを主原料に，各種の香辛料，酢，サラダ油などを加えて作ったもので，とくにしょうゆをベースにしたものは日本独特のものである．自分で作る方法はいろいろあるが，いずれも香辛料をきかせた方が味が合いやすい．

●バーベキューソースの配合割合
〈例1〉　しょうゆカップ1，砂糖大さじ3，ワイン大さじ3，こしょう，ガーリック少量．
　　　　材料を全部混ぜ合わせる．
〈例2〉　トマトケチャップカップ1，酢大さじ5，たまねぎのみじん切りカップ1/4，にんにくみ

じん切り大さじ1，砂糖，塩，こしょう，ウスターソース，チリパウダー少量ずつ．

にんにくとたまねぎをサラダ油で炒めたあと，調味料，香辛料を加えて4～5分煮る．

パーポー（八宝）⇨バァバオ
パーポーハン（八宝飯）⇨バァバオファン
はまぐり（蛤）

マルスダレガイ科の二枚貝．秋から翌春にかけてが味がよい．夏は味が落ちる．はまぐりのおもな旨味はコハク酸，グリシンなどである．

殻は大形で表面につやがあり，溝のないもの，貝と貝を打ち合わせて澄んだ音のするものがよい．むき身は肉全体に透明な感じのあるものがよい．

3％の食塩水で砂をはかせてから使う．加熱しすぎると身がしまって，旨味も逃げてしまうので注意する．殻に入れたまま焼くときは，ちょうつがいの靱帯を切っておくのがコツ．こうすると焼けたとき煮汁がこぼれない．強火で焼くこと．口が開いたら皿にとって塩やレモン汁を振りかけて熱いうちに食べる．酒蒸しにしてもよい．はまぐりのむき身を水洗いして，水あめ，しょうゆで煮込んだ時雨はまぐりは保存がきく．グラタン，スープ，チャウダーなどにもよい．

はまち（䱾）

ぶりの幼魚で20～40cmのものを関西でははまちと呼んできたが，現在では，養殖したぶりの幼魚の通称となっている．さしみはピンとした新鮮なものを選ぶ．塩焼き，照り焼き，酒蒸しによい．

成魚のぶりと同様脂肪が多く，味が濃厚．ヒスチジンが多く，これが旨味の主成分である．

はまなっとう（浜納豆）

塩辛納豆の一種．静岡県浜名の大福寺の名産．浜名湖畔の名物なので浜名納豆と呼ばれていたが，なまって浜納豆となった．浜納豆はこうじ菌を用い，糸引き納豆とはまったく別のものである．大豆を水に浸して蒸し，こうじ菌と麦こがしを合わせたものを振りかけ，こうじ室に入れてこうじを作る．3～4日してからとり出し，樽に移し，食塩水を豆こうじがつかる程度に入れてふたをし，3か月～1年熟成させる．薬味にしょうがやさんしょうを加える．その間，攪拌と天日乾燥をつづけて仕上げる．色が黒く，塩味が強い．天竜寺納豆，大徳寺納豆⇨などと同類．みそのような風味があり，酒の肴，茶漬けなどに用いられる．

はまぼうふう（浜防風）

セリ科の多年草．海岸の砂地に生える．通称ぼうふう．春に若い葉と葉柄を食用にする．ほのかな苦味

浜ぼうふう

があり，酢の物のあしらいやさしみのつま，サラダ，汁の実，ゆでて浸し物などにする．飾り用には，いかりぼうふう⇨にするとよい．現在市販されているものの多くは軟化栽培したものである．

はまやき（浜焼き）

塩浜焼きともいう．瀬戸内地方のたいの浜焼きが有名．焼き方や形態は所により異なるが，尾頭つきのたいをわらづとに包み，熱した塩の中で蒸し焼きにしたり，電気釜で焼いたりして，すげ笠包装をしたものが多い．食べ方は，身をむしり，酒の肴などにする．日数のたったものは蒸しなおしてしょうがじょうゆで食べる．福井県など北陸では，姿のままのさばに縦に串をさ

して焼いた，さばの浜焼きが有名である．

バーミセリー（vermicelli―伊）
イタリアのめんの一種．最も細いもので，JASでは直径1.2mm未満の棒状のものをいう．スパゲティと同じようにして食べる．また，スープの浮き実にも使える．

ハム（ham）
肉加工品の一種で，主として豚肉を塩漬(えんせき)して燻煙したもの．骨つきハム，ボンレスハム，ロースハム，ショルダーハム，ベリーハム，ラックスハムなどがある．豚肉のほかひつじ，やぎ，馬，牛，うさぎ，まぐろなどを小さく切って混ぜたプレスハムもあり，これは日本独特のものである．また，製造工程で塩漬の期間を一定期間おき，塩漬の目的だけでなく，風味の熟成をした熟成ハムもある．

ハムは原料肉を製造工程中に加熱するので，たんぱく質，脂肪ともに消化がよくなっている．JASマークと賞味期限（品質保持期限）を確認して買う．切断面の色が明るいもの，模様の大きいもの，弾力のあるものを選ぶ．焼く場合にパイナップルかりんごを少量加えると，風味がよくなる．
➡なまハム・➡プレスハム・➡ボンレスハム・➡ロースハム

ハムエッグ
ハムの薄切りを軽く炒め，その上に卵を割り落として半熟程度に焼いたもの．ハムの形をわるくしないためには，あらかじめハムは焼いてとり出し，別に目玉焼きを作って盛りつければよい．ベーコンを使用したものは，ベーコンエッグという．なお，最近のハムは水分含量が多くなり，ハムを焼いてから卵を割り入れるとハムが水分が出て縮み，見ばえもわるくなるので，ハムと卵は別に焼いて盛り合わせる方がよい．

パームゆ（パーム油）➡やしゆ

はも（鱧）
ハモ科の海水魚．体形はあなごに似ているが，あなごより大きい．2m以上になるものもあるが，味がよいのは1m以内のもの．秋が産卵のため夏に味がよくなる．はも料理は関西が本場で，とくに京都は有名である．

ビタミンAの多いのが特徴．はもの皮には老化防止に役立つコンドロイチンが含まれている．小骨が多いので骨切り➡をする．腹開きにして皮のぬめりをとり，身の方に2〜3mmの間隔で細かく包丁を入れる．専用の，はもの骨切り包丁もある．

あらい，煮物，椀だね，鍋物，照り焼きなどのほか揚げ物にもよい．揚げるときは皮目に包丁を軽く数本入れておくこと．皮を切っておかないと揚げたとき丸くなる．油の温度は150〜160度．じっくり揚げるのがコツ．かまぼこ用に身をとったあとの皮はさっとあぶり，刻んできゅうりと三杯酢で和える．これは大阪の料理で，はもきゅう➡という．

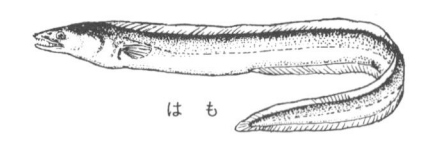

はも

はもきゅう（鱧きゅう）
はもの皮をさっとあぶり，薄切りのきゅうりと三杯酢で和えた料理．大阪の料理で，かまぼこ用に身をとったあとのはもの皮を使う．大阪のかまぼこ店では，身をそいだはもの皮を焼いて売っていたが，量販店でも売っている．

はもちり（鱧ちり）
はも料理の一つ．はもを骨切り➡し，幅3cmくらいに切って熱湯でさっとゆで，氷水にとって手早く冷やして水切りしたものに，梅肉酢や梅肉しょうゆを添えて食べ

る．"はもちり"は大阪での呼び名で，京都では"落とし"あるいは"切り落とし"という．

ハヤシライス

薄切りの牛肉とたまねぎをトマトソース→やドミグラスソース→で煮込み，ごはんの上にかけたもの．カレーライスとともになじみ深い料理．ハヤシはハッシュ(hash=細かく切った肉の意)がなまったものという説がある．

●ハヤシライスの作り方

材料：ごはんカップ4 牛肉(こま切れ)300g たまねぎ2個 油大さじ1 グリンピース少々 マッシュルーム(スライス缶)小1缶 バター大さじ3 小麦粉大さじ4 スープストックカップ4 トマトケチャップカップ1/3 ワインカップ1/3 しょうゆ小さじ1 ベイリーフ1枚 塩少々 こしょう少々

牛肉は3cm長さに切りそろえ，たまねぎは縦半分に切ったあと薄く切り，グリンピースは塩ゆでにする．鍋にバターを溶かして小麦粉を入れ，弱火で炒めてルウを作り，スープストック，トマトケチャップ，ワイン，しょうゆ，ベイリーフを加えて煮込む．フライパンに油を熱し，たまねぎをよく炒め，牛肉も加えてよく炒め，トマトソースの鍋にマッシュルームとともに加え，30分煮込み，塩，こしょうで調味する．皿にごはんを盛って上からかけ，グリンピースを散らす．

はやずし（早ずし）

塩や酢でしめた魚と，すし酢で調味したすし飯を重ねて強く押し，一夜あるいは数時間で味をならして食べるすし．古代のすしは魚肉を主材料にした塩漬けであった．これがのちに，ごはんを用いて発酵させるようになり，これを熟れずしといった．早ずしはこの熟れずしをさらに早く簡単にしたすしである．これが変形して現在の箱ずしや押しずしになった．もっと早くしたのが，酢を用いてその場でにぎるにぎりずしである．

はやとうり（隼人瓜）

ウリ科．白色種と緑色種がある．肉が厚く堅いため，漬け物に適している．刻んで奈良漬け，福神漬けなどにして，歯切れのよさを楽しむ．汁の実，酢の物，煮物，炒め物にもよい．

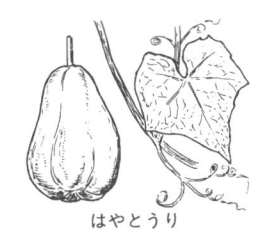

はやとうり

はらこ（腹子）

魚卵の卵巣（真子）のこと．腹子を製品にしたものには，かずのこ（にしん），からすみ（ぼら），すじこ（さけ，ます），たらこ（たら）などがある．

ばらずし（ばら鮨）⇒ごもくずし

ばらにく（ばら肉）

牛や豚のあばら骨を包む腹側の肉をいう．あばらのばらからついた名称である．肉と脂肪が交互になり，3枚に重なっているので，三枚肉ともいう．やや堅いが，じっくり煮るとよい味が出てくる．牛のばら肉はシチューやカレーのような煮込みなどに，豚のばら肉は角煮，豚汁などに用いられる．ベーコンはこの肉から作る．

はらびらき（腹開き）

魚のおろし方の一つ．魚を腹の方から切り開き，背中をつけて開く方法．うろこを

とった魚を，魚の腹側の頭の先から包丁を入れ，中骨の上を背びれのところまで切り開き，背には切り目を出さないようにして，そのまま骨にそって尾の付け根まで切り，左右に開く．頭を除いて開くこともある．あじやきすなどの小魚を開くときに多く使われる方法である．

はらん（葉蘭）

ユリ科の植物．葉が大きく緑色が美しいので，料理の飾りや敷きものに用いる．一名ばらんともいう．飾り切りにしたものは，とくにすしなどの添えになくてはならないものである．

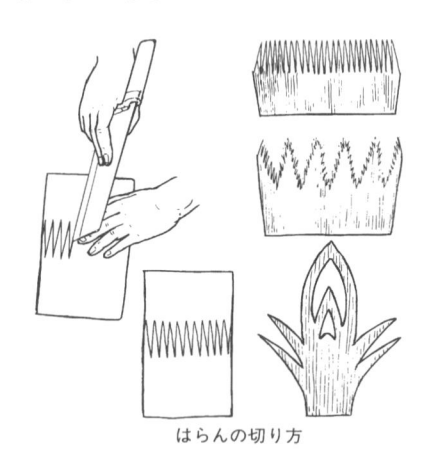

はらんの切り方

はりうち（針打ち）

木綿針や細い串で材料をつき刺すこと．材料に含まれている塩分や血液を浸出させるためや，逆に，漬け汁や煮汁を浸み込みやすくするために行う．また熱の通りもよくなる．

はりぎり（針切り）

材料を針のように細く切る切り方．本来は，一方の端を針のようにとがらせて切ったものをいったが，一般には，細いせん切りを針切りと呼んでいる．うどを針切りにしたものは針うど，しょうがは針しょうがという．薬味や，酢の物などの天盛りによく用いられる．

針切り

パリジェンヌ（parisienne―仏）

西洋料理用語で，パリ風ということ．料理としては，コンソメ・ア・ラ・パリジェンヌ，ソース・パリジェンヌなどがある．

はりはりづけ（はりはり漬け）

切り干しだいこんの酢漬け．パリパリと歯ごたえがあるのでこの名がある．

●はりはり漬けの作り方

切り干しだいこんは長いものは適当な長さに切ってから，花丸干し（輪切り）はそのまま水洗いし，沸騰した湯をさっとかけ，堅く絞る．漬け汁に種子を抜いた赤とうがらしを加え，ひと煮立ちさせて冷ます．容器に切り干しだいこんを入れて漬け汁を注ぐ．漬け汁の割合は酢カップ1/2，しょうゆ大さじ2〜3，砂糖大さじ2，みりん大さじ2．ひと晩ででき上がるが，汁に浸したままおくと，1か月くらい保存できる．

はりはりなべ（はりはり鍋）

鍋物の一種．鯨肉とみずな（きょうな）をしょうゆで味つけしただし汁で煮ながら食べる．水炊き風にしてぽん酢で食べることもある．みずなが鯨のにおいを消す．みずなは煮すぎないようにさっと火を通したくらいが食べごろ．はりはりとは，みずなのはりはりした歯ごたえからついた名のようである．関西，とくに京都，大阪でよく食べられる料理．

はる（張る）

日本料理の専門用語．汁を椀などに入れることを"つゆを張る"というように使う．

バルケット（barquette—仏）

小舟型に焼いたパイにいろいろな材料を盛りつけた料理．バルケットとはフランス語で小舟という意味である．

バルサミコ（balsamico—伊）

イタリア特産の酢．ぶどう液を煮つめ，木の樽で数年から数十年かけて熟成させる．100年以上のものもある．黒酢のような色調で濃度があり，特有の甘味とコク，香りがある．肉や魚料理，デザートのソース，サラダドレッシングなどに用いる．

はるさめ（春雨）

でんぷんで作った，半透明の細いめん状の食品．中国では，おもな原料はりょくとうで，これで作ったものがもっとも品質がよいが，そらまめ，えんどうなどの豆類，さつまいも，じゃがいもなどのいも類，とうもろこしなどのでんぷんを用いたものもある．国産品はじゃがいも，さつまいものでんぷんを用いて作られている．

でんぷんの一部を熱湯で糊化してから全部を混ぜてよくこねたものを，小さい穴から熱湯中に線状に押し出し，加熱後水で冷やし，凍結，乾燥する．中国製品は凍結せず，そのまま乾燥させて作る．

湯や水で戻し，鍋物，汁物，酢の物などに用いる．りょくとうを用いたものは弾力があり煮くずれしにくいが，でんぷんを用いたものは煮すぎると腰が弱くなるので，煮すぎないこと．スープや吸い物には，でき上がりぎわに入れる．また，油で揚げるとカリカリした感じになるので，短く切ったはるさめを揚げ物の衣にまぶして，はるさめ揚げにする．

パルメザンチーズ（Parmesan cheese）

イタリアが原産のナチュラルチーズの一種．イタリアではパルミジャーノ・レッジャーノと呼ばれている．水分が少なく，非常に堅い．主として粉チーズにして，スパゲティやカレー，サラダ，スープ，グラタンなどに振りかけて用いる．通常，パルメザンチーズを粉砕，乾燥したものが売られている．

ハワイアン（Hawaiian）

パイナップルを用いた料理の総称でハワイ風のこと．パイナップルの角切りを加えて煮たハワイアンカレー，厚切りのロースハムにパイナップルをのせて焼いたハワイアンステーキ，パイナップルの芯をくりぬいてアイスクリームを詰めたハワイアンアイスクリームなどがある．

パン

小麦，ライ麦などの穀粉を主原料に水，塩，イーストなどの材料を加えてこねた生地を成形して，焼く，蒸す，揚げるなどの加熱をしたものの総称．イーストによる発酵で二酸化炭素を発生させ，これがこねた生地の中に含まれて，組織が膨化する．ベーキングパウダーなどの膨材による二酸化炭素を利用して膨化するもの，膨化せずせんべい状に焼くものもある．また，砂糖，油脂，牛乳，香辛料などを副材料として配合したものも多い．古くから作られ，非常

調理科学

パンの老化

パンは焼きたてが味がよい．時間がたつほどでんぷんの老化が進行し，ばさばさして味が落ちる．これを回復するにはトーストするのがよい．トーストにより，でんぷんはアルファ型に戻り，柔らかくなるとともに，よい風味がつく．

に種類が多く，また各国で特性のあるパンが作られている．日本語の"パン"はポルトガル語からきたもので，桃山時代から江戸時代の初期にかけて，長崎あたりに盛んに行き来していたポルトガル人の用いていた言葉がそのまま日本に定着したものである．食パン➡のほかに，フランスパン➡，ライ麦パン➡，クロワッサン➡，グリッシーニ➡，バゲット➡，ブリオッシュ➡，ブレッチェン➡，マフィン➡，ロールパン➡，チャパティ➡などがある．中にあんやクリームのはいった菓子パン➡は日本独特のもの．一般にヨーロッパのものは塩味で砂糖分が少なく，アメリカ，日本のものは甘くて砂糖，油などが多い．➡

パンケーキ（pancake）

小麦粉に牛乳や卵，バター，砂糖などを加えて鉄板上で薄く焼いたもの．一見ホットケーキのようであるが，甘味が少なく，クレープよりやや厚めに焼くのがポイント．朝食にはジャム，サワークリーム，シロップなどをかけて食べる．小麦粉以外に，そば粉，とうもろこし粉，小麦胚芽などでも作れる．

●**パンケーキの作り方**
材料（8枚分）：小麦粉カップ1½　砂糖小さじ1　塩ひとつまみ　卵3個　牛乳カップ1　バター大さじ1

小麦粉，砂糖，塩を合わせてふるいにかけ，溶きほぐした卵，牛乳を加えてよく混ぜる．伸びをよくするため涼しいところで1〜2時間休ませる．焼く前に溶かしバターを加える．フライパンに油をひき，生地を丸く流して両面を焼く．熱いうちにジャムやシロップをつけて食べる．

はんげつぎり（半月切り）

だいこん，にんじんなど円筒状のものを縦半分に切り，小口から切る切り方．切った形が半円形なのでこの名がある．おもに野菜の煮物に用いられる．

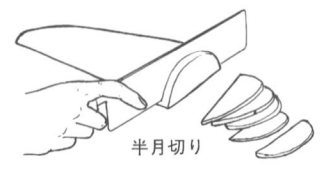

半月切り

パンこ（パン粉）

パンを粉状にほぐしたもの．市販品にはよく乾燥してきめの細かいもの，半乾きできめの粗いもの，半乾きでフレーク状になったものなどがある．生パン粉は，パンをほぐしてすぐ使うもので，2〜3日たって少し堅くなったパンをおろし器で軽くこすっておろす．ミキサーにかけてもよい．

種類によりフライのでき上がりの状態が異なる．パン粉の原料のパンは糖分の少ない塩味のパンがよい．糖分が多いとカラリと揚がらず，焦げてきたなくなりやすい．フライの良否はパン粉で左右される．➡

はんじゅくたまご（**半熟卵**）⇨**ゆでたまご**

調理科学

パン粉とフライの味

パン粉の糖分含量とフライの衣の味は関係が深い．サクサクしたフライ独特の口当たりは，パン粉の脱水率および吸油，つまり，水と油の交替率と関係が深い．油との交替率が高いほど，口当たりはよくなる．このために，糖分含量は低い方がよい．糖分が多いと，糖分の保水性により，水と油の交替率が低下する．それとともに，揚げることで，糖分中の水分も減り，糖分は，キャンデー状となるため，コツコツした堅い歯ざわりとなる．また，糖分はカラメル➡化しやすく，そのため，十分揚がらないうちに，フライの衣が焦げてしまいやすい．

バンズ（bans）
　ヨーロッパ系の小形で甘味のある柔らかいパン．副材料の何も入らないもの，レーズンなど副材料を入れたもの，上部のトッピングで変化をつけたものなどがあり，形もさまざまである．ハンバーガー用の丸いパンもバンズと呼ばれている．

はんすけ（半助）
　かば焼きにしたうなぎの頭．うなぎを蒸さずに直焼きする関西風の焼き方では，頭をつけたまま焼いてから頭を落とす．このうなぎの頭を半助といい，関西ではうなぎ専門店で古くから売られている．よいだしがでるので，豆腐や野菜などとの煮物などに用いられる．

パンチ（punch）
　酒，果汁，シロップなどを合わせ，水や炭酸水を加えた飲み物．アルコールを含まないものもある．ポンチともいう．パンチは種類が多く，酒を用いたものでは，ベースになる酒の名をつけたブランデーパンチ，クラレットパンチ➡，ジンパンチなどが，ソフトドリンクのグループのものには，果物を加えたフルーツポンチ，サイダーを入れたサイダーパンチなどがある．

ばんちゃ（番茶）
　古葉や堅い新葉を原料とした煎茶の一種．番茶を強火でほうじたものを焙じ茶，番茶に炒った玄米を加えたものを玄米茶という．手ざわりに重みの感じられるもの，つやつやしているもの，粉のないものがよい．香りとタンニンがおいしさを支配する．香りとタンニンを出すには高温がよく，浸出温度は95度以上が必要である．"娘十八，番茶も出花"といわれるように，よく沸騰した湯を用い，第一煎を飲ませるのがおいしく飲むポイント．番茶を出す容器は陶器の土びんがよい．これをあらかじめ温め，番茶を入れ，上から熱湯を注ぎ，1〜2分放置したあと，つぎ分け，熱いうちに飲む．番茶は香りを楽しむものなので，できるだけ1回ごとに中の茶を取りかえた方がおいしく飲める．

はんにゃとう（般若湯）
　僧の間で用いられる隠語で，酒のこと．はんにゃ（般若）というのは梵語で知恵ということである．

ハンバーガー（hamburger）
　ハンバーグステーキをはさんだパンのこと．バンズと呼ばれるハンバーガー専用の丸形で柔らかいパンが使われる．ハンバーグステーキをはさんだ後，オーブンで焼くと味がよい．アメリカでは，ハンバーグステーキのこともハンバーガーという．

ハンバーガー

ハンバーグステーキ（hamburg steak）
　ひき肉に卵，たまねぎ，パン粉などを加え，小判形にまとめて焼いた料理．ドイツのハンブルグからきた呼び名．アメリカではジャーマンステーキともいう．ひき肉は，合びき肉を使う方が味よくできる（➡ひき肉）．パン粉は，乾いたものより，生パン粉，あるいは食パンを水か牛乳に浸し絞ってほぐしたものを用いた方がよい．たまねぎはできるだけ細かくみじんに切る．生のままより炒めてからひき肉と合わせる方が風味がよい．塩，こしょう，卵を加えたら，強くねばりが出るまでこねるのがポイント．ナツメグを少量振り入れると肉の臭みが消え，香りがよくなる．焼く際は，最初に表面を強火で焼き，その後は弱火で焼く．フライパンにふたをして十分に火を通す．多量に作るときは，表面だけをフラ

イパンで焼き，あとはオーブンで焼く方がうまくできる．焼き上がりに，ワインとしょうゆを振りかけると味も香りもよい．

●ハンバーグステーキの作り方

材料：合びき肉400ｇ　たまねぎ大1個　パン粉大さじ4　牛乳大さじ3　ワイン(肉用)大さじ1　卵小1個　塩小さじ½　こしょう，ナツメグ少々　油適量　ワイン，しょうゆ(仕上げ用)少々

合びき肉にワインを振りかける．パン粉は牛乳を振りかけ，たまねぎはみじんに切り，油大さじ1でよく炒める．ボールに合びき肉，たまねぎ，パン粉，卵，塩，こしょう，ナツメグを加え，強くねばりが出るまでこね，4等分し，形を整える．フライパンに油を熱し，最初は表面を強火で焼き，その後は弱火にして，フライパンにふたをして十分に火を通す．焼き上がりにワインとしょうゆを振りかける．

パンプキンパイ（pumpkin pie）

かぼちゃを使ったパイ．かぼちゃは蒸すかオーブンで焼いて裏ごしにかけ，牛乳，生クリーム，卵，砂糖，スパイス（ジンジャー，シナモン，クローブ，オールスパイスなど）を合わせ，パイ皮に詰めてオーブンで焼く．アメリカでは感謝祭のお祝いに欠かせないものである．

はんぺん（半片）

魚のすり身にすりおろしたやまのいもを加えて形成し，ゆでたもの．やまのいもがはいっているため，口当たりが柔らかい．そのまま，あるいは軽く焼き，しょうゆ，わさびじょうゆをつけて食べる．おでんだねにしたり，煮物，吸い物などにも使う．

バンロゼ（vin rosé─仏）

ピンク色のワインのこと（→ワイン）．

びおんとう（微温湯）
ぬるま湯のこと．ふつう40～50度程度の湯をいう．指を浸して温かみを感じる程度．小麦粉をこねるときなどに用いられる．

ピカタ（piccata―伊）
薄く切った肉や魚に小麦粉をまぶし，溶き卵をたっぷりつけてバターで両面こんがりと焼いたもの．

ひかりもの（光り物）
あじ，さより，きす，こはだなど背の光った魚類のこと．すし用語．

ひきざかな（引き肴）
みやげ折りの一種で，折り箱などに詰めて持ち帰る引き出物➡の料理をいう．

ひきちゃ（碾茶）➡まっちゃ

ひきづくり（引き作り）
さしみの切り方の一種．平作りに似ているが，平作りのように切り身を右へ送らず，包丁を直角に入れ，手前に引くだけで切っていく．

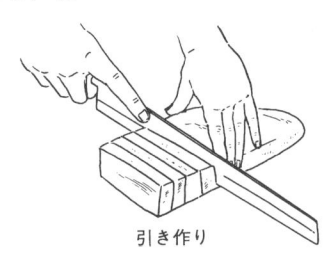

引き作り

ひきでもの（引き出物）
供応の際，主人から客に対して出すみやげもののこと．引き物ともいう．古くは馬や武具を送ったという．一般には膳に添えて出す肴や菓子をいうが，食物でなく記念品を送る場合も多い．

ひきにく（挽肉）
ミンチ，ミンチ肉ともいう．牛ひき肉，豚ひき肉，とりひき肉，牛と豚を合わせた合びき肉がある．

本来は，肉を細かくしたものなので，それぞれの肉の成分がそのままあるはずであるが，脂肪や皮，すじなどを混ぜ込んだものも多く，こういったものでは肉とはいいながら，脂肪分が，たいへん多い場合がある．以前はひき肉は保存性がわるかった．しかし，衛生的な工場で機械的に処理し，パックされたものは，かなり保存性がよくなっている．しかし，ひき肉はいたみやすいので，できるだけ早く使うこと．できれば，使う直前にひいてもらうのがよい．

ハンバーグなど成形して用いる場合は，よくこねて使うのがポイントである．大きくまとめる場合には，豚の脂肪の多い部分を混合した合びき肉を用いる方が，加熱してもばさついたり堅くなったりしない．その理由は，脂肪は熱を通しにくく，そのた

調理科学

断熱効果と加熱

肉の繊維は急速に加熱されると，収縮して非常に堅くなる．これを防ぐためには，脂肪分のような，断熱効果の高いものが間にあるとよい．霜降り肉が加熱で堅くなりにくいのは，脂肪が肉の組織の間に細かく入っているからで，ひき肉はこれと同様，脂肪分を肉のたんぱく組織の間に細かく入れたものである．したがって，脂肪分がある程度多いひき肉の方がソフトに料理が仕上がる．

め，急速に肉の温度が上がらず，肉の繊維が強く縮まないためである．霜降り肉が強く加熱しても堅くならないのと同じ理由である🔒．したがって，合びき肉にする際は，豚肉でも，脂身のところの方が適している．また，牛肉と豚肉とでは，加熱した際の脂の香りが違うので，両方混ぜることによって，新しい風味を生み出すことができる🔒．

ひきもの（引き物） ⇨ひきでもの
ピクルス（pickles）

主として野菜を酢に漬けたもので，西洋の代表的な漬け物．材料を塩漬けにして乳酸発酵させたピクルスもある．さわやかな酸味と保存性をもっている．酸味の強いサワーと，砂糖を入れた甘口のスイートがある．材料は，きゅうり，キャベツ，たまねぎ，かぼちゃ，アスパラガス，オリーブなどがよく使われる．前菜やサンドイッチ，サラダ，カレーなどの薬味に用いられる．

牛肉，いわし，にしんや果物の酢漬けも広義にはピクルスということがある．

●**ピクルス（きゅうり）の作り方**

家庭的な作り方は，きゅうりの場合，まず塩を振って板ずりする．ざるにのせ，熱湯をかけ，水気をよくふきとる．水気があると漬け汁が薄まり，かびが生じる原因になるので注意する．容器はきっちりふたのできるガラスびんを選ぶ．熱湯で，びん，ふたとも3〜5分煮て消毒し，まず，きゅうりを適当に切って詰める．漬け汁は，酢1カップ，砂糖1/3カップ，塩小さじ1の割合．香辛料はベイリーフ，シナモン，ナツメグ，クローブ，黒こしょう，とうがらしなど．調味料と香辛料を合わせてひと煮立ちさせ，さましておく．きゅうりを詰めたびんに液を口もとまでいっぱい入れ，ふたをする．5日目くらいから食べられる．

ピケ（piquer—仏）

刺し込む，あるいは刺し肉すること．たとえば，シチューのときに脂肪の少ない肉に，細く切った豚脂を刺し込んだり，また，肉や魚にクローブなど香辛料をさしたり，パイ生地を焼く前に皮にフォークなどで穴をあけることもいう．

ピザ⇨**ピッツア**
ひしお（醤）

みそ，しょうゆの原形．東南アジア，メコン川流域で発生した魚醤(ぎょしょう)が中国で魚や肉を用いた肉醤(ししびしお)，大豆を用いた豆醤などに変化し，日本にも伝来した．このうちとくに，豆醤が溜(たまり)を経て，みそ，しょうゆへと発達した．一方，魚醤は魚しょうゆや塩辛，なれずしの形で残っている．なお，しょうゆのモロミも"ひしお"と称して食用としている．その他ひしおと名のつくものに梅びしお➡がある．中国では醤(ジャン)➡と呼ぶ．

🧪 調理科学

ひき肉の香り

ひき肉の香りは，脂肪の種類により，また，空気にふれている状態で加熱されるか，空気から遮断された状態で加熱されるかで異なるものが出てくる．したがって，牛肉のみのひき肉と，豚肉のみのひき肉，あるいは合びき肉の場合，また，ハンバーグステーキのようにかたまりの状態で加熱した場合と炒め物のように空気にふれて加熱された場合とでは，それぞれ異なる風味が出る．合びき肉がよく用いられるのは，口当たりがソフトな料理になるだけでなく，香りについてもよい状態となるからである．

ひじき（鹿尾菜）

褐藻類に属する海藻．生のときは黄褐色をしているが，乾燥すると黒色になる．光沢のある黒色で，よく乾燥したもの，色にむらのないものが良品．干しひじきには，植物でいう葉にあたる部分を干した芽ひじきと，茎にあたる部分の長ひじきがある．カルシウムが非常に多く，一回に使う量は少ないが，カルシウムのよい給源になる．鉄，ヨウ素，食物繊維も多い．

水かぬるま湯に30分〜1時間浸して戻し，ざるに上げて水気をきる．料理によっては一度熱湯でゆでて用いる．戻すと6〜7倍の量になる．組織が柔らかいので煮汁が浸み込みやすく，調味しやすい．油で炒めて調理すると，なめらかで，口当たりよく仕上がる．油で炒めたものに油あげ，にんじん，大豆などを加えて炊き合わせたり，豆腐と白和えにしてもよい．酢みそ，からし酢みそとも合う．

ビシソワーズ（vichyssoise—仏）

じゃがいもをゆでて裏ごしし，牛乳でのばし，生クリームを加えて冷たく冷やしたスープ．味はなめらかでコクがある．vichyはフランス中部の都市名で，ビシソワーズはビシー風の意．

ビスケット（biscuit）

小麦粉を主原料にして，ベーキングパウダー，油脂類，牛乳，卵，糖類，香料などを加え，成形して焼いたもの．語源はラテン語のbis coctusで"二度焼き"の意味．脂肪含量が少ないハードビスケット，脂肪含量の多いソフトビスケット，副材料が多く高級なファンシービスケットの3種に分類できる．クッキー⇒もソフトビスケットの一種である．

ひずなます（氷頭なます）

さけの頭の突端から目のあたりまでの軟骨を氷頭というが，これを刻み，だいこんなどといっしょになますにしたもの．コリコリした口当たりが喜ばれる．新潟，富山などの郷土料理として有名である．

●氷頭なますの作り方
材料：さけの頭1尾分　だいこん120g　にんじん20g　塩適量　合わせ酢(酢カップ½　だし汁大さじ2　砂糖大さじ2　塩小さじ¼)

さけの頭は縦二つに割り，氷頭をとり出して薄く切る．生のさけの場合は塩を少々振り，塩ざけの場合は水につけて塩出しをする．だいこん，にんじんはせん切りにして，塩を少々振り，しんなりしたら水気を絞る．合わせ酢に，氷頭，だいこん，にんじんを漬ける．ひと晩おいてよく味をなじませてから食べてもよい．

ひたしもの（浸し物）

ほうれん草，しゅんぎく，はくさい，わらび，せりなどの野菜をゆでて，合わせじょうゆで味をつけたもの．お浸しともいう．切りごま，削りがつおなどをかける．

ビターズ（bitters）

アルコールに，薬草や香辛料などを浸漬して作ったリキュール．ビターともいう．苦味が強いので苦味酒ともいう．カクテルを作る際，数滴加えることが多い．

ひだら（干鱈）

たらの乾燥品．干しだらともいう．素干しの棒だらや丸干しだら，塩干しの開きだらやすき身だらなどがある．よく乾燥したものを選ぶ．褐色をおびたものは油やけしたもので，味がわるい．

京都の名物料理"いもぼう"は，棒だらとえびいも（さといもの一種）を煮つけたもの．

棒だら，丸干しだらなどの干だらはたっ

ぷりの水につけ，朝晩水をとりかえながら夏は1～2日，冬は3日くらいつけておく．冷たい水につけることが大切．夏は氷を浮かすか，冷蔵庫に入れておけばよい．平均に柔らかく戻ったら適当な大きさに切り，さらに半日くらい水につけて熱湯をかけて使う．しょうゆ，砂糖でゆっくり煮含めにするのがよい．すき身だらなど塩干しはそのまま焼いて，身をほぐし，酒の肴，おにぎりの具などによい．

ピータン（皮蛋）

あひるの卵を加工したもの．あひるの卵に塩，石灰，草木灰，泥土などをペースト状にして塗りつけ，数か月間密閉して作る．アルカリのために卵白はゼリー状に，卵黄はゆで卵のように固まる🖻．卵白は赤褐色，卵黄は外層が暗緑，中層が黄緑，内層が暗緑色をしている．まわりのどろを落とし，水で洗って殻をむき，縦に六つ切りぐらいにして食べる．からしじょうゆ，酢じょうゆが合う．中国料理の前菜にされる．中国名は皮蛋（ピイダン），彩蛋（ツアイダン）など別名が多い．

ビーツ（beets）

アカザ科．日本では赤かぶと呼ぶが，アブラナ科のかぶとは別の品種．中心部まであざやかな赤色である．ビーツの赤い色素はベタニンで，これにはカロテンのようなビタミンA効力はない．特有の風味がある．根や葉柄の赤色のあざやかなものほど新鮮．サラダには生のまま，一般にはゆでてから使う．ゆでたものを切って，スープやバター炒め，シチューにする．野菜と肉とともに煮込んだボルシチや，ピクルスにもよい．

● ビーツのゆで方

ゆでるときは，葉のつけ根を10cm程度残して切り，皮もひげ根もそのままゆでると，赤い色がゆで汁の中に出ない．水のうちにビーツを入れ，少量の塩と酢を加えてゆでると赤い色がきれいに残る．肉質が堅いので，竹串がすーっと通るくらいまで十分時間をかけてゆでる．ゆで上がったら鍋に入れたまま冷まし，指で皮を押すようにするとつるりと皮がむける．鉄鍋を使うと赤色が黒くなるのでさける．

ピッツア（pizza―伊）

パン生地を平たくのし，この上に，ピッツアソースをぬり，いろいろの材料をのせ，チーズなどをかけて，オーブンで焼いたイタリアの料理．ピザ，ピザパイともいう．日本のお好み焼きに似ている．ソースはトマトを使ったものが多く，材料はサラミソーセージ，えび，マッシュルーム，ベーコンなどが用いられる．冷凍ピッツアも多くあり，これらはオーブンで焼くことによって，できたてを食べることができる．

ひとくちわん（一口椀）⇨はしあらい

ひとしお（一塩）

材料に軽く塩をすること，あるいはしたもの．材料に塩味を含ませたり，余分の水分を除くときなどに行われる．ひと塩をした魚は，日もちはよくないが，新鮮な間に食べると特有の旨味があり，焼いてだいこ

調理科学

アルカリ性とたんぱく質

たんぱく質はアルカリに対して可溶性である．ピータンは殻を通してアルカリの作用が徐々に浸透し，これにより，たんぱく質は変化する．ゼリー状に透明になるのは，たんぱく質がいったん溶解し，これがたんぱく質の変性で固まることによる．また，かなり強いアルカリであれば菌も繁殖できないので，腐敗は起こらない．

んおろしを添えたりして食べるとよい．

ひどる（火取る）
　火で軽くあぶること．表面だけをさっと焼くときに用いられる言葉．

ピーナッツ（peanuts）
　マメ科．なんきんまめ，らっかせいともいう．殻に入ったまま炒ったもの，殻はむいてあるが渋皮のついたもの，渋皮もとってバターローストしたものなどがある．

　独特の香ばしい香りが身上なので，調理には，よく乾燥した殻つきを用いた方がよい．和え物に用いるときは，すり鉢ですってもよいが，包丁で細かく刻んでも口当たりのよいものができる．切るときはていねいに一つずつ押さえて切る．粗砕きするときは，ふきんに包んですりこ木か包丁のみねでたたく．揚げ物をするとき衣に加えたり，みそ汁やサラダに刻みこんでも風味がある．そのほかごま豆腐と同じ作り方でピーナッツ豆腐にしたり，炒め物に加えても香ばしい．

ピーナッツバター（peanut butter）
　ピーナッツをすりつぶしてクリーム状のペーストにしたもの．舌ざわりがなめらかでほのかな芳香がある．甘味のついたものとついてないものがあるが，甘味のないものの方が調味料として使いやすい．サンドイッチにぬったり，酢やしょうゆ，砂糖，だし汁などで調味し，和え衣の材料にする．

ビネガー（vinegar）
　酢のこと．ワインビネガーはワイン酢⇒，アップルビネガーはりんご酢⇒，ホワイトビネガーは蒸留酢⇒である．それぞれ味や香りに特徴がある．

ビネグレットソース（vinaigrette sauce）
　⇒ドレッシング

ひねりごま（捻り胡麻）
　ごまをよく炒り，指先で少量つまんで軽くひねりつぶしたものをいう．十分にごまを炒っておかないとつぶしにくい．浸し物などに少量振りかけるのに使う．

ひのなづけ（日野菜漬け）
　ひのなのぬか漬け．滋賀県，三重県の名物．根は細いだいこん状，根元は鮮やかな赤紫色で，先端は白色，それに葉っぱの青い色が美しい漬け物である．11月ごろから1月いっぱいまで作られる．食べ方は，根は薄い輪切り，葉も細かく刻んで，ごまやしょうゆ，あるいは酢などをかけるのが一般的．温かいごはんにのせて茶漬けにしたり，お茶受けとしても用いられる．ひのなを最初から薄く刻んで塩でもみ，酢とみりんを合わせた調味液で漬けたものは"さくら漬け"という．

ヒハチ
　沖縄特有の香辛料の一つ．ヒーハチ，ヒハツともいう．コショウ科のヒハツモドキ（ジャワナガコショウ）のことで，未熟果を蒸して乾燥し，粉末にし香辛料として用いる．こしょうに似た風味がある．未熟果をそのまま沖縄特産のしょうちゅう泡盛に浸したものもある．

　香味づけのほか臭みを消す働きがあり，中身のおつゆ⇒や沖縄そばにかけて用いられる．

ビビンバ
　朝鮮料理の一つでピビムパプのこと．ビ

ビンバは通称．ごはんの上にそれぞれに味をつけた具をきれいにのせたもの．具には炒めた牛肉や，もやし，きゅうり，ぜんまいなどのナムル→が用いられる．食べるときに具と飯を混ぜ合わせる．

ビーフステーキ（beefsteak）

牛肉を用いたステーキ．ロース，ヒレ，ランプなどの部位が適している．サーロインを用いたものはサーロインステーキ，リブロースを用いたものはリブステーキ，ヒレを用いたものはヒレステーキ（またはテンダーロインステーキ）という．また，ヒレはさらに部分によってシャトーブリアンステーキ，トルネードステーキ，ヒレミニヨンステーキなどがある．そのほか，T字型の骨の片側にヒレ，片側にロースのついたティボーンステーキ，ランプ（しり肉）を用いたランプステーキなどもある．

肉は，1.5～2cmくらいの厚さに切る．少なくとも厚さ1cm以上のものがよい．薄いと焼いたとき堅くなり，旨味が少なくなる．塩，こしょうは焼く直前にすること．早くからすると肉が変色するとともに身がしまり，堅くなる．鉄板あるいはフライパンに油を熱し，肉を入れ，はじめ強火で表面をさっと焼き，それから火を弱めて焼くのがコツ．表面を強火で焼くのは，旨味が抜け出さないためと，焦げたときのおいしい香りをつけるためである．

焼きかげんによってレア（生焼け），ミディアムレア（半焼き），ミディアム（中焼き），ウェルダン（堅焼き）の4段階がある．レアは強火で両面をさっと焼き，血や肉汁がにじみ出ないうちに皿にとる．ミディアムレアはレアより少しよく焼き，肉汁がにじみ出る寸前にとり出す．ミディアムは赤い肉汁がにじみ出てきたときころ合い．ウェルダンは中まで火を通す．

ビーフストロガノフ（beef Stroganoff）

ロシア料理の一つで細切りの牛肉をサワークリームで煮たもの．単にストロガノフともいう．ストロガノフはロシア貴族の名前だといわれている．

●ビーフストロガノフの作り方

材料：牛赤身肉400g　塩，こしょう，小麦粉各少々　たまねぎ½個　マッシュルーム（スライス缶）小1缶　バター大さじ3　ブランデー（シェリー酒）大さじ2　サワークリームカップ½　ドミグラスソースカップ1

牛肉は厚さ5mm，長さ7～8cmの細切りにし，塩，こしょうを振って小麦粉をまぶす．鍋にバター大さじ2を溶かし，焦げめがつくまで肉を炒める．バター大さじ1をたし，薄切りにしたたまねぎ，マッシュルームを加えてさらに炒め，酒を振りかけ，アルコール分をとばしてからサワークリームとドミグラスソースを加え，弱火で少し煮，味をみて調節する．バターライスやヌードルを添えて食べる．

ビーフン（米粉）

うるち米を原料としためん．料理には戻してから使う．ぬるま湯に7～8分浸して戻し，柔らかくなったらざるにあげて水気をよくきる．ゆでる必要はない．戻したビーフンを油で炒めて野菜あんをかけた焼きビーフン，スープを加えた汁ビーフンなどにする．油で調理するとよい．

●焼きビーフンの作り方

材料：ビーフン400g　油大さじ2　塩少々　豚肉（薄切り）100g　生しいたけ4枚　ピーマン2個　もやし200g　青ねぎ1本　ザーサイ⅓～½個　油大さじ3　中華スープカップ2　しょうゆ大さじ2　塩小さじ½　かたく

り粉大さじ1½
　ビーフンは湯に7～8分浸して戻し，水気をきる．豚肉は2cmに切り，生しいたけ，ピーマン，青ねぎ，ザーサイはせん切りにする．中華鍋に油大さじ2を熱し，ビーフンを炒め，塩少々を入れて皿にあける．油をつぎたし，豚肉，しいたけ，ピーマン，ザーサイ，もやしを順に炒め，中華スープを注ぎ，しょうゆ，塩で調味し，かたくり粉の水溶きを加え，野菜あんを作る．ビーフンにかける．

ひまわりゆ（向日葵油）
　ひまわりの種子からとった油．原油は色が薄く精製しやすい．サラダ油や調味用のほか，マーガリンやショートニングの原料にされる．➡しょくぶつゆ

ピーマン
　ナス科．とうがらしのうち，中～大形で辛味のないものを一般にピーマンといっている．本来は初夏から夏いっぱいがしゅんで夏の野菜であるが，現在は年中出回っている．色が鮮やかでつやがあり，ふっくらしているものがよい．
　特有の香りと歯ざわりが身上なので加熱しすぎないことがコツ．油やみそと相性がよく，また肉料理に使うと肉の旨味を引き立てる．中空の形を生かして詰め物料理にするのもよい．加熱料理向きの野菜であるが，生のまま，あるいはさっと熱湯をかけて細く刻み，サラダに入れてもよい．近年，肉厚で大形の赤や黄，オレンジ色のピーマンが出回っている．これらは色が美しく甘味があるので，サラダやマリネなどに用いるとよい．

ひめういきょう（姫茴香）➡キャラウェイ
ピメント
　日本でいうピーマン（甘味種のとうがらしの総称）の別名．また，甘味種の赤いピーマンを意味し，ピメントチーズ，ピメントソーセージがその使用例．スパイスの一種であるオールスパイスの別名として用いられることもある．

ひも（紐）
　赤貝やほたて貝などの身や柱についているぴらぴらしたひも状の肉のこと．牛，豚，鶏などの腸も俗にひもと呼ぶ．

ひもかわうどん（ひもかわ饂飩）
　薄く平らに切ったうどんの総称．きしめんなどもこれに入る．➡うどん

ひやじる（冷や汁）
　ごまとみそをすり合わせ，冷たい水かだし汁でのばし，きゅうりの薄切りや青じその細切りを入れたもの．麦飯にかけたり，うどんをつけて食べる．郷土料理の一つで，宮崎県，群馬県などのものが有名．宮崎では麦飯にかけて食べるもので，ごまとみそのほか，あじの素焼きの身をほぐして加える方法もある．群馬ではこの冷や汁をうどんにつけて食べる．

●冷や汁の作り方
　白ごまを炒ってすり鉢でよくすり，みそ，砂糖を加えてさらによくする．この中に冷たい水を加えて適当な味にのばす．きゅうりを小口切りにして塩で軽くもみ，水気を絞って加える．青じその細切りを薬味に加えるといっそう香りがよくなる．これをうどんにつけて食べる．

ひやしもの（冷やし物）
　冷たく冷やした料理．冷やし鯛麺，水貝，冷やむぎ，冷ややっこ，あらい，冷やし吸い物などがある．西洋料理では冷製料理➡という．

ひやむぎ（冷や麦）
　うどんより細く，そうめんより太いめん

で，うどんの仲間．赤，青などのめんが少し混ぜてある．湯でゆでて冷水にさらし，氷を入れた器に盛り，つけ汁で食べる．

ひやめし（冷や飯）
冷えたごはんのこと．冷えるとでんぷんが生に戻るためぽろぽろになる．また，消化も落ちる．

ひややっこ（冷や奴）
冷やした豆腐を大きなさいの目に切り，ねぎ，削りがつおなどを加えたしょうゆをつけて食べる．大きいさいの目切りを"やっこ"➡というところからついた名前．
つるりとした冷たい感触が必要なので，十分に冷やすことが大切．ふつうは，2cmくらいの角に切り，冷水をはった器に入れる．濃口しょうゆにみりんを加え，削りがつおを入れて一度煮立て，冷ましてからこした土佐じょうゆもよく合う．薬味に，さらしねぎ，おろししょうが，七味とうがらしなどを添えると味が引きたつ．

ビュッフェ（buffet―仏）
セルフサービスで，料理を自分の皿に好きなだけとる立食式の食事法のこと．ビュッフェは本来，食器棚あるいはサイドボードを意味し，これが転じて，その上に料理をのせて立食する形式もいうようになった．日本では駅などの立ち食い形式の食堂などにもこのスタイルがとり入れられている．軽食堂の意味にも使われる．

ピューレー（puree）
肉や野菜，果物を火を通すか，あるいは生のままをすりつぶし，裏ごししたもの．フランス語ではピュレという．用途に応じてクリーム，濃いソース，穀類などで濃度をつける．材料や濃度により料理のつけ合わせ，スープ，オードブルなどに使われる．製品としたものには，トマトピューレー，アップルピューレーなどがあり，主と

して料理の下味つけやソースの材料として用いられる．

ひょうしぎぎり（拍子木切り）
野菜の切り方の一つ．4～5cmの長さ，0.7～1cm角の細長い棒状に切ること．だいこん，にんじん，じゃがいも，きゅうり，うどなどに用いられる．おもな用途は煮つけ，から揚げ，酢煮など．

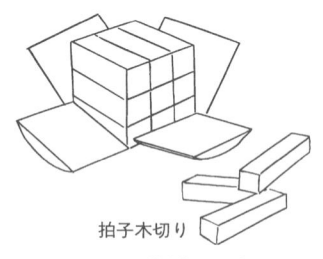

拍子木切り

ひょうていたまご（瓢亭玉子）
半熟卵の一種．京都南禅寺瓢亭の名物料理．家伝となっている．きれいな半熟かげんで，二つに切って切り口をみせて盛りつけてある．

ひよこまめ（ひよこ豆）➡**ガルバンゾ**

ひら（平）
平椀の略で，本膳料理に用いられる，平たいふたつきの塗り物椀のこと．お平ともいう．海，山，里のものを5種類ほどにとり合わせ，色や形を美しく盛り入れて出す．これの献立名としても使われる．

ひらき（開き）➡**ひらきぼし**

ひらきぼし（開き干し）
塩干しの形態の一つで，魚を開いて内臓を除いたあと干したもの．魚体そのままを干したものは丸干しという．あじ，さんま，かますなどの開き干しがある．単に開きともいう．

ひらぐし（平串）
魚の串打ち法の一種．平打ちともいう．二切れくらいの切り身を，身の厚い方を向かい合わせにして並べ，2本の金串で打

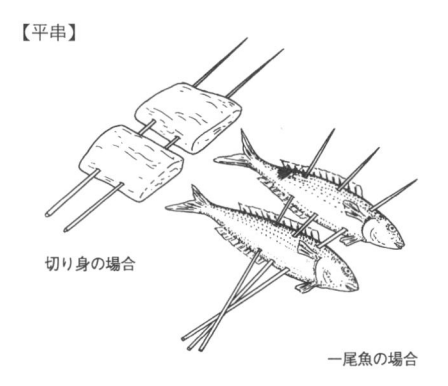

つ．切り身が大きいときは串を多くし，扇串→にするとよい．1尾全体の場合は，盛りつけたとき表になる方へは串を出さないよう注意する．うねらせなくてよい魚や，大量に焼くときに用いられる．串の一種で，平たくやや幅のある串も平串という．

【平串】

切り身の場合

一尾魚の場合

ピラジン（pyrazine）

ごま，大豆，ピーナッツなど種実や豆類を炒ったときにできる香り成分．主としてある種のアミノ酸と糖類が乾燥状態で180度程度に加熱されることで生じる．この香りは，食欲を増し，肉や魚のにおいを消し，料理をおいしく感じさせる．生のごまより，炒ったものの方が味がよいのは，このピラジンによるところが大きい．

ひらづくり（平作り）

さしみの切り方．身の高い方を向う側にし，包丁の刃のつけねから手前に引いて切る．平作りには2種あり，包丁のみねを少

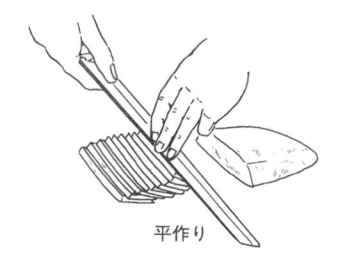

平作り

し内側にたおして切ったものをそのまま送って，少しねかせて重ねていくのを切り重ね→，切るとき包丁をねかせないで垂直に切り，そのまま送っていくのを一文字切り→という．

ピラフ（pilaf―仏）

米と刻んだたまねぎをバターで炒め，スープストックを加えて炊いたごはん．塩と香辛料で調味する．肉やえび，かに，貝，にんじん，たまねぎなどの副材料を加えることもある．粘着性の強い米より，パラパラした米の方が向く．厚手の鍋でみじん切りのたまねぎを透明になるまでよく炒め，その上に米を加えてじっくりと炒めるのがコツ．これにスープストックを入れ，よく沸騰させて水分が少なくなってきたらふたをしたままオーブンに入れるか，そのまま火を弱めて蒸らす．自動炊飯器でも炊けるが少し水っぽくなる．水かげんは米と同量であるが，水気の多い具のときはひかえめにする．

スープストックにトマトジュースを加えるとトマトピラフに，米1カップに小さじ1杯ほどのカレー粉を加えると，カレー風味のピラフになる．

●ピラフ（えびピラフ）の作り方
材料：米カップ3　水（スープストック）カップ$3\frac{1}{3}$　マッシュルーム缶の汁大さじ2　むきえび200ｇ　酒少々　たまねぎ1個　マッシュルーム（スライス缶）小1缶　グリンピース（冷凍）カップ$\frac{1}{2}$　バター大さじ2　塩小さじ$1\frac{1}{2}$　こしょう少々

米は炊く30分前に洗い，ざるに上げておく．むきえびは酒を振りかけ，たまねぎはみじんに切る．鍋にバターを溶かし，たまねぎのみじん切りを炒め，えび，マッシュルーム，米を加

え，よく炒める．分量の水とマッシュルーム缶の汁を加え，塩，こしょうで調味し，火にかける．沸騰してきたらグリンピースを加え，ふつうに炊き上げる．

ヒラミレモン⇨**シイクワシャー**

ひらめ（平目）

ヒラメ科の海水魚．かれいと似ているが，尾を手前にして立て，左側の黒いのがひらめ．しかしあてはまらないものもある．冬が味がよい．黒，白の皮の色が鮮やかなものが新鮮．脂肪が少なく脂肪を制限されている人にはよいたんぱく源．淡白な味なので，生食，煮物，揚げ物いずれにも向く．生食法としてはすしだね，あらい，さしみなど．身が柔らかいので塩焼きには向かない．フライ，ムニエル，グラタンなど油を使うと味がよい．煮物にするときは，長時間の加熱は身がしまって味が落ちるので手早く煮上げる．上下のひれはエンガワといい，煮つけにすると味がよい．肝臓は生のままぽん酢で食べる．

ひりょうず（飛竜子）⇨**がんもどき**

ビール（beer）

麦芽，ホップ→，水を原料として造る，発泡性のアルコール飲料．大麦を発芽，乾燥させた麦芽に水を加え，でんぷんを糖に変えたのち，ホップ，さらにビール酵母を加えてアルコール発酵させて造る．その他の原料として，とうもろこし，米，小麦などのでんぷんを麦芽の1/2以下用いることができる．大麦はとくにビール麦と呼ばれる二条種を用いる．たんぱく質が少なくビールの濁りの防止に役立つ．

ビールの種類はたいへん多い．色で分類すると淡色ビール，中間色ビール，濃色ビール（黒ビール）が，容器充填後の殺菌の有無で分類すると，加熱殺菌したラガービール，殺菌しない生ビール（ドラフトビール）がある．以上の分類法の種類のほかに，エキス分が少なくアルコール分が約5％とやや高い，辛口といわれるドライビール，アルコール分やエキス分を減らしたライトビール，麦芽と酵母とホップだけで造った麦芽100％のビールなどがある．また，ビールは世界各地で造られ，それぞれの国や地方によって特有のものがある．

ビールの苦味はホップからくるフムロン

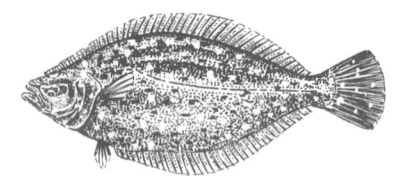

ひらめ

調理科学

ビールの泡

ビールの泡は，ビールの味を大きく左右する．この泡はビールの中に含まれている二酸化炭素によってできる．ビールにおける泡の役割は，ビールの中にあるホップの苦さや，アルコール刺激などを柔らかくする目的がある．また，この泡によりビールが空気と接触するのを防ぎ，ビールの酸化を防止する．酸化したビールは金属臭や日なたくささが感じられ，風味が落ちる．泡の安定度は液体の表面張力と関係し，さらに表面張力は温度とも関係がある．ふつうは，温度が上がるにしたがって表面張力が下がってくるから，泡立ちはよくなっても泡のもちがわるくなる．そのため冷えていないビールは泡立ちはよいが，泡がすぐ消える．ビールの泡をもたせるためにはよく冷やした方がよい．また，容器に油がついている場合には，油の膜が泡の表面に広がり，そのときの力で泡が消える．これを防止するためには，よく洗ったコップを使用する必要がある．なお，ビール飲用の適温は10〜12度である．この状態が，最も泡立ちおよび泡もちがよい．

およびルプロンとタンニン類によるものである．また，ビールの清涼味は，発酵によってできた二酸化炭素によるものである．香気はホップに含まれているフムロン，ルプロン，リナロール，ゲラニオール，ミルセンなどの精油成分による．甘味は麦芽糖，ブドウ糖などの糖分で，これは1.5%内外含まれる．酸味は乳酸そのほかの有機酸類である．ビールの温度は，風味，おいしさ，泡立ちともに10度前後がちょうどよいとされる．夏ならば缶で半日以上，びんで1日以上冷蔵庫へ入れてから注ぐと，適温の10度くらいになる．

ビールを飲む容器の油気にも注意する．容器に油気が残っていると，一度立った泡が早く消えてしまうからである．そしてビールを注ぐとき，残っているビールにつぎ足しはしないことである．残ったビールに上から注ぐと，その勢いで空気が吹きこまれ，ビールの酸化を促すからである．☞

ピール（peel）

かんきつ類の皮を砂糖で煮たもの．キャンデッドピール（candied peel）の略称．おもに洋菓子の飾りとして用いられる．オレンジピール，レモンピールなどがある．

ひれ（鰭）

魚のひれのこと．中国ではふかのひれの乾燥品は珍重され，スープや煮物などに利用されている．長時間煮るとゼラチン質に変化し，透明でつるりとした感じになる．日本ではふぐ，たいなどのひれ酒➡や，えいのひれの干物が酒客に賞味されている．

ヒレ（filet―仏）

肉の部位の一つで，牛肉ではサーロインの内側，豚肉ではロースの内側の肉をいう．内ロースともいう．英語ではテンダーロイン．肉は赤身であるが，まわりは脂肪でおおわれているので，脂を削って用いる．肉の中で一番柔らかく，最上肉であり，ステーキ，カツレツ，グリル，ローストなどに適している．牛肉ではとくにステーキに最適で，ヒレステーキ，テンダーロインステーキなどという．

ひれざけ（鰭酒）

ふぐなどのひれをあぶり，清酒の熱燗を注いで香りや旨味成分を浸出した酒．体が温まるといわれる．ひれは，たい，あまだい，えいなども用いられる．

ひれじお（鰭塩）

たいやあゆなどの魚を姿のまま焼くとき，姿を美しくするためにひれに用いる塩のこと．ひれは薄いので，塩をつけておくと焦げないで形よく焼き上げることができる．背びれ，胸びれ，尾びれにたっぷり塩をすりこむことをひれ塩をするという．

ひろうす ➪ がんもどき

ピロシキ

ロシア料理の一つ．小麦粉で作った皮を丸く手でのばして広げ，ひき肉，卵，魚，野菜などで作った中身を包み，油で揚げたりオーブンで焼いたもの．

ひろしまなづけ（広島菜漬け）

広島菜を用いた広島県特産の漬け物．広島菜はもと京菜であったものが，広島で改良されたものである．ふつうの漬け物と少し漬け方が変わっており，コンクリートの槽に荒塩を使って広島菜を漬け込む．そして，上から重しを積み上げて水が上がるまでおいた後，槽からとり出し，きれいに水洗いして，こうじ，こんぶ，とうがらしなどを加えてもう一度漬け直すものである．ピリッとした風

広島菜

味と歯ざわりが独特で，茶漬けにしたり，また葉が大きいのでおにぎりを包んだり，刻んで油炒めにしたり，しょうゆ，とうがらしで炒り煮にすることもある．

緑色の浅漬けのほか，さらにそのまま漬けてべっこう色になった古漬けも独特な風味がある．

びわ（枇杷）

バラ科．5～6月に出回る．茂木びわ，田中びわが代表的な品種．左右対称にふくらみ，つやがよく，張りのあるもの，黒点がなく色つやのよいものを選ぶ．ビタミンAのもとになるβ-カロテンが比較的多い．ビタミンCはほとんどない．

びわは酸化酵素とタンニン質が多いので，きずを受けると褐変する．切ったり皮をむいたりして放っておくと黒くなるので，生食するときは食べる直前にむく．皮をむいて，時間をおかなければならないときは，レモン汁をかけておくと褐変しない．へそからへたに向かって皮をむく．

びんづめ（壜詰）

ガラスびんに詰め，加熱殺菌した保存食品の総称．缶詰よりとり扱いは不便だが，ガラスは化学的に安定なので，ピクルスなど酢を使った強い酸性食品に利用できる．ジャム，果物のシロップ漬け，グリンピースなど各種のものがある．☞

ビンテージワイン（vintage wine）

原料ぶどうの収穫された年をラベルに記入したワインのこと．ぶどうのできはその年の天候に左右されるため，よいぶどうができたときは，その収穫年度（ビンテージイヤー）をラベルに記入する習わしがある．ワインの品質を示す目安の一つとされている．

調理科学

びん詰と殺菌

びんは，酸の影響が缶と比べて少ないことと，また，酸を含んだものの殺菌は比較的簡単なため，びん詰は利用しやすい保存法である．酸を含むものの殺菌は，80度程度の加熱で十分で，80度で30分も加熱すれば，完全に菌は死滅する．自家製の場合は，十分に熱い状態で内容を詰め，ふたをして急速に冷やせば保存できる．そのために，びん詰用のびんは耐熱ガラスが必要である．加熱殺菌しない加工食品や耐熱性でないふたを用いたもの，たとえばインスタントコーヒーのびんは再利用できない．☞かんづめ

ふ

ふ（麩）

小麦粉に水を加えてこね，十分に粘りの出たものを布袋に入れ，水中でもむとでんぷんがもみ出される．そして袋の中にたいへんねばねばしたゴム状物質が残る．これがグルテンである．このグルテンにもち米の粉などを加えて蒸すかゆでたものが生麩で，グルテンにでんぷん，小麦粉，膨張剤などを混ぜて焼き，乾燥させたものが焼き麩である．麩はたんぱく質に富み，昔から京都では生麩が料理などに多く用いられ，重要なたんぱく源とされてきた．

生麩はさらに，粟を入れた粟麩，青のりを入れたのり麩，ぎんなんやきくらげ，ゆり根，鶏肉，白身の魚などを入れたかやく麩，正月用には五色の糸をかけた手まり麩，2月に用いるおかめや鬼の形をした麩，婚礼用に鶴，亀の形をかたどった麩などが京都では作られている．焼き麩は，いろいろの形に加工したうず麩，棒状の車麩，小形に赤く彩色した小町麩，そのほか板麩，じゃの目麩，紅葉麩，花麩，金魚麩など，色や形によりいろいろな名前の焼き麩がある．

生麩はだしのきいた薄味の煮物や鍋物にして食べるとよい．生麩は火を通しすぎると堅くなるので，加熱してふくれてきたら火を止め，煮汁の中で味を含ませるようにする．また，蒸してもよく，しるこなどにもちの代わりに入れて用いることもできる．焼き麩は，水かぬるま湯に浸してふくらませたものを絞る．このとき，どろどろに溶けたり，煮ると形がなくなってしまうのは粗悪品である．水で絞ったものに薄味をつけたり煮込んだりして食べる．

ふ（焼きふ）

ファーストフード（fast food）

ハンバーガー，ドーナツ，ホットドッグなど，スナック的な食品や料理で，その場ですぐ食べられるものをいう．ファーストフードを販売する店をファーストフードストアという．発祥地はアメリカ．ハンバーガーをはじめ，ドーナツ，フライドチキンなどのほか，すし，牛丼，中国料理などのメニューもある．

ファットスプレッド

マーガリン→類の一種．植物油を主原料にしてクリーム状に練り，ソフトな軽い口当たりに仕上げたもの．風味づけにチョコレート，はちみつ，フルーツなどの副材料を加えることが多い．パンやクラッカーなどにぬって食べる．マーガリン類のJASの中で，油脂含有率がマーガリンや調製マーガリンより低い，35％以上75％未満のものと規定されている．

プアボーイサンドイッチ（poor boy sandwich）

バゲットなどの食卓パンを長いまま厚みを二分し，ハム，サラミソーセージ，鶏肉，トマト，レタス，チーズなどいろいろな具をはさんだサンドイッチ．潜水艦にみたててサブマリンサンドイッチともいう．

ファルシ（farci—仏） ⇨ スタッフド

フィズ（fizz）
　果物のジュースやシロップに炭酸水を加えた冷たい飲み物．フィズの語源は"シューという音"の意味で，グラスの中ではじける二酸化炭素（炭酸ガス）の音からこの名がついたという．オレンジフィズ，パイナップルフィズ，ストロベリーフィズなど果物の名をつけたものが多い．このほか蒸留酒やリキュールを炭酸水で割るフィズもあり，ジンをベースにしたジンフィズ，バイオレットをベースにしたバイオレットフィズなどがある．

フィッシュソーセージ（fish sausage） ⇨ ぎょにくソーセージ

フィッシュボール（fish ball）
　魚のすり身のだんごのこと．魚をすりつぶし，つなぎを入れて丸め，揚げたり，ゆでたりする．味をつけたでんぷんあんやソースをからめたり，スープやみそ汁の実に用いる．

ブイヤベース（bouillabaisse—仏）
　南フランスのマルセーユの名物料理．新鮮な魚介類に野菜をとり合わせ，塩味で煮込んだ鍋物風スープ．土地ごとにいろいろな作り方がある．代表的なのはマルセイユ風ブイヤベースで，たい，こち，えび，はまぐりなどの魚介類を主材料にして，これにたまねぎ，ポワロー（西洋ねぎ），トマトなどの野菜をとり合わせ，ベイリーフ，サフラン，タイムなどを加え，塩，こしょうで調味して煮込む．煮汁をスープ皿にとり，魚や貝は別皿に盛り，ルイユ（すりつぶしたとうがらしとにんにくをオリーブ油で溶いたソース）を魚や貝につけたり，スープに溶かして食べる．

ブイヨン（bouillon—仏）
　日本のだしにあたるもので，英語のスープストック⇨と同じ．

ブイヨンキューブ（bouillon cube）
　肉汁の煮つめたものを固めてさいころ状にしたもの．水に溶かすとスープストック⇨になる．牛肉の風味を主としたもの，鶏肉の風味を主としたものなどがある．手軽で使いやすいので，スープ，シチューなどに用いられている．

フィリング（filling）
　詰め物，中身という意味．パイ，サンドイッチ，パンなどに詰めるものをいう．たとえば，パイに詰めるりんごの甘煮，ロールパンにはさむバタークリーム，マヨネーズソース，ジャム，チョコレート，サンドイッチにはさむピーナッツバター，ハム，卵などをいう．

フィレ（fillet）
　肉や魚のおろした身のこと．肉ではヒレ⇨をさす．魚では三枚におろした冷凍魚に主として使われる言葉．

ふうみ（風味）
　フレーバー⇨の日本語訳．食品あるいは料理の香りで味に影響するものをいう．果物の香りや，醸造しょうゆの香りなどはフレーバーの代表的なもの．

フゥルゥ（腐乳）
　中国特有の大豆加工品で，調味料の一種．乳腐（にゅうふ）ともいう．豆腐にカビなどの菌をつけ，塩漬け発酵させたもの．漬け込みのときに各種の香辛料や砂糖，食塩などの副材料が加えられる．中国チーズとも呼ばれ，強い香りとコクがある．調味料として料理やタレに加えたり，そのまま粥にそえて食べる．

フェトチーネ（fettuccine—伊）
　パスタの一種．小麦粉と卵で作っためんで，平うどん状にやや幅広に切る．マッシュしたほうれん草やトマトペーストを練り

込み，色をつけたものもある．ゆでて，スパゲティと同様にトマトソース，チーズソースなどをかけて食べる．イタリア料理の一つ．

フェンネル（fennel）⇨**ういきょう**

フォアグラ（foie gras—仏）
　肥育したがちょうの肝臓のこと．foie は肝臓，gras は太ったという意味．がちょうが一般的だが，かものフォアグラもある．テリーヌ，ソテー，パイ料理などにしてオードブルに用いる．缶詰や冷凍品もある．

フオトェイ（火腿）
　中国ハムのこと．豚のもも肉を骨つきのまま塩漬けして乾燥させたもの．薄切りにして前菜に使ったり，刻んで料理に振りかけて香味づけに用いる．

フォン（fond—仏）
　西洋料理のソースを作るときに使うだし汁のこと．これと同じようなものにスープストック⇨があるが，これはスープに使うだし汁のことで，フォンとは専門的には区別している．フォンはスープストックより香りも味も強く，スープに使えない．フォンは材料やとり方により異なった風味，味をもっている．フォンを分類すると白色だし汁（fond blanc フォンブラン）と茶褐色だし汁（fond brun フォンブラン）とに分けられる．また，鶏，子牛，魚，野鳥など使用する材料によっても分類することができる．

フォンダン（fondant—仏）
　すり蜜ともいう．砂糖液を煮つめてから冷やして過飽和状態にし，強く攪拌して白い微細な結晶を作ったもの．純白で柔らかい．フォンダンの組織は，砂糖のごく微小の結晶のまわりをシロップで包んだ状態のもので，これが均一にできるためには，煮つめる温度と混ぜ合わせのかげんが大切である．ケーキや菓子パンの飾りに，和菓子では石衣や松露のかけ衣に用いられる．

　砂糖，水を合わせて火にかけたら，絶対に，箸や木じゃくしを入れてかき混ぜないこと．砂糖液が過飽和になっているので箸などを入れてショックを与えると大きな砂糖の結晶ができてしまう．また，煮立ってくると砂糖液がはねかえって鍋のふちにつくが，そのままにしておくと，もとの砂糖に戻ってしまうので，鍋についた分は，水でぬらしたはけかふきんで洗い落とすことが大切．だんだん煮つまってくると温度が上昇してくるが，110～115度になったら火からおろす．フォンダンはこの煮つめかげんが大切で，これより高すぎても，低すぎてもよい状態のフォンダンは作りにくい．温度計のない場合は，砂糖液を箸の先につけて水の中に入れ，すぐ固まるようになったら火からおろす．鍋のまま，40度くらいになるまで静かに冷ます．手かげんの場合は，鍋底に手があてられる程度まで．冷ましている間に，砂糖液の表面に結晶ができやすいので，手でふれたり，強い風を与えたりしないようにする．もし結晶ができると，それがしだいに大きな結晶に成長して，なめらかなクリーム状にならない．これを防ぐため，火からおろしたとき，砂糖液の表面に霧ふきで十分霧をふいておくとよい．細かい結晶ができるほどなめらかで舌ざわりもよいが，結晶が細かくなるか粗くなるかは，砂糖蜜の冷ましかげんによる．結晶を作る適温は38～46度．この温度になったらすりこ木などで強くかき混ぜて，なめらかなクリーム状にする．保存がきくので，器にあけて，上面を水でぬらし，紙ぶたをしておく．

　使うときはフォンダンを必要量だけ鍋に

とり，シロップまたは牛乳をほんの少量加えて，湯せんまたはごく弱火にかけて溶かす．決して煮立ててはいけない．

フォンダンは温度管理が大切なので，温度計を1本用意しておくとよい．

●フォンダンの作り方

材料：砂糖400g　水180m*l*

鍋に砂糖と水を合わせ，中火にかけて煮つめる．このとき絶対にかき混ぜないこと．110〜115度になったら火からおろして静かに冷ます．40度くらいに下がったらすりこ木でよくする．雪のように白く，なめらかになったらでき上がりである．

フォンデュ（fondue—仏）

鍋料理の一種で二つのタイプがある．一つはスイスの名物料理でチーズフォンデュ．温めた白ワインにエメンタールチーズやグリュイエルチーズを溶かし，これを串に刺したパンの小さい角切りにからませて食べる．もう一つはフランス料理で，ブルゴーニュ名物のミートフォンデュ．これは，オリーブ油またはサラダ油で，串に刺した肉や野菜を揚げて食べる．つけ汁用のソースを多種そろえる．

フォンデュ鍋

●チーズフォンデュの作り方

材料の割合は，チーズ（エメンタールチーズやグリュイエルチーズなど）400gに対してかたくり粉大さじ1，白ワイン1カップ，塩小さじ1，こしょうとナツメグ少々，キルシュ（おうとうの酒）大さじ2，バゲット1本が基準．チーズはおろし器かチーズおろしでおろすが，紙のように薄く切ってもよい．鍋はなるべく厚手のものを使う．まず鍋の内側ににんにくをこすりつけ，白ワインを入れて温める．混ぜながらチーズを全部入れて，塩，こしょう，ナツメグで味をつける．なめらかに溶けたら水溶きのかたくり粉を加えてとろりとさせ，キルシュを入れて風味をつける．パンを2cmくらいの角切りにしてフォークに刺し，鍋の中のチーズをからませて食べる．食べるときも，あればアルコールランプのコンロに鍋をのせて弱火で温め，チーズを冷やさないようにする．焦がさないように，食事中もときどき木のへらで鍋の中をかき混ぜる．

ふかひれ（鱶鰭）

さめ類のひれを干したもの．中国では魚翅(ユイチー)と呼んでいる．これを使った料理は高級なものである．色によって白翅(パイチイ)と黒翅(ヘイチイ)がある．白翅の方が高級である．とろ火で長い時間煮るとゼラチン質になり，とろりとした柔らかい口当たりとなる（🔲にこごり）．スープ，煮込みなどに用いられる．

ふき（蕗）

キク科．全国の山野に自生しているが，食用として栽培される品種も多い．春に多く出回る．皮をむくと褐変するのは，ポリフェノール➡を含むため．皮のまま塩でもんでからさっとゆで，冷水で冷やし，上下両方から皮をむくのがよい．生のまま皮をむくと手が黒くなる．ゆですぎや煮すぎは，香味をなくしてしまう．砂糖，しょうゆをひかえめにしてあっさり仕上げるのがふきの味を生かすコツ．しょうゆで煮つめたきゃらぶき➡は箸休め，茶づ

ふき

けなどによい．葉は苦味が強いので，灰汁や炭酸水素ナトリウム（重曹）を加えてゆで，水にさらしてから使う．葉の元気なものがよい．とってから時間がたつとすじっぽくなる．

ふきよせ（吹き寄せ）
日本料理の手法の一つ．風で木の葉が吹き寄せられた様子をあらわしたもの．おもに秋から冬の料理に用いられる．野菜，鶏肉，えび，貝，くり，ぎんなんなど各種の食品をいっしょに料理して一つの器に盛りつける．吹き寄せ蒸し，吹き寄せ卵，吹き寄せ鍋などがある．野菜，いかなどを木の葉形に形作ることもある．また，干菓子でいろいろ混ざったものも吹き寄せと呼ばれている．

ふぐ（河豚）
主としてフグ科の海水魚をいい，そのうち食用としてよく知られているものに，とらふぐ，しょうさいふぐ，まふぐ，さばふぐなどがある．ふぐは，あたると命がないということからてっぽう，また略して，てつともいう．最も味がよいのは脂ののりきった冬の間．ふぐの毒テトロドトキシンは，内臓とくに卵巣，肝臓などに多い．中毒すると知覚マヒ，運動マヒが起こり，呼吸困難になって死に至る．ふぐ免許をもった調理師のいる信頼できる料理店で食べるのがよい．さしみ（→ふぐさし），ちり，雑炊などがある．

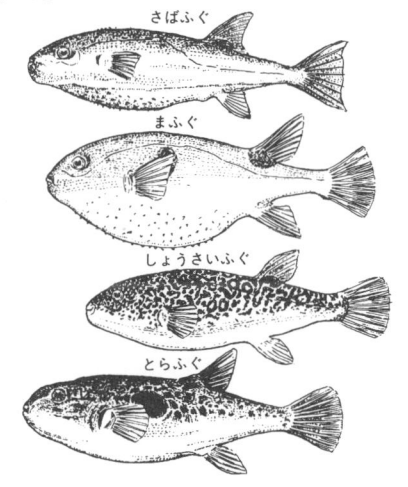

ふぐさし（河豚刺し）
ふぐのさしみ．てっさともいう．ふつう，薄い紙のようにそぎ切りにし，大皿に盛りつける．菊の花のように並べるのが一般的だが，これをその形から菊作りという．ぼたん作り，つる作り，くじゃく作りなどもある．紙のように薄く作る理由は，ふぐの身は弾力が強いので，歯ごたえを軽くするためである．酢じょうゆか，しょうゆにわさびを添えて食べる．皮もさっとゆでて細切りにして添える．身と皮の間のゼラチン質の部分を"とおとうみ"というが，この部分も湯に通して添える．

ふくさずし（袱紗鮨）
薄焼き卵で五目ずしをふくさ包みにしたすし．

ふくさみそ（袱紗味噌）
赤みそと白みそなどのように2種類のみそを混ぜたみそのこと．混ぜ合わせたみそで仕立てたみそ汁はふくさみそ仕立てともいう．

ふくさりょうり（袱紗料理）
儀式的要素の強い本来の本膳料理を簡略にした料理．実質的な味覚を楽しむための料理として成立し，江戸時代には本膳料理の終わったあとに供されたという．のちに，本膳式がすたれてからふくさが現在の本膳料理の基調となった．

ふくじんづけ（福神漬け）
だいこん，なすなどの野菜をしょうゆ漬けにしたもの．赤い色のものはしょうゆ

代わりにアミノ酸を使い，保存料や，数種類の着色料，ものによっては甘味料などを加えている．よいものはしょうゆ特有の色つやと旨味があり，保存もきく．食卓，弁当，カレーライスにも欠かせない．

●福神漬けの作り方

切り干しだいこんと，細かく切ったあと塩抜きした塩漬けのきゅうり，なす，にんじん，しその実などを合わせて，みりんとしょうゆを半々に合わせた液で下漬けをする．別に，しょうゆ2，みりん1，砂糖1の割合で合わせた液をひと煮立ちさせ，冷ましてから，下漬けの材料の水気をきって加え，本漬けにする．

ふくぶくろに（福袋煮）

油あげを袋状にし，中に具を詰めて煮たもの．具にはにんじん，しいたけなどの細切り，ぎんなん，糸こんにゃく，豆腐などを用い，油あげの袋はかんぴょうで結ぶ．しょうゆ，塩，砂糖，だし汁などで煮含める．延命袋，袋煮などともいう．油あげは熱湯で油抜きして用いる．

●福袋煮の作り方

材料：油あげ（長方形のもの）4枚　にんじん½本　干ししいたけ6枚　糸こんにゃく80g　鶏肉100g　かんぴょう80cm　だし汁カップ2½　しょうゆ大さじ2　砂糖大さじ2　みりん大さじ1　塩ひとつまみ

油あげは熱湯をかけて油抜きし，二つに切って袋状にする．しいたけは戻し，にんじんとともにせん切りに，糸こんにゃくは3cm長さ，鶏肉も細く切る．油あげの袋の中にそれぞれを8等分して入れ，塩でもんで柔らかくしたかんぴょうで袋の口を結ぶ．鍋に袋を並べて入れ，だし汁，調味料を加え，弱火でじっくりと煮含める．

ふくめに（含め煮）

煮物の一種．煮汁の味をたっぷりと材料に含ませたもの．含ませ煮ともいう．材料の持ち味を生かせる．かぼちゃ，じゃがいも，ゆり根，かぶなど，こわれやすいものは，煮汁を多めにして弱火で煮込み，火を消したあとも煮汁に浸しておいて汁を含ませる．さやいんげん，ふきなど，色を美しくするには，さっと煮て火を止め，冷ましながら汁を含ませる．

煮上げたあと，煮汁と材料を別々にして冷まし，再び煮汁に戻して味を含ませる方法もある．ふきやうどなどに適している．

ふくらしこ（膨し粉）⇨ベーキングパウダー

ふくらに（脹ら煮）

あわびをみりん，しょうゆ，清酒，だし汁で長時間煮込んで柔らかく仕上げたもの．あわびを薄く切り，煮立てた調味液の中で手早く煮たものをいうこともある．

ふくろに（袋煮）⇨ふくぶくろに

ブーケガルニ（bouquet garni—仏）

数種類のハーブを束ねたもの．ブーケとは花束の意味．煮込み物やスープストックをとるときなどに，香りづけの目的で数種のハーブを用いるが，この場合，十分香りが移ったときに引き上げやすいように束にして入れる．木綿の布で袋を作り，その中に入れて鍋の中にぶら下げる方法もある．ブーケガルニには，タイム，ベイリーフ，パセリ，セロリの葉，にんじんの葉などがよく用いられる．

ふしおろし（節卸し）⇨ごまいおろし

ふじまめ（藤豆）

マメ科．花が紫や白色で藤に似ているのでこの名がある．地方によりあじ豆，かき豆，せんごく豆，てんじく豆ともいう．若いさやは長さ5〜6cmで，扁平な広い三日

月形．縁に硬貨のようなギザギザがある．すじをとってゆで，ごま和え，油炒めにする．油あげやかつおのなまり節などと煮てもよい．

ぶたにく（豚肉）

豚はイノシシ科の動物で，もとは野生のイノシシであったのを家畜として飼育したものである．豚はすべての種類が肉用にされる．品種としてはランドレース，大ヨークシャー，バークシャー，ハンプシャーなどがおもなものである．黒豚はバークシャーで，肉質がよく味もよい．

たんぱく質と脂肪が主成分．肉質は繊維が細かく柔らかい．ほかの獣肉には比較的少ないビタミン B_1 の多いのが特徴である．ただし，脂肪には B_1 がないので，脂身を食べても B_1 は補給できない．

人体に有害な寄生虫がいることもあるから，必ず火をよく通すこと．ただし，あまり加熱しすぎると風味が落ちる．脂肪はとり除かず，料理に使うとよい．それは，豚の脂肪は加熱されたときによい香りを出し，風味をよくする作用があるからである．また，豚の脂肪は不飽和脂肪酸が多いため融点が33〜46度と低く，なめらかな

豚肉の部位と料理　　（付表参照）

か　　た	シチュー，スープ，ポークビーンズなどの煮込み
かたロース	バター焼き，酢豚，焼き豚，ロースト，網焼きなど
ロ　ー　ス	カツレツ，ロースト，ソテー，網焼きなど
ヒ　　レ	ソテー，カツレツなど
そともも	煮込み，炒め物，酢豚など
も　　も	焼き豚，ロースト，炒め物など
ば　　ら	煮込み，焼き肉など

ので，料理に加わると味にまるみを出す．その上，豚肉の旨味もほかの材料の風味をよくする．

豚肉は甘酸っぱい味と相性がよい．酢豚，ポークステーキなどには，パイナップル，りんごなどを使うと効果的である．ソースにもレモン，トマトケチャップなどを加えるとよい．

淡紅色でつやがよく，ひきしまったもの，脂肪はまっ白で粘りがあり，堅いものがよい．切り口から肉汁が出るものや，全体に黄色がかっているものは避ける．

ふだんそう（不断草）

アカザ科の葉菜．とうぢしゃともいう．一年中栽培できるのでこの名がある．青臭みがあるので，さっと熱湯を通してから使う．ごま和え，浸し物に．煮物には豆腐がよく合う．

ふだん草

フーチバー

沖縄の言葉でよもぎのこと．沖縄では野菜として用い，一年中出回っている．フーチバーボロボロジューシーといえばよもぎ入りぞうすいのこと．

ふちゃりょうり（普茶料理）⇨おうばくりょうり

ぶつぎり（ぶつ切り）

あらく大きく切ること．

ふっとうてん（沸騰点）

沸点ともいう．液体を熱して温度を高めていくと，液体の表面からの蒸発ととも

に，内部からも蒸気の泡が盛んに出てくる．このときの温度をその液体の沸騰点という．沸騰点は，純粋な物質の場合，蒸気圧が外気の圧力に等しくなる温度であるから，外気の圧力が変われば沸騰点も変わる．山の上で炊飯すると気圧が低いので沸騰点が低くなり，芯のあるごはんしか炊けない．また，高熱をかけたいものは，圧力釜などで高圧をかければ沸騰点が上昇する．低い温度で濃縮したいものは真空釜などで減圧すれば沸騰点は下がる．

プティ（petit—仏）

小さいという意味．英語ではペティ．プティオニオン，プティトマトなど，小形のものにつけて用いられる．

プティフール（petits fours—仏）

ひと口で食べられるように小さく作った菓子のこと．立食，夜会，あるいは，ディナーの最後のコースでコーヒーなどとともに供される．

プディング（pudding）

卵，牛乳，砂糖で作った柔らかい蒸し菓子の一つ．一般にプリンと呼ばれている．カスタードプディングが一般的だが，砂糖漬けや干した果物を使ったプラムプディング🔜といったものもある．料理では，コーンスターチや小麦粉などのでんぷんで固めたもの，ゼラチンで固めたものなど各種のものがある．

カスタードプディングを自分で作るときは，配合と加熱方法がポイント．液を混ぜる際，泡立てて空気を入れないこと．気泡を入れると，でき上がったプディングの中に穴があく．気泡をとるためには卵液をこすとよい．カラメルソース🔜を入れたプリン型に液を流し込み，これを水を張った天板にのせ，中火のオーブンで焼く．蒸す場合は，蒸し器のふたをずらして弱火で蒸す．スが立って堅くなるので強く加熱しないこと．🔜

●カスタードプディングの作り方

材料（4個分）：卵2個　牛乳カップ1¼　砂糖50g　バニラエッセンス少々　バター（プリン型にぬる）少々

🧪 調理科学

卵液と温度上昇

プディングのできのよしあしは，加熱の条件が大きくものをいう．蒸し器の場合も，オーブンの場合も温度の上がり方が大切である．つまり，卵液が80度になるまでに10〜15分を要し，しかも温度の上がり方が，1分当たり2度，あるいはそれよりすこし下まわる程度であることが必要である．1分当たり2度以上の上昇になると，"ス"の入った状態になり，少なすぎるとくずれたりする．これを防ぐには，オーブンの場合は，天板に熱湯をカップの高さの⅓くらいまで入れ，蒸し器を使うときは，あらかじめ中を温めておいてからカップを入れ，15分ほどで80度になるようにする．蒸し器の場合はふたをずらしてゆっくり加熱する．もし90度以上になると，全体が堅くなり，多孔質になる．卵豆腐の場合も同様である．

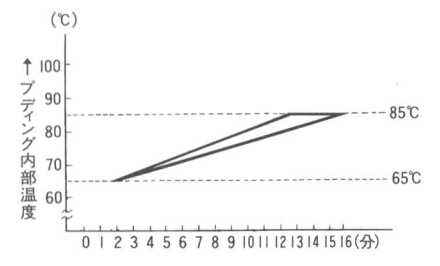

プディング内部の温度上昇
（プディング最適温度カーブ）

カラメルソース(砂糖40g　水40ml　熱湯大さじ1)

鍋に砂糖と水を入れ,茶色に色づくまで煮つめ,熱湯を加えてカラメルソースを作り,バターを塗ったプリン型に等分に入れる.牛乳を70度に温め,砂糖を加えて溶かす.ボールに卵を割りほぐし,牛乳とバニラエッセンスを加えてこし,カラメルソースを入れたプリン型に等分に流し込む.オーブンを使う場合は水を張った天板にのせ,中火で焼く.蒸す場合は蒸し器のふたをずらし,弱火で蒸す.竹串で刺して何もついてこなければでき上がり.

ふでしょうが (筆生姜)

しょうがの新芽である芽しょうがや葉しょうがを長さ10cmくらいに切り,根元を筆の先のような形に切ってさっとゆで,甘酢に浸したもの.しょうがに含まれるアントシアン色素が酢の酸により紅色に発色する.魚の焼き物などの添えものとして用いられる.関西では,はじかみともいう.

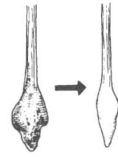

筆しょうが

ぶどう (葡萄)

ブドウ科.小粒のデラウェア,中粒の甲州,紫黒色のマスカットベリーA,大粒で濃い紫色のキャンベルアーリーや巨峰などがある.緑色はネオマスカットなど.高級品でマスカットと呼んでいる緑色のぶどうはマスカットオブアレキサンドリアである.種無しはジベレリンという一種の植物生長ホルモンで処理したものである.一般に黒紫色や赤色のものは皮の色の濃いものが,黄緑色のものは黄白色になったものが,味も香りもよい.粒揃いがよく,実の間にすき間があり,房が横にはっていて,房を振っても実がパラパラと落ちないものを選ぶ.粉のふいたものが新鮮.

ワイン用には,リースリング,シャルドネ,ネオマスカット,甲州,セミヨン(以上白),マスカットベリーA,カベルネソービニヨン(以上赤)といったものが使われている.

おもな成分は炭水化物で,糖分としてはブドウ糖と果糖が多い.紫色の果皮の色はアントシアンの色素である.

洗うときは柄をもって振り洗いする.房を握ると粒が落ち,また粒の間のよごれが,うまく落ちない.表面の白い粉はロウ質で洗い落とせないが,害になるものではない.冷蔵庫などで冷やしておくと,糖分が消耗されて酸味が強くなるので,食べる前に冷やすのがポイント.

ぶどうきゅうきん (葡萄球菌)

食中毒菌の一種で,ぶどうの房状に集合する球菌.とくに,黄色ぶどう球菌が産生する毒素エンテロトキシンが食中毒の原因になる.食品が菌に汚染されても毒素が一定量をこえなければ,中毒は起こらない.したがって,菌に汚染されてから摂取までの時間が長ければ長いほど,また菌量が多ければ多いほど毒素の量が多くなり,中毒症状がひどくなる.この毒素は熱に強く加熱しても殺菌効果はない.中毒症状は発熱,嘔吐,下痢など.化膿した傷口などから汚染されることが多く,調理者の清潔さが大切である.とくに指をけがしていたり,ニキビなどをさわった手で調理すると危険である.

ぶどうしゅ (葡萄酒) ⇨ワイン
ぶどうす (葡萄酢) ⇨ワインず
ぶどうとう (葡萄糖)

果糖とともに広く自然界に分布している単糖類の一種.ぶどうの中に多いのでこの

名がある．でんぷんはブドウ糖がいくつも化学結合してできたもの．麦芽糖は2個結合したもので，酵素で分解するとブドウ糖になる．食品中のでんぷん類をとると消化酵素の働きによりブドウ糖になり吸収され，エネルギー源になる．食事がとれないときブドウ糖の注射をするのは，体内ですぐエネルギーに変わるためである．

血液中には常に一定量のブドウ糖が血糖として含まれている．この血糖が正常に処理できなくなるのが糖尿病である．これは，すい臓機能の低下によって，インシュリンの分泌が減少することによる，一種の新陳代謝異常疾患である．

工業的にはいもやとうもろこしなどのでんぷんにアミラーゼを作用させて作る．甘味度は砂糖の60%くらい．砂糖に10%程度のブドウ糖を混ぜると快適な甘味が得られる．またブドウ糖は，砂糖に比べて高い浸透圧をもっている．そのため，脱水作用を利用する果物のシロップ漬けや砂糖漬けに使う．そのほか，菓子類や加工食品に多く使われている．

ぶどうまめ（葡萄豆）

黒豆（黒大豆）の柔らかい煮豆のこと．砂糖を主に甘く味を含ませる．しわがなく，ふっくらふくれた姿がぶどうに似ているところから呼ばれたもの．

フードプロセッサー（food processor）

破砕，攪拌の機能をもつ調理器具．刃が高速回転し，食品をカットするとともに，こねるなどの操作を同時にする．小麦粉とベーキングパウダーを均一に混ぜたり，短時間ずつ断続的に回転させればひき肉やたまねぎのみじん切りができる．また連続回転させれば，材料をきれいにつぶし，これにでんぷんや小麦粉など加えてこねるといったこともできる．

ふな（鮒）

コイ科の淡水魚．ぎんぶな，きんぶな，源五郎ぶな，にごろぶななどの種類がある．味がよいのは，3～5月の卵をもつころ．寒ぶなというのは，脂がのっていることと，冬の間，漁獲が少ないので希少価値からつけられたものである．

水に入れてよく泥をはかせておくこと．その際，水に少量の酢を加えておくとよく泥をはく．すり鉢の中でかき回すとうろこがとれる．小さいものはわたをとらずにそのまま使う．あらい，酢みそ和え，甘露煮，付け焼き，ふなずしなどに用いられる．生臭みを消すには味つけを濃くしたり，みそを用いるとよい．ふなには肝吸虫の幼虫のいることがあるので生食は避ける方がよい．

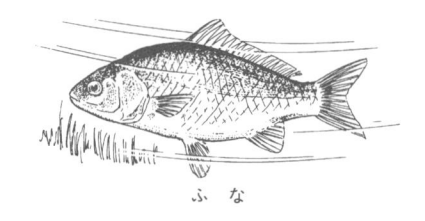

ふな

ふなずし（鮒鮓）

ふなを用いたなれずしで滋賀県名物．非常に古い歴史をもっている．琵琶湖のにごろぶな，源五郎ぶなを用いる．3～5月ごろの産卵前の子持ちぶなを土用のころまで塩漬けし，一度塩抜きしてからごはんとともに漬け込み，小さなふなで2～3か月から大きいもので一年間おく．乳酸発酵をさせるために酸味と独特の強いにおいがある．ごはんを軽くとり除いて薄く切り，少ししょうゆをかけて酒の肴などにする．あるいは熱湯を注いで塩味をつけ，吸い物にする．

ぶぶづけ

お茶漬けのこと．とくに京都で使われる

言葉.

フーヨーハイ（芙蓉蟹）

中国料理の一種.中国語では芙蓉蟹(フウロンシエ).一般にはかに玉という.卵にかに,たけのこ,ねぎ,きくらげなどを混ぜて焼く.芙蓉(ふよう)の花のようにふわっと仕上げるのでこの名がある.あんをかけて食べる.

●芙蓉蟹（かに玉）の作り方

材料:卵4個 かに缶1缶 生しいたけ4枚 たけのこ(ゆで)100g 長ねぎ1本 清酒小さじ2 塩,こしょう少々 ラード大さじ4 あん(スープカップ1 しょうゆ小さじ1 塩小さじ½ みりん小さじ1 こしょう少々 かたくり粉小さじ2 しょうがの搾り汁少々)

生しいたけ,たけのこ,ねぎは3cm長さの細切り,かに缶は軟骨をとり,卵をほぐした中に入れ,清酒,塩,こしょうで調味する.中華鍋にラード大さじ1を熱し,卵液の¼量を入れてかき混ぜ,半熟程度になれば形を丸く整え,裏返して焼く.1人分ずつ残り3枚を焼き,皿に盛る.鍋に分量のスープと調味料,かたくり粉を加え,ひと煮立ちさせ,しょうがの搾り汁を入れ,芙蓉蟹の上からかける.

フライ（fry）

洋風料理で油で揚げたり,油焼きすること.また,その料理もいう.油で揚げるものとしては,フライドポテトのように衣をつけずに揚げるものと,魚のフライやフリッターのように衣をつけるものがある.日本ではおもに,材料に小麦粉,溶き卵,パン粉をつけて揚げたものをフライと呼んでいるが,同じ衣をつけた揚げ物でも肉類の場合はカツレツ⇨と呼んで区別している.⇨あげもの

フライドエッグ（fried eggs）⇨めだまやき

フライドポテト（fried potatos）

じゃがいもから揚げのこと.フレンチポテト,フレンチフライ,フレンチフライドポテトともいう.二度揚げするのがコツ.じゃがいもは拍子木切りにして,水にさらして水気を十分きる.油の温度が120度くらいのときに入れ,温度を150度まで高めながら揚げる.中まで火が通ったら,焦げないうちに一度油からとり出す.ついで170度くらいまで熱した油で焦げめをつけてからと揚げる.ビーフステーキやローストビーフのつけ合わせに用いられる.

ブラウンソース（brown sauce）

エスパニョールソースともいう.フランス名はソース・エスパニョール(sauce espagnol).茶褐色のソース類の基礎ソースである.このソースはたいへん使用範囲が広く,魚,肉,野菜などすべての料理に用いられる.おもなものにシチュー,ローストチキン,ローストビーフなどがある.

●ブラウンソースの作り方

材料は,でき上がり5カップに対し,褐色ルウ(小麦粉をバターで褐色に炒めたもの)100g,褐色だし汁(牛のすね肉や子牛のすじ肉,にんじん,たまねぎを十分炒めたあと,水,塩,ベイリーフ,タイムなどを入れて煮出してこしたもの)カップ12〜14,ベーコン30g,たまねぎ50g,ベイリーフ1枚,タイム少量,白ワイン80ml,トマトピューレー150ml.

褐色のルウに褐色のだし汁を半分ほど入れて溶きのばし,炒めたベーコン,たまねぎ,ベイリーフ,タイムを入れ,白ワインを加えて約1時間煮て裏ごしする.さらに残りのだし汁とトマトピューレーを加え,

3時間ほど煮てこす．本式には，毎日少しずつだし汁を加え，1週間くらいかけて煮ると風味も光沢もよくなる．

ブラジルナッツ（Brazil nuts）
サガリバナ科の常緑熱帯樹の種子．原産地はブラジル北部．白い仁を食べる．味は淡白だが，くるみに似た風味をもっている．主としてケーキの中に入れたり，おつまみなどに用いられる．日本へは缶入りのものが輸入されている．

ブラックタイガー
クルマエビ科のえび．うしえびともいう．体色が紫黒色で横じまがあるのでこの名がある．商品名はタイガーえびともいう．東京湾以南の西太平洋，インド洋に分布している．台湾やインドネシア，フィリピンでは養殖も盛んで，日本への輸出も多い．体は黒みをおびて見ばえがわるいが，湯に通すときれいな赤色になる．てんぷら，フライ，すしだねなどに広く利用されている．→えび

ブラックペッパー（black pepper）⇨こしょう

ブラックベリー（blackberry）
バラ科のきいちごの一種．熟した実は黒いのでこの名がある．プディング，ジャム，ゼリーなどに用いられるほか，ヨーロッパでは生食や料理などにも用いられている．

ブラックベリー

フラッペ（frappé—仏）
フラッペとは，"冷やす"とか"冷たい"という意味．細かく砕いた氷をタンブラーに入れ，リキュールなどを注いだ飲み物．ミントフラッペ，カシスフラッペなどがある．また，砕いた氷の上にアイスクリームやフルーツシロップ，果物などをのせたものもフラッペという．ピーチフラッペ，パイナップルフラッペなどがある．

フラボノイド（flavonoid）
天然に含まれている色素の一種．食品に含まれるフラボノイドは，フラボン，フラバノン，フラボノール，イソフラボンなどがある．いずれも非常に薄い黄色ないしは無色に近い色である．

フラボノイド類はアルカリ性で濃い黄色，オレンジ色，あるいは褐色になる．中華めんを作るとき，小麦粉に梘水（かんすい）を使って強いアルカリ性にすると，特有の黄色になるのはこのためである．また，スズなどの金属イオンにあうと緑色あるいは青くなる．鉄にあうと黒変する．

白い野菜にあるようなものは，黄色あるいは無色であるが，色のついた野菜の中には濃い青系のものも含まれている．

フラボノイド類はどちらかといえば，食品の色をよくするのではなく，これが発色した場合には食品をわるく見せる場合が多い．こういった意味からも，フラボノイドを含む野菜類を調理する際は，とくに鉄の容器に気をつけなければならない．

白い野菜，たとえばじゃがいも，ねぎなどをアルカリ性の水（硬水）で煮ると黄色くなるが，このような際には，少量の酸を加えると変色を防ぐことができる．

ブラマンジェ（blanc-manger—仏）
牛乳をコーンスターチあるいはゼラチンで固めた冷菓の一種．ブラマンジェとは白い食べ物という意味であるが，色や風味をつけるため，ココアやひき茶を加えたものもある．

●ブラマンジェの作り方

材料（4個分）：牛乳カップ2　コーン

スターチ40g　砂糖50g

　コーンスターチと砂糖を鍋に入れ，温めた牛乳を少しずつ加え，なめらかに溶きのばす．次に弱火にかけ，木しゃもじで絶えずかき混ぜながら煮立てる．煮立ってからなお3分ほど粘りが出るまでよく練り，水でぬらしたプリン型に手早く入れ，冷やし固める．

プラム（plum）

　バラ科の果物ですもものこと．日本に古くからあり，はたんきょうともいう．明治になってアメリカに渡り，品種改良され，プラムの名で日本に戻ってきた．ソルダム，ケルシー，ビューティーなどの品種がある．プラムコットはあんずとの交配種．プルーンは生食に適した品種もあるが，本来は乾燥用のプラムのことで，干したものもプルーンという．

　酸味はりんご酸とクエン酸．一般に生食されるが，ペクチン含量が多いのでジャムやゼリーにも加工される．そのほか，缶詰，果実酒，乾燥などの加工をし，菓子や料理の原料にも用いられる．

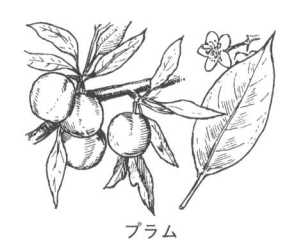

プラム

プラムプディング（plum pudding）

　プディングの一種．とくにイギリスでクリスマスにつくるプディングで，一名クリスマスプディングともいう．干しぶどう，チェリー，レモンピール，オレンジピール，しょうが，アーモンド，ナツメグ，シナモン，赤砂糖，ブランデー，ラム酒などを混ぜ合わせて1か月ぐらいおく．別に生パン粉，ケンネ脂を刻んだもの，卵を用意し，全部の材料を混ぜ合わせ，型に詰めて3〜4時間蒸す．蒸し上がったら型から出して1.5cmくらいの厚さに切り，カラメルソースをかける．その上にラム酒やブランデーを注ぎ，点火して卓上に運び出す．長時間蒸すので2週間ぐらい貯蔵できる．

フラワーティー

　ハーブティー➡の一種で，おもに薬用植物の花を乾燥して茶としたもの．サフラワー（紅花），くちなし，ハイビスカス，カミツレなどが用いられる．熱湯を注ぎ，ふつうの茶のようにして飲む．健康によいといわれている．➡ハイビスカスティー

フランクフルトソーセージ（frankfurt sausage）

　豚肉，牛肉を主原料に，豚の小腸あるいは人工ケーシングに詰めた，やや太めのソーセージ．➡ソーセージ

フランスパン

　塩味の堅焼きパンの通称．表皮がパリッと音をたてて割れ，持ったとき軽いものがよい．バゲット➡，バタール，パリジャンなどが代表的．

ブランデー（brandy）

　果実酒を蒸留して造った，アルコール分の高い酒の総称．一般には，ぶどうを原料としたグレープブランデーをブランデーと呼び，ブランデーの主力としている．アルコール濃度は40〜43%．特有の芳香は，蒸留後樽詰めにして長い間保存しているうちにできたもの．ブランデーグラスに少量注ぎ，手のひらで温め，香りを楽しみながら飲む．

　特有の香気を利用して紅茶に入れてもよい．料理に使うときは，料理に振りかけたあと火をつけてアルコール分を燃やしてしまう．ケーキ，シチュー，スープ，肉料理

などに使う．なお，ぶどう以外の果実を原料としたものは，必ず原料の名前を頭につけて，アップルブランデー，チェリーブランデーなどと呼ぶ．

フランベ（flamber―仏）

ブランデーなどの酒を振りかけ，火をつけてアルコール分を燃やすこと．ステーキの仕上げにブランデーをかけたり，クレープシュゼットの仕上げにラム酒をかけて火をつける．酒の風味や香りをつけるために用いられる西洋料理での手法．

ぶり（鰤）

アジ科の海水魚．成長につれ名前の変わる出世魚．はまち→，いなだはぶりの幼魚．脂肪がのって味がよいのは冬．寒ぶりと呼ばれ，味覚の王者として賞味される．1m以上のものがとくに味がよい．ぶりにはヒスチジンという旨味をもったアミノ酸が多く，ぶりの旨味の原因となっている．新鮮なものより，いくぶん時間のたったものの方がヒスチジンが多くなるので味がよくなる．

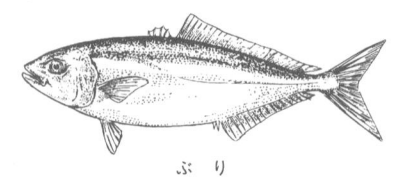

ぶり

たんぱく質，脂肪ともに魚一般から比べると多い．ビタミンA，B_1，B_2，Dとも多く含んでいる．

濃厚な味を生かして，焼くときは塩焼きよりも照り焼きに向く．皮がおいしいので皮ごと調理する．フライパンにバターを溶かして焼き，みりんじょうゆをかけてステーキ風に仕上げてもよい．あらは煮物，汁物にすると味がよい．あらを煮込むときは，上に浮いてくる泡やアクをていねいにとり除くと，仕上がりがきれいになる．そ のほかさしみ，酢の物，ムニエル，マリネなどにも用いられる．

ブリオッシュ（brioche―仏）

卵とバターをたっぷり使ったパンの一種．ブリオッシュは形によりいろいろの名称がついている．最もよく見かける，上部の出ただるま形のものは，ブリオッシュ・ア・テットといい，座った僧侶の姿をあらわしているという．味は甘い．ヨーロッパでは朝食にコーヒーなどとともに食されることが多い．

ふりかけ

ごはんの上に振りかける調味した粒子あるいは粉末類の総称．魚粉を中心にごま，のりなどを加えて作ったものが多いが，調味した大豆たんぱくなどを主材として作られたものもある．

フリカッセ（fricassée―仏）

子牛，鶏，かきなど淡白な肉類や貝類を，炒めてから白いソースで煮込んだ煮込み料理のこと．

フリカデル（fricadelle―仏）

ミートローフの一種．ひき肉に卵，たまねぎのみじん切り，パン粉，小麦粉を入れてよく混ぜ，かまぼこ形にしてオーブンで焼く．ひき肉は鶏，牛，豚，魚，何でもよい．1cmくらいの厚さに切り，ブラウンソース→で食べる．フーカデンともいう．

フリーザー（freezer）

冷凍庫のこと．冷凍食品を保存するのに用いられる．マイナス18度以下に冷えることが必要である．マイナス15度以上に温度が高くなると，中に保存した冷凍食品の氷の結晶が大きく成長し，品質低下が起こるので，温度管理には十分注意することが必要である．

フリージ（freeze）

天然果汁に砂糖を加え甘くしたものや，

甘味のある市販のジュースを半凍結状にした飲み物.

フリージは英語で"氷が張る"などの意味があり，ソフトドリンクでは，凍りつくような冷たさを演出した飲み物につけて何々フリージと呼ぶ．グラスの周囲が白くくもるほど冷やしたもので，飲んだあとに清涼感が残る．果汁の代わりに果物の缶詰をミキサーで攪拌して用いたり，冷たいジュースにシャーベットやアイスクリームを加えてつくることもある．

ふりじお（振り塩）

材料に塩を振りかけること．魚を塩焼きなどにする場合，生臭みを抜き，身をひきしめる効果がある．この際用いる塩は，食塩の方がよい．食卓塩や精製塩は防湿剤を加えてあるために，魚になじみにくい．振り塩は強くする必要がある．目安は魚の重量の2％程度．少量塩を振った場合には，魚のたんぱく質は薄い塩水に溶けるので，べたついた塩焼きになる．肉や魚，野菜などの下ごしらえをするとき振る塩のことも振り塩という．

フリッター（fritter）

泡立てた卵白を衣に混ぜた揚げ物．衣がふわっとして，口当たりがよい．溶いた小麦粉に泡立てた卵白を混ぜる際は，泡を消さないようさっくり混ぜるのがコツ．この衣をたっぷり材料にまぶして油で揚げる．衣は早く作ると泡が消えてしまうので，揚げる直前に．やや低めの温度の油に入れ，上げぎわに強火にして美しいきつね色に揚げる．はじめから高温で揚げると衣の口当たりがわるい．

材料としてはえび，はぜなどの小魚，白身魚，バナナ，とうもろこし，カリフラワー，チーズ，鶏肉などのような柔らかいもの，味の淡白なものがよい．

●フリッターの衣の作り方

材料（配合割合）：卵1個　小麦粉カップ2/3　サラダ油大さじ1　塩少々　水100m*l*程度

ボールに卵黄，サラダ油，塩，水を入れて混ぜ，小麦粉を加えてむらなく混ぜる．この中に，別に堅く泡立てた卵白を加え，泡をつぶさないようさっくりと混ぜる．

ふりなまこ（振海鼠）

ふり洗いしたなまこのこと．酢の物に用いる．なまこに塩を振りかけて目ざるなどに入れ，強くゆすぶったあと水洗いをする．身が収縮し，歯ざわりがよくなる．

プリン⇨プディング
プルコギ⇨やきにく
ブルーチーズ（blue cheese）

ナチュラルチーズの一種で，青かびを用いて熟成する少し柔らかいチーズ．チーズの中に青かびが入り込み，青いマーブル状の模様を作っている．独特の刺激の強い味と香りがある．酒のつまみやオードブルに．ディップ⇨などの材料としてもよい．有名なものに，ロックフォールチーズやゴルゴンゾラチーズがある．

フルーツカクテル（fruit cocktail）

缶詰の果物や生の果物をいろいろ合わせ，果汁などを主にした甘いシロップを加えたもの．また，数種類の果物を小さく切って混合したものをシロップ漬けにした缶詰やびん詰のこと．

ふるづけ（古漬け）

長く漬けこんだ漬け物のこと．細かく刻んで茶漬けなどに用いられる．

フルーツケーキ（fruit cake）

バターケーキ⇨の一種．バターの多い生地にピール，レーズンなどドライフルーツの洋酒漬けやナッツ類を加えて焼く．欧米

ではクリスマスによく作られる．じっくり焼くので保存性がよい．

●フルーツケーキの作り方

材料（パウンド型1個分）：小麦粉（薄力粉）110g　バター90g　砂糖80g　卵黄2個分　ドライフルーツ（レーズン，オレンジピール，ドレンチェリーなど）100g　ラム酒かブランデー大さじ1½

　ドライフルーツは洗って刻み，水気をきり，できたら1か月くらい前からラム酒かブランデーに浸しておく（または洋酒をふりかけてしばらくおく）．作り方はパウンドケーキ→と同じ．すり混ぜたバターに砂糖と卵黄を順に加えてよく混ぜたらドライフルーツを入れるが，このとき，水気をきったドライフルーツに軽く小麦粉をまぶしておくと，フルーツが底に沈むのを防ぐことができる．

フルーツサラダ（fruit salad）

　果物を使ったサラダ．各種の果物を合わせ，マヨネーズ，甘味のドレッシング，泡立てた生クリームなどで和えたもの．

フルーツポンチ（fruit punch）

　季節の果物を適当な大きさに切り，白ワイン，砂糖，炭酸水，水などを混ぜた液の中に入れたもの．材料は，すべてをよく冷やして用いる．缶詰の果物を用い，そのシロップを利用するとよい．とくに色彩効果を考えて美しくとり合わせる．早めに作り，よく冷やしておくと味がなじんでくる．少し酸味があると甘さがひきしまる．レモンの輪切りは食べる直前に切って入れること．早く入れるとレモンの香りがわるくなる．作り方はとくにこれといった決まりはなく，ブランデー，フルーツジュースなど好みのものを用いればよい．ただし，液が濁ると，見た感じがわるくなるので，注意する．

ブルーテソース（velouté sauce）

　西洋料理に用いる白色系の基礎ソース．フランス名はソース・ブルーテ（sauce velouté）．淡黄色に炒めたルウに，白色のフォン→を加え，30分〜1時間ほど煮込んだソース．白色のソースであるが，牛乳を使わないのが特徴．鶏料理には鶏がらのだし汁，魚料理には魚のだし汁，牛肉料理には牛肉のすじ肉のだし汁を用いる．このソースを基礎に，卵黄，バター，レモン汁，生クリーム，野菜などを入れて変化をつける．このソースは焼き料理より，蒸しゆで，蒸し焼き，蒸し煮などに向く．

●ブルーテソースの作り方

材料（でき上がり2カップ分）：白色のフォンカップ3（子牛肉，鶏がら，にんじん，たまねぎ，セロリ，パセリ，タイム，塩を水で3時間ほど煮出してこしたもの）　バター大さじ2　小麦粉大さじ3

　小麦粉をバターで淡黄色に炒め，白色のフォンを加えて溶かし，1時間ほどごく弱い火で煮込む．ソースの濃度はホワイトルウ（小麦粉をバターで焦がさないように白く炒めたもの）の量でかげんする．

プルニエ（prunier—仏）

　フランス風の魚料理のこと．魚料理を食べさせる店もプルニエという．ブイヤベース，マリネなどが代表的な料理である．

ブルーベリー（blueberry）

　ツツジ科の小粒の果実．熟すと青色になるのでこの名がある．生で食べるよりもジャム，フルーツソース，ケーキやアイスクリームなどの菓子材料に広く利用される．青色はアントシアン色素で，レモン汁など

で酸性にすると赤紫色になる．

ブールマニエ（beurre manié─仏）
　バターと小麦粉を練り合わせたもの．西洋料理で，料理に用いるソースに濃度をつけるために用いられる．バターを柔らかく練り，この中にふるいにかけた小麦粉を入れてよく練り合わせて作る．ソースに加えるときは少量ずつ加え，泡立て器で混ぜながらとろりと仕上げる．

プルーン（prune）⇨**プラム**

ブレイズ（braise）
　肉や野菜を油で炒めてから蒸し煮にすること．フランス語ではブレゼ（braiser）という．
　堅い肉や，旨味の少ない肉などに用いると風味にコクが増す．煮る際は，ワインやトマトジュースを用いる．これによって，肉の臭みが消える．堅い肉は，長く煮るのがコツ．チーズなどを加えるとさらに風味がよい．

フレーク（flake）
　薄い切れ端という意味で，削りとったものの総称．また，平たく圧延したものもフレークという．まぐろフレーク，コーンフレーク，ポテトフレークなどがある．

プレザーブ（preserve）
　果物の砂糖煮の一種で，果物の原形を残すように作ったものをいう．JASの規定では，ジャム類の中で，果物の原形をとどめているものをさし，これを"プレザーブスタイル"と分類している．

プレスハム（press ham）
　こま切れの豚肉や他の畜肉類を塩漬したものに，つなぎとしてすりつぶした肉やでんぷん，それに調味料，香辛料，保存料などの添加物を混ぜてケーシングに詰め，加熱殺菌したもの．寄せハムともいう．日本独特のものである．

ブレッチェン（Brötchen─独）
　ドイツの朝食用の塩味の小形パン．丸形をしている．クラスティーブレッド⇨の一種であるテーブルパン．
　ドイツでは，朝，主婦が焼きたてのブレッチェンをパン屋で買ってきて，これを朝の食卓にのせる．

フレーバー（flavour）
　食品を口に含んだとき，味とともに感じ，香りとも味ともはっきりと分けられない香りのこと．アロマ⇨と違って味を大きく左右する．酒類や果物類の香りはフレーバーである．

プレーンソーダ（plain soda）⇨**たんさんすい**

フレンチソース（French sauce）⇨**ドレッシング**

フレンチトースト（French toast）
　食パンを牛乳，卵，砂糖の混合液に浸した後，フライパンでバター焼きしたもの．主として朝食に食べられる．
　●フレンチトーストの作り方
　材料：食パン4枚　卵1個　牛乳カップ2/3　砂糖大さじ2～4　バニラエッセンス少々　バター大さじ4　はちみつ適量　シロップ適量
　　パンの耳を落としてバットに並べ，卵，牛乳，砂糖，バニラエッセンスの混合液を上から注ぎ，よく浸し，パンに十分吸いこませる．フライパンを熱してバターを溶かし，パンを1枚ずつ，両面をきつね色に焼く．皿にとり，はちみつ，シロップあるいは，シナモンと砂糖を混ぜたものなどをかけて熱いうちに食べる．

フレンチドレッシング（French dressing）⇨**ドレッシング**

フレンチポテト⇨**フライドポテト**

ブロイラー（broiler）

食肉用に肥育した若鶏のこと．アメリカでは食肉専用のにわとりで，生後8～14週，体重1.1kg以下のものをいう．主としてあぶり焼き（ブロイル）にして食べるのでこの名がある．現在日本では，若鶏の代名詞のようになっている．

ブロイル（broil）

あぶり焼きの意味．バーベキューなども一種のブロイルである．放射熱でじょうずに焼くのがブロイルのポイントである．ブロイルの熱源としては，堅炭を用いるのが一番よいとされている．

ブロシェット（brochette—仏）

西洋料理の串焼き料理のこと．そのとき用いる金串もブロシェットという．肉類では牛，豚，鶏，ソーセージなど，魚介類では貝柱，車えび，野菜類ではたまねぎ，ピーマン，しいたけなどが用いられる．

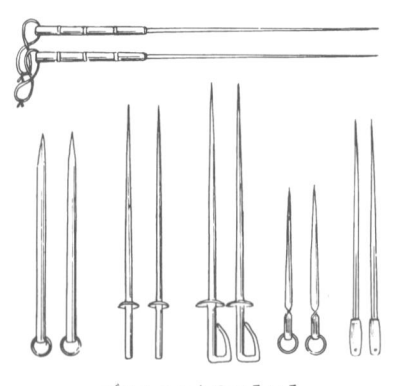

ブロシェットのいろいろ

ブロス（broth）

スープストックと同じもの．肉に野菜などを加えて長時間煮てとった煮汁．本来は，肉や鶏のかたまりを蒸し煮調理したときにとれる旨味成分を含んだ濃厚な液汁．⇒スープストック

フロスティング（frosting）⇒アイシング

プロセスチーズ（process cheese）

ナチュラルチーズを各種混合して粉砕し，乳化剤などを加え，加熱してどろどろに溶かしたあと成形し，包装したもの．保存性があり，風味や品質がいつも一定に作れるほか，原料チーズの配合によって風味の違った製品を作ることができる．日本で作られているプロセスチーズの主原料は，チェダー，ゴーダなどである．形態としてはカートンタイプ，シックスポーションタイプ，スティックタイプ，スライスタイプなどがある．また，燻煙したチーズを混ぜたスモークチーズ，とうがらしを混ぜたピメントチーズ，そのほか，熱を加えると溶けるチーズ，裂けるチーズ，柔らかく調整してパンなどにぬれるようになったチーズスプレッドなどがある．⇒チーズ

ブロッコリー（broccoli）

アブラナ科でキャベツの仲間．花の先端にできる頂花蕾と，その部分についてくる葉のわき芽ののびてできる腋花蕾を食べる．別名イタリアンブロッコリーともいうが，これは，昔からイタリア人が好んで食用したため．ほうれん草のもつ栄養成分に似ていて，ビタミンAのもとになるβ-カロテンやビタミンCが多い．濃い緑色のもの，黄色の花が顔を出していないものを選ぶ．花が咲くと味も香りも落ちる．

適当な花房に分け，塩を少々加えた熱湯で静かにゆでる．花の部分はすぐ柔らかくなるのでゆですぎないように．冷たくしてクリームソース，バターソースなどで食べるほか，バター炒め，グラタンなどに．茎はスープ煮や旨煮にしたり，ゆでてスライスし，サラダに使うとよい．和風に，浸し物，からし和えにしてもよい．保存するときはゆでておく．生のままでおくと黄色い花が咲いて味や香りがわるくなる．

フロート（float）
冷たい果汁やココア，コーヒーなどにアイスクリームまたはシャーベットを浮かした飲み物．

ふろふき（風呂吹き）
だいこん，かぶなどをこんぶだしでゆっくり煮込み，熱いうちに合わせみそをかけて食べる料理．昔，漆器を作るとき，乾きを早くするためにだいこんのゆで汁を風呂（作業室）に吹きかけたが，その残りのだいこんを食べたところ，おいしかったので，この料理をふろふきというようになったという．だいこんをゆでるとき米のとぎ水を用いるか，ゆで水に米あるいは米ぬかを入れると苦味がとれる．合わせみそはごまみそ→，ゆずみそ→，肉みそなどが合う．

フローレンスふう（フローレンス風）
イタリアの都市フィレンツェ（英語でフローレンス）の名をつけた料理で，おもにほうれん草が用いられる．イタリア語でフロランティーヌという．

ふんにゅう（粉乳）
牛乳から水分を除き粉末状にしたもの．全乳から作る全粉乳，脱脂乳から作る脱脂粉乳→，全乳にショ糖を加えて乾燥するか，全粉乳にショ糖を加えた加糖粉乳，乳児用に作られた調製粉乳→がある．全粉乳は溶かして加工乳などに，脱脂粉乳は製菓，製パンに，調整粉乳は育児用に用いる．古くなったり，しめったりすると風味が落ち，溶けにくくなる．

ふんまつしょうゆ（粉末醬油）
液体のしょうゆを凍結乾燥法や噴霧乾燥法で乾燥したもの．登山など携帯食品として用いられるほか，インスタントラーメンのスープや即席スープの味つけなどに利用されている．

ふんまつす（粉末酢）
粉末状にした酢．おもに粉末すし酢の原料として使用されてきたが，ごはんに均一に混ぜ合わせにくいなどの点から，すし酢は液状のものが主流になっている．

ふんまつせいりょういんりょう（粉末清涼飲料）
ブドウ糖などの糖，香料，着色料，酸味料，糊料などの材料を混合して作る．水または湯を加えて飲用する．通常の清涼飲料水と同様，糖分が多いので，エネルギーのとりすぎに注意する．フルーツ風味のほか，炭酸飲料，スポーツ飲料などがある．

へ

ペア（pear） ⇨ ようなし

べいか（米菓）
　米を原料として作った菓子の総称．もち米で作ったものと，うるち米で作ったものとがある．前者のうち小形のものを"あられ"，大形のものを"かきもち"あるいは"おかき"といい，後者を"塩せんべい"と呼んでいる．しかし最近では，これらの区別も厳密ではなくなってきている．

ペイザンヌ（paysanne―仏）
　西洋料理の野菜の切り方の一つで，1cm角の薄い色紙あるいはひし形に切ること．

ペイストリー（pastry）
　油脂を多く練り込んだパン生地でつくるパイ状のパン．ペストリーとも呼ぶ．ジャムや果物（缶詰やドライフルーツなど），クリーム，チーズ，チョコレートなどを飾り，いろいろな形につくる．

べいはん（米飯）
　米を炊飯によって食べられる状態にしたもの．平安時代に生まれた．それまでは，かゆか蒸し米（強飯(こわいい)）が主であったが，水分の余分にない固かゆとして作られたものがはじまりである．強飯に対して，柔らかいので姫飯(ひめいい)ともいわれた．⇨すいはん

ベイリーフ（bay leaf）
　月桂樹の葉を乾燥させたもので香辛料の一つ．ローレル，ローリエともいう．保存中は湿気に注意する．香りが高く，スープや煮込み物に，1枚入れておくだけで香りが引き立つ．におい消しとしていわしの油漬けや肉類の煮込みにも使われる．魚，肉，じゃがいもなど何にでも合うので，この葉を常備しない料理人はいないといわれる．生の葉をそのまま用いてもよい．スープなどは葉をそのまま入れて，煮上がったら引き上げる．

ベイリーフ

へぎやき（へぎ焼き） ⇨ いたやき

へぎゆず（へぎ柚子）
　ゆずの皮を包丁で薄くそいだもの．そぎゆずと同じ．吸い口に用いられる．

ベーキングパウダー（baking powder）
　ふくらし粉，膨剤ともいう．ケーキ，クッキーなどの菓子類に主として使用する．原料は，炭酸水素ナトリウム（重曹）を主体に塩化アンモニウム，炭酸アンモニウム，炭酸カリウム，酒石酸水素カリウム，炭酸水素アンモニウム，アンモニウムミョウバンなどで，これらを二，三種混合して作られる．
　パンやケーキの生地に加えて焼くとアルカリと酸とが水と熱によって化学変化を起こし，二酸化炭素（炭酸ガス）を発生する．この二酸化炭素が生地に気泡をつくってふくらませる作用をする．使い方は，小麦粉に混ぜてふるい，水を加えてこねたらすぐに火を通す．こねたままでおくとふくらみがわるくなる．湿って固まると効果がなくなるので保存に注意する．

ペキンダック（peking duck） ⇨ カオヤズ

ベーク（bake）
　オーブンでこんがりと焼くこと．ベークドアップル（⇨やきりんご），ベークドポテト⇨，ベークドトマト（トマトをくり抜き，詰めものをして焼いたもの）などがある．

ペクチン (pectin)

果物や野菜などの植物の細胞壁や細胞間に含まれていて，細胞どうしを結合させる働きをしているもの．ペクチンは，糖と酸を適量混合して加熱するとゼリー状に固まるのを利用して，ペクチンの多い果実からジャムやマーマレードが作られる．☞

ベークドポテト (baked potatoes)

大きめのじゃがいもを皮ごとオーブンに入れ，こんがり焼く．熱いうちに上部に十文字の切れ目を入れ，側面からぐっと押すと，切り口が花のように開く．バターをのせ，熱いうちにすくって食べる．

ベーコン (bacon)

豚のばら肉を塩漬（えんせき）して燻製したもの．豚のばら肉を使用する通常のベーコンのほか，ロースを使用するロースベーコン，肩肉を用いるショルダーベーコン，骨つきロース肉を使用するカナディアンベーコンなどがある．また，一定期間塩漬して特有の風味を出した熟成ベーコンもある．

料理では，この脂肪をうまく利用する．最初にベーコンをよく炒めて油を出してからほかの材料を加えて炒める．この際，強火で炒めると焦げて苦味が出るので必ず弱火にする．ベーコンの風味が材料について旨味を増す．また，牛肉，ウインナーソーセージ，かきなどをベーコンで巻いて調理すると，コクのある味になる．ベーコンを加えたはくさい鍋もよい．ベーコンは塩分が多いので，調味するときは塩味のつけすぎに注意する．

へしこ

魚の漬け物で福井県の名産．小魚類を保存するために一度塩漬けした魚を米ぬか，塩，とうがらしで漬けたもの．主としていわしが用いられるが，こはだ，あじ，さば，たら，あまだいなどを用いることもある．おもに焼いてそのまま食べるが，焼いたものを茶漬けにもする．

ベシャメルソース (béchamel sauce)

西洋料理の白色系の基本的なソースの一種．白色ルウ☞に牛乳を加えてときのばし，適度な濃度に煮つめてこす．たまねぎの薄切り，鶏肉または子牛肉を油で焦がさないように炒めて加えると甘味がつく．用途により濃度が変わるので，材料の分量や煮つめかげんを調節する．

ベシャメルソースは鶏肉，子牛肉，えび，かに，野菜料理に向く．料理にかけるだけでなくコロッケ，グラタンなどにも用いられる．このソースを基本にしてオーロラソース☞，モルネーソース☞などが作られる．

●ベシャメルソースの作り方

材料(でき上がりカップ1)：バター10g　小麦粉12g　牛乳カップ1½　塩，こしょう少々

バターで小麦粉を焦がさないように炒め，温かい牛乳を加えて溶きのばし，塩，こしょうで調味し，適度な濃度に煮込んで布でこす．

ペースト (paste)

材料をすりつぶし，堅いものには液体を

調理科学

ペクチンのゼリー化の条件

ペクチンゼリーは果実中のペクチンを利用して固めるもので，別名果実ゼリーともいう．ペクチン，酸，糖の3成分が，適量存在するのが第1条件．ペクチン量0.5〜1.5％，pHが3.0〜3.3，糖度50〜60％のときゼリー化する．ペクチン，酸度の十分なりんごを用いたときは糖を加えるだけでゼリー化する．☞アップルゼリー

加え，薄いものは濃縮して，糊状にしたもの．アンチョビーペースト，トマトペースト，チーズペースト，レバーペーストなどが一般的．パンやクラッカーにぬって使用する．また，小麦粉で作ったシュークリームのシュー生地や，クレープなどの生地もペーストという．

べたしお（べた塩）
魚にたっぷりと塩をまぶしつけることをいう．べったり塩をつけるのでべた塩という．とくに塩さばを作るときに用いる方法．

べったらづけ（べったら漬け）
だいこんを生干しするか，あるいは塩を振りながら4〜5日塩漬けしたものを米こうじ，砂糖などで本漬けしたもの．甘味の浸み込んだころ食べる．

ヘット
牛の脂肪組織からとった牛脂（beef tallow）のこと．日本でヘットというのは俗称．融点が高いので口の中で溶けにくい．そのため，ヘットを使った料理は冷めると風味が損なわれ，口の中でざらつく．必ず熱いうちに食べることが大切．牛肉の炒め物やフライに用いられる．

ペッパー（pepper）⇨こしょう
ペティ（petty）⇨プティ
ベニエ（beignet—仏）
フランス語で衣揚げのこと．英語ではフリッターという．小麦粉を卵黄と牛乳（水）で溶き，泡立てた卵白を加えてふわっと作った衣を材料につけて揚げる．材料としては鳥獣肉，魚介類，野菜，果物などが用いられる．

べにしょうが（紅生姜）
しょうがを赤梅酢に漬けたもの．根しょうがは適当な大きさに切って軽く塩で下漬けする．一昼夜おいて水が上がってきたらとり出し，ざるに広げて1日陰干しし，梅干しを漬けたときできる梅酢に漬け込む．1週間くらいで食べられるようになる．市販のものは着色したものが多い．

べにたで（紅蓼）
香辛野菜の一種で，葉や茎の赤いむらさきたでやほそばたでの双葉．芽たで，赤芽ともいう．さしみのつまに用いられる．たいやいかなど白身のさしみに添えると色彩的にもよい．⇨たで

べにばなゆ（紅花油）⇨サフラワーゆ
ペパーミント（peppermint）
西洋はっかのこと．また，ペパーミントを主原料にしたリキュールで，ブランデーなどの蒸留酒に，はっか，シナモン，ジンジャーなどを浸漬して香味を浸出したもの，あるいは，はっか油を加えたもの．

ふつう青緑色に着色するが，無色や赤色のものもある．アルコール分は21〜30％．そのまま，あるいはカクテルとして飲用するほか，ゼリーや清涼飲料の着色や風味づけに用いられる．

ペピーノ（pepino—スペイン）
ナス科．果物の一種．卵を大きくしたような形で，淡黄色の地に紫色のしま模様がある．果肉は黄色で，中央に小さな種子が集まり，ゼリー状のわたで包まれている．果肉は口当たりがなめらかで，うりとすいかを合わせたような味である．追熟すると強く甘い芳香を放つようになる．香りの出たころが食べごろ．皮は手でもむけるが，くし形に切り，スプーンですくって食べるとよい．ほかに角切りにして生クリームをかけるなど．種子は柔らかいのでそのまま食べられる．

べら（遍羅）

ベラ科の魚の総称．多くの種類があるが，おもに食用になるのはきゅうせんである．きゅうせんは幼魚のうちは雌雄とも同じ赤色をしているが，成魚になると雄は青緑色になる．そのため俗に雄をあおべら，雌をあかべらとも呼ぶ．肉は柔らかい．塩焼き，照り焼き，煮つけ，南蛮漬けなどにして食べる．かまぼこの材料のうち高級なものとしても用いられる．瀬戸内海に多く産する．

ベルモット（vermouth—仏）

ワインににがよもぎのほか，多数の薬草や香草を浸漬して香味を浸出したもの．ほのかな苦味がある．イタリアンベルモットとフレンチベルモットがある．前者は甘口でスイートベルモットともいう．後者は辛口でドライベルモットともいう．食前酒，カクテルの基酒によい．

べんりな（べんり菜）

アブラナ科の葉菜．バイオテクノロジーの応用による新しい野菜で，こまつ菜とチンゲンサイの交配種である．歯切れがよく，アクがないので浸し物，漬け物，炒め物，鍋物材料などに広く利用できる．

ほ

ホアジョエン（花椒塩）
中国料理で用いる混合調味料で，粉ざんしょうと食塩を混ぜ合わせたもの．揚げ物に振りかけて用いる．たいへん香りがよい．中国語では花椒塩（ホワジヤオイエン）．

ホイップ（whip）
泡立てという意味．卵白，生クリーム，バターなどを泡立てるときに行う操作をいう．生クリームをホイップしたものをホイップドクリーム→，バターを泡立てたものをホイップドバターという．

ホイップドクリーム（whipped cream）
生クリームを泡立てたもの．シャンティイークリームともいう．洋菓子の飾り，果物の上にかける，コーヒーに入れるなどして用いられる．

よく冷やして水気をふいたボールに，同じく十分冷やした生クリームを入れ，砂糖を少しずつ加えながら泡立てる．ボールは氷の上にのせて冷やすとよい．生クリームは泡立てすぎても脂肪球がバター化して分離するので注意する．生クリームと砂糖の割合は，生クリーム1カップにつき，砂糖は40g前後が目安．

ボイル（boil）
ゆでること．簡単な水煮の意味にも用いられる．卵をゆでたものをボイルドエッグ，じゃがいもをゆでたものをボイルドポテトという．缶詰の場合は，薄い塩水を加えて加熱殺菌したものをいう．

ホイルやき（ホイル焼き）
料理用アルミ箔で材料を包んで蒸し焼きにする焼き物．銀紙焼きともいう．鶏肉，白身魚，えびなどに野菜，きのこ，レモンなどをとり合わせ，直火またはオーブンで焼く．まつたけなど香りを楽しむ材料に適している．

ほうじちゃ（焙茶）
番茶または煎茶を強火でほうじたもの．色は茶褐色でよい香りと味をもつ．ほうじ茶を飲みながら料理を食べると料理の味が非常によくわかる．したがって料理をよく味わいたいときには，ほうじ茶を用いるとよい．

ほうしょ（奉書）
奉書紙という和紙を用いて作る料理につ

調理科学

ホイップドクリームの泡立ち
気泡は，粘性が低いと立ちにくい．また，できた気泡が消えやすい．そのため，氷で生クリームを冷やし，粘性を高めて，ホイップしやすくする．気泡が入ったら，砂糖により水分を吸収させ，気泡が水分に溶け込んで消えないようにする．生クリームは，水に脂肪が分散した形の乳化であるが，泡立てすぎると，乳化の逆転現象が起こり，油に水が分散した形となる．この場合は，水分が少量しか入らないので余分の水分が分離する形となって外にでる．

ほうじ茶と料理の味
ほうじ茶には旨味がなく，反面タンニンがほどよい程度に溶けている．旨味がないことが，ほかのものの味に影響せず，また，タンニンが，舌の表面の粘液などたんぱく質を固め，味覚細胞が味を感じやすくする．したがって，ほうじ茶を飲みながら料理の味を味わうと，非常によく味がわかる．なお，高級な緑茶で甘味や旨味の強いものだと，料理の味がわかりにくくなる．甘味と旨味は味覚の順応効果が大きいからである．

けられる名称．和紙に塩を振り，魚を包んで焼くのを奉書焼き，和紙に包んで揚げたものは奉書揚げという．そのほか，奉書を巻いた状態に似せて作ったえび，たこ，いかなどを奉書えび，奉書たこなどと呼び，またそのように料理することを奉書にするという．

ぼうだら（棒鱈）⇨**ひだら**

ほうちょう（包丁）

　食品を切るための刃物で，とくに調理用具として欠かせないものの一つ．包丁は非常に種類が多いが，大別すると和包丁と洋包丁に分けられる．

　和包丁には，さしみ包丁，出刃包丁，はも骨切り包丁，薄刃包丁，菜切り包丁などのほか，そば切り包丁，うなぎ包丁，すし切り包丁などがある．

　洋包丁としては肉切り包丁（牛刀），パン切りナイフ，ペティナイフなどがあるが，主要なものは肉切り包丁である．

　そのほか，中国料理用としては中華包丁がある．最近では，いろいろな用途を兼ね備え，とくに洋包丁の肉切り包丁から変形した万能包丁などが多くなっている．

　はがねの包丁は非常にさびやすい．使用した後，手入れをよくすることが大切で，とくに洗剤で熱湯をかけてよく洗い，また，刃があまくなった場合は，といでおくことが必要である．包丁の使い方として，ものを切ったあとは必ずぬれぶきんでぬぐっておくこと．そのまま置いておくと，夏など温度の高いときにはさびて刃がすぐに丸くなる．

　包丁のあまり短いものは実際に役に立たず，少なくとも刃渡りが30cm近いものがよい．包丁の使い方としては，根元から刃先にかけてすべらせるように使うのがきれいに切るコツである．上から押さえて切ると食品がつぶれた形になり，また切り目もきれいに立たない．刃のよく立っていない包丁で野菜などを調理すると細胞をこわすため，酵素の作用によって野菜や果物の色がわるくなったり，味の落ちることがある．材質は，はがね製のほかステンレスやファインセラミックスのものもある．

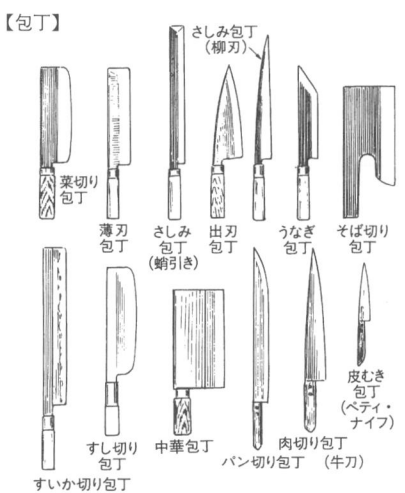

【包丁】

菜切り包丁／薄刃包丁／さしみ包丁（蛸引き）／さしみ包丁（柳刃）／出刃包丁／うなぎ包丁／そば切り包丁

すいか切り包丁／すし切り包丁／中華包丁／肉切り包丁／パン切り包丁（牛刀）／皮むき包丁（ペティ・ナイフ）

ほうとう（餺飥）

　小麦粉をこねて薄くのばし，幅の広いうどん状に切っためんを，ゆでずにそのまま汁に入れて煮込んだ料理．各地の郷土料理の中にもその名残のものがあるが，山梨県のものはよく知られている．みそ汁の中に手打ちのうどんをゆでずに入れ，具にはかぼちゃ，ねぎ，だいこん，にんじん，さといもなど季節の野菜もたっぷり入れる．材料によりかぼちゃほうとう，きのこほうとうなどと呼ばれる．

ぼうふう（防風）⇨**はまぼうふう**

ぼうぶら⇨**かぼちゃ**

ほうぼう（魴鮄）

　ホウボウ科の海水魚．体長30〜50cmくらいの堅い骨板でおおわれた魚である．北海道南部以南の日本各地および南シナ海に

すみ，胸のひれで砂の上をのそのそと歩きながら餌をあさる．冬がしゅん．味は淡白で肉ばなれがよい．塩焼きのほか鍋物や汁の実にも向く．新しいものはさしみにしてもよい．

ほうぼう

ほうれんそう（菠薐草）

アカザ科．丸形の葉の西洋種と三角形の日本種がある．西洋種は葉が厚く日もちはよいが，口当たりが堅い．日本種は葉が薄くて柔らかいが日もちがしない．そのため，両種をかけ合わせた品種が多く

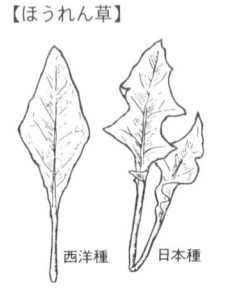

【ほうれん草】
西洋種　日本種

なった．

ビタミンA効力のあるβ-カロテンのほか，ビタミンB₁，B₂，Cも多い．貧血の予防に重要な葉酸も多く含まれている．これは鉄の多いことと相まって，ほうれん草が貧血によい食品の理由である．無機質では鉄のほかカルシウム，リンが多いが，シュウ酸を含んでいるのでカルシウムの吸収はよくない．ほうれん草をとると体内にシュウ酸が吸収され，結石の原因になるといわれるが，連日1kgも食べない限りその心配はない．シュウ酸の心配よりも，大事な多くのビタミン類に注目すべき食品である．浸し物，和え物，卵とじ，磯巻き，バター炒め，裏ごししてスープなどに．

●ほうれん草のゆで方

株の大きなものは，ゆでる前に根元に縦の切り目を入れておくとよい．ゆでるときは根元から入れる．たっぷりの湯に1.5％程度の塩を入れ，ふたをせずに強火でゆでる．

調理科学

青菜を色よくゆでる

青菜を入れる前に，1.5％程度の濃度になるように塩を加える．1.5％というのは，1ℓの湯に約大さじ1杯となる．

ほうれん草をはじめ，さやまめなど緑色の野菜はクロロフィル（葉緑素）が含まれている．これはたいへん変化しやすく，ゆっくり加熱したり，長く加熱すると，フェオフィチンと呼ばれる黄緑色のきたない色になる．とくに酸性で熱すると，フェオフィチンになりやすい．つまり，野菜をゆでていると野菜に含まれている酸類が湯の中に溶け出してくる．勢いよく水蒸気がたっているときは，水蒸気とともに酸も逃げていくが，鍋にふたをしたり，ゆっくり加熱すると，酸は蒸発しないため湯は酸性となり，青菜の色がわるくなる．

青菜は，70度になると，クロロフィルをきれいな緑色のクロロフィリンに変化させる酵素が働く．フェオフィチンをつくらないためにも，すばやく青菜を70度付近にすることが色よくゆでるポイントである．そのためには，たっぷりの湯を勢いよく煮立たせる必要がある．湯の量が少ないと野菜を入れたとき温度が下がり，もとの温度に戻るのに時間がかかる．つまり，ゆっくり加熱するのと同じことになる．

また，アルカリ性の湯で加熱すると，クロロフィリンがすぐにでき，野菜はきれいな緑色になる．アルカリ性にするためには，湯に炭酸水素ナトリウム（重曹）か木灰を加えることがある．しかし，味の方はアルカリ性になると，ねぼけたような感じになるのであまり感心できない．しかもビタミン類もこわれる．

ゆで上がった野菜は，すぐ冷水をかけて冷やす必要がある．これは熱が残っていると，フェオフィチンができ，色がきたなくなるからである．

ゆで上げたものは冷水でさっと冷やすと色鮮やかに仕上げることができる．

ほうろく（焙烙）

ほうらくともいう．素焼きの，ふちが浅く平たい一種の土鍋で，穀類，ごま，豆，茶，塩などを炒るのに古くから用いられてきた．食品を炒るので炒り鍋ともいう．ふたつきのほうろくもあり，これはほうろく焼きに用いる．

ほうろくやき（焙烙焼き）

ほうろく⇒という素焼きの土鍋を用いて蒸し焼きにした料理．鍋の底に塩を敷き，その上に松葉やこんぶを置き，きのこ，甲殻類，魚，鶏肉，ぎんなんなどを盛り，ふたをして，オーブンで蒸し焼きにする．素焼きは蓄熱効果が大きく，全体が平均に熱せられるので，材料が黒焦げにならず，ふっくらと焼ける．温かいうちにぽん酢としょうゆで食べる．

ポークカツ⇨とんカツ

ポークステーキ（pork steak）

豚肉のステーキ．豚肉は寄生虫の心配があるので火をよく通すことが大切．そのため肉の厚さは1cmを限度とした方が無難である．脂肪と肉の間にすじがあるので，包丁をところどころに入れ，すじ切りをすると食べやすい．焼く前に塩，こしょうしてフライパンで焼く．ビーフステーキと同じく，はじめ強火で表面を焼いてから火を弱め，中まで火を通す．焼きかげんは，串を刺して肉汁が澄んだときが最適．パイナップルをのせて焼いたり，アップルソースを添えると臭みがとれる．

ポークチャップ（pork chop）

豚の骨つきロース肉のこと．これをソテーし，トマトケチャップやソースを加えてさらに軽く煮たものも，ポークチャップという．

ホーコーツ（火鍋子）

中国料理の鍋料理に用いる卓上鍋．また，この鍋を用いた寄せ鍋料理．中国語では火鍋子．鍋の中央はエントツ状で，その周囲に材料を入れて，スープで煮ながら食べる．中に入れる材料は鳥獣肉，魚介，野菜，豆腐，春雨など数種とり合わせて用いる．スープに味をつけてそのまま食べるものと，薄い塩味をつけ，薬味とつけ汁をつけて食べるものとがある．

とり合わせの材料により，什錦火鍋（五目寄せ鍋），涮羊肉（羊肉のしゃぶしゃぶ）などがある．

ほしあわび（干し鮑）

あわびを塩漬けしたのちゆでて干したもので，中国料理では欠くことのできない大切な材料の一つ．柔らかく戻してから酢の物，スープ，うま煮などにする．

● **干しあわびの戻し方**

堅くて戻りにくいので戻し方が大切．まず水中でたわしでよくこすって洗う．水から入れて火にかけ，20分ほどゆでたら，火からおろし，ふたをしてそのままひと晩放置する．ゆで汁を捨ててまた水を入れ，5～6時間ゆでる．指で押してみて，弾力を感じるくらいに柔らかくなるまで何回もゆで汁をかえてゆでる．

ポシェ（pocher―仏）

湯煮すること．英語ではポーチ(poach)という．魚，鶏肉，卵などに使われる調理法．ウ・ポシェはポーチドエッグ，つまり落とし卵のことである．

ほしえび（干し蝦）

えびの乾製品．煮干し品と素干し品がある．また，殻つきと殻を除いたものがある．料理に使うときはさっと洗ってよごれを除いてから湯に浸して戻す．清酒を少量振りかけると臭みが消える．戻しすぎると味が出てしまうので，柔らかくなったら使用する．だしがよく出るのでスープや炒め物，うま煮，お好み焼きの旨味材料として向く．とくに中国料理の素材として重要である．

ほしかいばしら（干し貝柱）

ほたて貝，たいらぎ（たいら貝），いたや貝などの貝柱の素干し品．塩水で殻ごとゆでて貝柱をとりだし，内臓や外套膜をとって再び煮て乾燥したものを白干し，内臓や外套膜をつけたまま加工したものを黒干しという．白干しの方が高級．淡褐色で堅くしまっているものが良品とされている．干すことで，生にはなかった旨味成分が生成される．このため，いったん干したものが中国料理では好んで用いられる．

さっと洗い，熱湯に浸して戻す．とくに堅いときは，熱した米のとぎ汁に入れ，ぬるくなったらまた熱い湯とかえて戻すとよい．中華スープや煮物に使う．つけ汁が，だしとして使用する．

ほしがき（干し柿）

渋柿の皮をむき，天日乾燥または加熱乾燥をしたもの．渋抜きと保存をかねている．製法によりころ柿（乾燥の途中で果肉をむしろの上で乾かしながらもんで形を整えたもの），串柿（竹串にさして乾燥したもの），つるし柿（縄や糸などにつるして乾燥したもの），あま干し（あんぽ柿ともいい，水分が多く，粉出しをしていないもの），巻き柿（いくつもの柿を抱き合わせ，わらで包み，縄で巻いたもの）などがある．

表面につく白い粉はブドウ糖と果糖の混合物である．甘くなるのは，乾燥することで渋味成分のタンニンが不溶性になり，渋味が味覚に感じなくなるためである．そのまま食べるほか，柿なます，柿ようかんなどとしても用いられる．

【干し柿】

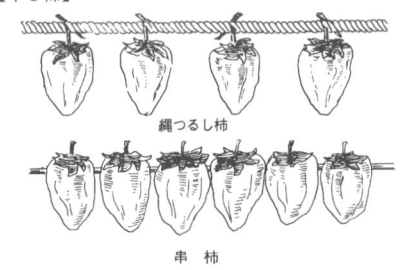

縄つるし柿

串柿

ほしざかな（干し魚）

ひざかなともいう．魚のひものである．魚を干すとき，身の薄いもの以外は，塩水に浸さなければよく乾かない．そのため干し魚のほとんどは，塩味の強いものが多い．干し魚の多くは焼いて食べる．干し魚は脂肪分が酸化しやすく，長く保存すると油焼けなどを起こし，渋味をもつので，なるべく早く食べることが大切である🔲．干し魚には生干しと，よく干したものとがある．生干しの保存性はあまりよくない．

🧪 調理科学

干し魚の油の酸化

魚には，多価不飽和脂肪酸が非常に多く含まれている．不飽和の部分が多いと酸化が非常に早い．とくに乾燥して空気に触れると，酸化は早くなる．酸化した脂肪分はアミノ酸などと複雑な反応をし，黄色い物質を作って褐変する．通常油焼けと呼んでいるのがそれで，味が非常にわるくなる．

ほししいたけ（干し椎茸）⇨**しいたけ**

ほじそ（穂紫蘇）
　未熟な実のついたしその穂先を5〜6cmにつんだもの．さしみやあらいに添え，実をしごいてつけじょうゆに加えて食べる．てんぷら，漬け物の薬味などにも用いる．

ほしだいこん（干し大根）
　だいこんの乾燥したもので，切り干し，割り干し，ねじ干しなどがある．切り干しだいこんは，だいこんを細く切って天日乾燥したもの．切り方で細長く切ったものがせん切り干し，これよりやや太めのものが上切り干し，短冊形に切ったものが角切り干し，輪切りにしたものが花丸切り干しである．割り干しはだいこんを縦に割って干したもので，単に割り干しといわれるものと，長割り干しの二つの種類がある．ねじ干しは細いだいこんを丸干しにしたものである．いずれも，はりはり漬け⇨，煮物，みそ汁などに用いられる．煮物の場合は，洗った切り干しを10〜20分水に漬けて戻してから使う．東北地方では切っただいこんを寒の水につけて凍らせ，縄にからげて乾燥した凍みだいこんがある．これは煮しめにして食べる．干しだいこんは色が明るく，よく乾いたものがよく，赤茶けたものや，かびくさいものは良品ではない．

ほしぶどう（乾葡萄）⇨**レーズン**

ポーションチーズ
　プロセスチーズの一種．シックスポーションチーズが一般的．チーズを扇形に6個に分け，それぞれ包装して，円形の箱に丸く納めてある．半円の箱に3個詰めたものもある．プロセスチーズにこの形をとるものが多い．携帯に便利である．⇨チーズ

ホースラディッシュ（horse radish）
　アブラナ科．根を香辛料として利用す．西洋わさび，わさびだいこんともいう．フランス語ではレホール．根が太く，淡黄色で，日本のわさびに似た香りと辛味をもつ．しかし，わさびより辛味，香味ともソフトである．頭の方から使う分だけ皮をむき，使う直前におろす．おろしたものに少量の砂糖と酢をかけて包丁のみねでたたくと辛味が増す．ローストビーフのつけ合わせや肉料理の薬味に用いられる．粉わさびや練りわさびの原料にもなる．

ほそづくり（細作り）⇨**いとづくり**

ポタージュ（potage—仏）
　日本では一般に，濁った濃度のあるスープのこと．正式にはスープの総称．濃く濁ったものはポタージュリエ⇨，澄んだスープはポタージュクレール⇨という．

ポタージュクレール（potage clair—仏）
　西洋料理の澄んだスープの総称．ふつうコンソメ（consommé—仏）といわれているもの．英語では，クリアスープ（clear soup）という．澄んだスープは，コンソメ⇨のほか，ポトフー⇨もこの仲間である．

ポタージュリエ（potage lié—仏）
　西洋料理のスープの一種．肉類，魚類，甲殻類，野菜類を主にして，それに合ったつなぎを加えて作り上げた濃度のあるスープである．一般には濃く濁ったスープのことをポタージュというが，正式にはフランス語でポタージュリエ，英語でシィックスープ（thick soup）という．
　ポタージュリエは各種のつなぎによってとろみがつけられるが，つなぎにより次の三つに分類される．ベシャメルソース⇨と生クリームを基本にしたポタージュクレー

ム（potage créme—仏）またはクリームスープ（cream soup），ブルーテソース→と卵黄と生クリームを基本にしたポタージュブルーテ（potage velouté—仏）またはブルーテスープ（velouté soup），じゃがいも，かぼちゃ，グリンピースなどの野菜や米の裏ごしをつなぎに用いたポタージュピュレ（potage purée—仏）またはピューレースープ（puree soup）である．

ほたてがい（帆立貝）

イタヤガイ科の二枚貝．貝殻は直径15〜20cmにもなり，皿や鍋としても用いる．貝柱は肉より大きく味がよく，料理にはおもに貝柱が用いられる．殻つきは殻のまま直火にかけて焼き，殻が開いたらしょうゆやレモン汁をかけて食べる．貝柱はさしみ，酢の物，煮つけ，フライなどに．煮て干した干し貝柱は中国料理に使われる．

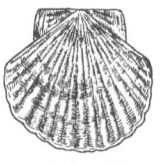

ほたて貝

ポーターハウスステーキ（porterhouse steak）

ヒレとサーロインがＴ字型の骨の両側についた肉を用いたビーフステーキ．単にポーターハウスともいう．同じ切り方をするティボーンステーキよりもヒレ，サーロインともに肉が大きく，ステーキの中でも高級料理とされる．

ぼたもち（牡丹餅）⇨おはぎ

ほたるいか（蛍烏賊）

ホタルイカモドキ科のいか．小形で胴の長さは6〜7cm．3月下旬から6月中旬までがシーズン．富山湾，相模湾産などが有名．新鮮なものをさしみにして，しょうがじょうゆで食べるのが一番．そのほか煮つけ，寄せ鍋，さっとゆでたものをからし酢みそで食べるのもよい．佃煮にもされる．

市販されているのは塩ゆでにしたものが多い．使うときはさっと湯にくぐらせる．

ぼたんづくり（牡丹作り）

さしみの盛り方の一つ．たいやふぐのさしみに用いられる．魚を薄くそぎ身のさしみにし，ぼたんの花のように大皿の周辺から中心に向かって盛ったものである．花の中心にあたる部分にはわさびを置く．

ぼたんなべ（牡丹鍋）

いのしし肉の鍋料理．いのしし鍋，しし鍋ともいう．はくさい，しゅんぎくなどの野菜を加え，においを消すためにみそで調味する．みそはだし汁で溶き，砂糖，みりんを混ぜる．しょうゆを少量落とすと風味がよくなる．さんしょうを添えるとにおい消しにさらによい．

ポーチドエッグ（poached eggs）⇨おとしたまご

ほっきがい（北寄貝）

バカガイ科の二枚貝．和名はうば貝．東北，北海道など寒い地方の海で多産するところから通称ほっき貝（北寄貝）の名がある．殻は黒褐色．冬から春にかけて旨味がでる．食用になるのは足部と柱で，弾力があり味がよい．薄紫色の足はゆでると赤く変化する．

ほっき貝

すしだねやさしみとして生食のほか，塩焼き，つけ焼きや，酢みそ和え，吸い物に．貯蔵品としては粕漬け，だし用の蒸し干しなどもある．

ホットケーキ（hot cake）

小麦粉に砂糖，牛乳，ベーキングパウダー，卵などを混ぜた生地を鉄板上に丸く流して焼いた平焼きケーキ．表面のきれいな焼き色と香ばしい香りはメラノイジン→ができたため．

2枚重ねてバターの小片をのせ，カラメルソース，はちみつなどのシロップをかける．ジャムをはさむこともある．主として朝食やおやつに食べる．

小麦粉とベーキングパウダーはいっしょにふるいにかけておくのがムラなく混ぜるコツ．フライパンはよく熱してまんべんなく油をぬる．余分な油を残さないことが焼き肌をきれいにするポイント．油をぬったらフライパンをぬれぶきんの上に置き，フライパンの温度を下げる．こうすると焦げつかず，きれいに焼き上がる．

●ホットケーキの作り方
材料(8枚分)：小麦粉カップ4　ベーキングパウダー大さじ1　卵2個　砂糖50〜80g　牛乳カップ2　バター大さじ2　シロップ大さじ4〜6　バター40g

小麦粉とベーキングパウダーはいっしょにふるいにかけておく．卵は卵白と卵黄を分け，卵白はよく泡立てておく．ボールでバターと砂糖をよくかき混ぜ，これに卵黄，牛乳を加え，さらに粉を入れてさっくりと混ぜ，最後に泡立てた卵白を入れて軽く混ぜる．フライパンはよく熱し，油を薄くぬり，ぬれぶきんの上に置き，玉じゃくしでたねを流す．弱火にし，表面がブツブツと泡立ち，乾きかげんになってきたら，裏返して焼く．皿に2枚ずつ重ね，角切りのバターをのせ，シロップをかける．

ホットソース（hot sauce）
辛いとうがらしの果肉を酢を主材料とした液に溶かして辛味をつけたもの．スープ，サラダ，ソースなどに辛味や風味を加えるために用いられる．タバスコ⇒もホットソースの一種である．

ホットドッグ（hot dog）
温めたロールパンに，焼いたソーセージ，野菜炒めなどをはさんだもの．
ソースは，ウスターソースとトマトケチャップを同量合わせ，溶きがらしをきかせたものが合う．ピクルスをいっしょにはさむこともある．

ポットロースト（pot roast）
ロースト⇒とは本来肉などをオーブンで蒸し焼きにすることであるが，ポットローストは，オーブンを使わず，厚手の深鍋を用いる調理法および料理のこと．鍋に油をひき，肉の表面を焼いてから弱火でふたをして蒸し焼きにする．オーブンより水分の多いローストになる．

ホップ（hop）
ビールの苦味づけに用いられる香辛料．ホップはクワ科のつる性の宿根草で，この草の毬状の雌花を乾燥してビールに使うと，泡立ちをよくし，ビールに香りと苦味を与えると同時に，保存性も高める．香りと苦味の成分は，フムロン，ルプロンである．

ポップコーン（popcorn）
干したとうもろこしを炒ってはぜさせたもの．できたポップコーンはそのままの場合もあるが溶かしたバターをまぶしたり，フォンダンを表面につけたりすることが多い．そのままおやつに．また，砂糖と牛乳をかけたり，スープの浮き実にも使える．

ボツリヌスきん（ボツリヌス菌）
毒素型食中毒菌の中で非常に毒性の強い菌．とくに土壌の中に広く存在し，缶詰やソーセージなど空気のないところでよく発育し，毒素を作る．ヨーロッパでは豆やソ

ーセージでこの中毒が多いが，日本ではあまりない．しかし東北地方などで，いずしなどからこの中毒の起こることがある．

　この中毒にかかると神経まひを起こし，迷走神経がおかされるために胃腸障害がおこり，つづいて，頭痛，めまい，視力障害，言語障害などが起こり，呼吸中枢のまひが起こり，最後には死に至る．致命率は30〜80％と高い．またこの中毒は，熱の出ないのが特徴である．

ポテトチップス（potato chips）

　じゃがいもを薄い輪切りにし，油でからりと揚げたもの．チップとは西洋料理の野菜の切り方の一つで，薄い輪切りのことである．ビールや洋酒のつまみ，肉料理のつけ合わせに用いられる．

　じゃがいもはできるだけ薄く切り，8％の塩水に10分間浸す🔲．水をよくふきとり，低めの温度の油でゆっくりと揚げ，じゃがいもの中の水分と油を入れかえるのがコツ．高温で短時間で揚げると，じゃがいもの内部の水分が十分に除かれないので，時間がたつと柔らかくなる．

ポトフー（pot-au-feu—仏）

　西洋料理の澄んだスープの一つ．肉類，野菜類，香草を多く使用し，長時間煮込み，スープだけでなく，煮込んだ肉，野菜もともに供するスープ．肉はすね肉，肩肉などがおもに使われる．野菜類はにんじん，かぶ，たまねぎ，セロリなどを使い，でんぷん質の多いものは汁が濁るので入れない方がよい．肉と野菜を柔らかく煮たあと，煮汁はこして味を調え，スープとする．肉と野菜は適当に切って大皿に盛り，からしを添えてスープとともに供する．

ポートワイン（port wine）

　ポルトガルで醸造される甘口のワイン．ポルトともいう．アルコール分がふつうのワインより高く，19〜20％含まれている．色，甘味，熟成度などにより多くの種類がある．日本では，半合成の甘味のあるワインがポートワインと呼ばれてきたが，1975年以降この名称は使用できなくなった．

ほねきり（骨切り）

　小骨を細かく包丁で切ること．はもやあいなめなどのように，細かくてとり出すとのできない小骨がたくさんある魚に行う方法である．皮を残して身だけ切ることが必要で，熟練を要する．はも切り包丁という専用の大形の薄刃包丁もある．

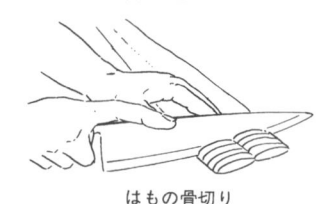

はもの骨切り

ほねぬき（骨抜き）

　魚や小鳥の骨を抜くこと．またその道具をいう．

ポーピエット（paupiette—仏）

　薄切りの肉や魚に，すり身や野菜などの具をぬって巻き，蒸したり，揚げたりした料理．とくに子牛肉で作られることが多い．子牛肉を用いたものはポーピエット・ド・

🧪 **調 理 科 学**

じゃがいもの糖分除去

　じゃがいも中に糖分があるとカラリと揚がらないうえに焦げやすいが，塩水に浸すと糖分が抜ける．また，いもの組織に気泡があると，熱したとき糖分が急速に増えるが，塩水に浸すとこの気泡をつぶすことができる．なお，塩水の塩分が8％以上になると，ポテトチップが塩辛くなりすぎる．

ボー(paupiettes de veau)という．

ホームリキュール

果実や花，ハーブ，薬草などを酒類に浸漬し，香味を抽出して作るリキュールのうち，家庭で手軽に作ることができるものをいう．果実本来の味や香りを楽しむためには，原料酒には特異な味や香りがない方がよい．この点，しょうちゅうが最適であるが，ブランデー，ジンなどを用いることもできる．アルコール度は20度から45度くらいのものが適当．一般に果実酒用として売られているしょうちゅう（ホワイトリカー）は，35度のものが多い．長く保存するときはアルコール度数の高いものがよい．用いる糖分は純度の高いものであることが必要．純度の低いものを用いると保存中に褐色が強くなり，風味も落ちる．昔から氷砂糖がよいといわれているが，精製度の高いものであればグラニュー糖でも十分．上白糖やはちみつを使うと色が早くつく．これは，ブドウ糖，果糖を多く含むためᴳ．辛口好みは糖分を控えめにして作り，飲むときに糖分を補うようにしてもよい．用いる果物は，よく熟した甘味の強いものよりも，生食には不向きなほど酸味や渋味をもっているものがよい．梅なら青梅，みかんやいちごなら酸味の強いものほどよい．現在自家用のホームリキュールの製造は，ぶどう，山ぶどう，穀物を除いてすべてのものが許可されている．代表的なものとして梅酒がある．➡うめしゅ

ほや（海鞘）

原索動物，ホヤ類の総称．食用となるのはまぼやである．東北など寒い地方でよく収穫される．岩に付着して成長する．うにのように独特のにおいがある．グリコーゲンを多く含み，このため特有の甘味がある．外の皮をむき，肉質部を生のまま食べたり，酢の物にしたり，白焼きを吸い物や煮つけにしたりする．ほやから出た液汁は一種の香りがあり，酢の物に加えたり，そのまま飲むこともある．

ぼら（鯔）

ボラ科の海水魚．成長とともに名前の変わる出世魚．おぼこ，いな，ぼらと変化し，一番最後にとどになる．とどのつまりとはこれから出た言葉である．さしみ，煮つけ，塩焼き，てんぷら，酢みそ和えなどにして用いられる．しかし，独特の泥臭さがあるので，煮るときにしょうがみそを使うとよい．洋風にするときは，カレー粉を少し用いるとにおいが消える．

ぼらにはよくへそがあるといわれるが，これは，ぼらの胃の幽門部のことである．ぼらは大食で，河口で泥に沈んだ穀粒や有機物を食べるので胃の幽門部の筋肉が厚くなり，そろばん玉のように堅くなって，へそのような形をしているからである．細串に刺して，塩焼き，または付け焼きにし

調理科学

ホームリキュールの褐変

ホームリキュールの材料，たとえば果物類にはたいていアミノ酸が含まれている．このアミノ酸は，ブドウ糖，果糖，麦芽糖と いった還元糖とともにあると，加熱しなくても徐々にアミノ酸と糖がアミノカルボニル反応を起こして褐変し，さらにはもろもろの沈殿を生じたりする．とくに，上白 糖，はちみつにはこれら還元糖を多く含むから，このようなものを使用すると保存中に変化が起き，風味のよくないホームリキュールとなる．

て，粉ざんしょうを振りかけて食べる．ぼらの卵巣を塩漬けして乾燥したものはからすみと称して珍重される．

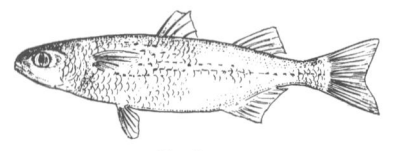

ぼら

ポリフェノール（polyphenol）

主として植物に含まれるタンニン系の褐変の原因になる物質で，りんご，なし，バナナ，豆類などに広く分布している．野菜や果物を切ったりおろしたりしたときに，褐色に変化するのは，ポリフェノールが酵素によって酸化されたためである．この酵素は，ポリフェノールオキシダーゼと呼ばれている．

褐変が起こるには酸素と酵素と褐変のもとになるポリフェノールが必要である．このうち，どれか一つ欠けても褐変は起こらない．このポリフェノールによる褐変は，果実ではりんご，バナナ，もも，なし，いちごなど，野菜ではれんこん，ごぼう，いも類などに起こりやすい．かんきつ類やメロン，パイナップルなどで褐変が起こらないのは，ポリフェノールオキシダーゼが含まれていないためである．

ポリフェノールの褐変を防ぐためには，酸素をしゃ断するか，ポリフェノールオキシダーゼの働きを止めることである．酸素をしゃ断するには，切った果実や野菜類をすぐ水に浸せばよいが，水の中にも酸素が溶けているので，時間がたつと褐変を起こす．しかし，この水の中に酵素の働きを止める物質を入れておけば褐変は起こらない．りんごでは食塩が有効，そのほかのものでは酢などの酸類が有効である．とくに酢れんこんなど白く仕上げるものでは，切ったら酢を落とした水に浸し，それから酢を加えた水で煮る．ポリフェノールオキシダーゼの働きを完全に止めるためには，加熱して酵素の活性を止めるとよい．

ボール（ball）

まるめたものの意味．野球などのボールに形が似ているところからきたもの．ミンチボール，フィッシュボールといったように使う．

ボルシチ（borshch―露）

ロシア料理の煮込みスープのこと．ビーツやトマトで赤い色をつけるのが特徴．ウクライナ風，モスクワ風など各地で材料や切り方により違いがあるが，代表的なものは，肉を大切りのまま鍋に入れ，水，塩，香辛料を入れて弱火でゆっくり煮込み，こしてスープを作る．じゃがいも，にんじん，たまねぎ，キャベツを炒め，その中にスープと肉を加え，トマトピューレーを加えて煮込む．野菜がすっかり柔らかくなったら，あらかじめゆでておいたビーツ→を薄く輪切りにして加え，煮込む．皿にとり，サワークリームをかけてスープとともに食べる．

ホルモンりょうり（ホルモン料理）

もつ料理のこと．内臓は栄養価が高く，精がつくという意味から名づけられたもの．串焼きがおもな調理法で，ホルモン焼きまたはもつ焼きと呼ばれる．みそ煮込みはホルモン煮，もつ煮と呼ばれる．

ボーロ

小麦粉に卵，砂糖などを加えて軽く焼いた球状の菓子．ボーロというのはポルトガル語で菓子という意味．16世紀の終わりごろポルトガル人によって伝えられたものである．材料はカステラと同じように，小麦粉，砂糖，卵で，丸いカステラの堅焼き風である．また，そば粉を混ぜたそばボー

ロ，じゃがいもでんぷんに，砂糖と卵を混ぜて泡立てたものや，粉乳，はちみつなどを混ぜて小さく丸めて焼いた衛生ボーロ（ベビーボーロ）などがある．

ほろに（ほろ煮）
ふきの葉料理の一つ．ふきの若葉を熱湯で色よくゆで，水にとって冷ましたのち細かく刻み，清酒とみりんを合わせて煮立てた中に入れ，花かつおを振りかけ，しょうゆで調味して煮上げる．ほろ苦さのあるところからほろ煮といい，酒の肴や茶漬けに使われる．

ポロネーズ（polonaise―仏）
ポーランド風の意．生パン粉を炒めたり，揚げたりして用いることが多い．ポロネーズソースは，溶かしたバターに生パン粉を入れて炒め，レモン汁をかけたもので，これを，ゆで卵のみじん切りとさらしパセリとともに，アスパラガス，カリフラワーなどにかけて用いられる．

ホワイトソース（white sauce）
西洋料理で白色系ソースの総称．フランス名はソース・ブランシュ（sauce blanches）．白色ルウを牛乳でのばしたベシャメルソース⇒と，淡黄色ルウをフォン（だし汁）でのばしたブルーテソース⇒に大別される．一般には牛乳でのばしたソースをホワイトソースと呼んでいることが多い．

ホワイトペッパー（white pepper）⇒こしょう

ホワイトリカー⇒しょうちゅう

ホワジャオイエン（花椒塩）⇒ホアジョエン

ホンシャオ（紅焼）
中国料理の煮物の調理法の一つで，しょうゆを使って煮つめること．紅はしょうゆで色をつけた色合いをいう．材料を油で炒めたり揚げたりしてから煮込む場合もある．献立例としては，紅焼獅子頭（ホンシャオシイズトウ）（肉団子の煮込み），紅焼魚翅（ホンシヤオユイチイ）（ふかひれの煮込み），紅焼鯉魚（ホンシヤオリイユイ）（こいの煮込み）などがある．

ほんじょうぞうしゅ（本醸造酒）
清酒⇒の一種．原料に精米歩合70％以下の白米を使用し，香味を調整するために醸造アルコールを加えてつくった清酒．醸造用糖類は加えない．味に濃厚さを残しながら，軽快さを合わせもつ．"特別本醸造酒"は本醸造酒のうち品質がとくに優れたものにつけられる名称で，精米歩合で説明する場合は60％以下の白米を使用した場合に限られる．

ぽんず（ぽん酢）
おもにだいだいの搾り汁をいうが，すだち，ゆず，かぼす，レモンなどの搾り汁も用いる．さんまの塩焼きに搾りかけたり，さしみのつけじょうゆに混ぜるなど，酢を使うものなら何にでも合う．搾るときは横半分に切り，両手にはさんで一気に搾る．何度も搾り直すと苦味がでる．レモン搾り器を使えば楽である．また，これらかんきつ類の搾り汁にしょうゆを加えたぽん酢しょうゆをぽん酢ということもある．これは，水炊き，ちり鍋などに欠かせない．ぽん酢しょうゆは別名ちり酢ともいう．

ぽんずしょうゆ（ぽん酢醬油）⇒ぽんず

ほんぜんりょうり（本膳料理）
正式な日本料理の膳立て．本来は貴族，大名などの饗応料理で，式の膳と饗の膳という二つの形式で成り立っていた．しかし，この形式は次第に簡略化され，江戸時代後半に本膳料理を略式にした形の袱紗（ふくさ）料理が成立した．袱紗料理は実用的であったため，本膳料理に代わって庶民にも普及し，現在ではこれを本膳料理と称することが多い．

この献立の基本的なものとしては，一汁三菜，二汁五菜，三汁七菜など数種ある．一般的なのは二汁五菜で，その場合，膳は本膳，二の膳，三の膳が出される．丁重な膳組みでは，それに与の膳，五の膳が加わる．膳の数は献立の汁，菜の数によって決まる．本膳料理の料理名は向，坪，平，猪口など独特の名前のものが多い．二汁五菜の場合，本膳には汁（みそ仕立て），飯，香の物，なます，坪（野菜の煮物など），二の膳には二の汁（すまし仕立て），平（魚や野菜をとり合わせた煮物），猪口（浸し物，和え物），三の膳には焼き物（たいの姿焼きなど）をのせる．焼き物の膳は本膳と二の膳の向こう側に置くことから向

詰とも呼ばれる．

ほんなおし（本直し） ⇨なおし

ポンヌフ（Pont-Neuf―仏）

西洋料理の野菜の切り方の一つで，1cm角5cm長さの拍子木切りのこと．パリのセーヌ川にかかる橋の名からつけられたものである．おもに，じゃがいも，にんじん，かぶらなどの根菜類に用いられる切り方．

ボンレスハム（boneless ham）

豚のもも肉を塩漬したのち骨を抜き（骨を抜いてから塩漬することもある），ケーシング等で包装したあと燻煙，湯煮したハム．骨の入ったものはボンインハムといい，日本ではボンレスハムの方が多く用いられている．➔ハム

ま

まいたけ（舞茸）

サルノコシカケ科のきのこ．秋に老木の根元などに生える．枝分かれしたきのこが重なりあって舞っているようにみえるので，この名がある．大きいものでは，直径60cmくらいになるものもある．東北地方で昔から食用され，秋田地方のきりたんぽ→には欠かせないものとなっている．肉は白く，歯ごたえがあり，風味がよい．バター炒め，煮物，汁の実，てんぷら，炊き込みごはんによい．シロマイタケもある．市場に出ているものの多くは栽培品．

マカダミアナッツ（macadamia nuts）

オーストラリア東部が原産のヤマモガシ科のマカダミアの種実．最近ハワイで大量に栽培されている．実は2cmぐらいの球状の中に丸い仁があり，淡い黄色である．かむともろく砕ける．甘味と芳香がある．種皮を除いて塩炒りしたものをデザートやつまみにする．ハワイではチョコレートのセンターに用いたものが有名．

マーガリン（margarine）

バター状の加工油脂．原料油としてはパーム油，綿実油，大豆油などの植物油のほか，魚油などに水素を加えて硬化したものも用いられる．これらの原料油脂を精製して配合したのち，副原料として乳成分，香料，食塩，ビタミンAなどを添加して乳化剤などとともにバターの製法と同じようにこね上げて作る．人工的にバター状に作るため，乳化剤，酸化防止剤，保存料，着香料，着色料などの食品添加物が使われる．ハードタイプのほか，ソフトタイプやファットスプレッド→などがある．

マカロニ（macaroni）

イタリアの代表的な乾燥パスタ（→パスタ）の一つで，直径5mm前後の管状のもの．原料の小麦粉に水を加えてよく練り，高圧をかけてダイス（口金）から押し出し，適当な長さに切断したのち乾燥する．

調理科学

マーガリンの加熱と香り

トーストなどパンに塗ったり，少量を菓子に使う場合には，油の材料が気にならないが，小麦粉に対し50％以上使った場合には，バターよりも風味が落ちる．油は強く加熱されると特有の香りを出すが，これは油を構成している脂肪酸の違いによるものである．バターの中にある脂肪酸は，バター独特のものであってほかの油にはないものもある．したがって，ほかの油から作られるマーガリンは，加熱されたときの風味がバターと同じではない．そのため，バターやマーガリンなどを用いて加熱する料理では，バターを使った方が風味がよい．

ダイスの孔の大きさや形により太いもの，細いもの，長いロングマカロニや短いカットマカロニ，また表面にすじのあるものやないものがある．マカロニに穴があいているのは，乾燥を早くするためと，調理の際，熱の通りをよくするためである．表面のすじはソースをからみやすくするためのものである．均一にやや黄色みがかってよく乾燥したものを選ぶ．

塩を加えた湯でゆでて，柔らかくなったらただちに引き上げ，水気をきる．水をかけてはいけない．水ざらしすると吸水して歯ざわりがわるくなる．

●マカロニのゆで方

マカロニの量の5～7倍の湯に，塩を水の量の1～1.5％加え，沸騰したらマカロニを入れ，一度底からかき混ぜ，ふきこぼれない程度の火かげんで柔らかくなるまでゆでる．ゆで過ぎないこと．

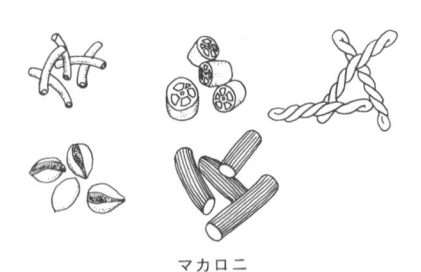

マカロニ

まきずし（巻き鮨）

のりですし飯と具を巻きこんだもの．のり巻きともいう．太さにより太巻きずし，細巻きずしがある．また，おぼろこんぶや薄焼き卵など，のり以外のもので巻いたものも含めて巻きずしということもある．

のりは，必ず焼いて用いる．2枚合わせて両面を火をなでるようにしてあぶる．こうするとつやが失われず，焼いたときのよい香りが逃げない．

巻き方は，まず巻き簀にのりを広げる．のりは太巻きずしは1枚をそのまま，細巻きずしは半分にして用いる．ごはんは1本当たり，細巻きは茶碗半分くらい，太巻きは茶碗に軽く2杯が適当．軽く俵形にまとめ，のりの左中央に置き，右，下，上へとのばす．具はすし飯の中央に並べるとよい．のりと巻き簀を一度もち上げ，すし飯の端と端を合わせるようにしてひと巻きする．

切るときには，よく切れる包丁をぬれぶきんでふきながら，引くようにすると形がくずれない．

まくのうちべんとう（幕の内弁当）

弁当の一種．江戸時代に芝居小屋で出された料理で，幕あいに食べたことからこの名がある．単に幕の内ともいう．俵形に抜いたごはんと，焼き魚，卵焼き，かまぼこ，煮豆，野菜の煮しめなど汁気の少ないものが彩りよく詰めてある．食堂，仕出し

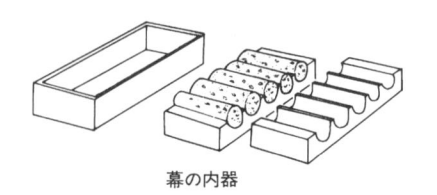

【巻きずしの巻き方】

ごはんを一様に広げる
約⅓
具
2cmほどあける

しっかり具をおさえて

巻き簀だけうかせてもつ

くるくる軽くおさえるように巻く．そしてもう一度巻き簀で巻きなおして形を整える

幕の内器

料理の代表的献立である．

まぐろ（鮪）

サバ科の海水魚．英語ではツナ．一般にはくろまぐろをいうが，くろまぐろも含め，めばち，きはだ⇒などまぐろ類の総称として使うこともある．くろまぐろは，ほんまぐろとも呼ばれ，秋から春までが一番味がよい．弾力があり，肉の色の鮮やかなものが新鮮．

赤身と，いわゆるトロといわれる脂身とでは栄養価値が異なる．赤身の成分はたんぱく質が主で脂肪は少ないが，トロは脂肪をたいへん多く含んでいる．

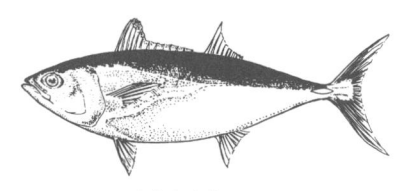

くろまぐろ

新鮮なものをさしみやすしだねなどにして生食するのが一番．すりおろしたやまのいもをかけて山かけにしたり，鉄火どんぶりなどにもよい．血合いを含む部分は生食には向かないので角煮にする．この場合は，まぐろは1.5cmのさいの目切りにし，鍋に清酒，砂糖，しょうゆを同量ずつ入れた中で落としぶたをして煮る．煮上がったら薄切りにしたしょうがを入れる．必ず汁がなくなるまで煮つめること．このほか塩焼き，照り焼き，フライなどにも向く．

まくわうり（真桑瓜）

ウリ科．皮の色は緑，黄，白などがある．プリンスメロンやエリザベスなどはまくわうりとメロンとの一代雑種．本来は7月が最盛期だが，ハウス栽培などにより早くから出回っている．芳香と甘味があり，多汁である．大きくて重みのあるものがよい．香りの出たころが食べごろ．よく冷やして皮を厚めにむいて食べる．ことわざに，"うりの皮は大名にむかせろ"とあるように，皮は厚めにむいた方が味がよい．種子と種子の間をつないでいる柔らかい部分に真の味がある．

まくわうり

まこ（真子）

魚の卵巣のこと．精巣の白子に対する言葉．

まさごあげ（真砂揚げ）

真砂とは細かい砂のことで，魚肉などにごま，けしの実などを振って砂をまぶしたように揚げたものをいう．

マジパン（marzipan）

アーモンドの細かい粉末とパウダーシュガーをフォンダン⇒，卵白などでつなぎ，こねて作ったもの．ケーキの飾りや細工用に用いられ，これを使って果物や動物，花などいろいろなものを形づくる．

マーシュ（mâche—仏）

オミナエシ科の葉菜．緑色で小さなスプーンのような葉を1株に7～10枚ぐらいつける．日本名は野ぢしゃ．柔らかく，くせがない．他の野菜とサラダにしたり，洋風料理の飾りにする．

マシュマロ（marshmallow）

でんぷん，ゼラチン，砂糖，卵白などを材料とし，泡立てて作ったもので洋菓子の

一種．ふわふわした柔らかい舌ざわりをもつ．このまま食べるほか，熱いココアに入れ，とろりとさせて飲んだりする．

●マシュマロの作り方
材料：卵白1個分　粉ゼラチン大さじ3　砂糖カップ1½

　粉ゼラチンはカップ½の水を入れてしめらせておく．鍋に分量の砂糖とカップ½の水を入れて火にかけ，砂糖が溶けたらゼラチンを加えて煮溶かす．煮立てると固まらなくなるので煮立てないこと．卵白を堅く泡立てた中に，冷ましたゼリー液を少しずつ加え，泡立て器でよく泡立てる．どろっとしてきたら，バットにかたくり粉をいっぱい入れ，スプーンの背や卵の先で少しくぼませた中に，スプーンですくって入れて固める．固まったらとり出して粉をはらい落とす．

マージョラム（marjoram）
シソ科．葉を乾燥したものが香辛料として用いられる．甘味のある高い香気と，ほろ苦味がある．野菜や豆類の煮込み，スープ，シチューなどによく調和する．また，マトン，ラム，レバーなどの特有のにおいを消して，よい風味をつける．生の葉も香草として使える．

ます（鱒）
サケ科の魚のうち，サケ属，ニジマス属，イワナ属に属し，ますあるいは××ますという名のついた種類の総称．サケ科は大きくさけとますとに分けられていると思われがちだが，魚類の分類上ますという属はない．一般にはさくらます，からふとますを呼ぶことが多い．
　ほかにマス類として扱われるのは，ひめます，にじます⇨，かわます，びわますなど，サケ科の中でも淡水産のものである．にじます，さくらます，かわますのような淡水ますは，池や川で養殖したり放流もされている．
　押さえて弾力のあるもの，眼やえらのうるんでないものが新鮮．新鮮なものはさしみに．そのほか，塩焼き，照り焼き，バター焼き，から揚げなどに用いられる．ますは，さけのように塩をして塩引きにすると味が落ちるので，生で用いることがほとんどである．

マスカット（muscat）⇨**ぶどう**
マスカルポーネチーズ（mascarpone cheese）
ナチュラルチーズの一種で，イタリア原産の軟質チーズ．牛乳を原料として作るが，発酵，熟成させないフレッシュチーズの一つ．バターに似た濃厚な味をもつ．レモン汁をかけたり，果物を混ぜシナモンで香りをつけてデザートにしたり，コーヒーやココアの粉末をかけて食べる．イタリアのケーキ，ティラミスには欠かせない．日もちしないので開封したら早く使い切る．

マスクメロン（muskmelon）
ウリ科．外皮に細かい網で包んだような模様がついた代表的なメロンの一つである．マスクとは，麝香のことであり，そのようなよいにおいがするところからこの名がついた．品質はネットの網目が均一で細

調理科学

メロンの追熟
　メロンは摘みとってから追熟させる．これは細胞膜中のプロトペクチンを分解させ，果実を柔らかくするためである．食べどろは，花落ちのところを静かに押してみて柔らかく感じるときがよい．

かく，上部の茎が細くしっかりしているものがよい．肩のこけたものや，縦溝の深いものはあまりよくない．種類が多く，肉色に赤，白，青の3系統がある．

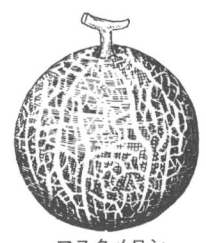

マスクメロン

収穫してから少し追熟(ついじゅく)するので食べごろがあり▶，親切な品物にはだいたい食べごろが表記されている．

マスタード（mustard）

洋がらしのこと．からしなの種子を乾燥した香辛料の一つ．洋がらしには，褐色をしたブラックマスタード（黒がらし）と，淡黄色のホワイトマスタード（白がらし）がある．ブラックの方が，ホワイトに比べてツンとくる刺激的な辛味が強い．粒のままのマスタードシードは，ピクルスやマリネなどに用いられる．

粉のままでは苦味があるが，40度くらいの湯で練ると，酵素が働いて辛味成分ができてくる▶．このとき酢を加えると辛味が逃げないといわれる．おでん，からし酢，サンドイッチなど用途は広い．また，粉末は乳化力が強いので，マヨネーズを作るときや，サラダドレッシングを作るとき，粉末のまま加えると，乳化を助けてうまく作ることができる．

粉末のマスタードに塩，酢，そのほかの香辛料を配して作った加工品はフレンチマスタードと呼ばれ，そのままですぐ使えるので重宝である．

からしにはマスタード（洋がらし）のほか，和がらしがある．日本で古くから使われてきたもので，強い刺激的な辛味があり，風味は劣る．また，えぐ味があるので，使用の際はアク抜きといった操作が必要で，そのため，手軽に使えるマスタードの使用が多い．

まぜごはん（混ぜご飯）

炊きたての白飯，または塩やしょうゆなどで味つけしたごはんに，別に調味して煮上げた具を混ぜ込んだもの．これと似ているものに炊き込みごはんがあるが，これは米を炊くときに同時に具を加えたものである．

マセドワーヌ（macédoine—仏）

マセドアンともいう．西洋料理での野菜の切り方の一つで，1cmくらいのさいの目切りをいう．じゃがいも，ハム，きゅうり，トマトなどをさいの目に切りそろえ，マヨネーズで和えたマセドアンサラダ，さいの目切りにしたハムや野菜を加えた，マセドアンポタージュスープなどがある．

またたび（木天蓼）

マタタビ科の木の果実．指先ほどの大きさの楕円形に熟した果実には特有の香りが

調理科学

マスタードの辛味成分

マスタードの辛味成分はカラシ油による．カラシ油は種子中では単独でなく，黒がらしではブドウ糖と結合してシニグリン，白がらしではシナルビンという化合物となって含まれている．これらには辛味がなく，わずかに苦味がある程度である．これに水が加わると，マスタード中に含まれているミロシナーゼという酵素が働いてブドウ糖を切り離し，遊離したカラシ油からイソチオシアネート類が生成されて辛味が出る．ミロシナーゼは40度くらいでよく働くからぬるま湯を加えた方がよいし，また，冷えないように保温する方が早く辛くなる．からしを練った器を伏せておくのは，辛味成分はたいへん揮発しやすいので逃げないようにするためである．

あり，塩漬けにして，酒の肴として食用にする．生をさっとゆでて酢みそ和えにしてもよい．漢方ではこの果実をとって乾燥し，冷え症，腹痛，虫下しなどに用いる．

またたび

またたびの名は，昔，旅行中に疲れた旅人が，またたびを食べて，"また旅"を続けることができたところからついたといわれる．またたびにはマタタビラクトンやアクチニジンなどの特殊な成分がある．この成分は，ねこやとらなどのねこ族が食べると，人間がアルコールを飲んだときと同じように，気持ちよく酔うという性質がある．

まつかさいか（松笠烏賊）

いかの切り方の一つ．いかの皮をはぎ，外側に斜め格子に包丁を細かく入れる．加熱されると丸くなり，切り口がまつかさのようになるのでこの名がある．付け焼きにしたり，煮物にしたりする．

まつかさいか

ゆでるときは熱湯で手早くして，いかが丸くなればすぐ引き上げる．焼くときはさっと強火であぶる．加熱しすぎると堅くなるので注意する．

まつかぜづくり（松風作り）

さしみの作り方の一つで，さしみの表面にけしの実や切りごまをまぶしたもの．ほかのさしみのつけ合わせに用いられる．

まつかわづくり（松皮作り）⇨かわしも

マッシュ（mash）

つぶすこと．つぶしたじゃがいもをマッシュポテト➡という．

マッシュポテト（mashed potatoes）

じゃがいもをゆでてつぶしたもの，あるいは裏ごししたもの．古いもを使うこと．新いもではベタベタして，よいものができない．裏ごしはじゃがいもが熱いうちにすることが大切📖．裏ごし器は，できれば馬毛のものを用い，網目を斜めにして使う．端にいもをのせ，木しゃもじで一気に手前にひく．バター，牛乳などを加えると味がよくなる．牛乳を混ぜるときは，サックリと手早く混ぜる．こねるとベタベタする．肉料理のつけ合わせ，グラタンの飾り，サラダなどに用いられる．水分を加えるとできるインスタントマッシュポテトも市販されている．

マッシュルーム（mushroom）

フランス語ではシャンピニョン．人工栽

🧪 調理科学

マッシュポテトの裏ごし

マッシュポテトは，じゃがいもの細胞がバラバラとほぐされたような状態のものが味よく感じる．もし，細胞が破れると，中のでんぷんが出てきて，これが糊の働きをするから，べとつくだけでなく，口当たりもよくない．細胞をつぶす条件としては，①ゆでたじゃがいもが冷えて細胞同士が強く接着し，力を入れないとマッシュできないとき，②新いもで細胞が弱く裏ごしなどすると細胞がこわれるような場合，③塩を加えてゆで，細胞が弱くなってしまったような場合がある．したがって，マッシュポテトは，ある程度貯蔵したいもで，塩を加えずにゆで，温かいうちに手早く裏ごす必要がある．

培のきのこで，日本のものは色の白いハラタケ科のつくりたけの栽培品がおもに出回っている．シコシコした歯当たりを楽しむ食品である．

マッシュルーム

アクが強く，切り口がすぐ褐変するので手早く調理することと，時間をおいたり生で食べるときは，切ったらレモン汁など酸味のものを搾りかけておくことが必要．とくに味にくせがないため何とでもよく合う．グラタン，クリーム煮，バター炒めなど，ほとんどの西洋料理のつけ合わせとして使える．とくに肉や魚の蒸し焼きの香りづけによい．生のまま薄く切ってサラダにしてもよい．

傘の開いていないもの，傘の表面がすべすべしているもの，傘も柄も白色か黄色の強いもの，軸が太くて短く，肉質のしまったものが新しい．傘の裏面は，はじめは薄いピンク色をしているが，成熟するにつれて赤褐色または黒褐色になってくる．こうなったものは歯ざわりがよくない．

水煮にしたびん詰，缶詰製品もあるが，生の方が風味はよい．

褐色種のブラウンマッシュルームも市販されている．

まつたけ（松茸）

キシメジ科のきのこ．"香りまつたけ，味しめじ" というようにまつたけの生命は香りにある．まつたけの香りは主としてマツタケオールとも呼ばれるオクテノールと桂皮酸メチルである．食欲をそそる効果があるので，インスタントラーメンやスープなどの香料として，合成されたまつたけの香りが使われている．

まつたけ

10月ごろが出盛り．傘が中開きでうらが白いもの，軸に弾力があって香気の強いものがよい．香りが生命なので焼くときも煮るときも熱を加えすぎないこと．洗うときは流水の下で軽く土を洗い落とすにとどめ，表面の柔らかい皮は，落としてしまわないこと．石づきは土のついた部分だけを削りとる．乾くと香りがなくなるのでぬれぶきんで包んでおく．まつたけ飯，どびん蒸し➡のほか直火焼きにしてもよく，アルミ箔に包んで蒸し焼きにしてもよい．すだちの搾り汁をかけてしょうゆで食べるのが最高．吸い物の実にするときは，あまり小さく切ると，まつたけ特有のシコシコした歯ざわりと形がわからなくなってしまう．まつたけを入れたら，さっと煮立ててすぐ食べること．

まっちゃ（抹茶）

日覆をして栽培した茶葉を蒸し，もまずに乾燥した茶を石臼でひいて粉末にしたもの．ひき茶ともいう．濃茶と薄茶がある．濃茶は濃緑色，薄茶は鮮やかな青緑色．濃

調理科学

抹茶の泡の効果

　泡は水中に気泡が細かく入ったものである．このため，もとの液は空気の粒子により薄められたことになる．その結果，味覚細胞に直接味の成分が触れるときより，味の成分が薄められて感じられる．これが苦味などの強い抹茶では味をまるくする効果がある．したがって，泡を立てない抹茶は強い苦味が感じられる．また，泡は弾力があるので，口当たりも柔らかく感じるようになる．

茶は薄茶より苦味，渋味が弱い．色がきれいで強い芳香があり，きめの細かいものを選ぶ．茶園により，品質や値段がずいぶん異なるので吟味して求める．保存するときは湿気に注意する．夏は冷暗所に置くのが望ましい．

そのままでは苦味が強いので，味を柔らかくするために泡立てて用いる🔜．そのために茶せんを使う．抹茶茶碗に湯を注いで温め，これに抹茶を入れ，少し冷ました85〜90度程度の湯を注ぎ，茶せんで泡を立てる．あまり温度が下がりすぎると泡がうまく立たない．

茶の湯のほか，アイスクリームやかき氷，ようかんなどの製菓にも用いられる．

菓子，そのほかに用いる場合は，粉末のまま加えると，混ざりにくいので，ある程度ぬるま湯で溶いてから加える方がよい．

まつのみ（松の実）

大形のまつかさの中にある種子をとったもの．主として朝鮮五葉や，ベトナム，台湾，中国東部に分布する台湾赤松，地中海北岸地方に分布する傘松などが使われる．たんぱく質，脂肪，鉄，カリウム，ビタミンB_1やB_2のほかEも豊富である．古くから強壮，不老長寿の食べものであるとされ，仙人の霊薬ともいわれる．炒って薄い塩味をつけたものはおつまみに用いられる．生のものはスープ類や煮込み料理，炒め物や炊き込みごはんなどに使うと料理の味を引き立てる．

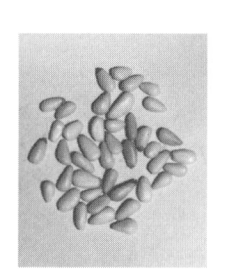

まつばがに（松葉蟹）⇒かに

まつばぎり（松葉切り）

松葉のような形に切る飾り切りの一種．図のように二つの切り方がある．Ⓑはとくに折れ松葉という．ゆず，しょうが，かまぼこ，いかなどに用いられる．ゆず，しょうがは扱い口や天盛りに使う．

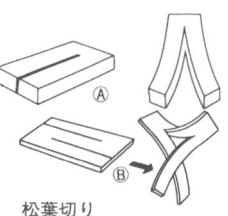

松葉切り

まつまえ（松前）

こんぶを用いた料理につけられる言葉．北海道の松前地方はこんぶの名産地であったところから，こんぶを用いた料理に松前の名がつけられるようになった．松前ずし，松前蒸し，松前巻き，松前漬け，松前酢などがある．

まつまえず（松前酢）

三杯酢🔜にこんぶとみりんを入れてひと煮立ちさせたあと，こんぶを引き上げて冷ましたもの．上等の酢の物に用いられる．

●松前酢の作り方

材料（カップ½杯分）：三杯酢カップ½　こんぶ（5〜6cm角）1枚　みりん大さじ1

三杯酢🔜にこんぶとみりんを入れひと煮立ちさせたあと，こんぶを引き上げて冷ます．

まつまえづけ（松前漬け）

するめ，こんぶを主に，そのほかだいこん，かぶ，しょうが，ゆずの皮，かずのこなどを好みで加え，少し甘めのしょうゆに漬けたもの．北海道ではこんぶやいかが多量に産し，いかはするめに加工して保存される．この2種の保存のきく材料をうまくとり合わせて漬け物にしたのが松前漬けである．

家庭によっては米こうじ，清酒などを用いて，その家特有の風味をつけられる．酒の肴として喜ばれている．漬け込んで日が

たつとこんぶからぬめりが出て，糸を引くようになる．するめの色もだんだんとべっこう色になり，コクのある味に仕上がる．

●松前漬けの作り方
材料：こんぶ20㎝　するめ1枚　にんじん¼本　しょうゆカップ½　みりんカップ¼

こんぶは3㎝長さに切り，細切りにする．するめ，にんじんも3㎝長さの細切りにする．みりんを煮切り，しょうゆを加えひと煮立ちさせて冷まし，材料を漬け込む．1週間ぐらいから食べられる．

マティーニ（martini）
ジンをベースにした辛口のカクテル．材料はドライジンとフレンチベルモットそれにオレンジビターズひと振り．これらを攪拌して冷やし，カクテルグラスに注ぐ．マティーニは食欲増進によいとされ，アペリティフ⇒として飲まれる．

まてがい（馬刀貝）
マテガイ科の二枚貝．竹を縦に割ったような長さ10㎝ほどの円柱状をしている．瀬戸内海でとれるものがよいとされている．むき身にするときは，殻が薄いので，叩き割って身をとり出す．塩ゆでしてそのまま食べたり，塩ゆでにしてみそ和え，煮つけなどに．ごはんに炊き込んでもよい．

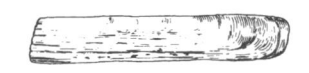

まて貝

マドレーヌ（madeleine—仏）
マドレーヌ型を使って焼いた，バターのたっぷり入った菓子．ふつう貝殻の形をしているが，浅い円形のものも多い．

●マドレーヌの作り方
材料（マドレーヌ型8個分）：卵2個　砂糖100ｇ　小麦粉100ｇ　ベーキングパウダー小さじ½　バター100ｇ　バニラエッセンス少々

卵白は泡立て器で堅く泡立て，砂糖は2回に分けて入れる．卵黄を加えさらに泡立て，エッセンスを加える．ふるった小麦粉とベーキングパウダーを加えて軽く混ぜ合わせ，最後に湯せんにして溶かしたバターを加える．マドレーヌ型にマドレーヌ用の紙ケースを敷き，たねを流し込み，170～180度のオーブンで焼く．

マトン（mutton）
羊肉で生後1年以上のもの．繊維は柔らかく，脂肪は少ない．1年以下の子羊はラムという．ラムはマトンよりいくぶん消化がよい．

マトンは臭みを除いたり消すのが第1のコツ．脂肪の部分ににおい成分が含まれているので，余分の脂肪はなるべくとり除くとよい．臭みを消すには，にんにくやねぎ，たかのつめ，しょうが，パセリ，はっかなどの香辛料を使う．調味はしょうゆ，みそ，カレー粉，ワインなどを多めに使うなどの方法がある．しょうゆ，酒，こしょう，砂糖，塩などを合わせたタレをつけて焼くジンギスカン料理，焼いて，からしじょうゆの和風料理，すきやき，ステーキなど，濃いめに味つけすると臭みも消える．マトンは必ず熱いうちに食べる．冷えると脂肪が固まり，舌ざわりがわるくなる．

ラムは臭みも少なく，肉質も柔らかい．扱いはマトンと同じでよいが，臭み消しはそれほど必要ではない．

まないた（まな板）
食品材料を調理する際，包丁で切るときに用いる板をいう．古くは魚菜をすべて"な"といい，魚菜のうちでもとくに魚だけを"まな"（真魚）と呼んだ．したがっ

てまな板とは魚を調理する板という意味である．別に蔬菜用のものはそないた（蔬菜板）と名づけ，魚用と分けていたが，のちに兼用となり，すべてがまな板と呼ばれるようになった．

まな板の材質としては木，プラスチック，合成ゴムのほか，合成ゴムとプラスチックを併用したものなどがある．木製は，あまり堅い木でも包丁が使いにくく，柔らかすぎても傷がつきやすい欠点がある．一番多く使われているのはひのき，ほうのき，かしわなどである．料理用のほか，食卓用として，楕円形，魚形，動物形など変形のものもある．また，パン用，チーズ用，果物用，菓子用など特殊なものもある．

まな板は使う前に必ずぬれぶきんでふくこと．とくに木製では，乾いたまま使うと，においや色が浸み込んでとれにくくなる．使ったあとはよく洗い，乾燥させる．生臭みがとれないときは，しょうがの切り口をまな板に当ててこすると生臭みが消える．週1回程度は漂白剤で洗うと漂白および消毒となる．手入れがわるいと，まな板が食中毒の原因となるから注意する．

まながつお（真魚鰹）

マナガツオ科の海水魚．扁平で 50～60 cm程度の魚である．外洋性の魚であるが，6～8月にかけての産卵期に内湾にはいってくる．このころが味がよい．味は淡白で上品なので，夏の高級魚とされている．新鮮なものをさしみ，照り焼きにするとよい．とくにみそ漬けが味がよい．高知県の白みそ漬けが有名であるが，これは切り身を塩でしめ，みりんを加えた白みそに漬けたもので，漬けて2～3日ぐらいが食べごろである．

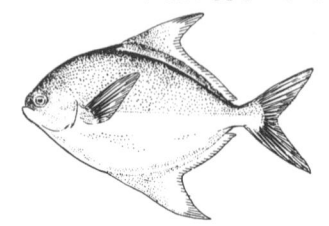

まびきな（間引き菜）

うろぬきともいう．小さいうちに間引かれた葉菜類の総称．ふつうはこれらのうちとくにだいこんの若芽をいい，これをうろぬきだいこんともいう．茎も葉も柔らかいので，ざっとゆでて浸し物や和え物にしたり，生揚げや豆腐と薄味に煮てもよい．油炒めして洋風に使ったり，即席漬けにしてもよい．薄塩をあててひと晩重しをしておくと，翌日は食べられる．→つまみな

マフィン（muffin）

小麦粉にベーキングパウダー，バター，砂糖，卵，牛乳を加えて生地を作り，マフィン型に入れて焼いたもの．欧米では朝食やティータイムに食べるパンの一つで，カップケーキに似ているが甘味は少ない．バターやジャム，マーマレードを添えて焼きたてを食べる．プレーンなもののほか，コーンミール→やチーズ，レーズン，ベーコン，ハムなどを入れたマフィンもある．膨張剤にイーストを使い，円盤状に焼いたものはイングリッシュマフィンといい，これは，食べるときに横二つに割り，カリッと焼いてバターやジャムをぬって食べる．

●マフィンの作り方

材料（マフィン型8個分）：バター 40 g　砂糖 40 g　卵 1 個　牛乳カップ ½　小麦粉 150 g　ベーキングパウダー小さじ 1½

ボールにバターを入れてよく練り，砂糖，卵を順に加えてクリーム状に練り，牛乳を加えてさらによく混ぜる．この中にふるいにかけた小麦粉とベー

まながつお

キングパウダーを加え、さっくりと混ぜる。マフィン型にバターをぬり、八分目程度流し入れ、中火のオーブンで焼く。砂糖の量を多くし、レーズン、ピーナッツ、アーモンドを刻んで入れると菓子としてもよい。

マーボーどうふ（麻婆豆腐）

中国の豆腐料理の一つ。中国語ではマァポォドウフゥという。とうがらしみそを使うのが特徴である。名前の由来は、四川省に住む、顔に疱瘡のあとのある老女がこの豆腐料理を旅人にごちそうしたところ、たいへんおいしかったので麻婆（顔にあばたのある老女）という名をつけたといわれている。

●麻婆豆腐の作り方
材料：豆腐2丁　しょうが1かけ　にんにく1かけ　ねぎ1本　豚ひき肉150g　豆板醤（トウバンジャン）大さじ1　スープカップ1　しょうゆ大さじ2　みりん大さじ1　みそ小さじ1　かたくり粉大さじ1　油大さじ2

豆腐は水きりをして2cmくらいのさいの目に切る。しょうが、にんにく、ねぎはみじんに切る。中華鍋に油を熱し、しょうが、にんにくを炒め、豆板醤、ひき肉を加えて炒める。肉に火が通ったらスープを加え、しょうゆ、みりん、みそで調味し、豆腐を加えて煮立てる。同量の水で溶いた水溶きかたくり粉でとろみをつけ、器に盛り、ねぎを散らす。

マーマレード（marmalade）

夏みかん、オレンジ、グレープフルーツなどのかんきつ類の果皮と果汁で作ったジャムの一種。日本では夏みかんが、アメリカではオレンジが多く用いられる。製品のゼリーの部分の透明度が大きいほどよいものである。マーマレードとは、元来はマルメロという果物で作ったところからついた名前で、のちに、お株をかんきつ類にゆずったが、名前だけがそのまま残ったものである。ジャムと同様にパンにぬって食べる。着色は禁止されている。

マーマレードを作るときのペクチン、酸、糖の関係はジャムと同じである（☞ペクチン）。マーマレードは果皮のほか、果汁を必ず加えることが大切である。

●マーマレード（夏みかん）の作り方
材料：夏みかんの皮2個分　夏みかんの汁1個分　水カップ2　砂糖（皮と汁の重量の70〜80％）

夏みかんは洗い、縦六〜八つ割りに切り込みを入れて皮をむき、小口から薄く刻み、ひと晩水に浸して苦味を抜く。皮の水気をよくとり、分量の水と夏みかんの搾り汁を加え、皮が柔らかくなるまで弱火で約1時間煮る。砂糖を加え、木しゃもじで混ぜながら20〜30分煮つめ、とろみがついたら火を止める。

まむし ⇨ うなぎどんぶり
まめ ⇨ じんぞう

まめみそ（豆味噌）

大豆と食塩を原料としたみそ。以前は、大豆の蒸したものを玉にして軒下につるし、自然に菌がついてできたこうじを塩水につけて熟成させたが、近年は、大豆を蒸して玉にしたものに、少量の炒った麦粉に種こうじを混ぜたものを振りかけて作った豆こうじを使っている。大豆の発酵により濃厚な旨味が出る。色は褐色で濃く、特有の渋味がある。産地により、八丁みそ、三州みそ、三河みそ、名古屋みそなどの名で呼ばれている。

切りみそ、すりみそなどにしてみそ汁に

多く使われる．→はっちょうみそ

マヨネーズ（mayonnaise）

卵を乳化剤にして酢と油を攪拌し乳化した一種のソース．卵黄のみで作った卵黄型と，全卵で作った全卵型がある．油を多く入れるので脂肪含有量が多く，そのためエネルギーが高い．マヨネーズの油は乳化によりたいへん消化吸収がよくなっている．

魚，肉，鳥，貝，かに，えび，卵，野菜などによく合う．またこのソースを土台にして，野菜や卵のみじん切り，ケチャップなどを加え，いろいろなソースを作ることができる．

マヨネーズを手製で作る場合は，乳化力の強い卵黄を用いて作る．この場合，卵黄は新鮮であることが大切．卵黄，粉末のマスタード，こしょうを合わせ泡立て器でとろりとするまで攪拌してから酢を加え，さらによく攪拌したあと油を加えていく．油は少量ずつ加えて攪拌をつづける．この際，油を入れる量が2倍になると，乳化までの攪拌に要する時間が4倍となるから，できるだけ少量ずつ油を加えていく方がかえって早くでき上がる．堅さは酢で調節する．攪拌する方向はどちらでもよく，一方向にまわさなければならないという理由はない．自家製のマヨネーズは粒子が粗く，保存性がよくないので，冷蔵庫に入れ，2～3日で使いきるようにする．なお，全卵型は手製では作りにくく，工業製品では乳化剤として糖類が使われている．☞

●マヨネーズの作り方

材料（約カップ1杯分）：卵黄1個　マスタード（粉末）小さじ1　こしょう少々　塩小さじ½　酢大さじ1　サラダ油カップ1

　ボールに卵黄，マスタード，塩，こしょうを入れ，泡立て器でぼってりするまで混ぜ合わせ，次に酢を加え十分混ぜる．サラダ油を少しずつ加えながらさらによく混ぜ，混ざったことを確認してから次の油を加えていく．油が全部入った後も，十分に混ぜる．

マラスキノチェリー（maraschino cherry）

桜桃(おうとう)の砂糖漬け．濃紅色，緑色，黄色などに着色し，糖液につけたもの．カクテルやフルーツポンチ，製菓材料として用いられる．マラスキノチェリーとは，本来は，マラスカという品種の桜桃の果汁を搾り，発酵蒸留してつくったマラスキノ酒に，マラスカの生果実を浸漬したものをいうが，アメリカや日本などでは桜桃の砂糖漬けをいう．JASでは，マラスキノスタイルチェリーが正式呼称となっている．

マリガトーニスープ（mulligatawny soup）

カレーの味のついたスープ．マリガトーニはタミール語の milagutannir（コショウ水の意味）からきたもので，たまねぎ，セ

🧪 調理科学

マヨネーズの乳化

卵黄やマスタードには，乳化剤が含まれている．とくに卵黄の中の乳化剤としてはレシチンがあり，非常に強力である．このレシチンは，乳化の二つのタイプのうち，水に油が分散したタイプの乳化をするものである．乳化は，油と水が，均一に溶けあったようななめらかな状態になることである．構造的には，乳化剤が両方の手で，水と油をつないでいるような形をしている．マヨネーズの場合，水に油が分散しているので，まず，卵黄を水（酢）とともに乳化させ，ついで油を入れる方式がとられる．この反対では分離しやすい．マスタードも乳化力があるが，あまり強くないので，卵黄の補助として使用する．

ロリ，にんじんなどの野菜と米，鶏肉を煮込んだカレー粉入りのポタージュ．インド発祥の料理である．

マリネ（mariner—仏）

食品を調味した漬け汁に漬けたり，浸したりすること．また，マリネした料理のこと(スペルは mariné と変化する)もマリネといい，いかのマリネ，あじのマリネなどという．

マリネは生臭みがとれ，保存性が出てくるので，魚に応用するとよい調理法．調味液はたまねぎ，にんじん，セロリ，パセリの軸，ベイリーフなどの香辛野菜を入れると味，香りともによくなる．さらに，白ワインを加えると味に深みがでる．魚はふつうかたくり粉を軽くまぶして，油でカラリと揚げたものをつける．いかの場合はさっとゆでただけでよい．

まる（丸）

すっぽんの異名．すっぽんの甲羅が丸いのでこの名がある．たとえば，すっぽんの吸い物のことを"丸吸い"という．おもに関西地方で多く用いられる言葉．

まるあげ（丸揚げ）

野菜や魚を姿のまま油で揚げること．なすや魚などに用いられる．魚はうろこ，えら，わたをとるだけで，切り身にはしないで揚げる．

まるじたて（丸仕立て）⇨すっぽんじたて

まるぼし（丸干し）

魚の腹を開かず，頭，尾もそのまま塩干しにしたもの．原料としてはまいわし，かたくちいわし，きす，さよりなどが用いられる．銀色がさえているもの，赤い斑点のないもの，魚以外の悪臭がしないものがよい．さっとあぶったり，そのままから揚げにして，しょうゆ，酢，みりん，砂糖を合わせた液に浸した南蛮漬けもよい．

マルメロ（marmelo—ポルトガル）

バラ科．長野県から北の方，一般に寒い地方に産する香りのよい果物である．生食もできるが，石細胞が多く口当たりがわるいので，ふつうは加工し，ジャム，ゼリーに作られる．酸味が強く，ペクチンを多量に含むので，これらには都合のよい果物である．このほか砂糖漬，砂糖煮にも加工される．地方によってはマルメロのことをカリンといっているが，本来は別のものである．

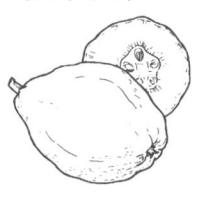

マルメロ

マロングラッセ（marrons glacés—仏）

くりの砂糖漬け菓子．工業的には，くりの鬼皮をとり，ゆっくりと湯煮したのち渋皮をとる．次に糖度24度ぐらいの糖液に浸し，湯せんにしたうえ，80度で3時間くらい保温しておく．これを一日バットに上げ，翌日また火にかけ，もとの糖液に糖度が1度高くなるように砂糖を加えて熱し，液をろ過して前日と同様の操作を行う．これを毎日1度ずつ糖度を上げ，32度になるまで継続する．最後に金網の上に並べて50度の温度で30分乾燥して製品と

調理科学

マロングラッセの糖分の浸透

くりに糖分を十分に浸み込ませる場合，糖液は強い浸透圧の作用をもつから，水分が急速にくりから吸い出されないようにしないと，くりが割れてしまう．これを防ぐのには，ほんのわずかの濃度差しかない糖液を数段階用意し，徐々にくりの中の水分と糖分を置き換えていく必要がある．

する．フレーバーとしてバニラを用いる．この糖液は急速に濃くしたり，強く加熱したりするとくりが割れて，きれいなマロングラッセができない．非常に手間のかかる菓子である．☞

まわしぎり（回し切り）

細長い材料を回しながら斜めに切っていくこと．斜めにする角度により，長いものや短いものができる．にんじん，ごぼう，きゅうり，うどなど細長い野菜類を切るのに用いられる．

まわし切り

マンゴー（mango）

ウルシ科の熱帯性の果物．形は，品種や系統によって卵形，長円形，腎臓形などさまざまである．大きさも卵大のものから1～2 kgに達するものまであるが，普通は200～500 gである．果皮はなめらかで，黄色や赤色，緑色などのものがあり，果肉も黄色，紅色などさまざまである．日本では，大形で果皮の赤いアップルマンゴー（メキシコ産）と，黄色で平べったい形のカラバオマンゴー（フィリピン産）が多い．中央に大きな種子が一つ入っている．熱帯的な強い特有のにおいがある．甘くて柔らかく，南国の果物の王ともいわれる．生食する場合はよく冷やし，ナイフで平たい種に沿って魚を三枚におろす要領で三つに切る．両側の果肉はそのままスプーンですくって食べてもよいが，果肉に碁盤の目のように切り目を入れてひっくり返すと松笠のようになりきれいである．未熟なものは，料理や菓子材料にも用いられる．インドカレーの薬味に欠かせないチャツネ⇒は，このマンゴーが主原料である．

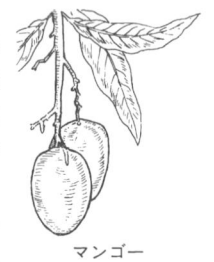

まんじゅう（饅頭）

和菓子で蒸し菓子の一種．小麦粉，上新粉，そば粉などの皮であんを包み，蒸したものである．薄皮まんじゅう（田舎まんじゅう），じょうよまんじゅう，そばまんじゅう，酒まんじゅうをはじめ種類が多く，また地方名物のまんじゅうも相当な数にのぼる．あんも，こしあん，粒あん，白あんなどのほか，黄味あん，ゆずあん，くりあんなどさまざまである．

また，くりまんじゅう，もみじまんじゅうなど焼き物菓子でまんじゅうと呼ばれているものや，洋菓子の風味をとり入れたカステラまんじゅう，チョコレートまんじゅうなどもある．

マンハッタン（Manhattan）

ウイスキーベースのカクテルの一種．材料はウイスキーとイタリアンベルモット，それにビターズ1滴で，これらを攪拌して作る．ほろ苦さとほんのりとした甘さが混合したカクテルで，食欲増進に用いる．

みあらい（身洗い）

小鳥類の羽毛を抜き，内臓をとり去って下ごしらえすること．また魚などの生臭みを抜くため，酢やしょうゆで洗うことも身洗いという．

みがきごま（磨き胡麻）

ごまの表皮をとり，ふるい分けて粒をそろえたごま．皮をむいてあるのでむきごまともいう．使い方はふつうのごまと同じである．

みがきにしん（身欠き鰊）

にしんのえら，内臓をとり，乾燥したもの．かつては背肉のみを用いていたが，現在は背と腹に分けず三枚におろしたものが多くなっている．完全に乾かしたもののほか，生干しのものもある．身欠きにしんは多量の油を含んでいるが，この油は製造や貯蔵中に酸化し，古くなると赤茶けてくるだけでなく，渋味も出る．酸化した油は健康上よくないので，このようなものは避けるか，十分抜くことが大切．もし，この脂肪分が残っていると，口の中がしわしわしておいしく食べられない．戻して，付け焼き，かば焼き，こんぶ巻きの芯などに用いるが，甘辛く煮てもよい．

●身欠きにしんの戻し方

米のとぎ水につけて戻す．完全に乾かしたものは途中でときどき水をとりかえながら一昼夜おく．生干しは1〜2時間おくとアクがぬける．戻ったら水でよく洗って用いる．

●身欠きにしんの甘辛煮の作り方

たっぷりの湯に戻した身欠きにしんを入れ，落としぶたをして煮る．最初は強火で，煮立ったら弱火でゆっくり煮る．浮いてくるアクや油をていねいに除く．柔らかくなったら，砂糖1，しょうゆ1，みりん½の割合で混ぜた液をひたひたくらいに加え，煮汁がほとんどなくなるまで煮る．

みかく（味覚）

飲食物を口に入れたとき，味覚細胞へ刺激が与えられ，その結果感じる感覚．物質の化学的な性質，温度，堅さ，弾力性，粘りなどが味に影響する．味の感じ方は人によって差があるが，とくにその人の年齢，性別，健康，栄養，精神状態などの影響が大きい．

味にはいろいろあるが，とくに塩味，甘味，酸味，苦味を4原味，旨味を加えて5原味という．これらの味は温度によってそれぞれ感じ方がちがってくるので，料理を食卓に出す際，料理の温度の保持に気をつける必要がある．

塩味は，おもに食塩で代表される味である．おいしく感じる範囲がせまく，一番おいしく感じるのは，汁物ではふつう食塩濃度が1%前後のときである．これは血液の浸透圧とほぼ等しく，塩味が，最も生理的に重要な味といわれる理由がここにある．また塩味は酢に対してあんばい➔の作用があり，甘味に対しては対比効果➔がある．なお，食塩濃度がごく低い場合には，塩味より，かえって甘味を感じる．

甘味は，人間にとって一番おいしいと感じ，満足感を持つ味である．甘味を感じさせる物質としては糖類が主である．酸味や塩味と違ってある程度以上の濃度だと，ど

んなに濃くてもおいしいと感じる。甘味は温度によって感じ方が違い、体温付近で一番甘く感じる。また甘味は満足感を与え、味蕾をマヒさせる働きがあるので、古くなった魚や、材料にくせのあるときは甘味をきかせて濃厚に調味するとよい。一方、加工食品では、原材料の味のカムフラージュなどに利用される。また、甘味には酸味や苦味を抑制する働きがあるので、レモンなど酸味の強いものや、苦いコーヒーなどには砂糖が使われる。しかし、この味の抑制作用はデリケートな味わいをわからなくするので注意が必要である。

酸味は、舌の両側に、これを感じる部分がある。酸味をもつのはおもに酸類で、食酢の酢酸、みかんや梅の中のクエン酸、りんごのなかにあるりんご酸、ぶどうの中の酒石酸、乳酸菌の発酵によってできるヨーグルトや漬け物の酸味である乳酸、それにビタミンCなどがある。おいしさを支配する味といわれ、塩味をまるくするあんばいの作用がある。酸味は爽快さを与え、気分をさわやかにする。妊娠したときや精神的に動揺しているときには、酸味に対する感覚が鈍る。

苦味は、舌の奥の方で感じる。他の味に比べて極少量で感じるうえ、味が長く残るのが特徴である。苦味を持つ物質はおもに植物アルカロイド類で、ビールに使うホップのフムロン、ルプロン、コーヒーのカフェイン、茶のタンニンなどがある。苦味は多くなればたいへん不快であるが、少量だとビールやコーヒーの苦味のように、かえってそのものの持ち味になる。酸味とともにおいしさを演出するので趣味的な味とも呼ばれる。

旨味は、甘味とほぼ同じ舌の部分で感じることが確認されている。旨味成分はグルタミン酸を代表とするアミノ酸、イノシン酸やグアニル酸などの核酸系物質などで、たんぱく質の味でもある。旨味は塩味で強調され、逆に強い塩味をまるくする作用がある。

味盲という言葉があるが、これは特定の試薬に対する味覚の不感症をいう。味盲物質としては、フェニルチオカルバミドおよびその類似化合物が知られている。ふつうは、これらを口に含むと苦味を感じるが、中には味を感じない人がいる。その人をその物質に対する味盲という。しかし、味盲でも、日常摂取する食品の味を感じないというわけではない。一般の人がおいしさを感じる味に対しては何ら影響はない。料理の味に対して鈍感というのは味盲のせいではなく、訓練により鋭敏にすることができる。味は色彩によっても感じ方が異なり、赤系統の色は味をよくし、黄緑、紫などは味をわるくする。料理の盛りつけや食卓のクロスなどは赤系統の色を生かすように工夫することが大切。→そうじょうこうか・→よくせいこうか

みかわみそ（三河味噌）⇨**まめみそ**
みかん（蜜柑）

一般にはうんしゅうみかんのこと。

ビタミンCとβ-カロテンのよい給源。これらはかぜを予防する働きもあるので、冬にはよい食品である。みかんを一度にたくさん食べると皮膚の色が黄色くなるが、これは、β-カロテンなどみかんの色素が汗とともに排出されて皮膚の脂肪を着色したためで、新陳代謝をよくすればなおる。別に体に害があるわけではない。大きさの割に重みのあるもの、肌に張りのあるもの、皮が薄く中身のはりきっているものを選ぶ。みかんはいたみやすく、一つ腐敗果があると、まわりのものも腐敗しやすいの

でいたんだものは早く除くこと．
　ジュース，しょうちゅうに漬けてみかん酒，フルーツサラダ，サンドイッチなどにも用いられる．

ミキサー（mixer）
　調理用電動攪拌器．ブレンダーともいう．野菜や果物など固形物を細かく刻んだり混ぜ合わせたりするのに用いられる．ミキサーでジュースを作ると回転の際空気の泡が混入し，口当たりがソフトな飲み物ができる．しかし空気を混ぜ込むためにビタミンＣの酸化が大きい．これを防止するためには，レモンのような酸っぱい果実や食塩を少量加えると，いくぶん防ぐことができる．ミキサーで処理したジュースは各種成分の酸化が早く，味が変わるので，できるだけ早く飲むことが必要である．ジュースのほかミルクセーキ，抹茶を用いたグリーンティーや，煮た野菜をつぶしてポタージュなども作れる．

みじんぎり（みじん切り）
　細かく刻む切り方．にんじん，ピーマン，しょうがなどは，細くせん切りにしたものをさらに小口から細かく刻む．たまねぎは図のように切る．薬味のほか，ソース

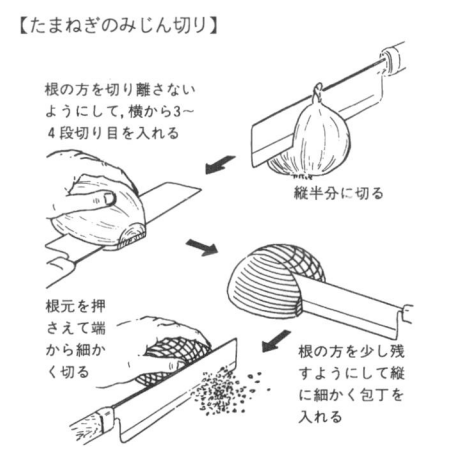

【たまねぎのみじん切り】

根の方を切り離さないようにして，横から3～4段切り目を入れる

縦半分に切る

根元を押さえて端から細かく切る

根の方を少し残すようにして縦に細かく包丁を入れる

類や和え衣に混ぜたり，スープに浮かせたり，料理の飾りに用いられる．

みじんこ（微塵粉）
　もち米を蒸して乾燥し，粉末にしたもので，和菓子の原料である．他の米粉は，米を生のままで粉末にしてあるのに対し，みじん粉はでんぷんがアルファ化されているのが特徴である．製法の違いにより，焼きみじん粉，寒梅粉などがある．焼きみじん粉は，もち米を蒸してもちにつき，薄くのばして白焼きにしたあと粉末にしたもの．寒梅粉は焼きみじん粉をさらに細かく粉砕したものである．らくがんなどの打ち物菓子や，和菓子のつなぎに用いられる．

みずあめ（水飴）
　でんぷんを糖化酵素または酸で糖化して作った粘稠性のある甘味物質．単にあめともいう．水あめの甘味は砂糖に比べ柔らかい．また，吸湿性があり，砂糖と混ぜて用いるとその結晶の出るのを防止し，製品のきめや舌ざわりをよくする作用があるため，おもに菓子や，佃煮，甘露煮などに用いられる．

みずがい（水貝）
　あわびの料理．あわびを殻からはずして塩でもみ，さいの目に切り，深鉢に入れる．飾りに花丸きゅうりやおうとう（さくらんぼ）をあしらう．2％ほどの塩水をあわびがかぶるくらい加え，氷片を浮かす．わさびじょうゆや三杯酢で食べる．夏の料理である．

みずたき（水炊き）
　なべに水あるいはこんぶなどのだし汁を入れて加熱し，牛肉，豚肉，鶏肉，魚，それに野菜，豆腐などを加え，煮ながら食べる料理．煮汁に味はつけない．鶏肉の場合は骨つきのままぶつ切りに，牛肉，豚肉はごく薄切りに，魚は適当に切って用いる．

ぽん酢しょうゆやごまだれをつけて食べる．一般には鶏の水炊きをさすことが多い．博多の鶏の水炊きは有名で，これは，中国料理からヒントを得て生まれたという．

みずな（水菜）⇨きょうな

みずもの（水物）

水分を多く含んでいる料理や食品のこと．たとえばかんてんを使用した流し物，卵豆腐，水貝などで，おもに夏の料理に用いる．果物や清涼飲料水も水物という．

みずようかん（水羊羹）

かんてん液とあんを合わせて型に流し，固めたもの．練りようかんと製法は同じであるが，水分の多いのが特徴である．夏向きの和菓子．かんてん液とあんを合わせて型に流すときは，人肌くらいに冷ましてから入れるのがコツ．分離せずにきれいに仕上がる．冷やして食べる．

●水ようかんの作り方

材料（10切れ分）：かんてん1本　水カップ3　砂糖200g　生あん（砂糖を加えてないもの）200g　塩少々

かんてんは洗ってちぎり，分量の水に2時間ほど浸したあと中火にかける．ふきこぼれないよう混ぜながら煮て，かんてんが溶けたら砂糖を加える．砂糖が溶けたら水で湿らせたふきんでこしてアクや汚れを除く．鍋にかんてん液を戻して中火にかけ，煮立ってきたら生あんを加える．混ぜながら5分ほど加熱し，仕上がりに塩を少々加える．鍋ごと水に浸し，混ぜながら荒熱をとる．混ぜないと底から固まる．人肌くらいに冷めたら水でぬらした流し箱に流して冷やす．熱い液を流すとあんとかんてんが分離する．

みそ（味噌）

蒸してつき砕いた大豆にこうじと塩を混ぜて発酵させたもの．手前みそという言葉もあるようにみその種類はたいへん多い．

色から分けると赤みそと白みそ，味では甘みそ，辛みそ，こうじの別では米みそ，麦みそ，豆みそ，産地の別からは江戸みそ，仙台みそ，信州みそ，三州みそ，名古屋みそ，讃岐みそなど，粒の有無では粒みそ，こしみそなどがある．赤みそは，赤い色をしたみその総称で，麦みそ，豆みそ，仙台みそ，江戸みそなどがある．濃厚な旨味がある．仙台みそなど寒い地方のものは塩分濃度が高く，塩辛いものが多い．白みそは，黄色みをおびた白っぽいみそのこと．米こうじを多く使い，醸造期間の短い甘味のある米みそで，赤みそに対してつけられた名前である．関西以南の暖かい地方に多い．料理の種類や好みによって使い分けるとよい．また，2～3種とり混ぜて用いると，ちがった味や香りを楽しむことができる．

調理科学

水ようかんの離水

ゼリー状に固まったものをゲルという．ゲルの構造は，ゲル化剤，この場合にはかんてんが，網目状につながり，その中に水がとじ込められた形をしている．水ようかんの場合，この水分は糖分に抱えられた形で存在している．もし，この糖分の量が水分に対して少ないと，糖分による保水力が少ないため離水しやすくなる．ゲルの網目構造は，温度が高くなると弱まり，水分を抱える能力が低下する．また，時間とともに，網目構造は収縮しようとして，保水力が弱いと水分が絞り出されるように外に押し出される．これが離水現象となり，水分が水ようかんから分離することになる．

みそは種類によって塩分含有量が異なり，白みそ，江戸みそなどの甘みそでは6％内外であるのに対し，仙台みそ，信州みそ，麦みそ，八丁みそなどの辛みそでは12％内外の塩分が含まれている．したがって，料理の本などでみそ何gとある場合，甘みそか辛みそかを確認してから使わないと，塩辛すぎたり，甘すぎたりすることが起きるので，注意が必要である．

みそは，みそ汁として用いられるほか，酢みそ，ごまみそ，くるみみそなどの合わせみそのように料理用としても用途が広い．また，みそには臭みを消す効果があるので，みそ漬け，みそ煮（🔗みそに）などにも用いられる．

みそは畑の肉といわれる大豆を原料にしているため良質のたんぱく源．とくに米のたんぱく質には少ないリジン，スレオニンといったアミノ酸があるので，米を主食とする日本人には栄養的価値が高い．

みそしる（味噌汁）

みそ仕立ての汁物のこと．みそは非常に種類が多く，それぞれ味や香り，塩味などが異なるので，2〜3種混ぜて使うと，みその味が重なり合ってよい風味がでる．

よいだしとよいみそを使い，沸騰させないことがポイント．だしをとったら，みそこしにみそを入れ，だし汁をみそこしの上から注ぎながら，しゃくしでみそを押さえて汁の中にこしていく．みそをこし終わったら汁を加熱し，プップッと一泡二泡たったところで火を止め，熱いうちに椀によそって食べる．実には，豆腐，油あげをはじめ，季節のものを2〜3種組み合わせる．🔗

みそすき（味噌すき）

みそ仕立ての牛鍋風のもの．明治のはじめ，牛肉のにおいをきらってみそを使ったのがはじまり．牛肉，いのしし肉（🔗ぼたんなべ），馬肉（🔗さくらなべ）などを野菜，豆腐などとともに，だしやみりん，清酒でのばしたみその中で煮ながら食べる．

みそづけ（味噌漬け）

みそで漬けた漬け物．長期間漬ける辛みそ漬けと，短期間の甘みそ漬けがある．前者は赤みそを用い，長野の山ごぼうのみそ漬けや新潟のなす，だいこんのみそ漬けなどが有名である．後者は，みりんを加えた白みそを用い，おもに白身の魚に用いられる．これは保存性よりも旨味をつけるために行われるものである．

よいものは材料とみその色が調和していて旨味がある．野菜は主として赤みそに，魚類は白みそに漬けたものが多い．空気にふれると味が落ちるので，封をあけたらできるだけ早く食べること．

みそ特有の風味を材料に移す漬け物なので，よいみそを用いることが大切．野菜ではだいこん，にんじん，ごぼう，かぶなどたいていのものなら漬けられる．水気の多い野菜を漬けるときはあらかじめ塩漬けをするか，1〜2日干してから漬ける．魚介，肉類では，さわら，あまだい，まながつお，いぼだい，たいらぎ（たいら貝），牛

調理科学

みそ汁の煮返し

みそ汁を煮立てたり煮返したりすると，みその粒子が互いに結合し大きな粒子となる．そのとき，旨味成分なども吸着する．その結果，みそ汁の口当たりがざらっぽくなるとともに，旨味の少ないみそ汁となる．ここに，煮立てすぎたり，煮返したりしてはいけない理由がある．

肉などがみそと味が合う．

●みそ床の作り方

材料（割合）：みそ10　しょうゆ3～4　みりん1～2　砂糖0.5

材料を全部混ぜ合わせる．好みでしょうゆを省いてもよいし，砂糖やみりんを減らしてもよい．また，赤とうがらしを刻んで入れると味が引きしまる．塩漬けあるいは1～2日干した野菜をみそ床に漬ける．3日～1週間くらいで食べごろとなる．

●さわらのみそ漬けの作り方

材料：さわら4切れ　白みそ200ｇ　みりん大さじ2　塩少々

さわらは塩少々を振って身をしめ，浮いてきた水分をふきとっておく．白みそはみりんを混ぜてゆるめておく．器にみその半量を平らにおき，ガーゼを敷き，さわらを並べ，ガーゼをかぶせ，残りのみそをかぶせる．2～3日でさわらにみその香りが移る．さっと焼いて食べる．

みそに（味噌煮）

みそを使った煮物．みそにはにおい消しの効果があるので，いわし，さば，あじ，など背の青い魚や，こいなど臭みの強い魚に用いられる🔁．みそにしょうゆを少し加えるのがおいしくするコツ．ワインやみりんを加えるといっそう味が引き立つ．一般には赤みそがよいが，かきやはまぐりでは白みそを使う．みそは長く煮ると焦げつきやすいので，あらかじめほかの調味料で煮てから，煮汁で溶いたみそを加える．みそを加えたら落としぶたをして弱火にする．また，ときどき鍋をゆすり，焦げつきを防ぐことが大切である．

●さばみそ煮の作り方

材料：さば4切れ　しょうが1かけ　赤みそ大さじ5　砂糖大さじ2　みりん大さじ2　清酒カップ¼　だし汁カップ1½

鍋にだし汁，清酒，みりん，砂糖，しょうがのせん切りを加え，火にかける．沸騰したらさばを重ならないように並べ，落としぶたをして煮る．ひと煮立ちしたら，火を弱め，10分ほど煮る．みそを煮汁で溶いて加え，弱火でさらに10分ほど煮る．

みぞれ⇨かきごおり

みぞれあえ（霙和え）

だいこんおろしを和え衣に用いた和え物．だいこんおろしをみぞれにたとえた呼び名である．おろし和えともいう．だいこんおろしに甘酢➡，二杯酢➡，または三杯酢➡を加えたおろし酢で，下味をつけた材料を和える．

かき，なまこ，たい，いか，いわし，あじ，あかがい，えび，なめこ，きゅうり，うどなどに用いられる．

みぞれかん（霙羹）

ようかんの一種．道明寺糒をかんてん液で固めたもの．道明寺羹ともいう．道明寺

🧪 調理科学

みその矯臭効果

みそはたんぱく質を多く含む．たんぱく質は，においを吸着する作用がある．また，みそ汁状にしたみそは，強く煮立てると粒子互いに結合するが，そのときににおいの成分も吸着する．この二つの作用により，さばのみそ煮では，さばの強いにおいが消される．ただし，この場合はみそ汁と反対に，よく煮立て，十分にみその粒子がにおいを吸着して結合するようにしなければ効果がない．

糊をぬるま湯に浸して膨潤させ，水気をきり，煮溶かしたかんてん液と砂糖と水あめを合わせて煮つめたものを加え，よく攪拌して練り合わせる．これを軽く火にかけたあと流し箱に入れ，冷やし固める．

みぞれず（霙酢）
二杯酢➡または三杯酢➡にだいこんおろしを混ぜたもの．配合割合はふつう容量比で1：1であるが，好みでかげんする．魚介，野菜類に向く．

みたらしだんご（御手洗団子）
米粉で作っただんごに，しょうゆあんをからめたもの．いたるところで売られているが，とくに京都下鴨神社のみたらしだんごは有名．これは糺(ただす)の森に涌き出る御手洗(みたらし)池の泡になぞらえたもので，みたらしだんごはここが発祥地といわれている．ここのみたらしだんごは，長い竹串に5個ずつ刺してさっと焼いた後，しょうゆあんをからめる．

●みたらしだんごの作り方

材料（5串分）：上新粉130g　熱湯150mℓ　しょうゆあん（しょうゆ大さじ2　砂糖大さじ3　かたくり粉大さじ1　水150mℓ）

ボールに上新粉を入れ，熱湯を加えて木しゃもじでていねいに練る．荒熱がとれたら手でこね，3～4個に平たく丸める．蒸し器を強火にかけ，蒸気が上がってきたらぬれぶきんを敷いて先の上新粉を並べ，15分間蒸し，熱いうちにすり鉢にとり，すりこ木でよくつく．これを手水を使いながら直径1.5cmくらいの棒状にまとめ，端から切って1串に5個ずつ刺す．焼き網で焼き，薄い焦げめをつける．あんの材料を合わせて火にかけ，とろみがついたらだんごの上にかける．

みつば（三つ葉）
セリ科．切りみつば，糸みつば，根みつばなどがある．切りみつばは茎を軟化して長く伸ばし，切りとったもの．糸みつばは青みつばともいい，露地栽培で密生させ，軟化したもので香りがよい．しかし，最近はスポンジに苗を入れ，水耕栽培したものが多くなり，こういったものでは質が柔らかく香りも薄くなっている．根みつばは根株に土を寄せて軟化したもので茎も短く，根もともに食べる．

生あるいは軽くゆでて，汁物や鍋物の青み，和え物として使うと香りが引き立つ．組織が柔らかいので浸し物，和え物にするときはさっと短時間でゆでること．鍋物や汁の実にするときは煮すぎないことが大切．すまし汁の青みに使うときは，ゆでたものをひと結びするとよい．てんぷらにするときは衣をつけやすいよう2～3本束ねて結んでおく．水耕栽培のものは生のままサラダにするのもよい．

みつまめ（蜜豆）
小さくさいの目に切ったかんてん，求肥➡，ゆでた赤えんどう，生や缶詰の果物などを盛り合わせ，糖蜜をかけたもの．よく冷やして食べる．

果物を飾ったフルーツみつ豆，アイスクリームの入ったクリームみつ豆，あんを盛ったあんみつなどがある．

ミディアム（medium）
ビーフステーキの焼きかげんの一つで，中程度の焼き方．肉の面から赤い肉汁がにじみ出る程度に焼いたもの．焼き方としては一番一般的．切り口はさくら色で生の色が残っている．

ミディアムレア（medium rare）
ビーフステーキの焼きかげんの一つ．レアよりももう少し火を通す焼き方で，半生焼きともいい，中心部は鮮紅色．

ミートソース（meat sauce）
ひき肉をたまねぎ，にんにくのみじん切りとともに炒めて，刻んだトマト，スープストック，香辛料などを加えて煮込んだソース．おもにスパゲティなどパスタ類にかけて用いる．

●ミートソースの作り方
材料：牛ひき肉300g　たまねぎ中2個　セロリ½本　にんにく1かけ　トマト中2個　サラダ油大さじ2　小麦粉大さじ1½　スープストックカップ3　ベイリーフ1枚　トマトピューレーカップ1　塩，こしょう，ナツメグ各少々

にんにく，たまねぎ，セロリはみじんに切り，トマトは皮，種子をとって細かく刻む．鍋に油を熱し，にんにく，たまねぎをよく炒め，ひき肉，セロリ，トマトの順に加える．小麦粉を振り込み，さらに炒める．スープストック，ベイリーフを加えて，野菜が柔らかくなるまで煮る．ベイリーフをとり出し，トマトピューレーを加え，塩，こしょう，ナツメグで味を調える．

ミートテンドライザー（meat tenderizer）
食肉を柔らかくするということで酵素と器具とが総称されている．まず，酵素であるが，多くはパパイアからとったたんぱく質を分解するパパインという酵素が用いられている．これを振りかけてしばらく放置すると，堅い肉でも柔らかくすることができる．また，歯のついた器具でステーキなどの肉をたたくことにより繊維を切り，柔らかくすることのできる器具がある．これもミートテンドライザーと呼ぶ．

ミートボール（meat ball）
ひき肉に油で炒めたみじん切りのたまねぎ，パン粉，卵などを加えてよく練り，丸めて焼いたり，揚げたり，蒸したりしたもの．肉だんご，ミンチボールともいう．そのまま食べたり，甘酢あんかけ，シチューなどにする．

合びき肉を使うのがポイント．牛肉だけのひき肉を使うと，堅くてパサパサした状態になる．なお最近は，豚肉も脂肪の少ない赤身だけのものもある．ひき肉はよくこねることが大切．丸めるときは，手のひらにサラダ油をぬるときれいにできる．

みどりず（緑酢）
甘酢➡や吉野酢➡におろしきゅうりなどを混ぜた緑色の調味酢．和え物に用いられる．

ミートローフ（meat loaf）　⇨ローフ

ミネストローネ（minestrone—伊）
イタリア風のスープ．じゃがいも，にんじん，トマト，にんにく，ねぎ，ベーコン，いんげん，スパゲティや米などの入った実だくさんのスープで，パルメザンチーズを加える．

ミネラルウォーター（mineral water）
一般に無機質（ミネラル），あるいはさらに二酸化炭素（炭酸ガス）を比較的多く含んだ水をいう．鉱泉水とも呼ばれる．ヨーロッパでは，ふつうの水が飲料用としてよくないため，食卓用の飲料水として昔から探し出されたものである．有名なものとして，フランスのエビアン水やビレー水がある．日本では平野水などが歴史的に古く，現在では各種のミネラルウォーターが市販され，容器入りの市販品については食品衛生法や農林水産省の品質表示基準などで製法や品質の規制が行われている．飲用

や茶やコーヒー，ウイスキーの水割りなどに用いられている．

ミノ ⇨ いぶくろ

みみがあ（耳皮）

沖縄の言葉で豚の耳のこと．毛を除いてきれいに洗い，ゆでて細く切り，さしみや和え物に用いる．コリコリしたくらげに似た歯ざわりがある．

ミモザ（mimosa）

ミモザはアカシアの一種で，春に枝一面に黄色い花が咲く．その花になぞらえて，ゆで卵の卵黄を裏ごしして料理を飾ったものにミモザの名称をつけることがある．代表的なものにミモザサラダがある．

みょうが（茗荷）

ショウガ科．若い茎と花蕾を食べる．春に宿根から出る柔らかい茎を軟白したものをみょうがたけ，花の咲く前の花蕾を花みょうがあるいはみょうがの子という．花みょうがには品種により夏に出る夏みょうがと，秋に出る秋みょうががある．秋みょうがの方は形は小さいが身がしまっている．みょうがたけは生のまま細かく刻んでさしみのつま，酢の物，汁の実などに．みょうがの子も同様に利用するが，漬け物にもよく使われる．芳香とほのかな苦味があるので食欲増進の助けをする．

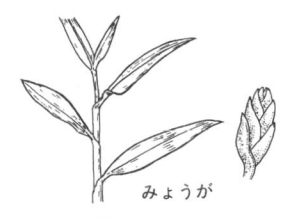

みょうが

みょうばん（明礬）

ふつうミョウバンと呼ばれているのは，アルミニウムの硫酸塩とカリウム塩が結合して複塩を作ったカリウムアルミニウムミョウバンのこと．純粋なものは無色の結晶である．ミョウバンは漬け物用としては，結晶水をとばした焼きミョウバンを用いる．たいへん水に溶けやすく，水に溶かすことによってアルミニウムも溶ける．このアルミニウムがなすなどの野菜に含まれるアントシアン色素と結合して濃紺色の美しい安定な色となる．

ミラネーズ（milanaise—仏）

ミラノ風という意味．マカロニ（またはスパゲティ），野菜，ハムなどをトマト味に調味したつけ合わせ料理の名前や，パルメザンチーズを混ぜたパン粉をつけて焼いた料理などの名前に用いられる．

ミラノふう（ミラノ風） ⇨ ミラネーズ

みりん（味醂）

しょうちゅうやアルコールに米こうじと蒸したもち米を加え，米でんぷんをゆっくり糖化させて作った甘い酒．アルコール分は約14％．みりんは飲用とするよりも，もっぱら調理用に使われる．料理に使う甘味料としては，砂糖よりも上品な甘味である．しかも，砂糖は結晶で，旨味成分や風味をもたないのに対し，みりんは，原料の米に含まれている種々の成分が酵素で分解されて旨味を出す．また，原料として使用したこうじ菌が自己消化した菌体成分の中に，魚臭に対し非常に強い消臭効果のあるものが含まれている．この成分は不揮発性であるため，みりんを加熱してもその効力は落ちない．

ふつう，みりんを調味料に使うときは，よく煮切って使う（→にきりみりん）．みりんを調味料に使う目的はアルコール以外のエキス分にあることと，高い濃度のアルコール分は味覚に影響を与え，料理によっては，これがじゃまになることが多いからである．

みりんを調味料として使う場合，単独で

使うということはなく，たいてい何かほかの調味料を引き立たせるための補助成分として用いられることが多い．たとえば，しょうゆと混ぜて焼き物のタレに用いたり，煮物やそばつゆ，かけつゆのような場合である．これらはいずれもみりんに含まれている旨味成分を利用するものである．照り焼きに用いると，甘味をつけるだけでなく，きれいなつやを出す効果がある．そして，加熱によってしょうゆのアミノ酸と，みりんの中に含まれている還元糖（麦芽糖やブドウ糖）が反応してアミノカルボニル反応（→メラノイジン）を起こし，たいへん風味をよくする．薄塩をした魚介類をみりんに浸して干したみりん干しもある．このほかみりんは，屠蘇酒の原料にも用いられる．

みりんの類似物として"みりん風調味料"がある．これはアルコール分1％未満で，成分をみりんに近づけて製造されたものである．

また，アルコール分はふつうのみりん程度に含まれているが，食塩を高濃度に加えて飲用にできないようにしたものもある．

みりんかす（味醂粕） ⇨**こぼれうめ**

みりんぼし（味醂干し）

魚介類を調味料に漬けてから干したもの．桜干し，末広干しともいう．原料にはいわし，あじ，さんま，かわはぎ，ふぐなどが用いられる．小形の魚は頭と内臓をとって開き，大きいものは三枚におろして，みりん，塩，砂糖，水あめなどを混ぜた液に浸して干す．うま味調味料，甘味料などを用いたものもある．さっとあぶって熱いうちに食べる．

みるがい（海松貝） ⇨**みるくい**

みるくい（海松食）

バカガイ科の二枚貝．正式にはみるくい貝．みる貝ともいう．冬から春にかけて旨味がある．水管が太くて長いので，これを食用にする．水管が堅く腰のあるものを選ぶ．白っぽく，ベタベタしているのは古くなったもの．水管は塩でもむか湯通しして厚い黒褐色の外側の皮をむき，縦に包丁を入れて広げ，中をよく洗い，さしみ，酢の物，ぬた，すしだねに用いる．

ミルクセーキ（milk shake）

牛乳に卵などの材料を加えて泡立てたソフトドリンクの一種．ふっくらとした舌ざわりが好まれる．チョコレート，コーヒー，バナナ，オレンジ，いちご，もも，パイナップル，ぶどう，レモンなどを好みで加え，変化をつける．冷たくした方が口当たりがよい．

●ミルクセーキの作り方

材料（1人分）：卵1個　牛乳カップ1　砂糖大さじ1～2

　卵，牛乳，砂糖をミキサーにかけてよく混ぜる．チョコレート，バナナ，いちごなどを加えるときは最初から入れてともに混ぜる．

ミルフィユ（mille-feuille―仏）

ミルは千，フィユは葉の意味．焼いた薄い層のパイ皮にジャムやカスタードクリー

調理科学

みりんのマスキング効果

　みりんを魚肉のすり身に加えてかまぼこなど練り製品を作ると，わずかの量で生臭みが消える．これは，みりんの中に含まれている香り成分，アルコール，たんぱく質などによるものである．これらの物質は，みりん醸造の際にできるもので，多くは加熱しても蒸発しない．みりんを煮切って使用しても，魚の煮物などが風味よく仕上がるのはこのためである．

ム，ホイップドクリームをぬり，何層にも重ねたパイ菓子．

ミルポア（mirepoix—仏）
にんじん，たまねぎ，セロリなどの香味野菜を数種角切りにしてバターで炒め，そのまま弱火で煮くずれるまで煮たもの．肉入りのミルポアと肉なしのミルポアとがある．肉や魚の料理に，また，ソースの風味をよくするために加える．

ミンチ⇨ひきにく

ミンチカツ
ひき肉を材料として用いたカツ．ひき肉に，たまねぎ，パン粉などを加えてハンバーグ状に形作り，小麦粉，卵，パン粉をつけてフライにしたもの．大衆料理の一つ．

ミンチボール⇨ミートボール

ミント（mint）
シソ科の植物．スペアミント（みどりはっか），ペパーミント（せいようはっか），にほんはっかなどの総称．はっかともいう．スーッとする香りと清涼感があり，その主成分はメントールである．清涼感を利用し，香辛料として各種の料理に用いられる．生の葉は紅茶に入れたり，乾燥葉はソース，ドレッシングの香りづけに用いる．精油はキャンデー，チューインガムなどの菓子に用いる．爽快な風味が気分をよくし，また油っこい料理を食べたあと口の中をさわやかにする．とくに羊の料理には必須のもので，ミントソース（酢，塩，こしょう，砂糖，水を合わせた中に刻んだはっかの葉を入れたもの）が用いられる．

む

ムゥシィ（木犀）
卵を使って炒めたり，とじたりして，木犀（もく せい）の花のように黄色くきれいに仕上げる中国料理の調理法．桂花（ゴェイホワ）ともいう．調理例としては，木犀炒飯（ムゥシイチャオファン）（卵入り焼き飯），木犀湯（ムゥシイタン）（卵入りスープ），木犀蛋（ムゥシイタン）（炒り卵）などがある．

むえんバター（無塩バター）
食塩を添加しないバター．おもに製菓，製パンなどに用いられる．ただ，食塩を加えていないために保存性はやや落ちる．→バター

むかご（零余子）
やまのいもの葉腋にできるいぼ状の塊茎でいもの一種．竹串に刺して付け焼きにしたり，蒸してそのまま食べたり，汁の実あるいはごはんに炊き込んでもよい．蒸すときは塩を振りかける．指でつまんで押し出すように口に入れると皮がつるりとむける．素揚げにしておつまみにもよい．乾燥したむかごを粉末にし，これをでんぷんの一種として使うこともある．

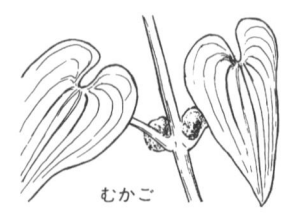

むかご

むぎこがし（麦焦）
大麦を炒って焦がし，砕いて粉にしたもの．こがし，はったい粉ともいう．砂糖を混ぜてそのまま食べたり，湯で練って食べる．砂糖を混ぜて型に押し，麦らくがんなどの菓子にも用いられる．

むきごま（剝き胡麻）
表皮をとり，ふるいにかけて粒を揃えたごま．表面がきれいにみがいてあるのでみがきごまともいう．ふつうのごまのように用いる．

むぎちゃ（麦茶）
大麦やはだか麦を殻のまま炒って浸出したもの．麦は粒がそろっていて，美しい褐色に炒り上がっているのがよい．焦げたのは苦い．これに水を加え，煮出して飲む．夏など口当たりがよい．少量の塩を加えると後味がさっぱりする．カフェインは含まないので子どもも安心して飲める．

むぎとろ（麦とろ）
麦飯にとろろ汁をかけた料理．麦飯のばさばさした感触をとろろ汁で粘りをつけ，さらさらと流し込む感触を楽しむ．また，とろろの中に含まれているアミラーゼによって，麦飯などの消化をよくする．

むきみ（剝き身）
殻をむいた身のことで，とくに貝類，甲殻類の殻をとったものに用いられる名称．むき身は殻つきのものよりいたみが早い．とくに糸を引くようになったものは古いものであるから絶対に使ってはならない．

むぎみそ（麦味噌）
大豆，麦こうじ，塩で作ったみそ．田舎みそともいう．甘みそ，辛みそがある．色は，淡黄色から赤褐色まである．においが強く，微妙な風味がある．みそ汁のほか，臭み消しの効果が大きいので肉や魚のみそ煮やみそ漬けにも向く．→みそ

むぎめし（麦飯）
米に大麦を混ぜて炊くか，あるいは大麦

だけで炊いたごはんのこと．麦は，押し麦や切断麦が用いられる．昔の押し麦にはひとすじの黒いみぞがあり，この部分に多くのビタミンB_1が残っていたので脚気予防として用いられた．最近では，麦を縦割りにし，黒いみぞをとり除いて圧扁した白麦（はくばく）や，圧扁を行わず米粒に近くなるように加工した米粒麦が多く用いられている．ビタミンB_1を強化した強化精麦もある．口当たりの点からいえば，白米飯に比べて劣るが，麦を加えることにより，便通をよくするなどの効果があり，お腹の調子がよくなる人もある．

　米に混ぜる麦の量は，米の2～3割がふつうである．水の量は，米だけを炊くときよりやや多めに．麦は軽いため炊くと上に集まるので，炊き上がったら全体を混ぜ合わせる．麦めしにとろろ汁をかけたものは麦とろ→といい，口当たりが賞味される．

むきもの（むき物）

　だいこん，いも，ゆり根などを鶴亀，松竹梅，菊花などに細工して美術的に作ったもの．繊細な仕事なので，むき物のための彫刻用の切り出しなどの包丁が用いられ，この専門の技術も発達している．祝宴膳の祝い飾りとして口取りやさしみのあしらいに使われる．

むこうづけ（向付け）

　懐石料理に用いられる料理の一つ．向ともいう．折敷（おしき）の中で飯と汁の向こう側に置くところからこの名がある．本式には魚のなますであるが，現在ではさしみ，浸し物，酢の物，和え物なども用いられる．また，この料理を盛りつける器を向付け，向ということもある．

むしき（蒸し器）

　食物を蒸す道具で，いろいろの種類がある．日本式のものではせいろう→，ごはんを入れて蒸すごはん蒸し器，中国式のものでは蒸籠（チョンロン）→などがある．古くは米を蒸すのに飯（こしき）が用いられた．蒸し器は金属よりは，木あるいは竹で作ったものの方がよい．それは，余分の水蒸気がそれらに吸い込まれ，水滴が落下しないためである．また，蒸し器のふたには必ずふきんをはさみ，水滴が落ちないようにすることが必要である．

むしぎく（蒸し菊）

　阿房宮（あぼうきゅう）など食用の八重の黄菊の花弁を蒸して，板状にまとめて乾燥したもの．浅草のりに似ているところから菊のりともいう．熱湯に少量の酢を落とした中をくぐらせ，ばらばらにほぐして絞り上げると色も歯切れもよく，しゃきしゃきとして生花のように戻る．さしみのつま，酢の物のあしらいに用いる．青森県八戸市が主産地．

むしずし（蒸し鮨）

　関西特有のすしで，蒸して温かくしたすし．すし飯を少し堅めに炊くのがコツ．具はちらしずしと同様，しょうゆ，みりん，塩で薄味に煮る．蒸しずしは甘味をきかせるのが特徴．そのため，すし飯の合わせ酢の砂糖をふつうの1.5～2倍使う．また，蒸しずしは蒸しかげんが大切．蒸しすぎは水っぽくなるので禁物．中まですっかり熱くなったら蒸し器からとり出し，錦糸卵，もみのりなどをかけ，熱いうちに食べる．

むしに（蒸し煮）

　鍋に材料と少量の水，だし汁，ワインなどの液体を入れ，ぴっちりとふたをして弱火でゆっくりと煮る調理法．フランス語ではブレザージュ（braisage）という．野菜の蒸し煮は，ゆでるのに比べビタミン類の損失が少ない．

むしパン（蒸しパン）

　蒸し上げて作るパン．焼き上げるパンに

比べ，水分が多く，口当たりが柔らかい．一般には，小麦粉に砂糖や黒砂糖，レーズンなどを加えた菓子パンで，炭酸水素ナトリウム（重曹）を用いて膨化させるが，中国パンの饅頭(マントウ)や，花形に巻いて蒸した花巻(ホワジュアン)はイースト発酵が行われている．

むしもの（蒸し物）

蒸した料理の総称．加熱がおだやかな上，材料の成分が流出しないので風味を損なうことが少なく，煮物などのように煮くずれることがないが，水っぽくなる欠点がある．白身魚，貝，鶏肉，卵，野菜など淡白なものに用いられる．茶碗蒸し→をはじめ，そばを用いた信濃蒸し，そうめんを用いた白滝蒸し，桜の葉や花を用いた桜蒸し，うどんを用いたおだ巻き蒸し→，蒸しずし→など種類が多い．☞

材料は，蒸し器の中によく蒸気が上がってから入れること．水滴が落ちるのを防ぐために，蒸し器のふたにふきんを1枚はさんでおく．茶碗蒸し，卵豆腐→など，強く加熱しすぎるとスのはいるものは，ふたをずらすか，数枚重ねたわら半紙などをふたの代わりにのせ，弱火で蒸し上げるのが，なめらかに仕上げるコツ．魚，まんじゅう，赤飯などは強火で蒸す．途中でたし水をすると加温が中断されて失敗することがあるので，蒸し器の水はあらかじめ多めに入れておくのがよい．

むしやき（蒸し焼き）

間接焼きの一種．主としてオーブンを用いる．英語ではローストという．直火焼きのように焦げることがなく，また水分が逃げないので柔らかく仕上がる．アルミホイル，木の葉などの包み焼きも蒸し焼きである．ローストビーフ，ローストチキン，ミートローフや，ひらめ，かれいなどのホイル焼きなどがある．

むしようかん（蒸し羊羹）

あずきあんに砂糖，小麦粉，かたくり粉などを混ぜて蒸したもの．あんと小麦粉を弾力が出るまでよくもみ合わせ，砂糖，食塩，かたくり粉を加えてよく練る．せいろうに木枠をおき，ぬれぶきんを敷いてたねを流し込み，1時間くらいかけてゆっくり蒸し上げて作る．練りようかんとは違った素朴な味わいがある．

ムース（mousse―仏）

フランス語で泡という意味で，ふわりと柔らかく仕上げた菓子や料理に使われる用語．泡立てた卵白や生クリームを混ぜ合わせて作った菓子や，料理では，魚やえびの肉をペースト状にし，生クリームを加えて焼いたり，ゼラチンを加えて冷やし固めたものをいう．

むすび（結び）

細長い材料を結んだもの．あるいは，結んでできた形に冠して用いられる名称．結びは，"縁を結ぶ"の意に通じるところから，縁起のよいものとされている．結びみつば→，結びきす，結びかまぼこや，相生(あいおい)結び，千代結びなどがある．また，にぎり

🧪 調理科学

蒸し料理の原理

蒸し物は，水蒸気がもつ潜熱を利用するもので，水蒸気が結露して放出する熱によって材料を加熱する．その熱は，1g当たり539 calである．ただし，結露により水ができるから，あまりゆるやかに蒸すと，水分が増加するだけで加熱に必要な熱は外部に逃げ，料理が非常に水っぽくなる．したがって，ある程度強く蒸すことと，熱が外に逃げないように，木や竹など断熱性の強い材料を使った蒸し器を使用するとよい．

飯➡のこと．

むすびみつば（結び三つ葉）
みつばを軽くゆで，2～3本まとめてきれいにひと結びしたもの．すまし汁などの青みやその他の飾りとして用いられる．

結びみつば

ムニエル（meunière—仏）
下ごしらえした魚に塩，こしょうして小麦粉を軽くつけ，バターで焼き上げたもの．バター焼きともいう．

材料は，ひらめ，まながつお，かれい，たい，さわら，さけなど何でもよいが，白身の方がよい．魚に塩，こしょうして味をなじませてから，小麦粉をまぶし，フライパンにバターを溶かした中で両面を焼く．バターだけだと味はよいが焦げやすいので，サラダ油を少し混ぜるとよい．小麦粉をまぶす前に，材料に牛乳を振りかけておくと，こんがりと美しい色になる．また，白ワインを振りかけておくと生臭みがとれる．焼き上がりにしょうゆを少量落とすと，香ばしく，風味がよくなる．焼いたあとのフライパンにバターとレモンを入れて簡単なムニエルソースを作り，料理にかけてもよい．➡

むらさき（紫）
しょうゆの別名．料理屋などでよく使う言葉．しょうゆの色からきた名称．

むらさきキャベツ（紫キャベツ）
アブラナ科の野菜で，キャベツの一種．英語ではレッドキャベツという．成分は，ふつうのキャベツとほぼ同じ．葉の表面は紫色をしているが葉肉は白い．紫色はアントシアン色素でビタミンAの効果はない．紫キャベツは葉の質がふつうのキャベツより堅いので，これだけを刻んで食べるより，赤紫の色を利用してサラダの彩りとして使うと美しい．またピクルスにもする．

アントシアン色素は酸に合うといっそう鮮明な赤色になるので，さっと湯通しして酢を用いると赤紫色がさえる．➡アントシアン

ムールがい（ムール貝）
イガイ科の二枚貝．正式名はムラサキイガイ（紫貽貝）．ムール（moule）はフランス語．殻の色は黒青色，肉の色は赤みをおびた黄色または肌色．身は柔らかく，加熱してもあまり堅くならない．殻のよごれや殻から出ている糸のような足糸を除き，殻つきのままワイン蒸し，パエリヤ➡，ブイヤベース➡などに．

調理科学

ムニエルの風味
脂肪分は，脂肪の種類により特有の香りを加熱によって生じる．ムニエルに用いる油脂には，とくにバターの加熱臭がよい．また，小麦粉がバターで加熱されると，魚の中のアミノ酸と小麦粉の中のわずかではあるが含まれている糖分が反応し，香ばしい香りが出る．これはメラノイジン➡が生成されたことによる．この二つの香りが魚の生臭みを消し，さらに食欲を増加させる．

め

メインディッシュ（main dish）
　献立の中で，一番主となる料理のことをいう．通常，肉料理か魚料理が用いられる．クリスマス料理では七面鳥がメインディッシュと呼ばれる．

めうち（目打ち）
　うなぎ，はも，あなご，どじょうなど長いぬるぬるした魚を開くときに，まな板に打ちつけておく道具．目釘ともいう．目の下のところに刺し，魚が動かないように安定させるものである．また，わかさぎ，しらうお，もろこなどの小魚を調理するときに，並べて目を細串で刺すこともいい，目打ちしておいて焼いたり揚げたりする．

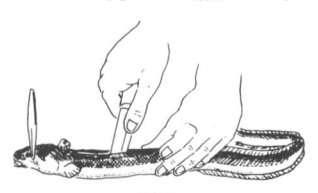

目打ち

めおと（夫婦）
　同じ材料を一対にして用いることをいう．夫婦になぞらえてできた言葉である．大小とり合わせたり，一方に赤などの着色をすることもある．また，小鳥や魚を二つ腹合わせに蝶の形に盛ったものを夫婦蝶と呼ぶ．このほか，夫婦ぜんざい，夫婦茶碗，夫婦箸などがある．

めかぶ
　よく生長したわかめの根のこと．これを細く切り，酢の物やめかぶとろろ→にして食べる．

めかぶとろろ
　わかめのめかぶを刻んでとろろ状にしたもの．めかぶは，わかめの根に近い茎の部分で，たいへん粘性に富んでいる．これを刻んで熱湯をかけると特有のぬめりが出てくる．みそ汁に加えたり，三杯酢やしょうゆなどで調味しただし汁と混ぜ合わせ，ねぎなどの薬味を添えて食べる．

メキシカン（Mexican）
　メキシコ風の意．トマトやピーマン，マッシュルーム，米，とうがらし，チリなどを使ったものが多い．メキシカンライス，メキシカンサラダなどがある．

めキャベツ（芽キャベツ）
　アブラナ科．キャベツよりビタミン類が多く，栄養価の高い野菜．ビタミンではA効力のあるβ-カロテン，B_2，Cが多い．しかしゆでてから用いることが多いので，その場合いくぶんCは損失する．

芽キャベツ

　軸のところに深めに十文字の切り込みを入れ，塩を加えた湯でゆでる．十文字の切り目を入れると，苦味を抜くことができるとともに，早く加熱できる．ゆで上げたものはなるべく手早く冷まし，料理に用いる．シチューやグラタン，バターで炒めてつけ合わせに．和風ではからし和え，鶏肉との煮物などに．

　きれいな丸形で，よくしまって堅いもの，ピンとした緑色の外葉のついているものが新しい．

めざし（目刺し）
　主としていわしの目に竹串などを刺して

乾燥させた塩干品．目に刺して乾かすので目刺しという．あごに刺したものはあご刺し，ほおに刺したものはほお刺しという．褐色になったものは油焼けしているもので不良品．銀白色のものを選ぶ．消化吸収はあまりよくない．塩辛いが，焼いて少ししょうゆをつけたり酢をかけたりして食べると塩辛味が和らぐ．

めじそ（芽紫蘇）
しその双葉のころのもの．青じその青芽と赤じその紫芽がある．色が美しく香りがよいので，さしみのつまや吸い物の吸い口に用いられる．

メース（mace）
香辛料の一つで，にくずくの鮮紅色の仮種皮．甘い刺激性の香りをもっている．ドーナツ，プディングなどに用いられる．この殻の中の種子をナツメグという．

めだまやき（目玉焼き）
英語ではフライドエッグ（fried eggs）という．フライパンに卵を割り入れ，形のまま焼いたもの．卵黄が目玉のようにみえるところからついた名称である．火かげんは弱火．強すぎると白身が泡立ち，まわりがチリチリになり，みかけがわるい．卵黄に卵白の膜をかぶせるためには，新しい卵を使い，卵を入れたらすぐフライパンの上にふたをする．水をさして焼くのは風味が落ちるので，避けた方がよい．

英語で片面を焼いたものをサニーサイドアップ（sunny side up），両面焼いたものをターンオーバー（turn over）という．ハムをいっしょに焼いたり別に焼いたものを添えるとハムエッグ，ベーコンを用いるとベーコンエッグになる．

メートル・ドテル・バター（maître d'hôtel butter）
合わせバターの一種で，バターにレモン汁，パセリのみじん切りを混ぜて調味したもの．ビーフステーキやフライに添えて用いられる．

●メートル・ドテル・バターの作り方
材料：バター100ｇ　レモンの搾り汁1/3個分　パセリのみじん切り少々　塩，こしょう少々

材料をよく混ぜ合わせ，形よく丸める．多人数分作るときは，練ったものを棒状にのばし，ラップフィルムやパラフィン紙に包んで冷やし固め，小口より切って用いる．

メニュー（menu）
献立のこと．献立表のこともいう．本来は店側が提供するコース料理や，宴会などで当日サービスされる料理の献立，あるいはその献立表をいう．よいメニューを提供することがお客を喜ばせるので，料理人は苦心して特徴のあるメニューを作る．

めぬけ（目抜）
フサカサゴ科の深海魚．ばらめぬけ，さんこうめぬけ，あこう，おおさがなどの総称．体の色は赤みをおびている．肉は大味．煮つけ，照り焼き，フライなどにする．

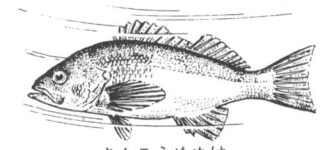

さんこうめぬけ

めのした（目の下）
魚の大きさをいうときに用いる言葉．魚の目から尾にかけての長さをいう．目の下一尺のたいといったように使う．

めのはめし（めのは飯）
めのははわかめの別名．島根県の郷土料理で，当地方でとれるわかめを利用したもの．わかめを火であぶり，細かくつぶしてごはんの上に振りかける．

めばかり（目秤り）

目で見て、ほぼどれくらいの量であるか判別すること．通常卵1個大が約50ｇ、マッチの軸1本の長さが約5cmなど、日常みられる物品をものさしにして、食品の重さや長さなどの見当をつけることができる．

めはりずし（目張鮨）

和歌山県熊野地方の郷土料理．大きなにぎり飯を古漬けにしたたかなの塩漬けでくるんだもので、本来は麦飯を用いていたという．たかな特有の辛味がきき、風味が優れている．食べるときに大きな口をあけ、目まで大きくみはるところからついた名称．

めばる（眼張）

フサカサゴ科の海水魚．目の大きい、体長20～30cmの魚である．すむ場所により体色が異なり、あかめばる、くろめばる、きんめばるなどと呼び分けている．関西では、たけのこの出る4～5月のものを賞味するが、8月ごろが味がよい．塩焼き、照り焼き、煮つけ、から揚げ、南蛮煮などに向く．めばるのうちでもあかめばるはとくに味がよいといわれている．

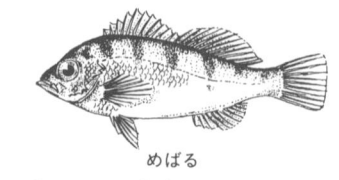

めばる

メープルシロップ（maple syrup）

メープル（さとうかえで）の樹液を集め、シロップ状に濃縮したもの．はちみつのように風味がよいので、ホットケーキのシロップや菓子の原料として用いられる．市販品には、ふつうの砂糖などから作ったイミテーションもあるが、本物はカナダやアメリカ北部など産地が限られているため産額が少なく高価である．

めふん

さけの腎臓の塩辛のこと．酒の肴になる．

メラノイジン（melanoidine）

アミノ酸と還元糖が反応してできる褐色の物質．この反応をアミノカルボニル反応という．メラノイジンはアミノ酸あるいはたんぱく質と糖類が180度前後に加熱されたときに生じる．とくにリジンとブドウ糖の間で、このアミノカルボニル反応は起こりやすく、これによって生じたメラノイジンは美しいきつね色で、食欲をそそる香りを発する．ごはんの焦げ、パンの焼け色、肉や魚を焼いたり揚げたりすると出てくるよい香りや色なども、すべてこの反応による．食品を加熱調理した場合、この反応は必ずといってよいくらい起こるが、とくに動物性食品とみりんやはちみつ等の還元糖を含む糖類が最も反応しやすい．しょうゆもリジンが多いから同様である．

この反応を積極的にとり入れたのが、みりん、しょうゆ、砂糖などを合わせたタレや、砂糖と卵を用いた焼き菓子で、香ばしい香りやよい焼き色が得られる．

メラノイジンは抗酸化性を有し、メラノイジンを生じた食品あるいは料理は、脂肪分の酸化防止作用があるため、油の酸化による異臭が発生しにくい．

メリケンこ（メリケン粉）⇨こむぎこ

メルバトースト（Melba toast）

トーストの一種．2～3mmの薄切りの食パンを好みの形に切り、弱火のオーブンで焦がさないようにカリカリに焼いたもの．熱いうちにバターをぬって食べる．スープやコーヒー、紅茶に合う．

メルルーサ（merluce）

メルルーサ科メルルシウス属の海水魚の総称．日本には遠洋漁業の漁獲物として数種が入荷している．大きいものでは1m以

上にもなる．急速凍結して日本へ運ばれる．皮は赤みがかった灰色で肉は白い．市販のものは冷凍されている．解凍してふつうのたらと同様に調理する．脂肪が少ないので油を使うとよい．少ししょうゆやカレー粉を使うと香りがプラスされ冷凍臭が消える．

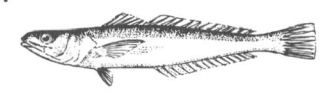

メルルーサ

メレンゲ（meringue）

卵白を泡立て，砂糖を加えたもの．焼きりんごやフルーツカクテルの飾り，淡雪かんなど菓子材料に多く用いられる．

卵は新鮮なものを用いなければ泡がうまく立たない．また，泡立ちは20～25度程度のときがよく，冷蔵庫から出したての卵では泡立ちがわるい．なお，泡立ちはわずかに酸性側の方がよいので，少量のレモン汁を加えた方がきれいに泡立つ．泡立てたまま放置しておくと泡が消えるため，砂糖を加える必要がある．

メロン（melon）

ウリ科．網目のあるマスクメロン⮕，白い皮のハネデュー，果皮が茶色っぽい色で網目のあるカンタロープ，果皮が緑色でラグビーボール形のスペインメロン，果皮が緑色で網目のかかったアンデス，アールスなどがある．摘みたてのものは少しおいて追熟させる．食べごろは花落ちのところを静かに押してみて柔らかく感じるとき．よく冷やして生食するのが一番．甘味の薄いものは，内部の種子を除き，砂糖，ブランデー，ワインなどを加えて食べる．また，白ワインにはちみつを加えたものの中に浸して冷凍し，半解けにして食べてもよい．

めん（麺）

小麦粉をこね，線状にのばしたものの総称．うどん⮕，ひやむぎ⮕，そうめん⮕，中華めん⮕，マカロニ⮕，スパゲティ⮕などがこれにはいる．便宜上，小麦粉以外のでんぷん性食品を線状にしたものもめんと呼ぶことがある．そばきり（⮕そば），ビーフン⮕，くずきり⮕，はるさめ⮕などである．線状にするには，薄くのばして細く切る（うどん，ひやむぎ），撚りをかけながら引きのばす（そうめん，中華めん），圧力をかけて小さい穴から押し出す（マカロニ，スパゲティ）の三つの方法がある．

種類としては生めん，ゆでめん，乾めん，蒸しめん，冷凍めんなどがある．

めんじつゆ（綿実油）

綿花をとったあとの種子から採取した油．風味がよく，主としてサラダ油として使用される．缶詰のオイルサーディンなどの油漬け用にも用いられる．⮕しょくぶつゆ

めんたい（明太魚）

すけとうだらの別名である．⮕すけとうだら

🧪 調理科学

メレンゲの泡の安定性と砂糖

メレンゲを作る場合，卵白の起泡性は卵白の粘性が低い方が泡立てやすい．その点では，温度が20度程度がよく，また，少し古い卵白のだれたものが起泡しやすい．しかし，古い卵白は起泡性はよいが安定性はわるい．反対に新鮮な粘性の高い卵白は，強く攪拌しないと泡立ちにくいが，安定性はよい．泡は，たんぱく質がコロイド状になっている卵白液から，たんぱく質が分離した状態でできる．したがって，この分離したたんぱく質が，再び水に溶けると，気泡は消失する．したがって，これを防ぐためには，保水性の強い砂糖を加えるとよい．

めんたいこ（明太魚子） ⇨ **たらこ**

メンチ
　ミンチのこと．→ひきにく

めんとり（面取り）
　輪切りや角切りにした野菜の角を削ること．材料の形を整え，煮くずれを防ぐためにだいこん，にんじん，かぼちゃ，いもなどに行われる方法．とくに，正月のおせち料理，西洋料理のつけ合わせに使う野菜は面取りをすることが多い．

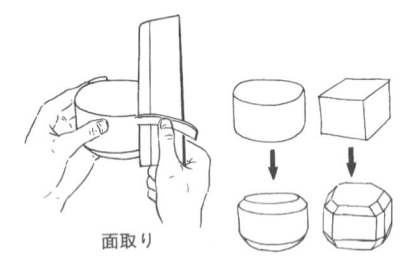

メンマ
　台湾産の干したけのこ．しな竹とも呼ばれる．まちく（麻竹）という品種のたけのこを細切りにしてゆで，発酵させたあと，天日乾燥する．戻すときは熱湯に浸し，冷めるまでおき，洗ってから30分ほどゆで，冷めたら水にさらして，再びゆでて戻す．日本には乾燥品として輸入されるが，戻して塩蔵品，味つけメンマなどに加工したものが多く出回っている．ラーメンの具や中国料理に用いる．

面取り

もずく（水雲）

褐藻類の海藻．粘質性に富んでいる．2～3月ごろの若いものがよい．一般には塩蔵したものを使うことが多い．

もずく

生のものはさっと洗って使う．塩蔵したものは水で塩出ししてから使う．いずれもよく水気をきり，三杯酢や甘酢で食べる．二杯酢につけ，うずら卵を割り落としてかき混ぜて食べるのもよい．吸い物の椀だねにも向く．

もち（餅）

もち米を蒸して臼でつき，丸めたり，のしたりしてだんご状，板状などの形に成形したもの．もち米はうるち米とちがい，特有の粘りをもっている．もちはこの性質を十分生かした食べ方である．つきたてのもちを真空パックにして保存性をもたせたものも多く市販されているが，粉末のもち米を蒸し，スクリューでこねたものもあり，これは弾力が劣る．

ほとんどがでんぷん．100gで約230kcal．これは約茶碗1杯半のごはんのエネルギーに相当する．つまりカサの割にエネルギーが高いので食べすぎに注意が必要．ごはんより消化はよい．胃にもたれる感じがするのは消化に時間がかかるため．だいこんおろしを添えて食べるとだいこんのアミラーゼ→が働いて消化をよくする．

もちは年中つかれるが，1月ごろの一番寒いときについたもちは，寒もちといって味がよいといわれている．これは，白玉粉が寒中につくられるのと同じ理由で，寒中の水でよく冷やされると，もちのきめが細かくなり，柔らかくて粘りの強いものになるからである．

もちは水分をかなり含んでいるので，ついてから日をおくとすぐにかびがつき，味が落ちる．そのため，一度にたくさんついたときは，かびを防ぐような注意が必要である．家庭ではポリ袋などに入れて冷蔵庫に入れるとか，風通しのよい所に置くと比較的かびを防ぐことができる．長期保存のときは冷凍庫に入れる．

もちを直火で焼くときは，ひんぱんに裏返し，一部分が焦げないようにすることが大切．多量に焼くときは，オーブンを使うと便利．また沸騰直前程度の湯の中に10分ほど浸しておいても柔らかくすることができる．

調理科学

もちの粘り

もちの粘りは，枝状に結合したでんぷん分子アミロペクチンが互いにもつれあってできるもの．蒸すなどして，アルファ化したでんぷん分子は，つく，こねるなどの操作で分子がからみあい，強い粘性を出す．もちつきの相どりに水を多く使用すると，からみあったでんぷん分子の間に水が入り，からみがすべるため，粘性が急速に低下する．もちを放置するとでんぷんが老化し，弾力を失うが，焼く，蒸すなど加熱すると再びでんぷんがアルファ化し，粘りが出る．

もちの一般的な食べ方はのり巻き．もちを焼いたら，しょうゆ，あるいはみりんとしょうゆを同量混ぜたタレをぬり，再び火の上で軽く焼き，これを2度ほど繰り返したのち，のりを巻きつける．そのほか雑煮，あべかわなどに．

もちごめ（糯米）

うるち米に比べ粘りが強く，蒸してつけばもちになる米をいう．粘りを生かして，もちをはじめ白玉粉，みじん粉，米菓などの菓子材料に利用されている．赤飯には欠かせないもの．もち米は胚乳が白くて不透明，うるち米は半透明なので容易に見分けがつく．

もつ

もつとは臓物の略語で内臓のこと．牛，豚，馬，鶏，羊，山羊，ウサギのものが食べられるが，ふつうは，牛，豚，鶏のものがほとんどである．牛や豚は，肝臓，腎臓，心臓，肺，胃袋，腸，脳髄などを食べる．鶏では，砂肝，肝臓，心臓が一般的．一般にたんぱく質，ビタミン，無機質などを豊富に含んでいる．そのうえ，消化吸収もよい．

内臓は腐敗しやすいので，新鮮なものであることが大切．買うときは，明るい感じの色をしたつやと張りのあるものを選ぶ．鮮度が落ちると青みがかってくる．また，においの強すぎるものや，血のにじんだものは古い．

臭みを抜くためには，水につけてよくさらす，湯を通す，牛乳に浸す，たまねぎやにんじんといっしょにゆでる方法などがある．また，バターやごま油で焼いたり，タレをつけて焼くと，臭みが消える．

もつやき（もつ焼き）

牛，豚，鶏などのもつを焼いた料理で，俗にホルモン焼きともいう．血抜きしたもつ類をひと口大に切り，塩を振ったり，しょうゆ，みりんなどを合わせたたれに浸して下味をつける．このとき，清酒やみりんでのばしたみそを用いることもある．これを焼き網で直火焼きしたり，串にねぎ，ピーマンなどの野菜と交互に刺して焼いたりする．

もどき

"風" "らしい" "似たような" といった意味をもつ．似ているが，その名の料理そのものでないときに使う．たとえばすきやきもどき，柳川もどきなどという．

もどす（戻す）

乾燥した食品材料を水につけて柔らかくすること．もとの水分の多い状態に戻すという意味から，戻すという言葉が使われているが，完全に生の状態になるわけではない．干ししいたけ，かんてん，豆などの乾燥物の水浸に広く用いられる用語．

もみじあえ（紅葉和え）

赤とうがらしやにんじんを混ぜただいこんおろしで和えた和え物のこと．赤い色が混ざっているので紅葉になぞらえ，もみじ和えという．

もみじおろし（紅葉卸し）

だいこんおろしににんじんか赤とうがらしのおろしたものを混ぜたもの．にんじんや赤とうがらしで赤くなるところから，秋の紅葉になぞらえてこの名がある．鍋物やてんぷらの薬味，和え衣の材料として用いられる．

にんじんにはビタミンC酸化酵素があるため，にんじんおろしとだいこんおろしと混ぜることは，ビタミンCの損失が多い．ビタミンC酸化酵素の働きを防ぐためには，酢じょうゆが大きな効果をもっている．にんじんおろしをまず酢じょうゆに加え，これにだいこんおろしを加えれば，

ビタミンCの酸化は防止できる．☞

　とうがらしを用いるときは，だいこんに箸で穴をあけ，そこに種子を除いた赤とうがらしを詰めておろすとおろしやすい．

もみのり（揉み海苔）
　焼きのりをもんで小片にしたもの．五目ずし，茶漬け，とろろ汁などに振りかけて用いる．

もも（桃）
　バラ科．6〜8月がシーズン．生食には白桃，缶詰など加工用には黄桃がおもに用いられる．大きくて形の整ったもの，果肉の乳白色のものがよい．青みのあるもの，傷のあるものは避ける．へたのところに木くずのついたのは虫がはいっている．缶詰には二つ割，四つ割，スライスがある．これは表示と缶マークで区別できる．

　生のももは非常にいたみが早く，指で押したり，傷をつけたりするとすぐ肉まで黒くなるので，とり扱いにはとくに注意する．未熟なもの，甘味の少ないものは砂糖で煮て冷やして食べるとよい．ジャムや砂糖煮にしてもよい．

ももにく（腿肉）
　太ももの肉のことで，牛，豚，鶏肉の部位名．もも肉は旨味があり，牛，豚のもも肉は焼き肉，カツレツ，ソテーなどに，鶏のもも肉はローストチキンや水炊きなどに向く．

もやし（萌やし）
　人為的に発芽させた米，麦，豆類などの若芽をもやしといふが，一般には豆類のもやしのことである．大豆もやし，りょくとうもやし，ブラックマッペもやし，アルファルファ➡のもやしなどがあるが，成分はいずれもよく似ている．

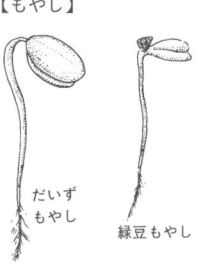

【もやし】

だいずもやし　　緑豆もやし

　もやしは伸長期の豆の芽なので組織があらく，調味料の吸収や水分の流出が起こりやすい．そのため短時間でさっと加熱すること．少し生ぐらいの方がよい．炒め物に最適で，肉とともに炒めると肉の旨味をよく吸収する．そのほか，からし酢和え，ごま酢和えなどの和え物，鍋物，漬け物，水炊き，みそ汁の実に．

　純白かうす黄色のものがよい．日もちしないので早く使う．

もり（盛り）
　盛りそばのこと．ゆでたそばをせいろうの上に盛って，そばつゆをつけて食べる．そばの風味が十分味わえる．

もりあわせ（盛り合わせ）
　いろいろな料理，あるいは，同じ料理でも種類の異なるものを一つの容器（鉢とか皿）に盛ったもの．たとえばすしの盛り合わせなどはよく知られている．また，主材料に対する副材料のことを盛り合わせということもある．

🧪 調 理 科 学

もみじおろしとビタミンCの酸化

　にんじんには強力なビタミンC酸化酵素（アスコルビナーゼ）が含まれているが，これは，酸性にすれば活性が低下する．たとえば，しょうゆと酢を加えるとほとんど作用しない．しょうゆにも乳酸が約1%含まれていて，これが酢の酢酸約4%と合わさり，さらにしょうゆの食塩も，酸化酵素の働きを止めるのに役立つからと思われる．

モルトす（モルト酢）⇨**ばくがす**

モルネーソース（Mornay sauce）

ベシャメルソース➡をベースにしておろしチーズ，生クリーム，バターを加えて作ったソース．白身魚，鶏肉，アスパラガスなどにかけて焼き色をつけたり，グラタンに用いられる．

●モルネーソースの作り方

材料(カップ1杯強)：ベシャメルソースカップ1　生クリーム½カップ　おろしチーズ(グリュイエール，パルメザン)30ｇ　バター20ｇ

　ベシャメルソースに生クリームを加えて少し煮つめ，おろしチーズとバターを加える．

もろきゅう

きゅうりにしょうゆのもろみを添えたもの．もろみきゅうりがつまった言葉．酒の肴の一つ．

もろこ（諸子）

コイ科の淡水魚．ほんもろこ，たもろこ，すごもろこ，でめもろこなどがいる

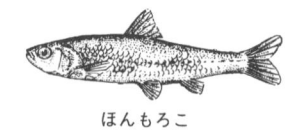

ほんもろこ

が，おもにほんもろこをさすことが多い．ほんもろこは琵琶湖が名産．体長は10〜15cm．冬に味がよい．佃煮，照り焼き，みそ焼き，南蛮漬けによい．

モロヘイヤ（molokheiya−アラビア）

シナノキ科の野菜．エジプトやアラビアなどで常食されている．モロヘイヤとはアラビア語で"王様だけのもの"という意味である．味にくせがなく食べやすい．刻むと粘りがでる．スープに入れたり，てんぷら，サラダ，酢の物，とろろ風などにする．ビタミン類や無機質が豊富である．

もろみ（諸味・醪）

清酒やしょうゆなど醸造物の各種の原料を仕込み，発酵させたもの．すなわち，清酒やしょうゆの搾る前のもの．酒では濁酒，しょうゆではもろみあるいはひしおと呼んでいる．もろみを布に包んで圧搾し，液を搾りとったものが清酒であり，しょうゆである．しょうゆのもろみは，野菜などを漬けたもろみ漬け，きゅうりにもろみを添えて食べるもろきゅうなどに利用されている．

もろみづけ（諸味漬け）

しょうゆもろみに野菜類を漬けたもの．そのまま酒の肴などに用いられる．

やきいも（焼き芋）

さつまいもを蒸し焼きにしたもの．焼きいもの作り方としては，丸のまま石の上に並べて焼く石焼きいも，皮をむいて薄く切り，ごま塩をまぶした西京焼き，土壺の中に針金でつるして焼くつぼ焼きなどがある．"9里よりうまい13里" というのは，さつまいも産地である川越が江戸から13里であったものをうまくしゃれたものといわれている．また，オーブンや電子レンジで焼くこともできる．電子レンジで焼いたものは，ほかの直接火を用いて焼いたものに比べ，甘味が非常に少ない．→

なお焼きいもには，ほぼ生のときの80％のビタミンCが残っており，ビタミンCのよい給源となる．

やきかた（焼き方）

日本料理の調理人の階級呼称で，焼き物料理を担当する人の呼び名．

やきざかな（焼き魚）

魚を焼いた料理の総称．塩焼き→，照り焼き→，付け焼き→などがある．焼き魚の調理法には直火焼きと間接焼きがある．直火焼きは，焼き網にのせたり金串にさしたりして直火で焼く方法で，塩焼き，照り焼き，付け焼き，貝殻やえびの殻焼きなどがある．間接焼きには，オーブン焼きなどのように高い温度の対流の中で焼く方法，包み焼きのようにアルミ箔などを通して焼く方法，フライパンやほうろくなどの鍋を使って焼く方法などがある．

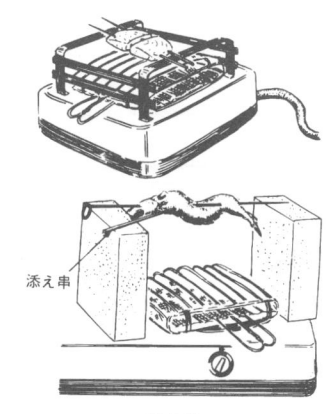

添え串

焼き魚

焼き魚は，外部から高い熱を加えることによって表面のたんぱく質を固め，内部の栄養分や旨味成分が損失しないため，一般に味がよい．また，焦げめをつけることによって香ばしい風味がつくという利点もある（→メラノイジン）．魚は焼きすぎないこと．焼きすぎるとバサバサとした口当たりになる．

魚を直火で焼くときは，強火の遠火がポイント．ガスコンロを用いるときは，炎が直接魚に当たらないよう魚焼き板をのせ，コンロの両側にレンガなどをたてて魚の串

🧪 調理科学

さつまいもとアミラーゼ

さつまいもの中にはでんぷん分解酵素のアミラーゼが多く含まれている．この酵素は，徐々に加熱されるとその間に働いて，さつまいものでんぷんを糖分に変える．そのためさつまいもは甘くなる．一方，電子レンジの場合は，短時間に加熱されるために，アミラーゼの活性が失われ，甘味はあまり増えない．

をささえると，強火の遠火の条件で焼くことができる．

やきしお（焼き塩）
食塩をフライパンまたはほうろくなどで炒ったもの．食塩によっては，塩化マグネシウムなど吸湿性の不純物を含むため固結しやすい．このような食塩を炒って加熱すると，塩化マグネシウムは酸化マグネシウムとなり，水に溶ける性質を失い，サラサラした状態となる．そのため，赤飯に振りかけるごま塩や，てんぷらなどのつけ塩として用いられる．焼き塩は日本ではかなり古くから用いられていたようで，堅塩(かたしお)と呼ばれていた．

やきしも（焼き霜）
皮をつけたままさしみにする皮作りで，皮目を火で軽くあぶって冷水にとり，霜降りにする方法である．焼き霜にしたさしみは焼き霜作りという．皮を柔らかくし，口当たりをよくする効果がある．かつおのたたきなどに用いられる．

やきそば（焼き蕎麦）
中国料理の点心の一つ．正式には炒麺(チャオミエン)という．焼きそばには，そばを炒め焼きして作る方法と揚げる方法とがある．前者は，めん，野菜，肉類を炒め合わせたもの．後者は油でぱりぱりに揚げためんに野菜や肉入りのあんをかけたものである．そばとキャベツなどを炒め，これにウスターソースなどで味をつけたものはソース焼きそばと呼ばれ，関西ではこれをそば焼きといっている．

やきとり（焼き鳥）
すずめ，つぐみなどの小鳥に，しょうゆ，みりんにさんしょうなどを加えたタレをつけて焼いたもの．ふつうは鶏肉や鶏の内臓を用いて串焼きにしたものをいう．タレの焦げた香ばしい香りがつく（→メラノイジン）．塩焼きにすることもある．

やきなす（焼き茄子）
なすを皮つきのまま直火で，中心まで柔らかく焼き，皮をむいたもの．皮はへたの方から先へ向かってむくとむきやすい．花がつおやおろししょうがを添え，しょうゆで食べる．椀だねにもよい．

●焼きなすの作り方
なすはへたつきのまま軽くたたき，全体を柔らかくしてから火の上で焼く．回しながら皮を真黒に焦がし，焼けたら表面の焦げめと皮をむく．熱いので指先に水をつけながら皮をむく．水につけてもよいが，なすの旨味が抜ける．花がつおとしょうゆで食べる．

やきにく（焼き肉）
牛，豚などの肉を金網，鉄板などで焼く料理．焼く道具によって鉄板焼き，網焼きともいう．朝鮮料理ではプルコギと呼び，焼く直前にしょうゆ，砂糖，酒，にんにく，ごま油などのタレに漬けた牛肉や内臓を網または鉄板で焼く．

やきのり（焼き海苔）
あさくさのりをあぶったもの．あぶると

調理科学

焼き霜とたんぱく質の変性
魚の皮の部分はコラーゲンといった硬たんぱく質が多く含まれ，そのままでは，かみ切れないような強い弾力をもっている場合が多い．こういったとき，皮の部分だけを加熱して，たんぱく質を変性させると，弾力が失われ，かみ切ることができるようになる．しかし，加熱したとき，そのまま放置すると，肉の部分まで，たんぱく質変性が起こり，口当たりが生の状態でなくなる．これを防ぐためには，熱したらすぐに冷やす必要がある．

きれいな緑色になる（☞あさくさのり）．焼きのり加工には，専用の熱ローラーのついた焼きのり機が使われる．

やきぶた（焼き豚）

豚肉に味をつけて焼いたもの．チャーシューともいう．中国語では叉焼肉（チャアシャオロウ）というが，叉焼とは肉を鉄串に刺して直火で焼くことの意．叉焼肉は豚肉を調味液につけてから，かけ鉤つきの鉄串に刺し，かまどの中につるして焼く．オーブンで蒸し焼きにする方法もある．いずれの場合も豚肉はかたまりのまま用いる．薄切りにし，からしじょうゆをつけて食べる．焼き豚を入れた中華そばがチャーシューメン．また，酒の肴，サンドイッチ，前菜，チャーハンなどにも使われる．

焼き方は中まで火が通ったところで止める．あまり焼くと堅くなる．焼きかげんは，串を刺すか，ナイフを入れてみて赤い肉汁が出る間はまだ．肉汁が澄んできたときに火からおろす．

かたまりのまま糸で巻いて，形を整える
焼き豚

●焼き豚の作り方

材料：豚肉（ももかたまり）600 g　しょうゆ大さじ5　みりん大さじ2　砂糖大さじ1　酒大さじ2　五香粉（またはさんしょうやこしょう）少々　青ねぎ½本　しょうが1かけ　にんにく1かけ　砂糖（タレ用）大さじ1

豚肉はフォークでつつき，たこ糸がくいこまない程度にまいて形を整える．バットにしょうゆ，みりん，砂糖，酒，五香粉を混ぜ合わせ，ねぎの斜め薄切り，しょうが，にんにくの薄切りを加え，ときどき肉をまわしながら1時間漬け，200度に熱したオーブンに入れて約1時間焼く．肉をオーブンに入れたら，漬け汁から野菜をとり出し，砂糖大さじ1を加えて煮つめ，タレを作る．途中，はけでタレを肉にぬりながら色よく焼き上げる．竹串を刺して透明な肉汁が出てくれば焼けている．

やきめし（焼き飯）⇨チャーハン

やきもち（焼き餅）

もちを火であぶり焼いたもの．ふつうのもちのほか，あんの入った大福もちや，だんごのようなものを焼いたものもいう．

やきもの（焼き物）

直火または間接的な放射熱によって加熱した料理の総称．調理法には，直火焼きと間接焼きがある．日本料理の直火焼きは，熱源からの放射熱が直接あたるようにして焼く焼き方で，串，網などが使われる．白焼き，塩焼き，照り焼き，付け焼きなどがある．間接焼きは，直接火をあてないで，ほうろく，卵焼き器，石，陶板，紙などを使って焼く焼き方で，直火焼きよりも加熱がおだやか．ほうろく焼き，卵焼き，石焼き，陶板焼き，紙焼きなどがある．

西洋料理での直火焼きにはグリル（網焼き）があり，間接焼きにはオーブンで焼くロースト（蒸し焼き）やパピヨット（包み焼き），フライパンで焼くムニエル（バター焼き）などの方法がある．

焼き物の特徴としては，材料中の旨味や栄養を逃がさない，香ばしい香りがついて風味が増すなどの点があげられる．

やきりんご（焼き林檎）

りんごの芯を抜き，中にバター，砂糖を入れてオーブンで焼いたもの．英語ではベークドアップル．酸味の強いりんごが適している．芯をくり抜くときは，芯抜きナイフを使うとよい．この際，下まで抜かず，底を少し残しておくこと．でき上がったら，ホイップドクリーム→，メレンゲ→，シナモンなどをかけて食べてもよい．

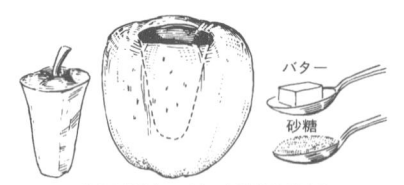

芯をくり抜き，バターと砂糖を詰める
焼きりんご

やくぜん（薬膳）

食材に漢方に属するものを使って調理した中国料理．栄養面だけでなく，健康や疾病の予防と治療を目的とした料理である．中国では，薬食同源あるいは，医食同源の考え方があり，伝統的に，体質や体調，また季節に合わせた料理を食べることが食事の基本との考えがあり，これに基づいたものである．

やくみ（薬味）

ねぎ，七味とうがらし，だいこんおろし，わさびなど，めん類や鍋料理のつけ汁や料理に添える香辛料，香味野菜などをいう．料理の風味を増し，食欲をそそるために用いられる．

やさいいため（野菜炒め）

熱したフライパンや中華鍋に油をひき，野菜を炒めて塩，こしょうなどで調味した炒め物→．野菜炒めをべたつかずにシャキッとした歯ざわりにするには，強火で手早く炒め，一度に大量に炒めないこと．調味は仕上げ間際にするなどがコツ．→いためもの

やさいサラダ（野菜サラダ）

野菜を主にしたサラダ類をいう．通常，よく冷やした野菜を切り，これにサラダドレッシングをかける．生野菜のほか，カリフラワー，アスパラガスのようなものはゆでて用いる．生野菜のサラダはできるだけ冷たく冷やして供する．冷たく冷やすと野菜の組織がもろくなり，歯ざわりが非常によくなるからである→．

やさいわん（野菜椀）

かぼちゃ，しいたけ，ゆり根，さといも，れんこん，だいこん，にんじん，さやいんげん，きぬさやなどの野菜数種類と，鶏肉をとり合わせた煮物椀．形よく切り，しょうゆ，みりんなどで味つけして彩りよく椀に盛り，吸い味のつゆまたは薄くず汁を注ぐ．

やしゆ（椰子油）

やしの核の中にある白いコプラからとっ

調理科学

野菜サラダをシャキッとさせるには

野菜の細胞は，野菜自体の温度が高いとき，非常にしなしなしてて歯切れがわるくなる．反対に，温度が10度以下になると，シャキシャキと歯切れがよくなる．その理由は，野菜の細胞の組織に重要な役割を果たしているペクチンが，温度が高くなると溶け気味になり，そのために，野菜の細胞もしなしなとした状態になる．反対に，温度が10度以下になると，堅くなるだけでなく，非常にもろくなり，歯でかんだときに砕けやすくなる．そこで，生野菜のサラダでは全体をよく冷やしておくこと．サラダを容器に入れてから容器ごと冷やしておくと，サラダがいっそう歯切れよく食べられる．

た油脂．主として食用のほか，マーガリンなどの食品工業用の原料として広く用いられている．なお，やし油は植物油であるが，脂肪酸のほとんどが飽和脂肪酸であるため，栄養的には植物油からはずして計算するようになっている．不飽和脂肪酸がたいへん少ないためである．また，アブラヤシの果肉からとったものをパーム油，その核からとったものをパーム核油といい，これらはオレイン酸が比較的多く，マーガリンやショートニングなどに用いられる．

やたらづけ（やたら漬け）

山形地方のみそ漬け．この地方で産する野菜を数種とり混ぜて，塩で下漬けしたものを，木綿の袋に入れてみそ桶の底に埋め込んで漬けたもの．だいこん，にんじん，きゅうり，ごぼう，なす，しその実，こんぶなどを刻んでいろいろなものをやたらに漬け込むという意味からこの名がつけられた．福神漬けに似た味がするが，みその香りがして独特の風味がある．最近は速成のものも多い．

やつがしら（八つ頭）⇨さといも

やっこ（奴）

大きいさいの目切りにした豆腐をいう．やっこ豆腐ともいう．やっこというのは，昔，大名行列の先頭を歩いた奴の着物につける方形の紋所に似ているところからついた名前である．

やながわなべ（柳川鍋）

どじょうとごぼうを卵でとじた料理．

●柳川鍋の作り方

材料：どじょう300g　ごぼう150g　卵4個　みつば1把　だし汁カップ1½　清酒カップ¼　しょうゆ大さじ2　みりん大さじ2　砂糖大さじ2

どじょうは頭をとり，背開きにし，中骨を抜く．ごぼうは細いささがきに

し，水にさらしてアク抜きをする．平鍋にごぼうを一面に広げて入れ，だし汁と調味料を加え，柔らかくなるまで煮る．その上にどじょうを並べてさらに4～5分煮る．卵を割りほぐして一面にかけ，3cm長さに切ったみつばを散らす．ふたをし，30秒ほど蒸らして火を止める．

やばねれんこん（矢羽根蓮根）

れんこんを矢羽根の形に切ったもの．れんこんを1cmくらいの厚さの斜め輪切りにしたあと，縦長の方の左右のみみを少し切り落とし，縦半分に切って切り口を開く．甘酢漬けや煮物などに用いられる．

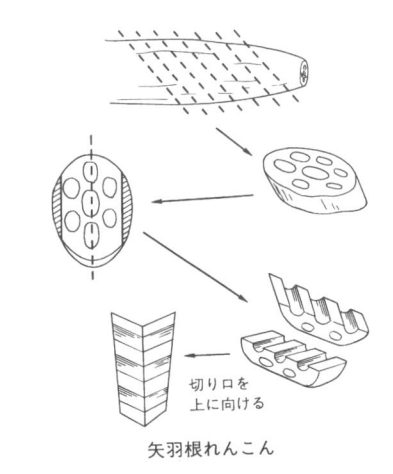

矢羽根れんこん

やまかけ（山掛け）

やまいもかけの略称．さしみ，豆腐，そばなどにやまのいものおろしたものをかけた料理をいう．とくに，まぐろの山かけを略して山かけということが多い．

やまといも（大和芋）⇨やまのいも

やまとに（大和煮）

牛肉，鯨肉，馬肉などを，しょうゆと砂糖で甘辛く煮しめた料理．缶詰にされているものが多いが，昔，日本の軍隊が軍用食

料として多く使っていた．

やまのいも（山芋）

ながいも，つくねいも，やまといもなど多くの種類がある．これらを総称して，とろろいもともいう．粘性物質は，たんぱく質に多糖類の一種のマンナンが結合したもの．でんぷん分解酵素であるアミラーゼを多く含むため消化がよい．麦飯にとろろ汁といわれるのは，ぼそぼそした堅い麦飯の消化を促すとともに口当たりをよくする目的もある．

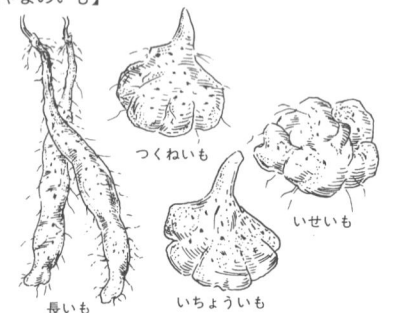

【やまのいも】

つくねいも
いせいも
長いも
いちょういも

アクがあるので皮は厚くむき，むいたらすぐ酢水につける（→ポリフェノール）．とろろ汁にはひねた大きないもを使うのがコツ．若いものは，すりおろしても腰がなく，色も黒ずむ．加えるだし汁は，なま温かいものがよい．熱すぎると粘りがなくなり，冷たすぎると，とろろになじまない．おろすときは，すり鉢の目にこすりつけておろすとなめらかに仕上がる．褐変するので，すりおろしたらすぐ食べること．とろろ汁のほか，うま煮，山かけなどにもよい．

ヤムチャ（飲茶）

中国で点心など軽いものをつまみながらお茶を飲む軽い食事のこと．料理としてはシューマイ，ギョーザ，中華まんじゅう，焼きそば，揚げそばなどがある．

やわたまき（八幡巻き）

うなぎ，あなご，はもなど身の長い魚を開いてごぼうに巻きつけ，みりん，しょうゆのタレをつけながら焼いたもの．小口から3cmくらいに切り，粉ざんしょうを振りかけて食べる．京都郊外八幡近辺がごぼうの産地であったところからつけられた名．

●八幡巻き（あなご）の作り方

材料：ごぼう小2本　だし汁カップ1　砂糖大さじ1　しょうゆ大さじ1　あなご小4尾　タレ（しょうゆ大さじ2　みりん大さじ3）

ごぼうは約20cm長さに切り，縦に四～六つ割りし，水にさらしてアクを抜き，だし汁，砂糖，しょうゆを合わせた中で煮て下味をつける．あなごは開いて骨と頭をとる．ごぼうの¼量を束ね，あなごの皮が外側になるように巻きつけ，端をつまようじで止める．金串に刺して素焼きにし，タレを2～3回ぬり，照り焼きにする．

やわらかに（柔らか煮）

たこや鶏肉を柔らかく煮上げた料理．調味はしょうゆ，砂糖，みりん，清酒などで．たこは短時間で煮上げる場合と，長時間煮込んで柔らかくする場合がある．鶏肉は長時間煮込んで柔らかく仕上げる．たこ柔らか煮，鶏柔らか煮などと呼ばれる．

ヤングコーン（young corn）

とうもろこしの未熟果．ベビーコーン，ミニコーンとも呼ぶ．生以外に，水煮の缶詰やびん詰がある．生はゆでてから用いる．サラダや中国料理に利用される．

ゆあらい（湯洗い）

さしみの手法の一つ．たい，すずき，こいなどをそぎ切りまたは糸切りにしたあと，やや熱めの湯に通し，すぐに冷水にとってさまし，水気をきったもの．処理の効果，食べ方などは洗い→と同じである．魚の下処理で，魚の生臭みをとるために生魚を熱湯にくぐらせることをいう場合もある．表面が白くなる程度にとどめるのがよい．

吸い物などに用いる魚では，切り身を湯洗いしたのち調理すると汁が濁らずきれいに仕上がる．表面のたんぱく質が固められるために，可溶性のたんぱく質が汁の中に抜けていかないからである．

ゆうあんやき（幽庵焼き）

しょうゆ，みりん，清酒，ゆずの輪切りを合わせたタレに魚を浸し，ゆずの香りをつけて，直火で焼いたもの．さわら，まながつお，いぼだいなどに用いられる．近江の国（滋賀県）堅田の茶人北村祐庵が考案したといわれるが一般に幽庵の字が用いられている．

●ゆうあん焼き（さわら）の作り方
材料：さわら4切れ　漬け汁（ゆずの薄切り4枚　しょうゆ大さじ2　みりん大さじ2　清酒大さじ2）ゆずの薄切り4枚

さわらを，ゆずの薄切りを加えた漬け汁に約1時間浸す．金串を打ち，先に皮目から，焦がさないように焼き，裏返してから十分に火を通す．盛りつけには魚とともに，ゆずの薄切りを添える．

ゆうかいねつ（融解熱）

固体が一定の温度で溶けて液体になるとき，多量の熱をうばう．この熱を融解熱という．0度の氷は0度の水よりも速くほかのものを冷やすことができる．これは，氷が融解するときに，多量の熱をうばうからである．このときに要するエネルギーは，1気圧のもとで水1gに対し約80calである．また，氷から水になるときにうばう熱は，水の分子に入り込んでしまい，水の温度を上げることはしない．融解熱を利用したものに，調理では寒剤→がある．

ゆがく（湯がく）

ゆでること．沸騰している湯の中に材料を入れて熱を通し，柔らかくしたり，アク抜きしたりすること．

ゆがま（柚釜）

ゆずの上部を切りとりふたにし，中身をくり抜いて料理を盛ったもの．酢の物，和え物などを入れることが多い．形が釜に似ているのでこの名がある．練りみそを詰めたものが柚釜みそ，柚釜にいろいろな材料を入れ，溶き卵を加えて蒸したものは柚釜蒸しである．

ゆかり（縁り）

梅酢漬けあるいは塩漬けした赤じその葉を乾燥させ，粉末にしたもの．振りかけの材料として多く用いられる．また，揚げ物の衣に混ぜたり，熱いごはんに混ぜたりしたものは，ゆかり揚げ，ゆかりごはんなどという．

ゆきひら（行平）

かゆを煮るための特別の器具．厚手の陶器製の鍋である．注ぎ口と持ち手がついて

いる．厚手なので保温力がよく，かゆがきれいに炊き上がるため用いられてきた．

ゆず（柚子）

かんきつ類の一種．夏に青い実が，11〜3月に黄色く熟したものが出回る．甘味がなく酸味が強いので生食には向かないが，香りがよいので料理に添えると，風味が増して食欲も増す．

皮は薄くへいで，吸い口に使う．刻んだり，おろしたりして和え物や蒸し物菓子に入れても香りが生きる．搾り汁は果実酢として鍋物や和え物に．また，中身をくり抜いて容器代わりにも使う．花蕾は花ゆずとして吸い口などに使う．香りがとぶので，使用直前に切ったりおろしたりすることが肝要．また，使用するまでは水分がとばないように紙やラップフィルムで包んでおく．

果皮と果汁に分け，それぞれを冷凍すると長期間保存ができる．

ゆすいもの（湯吸い物） ⇨はしあらい

ゆずみそ（柚子味噌）

練りみそに，おろしたゆずの皮を加えて練ったもの．ゆずは青ゆずでも黄ゆずでもよいが，表皮だけ使うこと．白皮が入ると苦味が出る．そのままなめみそにするほか，ふろふきだいこんやおでんの上にかけて用いられる．

ゆせん（湯煎）

大きめの鍋に湯をたっぷり入れ，それを火にかけて蒸気をたて，その中にもう一つ別の小さい鍋を入れて材料を加熱することをいう．加熱がおだやかで焦げつかず，強く加熱すると困るものなどに用いられる．黄身酢，きんとん，ホワイトソース，クリーム類などを加熱するのによく用いられる．また，卵などのように急速に加熱すると堅くなったり，もろもろになったりするものなどによい．内鍋の温度はだいたい80度どまりである．湯せん専用の二重鍋もある．

ゆだき（湯炊き）

ごはんを炊くとき，水からでなく，沸騰した湯の中に米を入れて炊く方法．大量の米を釜で炊く場合，水からでは熱のまわりが均一にならないため，上部と下部では加熱にむらができる．それを防ぐため，湯炊きという方法をとることがある．

米を入れたらすぐに上下をかき混ぜる．かき混ぜることによって熱のまわりが速く，均等になるため，大量でも均一に炊くことができる．⇨すいはん

ゆづけ（湯漬け）

湯に浸したごはん．湯漬けが流行したのは室町時代で，饗宴の際に出され，湯漬けの供し方や食べ方の作法まで定められた．その後戦国時代には，戦場で食べられる実用的な食べ物となった．現在の茶漬けの前身である．

ゆでこぼす（茹でこぼす）

ゆでてそのゆで汁を捨て去ること．アクや渋味，粘質物など不要な味のよくない成

調理科学

ゆきひらの保温力

材質が陶器であるため，保温力がよい．それに，上部の口径が狭くなり，しかも，陶器のふたがついているから，水分の蒸発が少なく，保温に役立つ．蒸発が大きいと，水蒸気にもっていかれる熱が大きくなり，全体を平均に加熱することがむずかしい．その点，ゆきひらは，焦げつかずに，しかもかゆ全体が平均に加熱される利点がある．

分を流し去るのが目的で，味をよくするのに効果がある．さといもは粘質物をとるためにゆでこぼしの操作が行われる．あずきのように，タンニンなどの渋味成分や緩下作用のあるサポニンを多く含むものも，一度ゆでてからゆで汁を捨てると，すっきりした味になる．

ゆでたまご（茹で卵）

卵をゆでたもの．完熟，半熟，温泉卵→の3種がある．英語ではボイルドエッグ．

半熟卵は，卵黄は半熟だが，卵白は固まっているものをいっていることが多い．しかし，本当においしい半熟卵は卵黄も卵白も同じようにむらなく火が通り，舌ざわりがよくとろりとした状態のものである．一番理想的なのは70～75度の湯に15分卵をつけておくことである．温度計で測るのが一番だが，ないときは，鍋にたっぷりの湯を沸騰させ，卵を入れたら火を止めて15分おくか，予熱した大きめのどんぶりに常温の卵を1個入れ，熱湯をいっぱいに注いでからふたをし，15分おいてもよい．80度以上になると卵白は堅くなる．

完熟卵は，沸騰した湯に卵を入れ，12～13分ゆでる．卵黄を真中にしたいときは，最初2分ほど箸で静かに転がす．しかし，古い卵では転がしても卵黄は端による．15分以上もゆでたものや，古い卵では，卵黄のまわりが黒くなる．

ゆとう（湯桶）

懐石料理の終わりに出される料理で，炊飯時のおこげ，またはいり米を入れた湯．焦げ湯ともいう．湯桶とは本来，湯などをつぐのに用いる注ぎ口と，もち手のついた筒状の容器のことであるが，懐石料理では料理名としても用いられている．おこげをさらにこんがりと焼き，熱湯を注ぎ，薄く塩味をつけるか，あるいは米をよく炒ったものに熱湯を注ぎ，薄く塩味をつける．漬け物を添えて供する．

ゆどうふ（湯豆腐）

こんぶを加えた湯で豆腐を温め，つけじょうゆにとって食べる料理．京都の南禅寺の湯豆腐が有名である．

豆腐を温める湯には塩を1%ほど加えておくのがコツ．こうすると煮すぎても堅くならず，いつまでも柔らかい湯豆腐を食べることができる．

ゆで卵の加熱と固まり方

加熱の条件		卵　白	卵　黄
温　度	時間		
70 度（半熟卵）	5 分	少し固まりはじめた程度	生
	10 分	半　熟	周囲は半熟だが中心は生
	15 分	半　熟	半　熟
65～68 度（温泉卵）	30 分	柔らかい半熟	完　熟
100 度（完熟卵）	3 分	少し柔らかいがほぼ固まっている	生
	5 分	凝　固	周囲は完熟，中心部は半熟
	10 分	〃	ほとんど凝固，中心部が少し半熟
	13 分	〃	完　熟
	18 分	〃	完熟，卵白・卵黄の境目が黒くなっている

豆腐の食べごろは，豆腐が動き出して浮き上がってきたころ．つけじょうゆを器に入れ，鍋の中に入れて温めておくといっそうよい．ねぎ，だいこんおろし，七味とうがらしなどの薬味を添える．

ゆどおし（湯通し）
材料にさっと熱湯をかけたり，湯をくぐらせることをいう．表面の殺菌や，たんぱく質食品では，たんぱく質を軽く変性させ，口当たりをよくしたり，めん類などでは，温めたり，柔らかくする．その他油抜きなどに用いられる．

ゆどりめし（湯取り飯）
米の粘りを除いて炊いた米飯．日本でのふつうの炊飯は粘り（おねば）もともに炊き込むが，湯取り飯は，米を軽くゆで，ゆで汁をこぼして粘りを洗い流してから，蒸し釜やオーブンなどで蒸す．粘りがないので，でき上がった米はサラリとしている．この炊飯法は欧米や中東などで広く行われている．

ゆに（湯煮）
脂肪の多いもの，くせのあるものをさっと熱湯でゆでること．脂肪や，不快臭を抜くのに用いられる．
ハム，ソーセージなどの加工食品では，仕上げの工程で，湯で加熱することを湯煮という．

ゆば（湯葉）
豆乳を加熱して，表面にできたたんぱく質の皮膜をすくいとったもの．生ゆばと干しゆばがある．ゆばは栄養価の高い食品で，干しゆばでは重量の約半分はたんぱく質，1/4は脂肪である．干しゆばは保存がきくが，あまり長くおくと脂肪が酸化して味がわるくなるうえ，栄養的にもよくないので早く食べてしまうことが大切である．生ゆばは日もちがわるいので，冷蔵庫に入れ，2～3日で使用する．煮つけ，汁の実などに用いられる．

生ゆばはそのまま，干しゆばは戻して用いる．ぬるま湯にさっと浸すか，水にさっと浸してざるにとり，全体に水分をゆきわたらせて柔らかくしてから調理すると扱いやすい．ぬれぶきんに包んで戻してもよい．煮すぎるとくちゃくちゃになるので，ひたひたの煮汁でさっと煮上げるのがコツ．煮汁は薄めの塩味がよい．

調理科学

ゆで卵と緑変
卵はゆですぎると卵黄のまわりが黒っぽい緑色に変化する．これは古い卵にかぎらず，新しいものでも15分以上ゆでるとできる．この色は，卵白の中に含まれるシスチンというイオウを含んだアミノ酸が，長く加熱されると分解して硫化水素を出し，これが卵黄の鉄分とくっついて硫化鉄をつくるからで，害はない．

卵のたんぱく質の凝固と温度
卵白と卵黄は，たんぱく質が主成分であっても，凝固温度にやや差がある．卵白は58度で固まりはじめ，62～65度で流動性を失い，70度でほぼ固まる．しかし，この温度ではまだ完全に固まって堅くなっていない．80度以上で完全に堅くなる．卵黄の場合は，65～70度で，かなり強く固まる．そこで，卵を65～68度の湯に30分以上浸しておくと，卵黄は，箸でつまめる程度に凝固するのに対して，卵白は，まだどろどろした状態で，いわゆる温泉卵ができる．

湯豆腐と塩の働き
塩を加えると堅くならないのは，豆腐はそのまま煮ると，豆腐の中に残っている凝固剤が働いて堅くなるが，ゆで水に塩を加えると，塩の成分であるナトリウムが，豆腐の中の余分な凝固剤の働きを防ぐためである．

ゆびき（湯引き）

下処理した魚に熱湯をさっとかけるか、熱湯にさっと通すこと．さしみの湯引きづくりは熱湯をさっとかけたあと、冷水で急に冷やしたもの．鶏の羽毛を抜きやすくするため、熱湯に浸すことも湯引きという．

ゆぶり（湯振り）

調理の下処理法の一つ．ざるに入れた材料を熱湯に浸して手早く振り動かし、表面に熱を通すこと．霜降り➡ともいう．

ゆむき（湯むき）

材料に熱湯をかけたり熱湯の中に浸したりして、外皮をむくこと．トマトが代表的．トマトのへたのところにフォークか箸をさし込み、熱湯にさっとつけ、すぐ冷水にとって冷ます．トマトの表皮がちょうどやけどをしたような状態になり、薄皮だけがきれいにむける．

ゆりね（百合根）

ユリ科のゆりの鱗茎．花ゆりの根には一種の苦味があるので食用には向かないが、食用種は苦味がなく品質がよい．おもな品種としておにゆり、やまゆり、こおにゆりなどがあげられる．主成分はでんぷん．ゆり根の粘質物はグルコマンナン．甘味が強いが、これはブドウ糖が多く含まれているため．傷ついたゆり根はポリフェノール➡の酸化で褐変が起こる．色が白くて鱗片が大きく、よくしまっているものを選ぶ．保存には、乾燥しすぎないようにおがくずの中に入れておくとよくもつ．

さっとゆで、アクを除いてから料理に用いるが、あまりアクのないものは生から煮た方が味がよい．美しく形を整えて姿のまま含め煮に．また鱗片を一枚ずつはがし、卵とじや茶碗蒸しのたねなどのほか、きんとんや茶巾しぼりにする．さっとゆでて梅肉で和えたものは彩りも美しく酒の肴向き．野生のものは苦味があるので一度ゆでてアク抜きしてから用いる．煮くずれしやすいので火かげんに注意し、煮すぎないようにする．ミョウバンを加えて煮ると煮くずれしにくい．

よ

ようがらし（洋辛子）⇨マスタード

ようかん（羊羹）
　和菓子の一種．蒸しようかん➡，練りようかん，水ようかん➡の3種がある．蒸しようかん，水ようかんは糖分が少なく，水分が多いため日もちがわるい．練りようかんは，あずきあんにかんてん液を加えてよく練り固め，照りを出して作ったもので，砂糖含有量が多いので日もちがよい．
　練りようかんは砂糖の防腐効果を利用したものである．しかし甘味を減らすため，あるいは価格を下げるために砂糖を減らし，合成甘味料を使ったものには，防腐効果はない．ふつうそのようなものには保存料が添加してある．

ようしゅ（洋酒）
　材料のもつ臭みを消し，香気を与える目的で各種の洋酒が料理や菓子に使われている．ワインが最も一般的で，用途は広い．そのほか，洋酒のシェリー酒やマデイラは羊肉や牛肉の料理に，シャンパンはハムや魚の料理に用いられる．菓子にはブランデー，ペパーミント，キュラソー，ラム酒などが香りづけとして使われる．

ようなし（洋梨）
　西洋なしのこと．英語ではペア．日本なしに比べてきめが細かくねっとりした肉質である．甘味も強く濃厚である．洋なしは完熟前に収穫して，1〜2週間追熟させる．こうすると果肉は柔らかくなり，香りも出てくる．収穫後すぐ食べても堅いだけでおいしくない．生食のほか，缶詰品も多い．
➡なし

ようにく（羊肉）⇨マトン

よくせいこうか（抑制効果）
　異なった味をもつ二つの物質を溶かした溶液を混合すると，一方の溶液の味が，もう一方の溶液の味の影響で弱く感じるようになる．これを味の抑制効果という．相殺効果ともいう．代表的なものとして，あんばい➡がある．塩味は，梅のような酸味に会うと味がまるくなる．夏みかんに塩をつけて食べると，夏みかんの酸味が塩でまるくなって食べやすくなる．また，はくさい漬けなどは，十分に漬かると塩辛味がまるくなる．これは，発酵によってできた有機酸類によって塩味が抑えられるからである．そのほか，イノシン酸などによっても塩味がまるくなる．

ヨーグルト（yoghurt）
　発酵乳の一種で，牛乳，脱脂乳などを乳酸菌または酵母で発酵させたもの．形状から，プリン状のハードヨーグルト，糊状のソフトヨーグルト，液状ヨーグルト（飲むヨーグルトともいう），冷凍したフローズンヨーグルトがあり，添加物による分類では，何も添加していないプレーンヨーグルト（ナチュラルヨーグルト），果汁や糖類などを加えたフレーバーヨーグルト，果実を加えた果肉入りヨーグルトがある．そのまま食べるのもよいが，サラダや，パイナップル，りんごなど果物のヨーグルト和えにもよい．

よしの（吉野）
　くず粉を用いた料理につけて用いられる名称．奈良県吉野地方は古くからくずの名産地であったところからくず粉の代名詞として用いられる．くず粉の代わりにかたく

り粉を用いた場合にも吉野という名が使われている．

よしのあげ（吉野揚げ）
材料にくず粉またはかたくり粉をまぶして揚げたもの．

よしのくず（吉野葛）⇨くずこ

よしのじたて（吉野仕立て）
くず粉またはかたくり粉を用いて濃度をつけたものをいう．吸い物，煮物など各種の料理に用いられる．料理によりそのつけられる濃度もさまざまである．汁物にしたものは吉野汁，煮物では吉野煮あるいはあんかけなどとも呼ばれている．くず粉を加えるときは，あらかじめ水で溶き，これを熱い料理の中にまわしながら加えてさっとかき混ぜ，均一に濃度がつくように仕上げる．一般に塩味や油があると濃度は下がり，砂糖や酢を加えると濃度の上がる傾向がある．

よしのず（吉野酢）
二杯酢➡や三杯酢➡にくず粉またはかたくり粉を加え，加熱してどろりとさせたもの．材料全体に味をからめることができる．たで酢など粘りのある合わせ酢を作るときにも用いられる．

よしのに（吉野煮）
くず粉を用いて煮た煮物のこと．くず煮ともいう．煮物の最後にくず粉やかたくり粉を加えてドロリとさせたものをいう．また，材料にくず粉をまぶして煮たものも吉野煮という．ドロリとさせることで味が全体にからみ，味の浸み込みにくいものに味をからめることができる．また，なめらかな舌ざわりも料理の味にプラスされる．

よせな（寄せ菜）⇨あおよせ

よせなべ（寄せ鍋）
えび，魚，貝，鶏肉，練り製品，野菜，きのこなどいろいろな材料をいっしょに煮ながら食べる鍋料理．しょうゆ，みりんなどで調味しただし汁の中で煮る．汁ごととって食べる．家庭料理なので，材料や食べ方にきまりはない．

よせもの（寄せ物）
かんてん，くず粉，ゼラチン，やまのいも，卵などを用いて固めた料理．かんてんを用いればかんてん寄せ，くず粉を用いればくず寄せという．ごま豆腐も一種の寄せ物である．清酒，塩，みりんなどで薄く味つけしたり，上から吸い物程度に味つけした汁やみそあんをかけて食べる．おもに口取りにされ，彩りよく仕上げることが大切．

よねず（米酢）
米酢（こめず）の別名．また合成酢の一部の地方での呼び方．

よびしお（呼び塩）
塩分の多い塩魚や干物を薄い塩水に漬けて塩抜きをすること．真水につけると魚の方が塩分濃度が高いために真水を多く吸い込み，ふやけてしまう．しかし，外の水にも食塩を加えておくと，魚が水を吸い込まずに塩抜きができる．

うまく塩を呼び出すので呼び塩という．迎え塩ともいう．

調理科学

呼び塩の科学

塩抜きをするとき真水だと，食品の食塩濃度が非常に高いので，水が食品内へ強く移動する．つまり，塩分はよく溶出するが魚が水っぽく，にがり成分（塩化マグネシウムなど）が魚に残る．しかし，浸す水に少し食塩を加えると，食品内の塩分が薄い方へゆっくり移動し，にがり成分も同時に溶け出し，魚は水っぽくならずよい味に仕上がる．

よびみず（呼び水）

漬け物の漬け水の上がりをよくするために差す水のこと．塩漬けなら塩水を，酢漬けなら酢を使う．差し水，迎え水ともいう．漬け物の漬け汁の上がり方が遅いと，漬け汁の上に出ている部分の材料が変質してしまう．ことに暑い季節は，ぐずぐずしていると材料が器の中で腐敗してしまうので，漬け汁は早く上がるようにしなければならない．漬け汁が上がるのを助けるのがこの呼び水である．呼び水を加えることによって塩が早く溶け，浸透圧の作用を促進する．比較的水気の少ない材料を塩漬けする場合，あるいは乾燥させた野菜を塩漬けする場合はとくに大切である．

よもぎ（蓬）

キク科の多年草．昔から食べられてきた代表的な野草の一つ．β-カロテンが多く，カルシウム，鉄なども含まれている．また駆虫効果をもつ成分も含まれている．柔らかい葉を摘み，水洗いしたあと，熱湯でゆでる．その際，木灰か炭酸水素ナトリウム（重曹）を入れておくとアクが抜け（☞あく），また色もきれいになる．ゆで上げたら十分に水をとりかえてよく絞り，アクを流し出す．アクが残っているとえぐ味がある．

生のままでてんぷら，ゆでてごま和え，ごまみそ和え，草もちなどに．沖縄ではよもぎをフーチバーといい，野菜として用い，一年中出回っている．

よりうど（縒り独活）

うどの飾り切りの一つ．かつらむきにしたうどを広げ，斜めに細く切り，水に放つとらせん形になる．汁物のあしらいに用いられる．

【よりうど】

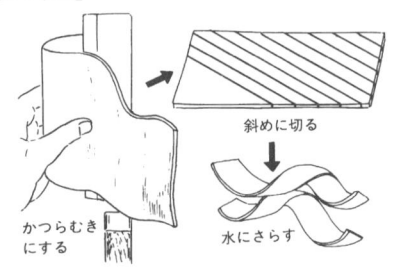

よろいやき（鎧焼き）⇨おにがらやき

ライチー（litchi）

ムクロジ科．レイシともいう．中国南方の原産．直径3cmくらいの丸い果実で，赤みがかった茶色の小さいウロコ状の皮でおおわれている．この皮はぱりぱりとはげるように指でむける．果肉は半透明の白色で，中央にびわの種子のような大きな種子が一つある．甘味が強く多汁質で濃厚な味をもっている．中国では古来より強壮剤として珍重され，楊貴妃が美しさを保ったのもこの果物が好物であったからともいわれている．日本でも沖縄，九州南部で栽培されている．表皮が鮮紅色のものが新しいが，多少黒ずんでいても食べられる．

ライム（lime）

かんきつ類の一種でレモンに似た果物．酸味，苦味がレモンより強く，高い芳香がある．レモンと同様にビタミンCが多い．ほとんど輸入品．皮の色が明るい緑色で，つやのよいもの，がっちりしたものがよい．ジュース，飲み物の飾り，料理の香りづけなどに用いる．また，カクテルの材料としてジンライム，ギムレットなどに使われる．

ライむぎパン（ライ麦パン）

ライ麦を主原料としたパンの総称．色が黒いところから黒パンともいう．ライ麦粉のみを使用したもののほか，小麦粉や小麦の全粒粉などを混合したものがある．ライ麦のたんぱく質は，通常では水を加えてこねても粘弾性がでず，酸性になってはじめてグルテンが形成される．そのためライ麦パンは生地をつくるときに乳酸発酵させてあり，少し酸味のあるのが特徴である．これをサワードウという．ライ麦パンは酸味があるため，塩味のある魚や肉，ソーセージ，バター，チーズ，野菜では塩ゆでしたじゃがいもなどと合う．

ライ麦が多いとパンは堅いので，ライ麦パンを切るときは，ライ麦の多いものほど薄く切るのがよい．

ラオチュウ（老酒）

中国では醸造酒（黄酒ホワンジオウ）の中で長期間貯蔵熟成した酒をいうが，日本では一般に紹興酒しょうこうしゅの長期間貯蔵熟成したものを指す．中国語ではラオジョウという．香りや味がマイルドで上質の酒として扱われる．料理とともに飲むことが多い．甘口の酒は室温で，辛口は氷を入れロックで飲むとよい．氷砂糖の添えられることもあるが，中国では，老酒に氷砂糖を入れるのは酒の品質がよくない場合とされるので入れない方が失礼にならないといわれる．

らくがん（落雁）

打ち菓子の一種．穀粉に砂糖と少量の水，水あめなどを加えてよくこね，これを，各種の形を彫りつけた木型に詰めて抜きとり，焙炉ほいろに入れて乾燥する．らくがんだねの原料は，本来はもち米であるが，穀粉なら何でもよく，うるち米，玄米，小麦，大麦，粟，大豆，あずき，くり，そら豆などを用いたものも多い．

地方銘菓としては，御所らくがん，麦らくがん，豆らくがん，くりらくがん，初雁城などが有名である．

ラザーニャ（lasagna—伊）

イタリアのパスタの一種．ラザーニェともいう．幅5cm，長さ20cmぐらいの板状の

もので，このパスタを用いた料理もいう．料理は，ゆでたパスタとミートソースと各種チーズ（モッツァレラ，パルメザン，リコッタまたはカテージチーズ）を焼き皿に層状に2～3回くり返して重ね，オーブンで焼く．リコッタやカテージチーズの代わりにベシャメルソース→を用いてもよい．パスタにはほうれん草を加えた緑色のものもある．

ラスク（rusk）

ビスケットの一種．薄く切ったパンの表面に，卵白に粉砂糖を加えて泡立てたものをぬって焼く．焼くのには通常オーブンを用いる．保存性があり，消化もよいので幼児食に適する．

ラズベリー（raspberry）

きいちごの一種．果実の色は品種により，赤，黄，黒，紫などがある．甘酸っぱく，香りが高い．生でも食べられるが，砂糖煮，ジャム，シロップ，リキュールの材料などに多く用いられている．

らっかせい（落花生）⇨ピーナッツ

らっかせいず（落花生酢）

ピーナッツを使った合わせ酢．ピーナッツをすり鉢でよくすり，酢，砂糖，塩を加えてどろりと溶きのばす．野菜や魚介類に向く．

●らっかせい酢の割合
材料：ピーナッツ50g　酢大さじ2　砂糖大さじ1　塩小さじ2/3
　　ピーナッツをすり鉢でよくすり，酢，砂糖，塩を加えて溶きのばす．

らっかせいゆ（落花生油）

ピーナッツの種子からとった油で，淡黄色で特有のよい香りをもっている．サラダ油，フライ油，油漬などに用いられる．アメリカではフライ油に多く使われ，ヨーロッパではショートニング，マーガリンに多く加工されている．→しょくぶつゆ

らっきょう（薤）

ユリ科．6～7月に出回る．砂丘の砂地に作られたものがよい．生のままみそをつけて食べる方法もあるが，多くはらっきょう漬け→にする．らっきょうのもつ独特のにおいは，ねぎ類に共通の含硫化合物によるものである．これはビタミンB_1の吸収をよくする．

らっきょうづけ（薤漬け）

らっきょうの漬け物．甘酢漬けが代表的で，単にらっきょう漬けといえば甘酢漬けをさすことが多い．このほか，しょうゆ漬け，粕漬け，みそ漬けなどもある．

らっきょう

●らっきょう漬けの作り方
材料：らっきょう1kg　塩100g　水カップ3
　　らっきょうを水洗いし，茎とひげ根を切り，薄皮をとり除く．分量の塩と水を合わせ，ひと煮立ちさせて冷ます．容器にらっきょうを入れ，塩水を注いで押しぶたをのせ，軽く重しをかけ，約2週間下漬けをする．このままでも食べられるが，甘酢，しょうゆなどに漬けかえるときは，半日ほど陰干しにした後，漬けかえる．
　　甘酢漬け（酢カップ3，砂糖カップ1～2，赤とうがらし2～3本，下漬けらっきょう1kg）
　　しょうゆ漬け（しょうゆカップ3，みりんカップ1～2，だしこんぶ10cm角1枚―細く切って加える．下漬けらっきょう1kg）

ラックスハム⇨なまハム

ラディッシュ（radish）

アブラナ科のだいこんの一種．はつかだいこんともいう．色は赤，赤紫，薄紅色などがあるが，いずれも中は白色．形は，多く見かけるのは丸形だが，長めのものもある．美しい色と形を利用してサラダ，オードブルなどに用いる．料理に用いるときは花形などに美しく切り，冷水でよく冷やすと切り口がきれいに開き，歯ざわりがさわやか☞．

ラード（lard）

豚の内臓脂肪，背油などの脂肪部分を精製したもの．豚脂ともいう．JASでは豚脂100％の純製ラードと，牛脂やパーム油などを混合した調製ラードに規格化している．牛脂よりも柔らかく，融点が低い（28〜48度）ので，舌ざわりがよい．空気中で熱するとベーコンのような香り，空気に触れないで加熱されると，刺激性のチーズのような香りがする．揚げ油，炒め油として料理に使うと独特の風味がある．ラードを使った料理は熱いうちに食べること．冷えるとあぶらが固まって口当たりがわるくなる．開封後は冷暗所におくと1か月くらい保存できるが，長期間おくと変質し，に

おい，味ともに落ちる．☞

ラビオリ（ravioli―伊）

イタリアのめん料理の一種．小麦粉を練って大きく薄くのばしたものを2枚作る．1枚の方に調味したひき肉，野菜などの具を少しずつ同じ間隔をあけて一面におく．材料と材料の間に卵黄の水溶きをぬり，その上にもう1枚の皮をのせてよく密着させ，四角に切りはなす．四角いくぼみの並んだラビオリ型を使えば便利．これを熱湯でゆでて，トマトソースやおろしチーズをたっぷりかけて熱いうちに食べる．

ラビゴットソース（ravigote sauce）

ビネグレットソース（➡ドレッシング）の中に，たまねぎ，パセリ，トマト，ピーマンなどのみじん切りとケーパー（香辛料の一つ）を加えて混ぜ合わせたソース．サラダ，前菜，魚料理などに用いられる．

ラフテー

沖縄料理の一つ．角切りの豚の三枚肉を，しょうゆ味で時間をかけて柔らかく煮込んだ料理．非常に濃厚な，とろりとした口当たりである．

この料理は，中国のトンポーロー（東坡肉）が長崎に伝わって東坡煮となり，一般には豚の角煮と呼ばれているもので，沖縄

調理科学

ラディッシュが花形に開く理由

細胞の中には，カリウムなどの塩類が含まれている．したがって，野菜を切り，水に浸すと，細胞はその中の方が外の水より塩類濃度が高いから浸透圧の作用で水分が細胞内に吸収される．このとき，皮に近い方の細胞は弾力性が少なく，反対に，内側の方の細胞は弾力性があるので，多量の水を吸い込んだ内側がふくらむ．そこ

で，ふくらみのよくない外側が縮んだような形になり，花形に開く．ただし，浸す水に食塩など入れると，浸透圧は外の食塩の方が強く働き，水分が外に吸い出されるので野菜はしんなりとなり，また，花形にも開かない．

ラードのとり方

自分でラードをとるときは，豚の生あぶらを細かく刻み，あぶら

1kgに対し，水カップ½杯の割で鍋に入れ，強火にかける．腹あぶらを使うのが一番よく，ついで背あぶらがよい．あぶら身が鍋にくっつかないようにかき混ぜながら煮る．あぶらがなくなってくると，かすは上へ浮かんでくる．かすがきつね色になったころ火を止め，かすだけ網ですくい上げる．あとに残ったあぶらを十分冷ますとクリーム色のラードがとれる．

ではラフテーと呼ばれ，代表的料理の一つとなっている．

●ラフテーの作り方

材料：豚三枚肉600g　だし汁カップ7　砂糖カップ1　しょうゆカップ2/3　泡盛カップ1　溶きがらし少々　しょうが少々

　豚三枚肉は湯でよく洗ってかたまりのまま約40分ゆで，冷めたら4〜5cmの角切りにする．鍋に豚肉を入れ，だし汁をひたひたに注ぎ，砂糖，泡盛を入れ，中火で約30分煮込み，しょうゆを半量入れる．さらに1時間ぐらい煮込み，残りのしょうゆを入れ，そのまま4〜5時間煮る．このくらい煮ると箸は楽に通るようになる．すぐ食べるより，煮汁に半日以上漬けておくと味がいっそうよく浸み込む．食卓に出す前に温めて器に盛り，おろししょうがを振りかけ，溶きがらしを添える．

ラム（lamb）

　1年未満の子羊の肉．マトンに比べ臭みも少なく，あっさりしている．ラムの肉色はマトンより浅い．赤みの強いぼたん色で，明るくさえたものがよい．ジンギスカン鍋や，バター焼き，また，しょうがじょうゆにつけて網焼きにしたり，衣をつけて揚げ物にしたりする．

ラム（rum）

　蒸留酒の一種で，サトウキビの搾り汁や糖蜜を発酵，蒸留した後，なら樽に入れて熟成させる．ヘビィ，ミディアム，ライトがある．ヘビィは最も風味が豊かで味も濃厚である．色は濃褐色．リキュールか調合飲料によく，また菓子の風味づけにもよい．ミディアムは，風味はヘビィほど強くないが，ヘビィタイプに近い用途をもつ．ライトは柔らかい風味とデリケートな味をもち，カクテルに使われる．上等ラムはストレートで飲むのがよい．

ラムネ

　炭酸水に甘味料を加え，レモンなど果物の風味をつけた炭酸飲料のこと．名前はレモネードからきた．本物のレモンは使わずフルーツ系香料を使っている．特殊なラムネ玉の入ったびんに詰めてある．

ラーメン

　中華めんで作った汁そばのこと．ゆでめんに調味したスープをかけ，焼き豚，メンマ→，もやしなどを添える．スープの調味はしょうゆが主だが，みそ味，塩味もある．

　夜なきそばをラーメンといったり，インスタントラーメンをラーメンと略称で呼んだりする．

らーゆ（辣油）

　とうがらしの辛味成分を溶かし出した辛いごま油．ごま油を熱し，この中にたかのつめを入れて加熱すると辛味成分が抽出される．

　中国料理の調味料としてギョーザのつけ酢じょうゆや，はくさいの和え物などに用いられる．中国語で辣油（ラーユ）という．

らんか（蘭花）

　しゅんらんの花のこと．さしみや吸い物のあしらいに使われる．塩漬けしたものはそのまま湯を注ぎ，箸洗→などに使う．

らんぎくづくり（乱菊作り）

　さしみの盛り方の一つで，細作りにしたいかや赤貝を乱菊のように盛りつけたもの．

らんぎり（乱切り）

　不規則に包丁を入れて切る野菜の切り方．だいこん，にんじん，ごぼう，さつまいもなど切り口の丸いものは，材料を手前に回しながら斜めに大きさをそろえて切

る．かぼちゃなどのように形の不規則なものは，形はちがっても，だいたい同じ重さになるように切る．煮物，シチューなどに用いられる．

乱切り

ランチ（lunch）
正式には昼食の意味．わが国では，盛り合わせの一皿盛り定食料理や簡単な定食のこともいう．カツランチ，お子様ランチなどのように用いられている．

ランチョン（luncheon）
昼食のことで，ランチより格式のある午餐，つまり，接待，パーティーなどの昼食をいう．

ランブータン（rambutan）
ムクロジ科の熱帯性の果物．直径5～6cmの丸い果実で，橙色か紅色の柔らかい肉質のとげでおおわれている．皮は薄く指先でむける．果肉は半透明の乳白色で，中央に細長い種子が一つある．ほどよい甘味と酸味，およびほのかな香りがある．生食するほかジャムや酒に加工することもある．

らんもり（乱盛り）
一定の形をしない盛りつけ方．糸作りのさしみなどに用いられる．

り

リエゾン（liaison—仏）
　西洋料理のソースに使うつなぎで，ソースにとろみをつけるもの．リエはつなぎという意味．ルウとちがって仕上がりに使われる．おもなものに，ルウ➡，小麦粉とバターを同量ずつ炒めずにそのまま練り合わせたブールマニエ➡，でんぷんなどの水溶き，卵黄，生クリーム，バター，血液などがある．

リーキ（leek）
　ユリ科．西洋ねぎのことで，フランス語ではポワローという．日本ねぎと似ているが，葉は堅く扁平で，日本のねぎのように中は空洞になっていない．白い部分だけが食べられる．サラダやスープなどに用いる．一度柔らかくゆでてから用いることが多い．そのほか，煮込み料理，クリーム和えなどに用いる．

　一年中市販されているが，秋から冬にかけてがよい．買うときは白い部分が多くて太いものを選ぶ．肉質は柔らかく甘味に富んでいる．

リーキ

りきゅう（利久）
　白ごまを使う料理につけて用いられる．千利休の創作によるものか，利休の好んだ料理かは不明である．休の字は忌み字として避け，久の字を用いて利久としていることが多い．材料に白ごまをまぶして揚げた利久揚げ，魚に塩や清酒で下味をつけ，ごまを振りかけて蒸した利久蒸しなどがある．

リキュール（liqueur）
　醸造酒や蒸留酒またはアルコールに糖類や果実，種子，香草などの香味料と着色料を加えて作ったもの．一般に香気が高く甘味があり美しい色をしている．アニゼット，ペパーミントキュラソーなどがある．食前食後酒によく，カクテルには不可欠．

りしょう（離漿）⇨りすい

りすい（離水）
　離漿ともいう．ゼリー状のもの，あるいは膨潤している物質から水分が分離してくるような現象をいう．ゼリーは水分が多いなど条件によっては，その中に含んでいる水が分離してくる．

　離水という現象が起こるのは次のような理由からである．かんてんゼリー，ペクチンゼリー，ゼラチンゼリーのように固まったゲル状のコロイドは，いずれもその中の組織は網の目状になっていて，その中に自由に動ける水が多量に含まれている．ゼリーの中に含まれている大部分の水はこの自由水であって，ゼリーの組織の一部分となっている水は非常に少ない．ところが，この網の目状の組織は互いにひっぱりあって小さく縮まろうとする性質がある．もし網の目状の組織が弱いと，組織の網の目の間に保たれていた自由水は外へ絞り出されるような形でゼリーの外に出てくる．しかし，網の目状の組織が強い場合には，縮もうとしても中の水が組織の中から出られず，離水は起こりにくい．したがって，水ようかんなど水分の多い柔らかいゼリーほどこの現象は著しい．また，温度が高いほど離水が早い．

ゼリーの離水は砂糖の濃度が高いほど起こりにくい．砂糖が保水性をもち，網の目状組織から水が外へ押し出されようとするのをくいとめる働きをするのと，網の目状組織そのものを強くする作用があるからである．したがって，砂糖を多く使ってある練りようかんなどでは離水は起こらない．

リゾット（risòtto―伊）

イタリアの米料理．細かく切ったたまねぎをバターで炒め，洗い米を入れてさらに炒めてからスープストックと塩を加え，柔らかめに炊いたごはん．炊き上がったらおろしチーズやバターを混ぜる．

リ・ド・ボォー（ris de veau―仏） ⇨ きょうせんにく

リーフパイ（leaf pie）

パイの一種．パイ生地を木の葉型に形どって焼いたもの．→パイ

リフレッシュメント（refreshment）

よみがえる，生きかえるという意味．聖書の中に出てくるキリストが呼びかけた言葉．おやつとか，息抜きのお茶などに用いられる．ひと息ついて元気づくところからきたもので，欧米では一般におやつの意味に用いられている．

リャンバン（涼拌）

中国料理で冷たい和え物や酢の物のことをいう．調味酢は酢，しょうゆ，砂糖，ごま油などを合わせて作る．辛味のほしいときはラー油または溶きがらしを加える．料理例としては，涼拌三絲（リャンバンサンス）（3種類のせん切りにした材料の和え物），涼拌鮑片（リャンバンパオピエン）（あわびときゅうりの酢の物），涼拌海蜇（リャンバンハイジョオ）（くらげの酢の物）などがある．

リャンバンメン（涼拌麺）

冷やし中華そばのこと．中国語では涼拌麺（リャンバンミエン）．ふつうは冷めんと呼んでいる．中華そばの上に錦糸卵や生野菜，ハム，焼き豚などの細切りをのせ，酢，しょうゆ，砂糖，ごま油，だし(スープ)などを合わせた調味酢をかけたもの．涼拌（リャンバン）とは，中国料理で冷たい和え物や酢の物のことをいう．辛味として，ラー油や溶きがらしを加える．

リュウ（溜）

中国料理の調理法の一つで，あんかけのこと．揚げたり，炒めたり，蒸したりしてでき上がった料理の上に，あんをかけたりからめたりする．特徴は口当たりがよいこと，煮汁にむだがないこと，冷めにくいことなどである．あんの種類は調味料や用いる材料によって異なる．甘酢あんをかけた料理は醋溜（ツウリュウ），糖醋（タンツウ）ともいい，糖醋の方が醋溜より砂糖を多く使っている．代表的料理に醋溜丸子（ツウリュウワンズ）（肉だんごの酢味あんからめ），糖醋鯉魚（タンツウリイユイ）（こいの丸揚げ甘酢あんかけ）などがある．しょうゆ，砂糖であっさりと味つけしたあんは醬汁（ジャンジイ）といい，醬汁鯉魚（ジャンジイリイユイ）（こいのしょうゆあんかけ）がある．そのほか玻璃（ポオリイ）（酒，塩を用いた透明なあん），蕃汁（ファンジイ）（トマトケチャップを加えたあん），奶油（ナイイウ）（牛乳を加えて白く作ったあん）などがある．

リュウツァイ（溜菜）

中国料理で，あんかけ料理のこと．→リュウ

りゅうひこんぶ（竜皮昆布） ⇨ ぎゅうひこんぶ

りょうづまおり（両妻折り）

魚の串の打ち方．つま折りの一種．三枚におろした魚の身が薄かったり細長いときに用いられる．皮のついた方を下にして，頭と尾の方を内側に巻いて2本の串でとめる打ち方．→つまおりぐし

りょうりしゅ（料理酒）

料理用に作られた酒．清酒，ワインなどがある．飲用することもできる．ただし，

アルコール飲料は販売許可を受けた店でしか販売できないので，一般店でも販売できるように，アルコール分は通常のものと同じに含まれているが，飲用に転用されないよう塩分を2％以上加え，変性させたものもある．これは飲用できない．酒を加えると，その中のエキス分やアルコールの作用で，料理の風味がよくなることが多いので，調味料的に酒類の使われることが多い．

りょくちゃ（緑茶）

茶葉を摘んだ後，できるだけ早く蒸気で蒸すか，釜で煎って酵素を破壊し，乾燥したもの．日本および中国で多く作られる．乾燥は主として焙炉が用いられる．日本の緑茶には玉露→，煎茶→，抹茶→，番茶→などがある．また産地によって宇治茶，静岡茶，あるいは茶葉を摘みとる季節によって，一番茶，二番茶，三番茶などの名称がある．また，芽を使ったものを芽茶，葉を使ったものを葉茶，茎を多く混入したものを茎茶と区別をする場合もある．

りょくとう（緑豆）

緑色の小さい粒の豆で，成熟すると黒褐色となる．主として豆もやしの材料として用いられる．日本での栽培はほとんどなく，多く輸入されている．中国でははるさめの原料として大事な豆である．

リヨネーズ（lyonnaise—仏）

リヨン風という意味．フランスのリヨン地方はたまねぎの産地であるところから，たまねぎを使った料理をいう．リヨネーズソースは，炒めたたまねぎにワインと酢を加え，汁気がなくなってきたら，ドミグラスソース→を加えてひと煮立ちさせたもので，肉料理用のもの．

りんご（林檎）

バラ科．多くの品種があるが，いずれもビタミンCはあまり含まれていず，そのほかのビタミンもわずかである．一方，カリウムが多く，これは体内の過剰のナトリウムと結合して排出するため，食塩摂取過剰による高血圧を防ぐ働きがある．また，ペクチンが多く，りんごを生食すると整腸作用に役立つ．

皮をむいて放置すると褐変する．これを防止するには，薄い食塩水に浸すか，冷水に浸す．褐変は，りんごの中にあるポリフェノールが，酵素により酸化されるため．食塩はこの酵素の働きを止めるので，食塩水が有効（→ポリフェノール）．ジュースにするときも同様に褐変が起こるが，この場合もりんごに対して0.5％の食塩か，レモン汁を加えると褐変しない．また，温度が高いほど早く褐変するから，できるだけよく冷やしてから皮をむくこと．

焼きりんご，パイ，砂糖煮などによい．またりんごの風味は，豚肉，鶏肉とよく合うので，これらの肉の料理に，いっしょに使うとよい．とくに，カレーソースにすりおろして加えると，風味がよくなる．

りんごジャム（林檎ジャム）

りんごで作ったジャム．りんごは酸味の強いものほどよいものができる．→ジャム

●りんごジャムの作り方

材料：りんご3個　砂糖（りんごの重量の50％〜同量）　レモン汁½個分

りんごは四つ切りにして皮と芯をとり，いちょう切りにして鍋に入れる．ひたひたの水とレモン汁を加え，中火で柔らかく煮る．裏ごしにかけるかまたはミキサーにかける．再び鍋に移し，砂糖を加え，木じゃくしで混ぜながら煮つめる．長期保存の場合は砂糖を80％以上使用すること．

りんごす（林檎酢）

りんご果汁を発酵させて造った酢のこ

と．醸造酢で，原料として酢1l中に300g以上のりんご果汁を含んでいる必要がある．りんごの香りがある．酸味成分として，酢酸のほか，りんご汁の中にあるりんご酸なども含むため，たいへんさっぱりした酸味がある．しかし，アミノ酸はあまり含まないので，いわゆる旨味成分はない．サラダ向き．英語ではサイダービネガーという．→す

る

ルイベ
　半解凍した冷凍魚を薄切りにして，さしみのように食べる料理．さけのルイベがとくに有名である．ほかにこまい，たらなどが用いられ，わさびじょうゆなどで食べる．ルイベはアイヌ語で凍った食べ物という意味．

ルウ（roux—仏）
　炒り粉ともいう．小麦粉をバターで炒めたもので，ソースにとろみをつけるために用いられる．ルウには仕上がりの色により，白色，淡黄色，褐色の3種類に分けられる．ルウのポイントである小麦粉とバターの割合は同重量，あるいは小麦粉をバターの2割増しくらいの割合にする．またバターには，塩分や水分などの不純物が含まれているので，そのままでは粉が完全に炒まらない．湯せんにしてその上澄みを用いる方がよい．しかし，家庭で作る場合はめんどうなので実際に行うことは少ない．白色，淡黄色ルウを作る場合は，フライパンは色がつきやすいので，厚手の鍋を使うのが望ましい．
　白色ルウは，バターを鍋に入れて弱火にかけて溶かし，ふるった小麦粉を入れて木じゃくしでたえず混ぜながら，焦がさないように15分くらい炒める．小麦粉を炒めるのは，小麦粉の粘り（腰という）をとり，バターの風味をつけるためなので焦がさないよう火かげんに注意する．白色ルウはベシャメルソースに用いられる．なお，やや味は落ちるがルウは冷凍保存が可能である．
　淡黄色ルウは白色ルウと作り方は同じであるが，色をつけるので白色ルウのでき上がる少し前に火を少し強め，淡黄色にする．淡黄色ルウはブルーテソースやトマトソースに用いる．
　褐色ルウは，鍋またはフライパンにバターあるいはサラダ油などの油脂を入れて小麦粉を弱火で炒め，徐々に火を強くして褐色に色づくまで炒める．あまり火を強くすると焦げすぎるので注意する．小麦粉を天板に入れて，弱火のオーブンで，ときどきかき混ぜながら褐色に焼く方法もある．褐色ルウはブラウンソース（ソースエスパニョル）に用いる．

ルタバガ（rutabaga—仏）
　アブラナ科．かぶのように肥大した根を食用にする．黄かぶともいう．肉質は，ち密で，色は白色または淡黄色．煮ると黄色みが増す．味はかぶより濃厚でかぼちゃに似ている．調理法はかぶと同様で，生でサラダや酢漬けに，また，蒸し煮，クリーム

調理科学

ルウを炒める理由
　小麦粉を炒めると，まずでんぷんが高熱の油で分子の一部が切れる．また，小麦粉中のたんぱく質は変性し，弾力がなくなる．つまりこの両面から，水を加えて加熱したときの粘性が低下するということである．また，小麦粉をそのまま加熱すると，なかなか十分に火が通りにくいが，油で高温に加熱すると，でんぷんがアルファ化し，短時間で糊化する．また，高温加熱で香ばしい香りがつき，小麦粉の粉臭さが消える．

煮，グラタンなどに用いる．

ルバーブ（rhubarb）

タデ科．和名は食用大黄(だいおう)．形はふきによく似てたいへん大きく生長する．食用とするところは葉柄だけで，葉の部分はシュウ酸が多く，食用に適さない．

葉柄は赤みをおび，舌ざわりが柔らかく，酸味と香気がある．ジャムやパイなどに果実代わりに用いるので，アメリカでは「パイの木（pie-plant）」と呼ばれている．5～6月が収穫期．皮を除いて生のままサラダに．また，1cmくらいの長さに切ったものをパイ皮にのせて焼いたり，ジャム，ゼリー，ソースなどにする．加熱する場合は皮つきのままでもよい．

ルバーブ

るりに（瑠璃煮）

なすの皮の色を生かして，つやよく煮上げた料理のこと．るりなすともいう．

れ

レア（rare）
ビーフステーキの焼き方．肉の両面を強火でざっと焼いた生焼け状のもの．ナイフで切ると血が出るくらいがよい．

れいか（冷菓）
冷たく冷やして作る菓子，または冷やして食べる菓子の総称．ブラマンジェ，ゼリー，カスタードプディングなどの洋生菓子や，水ようかん，みつ豆などの和菓子がある．アイスクリームやシャーベットなど凍らせるものを含めることがあるが，これらは一般に氷菓として区別することもある．

れいせいソース（冷製ソース）
西洋料理に用いるソースの一種で，加熱しないでつくる冷たいソースの総称．フランス名はソースフロワッド(sauce froide)．マヨネーズやビネグレットソースをベースにしたものがおもで，生クリームやサワークリームをベースにしたものもある．サラダ，マリネなどの冷製料理に用いる．ベースのソースにゼラチンを煮とかし，冷やしてゼリー状にしたソースはショーフロワソースと呼ばれる．

れいせいりょうり（冷製料理）
冷たく冷やして食べる西洋料理の総称．魚，肉，野菜類をゼラチンで寄せたり，ローストビーフ，ローストチキンなどを冷やしたコールドビーフやコールドチキンなどがある．また，ショーフロワソース（→ショーフロワ）やアスピックゼリー（→アスピック）など，冷やして冷たいソースをかけたものやサラダも含まれる．

れいぞうこ（冷蔵庫）
食品の腐敗を防ぐため，食品を低温に保持する容器のこと．10度以下で食品が凍らない程度に庫内の冷えることが理想であり，この程度の温度に保存すると微生物の繁殖などが比較的ゆるやかになり，食品の保存期間を長くすることができる．

冷蔵庫の種類としては，氷冷蔵庫，電気冷蔵庫，ガス冷蔵庫などがあるが，通常よく普及しているのは電気冷蔵庫である．近年は，チルド（約0度），氷温（－1度），パーシャル（－3度）といった新温度帯室をとり入れた冷蔵庫も増えている．いずれの温度帯も，凍結状態にはならない低温から微凍結までを保持し，食品をふつうの冷蔵よりよい状態で長もちさせることができる．外気の温度によって庫内の冷え方が左右されるので，庫内温度の管理に気をつけ

調理科学

冷凍できるもの，できないもの

動物性食品は一般に冷凍できるが，植物性食品ではできないものもある．野菜は一般に，ゆでると冷凍できる．しかし，でんぷんを多く含むものは，でんぷんがカサカサした状態となる．これを防ぐのには，脂肪分を多く吸収させるか，あるいは，砂糖か食塩を加える．ただし，動物性食品でも，卵黄は砂糖あるいは食塩を加えないと，冷凍によって質が変化する．また，かんてん，ゼリー，こんにゃく，豆腐は，冷凍によってまったく質が変化するが，これを利用して凍り豆腐，凍りこんにゃくなどが作られる．生の野菜や果物は冷凍すると組織がくずれ，解凍するとベタベタした状態となる．組織が凍結によって破壊されるためである．しかし，果物をジュースなどにする場合はさしつかえない．

る必要がある．

れいとう（冷凍）

食品などを一定の低温で冷却し凍結すること．その方法に急速凍結と緩慢凍結とがあるが，現在はほとんどの冷凍食品が急速凍結によって行われている．これは，短時間に凍らせるために，食品の組織がいたまず，非常によい状態で保存されるからである．凍結法としては，$-40 \sim -70$度で凍結する方法が広く行われている．また液体窒素を用い，-196度という超低温で凍結する方法も普及しており，調理ずみ食品などの冷凍に利用されている．

れいとうぎょ（冷凍魚）

魚を冷凍したもの．包装がよく，がっちりと凍ったものを選ぶ．赤褐色に変色したもの，包装の内側に霜がついたものは品質が劣る．ショーケースからはみ出ているものは避ける．さしみは半解凍で食べる．一度解かしたものは使い切ること．

●冷凍魚の解凍法

解凍は冷蔵庫の中段，あるいは室温でゆっくり解凍するか，解凍機能をもつ電子レンジで行う．水の中に浸したり，湯をかけたりして解かすのは，よくない解かし方．もしこのようなことをすると，組織がくずれ，液汁（ドリップ）が多く出て味が低下する．

れいとうくだもの（冷凍果物）

果実類を冷凍したもの．果実の冷凍食品は生のまま凍結したものが多い．この場合，果肉の中の酵素類は生きたままである．解凍するとき空気にふれると酵素活動が高まり，急速に褐変したりするので，解凍は食べる直前にする．

●冷凍果物の解凍法

半解凍以上に解かさないのがおいしく食べるポイント．野菜のようにブランチングを行わず，生のまま凍結してあるので，解凍すると組織がくずれてベタベタになる．そのまま食べるときは半解凍の状態で，ジュースを作るときは凍ったままミキサーにかける．ケーキなど菓子類に使うときは，凍ったままたっぷりの砂糖を加え，解けたところで火にかけ，砂糖煮やフルーツソースにした方がよい．

れいとうケーキ（冷凍ケーキ）

ケーキ類を冷凍にしたもの．ケーキの生地に砂糖，脂肪，卵などの少ないケーキは，解凍後もうまくもとに戻らないが，バターケーキやスポンジケーキなど十分にこれらの加えられているケーキは，冷凍後解凍しても，ほとんどもとの状態に戻る．

調理科学

急速凍結，緩慢凍結

冷凍する際に，急速に凍結すると，非常に微細な氷の結晶ができるので細胞を破壊することがない．しかし，ゆっくり凍結すると，氷の結晶が大きく生長し，組織を破壊するから，冷凍したものを解凍して使用するとき，汁が出たり，組織がくずれたりして味が低下する．最もよいのは，$0 \sim -5$度のところを急速に通過することで，そのためには，材料を予冷するとか，あるいは液体窒素のような超低温のもので冷凍することが必要である．また，-3度で食品中の水分を氷の微結晶にして半冷凍状態で保存することをパーシャルフリージングという．食品の保存期間を数日から1週間延長することができ，解凍せずに調理できるのが特徴で1980年代に商品化された．

再凍結について

冷凍食品を再凍結すると，脂肪分の酸化，たんぱく質の変化などが生じ，冷凍食品の味が急速に低下する．したがって，再凍結は極力避ける必要がある．

●冷凍ケーキの解凍法
　一般的に，焼き上げてあるものは自然解凍する．未焼成のものは凍ったまま加熱して仕上げる．生クリームなどの入ったものは冷蔵庫内で解凍する．

れいとうこ（冷凍庫）⇨フリーザー

れいとうしょくひん（冷凍食品）
　冷凍した食品の総称．魚類，野菜類，肉類，調理ずみ食品，果物，パン生地，パイ生地，半調理食品など非常に種類が多い．冷凍食品は味の点からも栄養の点からも，必ず−18度以下で流通，保存することが義務づけられている．自分で作った料理やその材料などを冷凍する場合には，脂肪の多いものの方が冷凍によるトラブルが少なく，味の落ちることがあまりない．なお，豆腐，こんにゃく，かんてんゼリーなどのように，凍らせるともとの形態とはまったく異なってしまうものや，野菜では冷凍に適さないものもあるから注意が必要である．⇨かいとう・⇨れいとうぎょ・⇨れいとうくだもの・⇨れいとうケーキ・⇨れいとうちょうりひん・⇨れいとうにく・⇨れいとうパン・⇨れいとうやさい

れいとうすりみ（冷凍擂り身）
　すり身を冷凍させたもの．ふつうのすり身を冷凍すると魚肉の弾力がなくなるために，通常，冷凍変性抑制剤としてポリリン酸ナトリウムなどのリン酸塩と砂糖などの糖類を加えて冷凍してある．冷凍すり身は半解凍程度に解凍した後，適当に丸めたり，平たくして，蒸したり焼いたり揚げたりと用途が広い．工業的には，かまぼこ，ちくわなど魚肉練り製品の原料として用いられる．⇨すりみ

れいとうちょうりしょくひん（冷凍調理食品）
　調理ずみ食品のうち，冷凍したものをいう．ほとんどの料理は密封して冷凍室に入れれば，冷凍調理食品にすることができる．家庭で作り，食生活の変化を楽しむのに便利である．

●冷凍調理食品の解凍法
　凍ったままオーブンや鍋で加熱するのが一番よい．一度解凍するとベタついてまずくなる．電子レンジも，冷凍調理食品にはうまく適用することができる．既製の調理品は，加熱法の注意をよく読んでから用いること．

れいとうにく（冷凍肉）
　冷凍保存された食肉類をいう．ドリップを出すなど扱い方によっては，チルド肉⇨に比べ，調理した際，口当たりがパサパサした感じになりやすい．

●冷凍肉の解凍法
　冷蔵庫の中段で半日くらいかけてゆっくり解かすのがポイント．急速に解かすと組織がくずれ，ドリップと称する液汁が，多量に出る．この液汁に旨味成分が多いため，ドリップの多く出た肉は旨味が少ない．また，組織がくずれることによって，でき上がりの料理も見かけがわるくなる．急ぐときは，解凍機能のある電子レンジで戻してもよい．

れいとうのうしゅくかじゅう（冷凍濃縮果汁）
　果汁を減圧のもとで1/4くらいに濃縮した後，生果汁を少し加えて香りを戻し，容器に詰めて急速凍結したもの．これを解凍後，4倍に水で薄めると，もとの果汁に戻る．体積が小さく，保存性や香りもよいので，果汁飲料などの原料果汁として用いられている．

れいとうパン（冷凍パン）
　パンを冷凍したもの．パンは急速凍結す

れば，老化せずに保存することができる．しかしこの場合，糖分および脂肪を多く用いたリッチ(rich)なものであることが必要である．もし，糖分や脂肪の少ないリーン(lean)な状態で凍らせると，解凍した際に，もととはちがった状態のパンになりやすい．

●冷凍パンの解凍法

解凍した後，オーブンで温める．半焼け状態で凍らせた半生パンは，表面に砂糖液か卵白液をぬり，オーブンで焼くと，焼きたてのパンになる．

れいとうやさい（冷凍野菜）

野菜を凍らせ，保存性をよくしたもの．蒸気で加熱してから凍らせないと組織がくずれ，繊維が堅くなって食用に耐えなくなる．したがって，ゆでて用いられる野菜が冷凍に適している．

とれたての新鮮なものを，ブランチングといって蒸気加熱してすぐ凍結してあるため，栄養成分の損失は少ない．ビタミンCがブランチングのときに10〜25％失われる程度である．また，沸騰している湯の中でさっと戻すか，直接炒めて戻したときは，ビタミンCの損失はほとんどない．店頭にさらされている生野菜よりもかえってCは多いのがふつう．

●冷凍野菜の解凍法

一度加熱してあることを考慮して解凍することが大切．バター炒めは，バターをフライパンに溶かし，凍った野菜をそのまま入れて炒める．汁物，煮物には，仕上げの直前に凍ったままの野菜を加える．サラダの場合には，沸騰した湯の中に冷凍野菜を入れ，2〜3分沸騰させたら，手早く引き上げて冷水で冷やす．冷凍野菜は自然解凍して使用しないことが大きなポイント．

れいめん（冷麺）⇨リャンバンメン

レオロジー（rheology）

レオロジーとは「変形と流動の科学」と呼ばれる新しい学問である．1929年にアメリカのビンガム(Bingham)によって提唱されたものである．レオロジーそのものは基礎的な学問であるため，それぞれの分野に適したレオロジーの応用も近年非常に盛んになってきた．

食品の分野への応用を開拓したのはイギリスのブレイヤー(Blair)である．彼はいろいろな食品についてレオロジー的な手法で食品としてのおいしさや価値について究明を行った．

しかし，食品におけるレオロジーの分野は複雑である．それは，レオロジーは物理学であるが，食品ではこのほかに，食品学と心理学が加わるからである．とくにおいしさ，感じのよさについては食べる人間の感覚を中心に，おいしいときには物理的にどのような条件になっているか調べることが必要となってくる．このためには，つねに味覚官能テストの方法が併用される．たとえば，チーズ，はちみつ，バター，アイスクリームといったものの材料の粘り具合や，食べたときの舌ざわり，あるいはバターをパンにつけるときの感触といったものがとりあげられる．

食品のレオロジーとしては，外からの力による食品の弾性変形と流動変化があげられている．食品を完全に物理的にとらえることは容易ではないが，触感の一部はこのような物理的な条件によって大きく支配され，これがまたおいしさにつながっているということは否定できない．

レストラン（restaurant）

西洋料理店のこと．語源はフランス語のrestaurer（回復させる）からきたもので，

1765年にフランスのパリでブーランジュ (Boulanger) という人がスープにレストラン（回復させる）という名をつけてだしたところ人気が出たのが店の名になったという．なお，最近は，中華レストラン，ファミリーレストランといった使い方もされている．

レーズン（raisin）

ぶどうを乾燥したもので，干しぶどうともいう．

原料のぶどうには主として，トムソン（トンプソン），シードレス，ブラックコリンス，サルタナなど種なしの品種，および種子を抜いたマスカット類などが用いられる．ぶどうはもともと果物の中では糖分の多い方であるが，それを乾燥したので，濃縮されていっそう糖分が多くなっている．そのためエネルギーも高い．そのまま食用にするほか，ケーキ，クッキー，プディング，パイなどの菓子や，パンに混合してレーズンパンにしたり，肉料理，サラダ，ピラフなど料理の風味づけやソースに用いる．料理に使うときはさっと熱湯をかけて表面を洗い，汚れやほこり臭を除く．ブランデー，ラム酒などの洋酒に漬けて用いると風味がよい．

レタス（lettuce）

キク科．ちしゃ，ちさともいう．種類が多く，普通にいうレタス（玉レタス，玉ちしゃ）のほか，サラダ菜➡や，サニーレタス（縮れ葉で葉先が赤い），プリーツレタス（縮れ葉で全葉が緑色）などの葉レタス（リーフレタス），コスレタス（葉が直立する半結球のレタス），ステムレタス（長く伸びた茎を食べる．セルタスともいう）などの総称でもある．

通称レタス（玉レタス）は葉が大きく柔らかく，手で持ってみてふわりと柔らかいものがよい．堅く巻きすぎたものはいたみが早い．包丁で切らずに手でちぎるのがよい．鉄分があると酵素の働きが強められて褐変しやすくなる．包丁で切ったときはすぐに酢やドレッシングをかけておくと褐変が防げる．生のままサラダや料理のつけ合わせのほか，炒め物，スープやみそ汁の実にしてもよい．

レッドキャベツ（red cabbage）➡むらさきキャベツ

レッドペッパー（red pepper）

香辛料の一つで，赤とうがらしのこと．たかのつめもレッドペッパーの一種である．辛味の主体はカプサイシン．焼き肉，マーボー豆腐，キムチなどのほか，粉末にしたものはみそ汁，うどんの薬味にも用いられる．加工品ではウスターソース，七味とうがらし，カレー粉などに配合されている．

レバー（liver）

肝臓のこと．牛，豚，鶏のきもが一般に市販されている．とくに子牛のものが上等．ビタミンの宝庫ともいわれるように，A，B_1，B_2，C，ナイアシンともにたいへん多い．無機質では鉄が多い．

腐敗しやすいので，赤色でひきしまっている新しいものを選ぶ．白っぽく，だらりとしているものは古い．買ったら新鮮なうちに早く調理すること．レバー料理は血抜きと臭み消しがポイントである➡．

豚のレバーは皮が堅いので，薄皮をはがしてから調理する．オイル焼き，串焼き，鉄板焼き，網焼きなどが一般的．

レバーペースト（liver paste）

レバーをすりつぶして作ったペースト➡．カナッペ，サンドイッチ，ベビーフードなどに用いられる．缶詰の場合は，開缶後2日以内で使いきる．腐敗が早く，缶臭がつきやすい．

●レバーペーストの作り方

材料：豚レバー200ｇ　サラダ油大さじ1　にんにく1かけ　ワイン大さじ3　水カップ2　セロリ，にんじん，パセリ，たまねぎのくず各適量　塩，こしょう，しょうゆ各少々　スープストック，生クリーム　適量

　レバーは薄い塩水に浸して血抜きをし，水気をきり，そぎ切りにする．フライパンに油を入れて熱し，薄切りにしたにんにくを炒め，レバーを加えて炒める．ワインを振りかけてさらに炒め，水を加え，セロリ，にんじん，パセリ，たまねぎなどを加えて10分ほど煮る．レバーだけをとり出し，裏ごしにかける．再び鍋に入れ，塩，こしょう，スープストックを加え，火にかけて練り，堅さを調節する．風味づけに，少量のしょうゆと生クリームを適量加える．

レモネード（lemonade）

　レモンエードのつまったもの．レモンの搾り汁を熱湯または氷水で薄め，甘味をつけたもの．熱くしたものはホットレモネードという．一般にエードとは，果汁を熱湯や氷水で割ったもので，このほかにオレンジエード，グレープエードなどがある．氷水の代わりに炭酸水で割ったものはレモンスカッシュ→という．

　冷たいものはグッと冷たく，熱いものはグッと熱くすることが大事．生ぬるいものは甘ったるい感じになり，レモンの爽快さは味わえない．冷たいものは砂糖が溶けにくいので，シロップにしておくとよい．はちみつを用いても風味がよい．レモン汁と砂糖の量をかげんして好みの味に調合できるので重宝．寒いときに温かいレモネードを飲むと体が温まるし，かぜの予防にも役立つ．

レモン（lemon）

　かんきつ類の一種．フランス語ではシトロン（citron）．さわやかな香り，酸味が各種の料理や飲料に爽快さを与え，また，矯臭効果に重要な役割を果たす．酸味は主としてクエン酸で，強い酸味が疲労回復に役立つ．

【レモンの切り方】

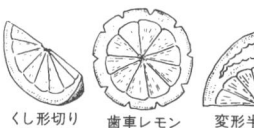

くし形切り　歯車レモン　変形半月切り　S字形

　肉，魚，野菜など広くいろいろな料理に使うと，臭み消しの効果がある．また，ドレッシング，酢の物，すし酢などに少量のレモン汁を加えると，酸味はおだやかであるが，よくきくようになる．また，紅茶，カクテル，ハイボールなどにも薄く切って用いられる．しかし，レモンの香りは変化しやすく，切ったり，すりおろして長く空気中に放置しておくと薬臭くなるので注意．使う直前に，切ったり，汁を搾ったり

調理科学

レバーの血抜きと臭み抜き

　血抜きは流水や2％程度の塩水に丸ごとしばらく浸し，もみ洗いして数回ゆすぐ．鶏の場合は軽く水洗いする程度でよい．どの場合も，あまり長く水にさらすと旨味がなくなる．臭み消しには，牛乳に浸したり，ワインなどの酒類を振りかけたりする．香辛料では，しょうが，にんにく，こしょう，ねぎなどが使われる．さっと湯を通すのもよい．このときは，湯の中にたまねぎやベイリーフなどを入れると効果的である．

するのがよい🅕．使いかけのものは切り口にラップフィルムなどをはりつけて，空気に触れないようにしておく．できるだけ一気に使い切ってしまうのがよい．ときどき思い出したように一片を切って使うのは，つねに香りのよくない部分を食べていることになる．

レモンエッセンス（lemon essence）
植物性の香料の一種．レモンの皮などからとった油状のもので，レモンオイルが主成分．出回っているものの多くは合成品．洋菓子，飲み物，アイスクリームなどの香りづけに用いられる．

レモンず（レモン酢）
果実酢の一つで，レモン果汁を一定量用いて造った醸造酢．レモン特有の風味があり，おもに飲料用にされる．

レモンスカッシュ（lemon squash）
レモンの搾り汁を炭酸水で割ったもの．レモン1個で2人分くらい．炭酸水はよく冷やして用いる．温かいとガスが早く抜け，ふたを開けたとき吹きこぼれる．薄まるのであまり大きな氷片は入れない方がよい．レモン汁を搾るときは，むりに搾り出さないこと．苦味が出て香りもわるくなる．砂糖は入れずにおき，各人の好みで加える．砂糖そのままより，シロップにしておくと，溶けやすくて便利．赤いチェリーなどを入れると心理的にグッとおいしく感じるので，ぜひ入れたいもの．

レモンパイ（lemon pie）
焼いたパイ生地に，レモンクリームを詰めたもの．上面にメレンゲをのせ，表面を軽く焦がしたものはレモンメレンゲパイともいう．

●レモンパイの作り方
材料（21cmパイ皿1枚分）：パイ生地（小麦粉100g　バター80g　水約40m*l*　塩ひとつまみ）　レモンクリーム（卵黄3個分　砂糖100g　コーンスターチ50g　熱湯カップ2　レモン1個）

パイ生地はアップルパイ（→パイ）と同様に作り，パイ皿に敷く．途中で生地の底が盛り上がるのを防ぐため，一度，から焼きする．方法は，パイ皿に敷いたパイ生地の上にアルミホイルを敷き，その上に小石や豆などを重しとして入れ，200度のオーブンに入れる．縁が色づいてきたら，アルミホイルと重しをとり除き，火を弱め，そのまま底に薄く焼き色がつくまで焼く．

レモンクリームは砂糖，コーンスターチを混ぜ合わせ，熱湯を加えながら泡立て器でかき混ぜ，火にかけて透明になるまで煮る．火からおろして卵黄を加え，1個分のレモン汁とすりおろした皮を加えて混ぜ合わせ，パイ皿に流し込んでそのまま冷ます．

レモンピール（lemon peel）⇨ピール

れんこん（蓮根）
スイレン科のはすの地下茎．主成分は炭水化物で，ほとんどはでんぷんと繊維．生よりは，十分煮た方がでんぷんの消化がよ

調理科学

レモンの香りの変化
レモンの香りはリモネンが主体であるが，この香りの成分は，空気中の酸素によって非常に酸化しやすい．したがって，レモンの切り口のところは，30分もすると薬臭が出てくる．また，レモン汁をそのまま保存しておいても同様である．紅茶に入れるために，そのつど1枚ずつレモンを切ると，最初の1枚は薬臭が強い．

い. ポリフェノールを含むため, 褐変が起こりやすく, 切り口がすぐ黒ずんでくるので, 切ったらすぐ水または酢水に浸すこと(→ポリフェノール). ゆでるときは湯に少量の酢を入れるのがコツ. アクが抜けて色白く仕上がる. 鉄鍋で煮ると色が黒くなるから注意する. 歯切れよく仕上げたいときは, 煮すぎないようにする. 長く煮るとムチン様の粘質物のため, 柔らかいざっくりした口当たりとなる.

節間が無傷で完全であり, ふくれ上がって重いものがよい. 煮しめ, 酢の物, ごま和え, 五目ずしなど用途は広い.

レンズまめ（レンズ豆）

マメ科. 豆の形が平たい凸レンズ状をしている. 英語ではレンティル (lentil). 最も古くから食べられてきた豆の一つで, たんぱく質が多く, とくにインドでは重要な食品. 直径5mm程度の小さい豆で, 色は赤橙, 薄茶, くすんだ緑色など. 水で戻してスープ, 煮込み, サラダなどにする.

れんにゅう（練乳）

牛乳を濃縮したもの. 加糖と無糖がある. 加糖練乳はコンデンスミルク→, 無糖練乳はエバミルク→ともいう. 良品は薄いクリーム色で, 特有の風味があり, 舌にのせるとなめらかである. 開缶後はいたみやすいので注意. 開缶しなくても涼しい場所で保存する.

ろ

ロイン（loin）
　牛，豚，羊肉のアメリカ式部位名で，腰肉の部分をいう．日本の部位名では，牛肉の場合はサーロインあたりが，豚肉の場合はロースあたりがこれに該当する．

ロシアこうちゃ（ロシア紅茶）
　ロシア風紅茶の飲み方で，紅茶にジャムやウオツカを入れたり，またはジャムをなめながら飲むもの．

ロース
　肉の部位名．牛肉ではリブロースとサーロインを合わせた部分，豚肉では背肉から腰肉の部分のことをいう．ロースト（roast）から転化した言葉で，ローストに適している部分という意味がある．肉では一番味のよい部分とされている．

ロースター（roaster）
　焼き物専用の器具のこと．電気とガスがある．放射熱を利用して魚や肉を焼く器具であるが，魚をうまく焼くためには，実際は遠火の強火がよい．ロースターではどうしても早く焼くために，近火となるが，魚などがうまく焼けるように工夫されたものが多い．

ロースト（roast）
　オーブンで蒸し焼きにすること．また，その料理もいう．主として肉料理に用いられる．ローストビーフ，ローストチキンなどがある．

ローストチキン（roast chicken）
　鶏肉を丸ごとオーブンで蒸し焼きにした料理．鶏は毛をぬき，腸を出して中を何度も洗い，ふきんできれいにふく．焼く前に塩，こしょうを腹の中と外側にすり込む．表面から水が出るほど強くこするのがコツ．形を整えて串や糸で止め，あらかじめ温めておいたオーブンに入れ，中火で30～40分焼く．天板には，サラダ油またはラードをひく．鶏の表面にバターあるいはサラダ油を塗ると，美しい照りが出る．焼き汁をかけながら，鶏の向きをかえ，全体に焼き色をつける．
　焼きかげんは見分けにくいが，ももつけ根に串を刺し，串の通りかげんや，中から出てくる肉汁の色で判別する．加熱が十分だと肉の弾力性がなくなり，串が通りやすい．肉汁も澄んだものが出てくる．肉汁が赤かったり濁っていたりする間は加熱不十分である．

ローストビーフ（roast beef）
　牛肉のロース，ヒレなどの大きなかたまりを，オーブンの中で蒸し焼きにした料理．
　牛肉はたこ糸でくくって形を整え，塩，こしょうをすりこみオーブンで焼く．肉が乾かないよう，天板の肉汁をかけながら焼く．焼きかげんは，切り口全体がうすいピンク色程度が柔らかくて味がよい．冷えてから薄く切り，おろしたホースラディッシュを添え，グレービーソース⇒やアップルソース⇒などをかける．また，サンドイッチなどに用いられる．

ロースハム（roast ham）
　ハムの一種．豚ロース肉を整形し，塩漬（えんせき）後ケーシングなどで包装し，燻煙，湯煮したもの．⇒ハム

ローズマリー（rosemary）
　シソ科で香辛料の一つ．地中海沿岸原

産．小さな松葉のような細くて曲がった短い葉を用いる．清涼感のある甘い香りをもつ．肉の臭み消しに用いられ，とくに羊肉の料理に向くが，かぶ，カリフラワーなどにも合う．

ロティ（rôti—仏）

ロースト（蒸し焼き）した肉のこと．

ローフ（loaf）

細かく切った肉やハム，野菜にパン粉，卵，調味料を加えて混ぜ合わせ，ローフ型に詰めて蒸し焼きにした料理．あるいはかまぼこ型にして天板にのせて焼いたもの．原料肉は牛，豚，鶏など．内臓では肝臓，野菜類としてはたまねぎ，じゃがいも，パセリ，セロリなどが使用され，そのほかつなぎとしてパン粉，とうもろこし粉，卵，米粉などが用いられる．使用する主原料の違いや調理法などによって多くの種類がある．おもなものとしてミートローフ，レバーローフがある．ローフ類はもともとサンドイッチ用として発達したもので，薄切りにしてそのままサンドイッチ，カナッペ，オードブルなどに用いる．

●ミートローフの作り方

材料：牛ひき肉500ｇ　たまねぎ大1個　油大さじ1½　食パン（薄切り）1枚　牛乳カップ¼　卵1½個　ワイン大さじ1　塩，こしょう，ナツメグ，オールスパイス各少々

ひき肉にワインを振りかけておく．たまねぎはみじん切りにして油で炒め，塩，こしょうで下味をつける．食パンは牛乳に浸し，柔らかくしておく．ボールにひき肉を入れ，塩，こしょう，ナツメグ，オールスパイスを加えてよく混ぜ，たまねぎ，食パン，卵の順に加え，よく手でこねる．かまぼこ型にまとめ，油をひいた天板にのせ，中温よりやや高めのオーブンで約30分，途中，油をかけながら焼く．好みの厚さに切って食べる．ローフ型に入れてオーブンで焼いてもよい．

ロブスター（lobster）

アカザエビ科の大形のえび．フランス語ではオマールという．いせえびによく似ているが，大きなはさみをもっている．肉は半透明に近く，弾力があって柔らかい．ゆでてバターソースとレモン汁で食べたり，身をサラダにしたりする．

ローリエ（laurier—仏）⇨ベイリーフ

ロールキャベツ（rolled cabbage）

ひき肉を，ゆでたキャベツの葉で巻き込み，スープで煮込んだ料理．調味はトマト味が一般的だが，しょうゆや牛乳を使うこともある．

●ロールキャベツの作り方

材料：キャベツの葉大4枚　合びき肉200ｇ　たまねぎ中1個　塩，こしょう，ナツメグ各少々　水カップ2　固形スープの素1個　トマトケチャップ大さじ3

キャベツは，熱湯に入れて1〜2分ゆでて冷まし，芯の部分をそぎとる．合びき肉，たまねぎのみじん切り，塩，こしょう，ナツメグを混ぜ合わせて4等分する．キャベツにのせ，俵形になるように巻く．鍋にロールキャベツを並べ，水，スープの素，トマトケチャップを加え，弱火でゆっくりと煮込む．

ロールケーキ（roll cake）

薄く焼いたスポンジケーキ⇒にジャムやクリームをぬって巻いたもの．上手に巻くコツは，巻きはじめを小さく巻くこと．巻き終わったらしばらく紙で巻いておくと形がおさまる．

● ロールケーキの作り方

材料(25cm四方天板1枚分)：小麦粉100g　砂糖100g　卵3個　ベーキングパウダー小さじ½　バニラエッセンス少々　ジャム適量

　砂糖と卵を合わせて堅く泡立て，エッセンスを加える．ふるいにかけた小麦粉とベーキングパウダーを加え，軽く混ぜ合わせる．天板に合わせて紙を敷き，サラダ油を薄くぬり，生地を平らに流し込む．中火のオーブンで約10分焼く．竹串を刺してみて何もついてこなければ焼けている．天板から出して網にのせ，荒熱がとれたら紙をはがす．表面にジャムをぬり，巻きはじめの1cmのところ，次からは2cm間隔に数本ナイフの背で横に軽く切り目をつけて，手前から巻く．巻き終わりを下にして，紙にくるんだまましばらくおいて形をつける．

ロールパン

　パン生地を小さくちぎり，のばしてから巻いて成形したパンの総称．通常食卓パンとして料理とともに供されるものが多い．テーブルロール，バターロール，塩味のクッキングロールなどがある．

ローレル（laurel）⇨ベイリーフ

ロワイヤル（royale―仏）

　卵とスープストックで卵豆腐のように作ったもの．好みの形に切ってスープの浮き実にする．

ロンツァイ（冷菜）

　中国料理で冷たい前菜のこと．冷葷(ロンホウン)ともいう．材料が生のまま，あるいは蒸したり煮たり揚げたりして調理したものなどさまざまだが，いずれの場合も冷たくして食べるものである．

ワイルドライス (wild rice)

イネ科マコモ属の種実．米ではないが米と似ているところからワイルドライスという．米粒より長粒，色は黒褐色で，堅い．北アメリカの五大湖周辺とカナダの一部で自生し，先住民が食料としてきた．2～3時間水に浸して吸水させたあと，水またはスープストックで柔らかく煮て用いる．七面鳥や鶏肉のローストの詰め物にするのが代表的な調理法で，感謝祭やクリスマスによく用いられる．また，一般の肉料理の付け合わせやスープの実，サラダなどにもされる．

ワイン (wine)

ぶどうをアルコール発酵させて造った酒．ぶどう酒ともいう．ワインの分類はいろいろあるが，一般には色別に，赤ワイン，白ワイン，ばら色のロゼワイン（バンロゼ）に分けられる．

赤ワインは赤い皮の良質のぶどうを皮ごとつぶしてアルコール発酵させたもので，かすかな渋味と酸味がある．白ワインは，ぶどうの汁を搾り，アルコール発酵させたもので，赤ワインに比べて酸味が少なく，わずかに甘味がある．ロゼワインは，赤色のぶどうを皮ごとつぶして醸造し，液がピンクになったとき汁を搾り，つづいて醸造して造ったもので，渋味が少なく，味は白ワインに近い．

アルコール分は少ないもので7～8%，多いもので14%近く含まれる．

一般にワインは料理とともに飲む酒であり，料理の味をおいしく感じさせる．料理とワインとの相性は，白ワインは魚や貝，赤ワインは肉，ロゼワインは何にでも合うといわれている．たしかに，肉料理では，油のため，にぶくなった舌の感覚が，赤ワインのもつ渋味と酸味で戻るため，最後まで料理を味よく食べることができる．しかし，白ワインといっても，甘味の程度により，甘口，辛口があり，赤ワインにもヌーボー（ワインの新酒）のように渋味の少ないフルーティなものもあり，必ずしもこの法則がよいとは限らない．また，日本料理や中国料理に合わせることもできる．

ワインを飲むときの温度は，白ワインは十分に冷やしたものが，赤ワインは室温においたものを飲むのがおいしいといわれる．しかし，日本のように湿度の高い国では，赤ワインも冷やした方がおいしく感じるものが多い．

また，ワインは，酸味や渋味があり，これが料理の味に深みを出す．またにおい消しの効果もあるので，料理のかくし味として広く使用される．とくに肉や魚，鶏など動物性の材料を使う料理に欠かすことのできないもの．肉類には赤ワインが，野菜や白身の魚や鶏，色の淡い煮込みには白ワインがよい．肉などの材料を浸すときは，ワインをそのまま使う．また，焼き物料理などは仕上げのときにワインを振りかけ，炎をあげて燃やすと，ワインの風味がつき，アルコールが燃えたときによい香りができて，さらに風味が増す．美しいつやを出す効果もあるので，魚の照り焼きのタレに少量加えるのも一方法である．

ワインには有機酸が多く，アルコールとともに血行をよくするので，体を温め，疲

れを早くとることができる．また食前あるいは料理とともに飲むと食欲が増すので，その意味でも健康的な酒といえる．

ワイングラス（wine glass）

ワインを飲むためのグラスのことで，いろいろの形のものがある．ワインの色がきれいに見える，材質のよいガラスのものがよい．

【ワイングラスのいろいろ】

白ワイン　赤ワイン　チューリップ型シャンパン　ラインワイン

アルザスワイン　アンジュワイン　シェリー　オールパーパスグラス

ワインず（ワイン酢）

ぶどう果汁を原料に，アルコール発酵，酢酸発酵させて造った酢．ワインビネガー，ぶどう酢ともいう．原料として酢1ℓ中にぶどう果汁が300g以上含まれている必要がある．ぶどうの香がある．ワインと同様に，ワイン酢にも赤と白がある．味は赤い方が渋味があって重く，白の方が軽い．サラダドレッシング向き．とくにりんご酢に赤ワイン酢を混ぜて用いると，風味がよい．

わかさぎ（公魚）

キュウリウオ科の魚．小形で体長は15cm程度．生魚は特有の生臭みをもっているが，熱をかけるとこの臭みは消える．生食はできない．あっさりした旨味をもち，1～3月ごろがとくに味がよい．てんぷら，付け焼き，南蛮漬け，佃煮などによい．焼き干し，煮干しにもされる．

わかさぎ

わかたけじる（若竹汁）

わかめとたけのこのすまし汁．若竹というのはわかめとたけのこを用いるところからきた名前．煮物は若竹煮→という．たけのことわかめは季節が一致しているばかりでなく，歯当たりの柔らかいものと堅いもの，海と山，白と緑などのとり合わせに妙があるとされ，この料理が生まれた．

●若竹汁の作り方

材料：わかめ(干)10g　たけのこ(ゆで)80g　だし汁カップ4　木の芽4枚　塩小さじ1　しょうゆ(薄口)小さじ1

たけのこは4～5cm長さの薄い短冊

🧪 調理科学

ガラスの屈折率

ガラスの屈折率は，ガラスの種類によって異なる．屈折率が大きいほど，キラキラと中のものが輝く傾向があり，屈折率の高いガラスで作ったグラスを使用すると，中の飲み物がきれいに見え，食欲を増進させる．とくに白ワインなどを入れるグラスは，材質を選ぶ必要がある．また，カットしたものでは，屈折率が高いと，カットの部分の光の屈折から，より美しく見えるので，カットグラスなどが利用される．カットの仕方でも屈折状態が変わるから，中に入っている飲み物の感じが異なる．

に切り，わかめは水につけて戻し，3cm長さに切る．だし汁にたけのことわかめを入れて煮立て，塩，しょうゆで味を調える．椀に注ぎ，吸い口に木の芽を添える．

わかたけに（若竹煮）

わかめとたけのこを炊き合わせたもの．汁物は若竹汁➡という．

●若竹煮の作り方

材料：たけのこ1kg　わかめ(干)10g　木の芽4枚　だし汁カップ2　しょうゆ(薄口)大さじ1　塩ひとつまみ　みりん大さじ1½

たけのこはゆでて（➡たけのこ）皮をむき，先の方は四つ割り，そのほかは2cm厚さの輪切りか半月に切る．鍋にたけのことだし汁を加えひと煮立ちさせ，調味料を加えて八分通り煮含める．水に漬けて戻し，3cm長さに切ったわかめを加えて1～2分煮る．器に盛り，煮汁をたっぷりとかけ，木の芽を添える．

わかどり（若鶏）

成鶏になる前（生後約3か月まで）の鶏で，最近は肥育専用種が用いられている．成鶏に比べ肉が柔らかく，臭みも少ない．促成肥育した若鶏はブロイラーと呼ぶこともある．

わかめ（若布）

褐藻類の海藻．早春にとったものを良品とするが，一般には3～6月ごろ採取する．天然と養殖がある．養殖の方が柔らかい．産地，製法によって名称が異なる．生わかめのほか乾燥製品（干しわかめ），塩蔵製品などがある．

わかめのカルシウムは海藻中でも多い方．アルギン酸も多く，これは食物繊維の一種で，便通をよくしたり，血中コレステロールを下げる働きがある．

干しわかめは，戻すとき水に漬けすぎないこと，加熱しすぎないことがコツ．干しわかめは水に漬けると重量で約10倍になる．戻したらそのまま切って，酢の物，和え物にする．わかめはよく酢を吸収するので，野菜に酢を合わせてから，わかめを加える．単独のときは，合わせ酢を薄める．同量のだし汁で薄めるのがよい．汁物に入れるときは，水で完全に戻しておく必要はない．半分くらい戻ったら上げておく．塩蔵品は塩をまぶしてあるので，水で洗って塩を洗い落としてから用いる．

乾燥品は形が細く，柔らかいもの，暗緑色のもの，水に漬けて戻りの早いものが良品．

わぎり（輪切り）

だいこんなどのような丸い根菜類をそのまま切ることをいう．車輪の輪のようになっているので輪切りという．厚さは用途によってかげんする．だいこん，にんじん，れんこん，きゅうり，たけのこ，いも類などに用いられる．おもな用途は煮物，揚げ物，汁物など．

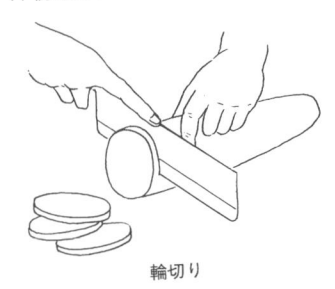

輪切り

わけぎ（分葱）

ユリ科．ねぎに似ているが，全体に小ぶり．栄養成分は他のねぎ類とほとんど同じで，野菜としては無機質，ビタミンとも，ある程度まんべんなく含まれている．とくにビタミンCは多い．調理法はねぎとほ

ぼ同じ．みそ汁の実，ごま和えなどによく，貝類と酢みそ和えにしてもよい．

和え物にするときはさっとゆでてから用いる．あさりのむき身などの貝類と酢みそ和えにすると，貝の臭みが消え，わけぎの味も生きる．細かく刻んだりして吸い口，薬味などに使うのもよい．

わさび（山葵）

アブラナ科．辛味成分はシニグリン．ゆっくりおろすと，ミロシナーゼという酵素がよく働き，辛味が増す🔁．

生のものにはビタミンCが多いが，食べる量が少ないので，期待できない．しかし，ピリッとした辛味が胃を刺激して食欲を増し，魚の生臭みを消すので，薬味として効果がある．

太くてみずみずしいもの，おろしたとき粘り気があって青々しているものがよい．乾いたものはよくない．保存は水に漬けておく．生のわさびは，風味はよいが辛味が長もちしないので，必要量だけおろすこと．なるべく目の細かいおろし器で，時間をかけてゆっくり"の"の字にまわしながらすりおろすのがコツ．おろしたものをまな板の上で包丁でたたくと辛味が増す．さしみ，にぎりずしのほか，和え衣に混ぜてわさび和えにするのもよい．細かく刻んで和え物や吸い口に．また，茎やひげ根も混ぜて酒粕に漬け，わさび漬け🔁にするのもよい．

わさびじょうゆ（山葵醬油）

しょうゆに，おろしたわさびを溶かしこんだもの．わさびの量は，好みでかげんする．さしみやにぎりずしなどに用いる．

わさびず（山葵酢）

二杯酢🔁または三杯酢🔁に，すりおろしたわさびを加えたもの．えび，たこ，いか，かに，貝類などの酢の物に合う．

わさびだい（山葵台）

さしみに添えるわさびをのせる台．にんじん，だいこん，きゅうりなどの野菜を花形に切って用いる．

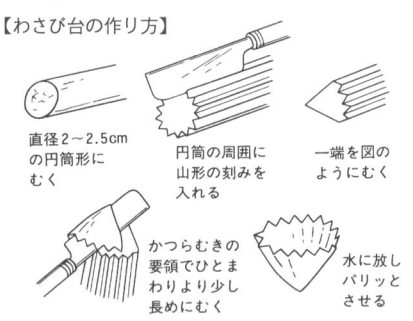

【わさび台の作り方】

直径2〜2.5cmの円筒形にむく

円筒の周囲に山形の刻みを入れる

一端を図のようにむく

かつらむきの要領でひとまわりより少し長めにむく

水に放しパリッとさせる

わさびだいこん（山葵大根）⇨ホースラディッシュ

わさびづけ（山葵漬け）

わさびの根と茎を細かく刻んで酒粕に漬けたもの．静岡の名産．わさびと酒粕のに

🧪 調理科学

わさびの辛味

わさびの辛味成分は，カラシ油とブドウ糖が結合したシニグリンとして含まれ，根の上端にいくにつれて多い．シニグリンは，辛味のある成分であるが，これが，わさびの中に含まれるミロシナーゼという酵素によって分離したカラシ油から，辛味成分であるイソチオシアネート類が生成されて辛味が出る．ミロシナーゼはわさびの組織中に含まれているから，これを出すためには，よくすりつぶす，叩くなどして細胞をつぶす必要がある．また，よく空気に触れる方が酵素の働きがよいから，おろしたわさびをよく練るとよい．なお，この辛味成分には強い抗菌作用があるので，生魚との組み合わせには意味がある．

おいがほのかにただよい，青みがかった色のものが上等．

日もちしないので新しいうちに食べる．酸味のあるものは古い．ピリッとした辛味を味わう．

わさんぼん（和三盆）

日本古来の方法で作られる国産の砂糖．淡いクリーム色で，結晶はたいへん細かい．徳島県でおもに作られている．原料のさとうきびから糖液を絞り，煮つめたものを木綿袋に入れ，水を打ってはもみ，絞ってはもむ作業を5日間で5回ほど繰り返すと，糖蜜分が水に溶けて流れ去り，白くなる．これを広げて乾燥したのが和三盆である．味が上品で，煮ると適当な粘性が出るところから和菓子に多く用いられる．

わた

"はらわた"の意味．魚やとりの内臓をいう．はらわたの"はら"がとれた言葉．

わたぬき（わた抜き）

魚やとりの内臓をとり除くこと，またはとり除いたもの．保存や貯蔵には，内臓があると腐りやすいので，わた抜きにする．あゆはふつう内臓も賞味するが，保存させるためにわた抜きにしたものは抜きあゆといい，下物として扱われる．

ワッフル（**waffle**）

ワッフル型で焼いた菓子．形は，楕円，方形，いちょう，ハートなどで，格子目などの模様がついている．小麦粉に牛乳，卵，砂糖などを加えた生地を型に流し込んで焼く．パンケーキの一種．バター，ジャムなどをつけて食べる．ヨーロッパでは，コーヒーなどとともに朝食に食べられる．日本では，楕円形で柔らかく焼き，カスタードクリームやチョコレートクリームをはさんで二つ折りにしたものがよく知られている．

わらび（蕨）

コバノイシカグマ科の植物．春に出るにぎりこぶしのような若芽を食用とする．アノイリナーゼというビタミンB_1を分解する酵素が含まれているが，これは加熱すればこわれるので，一般には問題ない．

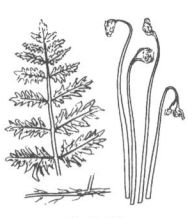

また，わらびには発がん性物質のあることが確認されているが，通常の摂取量では心配ない．肉太で葉がよく巻き込んでいるもの，ポキンと折れるものがよい．生のものは，アク抜きしてから用いる．和え物，サラダ，煮物によい．みそ漬けなどにして保存することもできる．

根から，でんぷんがとれる．これがわらび粉→で，わらびもちに加工される．

●わらびのアクの抜き方

小形の若いものは，容器にわらびを入れ，その上に木灰をたっぷり振りかけ，熱湯を注いで冷めるまでそのままおく．このあと灰を洗い流し，さっとゆでて用いる．

大形の少したけたものは，木灰または炭酸水素ナトリウム（重曹）を入れた湯で，ゆですぎないようにゆでる．炭酸水素ナトリウムの量は水$1l$に対して小さじ1杯程度．

わらびこ（蕨粉）

わらびの根からとったでんぷん．わらび粉は，水を加えて練り上げても，くず粉のように透明にはならない．また，腰は，くず粉より弱い．主としてわらびもち→に用いられる．わらび粉は収量が少ないので，いもでんぷんなどが混用されているものも多い．

わらびて（蕨手）

わらびの新芽に似せて作られたものにつけて用いられる名称．たとえば，さよりを三枚におろし，わらび形にしたものを"わらびてさより"という．

わらびもち（蕨餅）

わらび粉→に砂糖と水を加え，とろ火にかけて練り上げ，絞り出し袋に入れて冷水中に丸く絞り出すか，型に流して冷やし固める．冷やしすぎるとでんぷんが老化して透明感がなくなるので注意する．きな粉をかけて食べる．

わりごそば（割子蕎麦）

島根県出雲地方の名物料理．割子という塗りの小さな器に少しずつそばを入れ，ねぎ，もみじおろし，花がつお，もみのり，しそ，みょうが，わさび，ごま，しょうがなどいろいろな薬味を用意し，そばの上に薬味をのせ，つゆをかけて食べる．割子1枚ずつを楽しむ．5枚がふつう1人分であるが，何枚でも追加できる．

わりした（割り下）

だし汁をしょうゆ，みりん，砂糖などで調味した液のこと．割り下地に由来する名称．鍋料理の煮汁に使う．関東ではやや濃厚に，関西では薄めの味加減に作る．寄せ鍋，魚すきなど淡白な鍋物では割り下といわず，"つゆ"とか"だし"とか呼ぶ．

わりじょうゆ（割り醬油）

しょうゆに清酒，だし汁などを加え，しょうゆ味を薄めたもの．だし汁を加えたものは，だし割りじょうゆという．割りじょうゆは，生じょうゆでは味が強すぎる場合に用いられる．

わりず（割り酢）

酢にだし汁，清酒，みりんなどを加え，酢の味を和らげたものをいう．割りじょうゆと同様な目的で用いられる．

わんこそば（椀子蕎麦）

岩手県盛岡地方の郷土料理の一つ．"わんこ"とは椀という意味の東北地方の言葉．椀にそばを盛った料理なので"わんこそば"という．岩手県の北部は昔からそばの名産地で，信州のそばと並んで定評がある．調味しただし汁に浸して下味をつけたそばをふた口分ほど椀に入れ，ねぎ，すじこ，なめこ，まぐろのとろ，くるみ，のり，おろしだいこんなど数種の薬味を添えて食べる．そばは，給仕人が客の椀の中に，断るまで次々に投げ入れていく．素朴な味とたっぷりした量が喜ばれる．

ワンズ（丸子）

中国料理で材料をだんごのように丸めたものをいう．たとえば醋溜丸子（ツゥリュウワンズ）は肉だんごの甘酢あんかけ料理である．

わんだね（椀種）

吸い物や椀盛りなどの主体となる材料のこと．鶏肉，魚肉，貝類，卵，野菜，豆腐，はるさめ，ゆばなどほとんどの食品が用いられる．魚介類や鶏肉は，薄塩をしたあと熱湯に通し，材料の表面のたんぱく質を固めてから用いると旨味が外へ流れ出ない．吸い口，つまなどとの調和をとることが大切．

ワンタン（雲呑）

中国料理の点心の一種．ワンタンは広東語．華北地方では餛飩（ホウントウン）という．小麦粉をこね，薄くのばして作った皮に，ひき肉が主材料の肉あんを包んだもの．中国では点心として供されるが，これ一品でも軽い食事がわりになる．

●ワンタンの作り方

材料：豚ひき肉150ｇ　青ねぎ½本　しょうが汁少々　しょうゆ小さじ1　塩ひとつまみ　こしょう少々　ごま油小さじ½　ワンタンの皮40枚　スー

プストックカップ5　しょうゆ小さじ2　塩，こしょう少々　みつば1束

　豚ひき肉，青ねぎのみじん切り，しょうが汁，しょうゆ，塩，こしょう，ごま油を混ぜ合わせてよく練り，ワンタンの皮で包む．包み方は，皮の中央にあんを少量おき，三角形に折りたたみ，両角を水をつけてくっつける．スープストックに，塩，こしょう，しょうゆを加えて調味する．ワンタンを熱湯で3〜4分ゆで，皮がすき通ってきたらスープに加え，ひと煮立ちさせる．器に入れ，みつばを散らす．

わんづま（椀妻）

　吸い物や椀盛り⮕で，椀だねのあしらいに用いる野菜のこと．短冊に切ったうど，蛇の目のきゅうり，みつば，まつたけ，なめたけ，わらびなどが用いられる．椀づまは，椀だねとの色や味の調和を考えて選ぶことが大切．

わんもり（椀盛り）

　大ぶりの椀を用いた椀だねの豊富な汁物．汁と実の両方を楽しむ．懐石料理では煮物にあたり，煮物椀，菜盛り椀ともいう．すまし汁仕立てが多い．椀だねには，魚介，鶏肉，豆腐，麩，野菜，きのこ，海藻など多種多様のものが使われ，これらをとり合わせて，味覚的，色彩的，形態的に美しく椀に盛り，汁を七分目ほど注ぐ．吸い口はゆず，木の芽，粉さんしょうなど季節によって選ぶ．代表的な椀盛りに梅椀⮕がある．

付表1　合わせ調味料

合わせ酢

		酢	塩	しょうゆ	砂糖	その他	適する材料・料理
二杯酢	イ	大2		大1			たこ，かに
	ロ	大1		大1			塩焼きの魚
三杯酢	イ	大4	小⅓	大1	大1.5		野菜，魚，えび，かに
	ロ	大4		大⅓	大1		
甘酢	イ	大4	小2		大4		野菜，魚
	ハ	大4		小⅓	大山1		
ぽん酢しょうゆ				大1		かんきつ類のしぼり汁大1	鍋物，焼き魚，さしみ
しょうが酢						二杯酢または三杯酢，おろししょうが適量	えび，いか，かに，たこ，貝類
たで酢		大4		小¼	大1	くず粉小1，たでの葉5枚	川魚
ちり酢				大2〜4		かんきつ類のしぼり汁大2	ちり鍋，焼き魚，魚の酢の物
土佐酢						三杯酢カップ½，みりん大1，かつお節5g	魚，野菜
梅肉酢						梅肉大3，砂糖大2，酒大2	はも，たいのさしみ
松前酢						三杯酢カップ½，こんぶ5〜6cm角1枚，みりん大1	酢の物
みぞれ酢						二杯酢または三杯酢，おろしだいこん適量	魚貝，野菜
みどり酢						吉野酢，おろしきゅうり適量	和え物
らっかせい酢		大1.5	小1		大1	ピーナッツ50g	野菜，魚貝
わさび酢						二杯酢または三杯酢，おろしわさび適量	えび，たこ，いか，かに，貝類
うに酢						練りうに大2，みりん大2，卵黄2〜4個，だし汁大2，三杯酢大2	貝類

合わせ酢

	酢	塩	しょうゆ	砂糖	その他	適する材料・料理
青のり酢					吉野酢,青のり適量	魚,野菜
かげん酢	大2	小1/5	小1		だし汁大2	かけ酢,つけ酢
からし酢	大3	小1		大1.5	溶きがらし小山1	野菜,ゆでた白身魚,鶏肉
木の芽酢					土佐酢カップ1/3,木の芽10枚	えび,たこ,いか
黄身酢	大3	小1/2		大2	だし汁大1,卵黄2個分	魚貝類,たこ,いか,肉,サラダ菜,きゅうり,うど,セロリ
グリーンソース		小1/3			おろしきゅうり1本分,レモン汁小2	たこ,いか
くるみ酢	大1		小2	小2	くるみすりつぶしたもの大1,だし汁小2	野菜類
けし酢					三杯酢大5,こんぶとかつお節少々,けしの実大1	魚貝,うど,ずいき,蒸しあわび
ごま酢	大3	小1/2		大2	白ごま大3	野菜,白身魚の酢じめ
すし酢	米の1/10	砂糖の1/2		酢の1/5		にぎりずし

メモ:二杯酢イは酸味の強いもの,ロは酸味の弱いもの.
三杯酢イは甘味の強いもの,ロは甘味の弱いもの.
甘酢イは甘味の強いもの,ロは少し甘味の弱いもの,ハは甘味の弱いものである.

調味みそ

	みそ	砂糖	みりん	酢	その他	適する材料・料理
酢みそ	(甘)大4	大2		カップ1/3		あさり,あおやぎ,あじ,いか,いわし,ねぎ,わかめ
ごまみそ	(赤)大3	大2			ごま大3,だし汁大2〜3	青菜,だいこん,はくさい,キャベツ,なす
ごま酢みそ	(甘)大4	大山2		大3	白ごま大山1	ふろふき
木の芽みそ	(白)大4	小1	大1		だし汁大1〜2,木の芽12枚	たけのこ,いか
からしみそ	大2		大1		からし小2〜3	野菜
からし酢みそ	大3.5	大2		大2	溶きがらし小1	魚貝,野菜
からしごま酢みそ	(甘)大6	大山3		大4	白ごまカップ1/2,溶きがらし小1	野菜
油酢みそ	(甘)大6				サラダ油大4,しょうがしぼり汁少々	魚,野菜
しょうがみそ	(甘)大2	小2			しょうが10g 酒少々	魚貝(脂肪の多いもの)
ゆずみそ	(甘)大6	大2			ゆず1個	ふろふき,おでん
わさびみそ	(甘)大2	小2			おろしわさび大1.5	和え物
卵みそ	(甘)大2	大1	小2		卵黄1個	野菜
田楽みそ	(赤)大5	大1	大2		だし汁大さじ2,卵黄1個	田楽

調味しょうゆ・つけ汁・かけ汁

	しょうゆ	砂糖	みりん	だし汁	その他	適する材料・料理
ごまじょうゆ	大2	大1			白ごま大3	野菜, 魚
からしじょうゆ	大3				溶きがらし小2	しめさば, かつお, さしみ, ギョーザ, シュウマイ
しょうがじょうゆ	大5				おろししょうが適量	いか, えび
わさびじょうゆ	大1				おろしわさび適量	冷ややっこ, さしみ, にぎりずし
砂糖じょうゆ	大1	適量				もち, だんご
だし割りじょうゆ	大2			大1〜2		ひたし物
照りじょうゆ	大1		大1		酒大1	照り焼き
土佐じょうゆ	カップ1		大2		かつお節10g	さしみ, あらい, 冷ややっこ
甘酢あん	大5	大5		カップ4/5	酢カップ1/5, かたくり粉小2	
しょうゆあん	小2	小1/2		カップ3/4	かたくり粉小1〜2	とうふ, 魚, 野菜
割り下	カップ1	カップ1/4	カップ1/4	カップ1		牛肉のすきやき
バターしょうゆ	大1				バター100g, レモン1/2個, パセリ（みじん）少々	ステーキ
レモンしょうゆ	カップ1				レモン1個, ぽん酢大3, おろしだいこん大5, 七味とうがらし少々	ステーキ
つけ汁	大1 大1		大1 大1	大4 大3		そうめん, てんぷら（衣つき） てんぷら（衣なし）
かけ汁	大4 大3		大4 大4	カップ2 カップ1		うどん, そば どんぶり

ドレッシング(サラダ用)

	材料	適する材料
フレンチドレッシング	酢1, サラダ油2 酢1, サラダ油1 } 塩, こしょう, パプリカ, マスタード	
マヨネーズ	卵黄1個分, サラダ油カップ1, 酢大1〜1.5, 塩小½, こしょう, マスタード(粉末)小1	
タルタルソース	マヨネーズ, さらしたまねぎ, ゆで卵, ピクルスのみじん切り	
サウザンドアイランドドレッシング	マヨネーズ大6, トマトケチャップ小2, チリソース小1, パプリカ小½, 塩, こしょう, みじん切りセロリ, たまねぎ, トマト, きゅうり, ピクルス, ピーマン, ゆで卵, パセリ, エストラゴン	魚, 鶏, 野菜
サワークリームドレッシング	サワークリーム大3, 生クリーム大2, 酢大2, 塩小½, こしょう小¼, サラダ油小½	野菜
シッホナードドレッシング	フレンチドレッシングカップ⅓, パプリカ小½, みじん切りゆで卵½個, わけぎ大1, ピーマン大1, パセリ小1	レタス, カリフラワー
ラビゴットソース	フレンチドレッシング, みじん切りのたまねぎ, パセリ, トマト, ピーマン, ケーパー	

洋風合わせ調味料

	しょうゆ	ワイン	ケチャップ	チリソース	オレンジジュース	酢	塩	パセリ（みじん）
ポテトピーナッツソース	大2					大1		
ホースラディッシュバターソース	小1				小1			小1
ピメントソース	大2							
ワイン入りデミソース	小1	赤大1						
カレー入りクリームソース	小1							
デミグラス風	大1			小2				
ワイン入りチリソース	小1	赤大1		小1				
レモンしょうゆ	大1					小2		小1
チリオレンジソース	小1			小1	小2		小1/4	
からしじょうゆ	大1							
梅酢ソース	大1							大1
マッシュポテトレーズンソース	大1							
ピーナッツしょうゆ	小1							

肉料理に合うもの ①

こしょう	粉からし	その他の材料	適応料理	メモ
		マッシュポテト大2, バター大1, ピーナッツ(みじん)大1, たまねぎ(みじん)大1	鶏もも肉のオイル焼き, ローストチキン, ビーフステーキ	材料を合わせる
黒		みりん小1, にんじん(みじん)小1, たまねぎ(みじん)小1, バター小1, タバスコ2滴, ホースラディッシュ小½	牛肉網焼き, ローストビーフ	にんじん, たまねぎをバターで炒め材料を加える
黒	大1	ゆでた卵黄大2, おろしピーマン大2, セロリソルト, きゅうり(みじん)小1	鶏肉から揚げ, 牛肉網焼き, コールドビーフ	材料を合わせる
黒		ブラウンルウ大1, ガーリックパウダー	焼き肉, ハンバーグ, ローストビーフ	ルウ, 赤ワイン, しょうゆを合わせ火にかける
黒		生クリーム小2, カレー粉小⅓, タイム, レモン汁小⅓	コロッケ, ポトフ, とんかつ, ビーフカツレツ, ホットドッグ	材料を合わせる
黒	小½	たまねぎ(みじん)大1, にんにく(みじん)⅓かけ, サラダ油小1, レモン汁小½, チリパウダー	ビーフカツレツ, ハンバーグ, とんかつ, ホットドッグ	にんにく, たまねぎを炒め, 他の材料を合わせる
黒		バター小1, たまねぎ(みじん)小1, ブラウンルウ大1	牛肉のソテー, ハンバーグ	たまねぎをバターで炒め, 他の材料を合わせ煮る
黒		サラダ油小½, ホースラディッシュ小½, にんじん(みじん)小½, レモン皮(みじん)小½	牛肉のバター焼き, 魚のムニエル, 魚・肉のフライ	材料を合わせる
		ウスターソース小1, ホースラディッシュ小½, タバスコ2滴, たまねぎ(みじん)小1, ピーマン(みじん)小½	牛肉バター焼き, ポークチャップ, 魚のフライ	材料を合わせる
	大1	だし汁大1, セージ小½, ナツメグ	焼き肉, ハンバーグ	材料を合わせる
		梅酢大1, にんじん(みじん)大1, シナモン	ラムステーキ, 牛肉あぶり焼き	材料を合わせる
		マッシュポテト大1, レモン汁大1, にんにく(すったもの)小½, きゅうり(みじん)小1, 干しぶどう(みじん)小1, セージ	網焼き, カツレツ, 牛肉から揚げ	しょうゆ, マッシュポテト, にんにくをさっと加熱する
		ピーナッツバター小2, レモン汁小½, マッシュルーム缶(みじん)小2	ボイルドビーフ, ボイルドポーク	ピーナッツバターに他の材料を合わせる

洋風合わせ調味料——

	しょうゆ	ワイン	ケチャップ	チリソース	オレンジジュース	酢	塩	パセリ（みじん）
レーズンフラワーソース	大3					大1		
卵入りカレーソース	大1							
ワイン入りウスターソース	小1	赤大1		小1				
アップルソース	大3					大1		
ワイン入りレーズンソース	小1	赤大1		小1				
オイルピクルスソース	小1			小1		小2	小½	
ヨーグルトキューカンバーソース	大2		大1					
レモン入りチリソース	小1			小2	大1			
ワイン入りみぞれソース	大1	赤大1				小1		
エッグクリームソース	小1.5							小½
ワイン入りブラウンソース	小1	赤大1						
ワイン入りハイシ風ソース	小1	赤大1		小1				
青のり入りブラウンソース	大2							
たまねぎケチャップソース	大2		大2					

肉料理に合うもの ②

こしょう	粉からし	その他の材料	適応料理	メモ
白		小麦粉小½, たまねぎ(みじん)大1, 青ねぎ(みじん)小2, 干しぶどう(みじん)大1	牛肉網焼き, ミンチボール, ホットドッグ	材料を合わせ, とろ火で煮る
		青ねぎ(みじん)小½, 卵(生)大1, カレー粉大1, タバスコ1滴, 小麦粉小½, バター小1	牛肉から揚げ, ウインナーソーセージソテー	バターで小麦粉を炒め, 他の材料を合わせる
黒	小¼	ウスターソース小2, たまねぎ汁小¼, ガーリックパウダー	マトンソース煮, ラムのソース煮	材料を合わせ, 軽く煮る
		おろしりんご大2, セロリソルト	牛肉ブレイズ, 各種ブレイズ	材料を合わせる
黒		干しぶどう(みじん)大1, ブラウンルウ小1, スープ大1, トマトジュース大1, オールスパイス	ポークブレイズ, 牛肉のブレイズ	干しぶどうを赤ワインで煮て, 他の材料を加える
黒	小⅓	サラダ油小2, ピクルス(みじん)小1, オールスパイス	ポークソテー, 鶏肉ソテー, ポークチャップ	材料を合わせる
		おろしきゅうり大½, ヨーグルト大2, タバスコ2滴	バーベキュー, ポークソテー	材料を合わせる
黒		レモン汁小½, レモン皮(細切り)小½, タバスコ1滴	ポークソテー, バーベキュー	材料を合わせる
黒		おろしだいこん大1, しょうが汁小½, タバスコ1滴	焼き豚といんげんのソテー, ポークステーキ, チキンオイル焼き	赤ワインとしょうゆをひと煮立ちさせる
黒	小½	ゆでた卵黄小1, 生クリーム小1, レモン汁小1, ガーリックパウダー	ポトフ, とんかつ, コロッケ	材料を合わせる
黒		ブラウンルウ大1, 水大2, バター小1, たまねぎ(みじん)小1, 生しいたけ(みじん)小1, オールスパイス, レモン汁小¼	ミンチボールのソース煮, 豚肉の煮込み, ハンバーグ	たまねぎ, しいたけを炒め, 他の材料を加え煮る
	小¼	サラダ油小1, たまねぎ(みじん)小2, セロリ(みじん)小1, トマトジュース大1, ウスターソース小1, レモン汁小1	チキンハイシ風, 豚肉ソース煮	たまねぎ, セロリを炒め, 他の材料を加える
		だし汁大1, ウスターソース大1, 青のり小1, ブラウンルウ大1		材料を合わせ軽く煮る
		小麦粉小½, バター小1, オニオンソルト	レバーソテー, レバーフライ	小麦粉を炒め, 他の材料を加え煮る

洋風合わせ調味料

	しょうゆ	ワイン	ケチャップ	チリソース	オレンジジュース	酢	塩	パセリ(みじん)
ワイン入りマリネソース(トマト)	小2	白 小2	大1			大1		
ワイン入りマリネソース(きゅうり)	小3	白 大3				大2		
オレンジスープソース	大1				大1	大1		
セロリビネガーソース	小1					小1	小½	
キューカンバーソース	小1							
ラビゴット風ソース	小1					大1	小⅓	
サーディンソース	小½							小1

魚料理に合うもの ①

こしょう	粉からし	その他の材料	適応料理	メ　モ
		スープカップ1/2，タバスコ2滴	アジのマリネ，各種マリネ	材料を合わせ，ひと煮立ちさせる
		おろしきゅうり1本分	メルルーサのマリネ，くせのある魚のマリネ	材料を合わせる
		スープ大2，にんじん（みじん）大2，タバスコ1滴	いかのマリネ，各種マリネ	材料を合わせる
		セロリ(みじん)小1，ピーマン(みじん)小1/2，オールスパイス，タバスコ2滴	魚のバター焼き，マリネ，フライ	材料を合わせる
白		おろしきゅうり小1，レモン汁小1/2，タバスコ1滴，にんじん（みじん）小1/2	魚フライ，マリネ	材料を合わせる
		サラダ油大2，たまねぎ(みじん)小1/2，ピーマン(みじん)小1/2，にんじん(みじん)小1/2，ゆで卵小1	アジのフライ，野菜サラダ	材料を合わせる
		オイルサーディン(みじん)1尾，レモン汁小1/2，マヨネーズ小2	ハモフライ，ボイルドカリフラワー	マヨネーズに他の材料を合わせる

洋風合わせ調味料

	しょうゆ	ワイン	ケチャップ	チリソース	オレンジジュース	酢	塩	パセリ（みじん）
卵入りブラウンソース	大2					大1		
フォンデュソース（トマト）	小1							
ワイン入りモルネ風ソース	小1	白大2					小1/8	
ワイン入りトマトサーディンソース	小1	赤大1		小1				
ワイン入りマヨネーズソース	小2	白大1				大1		
うに・ハネーソース	大1							
炒り卵入りタルタル風	大1					大1		
アップルバターソース	大1							
カクテルソース	小1/2			小2	小1	小1/2		
マーマレードソース	大1							
サーディンレモンしょうゆ	小2							小1/2

魚料理に合うもの ②

こしょう	粉からし	その他の材料	適応料理	メ モ
		だし汁大1, 卵(生)小1, バター小1, 小麦粉小½, 粉チーズ小3	あじのムニエル, 魚のフライ	小麦粉を炒め, 他の材料を加え煮る
白		チーズのワイン煮溶かし大1, トマトジュース大2, おろしたまねぎ小⅓, レモン汁小½, オールスパイス	魚のムニエル, 魚のフライ	材料を合わせて煮る
白		牛乳大1, スープ大3, えび(みじん)中1尾, コーンスターチ小1, 水小1	かれいのバター焼き, ボイルドフィッシュ	えびをスープ, 白ワインで煮て, 他の材料を加え, コーンスターチでどろりとさせる
黒		オイルサーディン(みじん)1尾, ピーマン(みじん)大1, トマト(みじん)大1, スープ大1, トマトジュース大1, レモン汁小½	かれいのムニエル 青い魚のムニエル	材料を合わせ煮る
白		サラダ油大2, たまねぎ(みじん)小1, 卵黄(生)1個分	メルルーサのフライ, 魚のフライ	たまねぎを白ワインで煮て, 他の材料を加えとろ火で煮る
	大1	うに小⅕, セージ, はちみつ大1	いかのリング揚げ, 焼き肉	材料を合わせる
		マヨネーズ大1, たまねぎ(みじん)小1, 炒り卵大1, セロリソルト	魚フライ, カリフラワー	材料を合わせる
白		バター大1, チーズ(みじん)大1, おろしりんご大3	一口魚フライ, サンドイッチ	材料を合わせる
白		ホースラディッシュ小½, たまねぎ(みじん)小½, タバスコ1滴	生がきのカクテル えびのカクテル	材料を合わせる
黒		バター大1, マーマレード大½, レモン汁大1, タイム	バーベキュー, 野菜ソテー	材料を合わせる
黒		オイルサーディン(みじん)½尾, レモン汁小1, レモン皮(みじん)小½	焼きとり, バーベキュー	材料を合わせる

洋風合わせ調味料

	しょうゆ	ワイン	ケチャップ	チリソース	オレンジジュース	酢	塩	パセリ（みじん）
マヨネーズタルタル風	小½					小1	小½	小½
ベジタブルフラワーソース	大1							
オレンジマヨネーズソース	大1				大1			
バター洋がらし入りトマトソース	大1		大1					
ワイン入りトマトドレッシング	小1	赤大1				大1	小¼	小½
キューカンバードレッシング	小1					大1		
ワイン入りしょうゆドレッシング	小1	白大1				大1	小¼	小½
ポテトアーモンドソース	大2							小½
からしバターしょうゆ	大2							
ワイン入りミンチソース	小1	白大1					小¼	小1
生クリームソース	小2							
干しぶどう入りタルタル風	大1							
ワイン入りオニオンソース	大1	白小1						

野菜料理に合うもの ①

こしょう	粉からし	その他の材料	適応料理	メモ
白		みりん小1, マヨネーズ小1, たまねぎ(みじん)小1, レモン汁小½, パプリカ	野菜サラダ, 魚のムニエル, むし鶏, ボイルド野菜	材料を合わせる
		マヨネーズ大1, ピーマン(裏ごし)大1, にんじん(みじん)小½, オールスパイス	ボイルドポテト, 野菜サラダ	材料を合わせる
		マヨネーズ大1, タバスコ1滴, パプリカ, メース	サラダ, 魚のムニエル	材料を合わせる
	小1	バター小1, 粉チーズ小1	野菜サラダ, かぼちゃのフリッター	材料を合わせ, 湯せんする
白		サラダ油大1, トマトジュース小1, ガーリックパウダー	グリーンサラダ, 野菜サラダ	トマトを赤ワインで煮て, 火から下ろして材料を加える
黒		サラダ油大1, きゅうり(みじん)小1, にんじん(みじん)小1	ポテトサラダ, マリネ	材料を合わせる
白	小¼	たまねぎ(みじん)小2	ポテトサラダ, ボイルドキャベツのサラダ	たまねぎを白ワインで煮る
黒		マッシュポテト大2, アーモンド(みじん)大1, ゆでた卵黄1個, ゆでた卵白⅓個, レモン汁小½	グリーンアスパラガスのバター炒め, ボイルドキャベツ	材料を合わせる
	大1	バター大1	ボイルドキャベツ, ホットドッグ, ローストビーフ	材料を合わせ, 湯せんする
黒		バター大1, 小麦粉小2, たまねぎ(みじん)小1, ひき肉50g, スープカップ½	ボイルドキャベツ, ボイルド野菜	小麦粉, たまねぎ, パセリ, ひき肉を炒め他の材料を加え煮る
白	小½	レモン汁小2, 生クリーム大1.5	ボイルドカリフラワー, ボイルド野菜, 魚	材料を合わせる
		マヨネーズ大2, ピクルス(みじん)小1, 干しぶどう(みじん)大1, セロリーソルト	アスパラガス, ボイルドカリフラワー	材料を合わせる
黒	小¼	スープカップ½, バター小1.5, たまねぎ(みじん)小2, 小麦粉小2, ゆでた卵黄1個, レモン汁小1.5	ホワイトアスパラガス, マッシュームのソース煮	たまねぎ, 小麦粉を炒め, 他の材料を加え煮る

洋風合わせ調味料

	しょうゆ	ワイン	ケチャップ	チリソース	オレンジジュース	酢	塩	パセリ(みじん)
ワイン入りクリームソース	小2	白 大1						
ピーナッツソース	大1					大1		
洋がらし入りバターソース	大1		大1					
ピクルスブラウンソース	大2							
フォンデュソース(マッシュルーム)	小2							
ワイン入り卵黄ソース	小1	白 大1						小½
ポテトソース	大1		大1.5					

洋風合わせ調味料

	しょうゆ	ワイン	ケチャップ	チリソース	オレンジジュース	酢	塩	パセリ(みじん)
卵黄生クリームソース	小1						小⅓	小1
ワイン入りトマトソース	小1	赤 小1	大2			小1		

野菜料理に合うもの ②

こしょう	粉からし	その他の材料	適応料理	メモ
白	小½	バター大1, 小麦粉大½, 生クリームカップ¼, 水カップ¾, チーズ(みじん) 30ｇ	ボイルドポテト, ホワイトアスパラガス	小麦粉を炒め, 他の材料を加え煮る
		ゆで卵大½, ピーナッツ(みじん)小2	野菜煮込み, 野菜ソテー	材料を合わせる
	大½	にんじん(みじん)大1, バター大1	野菜ソテー, 肉のソテー	材料を合わせ, 湯せんする
		スープ大3, 小麦粉小½, バター小1, ピクルス(みじん)大1	なすのナポリ風, かきのから揚げ	小麦粉を炒め, 他の材料を加える
白		チーズのワイン煮溶かし大1, 生クリーム大1, マッシュルーム缶(みじん)小1, カレー粉小⅛, レモン汁小½	カリフラワーフライ, フライドポテト, 粉ふきいも	材料を合わせる
	小¼	バター小1, 白ルウ大1, スープ大1, 卵黄(生)1個, レモン汁小½	ボイルドポテト, チキンソテー, 蒸し鶏	材料を合わせ弱火で煮る
白		マッシュポテト大1 (水大1でもどす), たまねぎ(みじん)小2, セロリソルト	フライドポテト, ハンバーグ, ハンバーガー	材料を合わせ弱火で煮る

卵料理に合うもの

こしょう	粉からし	その他の材料	適応料理	メモ
白		卵黄(生)大1, レモン汁小½, 生クリーム大1, ピクルス(みじん)小1, にんじん(みじん)小1	ゆで卵, 魚のムニエル, 白身魚のフライ, えび料理	材料を合わせ, 湯せんでどろっとさせる
白		ブラウンルウ大1, 水大2, ウスターソース小1	オムレツ, カツレツ, 卵料理	材料を合わせ軽く煮る

付表2　スパイスのいろいろ——特徴と用途

種　類	特　徴	用　途
アニシーズ	種子を乾燥したもの．独特の芳香と甘味がある．	ビスケット，ケーキなどおもに菓子類に用いられる．
オールスパイス	種子を乾燥したもの．シナモン，クローブ，ナツメグの香りと味を合わせもつ．丸のままと粉末があるが，粉末が使いやすい．	肉のロースト，ひき肉料理，肉の煮込み，トマトソース，ケーキ，クッキーなど広範囲に利用できる．
オレガノ	葉を乾燥したもの．くせの強い芳香と苦味がある．	トマトを使った料理．オムレツ，スープ，シチューなどに用いられる．
カルダモン（しょうずく）	種実を乾燥したもの．しょうのうに似た香りがある．	ソース，肉製品の香りづけに．粉末にしたものは菓子パン類に用いられる．
カレー粉	色，辛味，香りをもつそれぞれの香辛料を20数種混ぜた混合香辛料．	カレーライス，炒め物，煮込み物，ソース，コロッケなど用途が広い．
キャラウエイ（ひめういきょう）	種子の乾燥品．粒のままあるいは粉末，荒びきなどにして使う．特有の爽快な香りと，刺激的な味がある．	ケーキ，クッキー，ライ麦の黒パンなどに．チーズ，肉製品の香りづけにも用いられる．
くちなし	果実の乾燥品．黄赤色で，食物を着色するのに古くから用いられている．	きんとん，たくあんなどの着色．
ク　ミ　ン	種子を乾燥したもの．強い香りと辛味，それにほろ苦味がある．粒と粉末がある．	スープ，シチュー，パン，米料理に．チーズ，サワークラウトにも用いられる．
クローブ（ちょうじ）	ちょうじの花のつぼみを乾燥したもの．形は褐色の折れくぎ状．甘い香りとほろ苦さをもっている．	粒状のものはシチュー，グレービー，甘味シロップに加えたり，かたまりの肉やハムに刺し込んで使う．粉末はケーキ，パン，プディングなどに使う．
こしょう	種実の乾燥品．白と黒がある．黒こしょうは辛味，香りが強い．白こしょうは辛味は弱いが上品な香り．粒を買い，使用のつど，こしょうひき器でひくと香りがよい．におい消しと味の引き立てに使う．	肉料理，魚料理では下ごしらえに，炒め物，煮物では仕上げに使う．ほとんどの肉料理，魚料理，卵料理，ドレッシングに用いられる．
粉ざんしょう	さんしょうの成熟した実を乾燥粉末にしたもの．生臭みや油っこさを消す働きがある．	うなぎのかば焼き，焼きとり，みそ汁の薬味などに用いられる．
コリアンダー	種子を乾燥したもの．未熟なうちは鼻もちならぬ特有のにおいがあるが，完熟すると芳香に変わる．	粉末にして菓子パン，クッキーなどに用いられる．ハム，ソーセージの加工品にも不可欠．
サフラン	サフランの花のめしべの柱頭を乾燥したもの．芳香とほのかな辛味があり，美しい色を出す．風味づけと着色に用いられる．	ソース，スープ，魚料理，ごはん料理に用いられる．とくにブイヤベース，パエリヤには不可欠の香辛料．
七味とうがらし	とうがらし，黒ごま，あさの実，さんしょう，陳皮，青のり，けしの実を混合したもの．辛味をつけて味を引き立てる．	うどん，そばの薬味に．

種類	特徴	用途
シナモン（肉桂）	肉桂の樹皮をはぎとって乾燥したもの．粉末もある．軽い辛味と甘味，それに甘ったるいような芳香がある．	ケーキ，クッキーなどの焼き菓子の風味づけに使う．りんごととくによく合い，焼きりんごには欠かせない．砂糖を混ぜたシナモンシュガーはフレンチトーストに振りかける．
セージ	葉を乾燥したものや粉末にしたもの．高い芳香と苦味，渋味がある．肉の臭みをよく消す．	肉の煮込み，スープ，チャウダーなどに．とくに豚肉とよく合うので豚料理のほか，ハムやソーセージなど加工品にも用いられている．
セロリシーズ	セロリの種子．セロリと同じ高い香りがある．	ソース，スープ，シチュー，ピクルス，サラダなどに用いると，香りづけとともに味もまるくなる．
タイム	茎や葉をそのまま乾燥したものと粉末がある．肉などのにおい消しに効果があるが，香気が高いので，入れすぎに注意する．	肉や魚と相性がよい．シチュー，ローストビーフ，コロッケ，チャウダー，魚のムニエル，ソースなど，香りづけに広く用いられる．
ターメリック（うこん）	うこんの根や茎を乾燥したもの．黄色い色をもつので，おもに着色料として使われる．	カレー粉，たくあん，チーズ，マスタードなどの着色料として用いられる．
ナツメグ	にくずくの種実．甘い刺激性の香りがある．丸のままのものと粉末がある．丸のままのものはすりおろして使う．	ドーナツ，プディングの香りづけのほか，ハンバーグ，ミートボールなどひき肉料理に振り込むと臭みが消える．
バニラエッセンス	バニラの果実からとったエッセンス．市販品は合成品がほとんどである．甘い芳香がある．	クッキー，ケーキ，アイスクリームなど，たいていの菓子に用いられる．
パプリカ	辛くない種類のとうがらしの実の粉末．おだやかな香気とかすかな甘味，きれいな赤色をもっている．着色と香りづけに用いられる．	とり料理によく合う．サラダドレッシング，スープなどに使うときれいな色がつく．
フェンネル（ういきょう）	種実を乾燥したもの．甘味と，ややしょうのうに似た香りがある．	ピクルス，魚料理のソース，菓子パンなどに丸のまま，または粉末で用いる．
ベイリーフ	月桂樹の葉．香りが高い．矯臭性が強く，とくに肉や魚のにおいを消すとともに料理の味と香りを引き立てる．	肉，魚，野菜など何にでも合う．煮込み物，シチューなどには必ず使う．水から入れて，調味料を入れる前に引き上げる．
マージョラム	葉を乾燥したもの．高い香気と，ほろ苦味がある．	野菜や豆類の煮込み物によく合う．また，マトン，ラム，レバーなどのにおいとも合う．
マスタード	からしの種子．粒状，粉末，練ったものなどがある．刺激性の強い辛味と香りがある．	粒はピクルス，マリネードなどに．粉末を溶いたものは焼き肉，ソーセージなど肉料理につけると，辛味で味が引き立つ．おでんからし，酢，からしじょうゆなどにも用いられる．粉末のままドレッシング，マヨネーズに使うと乳化を助ける．
レッドペパー	赤とうがらしの実．赤色でピリッと辛味が強い．辛味が食欲をそそる．	焼き肉，マーボー豆腐，漬け物などに用いられる．粉末はうどんやみそ汁の薬味にも使われる．

付表3　肉の部位と料理

牛肉の部位と料理

図中ラベル：
- 1 — かた
- 2 — かたロース / リブロース
- 3 — ロース / ティボーン / ヒレ
- 4 — サーロイン
- 5 — ランプ / もも
- 6
- ばら
- すね
- 7
- 8

部　位	特　徴	主な料理
か　　た	すじが多く肉質が堅い	カレー，シチュー，スープなど煮込み
かたロース	風味にコクがあるが，リブロースやサーロインに比べてきめが粗い	すき焼き，しゃぶしゃぶ，焼き肉，炒め物など
リブロース	柔らかく，きめが細かく，風味がよい	ステーキ，ロースト，すき焼きなど
サーロイン	霜降り状態で，柔らかさ，風味ともに最高の部分	ステーキ，すきやきなど
ヒ　　レ	脂肪が少なく，きめが細かく柔らかい	ステーキ，ロースト，カツレツなど
ば　　ら	肉質は堅いが旨味がある	シチュー，カレーなどの煮込み，焼き肉など
も　　も	ももの内側の部分は肉質が柔らかく脂肪も少ない．外側の部分は肉質はやや堅いが旨味がある	内側の部分はステーキ，衣揚げなど．外側の部分は煮込み，炒め物など
ラ　ン　プ	きめが細かく柔らかく，風味もよい	ステーキ，ローストなど
す　　ね	すじが多くて堅いが，味は濃厚	シチュー，スープなどの煮込み

505

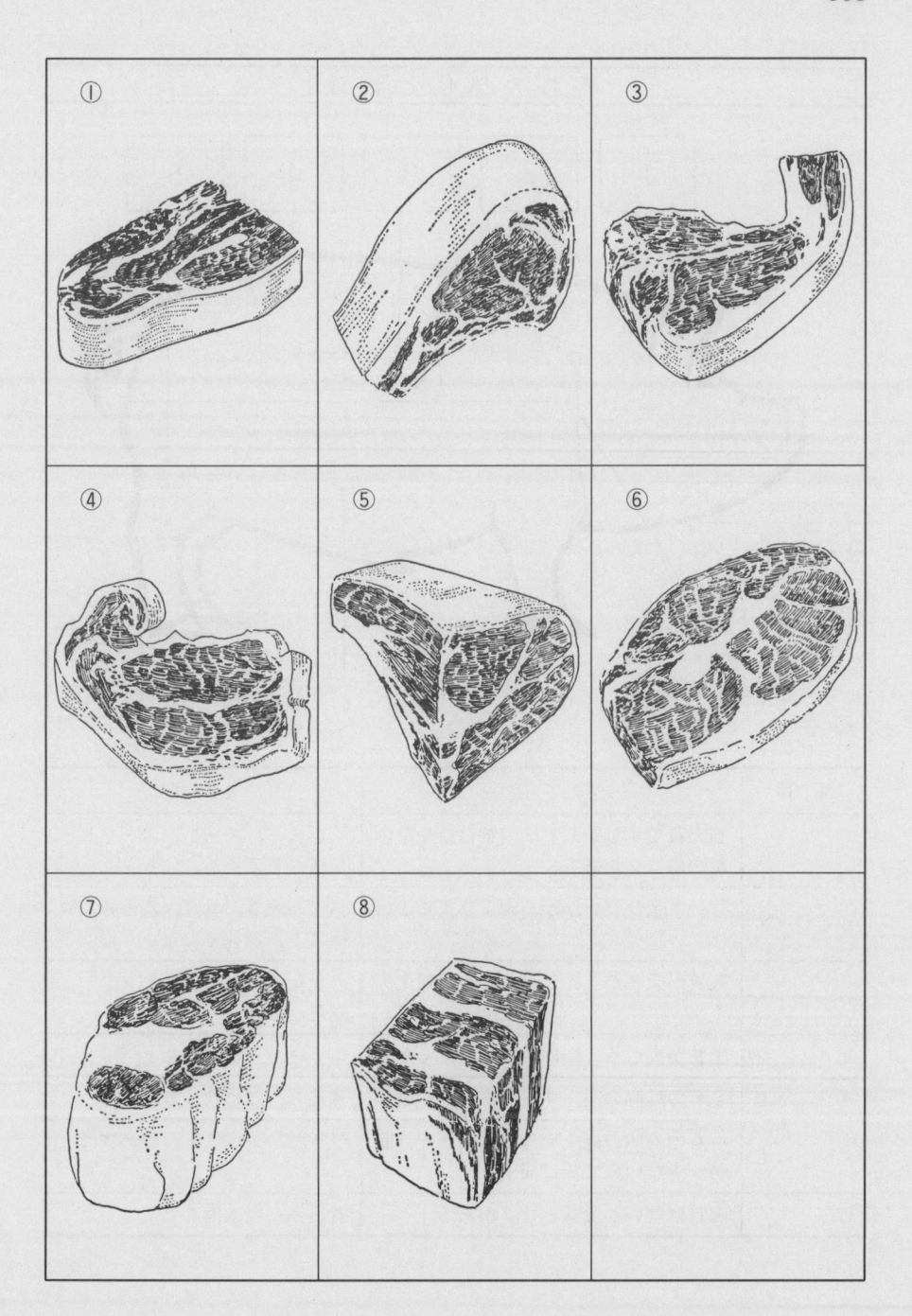

豚肉の部位と料理

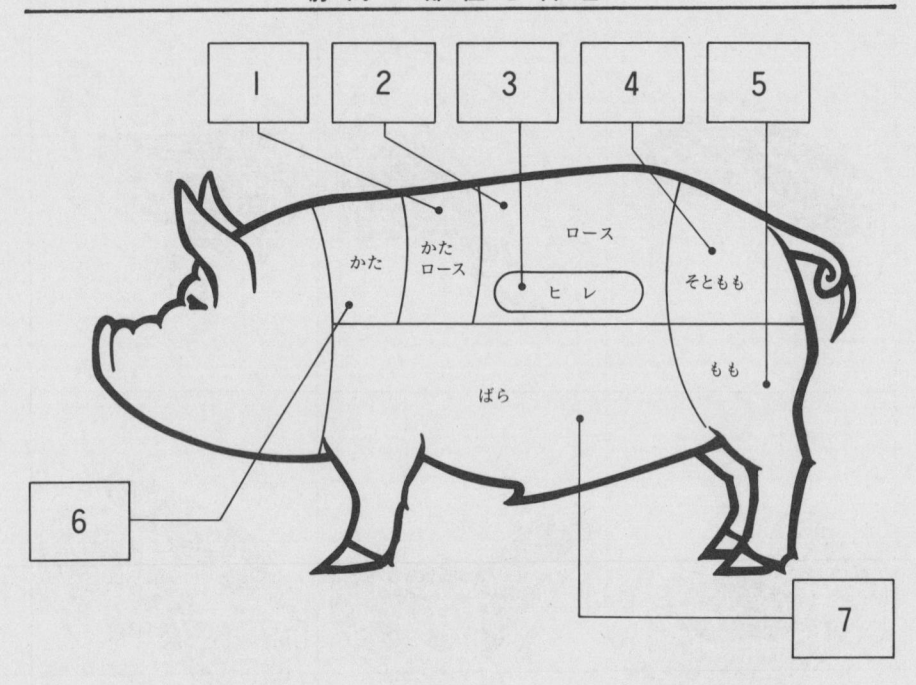

（図：豚の部位図）
- 1 かた
- 2 かたロース
- 3 ロース／ヒレ
- 4 そともも
- 5 （尾側）
- 6 ばら
- 7 もも

部 位	特 徴	主な料理
か た	筋肉質ですじがあり，肉質はやや堅いが味にコクがある	シチュー，スープ，ポークビーンズなどの煮込み
かたロース	ロースより堅いがかた肉より柔らかい	バター焼き，酢豚，焼き豚，ロースト，網焼きなど
ロ ー ス	肉質が柔らかく，ヒレとともに最上肉	カツレツ，ロースト，ソテー，網焼きなど
ヒ レ	脂肪が少なく，肉の中で一番柔らかい	ソテー，カツレツなど
そ と も も	ももの外側の肉．すじがありやや堅い	煮込み，炒め物，酢豚など
も も	ももの内側の肉．赤身で柔らかく，脂肪が少ないので味は淡泊	焼き豚，ロースト，炒め物など
ば ら	肉質は堅いが風味とコクがある	煮込み，焼き肉など

① ② ③ ④ ⑤ ⑥ ⑦

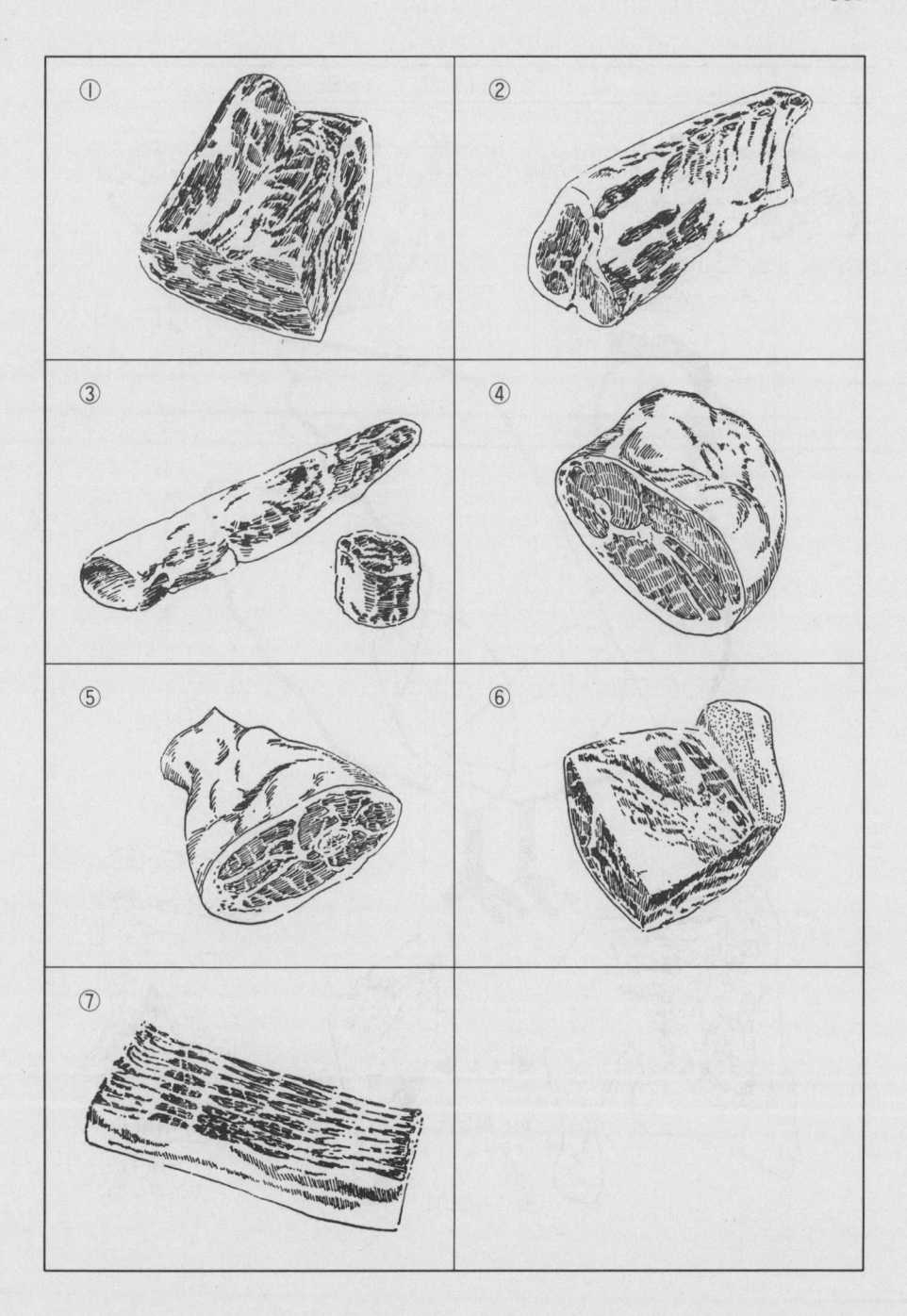

とり肉の部位と料理

▼ ささ身
和え物、椀種、サラダなどに

▲ むね
揚げ物、焼き物、煮物、蒸し物などに

◀ もも ▶
ロースト、から揚げ、ソテー、焼きとり、煮込みなどに

▲ 手羽類
から揚げ、煮込みなどに

和文索引

⇨ 解説はその項目（同意語）を参照
⇒ その見出し項目を参照
※ 調理科学を参照
L, R はそれぞれ左段, 右段を示す.

あ

アイエッチ⇨でんじかねつき　1 L
あいがも　1 L
アイシング　1 L
アイスクリーム　1 L
アイスクリームソーダ⇒クリームソーダ　135R
アイスパイン　2 L
アイスピック　2 L
アイスミルク⇒アイスクリーム　1 R
あいたけ⇒はつたけ　342L
あいなめ　2 L
アイピーエー⇨イコサペンタエンさん　28R
合びき肉　2 R
合びき肉⇒ひき肉　355R
アイリッシュシチュー　2 R
和え衣　2 R
和え酢⇒あわせず　21L
和え物　3 L
青ざんしょう⇒さんしょう　186L
青汁　3 L
青煮　3 R
青のり　3 R
青葉アルコール⇒トマト　300R
青芽⇒芽じそ　433L
あおやぎ⇨ばかがい　334R
青寄せ　3 R
あかうお　4 L
赤貝　4 L
赤かぶ　4 R
赤だし　4 R
赤だしみそ　4 R
赤玉⇒鶏卵　142R
赤玉チーズ⇒エダムチーズ　58L
赤とうがらし⇒レッドペッパー　470R
赤のごはん⇒赤飯（あかめし）　4 R
あかまんま⇒赤飯（あかめし）　4 R
赤みそ　4 R

赤芽⇒たで　261R
赤飯（あかめし）　4 R
あがり　4 R
アガロース⇒かんてん　107 L
アガロペクチン⇒かんてん　107L
赤ワイン⇒ワイン　477L
あく　4 R
灰汁　5 L
アクチニジン⇒キーウイフルーツ　111L
あく抜き　5 L, 163※
あく引き　5 L
あく引き効果　5 ※
揚げ油の劣化　6 ※
揚げ出し豆腐　5 R
揚げ玉⇒てんかす　290R
揚げ煮　6 L
揚げ花⇒いりかわ　38R
揚げ物　6 L
あこう⇒あこうだい　6 L
あこうだい　6 L
あご刺し⇒目刺し　433L
あさくさのり　6 R
あさつき　7 L
浅漬け　7 L
あさの実　7 L
あさり　7 L
あじ　7 R
あしたば　8 L
味つけのり⇒あさくさのり　6 R
あしティビチ　8 R
あじ豆⇒ふじ豆　372R
あしらい　8 R
飛鳥鍋　8 R
あずき　9 L
あずきあん⇨あん　22R
あずきがゆ　9 R
あずきごはん　9 R
アスコルビナーゼ　325※, 439※
アスコルビナーゼ⇒にんじん　324R
アスタキサンチン　60※
アスタシン　60※
アスパラガス　10L
アスパルテーム　10L

アスピック　10R
アスピックサラダ　10R
あぜまめ⇒枝豆　57R
あたりごま⇨すりごま　234R
当たる　11L
あちゃら漬け　11L
厚あげ⇒生あげ　311R
アッシェ　11L
アップサイドダウンケーキ　11R
アップルゼリー　11R
アップルソース　12L
アップルパイ⇨パイ　331R
厚焼き卵　12L
アーティチョーク　12R
当て塩　12R
アトレ　12R
アトロー　12R
あなきゅう　12R
あなご　12R
アニシーズ⇒アニス　13L
アニス　13L
アノイリナーゼ⇒あさり　7 R
アノイリナーゼ⇒こい　147 L
アノイリナーゼ⇒つくし　281L
アノイリナーゼ⇒わらび　481R
アピオール⇒パセリ　338L
あひる　13L
あぶってかも⇒すずめだい　228R
油あげ　13R
あぶらな　13R
油抜き　14L
油抜き⇒いなりずし　37L
油の酸化　394※
油の付着量　6 ※
あぶらめ⇒あいなめ　2 R
油焼け　14L, 394※
アプリコット⇨あんず　24L
あぶり焼き⇒網焼き　17L
あべかわもち　14L
アペタイザー　14R
アペリティフ　14R
アボカド　14R

あまぐり　15L
甘酒　15L
甘塩　15R
甘塩⇌薄塩　48L
甘酢　15R
甘酢あん　16L
あまだい　16L
あま干し⇌干し柿　394R
甘味⇨かんみ　109L
甘みそ　16L
アマランサス　16R
あみ　16R
網あぶら　16R
アミグダリン　53※
アミノカルボニル反応　47
　※, 65※, 399※
アミノカルボニル反応⇌かば焼
　き　92L
アミノカルボニル反応⇌みりん
　426L
アミノカルボニル反応⇨メラノ
　イジン　434R
アミノ酸　16R
網焼き　17L
網焼き⇌焼き肉　442R
アミラーゼ　17L, 149※,
　177※, 250※, 441※
アミラーゼ⇌やまのいも
　446L
アミロース　55※
アミロペクチン　55※, 437
　※
あめ　17L
あめ⇌水あめ　419R
あめ煮⇨つくだに　281R
アーモンド　17R
あゆ　17R
あら　18L
あらい　18L
洗いねぎ　18R
アラカルト　18R
アラザン　18R
アラスカメヌケ⇌あかうお
　4L
あらだき　18R
荒熱　19L
新巻きざけ　19L
あらめ　19L
アラモード　19R
あられ　19R
あられ切り　19R
あられしょうが　19R
アリイン⇌にんにく　325L

アリゲーターペアー⇌アボカド
　14R
アリシン⇌にんにく　325L
アリュメット　19R
アルカリ効果　5※
アルギン酸　168※
アルギン酸⇌こんぶ　168R
アルコール飲料⇌酒　173R
アルタン（二湯）⇌タン（湯）
　267L
アルファ化　20※, 298※
アルファ化米　20L
アルファルファ　20L
アルミ箔　20L
アロマ　20R
アロマ⇌香り　79L
アロマート⇌香味野菜　151
　L
淡口八方⇌うすくちはっぽう
　47R
合わせじょうゆ　20R
合わせ酢　21L
泡立て器　21L
あわび　21R
泡盛　22L
泡雪　22L
泡雪揚げ⇌泡雪　22L
淡雪かん　22L
泡雪そば⇌泡雪　22L
あん（菓子のあん）　22R
あん（くずあん）　23R
あんかけ　23R
あんこう　24L
あんこう鍋　24L
あんず　24L
アンゼリカ　24R
アンチョビー　24R
アンチョビーソース⇌アンチョ
　ビー　24R
アンディーブ⇨チコリー
　270L
アントシアン　24R, 41※,
　139※
アントシアン⇌いちご　32R
アントシアン色素　9※, 33
　※, 139※
アントシアン色素⇌赤かぶ
　4R
アントシアン色素⇌アントシア
　ン　25L
アントシアン色素⇌黒豆
　140L
アントシアン色素⇌ごぼう

　159L
アントシアン色素⇌筆しょうが
　375L
アントシアン色素⇌ブルーベリ
　ー　382R
アントシアン色素⇌みょうばん
　425R
アントシアン色素⇌紫キャベツ
　431R
アントルメ　25L
アントレ　25R
杏仁（あんにん）豆腐⇨シンレ
　ンどうふ　220L
あんばい　25R
あんぽ柿⇌干し柿　394R

い

いいだこ　26L
イエンウオ（燕窩）⇌つばめの
　巣　283L
いか　26L
い貝　27L
いかそうめん　27L
いかだ　27L
いかだなます⇌いかだ　27L
いかなご　27L
いか飯　27R
いかりぼうふう　27R
生作り⇨いけづくり　28L
イクラ⇌すじこ　227L
生けじめ　27R
生簀　28L
生作り　28L
生け物　28L
イコサペンタエン酸　28R
いこみ　28R
いさき　28R
石狩鍋　29L
石衣　29L
石づき　29L
いしもち　29L
石焼き　29R
石焼きいも　29R
いずし　30L
イースト　30L
イーストパウダー⇌イスパタ
　30L
イスパタ　30L
いずみだい⇌ティラピア
　285R
異性化糖　30L
いせいも⇨やまのいも　446

索引

L
いせえび　30R
磯⇌磯辺　30R
イソフラボン⇌フラボノイド　378R
磯辺　30R
磯辺揚げ　30R
磯辺巻き　30R
磯辺もち　30R
板　31L
板ずり　31L
炒め煮　31L
炒め物　31L
板焼き　31R
イタリアン　31R
イタリアンブロッコリー⇌ブロッコリー　384R
イタリーういきょう　32L
イタリエンヌ⇌イタリアン　31R
板わさ　32L
いちご　32R
いちご赤貝　33L
いちごジャム　33L
位置皿　33R
いちじく　33R
一番だし　34L
一番だし⇌かつおだし　88R
市松　34L
一文字切り　34R
一夜凍り　34R
一夜ずし　34R
一夜漬け　34R, 35※
一夜漬け⇌浅漬け　7L
一夜干し⇌生干し　313R
いちょういも⇌やまのいも　446L
いちょう切り　35L
一品料理　35L
糸あわび　35L
糸がき　35L
糸かけ　35R
糸切り　35R
いとこ煮　35R
糸作り　36L
糸引き納豆⇌納豆　309R
いとより⇌いとよりだい　36L
いとよりだい　36L
いな⇌ぼら　399R
田舎煮　36L
田舎みそ⇌むぎみそ　428R
いなだ⇌ぶり　380L

稲穂　36R
いなまん⇌いなまんじゅう　36R
いなまんじゅう　36R
いなり⇌きつね　114L
いなりあげ⇌油あげ　13R
いなりずし　36R
いのしし　37L
いのしし鍋⇌ぼたん鍋　396R
イノシン酸　37R, 88※
イーピーエー⇌イコサペンタエンさん　28R
胃袋　37R
いぶし　37R
今川焼き　37R
いも　38L
いもがゆ　38L
芋がら⇌ずいき　222R
いも田楽　38L
いも煮　38L
いも棒　38L
いりかわ　38R
いりこ　38R
いりこ⇌にぼし　321R
炒り粉⇌ルウ　464L
煎酒　39L
炒り卵　39L
イリチー　39L
炒り豆腐　39L
炒り鳥　40L
炒り煮　40L
炒り豆　40L
炒る　40R
色止め　40R
色煮　40R
祝い肴　40R
祝い箸⇌箸　336R
いわし　41L
いわな　41R
いんげん豆　42L
インスタントコーヒー　42L
インスタント食品　42R
インスタントライス　43L
インスタントラーメン　43L
いんろう　43R
いんろう漬け⇌いんろう　43R
いんろう蒸し⇌いんろう　43R

う
ういきょう　44L
ウイスキー　44L
ヴィール⇌子牛肉　149L
ういろう　45L
ウインナーコーヒー　45L
ウインナーシュニッツェル　45L
ウインナーソーセージ　45L
ウェイ（煨）　45L
ウェイツァイ（煨菜）　45L
ウエハース　45R
ウエルダン　45R
ヴォー⇌子牛肉　149L
魚しょうゆ⇌ぎょしょう　122L
魚すき　45R
魚せんべい　45R
魚そうめん　45R
ウォータークレス⇌クレソン　137L
ウオッカ　46L
ウォルナッツ⇌くるみ　137L
浮かし　46L
浮き粉　46L
浮き実　46L
うぐい　46L
うぐいす豆　46R
うこん⇌ターメリック　265L
うさぎ切り　46R
うざく　46R
うしえび⇌ブラックタイガー　378L
潮汁　46R
潮煮　47L
うしがえる⇌食用がえる　213R
宇治仕立て　47L
牛の尾⇌オックステール　67R
牛の舌⇌したびらめ　197R
ウーシャンフェン⇌ウシャンフェン（五香粉）　47L
ウシャンフェン（五香粉）　47L
薄あげ⇌油あげ　13R
薄切り　47L
薄口しょうゆ　47R
薄口八方　47R

薄塩　48L	うるち米　55L	エマンセロン⇌ビエン（片）　47R
薄塩⇌甘塩　15R	うるめいわし⇨いわし　41L	エメンタールチーズ　60L
ウスターソース　48L	うるめ節　55R	エリンギ　60L
薄作り　48L	熟（う）れずし⇌なれずし　315L	LL 牛乳　119L
薄焼き卵　48L	うろこ引き⇌こけ引き　153R	えんがわ　60R
うずら　48R	うろぬき⇌まびきな　412R	エンゼルケーキ　60R
うずら卵　48R	うろぬきだいこん⇌まびきな　412R	塩蔵品　60R
うずら豆　49L	ウーロン茶　55R	エンダイブ　61L
うぞうすい　49L	うんしゅうみかん⇌みかん　418R	エンチラーダス　61L
打ち菓子　49L		エンテロトキシン⇌ぶどう球菌　375R
打ち粉　49L		えんどう　61L
うちみ⇌さしみ　175R		えんぺら　61L
打ち水　237※		塩味　61R
うちむらさき⇌ざぼん　181R		塩味⇌味覚　417R
内ロース⇌ヒレ　365L	**え**	延命袋⇨ふくぶくろに　372L
打つ　49R	えい　56L	
うど　49R	エイコサペンタエン酸⇨イコサペンタエンさん　28R	
うどん　49R	衛生ボーロ⇌ボーロ　401L	**お**
うなぎ　50L	栄養補助食品　56R	
うなぎどんぶり　50R	エキストラバージンオリーブ油⇌オリーブ油　74L	追いがつお　63L
うな茶　50R	液糖⇌異性化糖　30L	オイスター⇨かき（牡蠣）　80L
うどん⇨うなぎどんぶり　50R	えぐ味　56R	オイスターソース　63L
うに　50R	エクレア　56R	オイルサーディン　63L
うに酢　50R	エクレール⇌エクレア　56R	扇串　63L
うねり串　51L	エシャロット　56R	扇刺し⇌扇串　63L
うの花⇨おから　64R	エスカベーシュ　57L	桜桃　63L
うの花和え　51L	エスカルゴ　57L	黄檗料理　63R
うの花炒り　51L	エスカロップ　57L	黄飯　63R
うの花汁　51L	エストラゴン⇌タラゴン　265L	おおくりがに⇌けがに　143L
うの花ずし　51L	エスニック料理　57R	大阪浅漬け⇌浅漬け　7L
うの花漬け　51L	エスパニョルソース⇨ブラウンソース　377R	大阪ずし　63L
うば貝⇌ほっき貝　396R	エスプレッソ　57R	大阪漬け　64L
う巻き　51R	枝豆　57R	大阪漬け⇌浅漬け　7L
うま煮　51R	エダムチーズ　58L	大葉⇨しそ　197L
旨味　51R	越後みそ　58L	大葉⇌葉じそ　337L
旨味⇌味覚　418L	エッグノッグ　58L	尾頭付き　64L
旨味成分　88※	エッセンス　58L	おかちん⇌かちん　87R
うま味調味料　52L	エード　58R	おかひじき　64L
旨味物質⇌旨味　52L	江戸前　58R	尾紙　64L
う蒸し　52L	江戸みそ　58R	おかめ　64R
うめ　52L	えのきたけ　58R	おから　64R
梅形切り　52R	エバミルク　59L	お狩り場焼き　64R
梅仕立て　52R	えび　59L	小川作り　64R
梅酒　53L	えぼし切り　60L	おきうと　64R
梅酢　53L	エマンセ⇌ビエン（片）　47R	沖すき⇨うおすき　45R
梅びしお　53L	エマンセオバール⇌ビエン（片）　47R	沖漬け　65L
梅干し　53R		翁　65L
梅椀　54L		翁作り　65L
裏ごし　54R		沖なます　65L
うり　54R		
うるか　54R		

索引 513

翁焼き　65R
オクラ　65R
小倉　66L
小倉煮　66L
おこげ　66L
おこぜ　66L
お好み焼き　66R
おこわ　66R
お強（こわ）⇋赤飯　237L
押しずし　67L
おしたじ　67L
押し麦　67L
おじや⇨ぞうすい　243L
御節料理　67L
おだまき蒸し　67R
オックステール　67R
オックステールシチュー⇋テールシチュー　289R
おつまみ　67R
おてしょ　67R
おてもと　68L
おでん　68L
お通し　68L
落とし⇋はもちり　349L
落とし卵　68R
落としぶた　68※, 69L
落としぶた⇋紙ぶた　95R
オードブル　69L
オートミール　69R
おどり食い　69R
おどり串⇨うねりぐし　51L
オニオングラタン　69R
オニオンスープ⇋オニオングラタン　69R
鬼殻焼き　70L
鬼皮　70L
おにぎり⇨にぎりめし　318R
芋（お）の実⇋あさの実　7L
おはぎ　70L
おばけ　70R
オーバーラン　1※
おばんざい　70R
お浸し⇋浸し物　357R
おひょう　70R
お平⇋平　362R
尾びれ飾り⇋尾紙　64L
オーブン　71L
オーブンサンドイッチ　72L
おぼろ　72L
おぼろこんぶ　72L
おまじり　72L

オマール⇨ロブスター　475R
おむすび⇋にぎり飯　318R
オムライス　72L
オムレツ　72R
重湯　72R
おやき　73L
親子どんぶり　73L
オランダ　73L
オランダさや⇋さやえんどう　182L
オランダ煮　73R
オリゴ糖　73R
オリーブ　73R
オリーブ油　74L
オールスパイス　74L
オレガノ　74L
オレンジ　74L
オレンジエード⇋エード　58R
オレンジジュース　74R
オレンジビール⇨ビール　365L
おろし和え⇨みぞれあえ　422R
おろし器　74R
おろし煮　75L
オーロラソース　75R
温泉卵　76L
温度卵　76L

か

カイエンペッパー　77L
搔敷　77L
懐石⇋懐石料理　77L
会席料理　77L
懐石料理　77L
回転焼き⇋今川焼き　38L
解凍　77R
貝柱　78L
貝焼き　78R
貝割れな⇋つまみな　284L
かえし　78R
かえる⇨しょくようがえる　213R
カオ（烤）　78R
ガオタン（高湯）⇋タン（湯）　267R
カオツァイ（烤菜）　79L
カオヤズ（烤鴨子）　79L
香り　79L
カカオマス⇋チョコレート

278L
化学調味料⇨うまみちょうみりょう　52L
かか煮⇨とさに　298L
かき（柿）　79R
かき（牡蠣）　80L
かき揚げ　80L
かき油⇨オイスターソース　63L
かき氷　80R
かきソース⇋オイスターソース　63L
かき玉汁　80R
かき鍋　80R
かきなます　81L
かき豆⇋ふじ豆　372R
かきめし　81L
かきもち　81L
角切り　81R
角砂糖　81R
かくし味　81R
かくし刃⇋かくし包丁　82L
かくし腹　81R
かくし包丁　82L
かくしわさび　82L
カクタスリーフ　82L
角作り　82L
カクテル　82L
カクテルソース　82R
カクテルパーティー　83L
角煮　83L
かくや　83R
かけ　83R
かけうどん⇋かけ　83R
かけうどん⇋素うどん　224R
かけ汁　83R
かけそば⇋かけ　83R
加減酢　83R
加工酢　83R
加工乳⇨ぎゅうにゅう　118R
飾り切り　84L
飾り切り⇋唐草だいこん　98R
飾りづま⇋つま　283R
かじき　84L
かじきまぐろ⇋かじき　84L
果実飲料　84L
果実酒　84L
果実シロップ　84L
果実酢　85L
果実ゼリー　387※

菓子箸⇄箸　336R
菓子パン　85L
果汁⇨ジュース　207R
カシューナッツ　85L
かしわ／けいにく　142L
かしわもち　85R
粕汁　86L
粕酢　86L
カスタード　86L
カスタードクリーム　86L
カスタードプディング　⇨プディング　374L
粕漬け　86R
カステラ　86R
かずのこ　87L
ガスパッチョ　87L
カゼイン⇄牛乳　119L
かたくちいわし⇨いわし　41L
かたくり粉　87L
かたつむり⇄エスカルゴ　57L
片身　87R
片身揚げ　87R
かちん　87R
カツ⇄カツレツ　90L
ガツ⇨いぶくろ　37R
かつお　87R
かつおだし　88L
かつおたたき　88R
かつお節　89L
がっこ　89L
カツどん　89R
かっぱ　89R
カップケーキ　89R
褐変　399※
褐変⇄ポリフェノール　400L
褐変⇄りんご　462R
割烹　89R
かつらむき　89R
カツレツ　90L
カテージチーズ　90L
ガトー　90R
果糖　90R
加糖練乳⇨コンデンスミルク　167L
ガドガド　90R
かなぎ⇄いかなご　27L
かなぎちりめん⇄いかなご　27L
金串⇄串　127R
カナッペ　90R

かに　90R
かに玉⇨フーヨーハイ　377L
かに風味かまぼこ⇄コピー食品　158L
カネロニ　91R
かのこいか　91R
かのこ作り　91R
かば焼き　92L
かぶ　92L
カフェイン⇄紅茶　150L
カフェイン⇄コーヒー　157R
カフェイン⇄茶　271R
カフェオーレ　92R
かぶかんらん⇄コールラビ　165L
カプサイシン⇄たかのつめ　254R
カプサイシン⇄とうがらし　294R
カプサンチン⇄カロテノイド　103R
カプチーノ　92R
かぶと　92R
かぶと蒸し　92R
かぶと焼き　92R
かぶらずし　93L
かぶら骨　93L
かぶら蒸し　93L
カペリン　93L
かぼちゃ　93R
かま　94L
釜揚げうどん　94L
かます　94L
かますご⇄いかなご　27L
かまぼこ　94L
釜飯　94R
カマンベールチーズ　94R
紙塩　95L
かみなりうお⇄はたはた　339R
雷豆腐　95L
雷干し　95L
紙ぶた　95R
ガムシロップ　96L
がめ煮⇄ちくぜんに　269R
かめ節⇄かつおぶし　89L
かも　96L
かもなんば⇄かも南蛮　96L
かも南蛮　96L
カモマイルティー⇄ハーブティー　346L

カモミールティー⇄ハーブティー　346L
かやき⇄貝焼き　78R
かやく　96R
かやく飯⇄五目飯　163R
かゆ　96R
がら　97L
がら⇄いりかわ　38R
から揚げ　97R
から炒り　98L
カラギーナン　98L
唐草いか　98L
唐草切り　98L
唐草だいこん　98R
ガラクトース⇄牛乳　119L
からし⇨マスタード　407L
からし和え　98R
からしじょうゆ　98R
からし酢　99L
からし酢みそ　99L
からし漬け　99L
からしな　99L
からしレバー　99R
カラシ油　407※
からしれんこん　99R
からす貝⇄い貝　27L
からすみ　99R
辛味⇨しんみ　220
辛みそ　100L
からみもち　100L
ガラムマサラ　100L
カラメル　100L
カラメルソース　100R
ガランティーヌ　100R
がり　100R
ガーリック⇨にんにく　324R
カリフラワー　100R
かりんとう　101L
カルダモン　101R
ガルニチュール　101R
ガルニチュール⇄付け合わせ　282R
カルパッチョ　101R
ガルバンゾ　101R
カルビ　101R
カルメラ　101R
カルメラ焼き⇄カルメラ　101R
かれい　102L
カレー粉　102R
カレーソース　102R
カレーライス　103L

索 引 **515**

カロチノイド⇌カロテノイド 103R
カロチン⇌カロテン 104L
カロテノイド 103R
キサントフィル⇌カロテノイド 103R
カロテン⇌カロテノイド 103R
カロテン 104L, 325※
皮霜 104L
皮霜作り⇌皮霜 104L
皮作り 104R
かわはぎ 104R
皮引き 104R
燗 105L
寒剤 105R
燗ざまし 106L
寒晒粉⇌しらたまこ 216L
完熟卵⇌ゆでたまご 449L
かんすい(梘水) 106 L, 276※
乾燥みそ 106L
缶詰 106L
缶詰と殺菌 107※
かんてん 106L
関東だき⇌おでん 68L
観音開き 108L
寒梅粉 108L
かんぱち 108L
かんぴょう 108R
乾物 108R
ガンボ 108R
緩慢凍結 467※
甘味 109L
甘味⇌味覚 417R
甘味度 109※
甘味物質⇌甘味 110L
乾めん 110L
がんもどき 110R
かんらん⇌キャベツ 117L
甘露しょうゆ⇌さいしこみしょうゆ 170R
甘露煮 110R

き

生(き) 111L
ギアラ⇌胃袋 37R
きいちご 111L
キーウイフルーツ 111L
祇園豆腐 111R
気化熱 111L
黄かぶ⇌ルタバガ 464R
菊 111R
菊作り 112L

菊な⇌しゅんぎく 208R
菊のり⇌菊 111R
きくらげ 112L
生地 112L
きしめん 112R
きしめん⇌うどん 50L
きじ焼き 112R
キーシュ 112R
生(き)じょうゆ 112R
生(き)じょうゆ⇌生(き) 111L
きす 112R
木酢 113L
生酢 113L
生酢⇌生(き) 111L
儀助煮 113L
きずし 113L
擬製豆腐 113L
きだい⇌たい 249L
黄玉チーズ⇌ゴーダチーズ 155L
菊花 113L
菊花切り 113R
菊花卵 113R
亀甲 113R
キッシュ⇌キーシュ 112R
キット食品 114L
きつね 114L
きつねうどん 114L
きつねずし⇌いなりずし 36R
キドニー⇌じんぞう 219R
木取り 114L
きな粉 114L
黄にら⇌にら 324R
きぬかつぎ 114R
絹ごし 114R
絹ごし豆腐⇌絹ごし 114R
絹ごし豆腐⇌豆腐 295R
きぬさや 114R
きぬさや⇌さやえんどう 182L
きぬた巻き 114R
木の芽 114R
木の芽和え 115L
木の芽酢 115L
木の芽田楽 115L
木の芽みそ 115L
木の芽焼き 115L
きはだ 115L
揮発酸 85※, 221※

生引たまり 264R
きびなご 115R
黄身和え 115R
黄身衣 115R
黄身酢 116L
黄身焼き⇌黄金焼き 153L
キムチ 116L
肝⇌レバー 470R
肝和え 116L
肝吸い 116L
逆作り 116L
キャセロール 116R
ギャバロン茶 116R
キャビア 116R
キャベツ 117L
キャラウェイ 117L
きゃら煮 117R
きゃらぶき 117R
キャンデー 118L
キャンティ 118L
キャンデッドピール⇌ピール 365L
キュイジーヌ 118L
牛すき⇌すき焼き 225L
急速凍結 467※
牛鍋⇌すきやき 225L
牛肉 118L
牛乳 118R
ぎゅうひ 119R
牛皮こんぶ 120L
きゅうり 120L
きゅうりもみ 120R
キュラソー 120L
強化精麦⇌麦めし 429L
矯臭効果 422※
胸腺肉 120R
きょうな 120R
杏仁 120R
杏仁⇌あんず 24L
ぎょく(玉) 121L
玉吸い 121L
玉露 121L
ギョーザ 121R
魚醬 122L
魚田 122L
魚肉ソーセージ 122L
きらず⇌おから 64R
切り落とし⇌はもちり 349L
切り重ね 122R
切りごま 122R
きりたんぽ 122R
切り違い 122R

切り干しだいこん 123L	くず叩き 128R	クリーミング性 135L
切り干しだいこん⇌干しだいこん 395L	くず煮⇨よしのに 453L	クリーム 135L
	くず引き 128R	クリーム⇌生クリーム 311R
切りみそ仕立て⇌三州みそ仕立て 186L	くずもち 129L	クリームスープ 135L
	くず湯 129L	クリームソース 135L
キルシュ⇌キルシュワッサー 123L	具足煮 129R	クリームソーダ 135L
	果物時計草⇌パッションフルーツ 341R	クリームダウン 150※
キルシュワッサー 123L	口取り 129R	クリームタータ 135L
きわだ⇌きはだ 115R	くちなし 130L	クリームチーズ 135L
キワノ 123R	口ゆず 130L	クリーム煮 135R
銀紙焼き⇌ホイル焼き 390R	クッキー 130L	グリル 135R
	クッキングワイン 130R	グリーンサラダ 136L
きんかん 123R	クッパ 131L	グリンピース 136L
金玉糖 123R	クネル 131L	クルクミン⇌ターメリック 265L
径山寺みそ 124L	クバルク 131L	
錦糸 124L	組み立て食品 131L	グルコマンナン⇌ゆり根 451R
錦糸ごぼう⇌錦糸 124L	クミン 131L	グルタミン酸 136R, 168※
錦糸卵 124L	クーラー 131L	グルタミン酸⇌こんぶ 168L
錦紙卵⇌薄焼き卵 48L	クーラオロー（咕咾肉）⇨すぶた 232R	
吟醸酒 124L		グルテン 136R, 138※, 162※, 292※
きんとき 124R	くらかけ 131L	クルトン 136R
きんとん 124R	くらかけ打ち 132L	クールブイヨン 137L
ぎんなん 125L	くらげ 132L	くるまえび 137L
きんぴらごぼう 125L	グラス 132L	くるみ 137L
金ぷら 125R	クラスティーブレッド 132R	くるみ酢 137R
銀ぷら 125R		クレオール料理 137R
	グラタン 132R	クレソン 137R
く	クラッカー 133L	グレナデンシロップ 138L
	グラッセ 133L	グレービー 138L
具 126L	グラニュー糖 133R	グレービーソース 138L
グアニル酸 126L, 189※	クラブサンドイッチ 133R	クレープ 138L
食い合わせ 126L	クラブハウスサンドイッチ⇌クラブサンドイッチ 133R	グレープフルーツ 138R
空也豆腐⇌空也蒸し 126R		クロケット⇨コロッケ 165L
空也蒸し 126R	クラミーブレッド 133R	
クエン酸 126R	クラレットパンチ 133R	黒こしょう⇨こしょう 154R
茎にんにく⇌にんにく 325R	クランベリーソース 134L	黒砂糖 139L
	くり 134L	くろだい⇌たい 249R
くさもち 127L	クリアスープ⇌ポタージュクレール 395R	黒大豆⇌黒豆 139R
くさや 127L		グローツ⇌オートミール 69
腐れずし⇌なれずし 315L	クリアスープ⇌コンソメ 166R	
串 127R	グリエ⇨グリル 135R	クロックムッシュー 139L
ぐじ⇌あまだい 16L	グリコーゲン⇌かき（牡蠣） 80L	黒作り 139L
串揚げ 128L		クロテッドクリーム 139L
串うち 128L	クリサンテミン⇌アントシアニン 24R	黒パン 139R
串柿⇌干し柿 394R	クリスタルフルーツ 134R	黒パン⇌ライ麦パン 455L
串カツ⇨くしあげ 128L	クリスマスプディング⇌プラムプディング 379L	黒ビール 139R
串焼き 128L		クローブ⇨ちょうじ 276R
くじら 128L	グリッシーニ 135L	黒豆 139R
くず打ち⇌くずたたき 128R	クリプトキサンチン⇌カロテノイド 103R	クーローヨー（咕咾肉）⇨すぶた
くず切り 128R		
くず粉 128R		
くずそうめん 128R		

索引

た　232R
クロロゲン酸⇌コーヒー
　157R
クロロゲン酸⇌さつまいも
　176R
クロロフィリン　392※
クロロフィル　41※, 140L,
　230※
クロワッサン　140L
くわい　140R
くわ焼き　140R
燻製　141L

け

鶏肉　142L
鶏卵　142R
計量　143L
けがに　143L
ケーキ　143L
けさ落とし　143R
けし酢　143R
けしの実　144L
化粧ざさ　144L
化粧塩　144L
化粧照り　144R
削り節　144R
げそ　144R
ケチャップ⇨トマトケチャップ
　300R
月桂樹⇨ベイリーフ　386L
ケーパー　144R
毛焼き　144R
ゲル　420※
けん　145L
減塩しょうゆ　145L
健康食品　145L
ゲンチアナ　145R
けんちん　145R
けんちん汁　145R
けんちん蒸し　145R
源平　145R
玄米　146L
玄米茶⇌番茶　353L

こ

こい　147L
濃口しょうゆ　147R
鯉濃　148L
鯉濃醬⇌鯉濃　148L
子いも⇨さといも　177L
こういか　148R

香菜　148R
こうじ　148R
こうじ漬け　149L
子牛肉　149L
香辛料　149L
合成酢　149R
鉱泉水⇌ミネラルウォーター
　424R
香草⇨ハーブ　345R
硬たんぱく質　97※, 227※
紅茶　150L
こうなご⇨いかなご　27L
酵母⇌イースト　30L
香味野菜　151L
香味料　151L
香味料⇌香辛料　149R
甲盛り⇌甲羅盛り　151R
高野豆腐⇌凍り豆腐　152L
高麗えび⇌たいしょうえび
　251R
甲羅返し　151L
甲羅蒸し　151L
甲羅盛り　151R
香料　151R
ゴエイホワ（桂花）⇌ムゥシィ
　（木犀）　428L
こえんどろ⇌香菜　148R
氷　151R
氷あずき⇌きんとき　124R
凍りこんにゃく　151R
氷砂糖　152L
凍り豆腐　152L
糊化　153L
こがし⇌麦こがし　428L
黄金焼き　153L
コキーユ⇌コキール　153L
コキール　153L
こく　153L
濃醬　153L
小口切り　153L
黒糖⇌黒砂糖　139L
穀物酢　153R
こけ引き　153R
焦げ蜜⇌カラメル　100R
焦げ湯⇌湯桶　449R
ココア　153R
ココット　154L
ココナッツ　154L
ココナッツジュース⇌ココナッ
　ツ　154L
ココナッツミルク⇌ココナッツ
　154L
こしあん⇌あん（菓子のあん）

　23L
こしょう　154R
呉汁　154R
コスレタス⇌レタス　470L
ゴーダチーズ　154R
こち　155L
コチュジャン　155L
小付け　155L
骨酒　155L
ごった煮　155R
コートレット　155R
粉あめ　155R
粉砂糖　155R
粉ざんしょう⇌さんしょう
　186L
粉わさび　155R
コニャック　156L
小ぬか⇌米ぬか　163L
こね粉　156L
こね粉⇌生地　112L
このこ　156L
このしろ　156L
木の葉切り　156L
木の葉どんぶり　156R
木の葉焼き　156R
このわた　156R
コハク酸　157L, 196※
コハク酸⇌あさり　7R
こはく煮　157L
小柱⇌貝柱　78R
こはだ　157L
小鉢物　157L
ごはん⇨べいはん　386L
コーヒー　157R
コーヒーシュガー　158L
コピー食品　158L
粉ふきいも　158L
こぶじめ　158R
こぶ茶　158R
五平もち　158R
ごぼう　158R
こぼれうめ　159L
ごま　159L
ごま和え　159R
ごま油　159R
五枚おろし　160L
ごま塩　160L
ごまじょうゆ　160L
ごま酢　160R
ごま酢みそ　160R
ごまだれ　160R
こまつな　160R
ごま豆腐　160R

こまのつめ 161L		さざえ 174L
ごまみそ 161L	**さ**	ささがき 174R
ごまめ 161L		ささげ 174R
ごまよごし⇨ごまあえ 159R	西京漬け 170L	笹作り 175L
	西京みそ 170L	ささみ 175L
こむぎ粉 161R	西京焼き 170L	ささみ⇨鶏肉 142L
米 162L	細工かまぼこ 170L	笹焼き 175L
米酢 162R	細工ずし 170L	差しがつお⇨追いがつお 63L
米ぬか 163L	細工卵 170L	
米ぬか油 163L	再仕込みしょうゆ 170R	差込み 175L
米みそ 163L	サイダー 170L	さしみ 175R
五目 163L	サイダービネガー⇨りんごす 462R	差し水 176L
五目汁 163R		雑節 176L
五目ずし 163R	さいの目切り 170R	さつまあげ 176L
五目豆⇨大豆 252R	菜箸⇨箸 336R	さつまいも 176L
五目飯 163R	ザウアークラウト⇨サワークラウト 184R	さつま汁 176R
子持ち 164L		さといも 177L
ゴーヤー⇨にがうり 317L	サウザンド・アイランド・ドレッシング 171L	砂糖 177R
コラーゲン 97※, 227※, 235※, 319※, 442※		砂糖じょうゆ 179L
	酒煎り 171L	砂糖漬け 179L
ごり 164L	酒塩 171L	砂糖の保水性 22※
コリアンダー 164L	酒だし 171L	砂糖の溶解度 178※
コールスロー 164L	肴 171L	砂糖蜜 179R
コールドビーフ 164R	酒煮 171R	サニーレタス⇨レタス 470L
コルネ 164R	酒蒸し 171R	さば 180L
コールラビ 165L	先付け⇨お通し 68R	さばずし 180R
ころ⇨いりかわ 38R	ざく 171R	さば節 181L
ころ柿⇨干し柿 394L	酢酸 171R	サバラン 181L
コロッケ 165L	酢酸酢⇨合成酢 149R	さび 181L
衣 165R	ザクースカ 172L	サブマリンサンドイッチ⇨プアボーイサンドイッチ 367R
衣揚げ 165R	作取り 172L	
コーンオイル 166L	桜炒り 172L	サフラワー油 181L
混合だし 166L	桜えび 172L	サフラン 181L
コーンスターチ 166L	桜漬け 172L	サプリメント⇨栄養補助食品 56R
コーンスープ 166L	さくら漬け⇨ひのな漬け 359R	
コンソメ 166R		サブレ 181R
コンソメ⇨スープ 231R	さくら鍋 172R	サポニン⇨あずき 9L
コンデンスミルク 167L	桜煮⇨さくらいり 172L	ざぼん 181R
こんにゃく 167L	さくら肉⇨ばにく 344R	さめ 181R
コンニャクマンナン 152※, 167※	桜干し⇨みりんぼし 426R	サモサ 181R
	桜みそ 172R	さやいんげん 181R
コンビニエンスフーズ 167R	桜飯 172R	さやえんどう 182L
	桜もち 172R	さより 182L
コンビネーション 167R	桜湯 173L	更紗卵 182R
コンビーフ 167R	さくらんぼ⇨おうとう 63L	さらしあん 182R
こんぶ 168L	ざくろ 173L	さらしくじら 182R
こんぶだし 168R	さけ 173L	さらしねぎ 182R
こんぶ茶⇨こぶちゃ 158R	酒 173R	さらす 183L
こんぶ巻き 168R	酒粕 173R	サラダ 183L
コーンフレーク 169R	ざこ 173R	サラダドレッシング 183L
コンポート 169R	さごし⇨さわら 185R	サラダ菜 183L
コーンミール 169R	笹揚げ 174L	サラダ菜⇨レタス 470L
	ザーサイ 174L	

索引 519

サラダ油　183R
サラミソーセージ　183R
ざらめ糖　183R
ざるそば　184L
サルモネラ中毒　184L
サーロインステーキ　184L
サワー　184L
さわがに　184L
サワークラウト　184R
サワークリーム　184R
サワークリームドレッシング　184R
さわし柿　184R
皿鉢料理　185L
沢煮　185L
沢煮椀　185L
さわら　185L
三温糖　185R
サングリア　185R
山菜　185R
三州みそ⇌豆みそ　413R
三州みそ仕立て　186L
さんしょう　186L
サンス（三絲）　186R
サンデー　186R
サンドイッチ　186R
サンドイッチフィリング　187L
さんとうさい　187L
三度豆⇌さやいんげん　181R
酸乳飲料⇌乳酸菌飲料　323R
三の膳　187L
三杯酢　187L
三平汁　187R
さんぼうかん　187R
三盆白⇌わさんぼん　481L
さんま　188L
三枚おろし　188L
三枚肉⇌ばらにく　349R
酸味　188R
酸味⇌味覚　418L

し

地⇌生地　112L
ジアスターゼ⇌アミラーゼ　17L
シアニン⇌赤かぶ　4R
シアニン⇌アントシアン　24R
ジイイウ（鶏油）⇌とり油

303L
シイクワシャー　189L
強香　189L
シィジン（什錦）　189L
しいたけ　189R
シィックスープ⇌ポタージュリエ　395R
しいの実　190L
しいら　190L
シェーカー　190L
シェーク　190L
シェフサラダ　190R
シェリー　190R
塩　190R
塩炒り　191L
塩加減　191L
塩辛　191R
塩くらげ⇌くらげ　132L
塩こんぶ　191R
塩ざけ　191R
塩さば　192L
塩じめ　192L
塩せんべい　192L
塩出し　192L
塩漬け　192L
塩煮　193L
塩抜き⇌塩出し　192R
塩浜焼き⇌浜焼き　347R
塩びき　193L
潮吹き貝　193L
塩ふきこんぶ⇌しおこんぶ　191R
塩干し　193R
塩蒸し　193R
塩もみ　193R
塩焼き　194L
塩ゆで　194L
じか煮　195L
じか煮⇌田舎煮　36R
直火焼き　195L
じか焼き⇌網焼き　17L
色紙切り　195L
敷きづま⇌つま　283R
しぎ焼き　195L
しぐれ煮　195R
しぐれみそ　196L
死後硬直　175※
死後硬直⇌生け物　28L
シーザーサラダ　196L
シシケバブ　196L
ししとう⇌ししとうがらし　196L
ししとうがらし　196L

しし鍋⇌ぼたん鍋　396R
しじみ　196R
ししゃも　196R
シスチン　450※
シーズニング　197L
シーズニング⇌香辛料　149R
しそ　197L
シソアルデヒド⇌しそ　197L
シソニン⇌アントシアン　24R
シソニン⇌しそ　197L
舌⇌タン　266R
下味　197L
仕出し　197R
下処理　197R
下煮　197R
したびらめ　197R
地卵⇌鶏卵　142R
七分づき米⇌米　162L
七味とうがらし　198L
七面鳥　198L
シチュー　198L
卓袱料理　198L
シトロン⇌レモン　471R
しなちく⇌メンマ　436R
信濃　198R
シナモン　198R
シナルビン　407※
シニグリン　407※
シニグリン⇌からしな　99R
シニグリン⇌わさび　480L
じねんじょ　199L
しの　199L
しのだ　199L
しのだ⇌きつね　114L
しのだずし⇌いなりずし　36R
忍び包丁⇌かくしぼうちょう　82L
しばえび　199L
しば漬け　199L
ジビエ　199R
シブオール⇌かき（柿）　79R
シフォンケーキ　199R
渋柿　199R
渋皮煮　200L
しぶきり⇌あずき　9L
シーフード　200L
シーフードサラダ　200L
じぶ煮　200L

渋抜き　185※
渋抜き⇨さわしがき　184R
渋味　200R
ジプロピルジスルフィド　264※
ジベレリン⇨ぶどう　375L
絞り出し袋　200R
じーまーみどうふ　201L
凍みだいこん⇨干しだいこん　395L
凍み豆腐⇨こおりどうふ　152L
しめさば　201L
しめじ　201R
しめ卵　201R
しめる　201R
霜降り　201R
霜降り・湯振り　451L
霜降り肉　202L
ジャア（炸）　202L
ジャアツァイ（炸菜）　202R
ジャアツァイ（榨菜）⇨ザーサイ　174R
シャオカオ（燒烤）⇨カオ（烤）　78R
じゃがいも　202R
しゃくしな⇨たいさい　251R
しゃこ　203L
じゃこ⇨ざこ　173R
シャシリック　203L
ジャス（JAS）　203L
ジャスミンティー　203R
シャトー　203R
シャトーブリアン　204L
じゃの目切り　204L
じゃばら切り　204L
しゃぶしゃぶ　204L
シャーベット　204R
ジャーマンステーキ　204R
ジャーマンステーキ⇨ハンバーグステーキ　353L
シャミィ（蝦米）　204R
ジャム　204R
しゃり　205L
シャリアビンステーキ　205L
シャルロット　205L
シャルロット⇨エシャロット　56R
ジャン（醬）　205R
ジャンジイ（醬汁）⇨リュウ（溜）　461R

シャンタン（上湯）⇨タン（湯）　267L
シャンツァイ（香菜）⇨こうさい　148L
シャンティイー　205R
シャンティイークリーム⇨ホイップドクリーム　390R
シャンティイー風ソース　206L
シャンパン　206L
シャンピニオン⇨マッシュルーム　408L
ジュ　206L
シュー・ア・ラ・クレーム⇨シュークリーム　206R
重曹⇨たんさんすいそナトリウム　267R
重詰　206L
充填豆腐⇨豆腐　295R
じゅうろくささげ　206R
シュガーピース　206R
熟成　207L
シュークリーム　206R
シュークルート⇨サワークラウト　184R
ジューサー　207R
ジューシー　207R
ジュース　207R
酒石英⇨クリームタータ　135L
酒石酸水素カリウム⇨クリームタータ　135L
酒盗　208L
ジュニパーベリー　208L
シューマイ　208R
ジュリエンヌ　208R
しゅんぎく　208R
じゅんさい　209L
純米酒　209L
しょうが　209L
しょうがじょうゆ　209R
しょうが酢　209R
しょうがみそ　209R
精進揚げ　210L
上新粉⇨しんこ　219L
精進ずし　210L
精進だし　210L
精進なます　210R
精進料理　210R
しょうずく⇨カルダモン　101R
醸造しょうゆ　211L
醸造酢　211L

しょうちゅう　211R
上白糖　211R
蒸発熱⇨きかねつ　111L
常夜鍋　211R
しょうゆ　212L
しょうゆ洗い　212L
しょうゆあん　212L
しょうゆ漬け　212L
しょうゆドレッシング　212R
蒸留酢　212R
しょうろ　212R
ショーガオール　210※
食塩⇨しお　190R
食前酒⇨アペリティフ　14R
食卓塩⇨しお　190R
食中毒　213L
食パン　213L
植物油　213R
食紅⇨ちゃくしょくりょう　272R
食用がえる　213R
食用菊⇨菊　111R
食用大黄⇨ルバーブ　465L
食用油脂　214L
ジョッキ　214L
しょっつる　214L
しょっつる鍋　214R
ショ糖　214R
ショートケーキ　214R
ショートドリンクス　214R
ショートニング　214R
ショーフロワ　215L
ジョン（蒸）　215L
ジョンツァイ（蒸菜）　215L
白和え　215L
しらうお　215R
しらが（白髪）　215R
白髪ねぎ　215R
しらこ　216L
白絞油　216L
白酢⇨白酢和え　216L
白酢和え　216L
しらす干し⇨ちりめんじゃこ　279R
しらたき⇨こんにゃく　167L
白玉⇨白玉だんご　216R
白玉粉　216L
白玉だんご　216R
白煮　216R
白焼き　216R
シリアル　216R

汁⇌汁物　217L
しるこ　217L
汁の物⇌汁物　217L
汁物　217L
しろうり　217L
しろきくらげ⇌きくらげ　112L
しろぎす⇌きす　112R
白こしょう⇨こしょう　154R
白酒　217R
白砂糖⇨じょうはくとう　211R
白下糖　217R
白しょうゆ　217R
シロップ　217R
シロップ⇌砂糖蜜　179R
シロップ漬け　218L
しろに⇌白煮　216R
白身　218L
白身魚　218L
白みそ　218L
白ワイン⇌ワイン　477L
しわのばし　9※
ジン　218R
じんがさ　218R
ジンギスカン鍋　218R
ジンゲロン　210※
新粉　219L
ジンジャー⇨しょうが　209L
ジンジャーエール　219L
信州みそ　219L
しんじょ　219R
新しょうが⇌しょうが　209R
心臓　219R
腎臓　219R
人造イクラ⇌コピー食品　158L
じんだ⇌ずんだ　235R
じんだん⇌ずんだ　235R
浸透圧　191※, 220L, 453※, 457※
ジントニック　220L
シンナムアルデヒド⇌シナモン　199L
ジンフィズ　220L
辛味　220L
辛味料⇌香辛料　149R
ジンライム　220R
シンレン豆腐　220R

す

す（酢）　221L
す（鬆）　221L
ス（絲）　221L
素揚げ　221R
素揚げ⇌から揚げ　97R
酢油ソース⇨ドレッシング　304L
酢洗い　222L
吸い味　222L
すいか　222L
吸い加減⇌すいあじ　222L
ずいき　222R
吸い口　222R
吸い地　223L
水晶煮　223L
水中油滴型⇌乳化　323L
スィーティー⇌グレープフルーツ　139L
スイートコーン　223L
スイートポテト　223L
すいとん　223R
炊飯　223R
吸い物　224L
スウタン（素湯）⇌タン（湯）　267L
素うどん　224L
素うどん⇌かけ　83R
末広切り　224R
末広刺し⇌扇串　63L
末広干し⇌みりん干し　426R
姿ずし　224R
姿盛り　225L
姿焼き　225L
スカッシュ　225L
スカラップ　225L
杉板焼き⇌板焼き　31R
スキムミルク⇨だっしふんにゅ　260L
すき焼き　225L
杉焼き⇨いたやき　31R
すくい串　225L
すくがらす　225L
すぐき漬け　226L
スクランブルエッグ　226L
スクワッシュ　226L
すけそうだら⇌すけとうだら　226L
すけとうだら　226L
スコッチエッグ　226R

巣ごもり　226R
スコーン　226R
すし　227L
すじこ　227L
すし酢　227L
すしだね　227L
すじ肉　227L
すし米　227L
酢じめ　228L
すし飯　228L
酢じょうゆ　228L
すずき　228L
鈴子⇌すじこ　227L
すずしろ⇌だいこん　250R
すずな⇌かぶ　92L
すずめ　228L
すずめずし　228R
すずめだい　228R
すずめ焼き　229L
スターアニス⇌はっかく（八角）　341L
スタウト　229L
すだち　229L
スタッフド　229L
ずだな⇌ずんだ　235R
ズッキーニ　229R
酢漬け　229R
すっぽん　229R
すっぽん仕立て　229R
すっぽん煮　230L
スティック　230L
ステーキ　230L
ステムレタス⇌レタス　470L
ストック⇨スープストック　232L
酢どりしょうが　230L
酢どり　230L
ストロガノフ⇌ビーフストロガノフ　360R
ストロベリー⇨いちご　32R
砂ぎも　230R
スナックえんどう⇌スナップえんどう　230R
スナップえんどう　230R
酢煮　230R
酢の物　230R
スパイス⇨こうしんりょう　149L
スパオ（四宝）　231L
スパークリングワイン　231L
スパゲティ　231L

索引

酢ばす⇒酢れんこん 235R
スパニッシュ 231R
素引たまり 264R
スピリッツ 231R
スープ 231R
酢ぶき 232L
スープストック 232L
酢豚 232R
スープ煮 233L
スフレ 233L
スプレッド 233L
スペアリブ 233R
スポンジケーキ 233R
すまし汁⇒すいもの 224L
酢みそ 234L
素蒸し 234L
スモーガスボード 234L
スモーク 234L
すもも⇒プラム 379L
素焼き⇒しらやき 216R
スライス 234R
スライス⇒薄切り 47R
すりごま 234R
すり流し汁 234R
すり身 234R
すり蜜 235L
すり蜜⇒フォンダン 369L
するめ 235L
酢れんこん 235R
スロークッカー 235R
ずんだ 235R
ずんだ（じんだ）⇒枝豆 57R

せ

ゼアキサンチン⇒カロテノイド 103R
背あぶら 236L
ぜいご 236L
せいご⇒すずき 228L
清酒 236L
精製塩⇒しお 190R
精白米⇒米 162L
セイボリー 236R
西洋しょうろ⇒トリュフ 303R
西洋わさび⇒ホースラディッシュ 395R
清涼飲料 236R
せいろう 237L
赤飯 237L
背ごし作り 237R

セサモール⇒ごま 159R
セージ 237R
せと貝⇒い貝 27L
銭形切り 237R
背開き 238L
ゼラチン 227※, 235※, 238R
せり 239L
ゼリー 239L
ゼリー菓子 239R
セルタス⇒レタス 470L
セルフィユ⇒チャービル 274L
セルリアック 240L
セロリ 240L
背わた 240L
せん切り 240R
せんごく豆⇒ふじ豆 372R
前菜 240R
前菜⇒オードブル 69R
ぜんざい 240R
仙台みそ 241L
煎茶 241L
仙人穀⇒アマランサス 16R
船場汁 241R
船場煮 242L
せんべい 242L
センマイ⇒いぶくろ 37R
ぜんまい 242L
千枚漬け 242L
千六本 242R

そ

そうざい 243L
相殺効果⇒よくせいこうか 452R
相乗効果 52※, 88※, 243L
ぞうすい 243L
そうだがつお 243R
そうだ節 243R
雑煮 243R
そうめん 244L
添え串 244L
そぎ切り 244L
ソーキそば⇒ソーキぶに 245L
そぎ作り 244R
そキぶに 245L
そぎゆず 245L
即席漬け 245L
即席米⇒インスタントライス 43L
ソース 245L
ソース・エスパニョール⇒ブラウンソース 377R
ソースオロール⇒オーロラソース 75R
ソース・ティロリエンヌ⇒チロリアンソース 280L
ソース・ノルマンド⇒ノルマンドソース 330R
ソース・ブランシュ⇒ホワイトソース 401L
ソース・ブルーテ⇒ブルーテソース 382R
ソースフロワッド⇒冷製ソース 466L
ソーセージ 245R
ソーダ水⇒たんさいすい 267R
ソーダフロート⇒クリームソーダ 135R
ソテー 246L
外引き⇒かわひき 104R
そば 246L
そばがき 246R
そば切り 246R
そば粉 246R
そばつゆ 247L
そば焼き⇒焼きそば 442L
そば湯 247L
ソフトクリーム⇒アイスクリーム 1L
ソフトサラミ⇒サラミソーセージ 183R
ソフト豆腐⇒豆腐 295L
ソフトドーナツ 247L
ソフトドリンク 247L
そぼろ 247R
染めおろし 247R
ソラニン 203※
そら豆 247R
ソルビトール 248L
ソルベ⇒シャーベット 204R
揃えみつば 248R

た

タアサイ 249L
ダァツァイ（塌菜） 249L
ダァツァイ（大菜） 249L
たい 249L
大学いも 250L

索引 **523**

大吟醸酒⇌吟醸酒　124R
太鼓焼き⇌今川焼き　38L
だいこん　250L
だいこんおろし　251L
たいさい　251R
たいしょうえび　251R
大豆　252L
大豆油　252R
だいだい　252R
大徳寺納豆　253L
大徳寺弁当　253L
対比効果　253L
大福もち　253R
たいみそ　253R
大名おろし　253R
タイム　254L
たい飯　254L
たいめん　254L
たい焼き　254L
たいら貝⇌たいらぎ　254R
たいらぎ　254L
ダオチエミエン（刀切麺）⇌チエミエン（切麺）　269L
たかな　254R
たかのつめ　254R
ターキー⇨しちめんちょう　198L
炊き合わせ　255L
炊きおこわ　255L
滝川豆腐　255L
炊き込みごはん　255L
抱き身　255R
たくあん漬け　255R
たけのこ　256R
竹焼き　257R
たこ　257R
タコス　258L
たこ焼き　258L
だし　258R
だしこんぶ　258R
だしじゃこ　259L
だしの素　259L
だし巻き卵　259L
だし割り　259R
だし割りじょうゆ⇌割りじょうゆ　482L
たすき落とし⇨けさおとし　143R
たたき　259R
たたきごぼう　260L
たたきなます⇨おきなます　65L
たたみいわし　260L

たちうお　260L
田作り⇨ごまめ　161L
脱脂乳　260R
脱脂粉乳　260R
竜田揚げ　261L
たづな切り　261L
たで　261L
立て塩　261R
たで酢　261R
たてづま　261R
だて巻き　262L
たにし　262L
他人どんぶり　262R
たぬき　262R
たぬき汁　262R
たね　262R
種⇌生地　112L
タバスコ　262R
タピオカ　263L
タピオカシード⇌タピオカ　263L
タピオカパール⇌タピオカ　263L
タピオカフレーク⇌タピオカ　263L
食べ合わせ⇨くいあわせ　126L
たま　263L
だま　263L
卵⇨けいらん　142R
卵酒　263L
卵豆腐　263R
卵とじ　263R
卵焼き　264L
玉ちしゃ⇌レタス　470L
たまな⇌キャベツ　117L
たまねぎ　264L
たまり　264R
たまりしょうゆ　264R
タマリロ　264R
タマレス　265L
玉レタス⇌レタス　470L
ターメリック　265L
たら　265L
たらこ　265R
タラゴン　265R
タラゴンビネガー⇌タラゴン　265R
たらの芽　265R
たらばがに　266L
タルタルステーキ　266L
タルタルソース　266L
タルト　266R

タルトレット　266R
だるまかん⇌さんぼうかん　187R
たれ　266R
タン　266R
タン（湯）　267L
だんご　267L
短冊切り　267R
炭酸飲料　267R
炭酸水　267R
炭酸水素ナトリウム　267R, 292※
タンシチュー　268L
タンツァイ（湯菜）⇨タン（湯）　267L
ダンツァイ（淡菜）⇨い貝　27L
タンツウ（糖醋）⇌ツウリュウ（醋溜）　281L
タンツウ（糖醋）⇌リュウ（溜）　461R
タンツウリィユィ（糖醋鯉魚）　268L
タンドリーチキン　268L
タンニン　55※, 268R, 390※
タンニン⇌さわし柿　184L
タンニン⇌煎茶　241L
タンニン⇌茶　271R
たんぱく質の凝固　450※
たんぱく質の熱変性　319※
たんぱく質の変性　193※, 221※
たんぱく質分解酵素　33※
たんぱく質分解酵素⇌キーウイフルーツ　111L
たんぱく質分解酵素⇌パイナップル　333L
たんぱく質分解酵素⇌パパイア　345L
タンバル　268R
ダンプリング　268R
タンミエン（湯麺）⇨タンメン　268R
タンメン　268R

ち

血合い肉　269L
チエミエン（切麺）　269L
チェリー⇨おうとう　63L
チェリーブランデー⇌キルシュワッサー　123L

チェリモヤ　269L
チエンツァイ（前菜）　269L
ちかだい⇨ティラピア　285R
チキン⇨けいにく　142L
チキンカツレツ⇨カツレツ　90L
チキンライス　269R
千草焼き　269R
筑前煮　269R
ちくわ　269R
チゲ　270L
チコリー　270L
ちさ⇨レタス　470L
ちしゃ⇨レタス　470L
チーズ　270L
チーズケーキ　270R
チーズフード⇨チーズ　270R
ちだい⇨たい　249L
チップ　271L
ちぬ⇨たい　249R
血抜き　271L，471※
ちまき　271L
茶　271L
チャアシャオロウ（叉焼肉）⇨焼き豚　443L
チャアツァイ（炸菜）⇨ジャアツァイ（炸菜）　202R
チャイブ　271L
チャウダー　271R
チャオ（炒）　272L
チャオツァイ（炒菜）　272R
チャオファン（炒飯）⇨チャーハン　273R
チャオミエン（炒麺）⇨焼きそば　442L
ちゃかいせき（茶懐石）　272
茶懐石⇨懐石料理　77L
茶がゆ　272R
茶巾絞り　272R
茶巾ずし　272R
着色料　272R
チャーシュー⇨やきぶた　443L
チャーシューメン⇨焼き豚　443L
茶せん切り　273L
茶漬け　273L
チャツネ　273L
茶の子　273R
チャパティ　273R

チャーハン　273R
チャービル　274L
チャプスイ　274L
茶飯　274L
茶料理　274R
茶碗蒸し　274R
茶碗盛り　275L
ちゃんこ鍋　275L
チャンプルー　275L
チャンポン　275L
中華そば　275R
中華そば⇨中華めん　276L
中華まんじゅう　275R
中華めん　276L
中国酒　276L
腸炎ビブリオ　276R
ちょうじ　276R
調製豆乳⇨豆乳　294R
調製粉乳　277L
腸詰⇨ソーセージ　245R
調味　277L
調味しょうゆ　277L
調味酢⇨あわせず　21L
調味みそ　277L
調味料　277R
調理済み食品　277R
チョコレート　278L
千代結び　278L
ちょろぎ　278L
チョンロン　278R
ちらしずし　278R
ちり⇨ちり鍋　279L
チリコンカーン　278R
ちり酢⇨ぽんず　401R
チリソース　279L
ちり鍋　279L
チリパウダー　279R
ちり蒸し　279R
ちりめんじゃこ　279R
チルド肉　279R
チロシン　203※
チロリアンソース　280L
チンゲンサイ　280L
チンゲンツァイ（青梗菜）⇨チンゲンサイ　280L
チンゲンパイツァイ（青梗白菜）⇨チンゲンサイ　280L
チンタン（清湯）⇨タン（湯）　267L
陳皮　280R
珍味　280R

つ

ツァイ（菜）　281L
ツァイダン（菜単）　281L
ツアイダン（彩蛋）⇨ピータン　358L
追熟　406※
ツウリュウ（醋溜）　281L
ツウリュウ（醋溜）⇨リュウ（溜）　461L
突き出し　281L
突き出し⇨お通し　68R
月見　281L
つくし　281L
佃煮　281R
つくね　281R
作り⇨さしみ　175R
づけ　282L
つけあげ⇨さつまあげ　176L
付け合わせ　282L
つけ汁　282L
付け台　282L
漬け物　282L
付け焼き　282R
土しょうが⇨しょうが　209R
筒切り　283L
ツナ⇨まぐろ　405L
つなぎ　283L
つばめの巣　283L
つぶ　283L
粒あん⇨あん（菓子のあん）　23L
粒みそ　283R
坪　283R
つぼかん⇨さんぼうかん　187R
つぼ抜き　283R
つぼ焼き　283R
つま　283R
つま折り串　284L
つまみな　284L
つまみ物⇨突き出し　281L
つみいれ　284L
つめ　284R
つや煮　284R
つゆ　284R
つるし柿⇨干し柿　394R
つる切り　284R
つるむらさき　284R
つるれいし⇨にがうり　317

て

出合い物　285L
テアニン⇌玉露　121L
テアニン⇌煎茶　241L
テアフラビン　150※
テアルビジン　150※
ディーエッチエー⇨ドコサヘキサエンさん　297L
ティエンミェンジャン（甜麺醤）　285L
ディップ　285L
ティーバッグ　285L
ディープフライフレーバー　32※, 292※
ディープフライフレーバー⇌香り　79R
ティボーンステーキ　285R
ティラピア　285R
ティラミス　285R
ディル　285R
ディンタン（頂湯）⇌タン（湯）　267L
手打ち　286L
テオブロミン⇌ココア　153R
テオブロミン⇌チョコレート　278L
デキストリン⇌アミラーゼ　17L
テキーラ　286L
テクスチャー　286L
手ごし　286R
デコレーション　286R
デザート　286R
デシケーテッドココナッツ⇌ココナッツ　154R
手酢　286R
デーツ　286R
てつ⇨ふぐ　371L
鉄火　287L
鉄火和え⇌鉄火　287L
鉄火どんぶり⇌鉄火　287L
鉄火巻き⇌鉄火　287L
鉄火みそ　287L
てっきゅう　287L
てっさ⇨ふぐさし　371R
鉄扇　287L
てっちり　287R
鉄板焼き⇌焼き肉　442R
てっぽう⇨ふぐ　371L

鉄砲巻き　287R
鉄砲焼き　287R
テトロドトキシン⇌ふぐ　371R
手延べそうめん⇨そうめん　244L
手羽　287R
手秤り　287R
手羽先⇌手羽　287R
手羽なか⇌手羽　287R
手羽肉⇌鶏肉　142L
手羽もと⇌手羽　287R
手開き　287R
テーブルパン　288L
テーブルワイン　288L
てぼう　288L
出前⇌仕出し　197R
デミグラスソース⇌ドミグラスソース　301R
デミタス　288L
デュクセルソース　288L
寺納豆⇌大徳寺納豆　253L
照り　288L
照りじょうゆ　288R
テリーヌ　289L
照り焼き　289L
照り焼きソース　289L
テール　289R
テールシチュー　289R
田楽　290L
田楽みそ　290L
てんかす　290L
てんじく豆⇌ふじ豆　372R
電磁調理器　290R
電子レンジ　291L
点心　291L
テンダーロイン⇌ヒレ　365L
天茶　291L
てんつゆ⇨つけじる　282L
てんどん　291L
てんなん　291L
天火⇨オーブン　71L
でんぶ　291L
てんぷら⇨さつまあげ　176L
てんぷら　291L
てんぷら油　292L
でんぷん　292R
でんぷんあん　23※
でんぷんのアルファ化　293※
でんぷんの老化　293※, 351

※
テンペ　293L
天盛り　293R
天竜寺納豆⇌大徳寺納豆　253L

と

ドウ　294L
とうがらし　294L
とうがらし⇌たかのつめ　254L
とうがん　294L
とうきび⇌とうもろこし　296R
当座漬け　294R
トウタン（頭湯）⇌タン（湯）　267L
ドウチイ　294R
とうぢしゃ⇌ふだん草　373R
とうなす⇌かぼちゃ　93R
豆乳　294R
豆乳飲料⇌豆乳　295L
トウバンジャン（豆板醤）　295L
ドウバンジャン（豆瓣醤）⇌トウバンジャン（豆板醤）　295L
陶板焼き　295R
豆腐　295R
糖蜜　296L
トウミャオ（豆苗）　296L
ドウミヤオ（豆苗）⇌トウミャオ　296L
道明寺揚げ　296L
道明寺粉　296R
道明寺糒　296R
とうもろこし　296R
同割り　296R
ドゥン（燉）　296R
ドゥンツァイ（燉菜）　297L
とおとうみ⇌ふぐさし　371R
とくさ　297L
とくさうど⇌とくさ　297L
とくさごぼう⇌とくさ　297L
特別純米酒⇌純米酒　209L
特別本醸造酒⇌本醸造酒　401L
ドコサヘキサエン酸　297L
とこぶし　297L

ところてん 297R
とさかのり 297R
土佐じょうゆ 297R
土佐酢 297R
土佐作り 298L
土佐煮 298L
とじ煮 298L
とじ煮⇨卵とじ 263R
どじょう 298R
トスタダス 298R
トースト 298R
とそ 299L
トッピング 299L
土手鍋 299L
ドーナツ 299R
とびうお 300L
土びん蒸し 300L
どぶ漬け⇨ぬかみそづけ 326L
トマト 300R
トマトケチャップ 300R
トマトジュース 301L
トマトソース 301L
トマトピューレー 301R
トマトペースト 301R
ドミグラスソース 301R
トム・ヤム・クン 302L
ドメスチックソーセージ⇨ソーセージ 245R
止め椀 302L
共和え 302L
共和え⇨肝和え 116L
巴焼き⇨今川焼き 38L
共酢 302L
ドライカレー 302R
ドライソーセージ⇨ソーセージ 245R
とら豆 302R
どら焼き 302R
ドリア 302R
とり油 303L
ドリアン 303L
とり貝 303R
とりがら⇨がら 97L
取り肴⇨くちとり 129R
ドリップ 78※, 303R
ドリップ⇨冷凍魚 467L
とり肉⇨けいにく 142L
トリメチルアミンオキサイド⇨かつお 87R
トリュフ 303R
鶏わさ⇨霜降り 202L
トルテ 304L

トルティーヤ 304L
トルヌード⇨トルネード 304L
トルネード 304L
ドレッシング 304L
ドレッシングの乳化 304※
トレビス 304R
トレビーツ⇨トレビス 304R
ドレンチェリー 305L
とろ 305L
トロピカルフルーツ 305L
とろみ剤⇨かんてん 107R
とろろいも⇨やまのいも 446L
とろろこんぶ 305L
とろろ汁 305R
とんカツ 305R
とんカツ⇨カツレツ 90L
とんカツソース 305R
豚脂（とんし）⇨ラード 457L
どんつゆ 305R
どんぶり 306L
トンポーロー（東坡肉）⇨角煮 83L

な

ナイ（奶） 307L
ナイイウ（奶油）⇨リュウ（溜） 461L
ナイタン（奶湯）⇨タン（湯） 267L
直し 307L
ながいも⇨やまのいも 446L
中落ち 307L
流し物 307L
中身のおつゆ 307L
ながれこ⇨とこぶし 297L
ナゲット 307L
名古屋みそ⇨豆みそ 413R
なし 307R
なす 307R
なずな 308L
ナスニン⇨アントシアン 24R
ナスニン⇨なす 308L
ナタ・デ・ココ 308L
ナタ・デ・ピニャ⇨ナタ・デ・ココ 308L
なたね（菜種）⇨あぶらな 13R

なたね⇨いりたまご 39L
菜種卵⇨スクランブルエッグ 226L
なたね⇨あぶらな 13R
なたね油 308R
なた豆 308R
ナチュラルチーズ 309L
ナッツ 309L
納豆 309R
納豆汁 309R
なつみかん 309R
なつめ 310L
ナツメグ 310L
七色とうがらし⇨しちみとうがらし 198L
七草がゆ 310R
斜め切り 311L
菜の花 311L
菜の花⇨あぶらな 13R
菜の花漬け 311L
菜花⇨あぶらな 13R
菜花⇨なのはな 311L
鍋物 311L
鍋焼き⇨鍋焼きうどん 311R
鍋焼きうどん 311R
鍋料理⇨鍋物 311L
ナポリタン⇨ナポリテーヌ 311R
ナポリテーヌ 311R
生あげ 311R
生がえし⇨かえし 78R
生クリーム 311R
なまこ 312L
生酒 312L
なます 312L
なまず 312R
生貯蔵酒 312R
生ハム 313L
生麩 313L
生麩⇨麩 367L
生節⇨なまりぶし 313R
生干し 313R
生めん⇨めん 435R
なまり節 313R
ナムル 313R
なめこ 314L
なめこ⇨えのきたけ 58R
なめし（菜飯） 314L
なめすすき⇨なめこ 314L
なめたけ⇨なめこ 314L
なめみそ 314R

なめらこ⇌なめこ　314L
奈良茶⇌奈良茶飯　315L
奈良茶飯　314R
奈良漬け　315L
ナリンジン　309※
ナリンジン⇌グレープフルーツ　138R
鳴門　315L
鳴門巻き　315L
なれずし　315L
ナン　315R
なんきん⇌かぼちゃ　93R
なんきん豆⇌ピーナッツ　359L
なんばきび⇌とうもろこし　296R
南蛮　315R
南蛮⇌オランダ　73R
なんばんきび⇌とうもろこし　296R
南蛮漬け　315R
南部揚げ⇌南部焼き　316R
南部焼き　316R

に

ニイラたまり　264R
にがうり　317L
にがきも⇌苦玉　317L
にがごい⇌にがうり　317L
苦玉　317L
苦味　317R
苦味⇌味覚　418L
にがよもぎ　318L
にかん盛り　318L
煮切り　318L
にぎりずし　318L
煮切りみりん　318R
にぎり飯　318R
肉エキス　319L
にくずく⇌ナツメグ　310L
肉まんじゅう⇌中華まんじゅう　275R
煮こごり　319R
煮込み　319R
煮込み田楽⇌おでん　68L
煮魚　320L
にし　320L
錦卵　320L
にじます　320L
煮しめ　320R
にしん　320R
にたり貝⇌い貝　27L

二丁盛り⇌にかんもり　318L
肉桂⇌シナモン　198R
煮抜き卵　321L
二の汁　321L
二の膳　321L
二杯酢　321L
二番だし　321L
二番だし⇌かつおだし　88R
煮びたし　321L
煮干し　321R
煮干しだし　321R
日本酒⇌せいしゅ　236L
二枚おろし　322L
煮雑（にまぜ）⇌雑煮　243R
煮豆　322L
煮物　322L
煮物代わり　322R
煮物椀　322R
ニヤン（醸）　322R
ニヤンツァイ（醸菜）⇌ニヤン　322R
乳飲料　322R
乳化　68※, 198※, 322R, 338※, 414※
乳酸　323L
乳酸飲料⇌乳酸菌飲料　323R
乳酸菌飲料　323L
乳糖⇌牛乳　119L
乳腐⇌フウルゥ　368R
にゅうめん　323L
ニョクマム　324L
ニョッキ　324L
にら　324L
にわとり⇌けいにく　142L
にんじん　324R
にんにく　324R

ぬ

ぬい串⇌すくいぐし　225R
ぬか漬け　326L
ぬか床　326※
ぬか床⇌ぬかみそ漬け　327L
ぬかみそ漬け　326L
ぬた　327L
ぬた⇌酢みそ　234L
ヌードル　327L
布目包丁　327L
ヌーボー　327L

ぬめり　177※, 327R

ね

ねかす　328L
ねぎ　328L
ねぎま　328L
ネクター　328R
ねじ梅　328R
根しょうが⇌しょうが　209R
根セロリ⇌セルリアック　240L
ねた⇌たね　262R
ネト⇌かまぼこ　94R
根深⇌ねぎ　328L
ネーブル　329L
練り切り　329L
練り製品　329L
練りみそ　329L
練り物　329R

の

ノアゼット　330L
濃縮果汁　330L
のしいか　330L
のし串　330L
野じめ⇌生けじめ　27R
のしもち　330L
野ぢしゃ⇌マーシュ　405R
のっぺい汁　330R
登り串⇌うねりぐし　51L
のり串⇌あさくさのり　6R
のり巻き⇌巻きずし　404L
ノルマンドソース　330R

は

バー　331L
バァス（抜糸）　331L
バァバオ（八宝）　331L
バァバオファン（八宝飯）　331L
パイ　331R
胚芽精米⇌胚芽米　332R
胚芽米　332R
バイキング料理　332R
パイナップル　332R
梅肉和え　333R
梅肉酢　333R
ハイビスカスティー　333R

ハイビスカスティー⇌ハーブティー　346L
ハイボール　333R
パウダーシュガー⇨こなざとう　155R
バウムクーヘン　334L
パウンドケーキ　334L
パエリヤ　334R
パオ（包）　334R
ハオイウ（蠔油）⇨オイスターソース　63L
パオズ（包子）　334R
ばか貝　334R
博多　334R
麦芽酢　335L
麦芽糖⇌アミラーゼ　17L
はくさい　335L
はくさい漬け　335L
ばくだい⇌ばくだいかい　335R
ばくだいかい　335R
ばくち汁　336L
パクチョイ　336L
白麦（はくばく）⇌押し麦　67L
白麦（はくばく）⇌麦めし　429L
はげ⇌かわはぎ　104R
バゲット　336L
箱ずし　336L
箸　336R
箸洗い　337L
はじかみ　337L
はじかみ⇌筆しょうが　375L
葉じそ　337L
箸休め　337L
パーシャルフリージング　467※
葉しょうが⇌しょうが　209R
バジリコ⇌バジル　337R
走り物⇨はつもの　343L
バジル　337R
バージンオリーブ油⇨オリーブ油　74L
はす（蓮）⇨れんこん　472R
パースー（抜絲）⇨バァス　331L
パスタ　337R
はすの実　337R
はぜ　337R

パセリ　338L
バター　338L
バタークリーム　339L
バターケーキ　339L
バタースカッチ　339R
はたはた　339R
バター焼き　340L
バター焼き⇌ムニエル　431L
バターライス　340L
はたんきょう⇌プラム　379L
鉢代わり　340L
はちざかな　340L
ハチノス⇌胃袋　37R
八杯豆腐　340L
鉢前　340R
はちみつ　340R
鉢蒸し　341L
ハツ⇨しんぞう　219R
はっか⇨ミント　427R
はっかく（八角）　341L
はつかだいこん⇨ラディッシュ　457L
発酵　341L
発酵抑制　193※
はっさく　341L
ハッシュ　341L
パッションフルーツ　341R
八寸　342L
はったい粉⇌麦こがし　428L
はつたけ　342L
八丁みそ　342R
八丁みそ⇌豆みそ　413R
バッテラ　342R
はっぽう⇨バァバオ（八宝）　331L
八宝⇨バァバオ　331L
八宝菜　342R
八方だし　343L
八宝飯⇨バァバオファン　331L
初物　343L
パテ　343L
ハードシュガー⇌ざらめ糖　183R
花うど　343L
花形切り　343L
花がつお⇨けずりぶし　144R
花キャベツ⇨カリフラワー　100R

花ざんしょう　343R
花菜　13R
花菜⇌菜の花　311L
バナナ　343R
花にら⇌にら　324L
花巻き　344L
花豆　344L
花丸きゅうり　344L
花みょうが⇌みょうが　425L
花ゆず　344L
花らっきょう　344L
馬肉　344L
バニラ　344R
葉にんにく⇌にんにく　325R
ハネデュー　344R
パパイア　345L
パパイン⇌パパイア　345L
パパイン⇌ミートテンドライザー　424L
パパコ　345L
ババロア　345L
ハーブ　345L
パーフェ　345R
羽二重ごし⇌絹ごし　114R
ハーブティー　346L
パフドライス　346L
パプリカ　346R
バーベキュー　346R
バーベキューソース　346R
バーボー⇨バァバオ　331L
バーボーハン⇨バァバオファン　331L
はまぐり　347L
はまち　347L
浜納豆　347R
浜ぼうふう　347R
浜焼き　347R
バーミセリー　348L
ハム　348L
ハムエッグ　348L
バーム核油⇌やし油　445L
バーム油⇌やしゆ　444L
はも　348R
はもきゅう　348R
はもちり　348R
はや⇌うぐい　46L
ハヤシライス　349L
早ずし　349L
早ずし⇌一夜ずし　34R
早漬け⇌浅漬け　7L
早漬け⇌一夜漬け　34R

索引 **529**

はやとうり 349R
腹子 349R
ばらずし⇨ごもくずし 163R
ばら肉 349R
ばら肉⇌カルビ 101R
腹開き 349R
はらん 350L
針打ち 350L
針うど⇌針切り 350L
針切り 350L
パリジェンヌ 350R
針しょうが 350L
はりはり漬け 350R
はりはり鍋 350R
張る 351L
バルケット 351L
バルサミコ 351L
はるさめ 351L
パルミジャーノ・レッジャーノ⇌パルメザンチーズ 351R
パルメザンチーズ 351R
馬鈴薯⇌じゃがいも 202R
ハワイアン 351R
パン 351R
パンケーキ 352L
半月切り 352R
パン粉 352R
半熟卵⇌ゆでたまご 449L
バンズ 353L
半助 353L
パンチ 353L
番茶 353L
半つき米（五分つき米）⇌米 162L
ハンドミキサー⇌泡立て器 21R
はんにゃとう 353R
ハンバーガー 353R
ハンバーグステーキ 353R
半発酵茶⇌ウーロン茶 55R
パンプキンパイ 354R
はんぺん 354L
バンロゼ 354R

ひ

ヒアシン⇌なす 308L
ピイダン（皮蛋）⇌ピータン 358L
ビエン（片） 47R
微温湯 355L
ピカタ 355L
光り物 355L
引き肴 355L
ひき茶⇨まっちゃ 409R
引き作り 355L
引き出物 355R
ひき肉 355L
引き物⇌ひきでもの 355R
ピクルス 356L
ピケ 356R
ピザ⇌ピッツア 358R
ひざかな⇌干し魚 394R
ピザパイ⇌ピッツア 358R
ひしお 356R
ひじき 357L
ビシソワーズ 357L
ビスケット 357L
ビスコ⇌上白糖 211R
ヒスタミン 180※
ヒスチジン⇌さば 180L
ヒスチジン⇌ぶり 380L
氷頭なます 357L
ビター⇌ビターズ 357R
浸し物 357R
ビターズ 357R
ビタミンC 208※
ビタミンC酸化酵素 325※, 439※
ひだら 357R
ピータン 358L
ビーツ 358L
びっくり水⇌あずき 9L
ピッツア 358R
一口椀⇌はしあらい 337L
ひと塩 358R
一塩干し⇌生干し 313R
火取り 359L
ピーナッツ 359L
ピーナッツバター 359L
ビネガー 359L
ビネグレットソース⇌ドレッシング 304L
ひねしょうが⇌しょうが 209R
ひねりごま 359R
ビネン⇌パセリ 338L
ひのな漬け 359R
ヒハチ 359R
ヒハツ⇌ヒハチ 359R
ビビムパプ⇌ビビンバ 359R
ビビンバ 359R
ビーフカツレツ⇌カツレツ 90L
ビーフステーキ 360L
ビーフストロガノフ 360R
ビーフン 360R
ひまわり油 361L
ピーマン 361L
ひめういきょう⇌キャラウェイ 117L
ピメント 361R
ひも 361R
ひもかわうどん 361R
ひもかわうどん⇌うどん 50L
冷やし物 361R
冷や汁 361R
ひやむぎ 361R
冷や飯 362L
冷ややっこ 362L
ピュアオリーブ油⇌オリーブ油 74L
ビュッフェ 362L
ピューレ 362L
ピュレ⇌ピューレー 362L
拍子木切り 362R
瓢亭玉子 362R
ひよこ豆⇌ガルバンゾ 101R
平 362R
平打ち⇌平串 362R
開き⇌ひらきぼし 362R
開き干し 362R
平串 362R
ピラジン 363L
平作り 363L
ピラフ 363R
ヒラミレモン⇌シイクワシャー 189L
ひらめ 364L
ひりょうず⇌がんもどき 110R
ビール 364R
ビール 365L
ひれ 365L
ヒレ 365L
ひれ酒 365R
ひれ塩 365R
ひろうす⇌がんもどき 110R
ピロシキ 365R
広島菜漬け 365R
広島焼き⇌お好み焼き 66R
びわ 366L
備長炭 194※

びん詰　366R
ビンテージワイン　366R

ふ

麩（ふ）　367L
ファーストフード　367R
ファットスプレッド　367R
プアボーイサンドイッチ　367R
ファルシ⇨スタッフド　229L
ファンジイ（蕃汁）⇌リュウ（溜）　461R
フィコエリスリン　7※
フィコシアン　7※
フィシン　33※
フィズ　368L
フィチン　163※
フィッシュソーセージ⇨ぎょくソーセージ　122L
フィッシュボール　368L
ブイヤベース　368L
ブイヨン　368L
ブイヨンキューブ　368L
フィリング　368R
フィレ　368R
風味　368R
フゥルゥ（腐乳）　368R
フウロンシエ（芙蓉蟹）⇌フーヨーハイ　377L
フェオフィチン　392※
フェザリング　158※
フェトチーネ　368R
フェニルチオカルバミド⇌味覚　418R
フェンネル⇨ういきょう　44L
フェンネルシーズ⇌ういきょう　44L
フォアグラ　369L
フオグオズ（火鍋子）⇌ホーコーツ　393R
フオトェイ（火腿）　369L
フォン　369L
フォンダン　369L
フォンデュ　370L
フーカデン⇌フリカデル　380L
ふかひれ　370R
ふき　370R
不揮発酸　85※, 221※
吹き寄せ　371L

吹き寄せずし⇌ちらしずし　278L
ふぐ　371L
ふぐさし　371R
ふくさずし　371R
ふくさみそ　371R
ふくさ料理　371R
福神漬け　371R
ふぐちり⇌てっちり　287R
福袋煮　372L
含ませ煮⇌含め煮　372R
含め煮　372R
ふくらし粉⇌ベーキングパウダー　386R
ふくら煮　372R
袋煮⇌ふくぶくろに　372L
ブーケガルニ　372R
フコキサンチン⇌カロテノイド　103R
節おろし⇌ごまいおろし　160L
麩質⇌グルテン　136R
ふじ豆　372L
麩素⇌グルテン　136R
豚肉　373L
豚まん⇌中華まんじゅう　275R
ふだん草　373R
フーチバー　373R
普茶料理⇌おうばくりょうり　63R
ぶつ切り　373R
ふっこ⇌すずき　228L
沸騰点　373R
プティ　374L
プティフール　374L
プディング　374L
筆しょうが　375L
ぶどう　375L
ぶどう球菌　375R
ぶどう酒⇨ワイン　477L
ぶどう酢⇨ワインず　478L
ぶどう糖　375R
ぶどう豆　376L
フードプロセッサー　376L
ふな　376R
ふなずし　376R
腐敗⇌発酵　341L
ぶぶづけ　376R
フムロン⇌ビール　364R
フムロン⇌ホップ　397L
フーヨーハイ　377L
フライ　377L

フライドエッグ⇨めだまやき　433L
フライドポテト　377R
ブラウンソース　377R
ブラウンフレーバー⇌香り　79R
ブラウンマッシュルーム⇌マッシュルーム　409L
ブラジルナッツ　378L
ブラックタイガー　378L
ブラックティー⇌紅茶　150L
ブラックペッパー⇨こしょう　154R
ブラックベリー　378L
フラッペ　378L
フラバノン⇌フラボノイド　378R
フラボノイド　41※, 378R
フラボノイド⇌カリフラワー　101L
フラボノール⇌フラボノイド　378R
フラボン⇌フラボノイド　378R
ブラマンジェ　378R
プラム　379L
プラムプディング　379L
フラワーティー　379R
フランクフルトソーセージ　379R
フランスパン　379R
ブランチング⇌冷凍野菜　469L
ブランデー　379R
フランベ　380L
ぶり　380L
ブリオッシュ　380R
ふりかけ　380R
フリカッセ　380R
フリカデル　380L
フリーザー　380R
フリージ　380R
振り塩　381L
フリッター　381L
フリッター⇌ベニエ　388L
ブリーツレタス⇌レタス　470L
振りなまこ　381L
プリン⇨プディング　374L
プルコギ⇨やきにく　442R
ブルーチーズ　381R
フルーツカクテル　381R

索引

古漬け　381R
フルーツケーキ　381R
フルーツサラダ　382L
フルーツポンチ　382L
ブルーテソース　382R
ブルーテソース⇌ホワイトソース　401L
ブルニエ　382R
ブルーベリー　382R
ブールマニエ　383L
ブルーム⇌チョコレート　278L
プルーン⇌プラム　379L
ブレイズ　383L
フレーク　383L
プレサージュ⇌蒸し煮　429R
プレザーブ　383L
プレザーブスタイル⇌ジャム　205L
プレザーブスタイル⇌プレザーブ　383L
プレスハム　383L
プレゼ⇌ブレイズ　383L
ブレッチェン　383R
フレーバー　383R
フレーバー⇌香り　79L
プレーンソーダ⇨たんさんすい　267R
ブレンダー⇌ミキサー　419L
フレンチソース⇨ドレッシング　304L
フレンチトースト　383R
フレンチドレッシング⇨ドレッシング　304L
フレンチフライ⇌フライドポテト　377R
フレンチポテト⇨フライドポテト　377R
フレンチマスタード⇌マスタード　407R
ブロイラー　384L
ブロイラー⇌若鶏　479L
ブロイル　384L
ブロシェット　384L
ブロス　384L
フロスティング⇨アイシング　1L
プロセスチーズ　384L
ブロッコリー　384R
フロート　385L
プロビタミンA⇌カロテン

104L
ふろふき　385L
ブロメリン⇌パイナップル　333L
フロランティーヌ⇌フローレンス風　385L
フローレンス風　385L
ぶんたん⇌ざぼん　181R
粉乳　385L
粉末しょうゆ　385R
粉末酢　385R
粉末清涼飲料　385R

へ

ペア⇌なし　307R
ペア⇨ようなし　452L
米菓　386L
ペイザンヌ　386L
ペイザンヌ⇌ピエン（片）47R
ベイジンカオヤ（北京烤鴨）⇌カオヤズ（烤鴨子）　79R
ペイストリー　386L
米飯　386L
ベイリーフ　386L
米粒麦（べいりゅうばく）⇌麦めし　429L
へぎ切り⇌そぎ切り　244R
へぎ作り⇌そぎ作り　244R
へぎ焼き⇨いたやき　31R
へぎゆず　386L
ベーキングパウダー　386R
ペキンダック⇨カオヤズ　79L
ベーク　386R
ペクチン　205※, 301※, 387L
ペクチン⇌アップルゼリー　11L
ペクチンゼリー　205※, 387※
ベークドアップル⇌焼きりんご　444L
ベークドポテト　387L
ベーコン　387L
へしこ　387R
ベシャメルソース　387R
ベシャメルソース⇌ホワイトソース　401L
ペースト　387L
ペストリー⇌ペイストリー　386L

ベタイン⇌えび　59L
ベタイン⇌かに　91L
ベタイン⇌たこ　257R
べた塩　388L
ベタニン⇌ビーツ　358L
べったら漬け　388L
ヘット　388L
ペッパー⇨こしょう　154R
ペティ⇨プティ　374L
ベニエ　388L
紅しょうが　388L
紅たで　388L
紅花いんげん⇌花豆　344L
べにばな油⇌サフラワーゆ　181L
ペパーミント　388R
ペパーミントティー⇌ハーブティー　346L
ベビーコーン⇌ヤングコーン　446R
ベビーノ　388R
ベビーボーロ⇌ボーロ　401L
べら　389L
ペリラアルデヒド⇌しそ　197L
ペリラニン⇌しそ　197L
ベルモット　389L
ぺんぺん草⇌なずな　308L
べんり菜　389R

ほ

ホアジョエン　390L
ホイップ　390L
ホイップドクリーム　390L
ボイル　390R
ボイルドエッグ⇌ゆで卵　449L
ホイル焼き　390R
ほうじ茶　390R
焙（ほうじ）茶⇌番茶　353L
放射熱　194※
奉書　390R
奉書揚げ⇌奉書　391L
奉書焼き⇌奉書　391L
棒だら⇨ひだら　357R
包丁　391L
ほうとう　391R
ぼうふう⇨はまぼうふう　347R
ぼうぶら⇨かぼちゃ　93R

ほうぼう　391R
ほうらく⇌ほうろく　393L
ほうれん草　392L
ほうろく　393L
ほうろく焼き　393L
ホウンタン（葷湯）⇌タン（湯）　267L
ほお刺し⇌目刺し　433L
ボォリイ（玻璃）⇌リュウ（溜）　461R
ポークカツ⇌カツレツ　90L
ポークカツ⇌とんかつ　305R
ポークステーキ　393L
ポークチャップ　393L
ホーコーツ　393R
干しあわび　393R
ボシェ　393R
干しえび　394L
干し貝柱　394L
干し柿　394L
干し魚　394L
干ししいたけ⇌しいたけ　189R
穂じそ　395L
干しだいこん　395L
干しだら⇌ひだら　357R
干しのり⇌あさくさのり　6R
ほしぶどう⇌レーズン　470L
ポーションチーズ　395L
ホースラディッシュ　395L
細作り⇌いとづくり　36L
ぼだいじゅ茶⇌ハーブティー　346L
ポタージュ　395R
ポタージュ⇌スープ　231R
ポタージュクレーム⇌クリームスープ　135L
ポタージュクレール　395R
ポタージュクレール⇌スープ　231R
ポタージュリエ　395R
ポタージュリエ⇌スープ　231R
ほたて貝　396L
ポーターハウスステーキ　396L
ぼたもち⇌おはぎ　70L
ほたるいか　396L
ぼたん作り　396L
ぼたん鍋　396R

ぼたん肉⇌いのしし　37L
ボーチ⇌ポシェ　393R
ポーチドエッグ⇌おとしたまご　68R
ほっき貝　396R
ホットケーキ　396R
ホットソース　397L
ホットドッグ　397L
ポットロースト　397L
ホップ　397R
ポップコーン　397R
ボツリヌス菌　397R
ポテトチップス　398L
ポトフー　398L
ポートワイン　398R
骨切り　398L
骨抜き　398L
ポーピエット　398R
ポピーシード⇌けしの実　144L
ホームリキュール　399L
ホモゲンチジン酸　177※
ホモゲンチジン酸⇌たけのこ　257L
ほや　399R
ぼら　399R
ポリフェノール　41※，400L
ポリフェノール⇌うど　49R
ポリフェノール⇌りんご　462R
ポリフェノール⇌れんこん　473L
ポリフェノールオキシダーゼ⇌ポリフェノール　400R
ボール　400R
ボルシチ　400R
ポルト⇌ポートワイン　398R
ホルモン焼き⇌ホルモン料理　400R
ホルモン焼き⇌もつ焼き　438L
ホルモン料理　400R
ボーロ　400R
ほろ煮　401L
ボロネーズ　401L
ホワイトソース　401L
ホワイトペッパー⇌こしょう　154R
ホワイトリカー⇌しょうちゅう　211L
ホワジャオエン（花椒塩）⇌

ホアジョエン　390L
ボワロー⇌リーキ　460L
ボンインハム⇌ボンレスハム　402L
本がえし⇌かえし　78R
本がえし⇌そばつゆ　247L
ポン菓子　346L
ほんしめじ⇌しめじ　201R
ホンシャオ（紅焼）　401L
本醸造酒　401R
ぽん酢⇌だいだい　253L
ぽん酢　401L
ぽん酢しょうゆ⇌だいだい　253L
ぽん酢しょうゆ⇌ぽんず　401L
本膳料理　401R
ぽんたん⇌ざぼん　181R
ポンチ⇌パンチ　353L
本直し⇌なおし　307
ボンヌフ　402R
ぼんぼり⇌おぼろ　72L
ボンレスハム　402R

ま

マァボォドウフゥ⇌マーボー豆腐　413L
まいたけ　403L
マオタン（毛湯）⇌タン（湯）　267L
マカダミアナッツ　403L
マーガリン　403R
マカロニ　403R
巻き柿⇌干し柿　394R
巻きずし　404L
幕の内⇌幕の内弁当　404R
幕の内弁当　404R
まぐろ　405L
まくわうり　405L
真子　405R
真砂揚げ　405R
マジパン　405R
マーシュ　405R
マシュマロ　405R
マージョラム　406L
ます　406L
マスカット⇌ぶどう　375L
マスカルボーネチーズ　406R
マスクメロン　406R
マスタード　407L
混ぜごはん　407R

索引　533

混ぜずし⇌五目ずし　163R
マセドアン⇌マセドワーヌ　407R
マセドアンサラダ⇌マセドワーヌ　407R
マセドワーヌ　407R
まだい⇌たい　249L
またたび　407R
松浦漬け⇌かぶら骨　93L
まつかさいか　408L
松風作り　408R
松皮作り⇨かわしも　104L
マッシュ　408L
マッシュポテト　408R
マッシュルーム　408R
まつたけ　409L
抹茶　409R
松の実　410L
まつばがに⇨かに　90R
松葉切り　410L
松前　410R
松前酢　410R
松前漬け　410R
マティーニ　411L
まて貝　411L
マドレーヌ　411L
マトン　411R
まな板　411R
まながつお　412L
真魚箸⇌箸　336R
まびきな　412R
まびきな⇌つまみな　284L
マフィン　412R
マーボー豆腐　413L
マーマレード　413L
まむし⇨うなぎどんぶり　50R
まめ⇨じんぞう　219R
豆みそ　413R
豆らっきょう⇌花らっきょう　344R
マヨネーズ　414L
マラスキノスタイルチェリー⇌マラスキノチェリー　414R
マラスキノチェリー　414R
マリガトーニスープ　414R
マリネ　415L
丸　415L
丸揚げ　415L
丸仕立て⇌すっぽんじたて　229R
丸吸い⇌丸　415L

丸煮仕立て⇌すっぽん仕立て　229R
丸干し　415L
マルメロ　415R
マロングラッセ　415R
まわし切り　416L
マンゴー　416L
まんじゅう　416L
マンニット⇌だしこんぶ　259L
マンニトール⇌こんぶ　168R
マンハッタン　416R

み

身洗い　417L
みがきごま　417L
身欠きにしん　417L
味覚　417R
三河みそ⇌まめみそ　413R
みかん　418L
ミキサー　419L
実ざんしょう⇌さんしょう　186L
みじん切り　419L
みじん粉　419R
水あめ　419R
水あめ⇌あめ　17L
水貝　419R
みずがらし⇌クレソン　137R
水ざらし⇌さらす　183L
水炊き　419R
みずな⇌きょうな　120R
水物　420L
水ようかん　420L
みそ　420R
みそ汁　421L
みそすき　421R
みそ漬け　421R
みそ煮　422L
みぞれ⇌かきごおり　80R
みぞれ和え　422R
みぞれかん　422R
みぞれ酢　423L
みたらしだんご　423L
みつば　423L
みつ豆　423R
ミディアム　423R
ミディアムレア　424L
ミートソース　424L
ミートテンダライザー　424L

ミートボール　424R
みどり酢　424R
ミートローフ⇨ローフ　475L
ミニコーン⇌ヤングコーン　446R
ミネストローネ　424R
ミネラルウォーター　424R
ミノ⇨いぶくろ　37R
みみがあ　425L
味盲⇌味覚　418R
味盲物質⇌味覚　418R
ミモザ　425L
みょうが　425L
みょうがの子⇌みょうが　425L
みょうばん　425L
ミラネーズ　425L
ミラノ風⇨ミラネーズ　425R
みりん　425R
みりん粕⇨こぼれうめ　159L
みりん漬け⇌粕漬け　86R
みりん干し　426L
みる貝⇨みるくい　426L
みるくい　426L
みるくい貝⇌みるくい　426R
ミルクセーキ　426R
みるな⇌おかひじき　64L
ミルフィユ　426R
ミルボア　427L
ミロシナーゼ　250※, 407※
ミロシナーゼ⇌からしな　99R
ミロシナーゼ⇌わさび　480L
ミンチ⇨ひきにく　355R
ミンチカツ　427L
ミンチボール⇨ミートボール　424R
ミント　427R

む

ムウシィ（木犀）　428L
無塩バター　428L
むかど　428L
麦こがし　428L
むきごま　428L
麦茶　428R

麦とろ　428R
むき身　428R
麦みそ　428R
麦めし　428R
むき物　429L
向付け　429L
蒸し器　429L
蒸し菊　429R
蒸しずし　429R
蒸し煮　429R
蒸しパン　429R
蒸し物　430L
蒸し焼き　430L
蒸しようかん　430R
ムース　430R
結び　430R
結びみつば　431L
ムチン⇨やまのいも　446L
無糖練乳⇌エバミルク　59L
ムニエル　431L
むらさき　431L
ムラサキイガイ（ムラサキイ貝）⇌ムール貝　431R
紫キャベツ　431R
紫芽（むらめ）⇌芽じそ　433L
ムール貝　431R

め

メインディッシュ　432L
目打ち　432L
夫婦　432L
めかぶ　432L
めかぶとろろ　432L
メキシカン　432R
芽キャベツ　432R
目釘⇌目打ち　432L
目刺し　432R
芽じそ　433L
芽しょうが⇌しょうが　209R
メース　433L
メース⇌ナツメグ　310L
芽たで⇌たで　261R
目玉焼き　433L
メートル・ドテル・バター　433L
メニュー　433R
めぬけ　433R
めぬけ⇌あこうだい　6L
目の下　433R
めのは飯　433R

目秤り　434L
めはりずし　434L
めばる　434L
メープルシロップ　434L
めふん　434R
メラノイジン　65※, 431※, 434R
メリケン粉⇨こむぎこ　161R
メルバトースト　434R
メルルーサ　434R
メレンゲ　435L
メロン　435R
めん　435R
綿実油　435R
めんたい　435R
めんたいこ⇨たらこ　265R
メンチ　436L
面取り　436L
メンマ　436L

も

もずく　437L
もち　437L
もち米　438L
もつ　438L
もつ焼き　438L
もつ焼き⇌ホルモン料理　400R
もどき　438R
戻す　438R
もみじ和え　438R
もみじおろし　438R
もみのり　439L
木綿豆腐⇌豆腐　295R
もも　439L
もも肉　439L
もやし　439L
モラッセス⇌糖蜜　296L
盛り　439L
盛り合わせ　439R
盛りそば⇌盛り　439R
盛りつけ箸⇌箸　336R
モルト酢⇌ばくがす　335L
モルネーソース　440L
もろきゅう　440L
もろこ　440L
モロヘイヤ　440R
もろみ　440R
もろみ漬け　440R

や

焼きいも　441L
焼き方　441L
焼き魚　441L
焼き塩　442L
焼き霜　442L
焼きそば　442L
焼き豆腐⇌豆腐　295R
焼き鳥　442R
焼きなす　442R
焼き肉　442R
焼きのり　442R
焼き麩⇌生麩　313R
焼き麩⇌麩　367L
焼き豚　443L
焼きミョウバン⇌みょうばん　425R
焼き飯⇨チャーハン　273R
焼きもち　443R
焼き物　443R
焼き物代わり⇌鉢代わり　340L
焼きりんご　444L
ヤク（厄）　244※
薬膳　444L
薬味　444L
野菜炒め　444R
野菜サラダ　444R
野菜椀　444R
やし油　444R
やたら漬け　445L
やつがしら⇨さといも　177L
やっこ　445L
やっこ豆腐⇌やっこ　445L
柳川鍋　445L
矢羽根れんこん　445R
やまかけ　445R
やまといも⇨やまのいも　446L
大和煮　445R
やまのいも　446L
ヤムチャ（飲茶）　446L
ヤラピン⇌さつまいも　176R
八幡巻き　446R
柔らか煮　446R
ヤングコーン　446R

ゆ

湯洗い　447L
ユイチイ（魚翅）⇒ふかひれ
　370R
ゆうあん焼き　447L
融解熱　447R
ゆがく　447R
柚釜　447R
ゆかり　447L
ゆきひら　447R
ゆず　448L
湯吸い物⇒はしあらい　337L
ゆずみそ　448L
湯せん　448L
湯炊き　448R
油中水滴型⇒乳化　323L
湯漬け　448L
ゆでこぼす　448R
ゆで卵　449L
湯桶　449R
湯豆腐　449R
湯通し　450L
湯どり卵⇒しめ卵　201R
湯取り飯　450L
湯煮　450L
ゆば　450R
湯引き　451L
湯振り　451L
湯ぶり⇒霜降り　201R
湯むき　451L
ゆり根　451L

よ

洋がらし⇒マスタード　407L
ようかん　452L
洋酒　452L
洋なし　452L
羊肉⇒マトン　411R
葉緑素⇒クロロフィル　140L
抑制効果⇒甘味　109R
抑制効果　452R
ヨーグルト　452R
吉野　452R
吉野揚げ　453L
吉野くず⇒くずこ　128R
吉野仕立て　453L
吉野仕立て⇒あんかけ　23R

吉野酢　453L
吉野煮　453L
寄せ菜⇒あおよせ　3R
寄せ鍋　453R
寄せハム⇒プレスハム　383L
寄せ物　453L
米酢（よねず）　453R
呼び塩　453R
呼び水　454L
よもぎ　454L
よりうど　454R
よろい焼き⇒おにがらやき　70L

ら

ライスカレー⇒カレーライス　103L
ライチー　455L
ライム　455L
ライ麦パン　455L
ラーイユ（辣油）⇒ラー油　458R
ラオチュウ　455R
らくがん　455R
ラクトアイス⇒アイスクリーム　1R
ラザーニャ　455R
ラスク　456L
ラズベリー　456L
らっかせい⇒ピーナッツ　359L
らっかせい酢　456L
らっかせいゆ　456L
らっきょう　456R
らっきょう漬け　456R
ラックスハム⇒なまハム　313L
ラディッシュ　457L
ラード　457L
ラビオリ　457R
ラビゴットソース　457R
ラフテー　457R
ラム⇒マトン　411R
ラム（lamb）　458L
ラム（rum）　458L
ラムネ　458R
ラーメン　458R
ラー油　458R
らん花　458R
乱菊作り　458R
乱切り　458R

ランチ　459L
ランチョン　459L
卵白の起泡性　435※
ランブータン　459R
乱盛り　459R

り

リ・ド・ボォー⇒きょうせんにく　120R
リエゾン　460L
リーキ　460L
利久　460L
利久揚げ⇒利久　460L
利休箸⇒箸　336R
利久蒸し⇒利久　460L
リキュール　460R
リコペン⇒カロテノイド　103R
離漿⇒りすい　460R
離水　420※，460R
リゾット　461L
リーフパイ　461L
リーフレタス⇒レタス　470L
リフレッシュメント　461L
リモネン　472※
リャンバン（涼拌）　461L
リャンバンミエン（涼拌麺）⇒リャンバンメン　461L
リャンバンメン　461L
リュウ（溜）　461L
リュウツァイ（溜菜）　461R
竜皮こんぶ⇒ぎゅうひこんぶ　120L
両づま折り　461R
料理菊⇒菊　111R
料理酒　461R
緑茶　462L
緑豆　462L
リヨネーズ　462L
りんご　462L
りんごジャム　462R
りんご酢　462R
リンデンティー⇒ハーブティー　346L

る

ルイベ　464L
ルウ　464L
ルタバガ　464R
ルバーブ　465L

ルブロン⇄ビール 365L
ルブロン⇄ホップ 397R
るり煮 465R

れ

レア 466L
冷菓 466L
冷製ソース 466L
冷製料理 466L
冷蔵庫 466R
冷凍 467L
冷凍魚 467L
冷凍果物 467R
冷凍ケーキ 467R
冷凍庫⇨フリーザー 380R
冷凍食品 468L
冷凍すり身 468L
冷凍調理食品 468L
冷凍肉 468R
冷凍濃縮果汁 468R
冷凍パン 468R
冷凍野菜 469L
冷めん⇨リャンバンメン 461L
レオロジー 469R
レシチン 116※, 414※
レシチン⇄鶏卵 142R
レストラン 469R
レーズン 470L
レタス 470L
レッドキャベツ⇨むらさきキャベツ 431R
レッドペッパー 470R
レバー 470R
レバーペースト 470R
レホール⇄ホースラディッシュ 395R
レモネード 471L
レモネード⇄エード 58R
レモン 471R
レモンエッセンス 472L
レモン酢 472L
レモンスカッシュ 472L
レモンパイ 472L
レモンビール⇨ビール 365L
れんこだい⇄たい 249L
れんこん 472R
レンズ豆 473L
レンチオニン⇄しいたけ 189L
レンティル⇄レンズ豆 473

ろ

R
練乳 473R

ろ

ロイン 474L
ロシア紅茶 474L
ロース 474L
ロースター 474L
ローズティー⇄ハーブティー 346L
ロースト⇄蒸し焼き 430R
ロースト 474L
ローストチキン 474L
ローストビーフ 474R
ロースハム 474R
ローズマリー 474R
ロゼワイン⇄ワイン 477L
ロティ 475L
ローフ 475L
ロブスター 475R
ローマンキャラウェイ⇄クミン 131R
ローリエ⇨ベイリーフ 386L
ロールキャベツ 475R
ロールケーキ 475R
ロールドオーツ⇄オートミール 69R
ロールパン 476L
ローレル⇨ベイリーフ 386L
ロワイヤル 476L
ロングドリンクス⇄ショートドリンクス 214R
ロングライフミルク⇄牛乳 119L
ロンツァイ（冷菜） 476R
ロンホゥン（冷葷）⇄ロンツァイ（冷菜） 476R

わ

ワイルドライス 477L
ワイン 477L
ワイングラス 478L
ワイン酢 478L
ワインビネガー⇄ワイン酢 478L
わかさぎ 478R
若竹汁 478R
若竹煮 479L
若鶏 479L
わかめ 479L
輪切り 479R
わけぎ 479R
わさび 480L
わさびじょうゆ 480R
わさび酢 480R
わさび台 480R
わさびだいこん⇨ホースラディッシュ 395L
わさび漬 480R
和三盆 481L
わた 481L
わた抜き 481L
ワッフル 481L
わらび 481R
わらび粉 481R
わらびて 482L
わらびもち 482L
割子そば 482L
割り下 482L
割りじょうゆ 482L
割りじょうゆ⇄かけじる 83R
割り酢 482L
割り箸⇄箸 336R
わんこそば 482R
ワンズ（丸子） 482R
椀だね 482R
ワンタン 482R
椀づま 483L
ワンドウミャオ（豌豆苗）⇄トウミャオ（豆苗） 296L
椀盛り 483R

欧文索引

※ 調理科学参照

A

ade　58R
à la carte—仏　18R
à la mode—仏　19R
alfalfa　20L
allspice　74L
allumette—仏　19R
almond　17R
amaranthus　16R
amylase　17L
anchovy　24R
angel cake　60R
angelica　24R
anise　13L
anthocyan　24R
apéritif—仏　14R
appetizer　14L
apple jelly　11R
apple pie　12L
apple sauce　12L
apricot　14L
aroma　20R
artichoke　12R
asparagus　10L
aspartame　10L
aspic　10R
aspic salad　10R
attelet—仏　12R
attereau—仏　12R
aurore sauce　75R
avocado　14R

B

babaco　345L
bacon　387L
baguette—仏　336L
bake　386R
baked potatoes　387L
baking powder　386L
ball　400R
balsamico—伊　351L
banana　343R
bans　352L
bar　331L
barbecue　346R
barbecue sauce　346R
barquette—仏　351L
basil　337R
Baumkuchen—独　334L
bavarois—仏　345R
bay leaf　386L
béchamel sauce　387R
beefsteak　360L
beef Stroganoff　360R
beer　364R
beets　358L
beignet—仏　388L
beurre manié—仏　383L
biscuit　357L
bitters　357R
blackberry　378L
black pepper　378L
blanc-manger—仏　378R
blueberry　382R
blue cheese　381R
boil　390L
boneless ham　402R
borshch—露　400R
bouillabaisse—仏　368L
bouillon cube　368R
bouillon—仏　368L
bouquet garni—仏　372R
braise　383L
brandy　379R
Brazil nuts　378L
brioche—仏　380R
broccoli　384R
brochette—仏　384L
broil　384L
broiler　384L
Brötchen—独　383R
broth　384L
brown sauce　377R
buffet—仏　362L
butter　338L
butter cake　339L
butter cream　339L
buttered rice　340L
butterscotch　339R

C

cabbage　117L
cactus leaf　82L
Caesar salad　196L
café au lait—仏　92R
cake　143L
Camembert cheese　94R
canapé—仏　90R
candy　118L
cannelloni—伊　91R
capelin　93R
caper　144R
cappuccino—伊　92R
caramel　100L
caramel sauce　100R
caraway　117L
cardamon　101R
carotene, carotin　104L
carotenoid　103R
carpaccio—伊　101R
carrageenan　98L
cashew nut　85L
casserole　116L
cauliflower　100R
caviar　116R
cayenne pepper　77L
celeriac　240L
celery　240L
cereals　216R
cerfeuil—仏　240L
champagne—仏　206L
champignon—仏　206L
Chantilly—仏　205R
chapati　273L
charlotte—仏　205L
Châteaubriand—仏　204L
château—仏　203R
chaud-froid—仏　215L
cheese　270L
cheesecake　270R
chef salad　190R
cherimoya　269L
cherry　269L
chervil　274L
chianti—伊　118L
chicken　269R
chicory　270L
chiffon cake　199R
chile con carne—スペイン　278R
chili powder　279R
chili sauce　279L
chip　271L

chive 271R
chlorophyll 140L
chocolate 278L
choucroute—仏 207L
chowder 271R
chutney 273L
cider 170R
cider vinegar 170R
cinnamon 198R
claret punch 133R
clotted cream 139L
clove 139R
club sandwich 133R
cocktail 82L
cocktail party 83L
cocktail sauce 82R
cocoa 153R
coconuts 154L
cocotte—仏 154L
coffee 157L
coffee sugar 158L
cognac—仏 156L
cold beef 164R
coleslaw 164R
combination 167R
compote 169R
condensed milk 167L
consommé—仏 166R
convenience foods 167R
cooky, cookie 130L
cooler 131R
coquille 153L
coriander 164L
corned beef 167R
cornet—仏 164R
cornflakes 169R
corn meal 169R
corn oil 166L
corn soup 166L
cornstarch 166L
côtelette—仏 155R
cottage cheese 90L
court-bouillon—仏 137L
cracker 133L
cranberry sauce 134L
cream 135L
cream cheese 135R
cream sauce 135L
cream soda 135R
cream soup 135L
crêpe—仏 138L
cresson—仏 137R
croissant—仏 140L

croque-monsieur—仏 139L
croquette—仏 139L
croûton—仏 136R
crumby bread 133R
crusty bread 132R
crystallized fruit 134R
cuisine—仏 118L
cumin 131R
cupcake 89L
curaçao—仏 120R
custard 86L
custard cream 86L
custard pudding 86R

D

date 286R
decoration 286R
demi-glace sauce 288 L, 301R
demi tasse—仏 288R
dessert 286R
diastase 189L
dill 285R
dip 285L
dough 294L
doughnut 299R
drained cherry 305R
dressing 304L
drip 303R
dumpling 268R
durian 303L

E

échalote—仏 56R
éclair—仏 56R
Edam cheese 58L
eggnog 58L
Eisbein—独 2L
Emmental cheese 60L
enchiladas—スペイン 61L
endive 61L
endive—仏 24R
entrée—仏 25R
entremets—仏 25L
eringii 60L
escabèche—仏 57L
escalope—仏 57L
escargot—仏 57L
espresso—伊 57L
essence 58L

F

farci—仏 368L
fast food 367R
fennel 369L
fettuccine—伊 368R
filet—仏 365L
fillet 368R
filling 368R
fish ball 368L
fish sausage 368L
fizz 368L
flake 383L
flamber—仏 380L
flavonoid 378R
flavour 383R
float 385L
foie gras—仏 369L
fondant—仏 369L
fond—仏 369L
fondue—仏 370L
food processor 376L
frankfurt sausage 379R
frappé—仏 378L
freeze 380R
freezer 380R
French dressing 383R
French sauce 383R
French toast 383R
fricadelle—仏 380R
fricassée—仏 380R
fried eggs 377R
fried potatoes 377R
fritter 381L
frosting 384L
fruit cake 381R
fruit cocktail 381R
fruit punch 382L
fruit salad 382L
fry 377L

G

galantine—仏 100R
garam masala 100L
garbanzo—スペイン 101R
garlic 100L
garniture—仏 101L
gâteau—仏 90R
gazpacho—スペイン 87L
gelatin 238R
gentian 145R

German steak   204R
gibier—仏   199R
gin   218R
gin and tonic   220L
gin fizz   220L
ginger   219L
ginger ale   219L
gin lime   220R
glacer—仏   133L
glass   132L
gluten   136R
gnocchi—伊   324L
Gouda cheese   154R
grapefruit   138R
gratin—仏   132R
gravy   138L
gravy sauce   138L
green peas   136L
green salad   136L
grenadine sirup   138L
grill   135R
griller—仏   134R
grissini—伊   135L
gumbo—スペイン   108R
gum syrup   96L

H

hacher—仏   11R
ham   348L
hamburger   353L
hamburg steak   353R
hash   341R
Hawaiian   351R
herb   345R
herb tea   346L
highball   333R
homard—仏   72L
honeydew   344R
hop   397R
hors-d'œuvre—仏   69L
horse radish   395L
hot cake   396R
hot dog   397R
hot sauce   397L

I

ice cream   1L
ice pick   2L
icing   1L
ikra—露   27R
instant coffee   42R

Irish stew   2R
Italian   31L

J

jam   204R
jasmin tea   203R
jelly   239R
juice   207R
julienne—仏   208R
juniper berry   208L
jus—仏   206L

K

ketchup   144R
kidney   114L
Kirschwasser—独   123L
kiwano   123R
kiwi fruit   111L
kohlrabi   165L

L

lamb   458L
lard   457L
lasagna—伊   455R
laurel   476L
laurier—仏   475R
leaf pie   461L
leek   460L
lemon   471R
lemonade   471L
lemon essence   472L
lemon peel   472R
lemon pie   472L
lemon squash   472L
lettuce   470L
liaison—仏   460L
lime   455L
liqueur   460R
litchi   455L
liver   470R
liver paste   470R
loaf   475L
lobster   475R
loin   474L
lunch   459L
luncheon   459L
lyonnaise—仏   462L

M

macadamia nuts   403L
macaroni   403R
mace   433L
macédoine—仏   407R
mâche—仏   405R
madeleine—仏   411L
main dish   432L
mango   416L
Manhattan   416R
maître d'hôtel butter   433L
maple syrup   434L
maraschino cherry   414R
margarine   403R
mariner—仏   415R
marjoram   406L
marmalade   413L
marmelo—ポルトガル   415R
marrons glacés—仏   415R
marshmallow   405R
martini   411L
marzipan   405R
mascarpone cheese   406R
mash   408R
mashed potatoes   408R
mayonnaise   414L
meat ball   424R
meat loaf   424R
meat sauce   424L
meat tenderizer   424L
medium   423R
medium rare   424L
melanoidine   434L
Melba toast   434R
melon   435L
menu   433R
meringue   435L
merluce   434R
meunière—仏   431L
Mexican   432R
milanaise—仏   425R
milk shake   426R
mille-feuille—仏   426R
mimosa   425L
mineral water   424R
minestrone—伊   424R
mint   427R
mirepoix—仏   427L
mixer   419L
molokheiya—アラビア   440

R

Mornay sauce　440L
mousse—仏　430R
muffin　412R
mulligatawny soup　414R
muscat　406R
mushroom　408R
muskmelon　406R
mustard　407L
mutton　411R

N

nan　315R
napolitaine—仏　311R
naringin　309※
nata de coco—スペイン　308R
natural cheese　309L
Neapolitan　311R
nectar　328R
noisette—仏　330L
noodle　327L
normande sauce　330R
nouveau—仏　327R
nugget　307L
nuoc mam　324L
nut　309L
nutmeg　310L

O

oatmeal　69R
oiled sardine　63L
okra　65R
olive　73R
omelet　72R
open sandwich　72L
orange　74R
orange juice　74R
orange peel　74R
oregano　74L
oven　71L
overrun　1※
oxtail　67R
oyster　63L
oyster sauce　63L

P

paella—スペイン　334R
pancake　352L
papaya　345L
paprika　346R
parisienne—仏　350R
Parmesan cheese　351R
parsley　338L
passion fruit　341R
pasta—伊　337R
paste　387R
pastry　386L
pâté—仏　343L
paupiette—仏　398R
paysanne—仏　386L
peanut butter　359L
peanuts　359L
pear　386L
pectin　387L
peer　364L
peking duck　386R
pepino—スペイン　388R
pepper　388L
peppermint　388R
petits fours—仏　374L
petit—仏　374L
petty　388L
piccata—伊　355L
pickles　356L
pie　331R
pilaf—仏　363R
pineapple　332R
piquer—仏　356R
pizza—伊　358R
plain soda　383R
plum　379L
plum pudding　379L
pocher—仏　393R
polonaise—仏　401L
polyphenol　400L
Pont-Neuf—仏　402R
poor boy sandwich　367R
popcorn　397R
pork chop　393L
pork steak　393L
porterhouse steak　396L
port wine　398R
potage—仏　395R
potage clair—仏　395R
potage lié—仏　395R
potato chips　398L
pot-au-feu—仏　398R
pot roast　397R
pound cake　334R
powdered sugar　334R
preserve　383L
press ham　383L
process cheese　384R
prune　383L
prunier—仏　382R
pudding　374L
puffed rice　346L
pumpkin pie　354R
punch　353L
puree　362L
pyrazine　363R

Q

Quark—独　131L
quenelle—仏　131L
quiche—仏　112R

R

radish　457L
raisin　470L
rambutan　459R
rare　466L
raspberry　456L
ravigote sauce　457R
ravioli—伊　457L
red cabbage　470R
red pepper　470R
refreshment　461L
restaurant　469R
rheology　469R
rhubarb　465L
ris de veau—仏　461L
risòtto—伊　461L
roast　474L
roast beef　474R
roast chicken　474L
roaster　474L
roast ham　474R
roll cake　475R
rolled cabbage　475R
rosemary　474R
rôti—仏　475L
roux—仏　464L
royale—仏　476R
rum　458L
rusk　456L
rutabaga—仏　464R

S

sablé—仏　181R
saffron　181L
sage　237R

salad 183L	sparkling wine 231L	tomato sauce 301L
salad dressing 183L	spice 231L	tom yam kung 302L
salami sausage 183R	spirit 231R	tongue 266R
samosa 181R	sponge cake 233R	topping 299L
sandwich 186R	spread 233L	Torte—独 304L
sandwich filling 187L	squash 225L	tortilla—スペイン 304L
sangria—スペイン 185R	squash 226L	tostadas—スペイン 298R
sauce 245L	steak 230L	tournedos—仏 304L
sauce aurore 75R	stew 198L	trévise—仏 304R
sauerkraut 184R	stick 230L	tropical fruits 305L
SauerKraut—独 171L	stock 230L	truffe—仏 303R
sausage 245R	stout 229L	turkey 254R
sauter—仏 246L	strawberry 230R	turmeric 265L
savarin—仏 181L	stuffed 229L	
savory 236L	sugar peas 206R	**U**
scallop 225L	sundae 186R	
scones 226R	sweet corn 223L	upside-downcake 11R
Scotch eggs 226R	sweet potato 223L	
scrambled eggs 226L		**V**
sea food 200L		
sea food salad 200L	**T**	vanilla 344R
seasoning 197R		velouté sauce 382R
shake 190R	Tabasco 262R	vermicelli—伊 348L
shaker 190L	table wine 288L	vermouth—仏 389L
shallot 56R	tacos—スペイン 258L	vichyssoise—仏 357L
Shalyapin steak 205L	tail 289R	Vienna coffee 45L
shashlýk—露 203L	tamales—スペイン 265L	Vienna sausage 45L
sherbet 204R	tamarilo 264R	vinaigrette sauce 359R
sherry 190R	tandoori chicken 268L	vinegar 359R
shish kebab 196L	tannin 268R	vin rosé—仏 354R
short cake 214R	tapioca 263L	vintage wine 366R
short drinks 214R	tarragon 265R	vodka—露 46L
shortening 214R	tartare sauce 266L	
sirloin steak 184L	tartare steak 266L	**W**
sirup, syrup 217R	tarte—仏 266R	
skim milk 225L	tartelette—仏 266R	wafers 45R
slice 234R	T-bone steak 285R	waffle 481L
slow cooker 235R	tea bag 285L	water cress 45R
smoke 234L	tempe 293L	well-done 45R
smörgåsbord—スウェーデン 234L	tequila 286L	whip 390L
	terrine—仏 289L	whipped cream 390L
soft drink 247R	texture 286L	whisky 44L
sorbet—仏 248L	Thousand Island dressing 171L	white pepper 401L
sorbitol 248L	thyme 254L	white sauce 401L
soufflé—仏 233L	tilapia 285R	Wiener Schnitzel—独 45L
soup 231R	timbale—仏 268R	wild rice 477L
soup strock 232L	tiramisu—伊 285R	wine 477L
sour 184L	toast 298L	wine glass 478L
sour cream 184R	tomato 300R	Worcester sauce 48L
sour cream dressing 184L	tomato juice 301L	
spaghetti 231L	tomato ketchup 300R	**Y**
Spanish 231L	tomato paste 301L	
spareribs 233R	tomato puree 301R	yeast 30L

yoghurt　452R
young corn　446R

Z

zakuska—露　172L
zucchini　229R

【著者】
河野友美
　元大阪薫英女子短期大学教授
　元河野食品研究所所長
〈主な著書〉
　新・食品事典全14巻（真珠書院），味のしくみ(日本放送出版協会)，たべもの嗜好学入門・味覚往来（中央公論社），たべものと日本人（講談社），調理科学事典（医歯薬出版），新食品学（化学同人）など著書多数

【補訂者】（50音順）
大滝　緑
　元河野食品研究所所員
奥田豊子
　帝塚山学院大学教授
山口米子
　元河野食品研究所所員

コツと科学の
調理事典（第3版）　　　ISBN978-4-263-70264-2

1983年 9月10日　第1版第1刷発行
1996年 4月 1日　第2版第1刷発行
2001年 6月 1日　第3版第1刷発行
2017年 4月20日　第3版第14刷発行

　　　　　著　者　河　野　友　美
　　　　　発行者　白　石　泰　夫
　　　　　発行所　医歯薬出版株式会社

〒113-8612　東京都文京区本駒込1-7-10
TEL.（03）5395—7626(編集)・7616(販売)
FAX.（03）5395—7624(編集)・8563(販売)
http://www.ishiyaku.co.jp/
郵便振替番号 00190-5-13816

乱丁，落丁の際はお取り替えいたします。　　　印刷・大日本印刷／製本・榎本製本
　　© Ishiyaku Publishers, Inc., 1983, 2001. Printed in Japan

本書の複製権・翻訳権・翻案権・上映権・譲渡権・貸与権・公衆送信権（送信可能化権を含む）・口述権は，医歯薬出版(株)が保有します．
本書を無断で複製する行為（コピー，スキャン，デジタルデータ化など）は，「私的使用のための複製」などの著作権法上の限られた例外を除き禁じられています．
また私的使用に該当する場合であっても，請負業者等の第三者に依頼し上記の行為を行うことは違法となります．

JCOPY ＜(社)出版者著作権管理機構 委託出版物＞
本書をコピーやスキャン等により複写される場合は，そのつど事前に(社)出版者著作権管理機構（電話03-3513-6969，FAX03-3513-6979，e-mail:info@jcopy.or.jp）の許諾を得てください．